Ohlig · Weltreligion Islam

Karl-Heinz Ohlig

Weltreligion Islam

Eine Einführung

Mit einem Beitrag von Ulrike Stölting

Matthias-Grünewald-Verlag, Mainz / Edition Exodus, Luzern

Die Deutsche Bibliothek – CIP-Einheitsaufnahme

Ein Titeldatensatz für diese Publikation ist bei
Der Deutschen Bibliothek erhältlich

Umschlag: Thomas & Thomas Design, Heidesheim
Druck und Bindung: Strauss Offsetdruck, Mörlenbach

ISBN 3-7867-2273-0 (Grünewald)
ISBN 3-905577-44-5 (Exodus)

Inhalt

Vorwort 11

1. Vorbemerkungen 13
1.1 Die islamische Welt heute 13
1.2 Eine historische Belastung 14

2. Das vorislamische Arabien 18
2.1 Die arabische Halbinsel 18
2.2 Die religiöse Situation 20
2.3 Anzeichen eines bevorstehenden Umbruchs? 22
2.4 Judentum und Christentum in Arabien 23
2.5 Die arabische Sprache und Schrift 26

3. Mohammed 28
3.1 Biographie und Quellen 28
3.1.1 Das überlieferte „Leben Mohammeds“ 28
3.1.2 Historisch-kritische Fragen 30
3.2 Der Koran als einzige biographische Quelle 31
3.3 Koran und Überlieferung als biographische Quellen 35
3.4 Der historische Wert der biographischen Werke 38
3.5 Resümee 40

4. Entstehung und Eigenart des Koran 42
4.1 Die äußere Gestalt des Koran 42
4.2 Die literarische Eigenart 44
4.3 Die Entstehung des Koran oder: Die Kanontheorien 45
4.3.1 Zur muslimischen Kanontheorie 46
4.3.2 Der westliche Konsens seit dem 19. Jahrhundert 49
4.3.3 Die historische Struktur des Koran unter der Voraussetzung seiner Authentizität 52
4.3.4 Neuere Hypothesen zur Mohammedschen Authentizität und zur Entstehung der Ganzschrift 57
4.3.5 These: Die nur partielle Authentizität des Koran 59
4.3.5.1 Zur Textüberlieferung 60
4.3.5.2 Eine neue philologische Untersuchung zur syrisch-aramäischen Sprachstruktur des Koran 67
4.3.5.3 Spannungen im Text 69
4.3.5.4 Nach-Mohammedsche redaktionelle Motive 71
4.3.5.5 Die Eigenart bestimmter Traditionsstränge 74
(1) Die koranische Rechtstradition 74

(2) Einflüsse aus vorislamischer Religion und Kultur 74
4.3.5.6 Einflüsse von Judentum und Christentum auf den Koran bzw. die Verwendung biblischer Stoffe im Koran 77
4.3.5.6.1 Zur Aufnahme alttestamentlicher Stoffe 78
4.3.5.6.2 Die Verwendung neutestamentlicher Stoffe im Koran 81
4.3.6 Resümee 89

5. Zur Theologie des Koran 93

5.1 Der Glaube an den einen Gott 93
5.2 Der Schöpfungsglaube 96
5.3 Die Eschatologie des Koran 100
5.4 Der Kismetglaube bzw. die Prädestination 104
5.5 Die Welt der Geister 109

6. Ethik und Recht im Koran und in der muslimischen Tradition 111

6.1 Die Verantwortung für das Handeln 111
6.2 Ethik und Recht 111
6.3 Allgemeine Pflichten der Gläubigen 114
6.3.1 Zur Pflichtenlehre 114
6.3.1.1 Das Glaubensbekenntnis *(Schahada)* 115
6.3.1.2 Das Gebet *(Salat)* 116
6.3.1.3 Das Almosen *(Zakat)* 118
6.3.1.4 Das Fasten *(Saum)* 119
6.3.1.5 Die Wallfahrt nach Mekka *(Hadsch)* 122
6.3.1.6 Eine sechste Pflicht, der heilige Krieg *(Dschihad)* 124
6.4 Ethisch-rechtliche Vorstellungen in einem spezielleren Sinn 125

7. Die Rolle der Frau – sowie Ehe und Familie in Koran und Islam 130

7.1 Die Stellung der Frau im vorislamischen Arabien 130
7.2 Mohammed und die Frauen 132
7.3 Die Frau im Koran 135
7.3.1 Die soteriologische Gleichrangigkeit von Mann und Frau und ihre Gleichheit vor dem Endgericht 135
7.3.2 Sexualität, besitzrechtliches Denken und die untergeordnete Rechtsstellung der Frau 137
7.3.3 Die Polygamie (genauer: Polygynie) 141
7.3.4 Beinahe grenzenloses Männerrecht 144
7.4 Ehehindernisse 145
7.5 Die Ehescheidung 145
7.6 Die Kleidung der Frauen 147
7.7 Die Beschneidung 150

7.8 Der traditionelle Alltag muslimischer Mädchen und Frauen 154
7.9 Neuere Tendenzen 157

8. Ausbreitung und Geschichte des Islam 159

8.1 Expansion und Formierung des Islam – die vier ‚rechtgeleiteten' Kalifen (632–661) 160
8.1.1 Zur Quellenlage 160
8.1.2 Die Entwicklung zur Zeit der ersten vier Kalifen 162
8.2 Die Zeit der Omaiyaden in Damaskus (661–750) 166
8.2.1 Die politische Entwicklung 166
8.2.2 Festigung und Ausbreitung des Islam 168
8.2.3 Die Abspaltung der Schiiten und die Ausbildung von Schiismus und Sunnismus 171
8.2.3.1 Der Schiismus 171
8.2.3.1.1 Geschichtliche und theologische Grundlagen 171
8.2.3.1.2 Exkurs: Die Schiiten. Ein Überblick 175
8.2.3.2 Der Sunnismus 182
8.3 Die islamische Welt zur Zeit des abbasidischen Kalifats (749–1517) 183
8.3.1 Ein Überblick 184
8.3.2 Die Glanzzeit der Abbasiden (749–809) 185
8.3.3 Von 809 bis zur Mitte des 10. Jahrhunderts 188
8.3.3.1 Die Schwächung der Macht des abbasidischen Kalifats (809–945) 188
8.3.3.2 Der Islam in Spanien 193
8.3.4 Sunnitisches und schiitisches Kalifat 195
8.3.4.1 Das abbasidische Kalifat zur Buyidenzeit (945–1055) 195
8.3.4.2 Das fatimidische Kalifat (899–1171) 198
8.3.5 Die Spätzeit des Kalifats von Bagdad bzw. die Seldschukenherrschaft (1055–1258) 201
8.3.5.1 Die Seldschuken im Iran und Irak 201
8.3.5.2 Die Aiyubidendynastie in Kairo (1171–1252) 203
8.3.5.3 Berberdynastien in Nordafrika 206
8.3.6 Die Abbasiden in Kairo (1258–1517) 208
8.3.6.1 Das Kalifat in Kairo 208
8.3.6.2 Das Mamlukensultanat (1250/52–1517) 209
8.3.6.3 Die Herrschaft der Mongolen, Turkmenen und Safawiden (1258–1638) 211
8.3.7 Resümee: Die islamische Welt bis zum Ende der abbasidischen Dynastie 213
8.4 Das Zeitalter der Osmanen ([1300] 1517–1922) 219
8.4.1 Aufstieg und Niedergang der Osmanen 220
8.4.2 Die islamische Kultur zur Zeit der Osmanen 222
8.4.3 Von den Osmanen unabhängige islamische Staaten 226

8.5 Der Islam in Indien und in Ost- und Südostasien 227
8.5.1 Der Islam auf dem indischen Subkontinent 227
8.5.1.1 Von den Anfängen bis 1526 228
8.5.1.2 Die Herrschaft der Großmogule aus dem „Haus Timurs“ (1526–1707/1858) 232
8.5.2 Die Ausbreitung des Islam nach Ost- und Südostasien 235
8.6 Die Ausbreitung des Islam in Schwarzafrika 237
8.6.1 Westafrika 237
8.6.2 Die ostafrikanischen Küstengebiete 239
8.6.3 Der Sudan 240
8.7 Der Islam im Kolonialzeitalter 242
8.7.1 Die Kolonialisierung der Welt in der Neuzeit 242
8.7.2 Die Kolonialisierung des Mittelmeerraums und des Vorderen Orients 244
8.7.2.1 Die ökonomische und kulturelle Kolonialisierung bis zum späten 19. Jahrhundert 244
8.7.2.2 Die offene Kolonialisierung seit den siebziger Jahren des 19. Jahrhunderts bis zum Ende des Kolonialsystems (ein Überblick) 248
8.7.3 Kolonialisierung und Entkolonialisierung der muslimischen Länder in Schwarzafrika 251
8.7.4 Kolonialisierung und Entkolonialisierung muslimischer Territorien auf dem indischen Subkontinent und in Südostasien 255
8.7.4.1 Der indische Subkontinent 255
8.7.4.2 Südostasien 256
8.7.5 Zur Bedeutung von Kolonialsierung und Entkolonialisierung für den Islam 257

9. Das Rechtssystem des Islam 259
9.1 Einführung und Begriffserklärung 259
9.2 Die Rechtsschulen im Islam 261
9.3 Das Rechtssystem 265

10. Wissenschaft, Philosophie und Theologie im Islam 267
10.1 Blüte und Niedergang der Wissenschaften 267
10.2 Die islamische Philosophie *(Falsafa)* 269
10.2.1 Ein Überblick 269
10.2.2 Die wichtigsten Philosophen 270
10.2.2.1 Al-Kindi 270
10.2.2.2 Ar-Razi 272
10.2.2.3 Al-Farabi 273
10.2.2.4 Avicenna 275

10.2.2.5 Al-Ghazali ... 277
10.2.2.6 Islamische Philosophie in Spanien. Averroës ... 279
10.2.3 Islamische und hochscholastische Philosophie ... 281
10.3 Die Entwicklung der Theologie in der islamischen Geschichte ... 284
10.3.1 Theologie und Recht ... 284
10.3.2 Zur Geschichte der Theologie ... 284
10.3.2.1 Die Anfänge ... 284
10.3.2.2 Die Mutaziliten und ihre Kontexte ... 286
10.3.2.3 Die Aschariten ... 291
10.3.2.4 Al-Ghazali und die Theologie bis zur Mitte des 13. Jahrhunderts ... 295
10.3.3 Ausblick bis zur Gegenwart ... 297
10.4 Islamische und christliche Theologiegeschichte ... 299

11. Mystik bzw. Sufik im Islam ... 303
von Ulrike Stölting

11.1 Vorbemerkungen ... 303
11.2 Wurzeln der islamischen Mystik ... 305
11.2.1 Ein originär islamisches Phänomen? ... 305
11.2.2 Einflüsse des christlichen Mönchtums ... 307
11.2.3 Sufitum und Neuplatonismus ... 309
11.2.4 Motive aus dem indischen Raum? ... 310
11.2.5 Ansätze in der Volksfrömmigkeit ... 312
11.3 Die Geschichte des Sufismus ... 314
11.3.1 Der asketische Aufbruch im 8. und frühen 9. Jahrhundert .. 314
11.3.1.1 Hasan al-Basri ... 315
11.3.1.2 Rabi'a al-'Adawiyya ... 317
11.3.2 Die Übernahme neuplatonischer Vorstellung in die Sufik des 9. Jahrhunderts und die Reaktion der Orthodoxie ... 321
11.3.2.1 Abu Yazid (Bayazid) Al-Bistami ... 323
11.3.2.2 Husain Ibn Mansur, genannt „al-Halladsch“ ... 326
11.3.3 Die Ausbildung von Lehre und Praxis der Sufik und der Beitrag al-Ghazalis ... 329
11.3.3.1 Die Entstehung von Lehr- und Handbüchern ... 330
11.3.3.2 Die „Konsolidierung“ der Sufik durch al-Ghazali? ... 332
11.3.3.3 Die Ausarbeitung des mystischen Pfades ... 336
11.3.4 Zur Weiterentwicklung der sufischen Strömungen vom 12. Jahrhundert an ... 340
11.3.4.1 Monistische Theorien und ihre Rezeption in den Entwürfen Suhrawardis und Ibn al-'Arabis ... 342
11.3.4.2 Die mystische Liebe bei den großen persischen Mystikern Sana'i, 'Attar und Rumi ... 346
11.4 Die Entstehung von Orden und Bruderschaften ... 351

12. Der Islam im Umbruch 359

Verzeichnis der Abbildungen 362

Personenregister 364

Literaturverzeichnis 370

Vorwort

Der Islam ist eine der drei großen monotheistischen Religionen. Er ist weltweit, mittlerweile durch muslimische Minderheiten auch in Europa, verbreitet. Die Beschäftigung mit ihm ist nicht nur aus wissenschaftlichem Interesse, für Religionswissenschaftler und Theologen, geboten, sondern aus gesellschaftlichen und politischen Gründen auch für weitere Kreise unumgänglich.

Eine sachgerechte Auseinandersetzung mit dem Islam ist ohne die Kenntnis seiner Eigenart und Geschichte nicht möglich. Die vorliegende Studie versucht, einen Einblick zu geben, der natürlich nur fragmentarisch, skizzenhaft und in manchen Teilen auch oberflächlich sein kann; weiterführende Literatur kann aus den Verweisen und dem Literaturverzeichnis ausgewählt werden.

In manchen Kapiteln, wie etwa zur Geschichte des Islam, soll lediglich eine knappe Zusammenfassung der Forschungslage geboten werden, damit der Leser einen umfassenden Überblick gewinnen kann. Bei anderen Problemfeldern, das gilt vor allem für die Frage nach der Entstehung des Koran, nach dem Leben Mohammeds und der frühen Islamgeschichte, werden traditionelle wissenschaftliche Positionen kritisch befragt und weitergehende Vorschläge gemacht; denn trotz einer langen muslimischen Theologiegeschichte und einer mehr als hundertjährigen Forschung der westlichen Islamwissenschaften sind die historischen Zusammenhänge um die Entstehung und die frühe Geschichte des Islam nur in einer nicht zufriedenstellenden Weise geklärt.

Meist wird der Gang der Entwicklung so nachgezeichnet, wie er, sehr detailliert, in den muslimischen Traditionen dargestellt wird, die erst mehr als zweihundert Jahre nach den Ereignissen schriftlich fixiert wurden. Eine solche Vorgehensweise mag damit zusammenhängen, daß die islamwissenschaftliche Forschung vor allem philologisch orientiert, vielleicht auch, wie *Julian Baldick* meint, seit dem Ersten Weltkrieg in extremer Weise überspezialisiert ist[1] und kaum einmal historisch-kritische Fragestellungen berücksichtigt. Wer sich von der christlichen Theologie oder den Geschichtswissenschaften her mit den Ergebnissen der Koranforschung oder mit wichtigen Etappen der frühen Islamgeschichte beschäftigt, hat Probleme damit, z.B. das komplexe und disparate Gebilde Koran *einem* Verkündiger zuzuschreiben oder etwa das Leben Mohammeds von zweihundert Jahre jüngeren und weithin legendarischen Zeugnissen her zu rekonstruieren.

Der Verfasser dieser Studie ist weder Orientalist noch spezialisierter Islamforscher, sondern Theologe und Religionswissenschaftler, also in bezug auf

---

[1] Julian Baldick, Early Islam, in: Peter Clarke (Hrsg.), The World's Religions: Islam, London [1]1988, [2]1990, 9.

den Islam „Generalist“. Dies bringt das nicht unbeträchtliche Manko mit sich, daß er für viele Fragen auf Sekundärliteratur angewiesen ist und Primärquellen weithin in europäischen Übersetzungen nutzt. Aber dieser Umstand verhindert vielleicht auch bestimmte Engführungen und kann den Blick für kritische Anfragen öffnen.

Wenn im Text auf Suren oder Verse des Koran Bezug genommen wird, werden diese oft im Wortlaut – nach der leicht zugänglichen Übersetzung von *Rudi Paret* – abgedruckt, weil nicht jeder Leser über eine Koranübersetzung verfügt; auf diese Weise kann er einen kleinen Einblick in die Art der Sprache und Argumentation des Koran gewinnen.

Die Umschrift arabischer Namen und Begriffe folgt im allgemeinen heute gebräuchlichen Transskriptionsregeln; der Lesbarkeit halber wird auf die Wiedergabe von Sonderzeichen einer Transliteralisation über oder unter den Buchstaben auch dann verzichtet, wenn Umschriften arabischer Begriffe aus Zitaten stammen, die sie im Original, in englischer oder deutscher Umschrift, bieten.

Frau Dr. Ulrike Stölting, Wissenschaftliche Assistentin an meinem Lehrstuhl, danke ich, daß sie das materialreiche und komplexe Kapitel „11. Mystik bzw. Sufik im Islam“ zu dem Buch beigesteuert hat, Herrn stud. phil. Michael Federkeil für seine Literaturrecherchen, sein genaues Korrekturlesen und die Zusammenstellung des Literaturverzeichnisses, Frau Elisabeth Junk für die Erstellung und Formatierung des druckfertigen Textes, wobei noch einmal eine Fülle von zeitaufwendigen Verbesserungen erforderlich war, sowie für die Erarbeitung des Personenregisters. Auf ein Sachregister wurde verzichtet, weil es sehr umfangreich geworden wäre und die mit dem Verlag vereinbarte Seitenzahl dann weit überschritten hätte.

Saarbrücken, Mai 2000

Aber sie (Ungläubige) haben kein Wissen darüber. Sie gehen nur Vermutungen nach. Aber Vermutungen helfen hinsichtlich der Wahrheit nichts (S. 53,28 c)

1. Vorbemerkungen

1.1 Die islamische Welt heute

Der Begriff „Islam" ist vom arabischen Verb „aslama", „sich (Gott) hingeben" bzw. einfach „glauben", abgeleitet. „Islam" bezeichnet also die Hingabe oder den Glauben an Gott; „Muslim" (Moslem) ist eine Partizipialform: „der, der sich (Gott) hingibt". Im Koran scheinen die entsprechenden Vokabeln meist noch im unspezifischen Sinn, nur an wenigen Stellen zur Kennzeichnung der Religionszugehörigkeit gebraucht zu sein. Adressat der Hingabe ist natürlich Gott, und zwar der personal vorgestellte Gott auch des Judentums und Christentums; so ist der Islam die *dritte* große monotheistische Religion.
Zum Islam bekennen sich mehr als 1 Milliarde Menschen, rund 20% der Weltbevölkerung, und so ist er zahlenmäßig, nach dem Christentum, die zweitgrößte Glaubensgemeinschaft. Seit unserem 7., dem muslimischen 1. Jahrhundert breitete er sich in einer explosiven Art in Arabien, dann im Vorderen Orient aus, griff nach Nordafrika und Südwesteuropa (Iberische Halbinsel, Südfrankreich), später durch die Türken auch nach Südosteuropa über. Seit dem 8. Jahrhundert fand er auch im asiatischen Raum Anhänger, und heute lebt die Mehrheit der Muslime in Asien. Darüber hinaus missionierte er auch nach Süden, in Schwarzafrika. Vor allem in Asien und Schwarzafrika rivalisieren gegenwärtig christliche und muslimische Mission miteinander.
Die Mehrheit der Muslime lebt heute in 46 Staaten, die sich – was immer das heißt – als „islamisch" bezeichnen; zwei von ihnen, Iran und Sudan, gelten z.Zt. als Staaten mit einer fundamentalistischen Regierung; aber auch die Regierungen vieler anderer Staaten, wie z.B. Saudi-Arabien, Mauretanien oder Libyen, sind zumindest für den Außenstehenden nicht weit von einem Fundamentalismus entfernt.
Die islamischen Gesellschaften lassen sich – vereinfacht – drei kulturellen Ausprägungen zuordnen: Erstens dem *arabischen Islam*, der heute „nur" rund 180 Millionen Menschen (also rund 15% der „Umma", der Glaubensgemeinschaft) umfaßt, zweitens dem sog. *Indo-Islam*, zu dem bevölkerungsreiche Staaten wie Pakistan, Bangladesh, Indonesien – aber auch die rund 100 Millionen Muslime in Indien selbst – gehören, drittens schließlich dem *Afro-Islam*, unter welchem Begriff man den Islam in schwarzafrikanischen

Staaten zusammenfaßt. Für die Zuordnung der muslimischen Bevölkerungen in den asiatischen Nachfolgestaaten der früheren Sowjetunion, die nicht alle so einfachhin zum Kreis des indischen oder arabischen Islam gehören, gibt es noch keinen befriedigenden Vorschlag.
Durch die Zuwanderung in die industrialisierten Länder der „Ersten Welt" ist darüber hinaus der Islam dabei, in vielen Ländern Europas und auch in Nordamerika die Religion starker und wachsender Minderheiten zu werden. Überall werden Moscheen gebaut, es gibt islamische Schulen, und in manchen deutschen Bundesländern ist ein islamischer Religionsunterricht auch an staatlichen Schulen nicht mehr allzu fern.
So wird der Islam eine Größe, mit der sich auch hierzulande jeder auseinandersetzen muß. Dies gilt vor allem für Theologen und künftige Religionslehrer. Diese Auseinandersetzung ist schwierig, einmal aus historischen Gründen, zum anderen wegen des gegenwärtigen Erscheinungsbildes des Islam in der westlichen Welt.

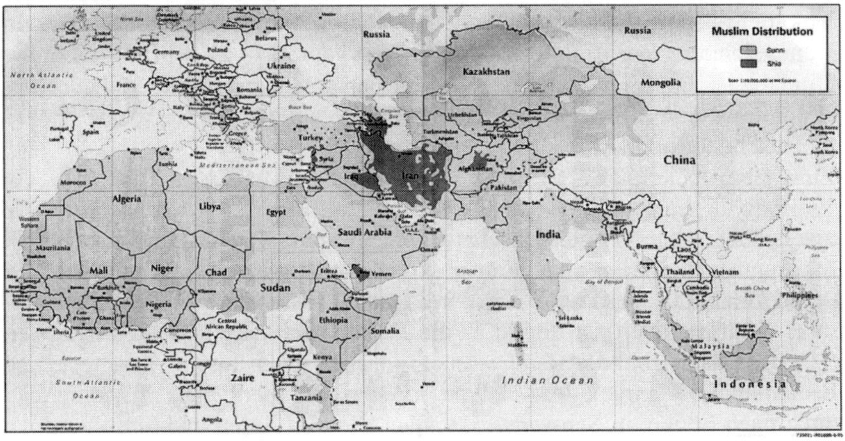

1.2 Eine historische Belastung

Historisch steht einer unvoreingenommenen Begegnung eine mehr als tausendjährige Geschichte gegenseitiger Bedrohung im Weg: Die Expansion des Islam seit dem 7. Jahrhundert war zugleich mit der Etablierung militärischer und politischer Macht verbunden, zerstörte oder bedrohte somit Provinzen, später das gesamte byzantinische Reich und wurde in Nordafrika und Spanien, zeitweise sogar bis Südfrankreich hinein und auf dem Balkan, auch für das Abendland eine Gefahr. Durch die Kreuzzüge des 11. bis 13. Jahrhunderts sahen sich umgekehrt die Muslime in Gebieten, die mittlerweile die ihren waren, angegriffen.

Die politisch-militärische Auseinandersetzung war begleitet von religiösen Emotionen und bezog von der Religion her ihre tiefste Motivation. So war es selbstverständlich, daß die Muslime in den Christen „Ungläubige" sahen, die Christen umgekehrt im Islam eine häretische Strömung, in der das Niveau der biblischen Gotteserfahrung, Ethik usf. nicht beibehalten wurde. Noch für *Martin Luther,* Zeitgenosse der Türkenkriege, ist Mohammed schlicht der Antichrist und der Islam eine Gesetzesreligion.

Trotz dieser Feindschaft hat das Abendland viel von den zunächst höher entwickelten muslimischen Kulturen übernommen, vom Burgenbau und medizinischen Fertigkeiten bis zur Mathematik. Im 12. Jahrhundert gab es sogar erste Versuche, den Islam besser kennenzulernen. *Beda Venerabilis* (gest. 1156) ließ von *Robert von Ketton 1143* erstmals den Koran ins Lateinische übersetzen, und bald wurden in Europa – über Sizilien und vor allem Spanien – auch Werke großer muslimischer Philosophen, vor allem des *Avicenna* und *Averroës*, bekannt, die den Islam mit den Mitteln griechischer Philosophie reflektierten. Durch diese muslimische Vermittlung lernten die Europäer auch die Werke des *Aristoteles* kennen, die in der Hochscholastik, vor allem durch *Albertus Magnus* und *Thomas von Aquin,* rezipiert wurden.

Kurz nach *Luthers* Tod wurde die genannte lateinische Koranübersetzung erstmals gedruckt und seitdem in verschiedene Landessprachen – ins Italienische, Holländische und, 1616, ins Deutsche übersetzt. Wenn es seit dem Spätmittelalter auch hin und wieder Kurse für Arabisch gab, blieb eine genauere Beschäftigung mit dem Islam aus, und besonders im 16. und 17. Jahrhundert bewirkte die Expansion der Türken eine neue polemische Abgrenzung.

Erst als sich mit der Abwehr der Belagerung Wiens 1683 die „Türkengefahr" verminderte – eine militärische Großmacht blieb die Türkei aber noch bis in das 20. Jahrhundert –, ließ die Polemik nach. Die europäische Aufklärung brachte Versuche mit sich, den Islam und seine Kultur besser zu verstehen und ihn nicht nur abwertend zu beurteilen (vgl. *Lessings* Nathan der Weise, vor allem die Ringparabel). 1730 wurde in Frankreich erstmals eine Biographie Mohammeds publiziert *(Henri de Boulainvilliers),* und im gleichen Jahrhundert der Koran – nun aus dem Urtext – ins Englische und ins Deutsche übersetzt.

Erst im 19. Jahrhundert aber kam es – im Zuge der Entstehung der Geschichtswissenschaften – zu einem neuen Interesse an allen möglichen Religionen und so auch am Islam. In der zweiten Hälfte des 19. Jahrhunderts bildete sich an Universitäten die Islamkunde als ein eigenes Fach aus, und es wurden die ersten großen Schritte zur historisch-kritischen Erforschung des Islam gegangen.

Allerdings blieb auch in dieser Zeit das Verhältnis von Christentum und Islam problematisch. Die europäischen Kolonialmächte dehnten ihre Macht immer weiter aus, und so gerieten im Lauf der Zeit auch alle islamischen Länder unter europäische Vorherrschaft. Die kolonialistische und imperialistische Politik Europas war getragen auch von einem Bewußtsein, zivilisatorisch, kulturell und religiös allen anderen Gesellschaften, Kulturen und Religionen überlegen zu sein und so mit Recht über sie die Herrschaft auszuüben. Es fiel Europa schwer, die humanen Werte in fremden Kulturen und Religionen wahrzunehmen, anzuerkennen und als Herausforderung für das eigene Denken zu verstehen. Es fand kein Dialog statt, versucht wurde vielmehr ein Export der eigenen Auffassungen – von der Religion bis zur Ökonomie.

Eine Wende trat erst ein mit der Entkolonialisierung im Gefolge der beiden europäischen Weltkriege. Die militärische und ökonomische Schwächung Europas ließ die Kolonialreiche zerfallen, zuletzt konnte sich das muslimische Algerien selbständig machen. Mehr aber noch bewirkte ein Bewußtseinswandel in Europa: Die Grausamkeiten der Weltkriege hatten die Überzeugung von der kulturellen und humanen Überlegenheit Europas erschüttert. Man fing an, auch in anderen Kulturen und Religionen Werte und Positives zu entdecken. Diese Entwicklung kam auch einer größeren Unvoreingenommenheit dem Islam gegenüber zugute.

Leider aber ist diese z.Zt. wieder in Gefahr, von neuem abschätzigen Bewertungen zu weichen. Der Grund wird – nicht zu Unrecht – vor allem in dem Erstarken fundamentalistischer Bewegungen in vielen muslimischen Ländern gesehen, obwohl deren Entstehung weithin auch als Reaktion auf eine allzu schnelle Europäisierung und somit kulturell-religiöse Überfremdung verstanden werden kann. Es bleibt aber die Tatsache, daß uns in den radikalen Moslemgruppen eine Mentalität und vor allem ein Verhalten begegnen, die Angst hervorrufen und – insoweit diese Gruppen auch in den muslimischen Minderheiten hierzulande Anhang finden – bedrohlich werden können.

Vielleicht aber ist die tiefere Wurzel für ein Empfinden der Fremdheit dem Islam gegenüber darin zu sehen, daß die muslimischen Gesellschaften seit dem Mittelalter lange Phasen der Stagnation durchlaufen haben, so daß es in ihnen keine Aufklärung und keine Säkularisierung gab. So tritt uns im heutigen Islam eine Religion entgegen, deren Lebensformen und Rechtsanschauungen zumindest weithin von vorindustriellen und voraufgeklärten Rastern geprägt sind; es fehlt eine kritische Differenzierung zwischen Politik und Gesellschaft auf der einen und Religion auf der anderen Seite, zwischen religiöser Ethik und staatlichem Recht, es gibt noch keine – zumindest im Binnenraum des Islam vertretene – Unterscheidung zwischen historisch-sozialer Bedingtheit und bleibendem Fundament usf.

Zwischen Islam und Christentum gibt es also nicht nur eine religiöse Divergenz; vor allem die kulturelle und auch epochale Andersartigkeit scheint Grund für die gegenwärtige Fremdheitserfahrung zu sein. Vielleicht kann hierbei ein gelegentlicher Blick in die eigene christliche Vergangenheit, etwa ins Mittelalter, helfen, als auch bei uns die Unterscheidung zwischen Gesellschaft und Religion noch kaum entwickelt war, als auch hier das Strafrecht

Verstümmelungen und Folter kannte und die Frau ähnlich diskriminiert in der Gesellschaft plaziert war.
Kurz: Die Geschichte der Gemeinsamkeiten und des Gegeneinanders von christlichen und muslimischen Gesellschaften macht es nicht leicht, einen unvoreingenommenen Blick auf den Islam (und umgekehrt: einen ebensolchen muslimischen Blick auf das Christentum) zu gewinnen. Im folgenden soll versucht werden, das z.Zt. verfügbare Wissen über den Islam zu erarbeiten und kritisch zu sichten. Hierbei soll es nicht um Werturteile o.ä. gehen, sondern um ein *historisches Verstehen* des Phänomens Islam.

2. Das vorislamische Arabien

Wie jede Religion, die irgendwo auftritt, hat auch der Islam seine Vorgeschichte, ohne die er nicht zu verstehen wäre. Er ist entstanden auf der arabischen Halbinsel auf dem Boden der dortigen Kulturen und ihrer religiösen Auffassungen. Diese aber sind nur ungenau bekannt, und erst neueste Untersuchungen lassen einige Konturen, die oft aber frühere Selbstverständlichkeiten in Frage stellen, erkennen. Was in der islamwissenschaftlichen Literatur über das vorislamische Arabien ausgeführt und im folgenden – unter Vorbehalt – wiedergegeben wird, kann sich meist nur auf spätere muslimische Quellen berufen, die nicht nur eine zeitliche Distanz zu den damaligen Verhältnissen aufweisen, sondern meist auch tendenziös sind; sie wollen die Neuerungen des Islam auf dunklem Hintergrund positiv erscheinen lassen. Es gibt nach neuestem Erkenntnisstand so gut wie keine relevanten vorislamisch-arabischen Belege: „Kaum eine Handvoll kurzer, graffito-artiger Inschriften sind historisch bestimmbar“[2].

2.1 Die arabische Halbinsel

Das Leben auf der Halbinsel wird von drei klimatischen Zonen geprägt: Im Norden gibt es eine Steppenlandschaft, deren Vegetation zwar karg ist, aber doch eine Weidewirtschaft und den Unterhalt z.T. großer Herden ermöglicht; das Zentrum besteht aus Wüste, hin und wieder von fruchtbaren Oasen unterbrochen; an einigen Stellen der Westküste und vor allem im Süden, im heutigen Jemen, war und ist Ackerbau möglich. Seßhafte, bäuerliche (fellachische) Araber gab es: am Nordrand (Nabatäer, östlich des Totes Meers), Palmyrener (zwischen Aleppo und Euphrat) und an den Süd- und Südwestküsten Arabiens (Jemen).[3]
Die Masse des Landes war von nomadischen, z.T. auch halbseßhaften Stämmen, Beduinen, besiedelt, die von ihren Herden und von Handelsgeschäften lebten. Außer in Mekka und Jathrib „schlugen sich die Araber in dem endlosen Wüstengebiet mit dem aufreibenden Beduinenalltag herum, gemäß dem rudimentären Wirtschaftssystem der Wanderhirten aller Zeiten und Länder. Sie zerfielen in zahllose Stämme, Sippschaften, Untergrüppchen, hatten

---

[2] Hans-Caspar Graf von Bothmer, Die Anfänge der Koranschreibung: Kodikologische und kunsthistorische Beobachtungen an den Koranfragmenten in Sanaa, in: Hans-Caspar Graf von Bothmer, Karl-Heinz Ohlig und Gerd-Rüdiger Puin, Neue Wege der Koranforschung, magazin forschung (Universität des Saarlandes) 1/1999, 41.

[3] Vgl. Francesco Gabrieli, Die Araber und der Islam. Eine Konfession und eine Zivilisation, in: Gabriele Crespi, Die Araber in Europa. Mit einer Einführung von Francesco Gabrieli (Italien. Original: Gli Arabi in Europa, Milano 1979, übers. von Konrad Norbert Braun), Stuttgart, Zürich 1983, 8.9.

sich unablässig gegen die lebens- und menschenfeindlichen Unbilden der Wüste ... zu wehren, befehdeten einander kreuz und quer, jagten einander die kargen Weidegründe ab ... Abhold jeglicher gesellschaftlichen Organisationsform größeren Stils und Umfangs, die über die Borniertheit hergebrachter stammesmäßiger Gefühlsbindungen an den jeweiligen Clan hinausgegangen wäre, waren sie in ihrer überwiegenden Mehrheit auch verstandesmäßig einfach unfähig, sich zu Staaten zusammenzuschließen ... Sozusagen infiziert durch angrenzende höher organisierte Staatswesen, gab es jedoch zeitweise, jeweils im Embryonalzustand, ein paar Pufferstäätchen am Rande des arabischen Volksbodens ...“[4]. Einiges spricht dafür, daß viele Stämme teilweise seßhaft waren, während die übrigen Mitglieder nomadisch lebten, und daß es zwischen beiden Lebensformen einen Austausch gab. Eine gewisse Ausnahme stellt die Stadt Mekka dar, die von seßhaften Stämmen bewohnt und ein Handelszentrum war.

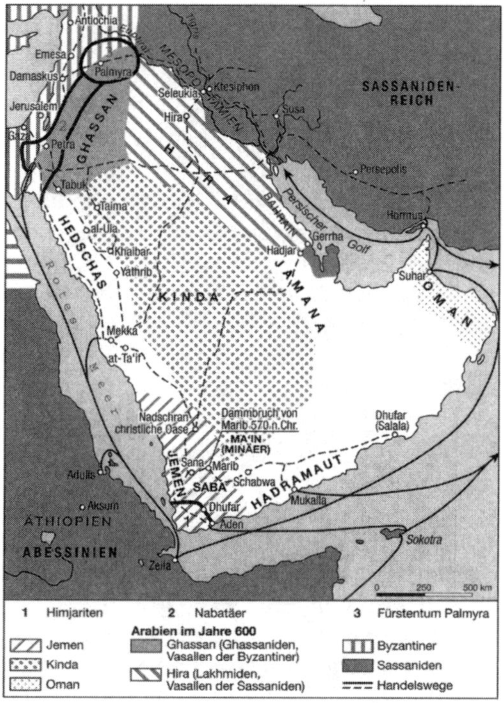

Vor allem im Süden, im heutigen Jemen, gab es seit dem Beginn des ersten Jahrtausends v. Chr. Ackerbaukulturen, die ähnlich aufgebaut waren wie im Vorderen Orient: Sie waren Stadtstaaten mit Königen, Adel, Priestertum, Handwerkern und Bauern; ab 800 v. Chr. sind erste Inschriften bekannt.

Dabei muß aber bedacht werden, „daß die arabische Halbinsel im Vergleich mit heute wahrscheinlich einen verhältnismäßig großen Wohlstand hatte. Dieses Riesengebiet war damals ... viel kultivierter, als es in unserer Zeit der Fall ist ... Man nimmt an, daß in jener Zeit ein viel intensiverer Gebrauch von Quellen, den unterirdischen Wasserläufen und den Teichen gemacht wurde, die es noch gab, und die ... Landwirtschaft möglich machten“[5].

---

[4] F. Gabrieli, ebd. 9.

[5] J. Brugmann, Ursprung des Islam und seine Entwicklung als eine Gemeinschaft, in: Geschichte des Islam (Christentum und Islam, Heft 22; hrsg. von Willi Höpfner), Wiesbaden und Breklum 1971, 30.

Kontakte mit der Außenwelt hatte die arabische Halbinsel durch die Seefahrt vor allem entlang der Westküste; dort gab es einen Küstenhandel, der mit kleinen Schiffen, oft in Sichtweite des Ufers, betrieben wurde. Auf dem Landweg brachten Karawanen Waren von und nach Ägypten, Palästina und Mesopotamien; besonders nach Südsyrien bestanden enge Verbindungen.

2.2 Die religiöse Situation

In den Ackerbaugebieten Arabiens sahen die religiösen Anschauungen ähnlich aus wie etwa im kanaanäischen Raum. Wie in allen frühen Hochreligionen verehrte man eine Reihe von Göttinnen und Göttern, daneben aber auch weitere dämonische Mächte. Es gab prachtvolle Tempel mit Priestern, die dort einen Opferkult betrieben. Der Kult selber war vom Ackerbau geprägt, d.h. im Mittelpunkt standen Vegetationsriten, die die Fruchtbarkeit der Äcker gewährleisten sollten. Unter den Ackerbaufesten war wichtig der jährlich vollzogene Ritus der heiligen Hochzeit *(Hieros Gamos):* Zu Beginn der Aussaat sollte Fruchtbarkeit dadurch bewirkt werden, daß sich eine Priesterin einer Fruchtbarkeitsgöttin mit dem König, der als Vertreter einer männlichen Gottheit fungierte, geschlechtlich vereinigte – ein im Alten Orient zu Beginn der Frühlingszeit sehr verbreiteter Ritus.

Bei der weitaus größten Mehrheit der Bevölkerung, bei den Nomaden, war ein Polytheismus mit hochreligiösen Zügen verbreitet; es gab also unterschiedliche personale Gottheiten, die als mächtige Herrscher oder überhöhte Stammesführer aufgefaßt wurden. Religiös kann man von einem „Polydämonismus“ sprechen: „eine Unmenge von ... Götzenbildern, jeweils meist bloß an einzelne Stämme, Clans, Völkerschaften gebundene (...) Stammesgötter und -götzen geisterten umher, und ihre Abbilder ... standen als Idole aus dem ganzen Land in der *Kaaba* von Mekka versammelt und friedlich vereint. Der vage Begriff von einer obersten höchsten Gottheit, einem Allâh oder einem sonstigen monotheistischen schlechthin Einzigen Gott spukt unter den heidnisch vormohammedanischen Arabern zwar schon nebulös herum, ist aber noch kaum theologisch durchdacht ... Einen präzisen Glaubensinhalt, wonach die Seelen der Verstorbenen in einem Jenseits weiterlebten, gab es noch keineswegs. Daher bestand das religiöse Leben der heidnischen Araber ausschließlich in der Praktik solch schlichter Riten, ... in einer höchst massiven, handfesten Diesseitigkeit ...“[6].

Dieser Polytheismus war nicht sehr ausdifferenziert und kannte zusätzlich viele primitiv-religiöse Vorstellungen. Man glaubte an Geister *(Dschinns)*, mächtige Wesen unsichtbarer Art, die zwischen den Göttern und den Menschen standen und sowohl gut wie schlecht wirken konnten; sie waren für das tägliche Leben sehr wichtig, weil sie einen großen Einfluß hatten und für die

---

[6] F. Gabrieli, Die Araber und der Islam, a.a.O. 9.10.

Menschen oft die „nähere Instanz“ darstellten. Darüber hinaus wurden seltsame Naturphänomene – heilige Quellen, Bäume oder auch auffallende Steine – verehrt. Ein Relikt dieses Steinkultes ist die Verehrung der *Kaaba,* eines würfelförmigen Tempels, in Mekka, in dessen Außenwand zwei Meteoritenstücke eingemauert sind. Das war wohl der Grund dafür, daß schon im vorislamischen Arabien Mekka Zentrum eines Kultes gewesen ist, der sich um diese Steine herum entfaltet hatte.

Das Leben der Stämme war wohl von nomadischen Werten und Regeln geprägt, wie man sie auch aus vergleichbaren Kulturen kennt. Zu diesen gehörten insbesondere: Freigiebigkeit, Gastrecht, die Gültigkeit von Bundesschlüssen, also von Verträgen, die man ausgehandelt hat, aber auch sonstige Momente nomadischer Überlieferung wie das *ius talionis* („Auge um Auge ...“, die Blutrache u.ä.).

In der nomadisch-patriarchalischen Bevölkerung waren die Frauen den Männern zwar generell untergeordnet. Es gab sogar eine drastische Mißachtung der Frau: Väter durften ein weibliches Kind nach seiner Geburt töten, wenn sie fürchteten, zu viele Töchter zu haben oder sie nicht mehr ernähren zu können; aber davon abgesehen brachte es die nomadische Lebensform wohl mit sich, daß die Frauen einigermaßen in das Stammesleben integriert waren und nicht separiert von den Männern lebten; einige sollen gelegentlich – trotz verbreiteter Polygamie – verantwortliche Funktionen übernommen haben.[7]

Die Beduinen kannten kein Priestertum. Den Kontakt mit den Göttern gewährleisteten, wie in vielen frühen, noch nicht differenzierten Gesellschaften, die Sippenoberhäupter. Darüber hinaus erwies es sich hin und wieder als nötig, mit Geistern, die das tägliche Leben beeinflussen konnten, Kontakt aufzunehmen. *Kahin,* also eine Art von „Propheten“, stellten die Verbindung zu den Geistern her. Sie wurden befragt, wenn in einem Stamm wichtige Dinge zur Entscheidung anstanden, etwa wohin man auf der Suche nach Weideland ziehen oder ob man mit einem Nachbarstamm Krieg führen oder Frieden schließen solle; darüber hinaus sollten sie in allen wichtigen Sippenangelegenheiten bis hin zu Hochzeiten u.ä. Ratschläge geben. Zu diesem Zweck versetzten sich die Kahin in Ekstase und gaben in diesem Zustand, wie alle Seher, dunkle Sätze von sich, die man dann interpretieren konnte und mußte; für diese Orakel wurden sie bezahlt.

Im 6. Jahrhundert gelang es einer Ortschaft im Inneren des Landes, der Stadt Mekka, eine größere Rolle zu spielen. Die besondere Rolle ist begründet in dem Kult, der sich um die Kaaba herum entwickelt hat. Ursprünglich ein Steinkult ohne besondere theologische Begründungen, wurde er später mit

---

[7] So Irmhild Richter-Dridi, Frauenbefreiung in einem islamischen Land – ein Widerspruch? Das Beispiel Tunesien, Frankfurt 1981, 34: „In der vorislamischen Zeit gab es auch Frauen, die als Richterinnen auftraten, und Frauen, die sich sogar zu Führerinnen von ganzen Stämmen aufschwingen konnten“. Allerdings gibt die Autorin keinen Hinweis auf Belege. Vgl. hierzu u. 7.1.

bestimmten mekkanischen Gottheiten, vor allem drei Göttinnen[8], *al-Lat, al-'Uzza* und *Manat,* verbunden. So entstanden, zunächst im engeren Umfeld, bald aber immer weiter, über die ganze arabische Halbinsel hinweg, ausgreifend, jährliche Wallfahrten zu diesem Heiligtum. Dort angekommen, mußte man in einem bestimmten Ritus die Kaaba umschreiten, vorgeschriebene Opfer darbringen usw. Im Lauf der Zeit kam im Umfeld der Kaaba und Mekkas eine Reihe kleinerer Heiligtümer dazu, die in die Riten einbezogen wurden. Die Wallfahrten fanden zu einer ganz bestimmten Zeit statt, und so waren sie bald auch ein Treffpunkt der Stämme und eine Gelegenheit, Waren auszutauschen, zu kaufen und zu verkaufen; Mekka wurde mit der Zeit ein immer stärker wachsendes Handelszentrum.
Dieser Handel wurde begünstigt durch eine Einrichtung, die wir auch aus dem christlichen Mittelalter kennen (unter dem Begriff *treuga dei*), nämlich einen religiös begründeten Frieden: In der Wallfahrtszeit war es verboten, kriegerische Handlungen vorzunehmen; Zuwiderhandlungen galten als Sakrileg und wurden hart bestraft. Diese Fest- und Friedenszeit dauerte zur Zeit Mohammeds vier Monate. Mekka wurde so eine für die dortigen Verhältnisse große Stadt, und sie wurde, eine Sonderform im arabischen Kontext, nicht von einem König, sondern von angesehenen Kaufleuten geleitet, die eine Art Aristokratie oder Oligarchie bildeten.

2.3 Anzeichen eines bevorstehenden Umbruchs?

Es gab in der Zeit vor Mohammed offensichtlich schon ein gewisses Ungenügen mancher Kreise an der traditionellen Religion. Das sieht man daran, daß an sehr viele konkrete Gottesnamen die Silbe Al-ilah (= „der Gott", kontrahiert: Allah) angefügt wurde. Dies scheint darauf hinzudeuten, daß viele Anhänger dieser Hochreligion mit dem Polytheismus nicht mehr ganz zufrieden waren und es für notwendig befanden, auf die Gemeinsamkeit all dieser Götter, auf ihr Gottsein, hinzuweisen. Allerdings muß beachtet werden, daß die Quellenlage für diese These sehr fraglich ist.
Darüber hinaus gab es schon vor Mohammed Leute, die als Gottsucher, *Hanifen,* bezeichnet wurden; sie waren Einzelkämpfer, „enthusiastische, fanatisch religiös inspirierte prophetische Männer ...", die „höchstwahrscheinlich vom Hörensagen" vom Monotheismus (des Judentums und Christentums) inspiriert waren[9]; sie zogen sich aus ihrem Alltag zurück in die Einsamkeit der Steppe oder Wüste, um dort auf ihre Weise den *einen* Gott zu suchen. Allein die Tatsache, daß es Menschen gab, die aus der traditionellen Religion, aus ihren bisherigen Verhältnissen ausbrechen wollten, um etwas

[8] Diesen scheint eine ältere Fassung des Koran noch eine gewisse Funktion zuerkannt zu haben (die „satanischen Verse"); vgl. hierzu u. 5.1.
[9] F. Gabrieli, Die Araber und der Islam, a.a.O. 10.

Neues zu suchen, könnte zeigen, daß die arabische Religion im späten 6. und im 7. Jahrhundert wohl in einem Stadium war, wo sie ersetzt oder durch neue Ideen erweitert werden mußte.
Diese Vermutung könnte noch gestützt werden durch die Wortbedeutung von *Hanif*, das so viel wie „Abgeschnittener", „Abgesonderter" bedeutet und so eine Nähe zur byzantinischen Bezeichnung von Apostaten oder Häretikern kennt. Waren die Hanifen vielleicht häretische Christen oder aber arabische „Heiden", die in Distanz zur traditionellen Religion standen und analog zu christlichen Phänomenen benannt wurden? Vielleicht wäre die arabische Halbinsel christlich geworden, wenn es Mohammed nicht gegeben hätte.

2.4 Judentum und Christentum in Arabien

Die arabische Halbinsel war ringsum von christlichen Gesellschaften umgeben: im Westen Ägypten, im Nordwesten das Byzantinische Reich, im Nordosten das ebenfalls weithin christliche Mesopotamien. Auch im arabischen Raum selbst gab es vor Mohammed schon religiöse Fremdeinflüsse; jüdische und christliche Vorstellungen waren bekannt und wurden in den Randzonen von größeren und kleineren Gruppen gelebt. Seit der Zerstörung Jerusalems im Jahre 70 n. Chr. wurden Juden in nicht unerheblicher Zahl aus Palästina vertrieben oder wanderten aus; sie suchten eine neue Heimat in allen möglichen Gebieten, darunter auch entlang der Küste Arabiens. Viele ließen sich in der Nähe dieser westlichen Karawanenwege und Schiffahrtsstraßen nieder; sie paßten sich in ihren Lebensformen ihrer Umgebung an und organisierten sich wie die umwohnenden Araber in Stammesstrukturen, hielten aber an ihrer alten Religion fest.
In größerer Zahl lebten Juden im heutigen Jemen und in *Jathrib,* dem späteren *Medina.* Zeitweise gelang es den Juden in vorislamischer Zeit sogar, einige kleinere Reiche zu bilden und im engeren Umfeld ihrer Siedlungsgebiete auch Proselyten zu gewinnen. Für eine sachgerechte Würdigung ihres Einflusses auf die Entstehung und die Frühzeit des Islam ist allerdings zu berücksichtigen, daß im zentralarabischen Raum kaum Juden gewohnt zu haben scheinen; zwar wird es einzelne dorthin verschlagen haben, aber es gab keine Ethnien, die jüdisch waren, so daß viele heute die These vertreten, daß Mohammed Juden erst nach seinem Umzug nach Jathrib näher kennengelernt habe.
Auch Christen gab es in diesem Raum. Sie waren aus zwei verschiedenen Richtungen nach Arabien gekommen: Einmal aus dem Norden, also aus dem Mittelmeerraum und Mesopotamien; meist handelte es sich um sogenannte häretische Gruppen, die im Gefolge christologischer Auseinandersetzungen dem Druck der oströmischen Kaiser nach Süden auswichen und sich dort niederließen; es muß sich also vor allem um ostsyrische Christen, „Nestorianer", gehandelt haben. Andere kamen aus dem Nordwesten, dem Naba-

täergebiet, und aus dem Westen, aus dem afrikanischen Äthiopien. Dieses alte christliche Kaiserreich war zwar unabhängig von Konstantinopel und deswegen auch im allgemeinen von den dortigen Streitigkeiten nicht betroffen. Aber es kam schon einmal vor, daß die äthiopischen Kaiser politisch in Bedrängnis gerieten; dann suchten sie Hilfe in Byzanz, das als Gegengabe die Vertreibung häretischer Christen verlangte. Diese entzogen sich dem Druck und wanderten nach Arabien. So entstanden christliche Siedlungsgebiete, vor allem im Süden, im heutigen Jemen. Die Christen waren dort weniger zahlreich als die Juden, und beide Gruppen lebten nicht immer friedlich miteinander. Im Jahre 525 schickte der äthiopische Kaiser zum Schutz der Christen ein Heer, so daß die Christen zeitweise die politische Herrschaft erobern und ein christliches Reich errichten konnten. Dieses Reich aber wurde 570 n. Chr. durch zoroastrische Perser zerstört; Südarabien blieb bis zur Eroberung durch muslimische Truppen ein Jahr nach dem Tod Mohammeds, 633, persische Provinz.

Das Christentum war in Zentralarabien, etwa in Mekka, wo Mohammed den größten Teil seines Lebens verbrachte, nicht durch starke Gruppen vertreten. Es gab zwar in Mekka offensichtlich einige Christen, vor allem wohl Sklaven; es ist aber recht unwahrscheinlich, daß sie imstande gewesen wären, gemeindliches Leben zu praktizieren. Arabische Christen lebten auch im Hedschas und in Jathrib[10], spielten aber keine prägende Rolle.

Mircea Eliade meint, daß „zur Zeit Mohammeds die Religion Zentralarabiens nicht durch jüdisch-christliche Einflüsse tangiert zu sein" scheine.[11] *J. Spencer Trimingham* versucht, in einer gründlichen Studie alle Informationen darüber zusammenzutragen, ob und wo es christianisierte *Araber* in vorislamischer Zeit gab.[12] Er geht ein auf die Begegnung arabischer Stämme im mesopotamischen und westsyrischen Raum sowie auf der arabischen Halbinsel mit dem Christentum. Für letztere stellt er fest, daß z.B. auch im Hedschas, in Nordostarabien und im Innern christliche Araber nachweisbar seien; ihre zahlenmäßige Bedeutung läßt er offen. Ohne weitere Differenzierung, welche der im Buch angesprochenen Gruppen gemeint seien, führt er in seinem „Epilogue: The Influence of Christianity upon Arabs"[13] aus, daß nirgendwo eine „indigenous Arab Church" entstanden sei, und zwar auf Grund der Selbstgenügsamkeit des beduinischen Bewußtseins, das für übernatürliche Fragestellungen keinen Raum geboten habe; zudem sei die christ-

---

[10] Vgl. J. Spencer Trimingham, Christianity among the Arabs in Pre-Islamic Times, London, New York 1979, 260: Die Christen in Jathrib „were almost certainly transients, and no Christian organisation ...".

[11] Mircea Eliade, Geschichte der religiösen Ideen, III/1: Von Mohammed bis zum Beginn der Neuzeit (franz. Originalausgabe: „Histoire des croyances et des idées religieuses, III. De Mahomet à l'âge des Réformes", Paris 1983, übers. von CL. Lanczkowski), Freiburg, Basel, Wien 1983, 70.

[12] J.S. Trimingham, Christianity among the Arabs in Pre-Islamic Times, a.a.O.

[13] J.S. Trimingham, ebd. 308–311.

liche Trennung in Klerus und Laien im Stammesleben nicht praktizierbar gewesen.[14]
Aber er nennt einige Stämme, die er für in vorislamischer Zeit christianisiert hält: „The majority of the Kalb certainly acknowledged Christianity. The Kalb were a confederation of tribes ...“[15]. Oder: „The Kinda ruling clan professed Christianity“[16]. Hierbei stützt er sich aber auf Quellenmaterial wie eine angebliche christliche Inschrift an einer Kirche, die von einer arabischen Christin namens *Hind* gestiftet sei.[17] Diese Inschrift aber – die Kirche gibt es nicht mehr – ist nach seinen eigenen Angaben überliefert in einem Werk eines im Jahr 819 verstorbenen arabischen Autors, das selbst auch nicht mehr erhalten, sondern fragmentarisch bei späteren Autoren zitiert ist.[18] Hier stellt sich die Frage, ob solches späte Material überhaupt für historische Fragen noch herangezogen werden kann. In Wirklichkeit ist über das vorislamische Arabien recht wenig bekannt; schriftliche Zeugnisse stammen meist erst aus späterer islamischer Zeit.
Weder vom Judentum noch vom Christentum konnte Mohammed also in Mekka, und vom Christentum auch nicht in Medina, genauere Kenntnisse gewinnen. Dennoch aber wußte man wohl sicher, daß es in der Nähe Angehörige dieser Religionen gab, die *einen* Gott verehren, eine heilige Schrift besitzen und einen Kult praktizieren, der mit einem reinen Wortgottesdienst, also im Unterschied zu den arabischen Praktiken ohne Tieropfer auskam. Diese Ideen dürften im arabischen Raum bekannt gewesen sein und vielleicht Tendenzen zu einem Wandel verstärkt haben, die Mohammed aufgreifen konnte. Insoweit hat sicher die Existenz der beiden monotheistischen Religionen in diesem Raum den religiösen Umbruch, der in der Luft lag, gefördert, ohne daß man aber annehmen müßte, sie hätten die Vorstellungen Mohammeds in Mekka in Einzelheiten geprägt.
Wichtiger für die Festigung des Islam und wohl auch für die Koranredaktion[19] scheint die Tatsache zu sein, daß die Einwohner des Reichs von Palmyra in der Syrischen Wüste mehrheitlich Araber waren, die im Lauf der Zeit das Christentum angenommen hatten.[20] Wahrscheinlich schon im dritten Jahrhundert sind Araber – wohl aus dem ostarabischen Raum – in den Süden des heutigen Irak und der Syrischen Wüste ausgewandert und hatten sich dort niedergelassen. Sie scheinen zuerst das byzantinische Christentum angenommen, später aber – sie lebten im Umfeld ostsyrischer Christen – das syrische Christentum übernommen zu haben. Diese arabischen Christen im Südirak scheinen nach der Eroberung dieses Raums zum Islam übergetreten

[14] J.S. Trimingham, ebd. 308.309.
[15] J.S. Trimingham, ebd. 278.
[16] J.S. Trimingham, ebd. 276.
[17] Der Wortlaut ist, in englischer Übersetzung, abgedruckt bei J.S. Trimingham, ebd. 196.
[18] Vgl. J.S. Trimingham, ebd. 196, A. 108.
[19] Vgl. hierzu u. 4.3.5.
[20] Vgl. u. 4.3.6.

zu sein, wobei sie möglicherweise christliche Stoffe und Vorstellungen in den Islam und den Koran einbrachten.[21]

2.5 Die arabische Sprache und Schrift

Arabisch war die gemeinsame Hochsprache der Stämme. Arabisch gehört zu den semitischen Sprachen (wie z.B. das Hebräische und Aramäische/Syrische), mit denen es viele Wortstämme und grammatische Strukturen gemeinsam hat. Es zeichnet sich durch großen Wortreichtum und eine knappe Syntax aus. Ob es schon im vorislamischen Arabien literarisch bedeutsame Dichtungen gegeben hat, so daß Mohammed ein differenziertes Medium zur Vermittlung seiner Botschaft zur Verfügung stand, ist umstritten.[22] Bisher lassen sich keine Texte mit einiger Sicherheit in die vorislamische Zeit datieren[23], wenn man von einigen wenigen kurzen Inschriften z.B. an Tempeln im südarabischen Raum, im Nabatäergebiet (das alte Midian) und im südlich anschließenden Hedschas, also in Westarabien, absieht.

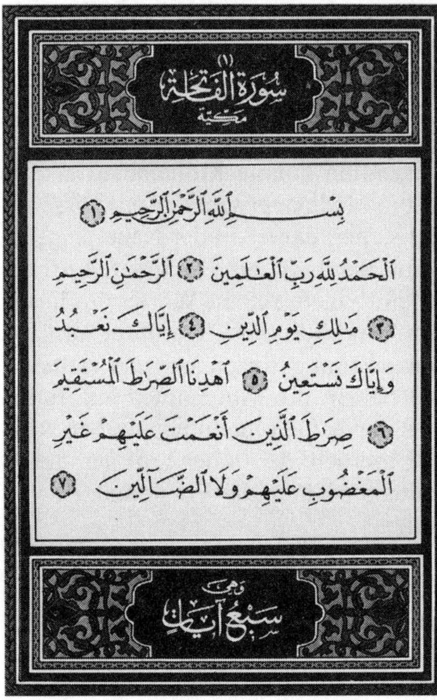
(١)
سورة الفاتحة
مكية
بسم الله الرحمن الرحيم ①
الحمد لله رب العالمين ② الرحمن الرحيم
③ مالك يوم الدين ④ إياك نعبد
وإياك نستعين ⑤ اهدنا الصراط المستقيم
⑥ صراط الذين أنعمت عليهم غير
المغضوب عليهم ولا الضالين ⑦
وهي
سبع آيات

Erst durch den Koran wurde diese Sprache für alle Zwecke religiöser, politischer, kultureller Kommunikation schriftlich dokumentiert und weiterentwickelt. Das Arabische hat im Islam einen zentralen Stellenwert: Während z.B. die Muttersprache Jesu, das Aramäische, sehr schnell im Christentum durch die griechische Umgangssprache ersetzt wurde (Paulus z.B. schreibt schon wenige Jahre nach dem Tod Jesu seine Briefe in Griechisch, und später überlieferten

[21] Vgl. u. 4.3.6.

[22] Schon in den frühen 20er Jahren dieses Jahrhunderts kam der ägyptische Minister und Universitätsprofessor Taha Hussein, der sich intensiv mit der „vorislamischen" arabischen Poesie beschäftigte, zu der Erkenntnis, „that much of that body of work had been fabricated well after the establishment of Islam" (Toby Lester, What is the Koran?, in: The Atlantic Monthly, Januar 1999, 56). Vgl. auch u. 4.3.5.1.

[23] Vgl. Alphonse Mingana, Syriac Influence on the Style of the Kur'an, in: Bulletin of the John Rylands Library, Manchester 1927, 77: „I believe that we have not a single page on which we can lay our hands with safety and say that it is pre-islamic".

auch die Evangelien die Worte Jesu in der griechischen Umgangssprache), gilt Arabisch im Islam als *die* Wortgestalt der göttlichen Offenbarung; es ist verboten, den Koran im Kult in den jeweiligen Muttersprachen zu rezitieren. Bis heute ist das Koran-Arabisch die Hochsprache, die alle arabischen Muslime von Marokko bis zum Irak verbindet, trotz der Ausbildung von Dialekten. Die grammatische Struktur blieb in etwa unverändert; die Sprache ist so flexibel, daß auch modernste Sachverhalte wiedergegeben werden können.
Die arabische *Schrift* hat „keine nennenswerte vorislamische Geschichte“[24]. Zu ihren vollen Formen wurde sie erst im Zuge der Koranschreibung aus der aramäischen Schrift entwickelt. Der älteste Schrifttyp für die Aufzeichnung des Koran (zweite Hälfte des 7. und bis zum 8./9. Jahrhundert) ist das *Hidschasi,* benannt nach der an Mekka und Medina angrenzenden Region Hedschas. Wie Inschriften vor allem im Norden Westarabiens zeigen, war sie schon Jahrhunderte vor dem Auftreten Mohammeds entwickelt worden. Es ist allerdings unklar, ob sie in dieser Region ihren Ursprung hat; möglich wäre auch ihre Entstehung im südostsyrischen Raum – in der Gegend um die Stadt *Hira.* Seit dem Ende des 7. Jahrhunderts wurde neben dem Hidschasi das quadratische *Kufi* benutzt, aus unbekannten Gründen benannt nach der Stadt *Kufa*[25]. Beide wurden später von der „heutigen“ arabischen Schrift abgelöst.
Diese Schrift wird, wie ihre beiden Vorformen, von rechts nach links geschrieben und kennt 28 Buchstaben, die – bis auf den ersten, „a“ (auch dieser Buchstabe ist ursprünglich ein konsonantischer Anlaut) – lediglich Konsonanten wiedergeben; die drei Vokale a, i, u werden durch kleine Zeichen, lange Vokale im späteren Arabisch auch durch Konsonantenzeichen ausgedrückt; da es weniger Zeichen als Konsonanten gibt, müssen diakritische (unterscheidende) Punkte über oder unter die Buchstaben gesetzt werden, damit sie eindeutig lesbar sind; so kann z.B. das (identische) Zeichen b, t, th, n und y ohne diakritische Punkte alle fünf Konsonanten bedeuten. Die Buchstaben werden je anders geschrieben, wenn sie isoliert, am Anfang, in der Mitte oder am Ende eines Wortes stehen; gleichzeitig zeigen sie Zahlenwerte an.

---

24 H.-C. Graf von Bothmer, Die Anfänge der Koranschreibung, a.a.O. 41.
25 Vgl. u. 4.3.5.1.

3. Mohammed

3.1 Biographie und Quellen

Für Muslime ist Mohammed zum einen der, den Allah für die Verkündigung seiner Offenbarung erwählte, zum anderen ist er Vorbild und Norm für die politisch-religiöse Führung der Glaubensgemeinschaft sowie die Gestaltung eines rechten Lebens. Mohammed hat zwar keine Funktion, die der Jesu im Christentum ähnelt; deswegen möchten Muslime auch nicht „Mohammedaner" genannt werden. Dennoch aber haben sie am Leben Mohammeds ein großes Interesse, das nicht primär historisch, sondern dogmatisch und ethisch/juridisch motiviert ist. So kommt es, daß die muslimische Überlieferung Mohammeds Leben in allen Einzelheiten kennt, tradiert und für alle möglichen Lebenssituationen als normatives Beispiel heranzieht.

3.1.1 Das überlieferte „Leben Mohammeds"

Die muslimischen Traditionen werden auch in Teilen der westlichen Literatur übernommen und das Leben Mohammeds, wenn auch öfters mit Vorbehalten, ungefähr folgendermaßen wiedergegeben:[26] 570 geboren, war Mohammed früh Waise und wuchs bei einem Onkel, *Abu Talib,* auf. Wahrscheinlich konnte er nicht lesen und schreiben und war, wie die meisten Araber dieser Gegend, zunächst im Handel, als Esel- oder Kameltreiber, tätig.
Er heiratete eine zwanzig Jahre ältere und reiche Kaufmannswitwe namens *Khadidscha,* der er bis zu ihrem Tod – er war dann schon rund 50 Jahre alt – in monogamer Weise treu blieb; sie gebar ihm drei Söhne, die bald starben, und vier Töchter, die überlebten. Erst danach heiratete er eine Reihe weiterer Frauen. Die erste Ehe machte Mohammed finanziell unabhängig, eine wichtige Voraussetzung für seine religiöse Beschäftigung. Im Alter von etwa 40 Jahren, also um 610, hatte er, angeblich in einer Höhle am Berg *Hira,* eine Vision.
Mohammed fing an, den Glauben an den einen und einzigen Gott, an seine fortdauernde Schöpfungstätigkeit und an das Gericht zu predigen. „Fest steht, daß zu seinen Lebzeiten, also gleich nach der Stiftung des Islam, Mohammed die Reden, die er im Namen und als Offenbarung Allahs kundtat, so ansah, als gälten sie ausschließlich seinen arabischen Landsleuten, ja, anfänglich sogar nur seinen Mitbürgern in Mekka, dann nach und nach auch den Bewohnern des Umlands ... und schließlich allen Arabern des ganzen arabischen Binnenlands ... Der Natur der Sache nach war es wohl nicht zu

[26] Vgl. zu folgendem meinen Beitrag „Der Prophet Mohammed", in: Brockhaus. Die Bibliothek, Reihe Kunst und Kultur, Bd. 3, Leipzig, Mannheim 1997, 118–123.

vermeiden, daß das nationalistische Selbstverständnis des Islam noch zu Mohammeds Lebzeiten umkippte ins Expansionistische und damit irgendwie Internationalistische, und der Islam missionierend über Arabiens Grenzen hinausdrängte“[27].
Seine Verkündigung aber blieb über mehr als ein Jahrzehnt ohne große Erfolge; er konnte, bestärkt von seiner Frau Khadidscha und unter dem Schutz seines Onkels, der 619 starb, lediglich 60 Anhänger gewinnen. Die neue Gruppe, weithin aus der „Unterschicht“ zusammengesetzt, wurde stark angefeindet; als seine Frau und sein Onkel starben, wurde auch für ihn die Lage schwierig.

Die Familie des Propheten

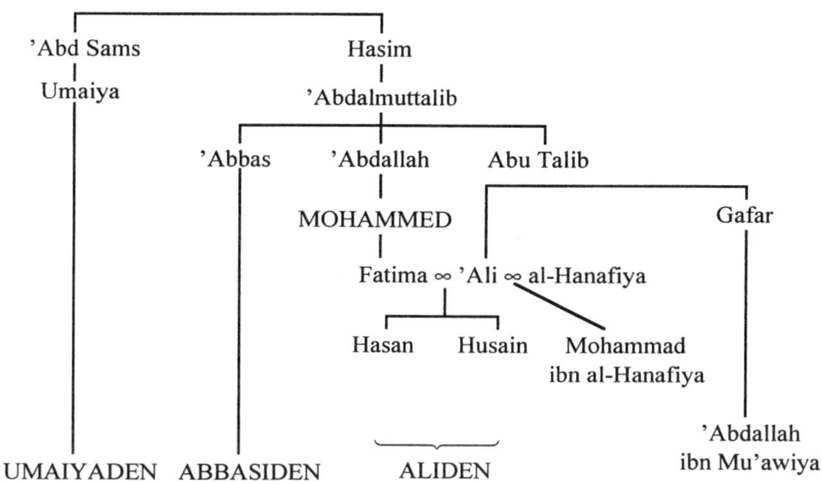

Araber oder Juden aus dem benachbarten *Jathrib,* dem späteren *Medina (Medinat al-Nabi,* „Stadt des Propheten“), sollen Fühlung mit Mohammed aufgenommen haben. Er schien zu glauben, in Jathrib eher mit seiner Verkündigung Anklang zu finden, und siedelte 622 von Mekka nach Medina um. Diese *Hidschra* („Auswanderung“) markiert den Beginn der islamischen Zeitrechnung.
In Jathrib gelang es Mohammed nicht, wie er angenommen hatte, die jüdischen Gruppen hinter sich zu sammeln. Statt dessen aber fiel seine Predigt bei den medinischen Arabern, die durch die Nachbarschaft mit den Juden schon „vorbereitet“ waren, auf fruchtbaren Boden.
Mohammed hatte Erfolg und fing an, sich als einen eigenständigen Religionsstifter und Propheten im biblischen Sinn zu begreifen. Seine Predigt kreiste jetzt vor allem um die rechtliche Ordnung der Gemeinde. Seine Anhänger organisierte er entsprechend den Stammesstrukturen seiner Heimat

[27] F. Gabrieli, Die Araber und der Islam, a.a.O. 13.

als einen religiösen, zugleich aber auch politischen, sozialen und militärischen Verband, die *Umma.* Durch gewaltsame Vertreibung und Ausrottung entledigte sich Mohammed der Juden, Medina wurde zur ersten islamischen Stadt; damals habe er – zum Zeichen der Trennung von den Juden – die bisher praktizierte Gebetsrichtung nach Jerusalem geändert; beim Gebet sollte man sich nach Mekka ausrichten. Durch Überfälle und Raubzüge konnte er immer größeren Reichtum und damit auch Macht sammeln.
Jetzt ging es darum, auch Mekka in die Hand zu bekommen. Er provozierte selbst den Konflikt, indem er seine Anhänger den religiösen Gottesfrieden während der Mekkawallfahrten brechen ließ. Die Mekkaner waren empört und schickten ein Heer. Obwohl dieses zahlenmäßig und militärisch überlegen war, konnten seine fanatisierten Anhänger den Sieg davontragen.
Im Jahre 630 gelang es Mohammed, Mekka zu erobern. Jetzt war er so mächtig, daß sich ihm bald ein Stamm nach dem anderen anschloß. Allerdings durften die Stämme dabei nicht mehr die tradierten Götter, sondern einzig Allah verehren; wer sich nicht fügte, zog die Todesstrafe auf sich. Während dieser Zeit soll Mohammed die Trennung von Juden und Christen sehr scharf vollzogen haben. Weil sie aber den einen Gott, wenn auch nicht auf die richtige Weise, verehrten und „Schriftbesitzer" waren, wurden sie nicht getötet, sondern durften – in einem untergeordneten Rang – weiterleben. Mohammed starb 632, auf der Höhe seines Erfolgs, im Haus seiner jüngsten und liebsten Frau *'Aischa.*
Die muslimischen Traditionen über das Leben des Propheten sind natürlich noch viel detaillierter; ein studentisches Referat zu diesem Thema, das sich auf Quellen dieser Art stützte, führte z.B. zur Jugend Mohammeds folgendes aus: *„Die junge Witwe Armina, Mohammeds Mutter, war arm. Da der Mekkaner Sommer sehr hart zu werden drohte, übergab der Großvater Abd al-Muttalib das Kind der Amme Halima aus dem Beduinenstamm der Banu Saad. Bei ihr verbrachte Mohammed seine ersten Jahre. Mit seinem Milchbruder hütete er die Herden in dem gebirgigen Hinterland von Taif ... Mohammeds Mutter starb kurze Zeit, nachdem sie ihren Sohn wieder zu sich genommen hatte. Dieser kam zu seinem Großvater, den er im achten Lebensjahr verlor. Seine Erziehung wurde dann von seinem Oheim, Abu Talib, übernommen, der ihm aber offenbar keine gründliche Ausbildung zukommen ließ, ihn aber vermutlich bis Basra in Syrien mitnahm, wo ihm ein nestorianischer Mönch namens Bahira seine prophetische Sendung geweissagt haben soll ...".*

3.1.2 Historisch-kritische Fragen

Schwieriger stellt sich die Sachlage aber *unter historisch-kritischem Aspekt* dar. Die Quellenlage ist keineswegs so, daß die Daten des Lebens Moham-

meds zufriedenstellend gesichert wären. Als Quellen für biographische Informationen kommen in Frage:
1. der Koran, 2. Hadith-Sammlungen, 3. biographische Werke, 4. Quellen „zweitrangiger Bedeutung" wie „Werke über die Geschichte von Mekka und Medina" ..., biographische Lexika der „Gefährten Mohammeds" ... („weit mehr als zehntausend Personen").[28]
Bezüglich dieser Quellen werden in der Forschung gegenwärtig zwei divergierende Thesen vertreten: Weil einzig der Koran auf Mohammed zurückgehe, die späteren Quellen aber legendarisch oder auf jeden Fall nicht authentisch seien, will *eine Richtung* nur den Koran als Quelle für das Leben Mohammeds zulassen. Hierzu gehört z.B. *Rudi Paret*, wenn er auch der Meinung ist, daß der Koran selbst nicht viele historische Anhaltspunkte biete.[29]
In dieser Hinsicht stimmt die Gegenpartei zu: „Bei genauerer Betrachtung wird allerdings deutlich, daß der Koran allein uns keine Biographie Mohammeds überliefern kann ... Kurz gesagt, eine Lebensbeschreibung Mohammeds einzig und allein aus dem Koran zu rekonstruieren, ist ein ebenso hoffnungsloses Unterfangen wie der Versuch, anhand des alttestamentlichen Buches Jeremias die Geschichte Jerusalems während der zwanzig Jahre vor seinem Fall im Jahre 587 v.u.Z. zu schreiben."[30] Je nach Autor halten aber Vertreter dieser Richtung manches an dem Material aus der Überlieferung für zuverlässig bzw. wenigstens geeignet, gewisse historische Facts zu rekonstruieren: „Ohne dieses Material ist der Koran als historische Quelle unbrauchbar"[31].
Hinzu kommt m.E. eine weitere Schwierigkeit, die in der bisher vorherrschenden islamwissenschaftlichen Literatur noch nicht einmal ansatzweise diskutiert wird: Wie stellt sich diese Lage erst dar, wenn man zum Schluß gelangen müßte, auch der Koran sei in seiner Gesamtheit erst später entstanden, als bisher angenommen? Doch lassen wir diesen Gesichtspunkt beiseite und sehen auf die bisherigen Ergebnisse.

3.2 Der Koran als einzige biographische Quelle

Stützt man sich für das Leben Mohammeds *ausschließlich auf den Koran,* dann läßt sich mit einiger Gewißheit nur recht wenig vom Leben Mohammeds, wie es die Tradition überliefert, rekonstruieren.

---

[28] W. Montgomery Watt/Alford T. Welch, Der Islam. I Mohammed und die Frühzeit – Islamisches Recht – Religiöses Leben (Übers. des amerik. Originals von Sylvia Höfer; in der Reihe „Die Religionen der Menschheit", hrsg. von Christel Matthias Schröder, Bd. 25,1), Stuttgart, Berlin, Köln, Mainz 1980, 49.
[29] Rudi Paret, Mohammed und der Koran. Geschichte und Verkündigung des arabischen Propheten (Urban-Taschenbücher 32), Stuttgart ^{4}1976, 34.35.
[30] Watt/Welch, Islam I, ebd. 48.
[31] Watt/Welch, ebd. 50.

Grundsätzlich ist über die koranischen Aussagen zu Mohammed zu sagen, daß er erst – ein wenig – im Zusammenhang mit seiner Predigt und natürlich stärker mit ihrem Erfolg nach der Hidschra[32] für die Öffentlichkeit interessant wurde.[33] So bietet der Koran für die Zeit bis zur Berufung Mohammeds, also von rund 570 bis rund 610, damit also für „zwei Drittel der gesamten Lebenszeit", nur wenige Angaben.[34] Danach findet sich nach *Rudi Paret* mehr Material, in dichterer Folge aber erst seit der Zeit kurz vor der Hidschra; etwas genauer bezeugt sind die medinische und die letzte mekkanische Zeit, also die Jahre 622 bis 632 (auch hier hängt aber vieles von der keineswegs geklärten Frage nach der Authentizität des Koran ab). Allerdings muß angemerkt werden, daß der Koran z.B. an einigen Stellen Anklänge an kämpferische Auseinandersetzungen kennt, diese aber erst in der späteren Sunna – als Versuch einer Veranschaulichung? – mit genaueren Angaben unterlegt werden.

Die Schwierigkeiten, die ein Rekurs auf den Koran bereitet, soll an zwei Beispielen verdeutlicht werden. Einmal gibt es für die Herkunft Mohammeds nur ganz dürftige Anspielungen; in S. 93,6–8 heißt es:[35]

„6 Hat er (dein Herr) dich nicht als Waise gefunden und (dir) Aufnahme gewährt, 7 dich auf dem Irrweg gefunden und rechtgeleitet, 8 und dich bedürftig gefunden und reich gemacht?"

An dieser Stelle finden sich drei biographische Hinweise: Mohammed war Waise, arm und Anhänger des Polytheismus. Nach S. 43,30 und 11,93 war Mohammed, den Allah sich erwählt hat, ein unbedeutender Mann, der nur durch den Schutz seiner Sippe in Mekka überleben konnte. Mehr läßt sich dem Koran nicht entnehmen, er bietet auch keine Hinweise auf größere Reisen, die die spätere Hineinnahme biblischer Stoffe in den Koran erklären könnten. Freilich „passen" die zusätzlichen Informationen der späteren Überlieferung in den Rahmen dieser Hinweise. Aber das ist nur natürlich, da nichts im Widerspruch zum Koran stehen darf.

Ein zweites Beispiel: In der *Tradition* wird die Berufung des Mohammed auf eine Vision am Berge Hira zurückgeführt. Diese Meinung findet Entsprechungen in zwei Suren, in denen von einer Vision die Rede ist. Allerdings darf nicht übersehen werden, daß in beiden Fällen diese Vision im Koran nicht als Motiv mit dem Beginn der Predigttätigkeit zusammengebracht wird; vielmehr geht es an diesen Stellen um die Zuverlässigkeit von Mohammeds

---

[32] Patricia Crone und Michael Cook, Hagarism. The making of the islamic world, Cambridge, London, New York, Melbourne 1977, 24.25, halten die Hidschra für eine spätere muslimische Aneignung des jüdischen Exodusmotivs, so daß sie nicht als historisches Faktum zu verstehen sei; der Koran weiß nichts von einer Hidschra.

[33] So R. Paret, Mohammed und der Koran, a.a.O. 32.

[34] R. Paret, ebd.

[35] Der Koran wird hier und im folgenden nach der Übersetzung von Rudi Paret zitiert: Der Koran. Übersetzung von Rudi Paret, Stuttgart, Berlin, Köln, Mainz 1979. Bei den Einfügungen, die in Klammern gesetzt sind, handelt es sich um Interpretationen des Übersetzers; mit „w." eingeleitete Texte geben den arabischen Text wörtlich wieder.

Predigt. Vom Zeitpunkt, wann sich das zugetragen hatte, ist aus dem Koran nichts zu erfahren. Ist also ihre Zuordnung an den Anfang des Wirkens Mohammeds durch die Tradition zuverlässig oder spätere Eisegese? Das läßt sich nicht entscheiden.

Vor allem aber machen die beiden Suren selbst noch Probleme, was ihre historisch-kritische Bewertung betrifft. In S. 53,1–18 behauptet der Koran – so muß es dem unvoreingenommenen Leser erscheinen –, daß Mohammed Gott gesehen habe, und zwar zweimal:

„1 Beim Stern, wenn er (als Sternschnuppe vom Himmel?) fällt (oder: Beim Gestirn (der Plejaden), wenn es untergeht?)! 2 Euer Landsmann (d.h. Mohammed) ist nicht fehlgeleitet und befindet sich nicht im Irrtum. 3 Und er spricht nicht aus (persönlicher) Neigung. 4 Es (oder: Er, d.h. der Koran) ist nichts anderes als eine inspirierte Offenbarung. 5 Gelehrt hat (es) ihn einer, der über große Kräfte verfügt, 6 und dem Festigkeit eigen ist. Er stand aufrecht da, 7 (in der Ferne) ganz oben am Horizont. 8 Hierauf näherte er sich und kam (immer weiter) nach unten 9 und war (schließlich nur noch) zwei Bogenlängen (?) (entfernt) oder (noch) näher (da). 10 Und er gab seinem Diener (d.h. Mohammed) jene Offenbarung ein. 11 Was er (so leibhaftig) gesehen hat, hat er nicht (etwa) sich selber vorgelogen (w. Sein Herz hat nicht gelogen, was er sah). 12 Wollt ihr denn mit ihm streiten über das, was er (mit eigenen Augen) sieht?

13 Er hat ihn ja auch ein anderes Mal herabkommen sehen, 14 beim Zizyphusbaum am äußersten Ende (des heiligen Bezirks ?), 15 (da) wo der Garten der Einkehr ist (?), 16 (damals) als sich jene Decke (oder: Verhüllung) über den Zizyphus legte. 17 Der Blick (des Propheten) schweifte nicht ab (so daß er nur undeutlich hätte sehen können). Und er war nicht anmaßend. 18 Er hat doch (auch sonst?) gar große Zeichen seines Herrn gesehen".

In S. 81,19–26 aber sagt Mohammed, er habe nur einen „edlen Gesandten" gesehen (die spätere Tradition interpretiert: den Erzengel Gabriel):

„19 Er (d.h. der Koran) ist die Aussage eines vortrefflichen Gesandten, 20 der beim Herrn des Thrones über (große) Gewalt verfügt und Macht (und Ansehen) hat, 21 und dem man dort (im Rahmen seiner Befehlsgewalt) Gehorsam leistet und Vertrauen entgegenbringt. 22 Euer Landsmann (d.h. Mohammed) ist nicht besessen. 23 Er hat ihn (d.h. den in Vers 19 genannten ‚vortrefflichen Gesandten') ja deutlich am Horizont (w. am deutlichen Horizont) gesehen. 24 Und er geizt nicht mit dem, was (den gewöhnlichen Sterblichen) verborgen ist (sagt vielmehr bereitwillig aus, was er gesehen und erlebt hat) (Variante: er ist (in dem, was er) über das Verborgene (sagt) nicht unglaubwürdig). 25 Der Koran (w. Er) ist (in der Tat die Aussage eines vortrefflichen Gesandten und) nicht die Aussage eines gesteinigten (oder verfluchten) Satans. 26 Was fällt euch denn ein! (w. Wo kommt ihr denn hin!) (Wie könnt ihr so etwas behaupten!)".

Die Spannung zwischen beiden Textversionen wurde in der Tradition meist so erklärt und aufgelöst: Später habe Mohammed eingesehen, daß niemand

Gott sehen könne (vgl. S. 6,103; 42,50.51) und in S. 81 seine Behauptung von S. 53 korrigiert.[36] Eher aber scheint es so zu sein, daß spätere Redaktion – von der Bibel und ihrer Gottesauffassung her – die erste Position korrigiert hat. Auf keinen Fall aber läßt sich aus dem Koran belegen, daß diese genannten zwei Visionen *am Anfang der Berufung* standen, vielmehr erläutern sie nur, daß die ganze Verkündigung auf Allah zurückgeht, obwohl der Koran sich ansonsten nicht mit Visionen begründet und auch in seiner literarischen Gestalt keine visionären Züge verrät. *Wodurch* also Mohammed zum Predigen kam, muß offen bleiben. Auch *wann* Mohammed zu predigen anfing, ist aus dem Koran nicht zu bestimmen. In S. 10,16f. wird lediglich angedeutet, daß Mohammed damals nicht mehr ganz jung war; nach der Überlieferung war er 40 Jahre alt (609/610). Offenbleiben muß, ob S. 81,22: „Euer Landsmann (d.h. Mohammed) ist nicht besessen" historische Reminiszenz für eine Krankheit Mohammeds (Epilepsie?) ist oder lediglich einen Vorwurf wiedergibt, der in der Religionsgeschichte auch anderen prophetischen Gestalten entgegengehalten wurde.

Durch neuere kritische Koranuntersuchungen büßen auch zentrale und bisher nie in Frage gestellte „historische" Daten ihre Selbstverständlichkeit ein (über ihre sachliche Berechtigung soll an dieser Stelle nicht diskutiert werden): Die Vorstellung von der Hidschra im Jahr 622 sei erst nach dem Tod Mohammeds gebildet worden[37]; das Ursprungsheiligtum des Islam sei nicht Mekka gewesen, sondern eine Stadt, die in Nord-West-Arabien zu suchen sei, „Mecca was secondary"[38]; Mohammed sei nicht 632, sondern erst 634 gestorben und habe die Eroberung Palästinas noch selbst angeführt[39]; die Änderung der Gebetsrichtung von Jerusalem nach Mekka, also die Trennung vom Judentum, gehöre nicht ins Leben Mohammeds, sondern sei erst späteren Datums[40]; die arabischen Eroberungen seien der „institutionalisation of Islam" vorausgegangen[41] usf. Begründung dieser Infragestellungen ist immer, daß die entsprechenden „Fakten" erst ein- oder zweihundert Jahre später schriftlich erwähnt werden; der Koran weiß nichts von ihnen.

Selbst der Name „Muḥammad" (arabisch: „einer, der gelobt wird", „der Gelobte") wird nur an vier Stellen, in sogenannten medinischen Suren, erwähnt. Bisher ist dieser Name in vorislamischer Zeit nicht sicher nachgewiesen. Handelt es sich um den wirklichen Namen dieses Mannes, der dem neugeborenen Knaben, aus seiner Situation heraus, von seinem Vater gegeben wurde, oder ist es ein späterer Würdename (vergleichbar etwa Buddha [„der Erleuchtete"] oder Christus [„der Gesalbte", „der Messias"])? Ebensowenig

---

36 Vgl. hierzu R. Paret, Mohammed und der Koran, a.a.O. 45.

37 P. Crone und M. Cook, Hagarism, a.a.O. 24.25 (vgl. o. A. 32); vgl. 9: „But no early source attests the historicity of this exodus".

38 P. Crone/M. Cook, ebd. 24.

39 J. Baldick, Early Islam, a.a.O. 11.

40 J. Baldick, ebd. 11: „a compression of events into one man's career".

41 T. Lester, What is the Koran?, a.a.O. 46 (mit Verweis auf P. Crone/M. Cook, a.a.O.).

kann nachgewiesen werden, ob zu seinen Lebzeiten wirklich die gesamte arabische Halbinsel seiner Herrschaft unterworfen wurde. Kurz: Läßt man die sehr viel späteren Hadithe beiseite, ist über das Leben Mohammeds nur recht wenig historisch gesichert.

3.3 Koran und Überlieferung als biographische Quellen

Weil der Koran viele biographische Fragen offenläßt, ziehen Muslime wie auch – natürlich gegenüber bestimmten Traditionen kritischer – westliche Forscher die *gesamte Tradition* oder bestimmte *Teile der Tradition* für die Biographie Mohammeds heran. Unter dem Begriff *Sunna*, Überlieferung, ist immer die Überlieferung von Mohammed gemeint; sie bietet Aussprüche, Anweisungen, Urteile des Mohammed, erzählt von seinem Verhalten in bestimmten Situationen, von seinen Regelungen von Rechtsfragen und von seiner Führung der Gemeinde.

Für Muslime, die sich in ihrer Mehrheit *Sunniten* nennen, ist die Autorität der *Sunna* im Koran begründet, insofern dieser in einigen Suren Mohammed als Beispiel und Norm hinstellt – so z.B. in S. 7,157; 33,21 und in allen Suren, in denen von Gehorsam gegen Gott und seinen Gesandten geredet wird, wie etwa in S. 33,36:

„Und weder ein gläubiger Mann noch eine gläubige Frau dürfen, wenn Gott und sein Gesandter eine Angelegenheit (...) entschieden haben, in (dieser) ihrer Angelegenheit (frei) wählen. Wer gegen Gott und seinen Gesandten widerspenstig ist, ist (damit vom rechten Weg) offensichtlich abgeirrt".

Von daher ist es naheliegend, das Beispiel Mohammeds in allen möglichen Fällen heranzuziehen[42]. Weil der Koran aber keine Erzählungen von Mohammed bietet, sind diese später, im Überlieferungsprozeß, geschaffen worden.

Die Überlieferungen sind *schriftlich* in den sog. *Hadithen*, d.h. „Traditionen", niedergelegt. In jedem *Hadith* wird eine Szene erzählt, in der Mohammed irgend etwas sagte oder tat. Der „Sitz im Leben" für ihre Entstehung waren Gemeindesituationen, in denen nicht mehr alle Fragen mit Anweisungen des Koran gelöst werden konnten – das Problem aller Schriftreligionen –, so daß zusätzliche, aktuellere Normen erforderlich wurden. Im Verlauf des 8. Jahrhunderts begannen Rechtsgelehrte, *Hadithe* zur Klärung solcher Rechtsfragen zu benutzen; mit Verweis auf Beispiele aus dem Leben Mohammeds gewannen ihre Entscheidungen eine letzte religiöse Autorität.

---

[42] In der Hadithsammlung des al-Bukhari wird dieser Gedanke verschärft: *„Abu Huraira berichtet:* Der Gesandte Gottes (...) sagte: ‚Alle meine Anhänger werden ins Paradies eingehen, mit Ausnahme jener, die sich weigern!' Die Leute fragten: ‚O Gesandter Gottes, wer ist es, der sich weigert?' – ‚Wer mir gehorcht, wird ins Paradies eingehen. Und wer sich mir widersetzt, weigert sich!'" (zitiert nach: Sahih al-Buhari, Nachrichten von Taten und Aussprüchen des Propheten Muhammad. Ausgewählt, aus dem Arabischen übersetzt und herausgegeben von Dieter Ferchl [Reclam Universal-Bibliothek Nr. 4208], Stuttgart 1991, 486).

Weil aber nach Meinung der Sunniten die Offenbarung mit dem Leben Mohammeds abgeschlossen ist, mußten deswegen die *Hadithe* von *Mohammed* erzählen und *diese Rückführung auch absichern.* Jedes *Hadith* beginnt so mit einer *isnad*, einer Überliefererkette: „Ein vollständiges Hadit beginnt also etwa folgendermaßen: ‚Ich, A.B., hörte einmal C.D. erzählen, daß er es von E.F. erfuhr ..., der hörte, daß M.N. davon erzählte, wie er einmal an der und der Stelle war, als der Prophet vorbeiging und sagte ...'"[43].
Auch die islamische Theologie war oft angesichts der Vielfalt der *Hadithe* im Zweifel, wie mit ihnen umzugehen sei. Mittels eines *Negativkriteriums* schloß man *die Hadithe* aus der Betrachtung aus, die dem Koran in irgendeinem Punkt zu widersprechen schienen. Dann blieben aber dennoch die allermeisten übrig, weil sich die spätere Tradition in aller Regel am Koran ausrichtete. Diese wurden von muslimischen Theologen in *drei Gruppen* eingeteilt: 1. echte oder authentische (*sahih*), 2. schöne, aber nicht ganz sicher authentische (*hasan*), 3. schwache, d.h. solche, bei denen manches gegen ihre Zuverlässigkeit zu sprechen schien (*daif).*
Natürlich sind diese Maßstäbe methodisch nicht als historisch-kritisch zu bewerten. Es gab nur wenige Muslimtheologen, die den historischen Wert der Hadithe in Zweifel zogen, wie z.B. der Inder *Sir Sayyid Ahmad* (gest. 1898), der deswegen in der islamischen Gemeinschaft abgelehnt wurde[44], oder der iranische Journalist und Diplomat *'Ali Daschti*, der viele Traditionen zu Mohammeds Leben „myth-making and miracle-mongering" nennt[45]. Auch in der westlichen Islamforschung sind die Meinungen nicht übereinstimmend. *Fuat Sezgin* z.B. glaubt, daß die Aufzeichnung der Hadithüberlieferung schon recht früh, in der Omaiyadenzeit, begonnen hat und in ihrer letzten Phase sowie in der frühen Abbasidenzeit auch erste Sammlungen entstanden sind[46]. Allerdings sind die von ihm angeführten literarischen Belege hierfür recht späte Zeugnisse, oft erst aus dem 10. Jahrhundert. Für nicht wenige in der westlichen Forschung aber gelten die *Hadithe* samt und sonders als Anekdoten, die tendenziöses – nach den späteren Gemeinde- oder Gruppeninteressen ausgestaltetes – narratives Material und für den nach-mohammedschen Gemeindegebrauch geeignete Sprüche wiedergeben.[47] Sie sind, wie die

---

43 Watt/Welch, Islam I, a.a.O. 235.

44 Vgl. hierzu Martin Forward, Mohammed – der Prophet des Islam. Sein Leben und seine Wirkung (engl. Original: Muhammad. A short Biography, Oxford 1997, übers. von Rita Breuer; Herder Spektrum Band 4650), Freiburg, Basel, Wien 1998, 151.

45 Ali Dashti, Twenty Three Years: A Study of the Prophetic Career of Mohammed (1985), zitiert nach: T. Lester, a.a.O. 56.

46 Fuat Sezgin, Geschichte des arabischen Schrifttums, Bd. 1, Leiden 1967, 55–58.

47 So z.B. Ignaz Goldziher, Muhammedanische Studien, 2 Bde., Halle 1889, ^{2}1890; Joseph Schacht, The Origins of Muhammadan Jurisprudence, Oxford 1971; Patricia Crone und Michael Cook, Hagarism, a.a.O.; J. Baldick, Early Islam, a.a.O. 8–11; J. Brugmann, Ursprung des Islam und seine Entwicklung als eine Gemeinschaft, a.a.O. 22.23.

Biographien[48], „compiled in written form mostly from the mid eight to the mid tenth century"[49].

Selbstverständlich soll diese Charakterisierung nicht grundsätzlich die Möglichkeit ausschließen, daß in den Überlieferungen die eine oder andere historische Reminiszenz zu finden sein könnte. *Wiebke Walther* stellt zu Recht fest: „In der Traditionsliteratur (gemeint sind die Hadithe, Verf.) finden sich Überlieferungen, die Bezug nehmen auf Städte, die zu Lebzeiten Mohammeds noch gar nicht erobert oder gegründet waren, auf Parteiungen, die sich erst nach seinem Tode herausbildeten. So liegt die Annahme nahe, daß diese Literatur zwar auch die Sunna des Propheten enthält, mehr aber die unterschiedlichen Tendenzen und Meinungen der islamischen Gemeinden in den ersten beiden Jahrhunderten nach Mohammed widerspiegelt. In dem Bestreben, ein Sozialgefüge zu stabilisieren, in dem sich die verschiedensten Elemente zusammenfanden, versuchten die Vertreter unterschiedlicher Ansichten und Parteiungen, bestimmte Verhaltensweisen und Wertvorstellungen ... zur allgemein gültigen Norm zu machen, indem sie sie auf den Propheten Mohammed zurückführten"[50]. Die Hadithe sind somit – so sieht es eine Forschungsrichtung – für einen historischen Zugang zu Mohammed und seiner Zeit entweder nicht oder nur – so die anderen – selektiv und unter starken historisch-kritischen Vorbehalten zu gebrauchen.

Im Verlauf des 9. Jahrhunderts wurden die umlaufenden Hadithe zu Sammlungen zusammengefaßt, von denen sechs als „kanonisch bzw. besonders autoritativ" gelten[51]; sie werden unterschiedlichen Redaktoren zugeordnet:

1. al-Bukhari (gest. 870)
2. Muslim (gest. 875)
3. Abu Dawud (gest. 888)
4. Tirmidhi (gest. 892)
5. Nasa'i (gest. 915)
6. Ibn Madscha (gest. 886).[52]

Die beiden wichtigsten Sammlungen, die auch als die zuverlässigsten angesehen werden, stammen von *al-Bukhari* und *Muslim*. Die sechs Sammlungen werden im Islam auch oft Sunnan (Plural von Sunna, also: „traditiones") genannt. Sie stellen quantitativ ein sehr umfangreiches Material zur Verfügung. Allein z.B. die Sammlung von *al-Bukhari* „besteht aus 97 Büchern mit 3450

---

48 Vgl. u. 3.4.

49 T. Lester, What is the Koran?, a.a.O. 51.

50 Wiebke Walter, Die Frau im Islam, Stuttgart, Berlin, Köln, Mainz 1980, 24.

51 Watt/Welch, Islam I, a.a.O. 23

52 Vgl. hierzu Adel Theodor Khoury, Hadith, in: Adel Theodor Khoury/Ludwig Hagemann/Peter Heine, Islam Lexikon, Bd. 2, Freiburg, Basel, Wien [1]1991, 328.329. Auszüge in Deutsch bei: Adel Theodor Khoury, So sprach der Prophet. Worte aus der islamischen Überlieferung, Gütersloh 1988, sowie die o.a. (A. 42) angegebene Reclam-Auswahl von Bukhari-Texten.

Unterabschnitten oder Kapiteln“[53] oder aus „ungefähr 7300 einzelne[n] Hadithe“(n).[54]
Wahrscheinlich kannten die recht späten Sammlungen Vorformen oder -stufen, in denen Teile des Materials verschriftet und gesammelt wurden. Ob die Anfänge dieses Prozesses schon für eine frühe Zeit, vor Ablauf des ersten Jahrhunderts muslimischer Zeitrechnung, anzunehmen sind – wie es vor allem in der islamischen Theologie vertreten wird –, bleibe dahingestellt, ist aber sehr unwahrscheinlich. Aber auch dies könnte den anekdotischen und von Gemeindeinteressen bestimmten Charakter der Hadithe nicht aufheben. Vor allem aber spricht die späte Sammlung – alle sind erst mehr als 200 Jahre nach dem Tod Mohammeds zusammengestellt worden – gegen ihren historischen Wert; was in mündliche und schriftliche Traditionen im Verlauf so langer Zeiträume alles einfließen kann, läßt sich am Beispiel vieler anderer religiöser Überlieferungen aufzeigen. In der christlichen Theologie beispielsweise käme niemand auf den Gedanken, die Schriften des *Tertullian* (gest. 220) oder des *Origenes* (gest. 250) als historische Quellen für das Leben Jesu heranzuziehen.

3.4 Der historische Wert der biographischen Werke

Muß man die Hadithsammlungen also als Quelle für eine authentische Beschreibung der Lebensgeschichte Mohammeds ausscheiden, so beziehen sich muslimische Theologen und nicht wenige Islamforscher – über den Koran hinaus – auf bestimmte Werke, in denen sie biographisch zuverlässiges Material erkennen wollen.
Genauer handelt es sich um *vier* Werke, die biographische Angaben bieten:

1. Die *Sira,* die Standardbiographie Mohammeds von *Ibn-Hisham* (gest. 834), die die überarbeitete Form eines älteren Textes von *Ibn-Ishaq* (gest. 768) ist.
2. Eine Geschichte der Kriegszüge *(Kitab al-majazi)* von *al-Waqidi* (gest. 822).
3. Ein Buch namens „Klassen“ oder „Generationen“ *(Tabaqat)* von *Ibn-Sa'd* (gest. 845).
4. Ein Buch „Annalen“ *(Ta'rik),* eine Art Weltgeschichte, von *at-Tabari* (gest. 922).

Der Sache nach bestehen diese Bücher aus Sammlungen anekdotischer Hadithe und zusätzlich breiter biographischer Detailschilderungen; zusätzlich bieten sie Genealogien, Gedichte, Gemeindeordnungen usf. Für das wichtigste dieser Werke, die *Sira,* stellt *C.H. Becker* fest, daß sie „keine selbständige historische Quelle“ sei. „Sie ist nichts anderes als biographisch aneinander-

---

[53] Watt/Welch, Islam I, a.a.O. 236.
[54] Ebd. 237.

gereihtes *Hadit*material. Die Einzelhadite aber sind entweder exegetische Ausgestaltungen koranischer Andeutungen oder dogmatisch-juristische Tendenzerfindungen späterer Zeit. Das exegetische und dogmatische Interesse ist älter als das historische. Letzteres erwacht erst, als gegenüber den christlichen Geschichtsquellen ... analoge historische Quellen auch für den Stifter des Islam erwünscht erscheinen. Die wirklich geschichtliche Überlieferung ist äußerst gering. Da greift man zu den Andeutungen des *Korans* und spinnt sie aus; vor allem aber sammelt man die bereits existierenden dogmatischen und juristischen *Hadite* und ordnet sie chronologisch. So entsteht die *Sira*"[55].
Nach *Julian Baldick* spiegelt die Sira Problematiken der Abbasidischen Dynastie (ab 750) und versucht Lösungen durch Rückprojektion in die Gestalt Mohammeds: „Not only does it project back into the life of Muhammad developments that have taken much longer than a single-life span; it also projects back into Arabia a vast array of elements that belong to Palestine, Syria and Iraq"[56].

Watt/Welch sind – mit den Muslimen – der Meinung, daß ein Teil dieses Materials vertrauenswürdig sei, übrigens mit einer ganz eigentümlichen Begründung: erstens, weil für das Leben Mohammeds ohne dieses Material „der Koran als historische Quelle unbrauchbar" sei, zweitens, weil man auf seiner Grundlage „einen zusammenhängenden Abriß der Leistungen Mohammeds geben (kann), in welchem dem koranischen Material eine angemessene Stellung zukommt. Und daß dem so ist", bestätige, daß ein Teil des Materials, vor allem die Schilderungen von Kriegszügen Mohammeds, „im allgemeinen vertrauenswürdig" sei.[57]

Diese Argumente sind allerdings seltsam bzw. geradezu absurd: Wie sollte Material, das erst so spät geschaffen und zusammengestellt wurde, dem mittlerweile kanonischen Koran widersprechen? Wieso weist es auf historische Zuverlässigkeit hin, wenn anders ein Leben Mohammeds nicht rekonstruierbar oder auch der Koran als Quelle nicht brauchbar wäre? Auf diese Weise ließe sich jeder Jesus-Roman als zuverlässige Quelle charakterisieren, der ein konkretes Leben Jesu erstellt, indem er die vom Neuen Testament gelassenen Lücken füllt, ohne den Texten unmittelbar zu widersprechen. Eine solche Position ist für einen christlichen Theologen, der durch die Schule der historischen Kritik gegangen ist, einigermaßen schwer nachzuvollziehen.

Festzuhalten bleibt, daß die genannten Biographien alle erst rund 200 bis fast 300 Jahre nach dem Tod Mohammeds ihre endgültige schriftliche Fassung erhalten haben.[58] Wenn wir bedenken, was in den rund vierzig Jahren seit

---

[55] C.H. Becker, Grundsätzliches zur Leben-Muhammed-Forschung, in: ders., Islamstudien. Vom Werden und Wesen der islamischen Welt, Bd. 1, Leipzig 1924, 520f.

[56] J. Baldick, Early Islam, a.a.O. 10.

[57] Watt/Welch, Islam I, a.a.O. 50.

[58] Vgl. auch Ibn Warraq, Introduction, in: ders. (Hrsg.), The Origins of the Koran. Classic Essays on Islam's Holy Book, Amherst, New York 1998, 18: „The Prophet Muhammad died in 632 C.E. The earliest material on his life that we possess was written by Ibn Ishaq in 750

dem Tod Jesu und der Abfassung des Markusevangeliums mit der geschichtlichen Überlieferung passiert ist, erübrigt sich eine Diskussion über den historischen Charakter des Mohammed-Materials, es sei denn, es ließen sich einzelne Traditionen – was nie ausgeschlossen werden kann – tatsächlich als ursprünglich erweisen. Es gibt aber bisher keinen Ansatz zu ernsthaften Versuchen, in dieser Richtung nachzuforschen und Methoden zu entwickeln, die weiterhelfen. Das Material als Gesamtkomplex aber ist historisch unbrauchbar.

Die bisher aufgezeigten Probleme um die historische Zuverlässigkeit der biographischen Angaben gelten noch mehr für die von *Watt/Welch* als „Quellen zweitrangiger Bedeutung" angesehenen sonstigen Texte: Schriften über die Geschichte Mekkas und Medinas bis hin zu biographischen Lexika über mehr als 10.000 Gefährten des Mohammed. Da sie noch nicht einmal von *Watt/Welch* für brauchbar erklärt werden[59], sollen sie hier nicht weiter in Betracht gezogen werden.

3.5 Resümee

Es bleibt also dabei: Aus dem Koran ist vom Leben Mohammeds nur wenig zu eruieren. Aussagen über seine Herkunft, seinen Beruf, seine privaten Verhältnisse, seine religiöse Entwicklung, seine Frauen bleiben weithin hypothetisch. Das spätere Material ist historisch unergiebig. Auch seine „Sache" bleibt insofern undeutlich, als die früheste Verkündigung – die ältesten mekkanischen Texte – sowohl philologisch wie in der literarischen Gestaltung ostsyrisch geprägt bzw. überarbeitet sind.[60]

Dennoch muß der Islam auf seine Gestalt und seine Predigt zurückgeführt werden; eine Bewegung von solchen Dimensionen kann nicht ohne eine Gründergestalt gedacht werden, die sie katalysatorisch ausgelöst hat. Trotz der erkennbaren Einflüsse späterer Gemeindebildungen auf Inhalt und literarische Eigenart des Koran ist Mohammed der Auslöser dieser Prozesse gewesen.

Die Gestalt Mohammeds selbst aber bleibt ebenso weithin im historischen Dunkel wie die anderer Religionsstifter; eine detaillierte Biographie Mohammeds kann nicht auf eine Weise erstellt werden, die historischer Überprüfung standhält.

C.E., in other words, a hundred twenty years after Muhammad's death". Und die Schrift des Ibn Ishaq sei verlorengegangen, „and is only available in parts in a later recension by Ibn Hisham who died in 834 C.E., two hundred years after the death of the Prophet".

[59] Watt/Welch, Islam I, a.a.O. 49.

[60] Vgl. u. 5.3.5.2.

Dabei ist es durchaus denkbar, daß eine exaktere historisch-kritische Analyse des Koran wie auch der Hadithtradition weitere Zugänge zum Leben Mohammeds erschließen könnte. Untersuchungen dieser Art aber wurden bisher nicht angestellt; sie sind ein Postulat an die künftige Koranforschung.

4. Entstehung und Eigenart des Koran

4.1 Die äußere Gestalt des Koran

Nach verbreiteter Auffassung stammt der Begriff Koran „vom Verb ;qara'a': lesen, vortragen. ‚Qur'an' ist also die Rezitation oder das zu Rezitierende, das Vorlesen oder das Lesebuch"[61]. Nach *Maxime Rodinson* u.a. leitet sich das Wort jedoch vom syrischen *kerjana (qeryana)* ab, womit „die Schrift" bzw. das Lektionar der syrischen Kirche bezeichnet wurde.[62]
Im Islam besitzt der *Koran* die größte Bedeutung, er ist die endgültige Offenbarung Gottes in diese Welt hinein durch Mohammed; ihm kommt eine Relevanz zu, wie sie im Christentum Jesus besitzt. Der Koran ist allerdings auch nach muslimischer Tradition nicht von Mohammed selbst in dieser Form zusammengestellt worden. Dieser habe seine Sprüche lediglich mündlich vorgetragen, die dann von Zuhörern tradiert, aufgeschrieben und im Lauf der Zeit gesammelt wurden. Schließlich sei eine alleingültige Version von 114 Suren[63] erstellt und alle anderen Varianten seien verboten worden.
Für die Endfassung mußte man das Surenmaterial in eine Ordnung bringen. Zwei Versuche sind zu erkennen: Einmal wies man die Suren einem der beiden Orte zu, an denen Mohammed gepredigt hatte, nämlich *Mekka* und *Medina.* So schrieb man später über die Suren: „Geoffenbart zu Mekka" oder „zu Medina". Dieser Zuweisung lagen allerdings keine historischen Informationen zugrunde, so daß etwa die neuere Übersetzung von *Rudi Paret* diese Hinweise ganz wegläßt. Wichtiger ist ein zweites Ordnungsschema: Die Suren sind nach dem „Prinzip der abnehmenden Länge" zusammengestellt. Eine Ausnahme hierbei ist die kurze Sure 1: *Fatiha* („die Eröffnende), so daß Sure 2 die längste Sure ist, die folgenden sind dann immer etwas kürzer.
29 Suren fangen mit rätselhaften Buchstabengruppen an, z.B. Sure 11 ('lr.) oder 27 (ts.). Möglicherweise bieten sie Kennzeichen, die auf die ursprünglichen Besitzer der Niederschriften dieser Suren hindeuten. Weil sie keinen eindeutigen Sinn haben, gaben sie in der islamischen Tradition, vor allem in der Mystik, häufig zu Spekulationen Anlaß, und es wurden tiefe Bedeutungen in sie hineingelegt. Die Suren sind noch einmal in Verse unterteilt.[64] Das gebräuchlichste Numerierungssystem ist der Kairoer Koranausgabe entnommen.

---

[61] A.Th. Khoury, Koran, in: Islam-Lexikon, Bd. 2, a.a.O. 453.

[62] Maxime Rodinson, Mohammed, Luzern und Frankfurt a.M. 1975, 130.

[63] Die etymologische Herkunft des Wortes „Sure" ist umstritten; entweder leitet es sich von hebräisch *sura* („Reihe") oder von altsyrisch *surta* („Schrift", „Text") ab (vgl. Watt/Welch, Islam I, a.a.O. 209).

[64] Der Vers heißt *aya* (Plural *ayat),* „Zeichen", von hebr. ‚ot oder altsyrisch 'ata, vgl. Watt/Welch, Islam I, a.a.O. 210.

Die erste Sure, *Fatiha,* ist ein gelungener Anfang des Koran und zugleich eine Intonation seiner Thematik:
„1 Im Namen des barmherzigen und gnädigen Gottes. 2 Lob sei Gott, dem Herrn der Menschen in aller Welt, 3 dem Barmherzigen und Gnädigen, 4 der am Tag des Gerichts regiert! 5 Dir dienen wir, und dich bitten wir um Hilfe. 6 Führe uns den geraden Weg, 7 den Weg derer, denen du Gnade erwiesen hast, nicht (den Weg) derer, die d(ein)em Zorn verfallen sind und irregehen!“.
Dieser Text spielt im Islam eine Rolle, die unserem Vaterunser vergleichbar ist; er ist so formuliert, daß er z.B. auch von Christen gebetet werden kann. Von seiner Eigenart her kann er wohl kaum von Mohammed stammen oder auch nur von Anfang an zum Koran gehört haben[65], weil er ein Gebet und nicht, wie die anderen Suren, eine Offenbarungsrede ist; er besitzt eine sonst im Koran nicht vorkommende literarische Gestalt.
Der „logische“ Schluß des Koran ist S. 112:
„Im Namen des barmherzigen und gnädigen Gottes.
1 Sag: Er ist Gott, ein Einziger, 2 Gott, durch und durch (er selbst) (?), w. der, an den man sich (mit seinen Nöten und Sorgen) wendet, genauer: den man angeht?). 3 Er hat weder gezeugt, noch ist er gezeugt worden. 4 Und keiner ist ihm ebenbürtig“.
S. 1 und 112 geben dem Koran einen Rahmen, und diese Komposition kann nur von jemandem vorgenommen worden sein, der das gesamte Material vorliegen hatte und diese Suren wie eine thematische und redaktionelle Klammer des Korpus an ihren Platz setzte. Ein Problem stellen hierbei die beiden letzten Suren dar, sie fallen aus dem Rahmen und bieten der Sache nach Zaubersprüche:
(S. 113) *„Im Namen des barmherzigen und gnädigen Gottes. 1 Sag: Ich suche beim Herrn des Frühlichts Zuflucht 2 vor dem Unheil (das) von dem (ausgehen mag), was er (auf der Welt) geschaffen hat, 3 von hereinbrechender Finsternis, 4 von (bösen) Weibern, die (Zauber)knoten bespucken, 5 und von einem, der neidisch ist (w. von einem Neider, wenn er neidisch ist)“,*
und: (S. 114) *„Im Namen des barmherzigen und gnädigen Gottes.*
1 Sag: Ich suche Zuflucht beim Herrn der Menschen, 2 dem König der Menschen, 3 dem Gott der Menschen, 4 (ich suche bei ihm Zuflucht) vor dem Unheil (das) von (jeder Art von) Einflüsterung (w. von der Einflüsterung) (ausgehen mag), – einem (jeden) heimtückischen Kerl (?) (w. dem heimtückischen Kerl), 5 der den Menschen (w. in die Brust der Menschen) (böse Gedanken) einflüstert, 6 sei es ein Dschinn oder ein Mensch“.

---

[65] Vgl. Arthur Jeffery, A Variant Text of the Fatiha (erstmals in: The Muslim World 29, 1939, 158–162), in: Ibn Warraq (Hrsg.), The Origins of the Koran, a.a.O. 145: „Sura I of the Koran bears on its face evidence that it was not originally part of the text, but was a prayer composed to be placed at the head of the assembled volume, to be recited before reading the book, a custom not unfamiliar to us from other sacred books of the Near East“.

Wahrscheinlich sind diese Formeln nach dem Abschluß der Endredaktion von 112 Suren noch angefügt worden.
Jede Sure trägt einen *Namen*, der irgendein in der jeweiligen Sure, meist in den ersten Zeilen, vorkommendes Wort aufgreift und wohl erst später der Sure vorangestellt wurde, z.B. Sure 2: „Die Kuh“, Sure 3: „Die Sippe Imrans“, Sure 4: „Die Frauen“ usf. Hinter dem Namen folgt – außer S. 9 – die sog. *Basmala*, eine Segensformel *(„im Namen Allahs, des Barmherzigen, des Erbarmers“* oder: *„im Namen des barmherzigen und gnädigen Gottes“),* die wohl als redaktionelles Gestaltungsprinzip zu erklären ist. Weil der Koran während des *Ramadan* ganz vorgetragen wird, ist er in 30 Leseabschnitte gegliedert, die in manchen Koranübersetzungen am Rande vermerkt sind.

4.2 Die literarische Eigenart

Der ganze Koran ist in einer eigentümlichen literarischen Form gestaltet, der sog. *Reimprosa.* Er bietet also in der Regel keine poetischen Texte, sondern Prosa, die aber in einen lockeren Endreim mündet. *Rudi Paret* versuchte, durch eine einfühlende Übertragung ins Deutsche einen Eindruck von dieser Form zu vermitteln:
*S. 90,1–16: „Soll ich schwören bei dieser Stadt? * (Denn du wohnst in dieser Stadt). * Beim Säemann und seiner Saat! * Wir erschufen den Menschen zu harter Tat. * Meint er, daß Niemand Gewalt auf ihn hat? * Er spricht: O wie vieles Gut ich zertrat! * Meint er, daß Niemand gesehn ihn hat? * Wer hat ihm die Augen bereitet? * Und die Lippen ihm geweitet? * Und wer auf den Scheideweg ihn geleitet? * Doch er erklimmt nicht den hohen Rand. * Weißt du, was ist der hohe Rand? * Zu lösen der Gefangenen Band; * zu speisen, wann der Hunger im Land, * den Waisen, der dir anverwandt, * den Armen, der dir unbekannt“.*
Oder:
*S. 96,1–8: „Trag vor in des Herren Namen, * Der euch schuf aus blutigem Samen! * Trag vor! Er ist der Geehrte, * Der mit dem Schreibrohr lehrte, * Was noch kein Menschenohr hörte. * Doch der Mensch ist störrischer Art, * Nicht achtend, daß Er ihn gewahrt * Doch zu Gott führt einst die Fahrt“*[66].
Diese eigentümliche Form ist keine Neuschöpfung, sondern auch in der arabischen Tradition bekannt. Sie war anscheinend üblich bei den Sprüchen der *Kahin,* der beduinischen Seher, die die den *Dschinns* vorgelegten Fragen mittels Sätzen in Reimprosa beantworteten. Offensichtlich steht der Koran in dieser Tradition. Auch ein weiteres literarisches Merkmal scheint auf die Kahin-Tradition hinzuweisen: Mohammed bekräftigt seine Sätze oft, wie seine heimatlichen Kahin, mit *Schwurformeln.* Diese haben keinerlei Bezug zu den Themen, um die es geht (etwa: „So wahr Gott einer ist“), sondern be-

---

[66] Übersetzung nach R. Paret, Mohammed und der Koran, a.a.O. 49.

kräftigen die Aussagen mit Verweis auf z.B. irgendwelche Naturphänomene. Einige Beispiele können das verdeutlichen:

– *„Wahrlich, ich schwöre bei der Abenddämmerung, * bei der Nacht, und (dem), was sie in sich aufnimmt, * und beim Mond, wenn er voll wird!"* (S. 84,16–18);

– *„Nein! Beim Mond, * der Nacht, wenn sie entweicht, * und dem Morgen, wenn er anbricht!"* (S. 74,32–34);

– *„Bei der Nacht, wenn sie dunkelt, * dem Tag, wenn er sich zeigt, * und dem, was das Männliche und Weibliche erschaffen hat!"* (S. 92,1–3);

– *„Bei der Morgendämmerung, * zehn Nächten, * dem (an Zahl) Geraden und Ungeraden * und der Nacht, wenn sie abläuft!"* (S. 89,1–3).[67]

Noch eine dritte Besonderheit ist zu erwähnen: Im Koran ist das sprechende Subjekt („ich" oder „wir") in aller Regel Allah (es gibt einige Ausnahmen – spätere Zuwächse? –, in denen Allah in der dritten Person vorkommt); der Prophet wird mit „du" angesprochen, die Zuhörer kommen in der dritten Person Plural (z.B. „sie sollen ...") vor; nur selten werden sie unmittelbar angeredet (z.B. „ihr Leute der Schrift ..."). Auch diese Eigentümlichkeit ist der Kahintradition entlehnt; die Kahin versetzten sich auf Wunsch in Ekstase, bis der *Dschinn* von ihnen Besitz ergriff und – als „ich" – aus ihnen sprach.

Diese formalen Parallelen zeigen, daß sich Mohammed in seinen Anfängen wohl als eine Art *Kahin* verstand. Vielleicht wußte er damals noch nichts vom biblischen Prophetentum, so daß er sich in die arabische Tradition hineinstellte; diese aber hat er – oder die spätere Tradition? – so weiterentwickelt, daß seine Rolle bald dem biblischen Prophetenmodell vergleichbar war: „bevor er von Prophetie überhaupt etwas wußte, hatte er ... bereits angefangen, ein Prophet zu sein"[68].

Recht viele Passagen des Koran sind inhaltlich dunkel, manche Forscher sprechen hier sogar von einem Drittel des Textes. Diese Stellen machen umfängliche Erklärungen der Kommentatoren notwendig. In der Übersetzung von *Rudi Paret* kennzeichnen die zahlreichen in Klammern gesetzten Erläuterungen die Versuche, den Versen eine Aussage zu unterlegen; liest man die Übersetzung ohne diese – nicht selten von der späteren Tradition her denkenden – Interpretationen, bleibt der Text oft undeutlich.

4.3 Die Entstehung des Koran oder: Die Kanontheorien

Hierzu gibt es – vereinfacht – drei verschiedene Hypothesengruppen: 1. Die der islamischen Tradition, 2. die eines mehr als hundertjährigen Konsenses der westlichen Koranforschung, 3. einige neue Ansätze. Die beiden ersten

---

[67] R. Paret, Mohammed und der Koran, a.a.O. 50.

[68] R. Paret, ebd. 51.

Thesen gehen von einem gemeinsamen Ausgangspunkt aus: von der Mohammedschen Authentizität der Suren, die dritte Variante stellt diese in Frage.

4.3.1 Zur muslimischen Kanontheorie

Für den Islam ist der Koran „Wort Gottes" und von Ewigkeit her in Gott beschlossen.[69] Für Muslime trägt „das koranische Quellenwerk den Charakter einer präexistenten, höchsten Instanz"[70]. Gott hat seine Offenbarung schon Abraham, dem „ersten Muslim" (wohl als „erster Gläubiger", und noch nicht als *terminus technicus* für die neue Religionsgemeinschaft, zu verstehen) gegeben, später Mose (Judentum) und Jesus (Christentum). Diese Offenbarungen aber wurden immer wieder verfälscht. Deswegen wurde Mohammed beauftragt, sie ein für allemal und unverfälscht weiterzugeben.
Jedes Wort im Koran stammt demzufolge von Gott selbst; der Islam vertritt eine strenge Verbalinspiration. Mohammed selbst ist nur *Verkünder* oder *Übermittler* der Offenbarung, er ist noch nicht einmal Mitautor, sondern lediglich Instrument Gottes.[71]
Mohammed aber konnte – laut Koran und Tradition – nicht lesen und schreiben. *Watt/Welch* bezweifeln dies, weil man in Mekka schon seit langem die Schrift benutzt habe. „Aus diesem Grund wäre es sehr verwunderlich, wenn Mohammed – wie die Muslime heute behaupten – überhaupt nicht hätte lesen und schreiben können. Wie bereits erwähnt, steht hinter dieser Auffassung der Wunsch der Muslime, den wunderbaren Charakter des Koran und seinen göttlichen Ursprung zu beweisen"[72]. Ähnlich verweist *Hans Zirker* auf Vorwürfe von Gegnern Mohammeds, daß er aus fremden Büchern abgeschrieben habe (S. 25,5), und schließt: „Nichts spricht im Koran dafür, dass Mohammed nicht hätte schreiben und lesen können"[73].
Thesen dieser Art scheinen tendenziös zu sein; sie lassen ein Interesse westlich denkender Menschen erkennen, die von ihnen angenommene Authentizität des Koran fester zu verankern, indem sie von Mohammed behaupten, er habe lesen und schreiben können. Auszugehen ist also mit großer Wahr-

---

[69] Im späteren 8. und während des 9. Jahrhunderts gab es zwar im Islam Schulen – zu denen auch die Mutaziliten gehörten –, die auf Grund der vielen Spannungen, unterschiedlicher Lesarten und grammatischer Probleme die These vertraten, daß der Koran, wie alles außer Gott, in der Zeit geschaffen sei; unter dem Kalifen *al-Mamun* wurde diese Auffassung für kurze Zeit zur „orthodoxen Doktrin". Endgültig seit dem 10. Jahrhundert aber ist die herrschende Meinung unter den Muslimen, daß der Koran „the liberal and uncreated Word of God" sei (T. Lester, What is the Koran?, a.a.O. 54).

[70] Rudi Paret, Der Koran als Geschichtsquelle, in: Der Islam 37, 1961, 26.

[71] Zur islamischen Diskussion um die Offenbarungsvorstellung vgl. Mohammed Arkoun, The Notion of Revelation. From Ahl al-Kitab to the Societies of the Book, in: Die Welt des Islams XXVIII, 1988, 62–89.

[72] Watt/Welch, Islam I, a.a.O. 164.

[73] Hans Zirker, Der Koran. Zugänge und Lesarten, Darmstadt 1999, 99.

scheinlichkeit von der Hypothese, daß Mohammed nicht – oder zumindest nicht richtig – lesen und schreiben konnte. Er gab seine Offenbarungen mündlich von sich.

Weil die Sätze Mohammeds Offenbarungscharakter besaßen, sind sie natürlich grundsätzlich für immer gültig und nicht revidierbar. Der Koran selbst bringt eine Reihe von Stellen, die vor jeder Veränderung des Textes, auch durch Mohammed, warnen:

„Und wenn ihnen (d.h. den Ungläubigen) unsere Verse (w. Zeichen) als klare Beweise verlesen werden, sagen diejenigen, die nicht damit rechnen, uns (am Tag des Gerichts) zu begegnen: ‚Bring uns einen Koran, der anders ist als dieser (den du uns eben vorgetragen hast), oder ändere ihn ab (w. tausche ihn (gegen etwas anderes) aus)!‘ Sag: Ich darf ihn nicht von mir aus abändern. Ich folge nur dem, was mir (als Offenbarung) eingegeben wird. Wenn ich gegen meinen Herrn widerspenstig bin, habe ich die Strafe eines gewaltigen Tages zu befürchten“ (S. 10,15).

Dennoch aber geht der Koran davon aus, daß Mohammed gelegentlich übereilt gesprochen habe:

„Und Gott ist erhaben. (Er ist) der wahre König. Übereile dich nicht mit dem Koran (d.h. mit dem Vortrag eines Korantextes), bevor er dir endgültig eingegeben worden ist! Und sag: Herr! Laß mich an Wissen zunehmen!“(S. 20, 114). Oder:

„16 Bewege deine Zunge nicht damit (d.h. mit dem Koran, bzw. dem Vortrag eines Korantextes), so daß du dich damit übereilst! 17 Es ist unsere (und nicht deine) Aufgabe, ihn zusammenzubringen und zu rezitieren. 18 Und (erst) wenn wir ihn (dir vor)rezitiert haben, dann folge seiner Rezitierung! 19 Hierauf ist es unsere Aufgabe, ihn (in seiner Bedeutung im einzelnen) darzulegen“ (S. 75,16–19).

Daraus ergäbe sich eine gewisse Notwendigkeit, übereilt gesprochene Sätze revidieren zu müssen. So ist der Koran der Meinung, daß Mohammed gelegentlich vorher offenbarte Sätze später austilgen mußte. Ein Beispiel:

„Wenn wir einen Vers (aus dem Wortlaut der Offenbarung) tilgen oder in Vergessenheit geraten lassen, bringen wir (dafür) einen besseren oder einen, der ihm gleich ist. Weißt du denn nicht, daß Gott zu allem die Macht hat?“ (S. 2,106; weitere Stellen: S. 13,39; 16,101; 17,41; 87,6.7).

Auf dieser Grundlage entwickelten muslimische Theologen die Lehre von der *Abrogation*: Worte Allahs seien zwar immer Offenbarung, aber manche seien nur vorübergehend gültig; später habe Gott sie dann korrigiert und endgültig festgemacht. Mit dieser Theorie erklärten sie gelegentliche Brüche oder auch Widersprüche zwischen verschiedenen Aussagen. Sie sind aber überzeugt, daß die schließlich tradierte Fassung, wie sie heute im Koran zu finden ist, die endgültige inspirierte Wahrheit sei. Dennoch bleibt die Feststellung richtig, daß sich die Abrogationstheorie im Grunde mit dem Offenbarungscharakter der Aussprüche Mohammeds nicht vereinbaren läßt.

Vielleicht läßt sich der Widerspruch zwischen der ersten und der zweiten Aussagenreihe auch dadurch erklären, daß letztere in den sogenannten medinischen Suren zu finden ist. Wenn diese Surengruppe aber erst in späterer Zeit, dreißig bis vierzig Jahre (?) nach der ersten Sammlung der „mekkanischen" Suren, entstanden ist, könnten die Hinweise auf eine noch umfassendere Offenbarung auch die spätere Redaktionsarbeit rechtfertigen.[74]
Zum konkreten Vorgang des Zustandekommens des Koran sagt die muslimische Tradition, daß sich die Zuhörer Mohammeds seine Worte ins Gedächtnis einprägten, teilweise auch auf Steine, Zettel aus Pergament oder Papyros, Palmstengel u.ä. aufschrieben. Nach dem Tod Mohammeds ergab sich nun die Notwendigkeit, die teilweise nur mündlichen Traditionen aufzuzeichnen und das verstreute schriftliche Material zu sammeln. Wahrscheinlich entstanden erste Textsammlungen, auf deren Besitzer die erwähnten Buchstabengruppen am Anfang mancher Suren hindeuten sollen.
Wann die Ganzschrift entstanden sein könnte, wurde zunächst in der muslimischen Theologie nicht übereinstimmend beantwortet. Es gibt einen Bericht, der ihre Entstehung in die Zeit des ersten Nachfolgers Mohammeds, des Khalifen *Abu Bakr,* datiert, andere in die Zeit seines Nachfolgers *'Umar.* Durchgesetzt hat sich aber bald die These – und sie wird heute allgemein im Islam vertreten –, daß die Endfassung des Koran unter dem dritten Kalifen *Osman (Othman/Utman/'Uthman,* gest. 656) zusammengestellt wurde. Der Kalif habe diese Arbeit einem Muslim aus Medina mit Namen *Zaid ibn Thabit* aufgetragen; dieser sei von drei mekkanischen Muslimen unterstützt worden. Der Koran sei somit wahrscheinlich zwischen *650 und 656* – also 18 bis 24 Jahre nach dem Tod Mohammeds – erstellt und alle anderen Sammlungen und Textvarianten verboten worden.[75] Es finden sich lediglich hin und wieder – selten – in den älteren Kommentaren und neuerdings auch in neu aufgefundenen älteren Handschriften Hinweise auf Lesarten, die von der heutigen Form abweichen. Es ist die Rede von vorosmanischen Kodizes, von denen aber nur wenig Näheres bekannt ist und deren zeitliche Zuordnung zumindest problematisch ist.[76] In einem alten Kommentar wird berichtet, daß die frühe Koranversion eines Theologen namens *Ibn Mas'ud* aus dem 8. Jahrhundert die beiden letzten Suren 113 und 114 (noch) nicht enthielt[77]; zwei Korankommentatoren aus dem 9. und 10. Jahrhundert, *at-Tabari* und

---

[74] Vgl. hierzu u. 4.3.5.

[75] Peter Antes, Schriftverständnis im Islam, in: Theologische Quartalschrift 161, 1981, 183, weist auf ein theologisches Problem hin, das sich aus der Vernichtung und dem Verbot aller Varianten zur Ganzschrift durch Osman ergebe: „Wer war von Gott letztlich inspiriert, Muhammad, Uthman oder beide?"

[76] Vgl. hierzu Arthur Jeffery, Materials for the History of the Text of the Koran (erstmals in der Introduction of „Materials for the History of the Text of the Qur'an. The Old Codices, Leiden 1937), in: Ibn Warraq (Hrsg.), The Origins of the Koran, a.a.O. Jeffery stellt, 123, solche Codices zusammen; von ihnen seien aber nur noch wenige und kaum unorthodoxe Lesarten bekannt. Zudem ist ihre Altersbestimmung undeutlich.

[77] Vgl. Watt/Welch, Islam I, a.a.O. 181.

Ibn Sa'd, hatten eine Version von S. 53,19–25, vorliegen, in denen ein Bittgebet an drei mekkanische Göttinnen empfohlen wurde (die berühmten „Satanischen Verse“[78]). Im Islam gilt trotzdem der *Osman*sche Text als die endgültige Form der Offenbarung Allahs durch Mohammed.
Aber damit waren auch für die muslimische Theologie nicht schon alle Probleme behoben, wenn sie auch den meisten heutigen Theologen nicht mehr bewußt sind: Man hatte bemerkt, daß das Material historisch wohl in einer anderen Reihenfolge wiedergegeben sein müßte, weswegen man „geoffenbart zu Mekka“ oder „Medina“ hinzufügte. Daneben war man sich dessen bewußt, daß auch innerhalb dieser Grobeinteilung noch Unterschiede festzustellen sind. So schlagen z.B. einige Theologen vor, die Suren 74 oder 96 als die ältesten anzunehmen; allerdings ist die Argumentation nicht, wie es sein müßte, historisch-kritisch, sondern spekulativ: In S. 74,2 heißt es: *„Stell dich auf und warne“;* S. 96,1 befiehlt *„Trag vor“.* Weil in beiden Fällen Mohammed mit der Verkündigung beauftragt wurde, schloß man, dies müsse dann am Anfang seiner Predigt geschehen sein.
Der von *Osman* zusammengestellte Text *(mushaf,* der Koran in gebundener Form) gilt als sakrosankt und wird in der muslimischen Theologie zwar intensiv ausgelegt, aber kaum philologisch und erst recht nicht historisch-kritisch untersucht. „Es ist bedauerlich, daß die philologische Kritik heiliger Texte, die schließlich auch auf das Alte Testament und die Evangelien angewendet worden ist, ohne daß dies negative Konsequenzen für den Begriff der Offenbarung gehabt hätte, von der muslimischen wissenschaftlichen Meinung abgelehnt wird“, meint *Muhammad Arkoun.*[79]

4.3.2 Der westliche Konsens seit dem 19. Jahrhundert

Die westliche Forschung geht – bis auf wenige Ausnahmen – von der Hypothese der Mohammedschen Authentizität des Koran aus. Noch *Rudi Paret* schreibt im Vorwort zu seiner Koranübersetzung: „Wir haben keinen Grund anzunehmen, daß auch nur ein einziger Vers im ganzen Koran nicht von Mohammed selber stammen würde“[80]. Diese These wird immer noch vertreten, obwohl *Alphonse Mingana* schon 1914 fragte: „How could Muhammad in all the wars by which his life was so unfortunately agitated, in all the displacements that he must have undergone, keep all the verses ... in his

[78] Vgl. u. 5.1.
[79] Mohammed Arkoun, Der Islam. Annäherung an eine Religion (Original: „Ouvertures sur l'Islam“, Paris 1989, übers. vom kirchlichen Entwicklungsdienst der Evangelischen Kirche in Deutschland), Heidelberg 1999, 74.
[80] Der Koran, a.a.O. 5.

memory, after an intervall of several years?“[81] Diese Frage wird neuerdings auch wieder von *Ibn Warraq* aufgeworfen.[82]

Noch schwieriger wird die Annahme einer Mohammedschen Authentizität aller Offenbarungen, wenn man die nach ihm beginnende Geschichte der Überlieferung bis hin zur schriftlichen Fixierung des Koran berücksichtigt. Wie lange der Prozeß der Sammlung und Redaktion der koranischen Traditionen dauerte, wird mit dem Hinweis auf die unter *Osman* erstellte Ganzschrift beantwortet. *Hans Zirker* faßt diesen westlichen Konsens – affirmativ – zusammen: „Im Vergleich mit der Bibel ... hat der Koran eine äußerst knappe und homogene Entstehungszeit, die ihm eine bemerkenswerte *literarische* Geschlossenheit verleiht. Seine Verkündigung durch Mohammed reicht von dessen prophetischer Berufung im Jahr 610 bis zu seinem Tod 632. Etwa 20 Jahre nach dem Tod Mohammeds lag die Sammlung vor, von der alle heutigen Ausgaben im wesentlichen Kopien sind. Mit wenigen Ausnahmen hegen auch nichtmuslimische Wissenschaftler keinen Zweifel daran, daß der Koran die Offenbarungsworte weitgehend authentisch in der von Mohammed vermittelten Gestalt (...) wiedergibt“[83]. Auch *Rudi Paret* ist der Meinung: „Der Text, wie er uns heute vorliegt und seit 1925 in einer ausgezeichneten Kairoer Edition immer wieder gedruckt wird, geht auf diese otmanische Redaktion zurück“[84]; ähnlich *Hartmut Bobzin* in seinem 1999 erschienenen Buch „Der Koran“.[85]

Dabei ist aber zu beachten, daß die *Osman*sche Endredaktion lediglich aus der sehr viel späteren Sunna bekannt ist, und diese Datierung kann durchaus ideologische Gründe haben: Der Text des Koran sollte, um ihm höhere Autorität zu geben, möglichst früh fixiert gewesen sein. Jedenfalls stammen die entsprechenden Zeugnisse aus Dokumenten des 9. Jahrhunderts, *Watt/Welch* führen sogar noch einen Text eines Autors, der 928 gestorben ist, an: „Dies ist eine Geschichte, die nicht erfunden sein kann ...“[86]. Wieso nicht, bleibt offen.

---

[81] Alphonse Mingana, Three Ancient Korans (erstmals: Einleitung zu Leaves from Three Ancient Qurâns Possibly Pre-Othmanic with a List of Variants, hrsg. von Alphonse Mingana und Agnes Smith Lewis, Cambridge 1914), in: Ibn Warraq (Hrsg.), The Origins of the Koran, a.a.O. 81.

[82] Vgl. Ibn Warraq, Introduction, in: ders. (Hrsg.), The Origins of the Koran, a.a.O. 13: Mohammed habe weder lesen noch schreiben können, „and therefore everything depends on him having perfectly memorized what God revealed to him through His Angels. Some of the stories in the Koran are enormously long; for instance, the story of Joseph takes up a whole chapter of 111 verses. Are we really to believe that Muhammad remembered it exactly as it was revealed?“

[83] Hans Zirker, Christentum und Islam. Theologische Verwandtschaft und Konkurrenz, Düsseldorf 1989, 79.

[84] R. Paret, Der Koran als Geschichtsquelle, a.a.O. 27.

[85] Hartmut Bobzin, Der Koran. Eine Einführung, München 1999, 102–109.

[86] Watt/Welch, Islam I, a.a.O. 179.

Die immer wieder hervorgehobene These von der Mohammedschen Authentizität des heute vorliegenden Textes erstaunt darüber hinaus auch deshalb, weil sie einmal alle „Merkmale von Überarbeitungen“[87], alle Sprünge und Disparitäten des Textes übergeht[88], die am besten durch die Tätigkeiten verschiedener Redaktoren zu erklären sind, und zum anderen die These nicht näherhin historisch zu begründen sucht. Immerhin wird ja eingeräumt, daß der heutige Koran zumindest zu Teilen auf mündliche Überlieferungen zurückgeht, wie *David Margoliouth* schon 1925 feststellte.[89] Tatsächlich gibt es keine positiven Beweise oder wenigstens Hinweise für die Herkunft aller Texte von Mohammed. So ist man auf spekulative Argumentationen angewiesen und meint, daß die meisten ehemaligen Zuhörer Mohammeds natürlich bemerkt hätten, wenn Sätze überliefert worden wären, die nicht auf ihn zurückgehen; oder es wird auf die Überlieferungstreue (weithin) schriftloser Kulturen verwiesen: „Es war in einer überwiegend mündlichen Kultur üblich, Literatur dadurch zu erhalten, daß man sie dem Gedächtnis einprägte, und die Araber hatten ein gutes Gedächtnis“[90]. Dabei wird leichthin übergangen, daß in den ersten Jahrzehnten der arabischen Eroberungen viele Gefährten Mohammeds umkamen, „and with them died valuable knowledge of the Koranic revelations“[91].

Bei Erwägungen dieser Art erinnert sich der christliche Leser an die früheren Versuche der katholischen Fundamentaltheologie, Ergebnisse der modernen Bibelexegese zu „widerlegen“: Alle Worte Jesu in den Evangelien oder alle Wunder müssen authentisch sein, weil es damals noch viele Augenzeugen gab und die mündliche Überlieferung sehr zuverlässig war. Mittlerweile spricht kaum noch einer in diesem Sinn, und es wird akzeptiert, daß die wenigen Jahrzehnte der Überlieferung – z.B. die rund vierzig Jahre vom Tod Jesu bis zur Abfassung des Markusevangeliums – die Stoffe so geprägt haben, daß es sehr schwierig ist, zum Jesus der Geschichte oder zu authentischen Jesus-Worten vorzudringen. Ob auch in der Koranforschung irgendwann – wenigstens im Westen – eine ähnliche Entwicklung eintreten wird, bleibt abzuwarten.[92]

---

[87] M. Rodinson, Mohammed, a.a.O. 131.

[88] Vgl. u. 4.3.5.3; vgl. J. Baldick, Early Islam, a.a.O. 11: „...the Qur'an is extremely disjointed. It switches from one subject to another. It is repetitive, often telling the same story in variant versions and in content markedly multivoiced“.

[89] David Margoliouth, Textual Variations of the Koran (erstmals publiziert in: The Muslim World 15, 1925, 334–344), in: Ibn Warraq (Hrsg.), The Origins of the Koran, a.a.O. 161: „We have good reason for believing that parts of the Koran were obtained by the collectors from oral tradition and not from manuscript“.

[90] Watt/Welch, Islam I, a.a.O. 162.

[91] T. Lester, What is the Koran?, a.a.O. 51.

[92] J. Baldick, Early Islam, a.a.O. 9, bezeichnet die unkritische Haltung der westlichen Islamforscher als „extreme example of the results of overspecialisation in universities after the First World War“ und spricht, 13, von „the naive and literalistic acceptance of materials by previous Western writers“.

Bei manchen Autoren ist jedenfalls durchaus zu erkennen, daß sie den eigenen vollmundigen Behauptungen zur Zuverlässigkeit der mündlichen Traditionen nicht so recht trauen. So wollen sie eine – nirgends bezeugte – frühe Niederschrift zumindest wesentlicher Teile des späteren Koran noch zu Lebzeiten Mohammeds anführen, die möglichst noch von Mohammed selbst redigiert wurde: „Daher ist es wohl wahrscheinlich, daß Mohammed selbst separate Passagen zu größeren Einheiten zusammenfügte, die zweifellos als ‚Suren' bekannt waren“[93]. Allerdings muß dann doch – nach langatmigen Erörterungen oder besser Spekulationen zu diesem Thema – eingeräumt werden: „Was soeben über die Gestaltung der Suren durch Mohammed gesagt wurde, beruht zugegebenermaßen teilweise auf Mutmaßungen“[94]. Nur „teilweise“?

4.3.3 Die historische Struktur des Koran unter der Voraussetzung seiner Authentizität

Jedenfalls wird die Authentizität des Koran immer noch von fast allen Islamwissenschaftlern vorausgesetzt. Man versucht – auf dieser Basis –, einen historisch-kritischen Zugang zum Koran zu finden. Untersuchungen dieser Art gehen zurück auf die Arbeiten von *Theodor Nöldeke*, vor allem seine „Geschichte des Qorans“ von 1860 (später von *Friedrich Schwally* u.a. 1909, 1919, 1938 neu bearbeitet).
Nöldeke ordnete die im Koran nach dem „Prinzip der abnehmenden Länge“, also nach einem recht äußerlichen Kriterium, zusammengestellten Suren den unterschiedlichen Phasen des Lebens Mohammeds zu. Er übernahm die in muslimischen Koranausgaben zu findenden und von den Wirkungsstätten des Propheten sich aufdrängenden Verweise auf Mekka und Medina. Er fragte, ob sich Kriterien finden lassen, die Offenbarungen mit der Verkündigungstätigkeit in Mekka und Medina verbinden. Hierbei untergliederte er die mekkanische Zeit in drei verschiedene Phasen – eine frühe, eine mittlere, eine späte –, und er rechnete die letzte Tätigkeit in Mekka der medinischen Zeit zu.

Die älteste mekkanische Phase
Weil nur der Korantext selbst zur Verfügung steht, analysierte *Nöldeke* die literarischen und theologischen Eigenheiten der einzelnen Suren. Er beobachtete, daß es eine Gruppe von Suren gibt, die nicht sehr lang sind und aus durch Endreime gegliederten kurzen Stücken bestehen. Diese knappen Texte lassen ein leidenschaftliches Pathos erkennen, scheinen aus tiefer Ergriffenheit fast eruptiv gesprochen zu sein, ihr Inhalt ist oft dunkel. Wegen der kur-

---

93 So z.B. Watt/Welch, Islam I, a.a.O. 166.
94 Watt/Welch, ebd. 167.

zen Satzglieder vermitteln sie den Eindruck poetischer Dichte, aber auch Unbestimmtheit des Inhalts. „Die Rede ist großartig, erhaben und voll kühner Bilder, der rhetorische Schwung hat noch ganz poetische Färbung“[95]. Ein weiteres Merkmal dieser Suren ist – nach *Nöldeke* – der massive Gebrauch von *archaischen Schwurformeln*, die etwa 30mal vorkommen.

Nöldeke rechnet 48 Suren zu dieser frühen Zeit. Die folgenden zwei Beispiele können einen Eindruck davon vermitteln, wie diese frühen Suren gestaltet sind:

– (S. 89,1–13) *„Im Namen des barmherzigen und gnädigen Gottes. 1 Bei der Morgendämmerung, 2 bei (einem bestimmten Zeitraum von) zehn (Tagen und?) Nächten, 3 bei dem (an Zahl) Geraden und Ungeraden 4 und bei der Nacht, wenn sie abläuft! 5 Ist das nicht (w. Liegt darin nicht) für jemand, der Verstand hat, ein (wirksamer) Schwur?*

6 Hast du nicht gesehen, wie dein Herr (seinerseits) mit den 'Ad (und deren Siedlung) verfahren ist, 7 mit Iram, der (Stadt) mit der Säule, 8 dergleichen sonst nirgendwo (w. nicht im Land) geschaffen worden ist, 9 und (mit) den Thamud, die im Tal (in dem sie wohnten) den Fels aushöhlten, 10 und (mit) Pharao, dem mit den Pfählen (?), 11 (mit ihnen allen) die im Land aufsässig waren 12 und darin viel Unheil anrichteten? 13 Dein Herr ließ die Geißel einer (schrecklichen) Strafe auf sie herabsausen (w. goß die Geißel ... über sie aus)“.

– (S. 111) *„Im Namen des barmherzigen und gnädigen Gottes. 1 Dem Verderben seien die Hände Abu Lahabs preisgegeben! Dem Verderben sei er (mit seiner ganzen Person) preisgegeben! (oder: Und [in der Tat] ist er [schon] dem Verderben preisgegeben?). 2 Was nützt (w. nützte) ihm sein Vermögen, und was er erworben hat? (oder: Sein Vermögen, und was er erworben hat, nützt [w. nützte] ihm nicht[s]). 3 Er wird (dereinst) in einem lodernden Feuer schmoren, 4 (er) und seine Frau, die (elende) Brennholzträgerin (oder: [er] und seine Frau [die dann] als Brennholzträgerin [tätig ist und selber Brennholz für die Hölle herbeischleppt[?]). 5 An ihrem Hals hat sie (als Zeichen ihres Berufs statt des üblichen Schmucks) einen Strick (hängen), einen Palmfasernstrick.“.*

Die mittlere mekkanische Phase

In dieser Zeit scheint sich die prophetische Rede schon gefestigt zu haben; ihre Präsentation wird zunehmend argumentativer ausgestaltet. Während Mohammed vorher nur behauptete und forderte, versucht er jetzt zu begründen. Er zieht Beispiele aus Natur und Geschichte heran, um seine Sache plausibel zu machen. Der Inhalt der Sätze ist nicht mehr so dunkel, die Aussagen scheinen schon auf ein größeres Gesamt der Lehre hin konzipiert. Während es vorher nur Einzelsprüche gab, werden diese jetzt in den Kontext eines

[95] Theodor Nöldeke, Geschichte des Qorâns, Göttingen 1880, 74.

geplanten Gesamtwerkes gestellt. Bisweilen finden sich schon Einleitungen wie: „Dies sind die Verse der deutlichen Schrift“ (26,1). Diese Suren, *Nöldeke* zählt 21 zu dieser Gruppe, leiten schon über zur nächsten Phase: „Wir sehen in ihnen den Übergang von dem großartigen Enthusiasmus zur größeren Ruhe der späteren prosaischen Suren“[96].
Als Beispiel mag Sure 26,1–9 dienen:
„Im Namen des barmherzigen und gnädigen Gottes.
„1 tsm. 2 Dies sind die Verse (w. Zeichen) der deutlichen Schrift. 3 Vielleicht willst du (gar) dich selber umbringen (aus Gram darüber), daß sie (d.h. die Mekkaner) nicht gläubig sind. (Du kannst dich damit trösten, daß wir es so bestimmt haben.) 4 Wenn wir wollten, könnten wir vom Himmel ein Zeichen auf sie hinabsenden, vor dem sie dann (in ehrfurchtsvoller Überzeugung) den Nacken beugen würden (w. (dauernd) gebeugt halten würden). 5 Von jeder neuen Mahnung, die vom Barmherzigen zu ihnen kommt, wenden sie sich (höhnisch) ab. 6 Und nun haben sie (unsere Botschaft) als Lüge erklärt. Aber ihnen wird (dereinst beim Gericht) Kunde zukommen von dem, worüber sie sich (zeitlebens) lustig gemacht haben. 7 Haben sie denn nicht gesehen, wie vielerlei herrliche Arten (von Pflanzen und Früchten) wir auf der Erde haben wachsen lassen? 8 Darin liegt ein Zeichen (das den Menschen zur Belehrung dienen müßte). Doch die meisten von ihnen sind (eben) nicht gläubig. 9 Dein Herr aber ist der Mächtige und Barmherzige“.

Die dritte mekkanische Phase
In dieser letzten Zeit vor der Hidschra verstärken sich die vorherigen Tendenzen. Der prophetische Schwung der Verse scheint abzunehmen, ebenso die poetische Dichte. Die Sätze werden länger, lehrhafter und prosaischer, eine Linie, die in der nachfolgenden Epoche fortgeführt wird. *Nöldeke* zählt wieder 21 Suren zu dieser Gruppe, zwei Verse (2 und 3) aus Sure 32 sollen ihre Eigenart verdeutlichen:
„2 (Als Offenbarung) herabgesandt ist die Schrift, an der nicht zu zweifeln ist, (und kommt) vom Herrn der Menschen in aller Welt. 3 Oder sie (d.h. die Ungläubigen) sagen: ‚Er (d.h. Mohammed) hat sie (d.h. die Schrift bzw. den Koran) (seinerseits) ausgeheckt‘. Aber nein! Es ist die Wahrheit (und kommt) von deinem Herrn. (Sie ist zu dir herabgesandt) damit du Leute warnst, zu denen vor dir noch kein Warner gekommen ist. Vielleicht würden sie sich rechtleiten lassen“.

Die medinische Zeit
Stilistisch ähneln die in Medina (und während des letzten Mekkaaufenthaltes) entstandenen Suren denen der vorherigen Epoche. Die Suren werden

[96] Th. Nöldeke, ebd. 118.

noch länger, ebenso meist die Abstände zwischen den Endreimen; der Text wirkt stärker als bisher wie ein Stück Prosa und überdies sehr lehrhaft.
Auch die Thematik wechselt: Große Blöcke von gesetzlichen Regelungen und Vorschriften zur Leitung einer großen Glaubensgemeinschaft wachsen hinzu; Angriffe gegen die Heiden werden seltener, dafür aber richten sich nicht wenige Texte gegen Juden und Christen. *Nöldeke* rechnet 24 – jetzt sehr lange – Suren in diese Periode, zur Veranschaulichung ein Zitat aus Sure 3,14–17:
„14 Den Menschen erscheint es herrlich, (all das) zu lieben, wonach man Lust hat: Frauen, Söhne, (ganze) Zentner von Gold und Silber, markierte (?) Pferde, Vieh und Saatfelder. Das (alles) ist (aber nur) für den (kurzen) Gebrauch im diesseitigen Leben bestimmt. Doch bei Gott gibt es (dereinst) eine schöne Einkehr. 15 Sag: Soll ich euch Kunde geben von etwas, was besser ist als dies? (Vernehmt:) Denen, die (Gott) fürchten, werden (dereinst) bei ihrem Herrn Gärten zuteil, in deren Niederungen (w. unter denen) Bäche fließen, und in denen sie (ewig) weilen werden, dazu gereinigte Gattinnen und Wohlgefallen Gottes ..., 16 (ihnen) die sagen: ‚Herr! Wir glauben. Vergib uns unsere Schuld und bewahre uns vor der Strafe des Höllenfeuers!‘ 17 (Ihnen) die geduldig und wahrhaftig und (Gott) demütig ergeben sind, und die Spenden geben und in der Morgendämmerung (in frommer Gebetsübung Gott) um Vergebung bitten“.
Diese Konzeption *Nöldekes* ist Grundlage aller westlichen Koranexegese bis in die jüngste Zeit, von wenigen Ausnahmen abgesehen. Im Lauf der Forschungsarbeiten wurde sie zwar immer wieder aufs Neue einer Kritik unterzogen, ergänzt, korrigiert, aber im großen und ganzen bekräftigt.
Nöldeke selbst hat von seinem Schema nicht behauptet, mit ihm lasse sich alles klären. Später räumte er ein, daß sich allenfalls *Gruppen* von Suren, nicht aber exakt jede einzelne, schwerpunktmäßig einordnen lassen. Die wesentlichste Kritik richtete sich darauf, daß *Nöldeke* die Sure als grundlegende Einheit angenommen hatte; die Möglichkeit schien nicht hinreichend berücksichtigt, daß Suren vielleicht spätere, redaktionelle Kompositionen ursprünglich selbständiger Elemente sein könnten. Wenn man mit dieser Möglichkeit rechnet, kann man nicht mehr ausschließlich über Suren reden, sondern müßte jeweils – anhand stilistischer und inhaltlicher Kriterien – kleinere geschlossene Einheiten (Versgruppen oder auch Einzelverse) zur Grundlage machen. Viele Suren setzen sich aus Einheiten zusammen, die übergangslos nebeneinanderstehen, so daß sich der Text oft holprig liest. Für große Teile des Koran ist die These von *Navid Kerman* über die ästhetische Schönheit des Korantextes[97] kaum nachvollziehbar, es sei denn, sie bezöge sich ausschließlich auf die Melodik der Koranrezitation.
Hartwig Hirschfeld hatte schon 1902 die kleineren Einheiten stärker berücksichtigt. Der Franzose *Régis Blachère* führte 1949/51 in seiner Koranüber-

97 Navid Kerman, Gott ist schön. Das ästhetische Erleben des Koran, München 1999.

setzung das neue Prinzip durch, noch deutlicher der Engländer *Richard Bell* in seiner Übersetzung von 1937/39. Letzerer nahm darüber hinaus für viele Abschnitte spätere Bearbeitungen an und versuchte, die ursprüngliche Gestalt wiederherzustellen. So kam er z.T. zu einer ganz anderen Zuweisung von Suren und Abschnitten als *Nöldeke*, ohne aber ihr Prinzip in Frage zu stellen. In die gleiche Linie gehören auch die Arbeiten von *Rudi Paret*: „W i r dagegen kommen bei einer kritischen ... Betrachtung des Sachverhalts zu dem Ergebnis, daß die längeren Suren fast durchweg aus einer ganzen Auswahl von Einzelteilen zusammengewachsen sind“[98].

Diese Arbeiten stützen sich weitgehend auf die Analyse von Sprache und Stil. Im Lauf der Zeit kamen wesentliche Ergänzungen hinzu: Untersuchungen zu den thematischen Aussagen sowie der Versuch ihrer Zuordnung zu bestimmten Perioden der inneren Entwicklung Mohammeds. Es scheint plausibel zu sein, daß Mohammed eine theologische, politische etc. Entwicklung durchlaufen und die jeweilige Situation (in Mekka oder Medina z.B.) seine Predigt inhaltlich geprägt haben müßte.

Dieser Gedanke wird zum ersten Mal in der Mohammed-Biographie von *Hubert Grimme* 1892[99] formuliert. Seine These aber hat sich als falsch herausgestellt: Mohammed sei ein sozialer Reformer gewesen; es sei ihm wesentlich um diese Reformen gegangen, die Theologie diene nur der Untermauerung seiner Absichten.

Aus der Diskussion um diese These schälte sich in etwa eine Vorstellung von der zeitlichen Abfolge der Themen des Koran heraus. Nach *Watt/Welch* gab es in der früheren Zeit vor allem 5 Themen: 1. Gottes Güte und Allmacht, 2. das Jüngste Gericht, 3. die Forderung nach Dankbarkeit und Hingabe, 4. die Forderung nach Großzügigkeit bei irdischen Gütern, 5. die Berufung Mohammeds zum Mahner und Warner im Auftrag Allahs. In späterer *mekkanischer* Zeit seien die „Straflegenden“ (d.h. Hinweise auf *zeitliche* Bestrafungen der Stämme und Gemeinschaften, die nicht auf Propheten hörten) hinzugekommen, ebenso eine Zurückweisung von Kritik an Mohammed und Angriffe auf Götzendienst. In *Medina* schließlich seien soziale und politische Vorschriften wichtig geworden.

Richard Bell[100] kommt zu einer etwas anderen Gliederung – auch er geht von der Authentizität des Koran aus. Er untersucht den Gebrauch des Wortes „Koran“, das von *qaraa* (lesen oder vortragen) abgeleitet ist und wörtlich *„er trug vor“* heißt (vielleicht aber ist der Begriff auch aus dem altsyrischen *qeryana* abgeleitet, der ein Vorlesestück der christlichen Liturgie bezeichnet). *Bell* glaubt feststellen zu können, daß das Wort *Koran* nach 624 selten gebraucht wurde und später das Wort *kitab* (= Schrift) benutzt wird; dies sei

[98] R. Paret, Der Koran als Geschichtsquelle, a.a.O. 31.

[99] Hubert Grimme, Mohammed, Bd. 1: Das Leben (Darstellungen aus dem Gebiet der nichtchristlichen Religionen, 7), o.O. 1892.

[100] Richard Bell, Introduction to the Qur'an, Edinburgh 1953.

die gleiche Zeit, in der sich Mohammed gegenüber den Christen und vor allem Juden polemischer verhalten habe. So ergeben sich nach *Bell* zwei Perioden der Verkündigung, eine Koran- und eine Kitab-Periode, denen er noch eine ganz frühe Phase vorordnet, in der auch noch nicht vom Koran die Rede ist, sondern Einzelsprüche im Vordergrund stehen. Diese erste Phase habe kaum Spuren hinterlassen, allenfalls einige Aufforderungen, Allah zu verehren; die Koranperiode habe begonnen, als Mohammed einige Anhänger gefunden hatte und mit ihnen das rituelle Gebet *(salat)* sprach; in dieser Zeit seien seine Reden eben „vorgetragen" worden; aus dieser Zeit stamme die Ankündigung des Gerichts. In der Buchphase schließlich sei dann das ganze andere Material dazugekommen.

4.3.4 Neuere Hypothesen zur Mohammedschen Authentizität und zur Entstehung der Ganzschrift

Erst in neueren Publikationen werden, selten, gänzlich andere Hypothesen zur Entstehung des Koran vertreten. So unterschiedlich sie sind, gemeinsam ist ihnen eine Bestreitung zweier „Dogmen" der westlichen Islamforschung: der Mohammedschen Authentizität des Koran und/oder der Endredaktion z.Zt. des Kalifen *Osman*.

G. Lüling[101] untersucht den Koran mit formgeschichtlichen Methoden. Er stellt einen strophischen Aufbau mancher Suren fest; diesen führt er auf Hymnen zurück, die – eine Art von Ur-Koran – schon vor Mohammed in einem christlichen Milieu arianischer Prägung in Zentralarabien in Umlauf gewesen seien. Mohammed und seine frühe Gemeinde hätten diese Hymnen bearbeitet und hierbei Motive der altarabischen Tradition eingebracht. Die Arbeit *Lülings* ist allerdings in vielem recht hypothetisch; in der Forschung wurde sie nicht aufgegriffen und der Autor beinahe totgeschwiegen. Die gründlichen philologischen Analysen von *Christoph Luxenberg*[102] könnten ihn allerdings im nachhinein in weiten Teilen bestätigen.

John Burton[103] geht in seiner Untersuchung von der Sunna, vor allem der Rechtstradition, aus. Er meint, in ihr habe es ein Interesse daran gegeben, in je neuen Situationen frei entscheiden zu können. Hierbei sei sie durch die Kanonisierung des Koran, wodurch sie auf eine archaische Quelle festgelegt worden sei, behindert worden. Deswegen habe sie versucht, dieser Kanonisierung entgegenzuwirken und, als das nicht mehr möglich war, sie auf einen relativ späten Zeitpunkt, in die Zeit *Osmans*, zu verlegen und die damals abgefaßte Sammlung für lückenhaft zu erklären; auf diese Weise konnte sie

---

[101] Günter Lüling, Über den Ur-Quran. Ansätze zur Rekonstruktion der vorislamisch-christlichen Strophenlieder im Koran, Erlangen ^{1}1974, ^{2}1993.

[102] Vgl. 4.3.5.2.

[103] John Burton, The Collection of the Quran, Cambridge, London, New York, Melbourne 1977.

argumentieren, daß nicht alle Offenbarungen im Koran enthalten seien und vieles ohne ihn, oder über ihn hinaus, zu regeln sei. Wenn auch die Grundthese *Burtons* unzutreffend ist, hat er doch immerhin dazu beigetragen, die Fragestellung über den Koran hinaus auszuweiten, andere Interessen zu berücksichtigen und die *Osman*sche Redaktion zu problematisieren.
Sehr viel weiterführender ist das Buch von *John Wansbrough.*[104] Seine Thesen sollen im folgenden in vereinfachter Form wiedergegeben werden:
1. Wie *Burton* geht *Wansbrough* von der Einheit von Sunna und Koran aus und betrachtet diese form- und traditionsgeschichtlich.
2. Er bestreitet von daher a) die frühe Fixierung des Koran unter *Osman* (anders als *Burton).* Er weist nach, daß *vor* dem 3. islamischen, also dem 9. Jahrhundert, der Koran *nirgendwo als Kanon* betrachtet und *der Schrifttext nicht stabilisiert* gewesen sei. Er vermutet, daß der Koran erst gegen Ende des 2. (8.) Jahrhunderts von islamischen Gemeinden fixiert und für kanonisch erklärt wurde. b) Der Koran sei also nicht Werk *eines* Mannes, Mohammeds, sondern Produkt generationenlanger Gemeindetradition; aus der Sunna und durch sie habe der Text auf der Basis verschiedener Überlieferungen zu seiner heutigen Gestalt gefunden.
3. Dem Grundstock nach biete der Koran eine Reihe von Bildern, die um den Monotheismus kreisen, der als eine Selbstoffenbarung Gottes betrachtet werde. *Wansbrough* ist der Meinung, daß diese Bilder primär biblischen Ursprungs sind. Diese Stoffe würden weniger theologisch neu gestaltet, als *neu bezogen:* Der Zweck ihrer Verwendung sei *homiletisch*; ihr „Sitz im Leben“ sei die kerygmatisch-belehrende Absicht der Nach- und Neuerzählung. Der ganze Stil verrate hierbei, daß die Gemeinde, in der die Texte ihre Form fanden, von einer streng *sektenhaften* Mentalität[105] geprägt gewesen sein müßte: „Ich bin geneigt zu postulieren, daß das Anwachsen der Redesammlungen in Rahmenbedingungen erfolgte, die vermutlich von sektenhaftem Charakter waren, aber im Hauptstrom des orientalischen Monotheismus stattfanden“[106]. Und: „Diese sektenhaften Erfordernisse waren primär von liturgischem und didaktischem Charakter“[107]. Vielleicht oder wahrscheinlich habe es hierbei sogar verschiedene, regional unabhängige Traditionen gegeben. Auf jeden Fall aber sei somit der Koran eine Schöpfung solcher Gemeinden und nicht Mohammeds.
Es müsse aber auch eine Tradition von Mohammed und seiner Predigt gegeben haben mit einem Kernbestand von authentischen Mohammed-Logien. Diese hätten die Entstehung einer breiten geschichtlichen Tradition ausgelöst, die dann zu Beginn des 3. islamischen, also unseres 9. Jahrhunderts[108] in

[104] John Wansbrough, Quranic Studies, London 1977.
[105] Vgl. auch John Wansbrough, The Secterian Milieu. Content and Composition of Islamic Salvation History, Oxford 1978.
[106] J. Wansbrough, Quranic Studies, a.a.O. 50.
[107] Ebd. 51.
[108] Vgl. ebd. 52.

den Koran eingearbeitet worden sei. Diese Traditionen seien miteinander verknüpft worden, und zwar so, daß der gesamte Stoff nach dem Schema einer göttlichen Offenbarung an einen *arabischen Propheten* gestaltet wurde[109]; hierbei habe man sich strukturell an dem Schema *[pattern]* der Mose-Überlieferung orientiert. Um auch sprachlich diese Offenbarung an Mohammed darzustellen, habe man das Arabisch künstlich *archaisiert*. Als Raum, in dem das geleistet wurde, nimmt *Wansbrough* Mesopotamien an.[110] Die traditionelle Hypothese von einer Koranabfassung unter Osman hält *Wansbrough* also – ganz anders als *Burton* – für eine künstliche Vordatierung des Koran in die Anfänge der Gemeinde, um ihm so eine hohe Legitimierung zu verschaffen. Somit sei der heutige Koran ein Gemeindeprodukt: „Der ganze Vorgang der Koranbildung muß gesehen werden als in Gang gesetzt als Gemeindebildung“ [*Gemeindebildung* im englischen Original in deutscher Sprache].[111] Der Koran sei nur ein Ausschnitt aus einer breiteren Sunna und ein Ergebnis einer rund 200jährigen Kanongeschichte. Er enthalte also Prophetenlogien und Gemeindebildungen.

4.3.5 These: Die nur partielle Authentizität des Koran[112]

Die These, daß der gesamte Koran in allen seinen Texten historisch auf Mohammed zurückgehe, ist nicht mehr aufrechtzuerhalten. Sie wird nicht nur durch keinerlei positive geschichtliche Hinweise, die einer kritischen Überprüfung standhalten, gestützt, sondern die Eigenart des Koran spricht so sehr gegen seine Herkunft von einem einzigen Mann und gegen seine vollständige Bildung im arabischen Raum, daß es schon seltsam ist, wie sich diese Überzeugung so lange halten konnte. Dabei soll nicht bestritten werden, daß es durchaus einen Grundbestand an echten Mohammed-Worten geben kann oder gibt; vielleicht ist er am ehesten umrissen mit den – natürlich nur ungenau zu bestimmenden – Texten, die man schon bisher im Anschluß an *Nöldeke* in die älteste mekkanische Phase datierte.
Allerdings ist auch diese Annahme nicht unproblematisch, insofern eine neue philologische Untersuchung zur aramäischen Sprachgestalt des Koran[113] auch für die Sprache dieser Surengruppe eine ostsyrische Basis nachweist. Mohammed aber lebte in Westarabien, in dem, wenn überhaupt, die westsyrische Variante bekannt war.

---

[109] Vgl. ebd. 56.
[110] Vgl. ebd. 50.
[111] Ebd. 51.
[112] Vgl. hierzu: Verf., Der Koran als Gemeindeprodukt?, in: Hans-Caspar Graf von Bothmer, Karl-Heinz Ohlig und Gerd-Rüdiger Puin, Neue Wege der Koranforschung, magazin forschung (Universität des Saarlandes) 1/1999, 33-37.46.
[113] Vgl. u. 4.3.5.2.

Die medinischen Suren sind in ihrem ganzen Charakter und Inhalt anders als der ältere Teil. Daneben aber ist eine Fülle weiteren Stoffs in den Koran aufgenommen worden, der andere „Sitze im Leben" für seine Entstehung hat. Der Koran ist ein komplexes Gebilde, dessen Teile allmählich zusammengestellt wurden, in den unterschiedlichste Traditionen einflossen und der von mehreren Redaktoren bearbeitet wurde und schließlich wohl im Irak seine Endredaktion erfuhr.

4.3.5.1 Zur Textüberlieferung

Die arabische Schrift hat sich wohl erst im Zusammenhang der Schreibgeschichte des Koran aus der syrischen oder der nabatäischen Schrift zu ihrer vollen Form entwickelt. „Überraschenderweise hat die arabische Schrift, anders als die arabische Sprache, keine nennenswerte vorislamische Geschichte; kaum eine Handvoll kurzer, graffito-artiger Inschriften sind historisch bestimmbar"[114].

Anfang der siebziger Jahre wurden bei Renovierungsarbeiten an der sehr alten Hauptmoschee in Sanaa Koranfragmente gefunden, die *von Hans-Casper Graf von Bothmer* und *Gerd-Rüdiger Puin* in den achtziger und neunziger Jahren wissenschaftlich bearbeitet wurden. Diese Untersuchungen haben ergeben, daß die auf Pergament geschriebenen Fragmente „aus 926 verschiedenen, auch im fragmentarischen heutigen Zustand noch unterscheidbaren Koranhandschriften"[115] stammen und weithin in zwei Schriftarten, „die Higazi und Kufi genannt werden" und ihrerseits wieder „Dutzende verschiedener Duktus umfassen", geschrieben sind.[116]

In der Forschung wird der Sachverhalt zwar erwähnt, aber es wird nicht als Problem empfunden, daß die ältesten Textversionen nur die Konsonanten, nicht aber die Vokale wiedergeben; die frühesten Koranfassungen waren in einer unvollkommenen *Schreibweise (scriptio defectiva)* festgehalten: „Man schrieb nur die Konsonanten, und in manchen Fällen wurde dasselbe Zeichen für verschiedene Konsonanten benutzt. So war diese Schrift nur wenig mehr als eine Gedächtnisstütze. Wer den Text aber nicht kannte, konnte kaum et-

[114] H.-C. Graf von Bothmer, Die Anfänge der Koranschreibung, a.a.O. 41.

[115] H.-C. Graf von Bothmer, ebd. 40.41.

[116] Ebd. 40; vgl. ebd.: „Das Higazi ist – wie die Ähnlichkeit mit arabischen Papyri erkennen lässt, deren älteste aus dem Jahr 22 H. (22 Jahre nach der Hidschra, also 644, Verf.) stammen – die ältere der beiden Schriftarten. Sie wurde mit schmalerer Feder geschrieben als das Kufi, verwendet oft hohe Oberlängen, während die eigentlichen Buchstabenkörper im Kontrast dazu gestaucht wirken, und eine Parallelstellung der Hasten wird häufig bewußt vermieden (...). Dagegen ist das wenig jüngere, schon im ausgehenden ersten Jahrhundert H. (also bis 722, Verf.) vorhandene Kufi in seinen charakteristischsten Beispielen mit breiter Feder geschrieben ... Die Hasten werden (...) konsequent parallel ausgerichtet, was ein Grund – neben anderen – dafür ist, dass man den ‚lapidaren' Charakter des Kufi betont, während man das Higazi als ‚kursiv' bezeichnet" (ebd.).

was damit anfangen. Deshalb also konnten verschiedene Personen dieselben geschriebenen Formen verschieden lesen, und mit der Zeit entstanden unterschiedliche Lesarten dieser Art"[117]. Selbst *Rudi Paret* räumt ein: „Einigermaßen verläßlich ist allerdings nur das Konsonantengerippe. Denn die Zeichen für die kurzen Vokale wurden im Schriftbild erst nachträglich ergänzt, und die langen Vokale, die im späteren Arabisch so gut wie ausnahmslos durch entsprechende Konsonantenzeichen angedeutet werden, also aus dem Konsonantentext mit ersichtlich sind, werden im Koran noch in beträchtlichem Umfang defektiv geschrieben. Auch ist zu bedenken, daß verschiedene Konsonantenzeichen in der alten Schrift zusammengefallen waren und erst nachträglich durch über- oder untergesetzte Punkte wieder voneinander differenziert worden sind"[118].

Schon in den beiden angeführten Zitaten klingt an, daß nicht nur die Vokale fehlten, sondern auch die Konsonantenzeichen nicht eindeutig waren. „Die arabische Schrift ist eine Tochter der aramäischen – noch immer umstritten ist, ob der ost- oder der westaramäischen. Im Gegensatz zur aramäischen, aber auch zur hebräischen, sind in der frühen arabischen Schrift eine Anzahl von ursprünglich unterschiedlichen Buchstaben in eine Form zusammengefallen. Infolgedessen sind nur sieben von 28 Buchstaben eindeutig, alle anderen sind mehrdeutig ... In den ältesten Koranfragmenten (von Sanaa, Verf.) machen die mehrdeutigen Buchstaben mehr als die Hälfte des Textes aus ..."[119].

So kann man nach *Ibn Warraq* nicht unterscheiden z.B. „f and q; j, h, and kh; s and d; r and z; s and sh; d and dh; t and z"[120]. *Gerd-Rüdiger Puin* weist auf ein Koranfragment aus Sanaa hin, bei dem in einem einzigen Wort z.B. das im heutigen Koran gelesene „b" auch als t, ṯ, n und y, und ein „y" als b, t, ṯ und n gelesen werden könnten. „Das sind noch nicht einmal alle Lesemöglichkeiten"[121]. Oder er stellt fest, daß es „mehrfach in archaischen Koranfragmenten" vorkomme, daß ein langes a „mit Hilfe eines Buchstabens, der üblicherweise für das lange /i:/ oder den Halbvokal /j/ steht"[122], wiedergegeben sei, woraus sich unter anderen die spätere (Fehl-)Leseweise Ibrahim für Abraham ergebe.[123] Mit anderen Worten: 22 der 28 Konsonantenzeichen sind mehrdeutig, so daß die schließliche Festlegung des Textes in der *scriptio plena* oft auf *Interpretationen* beruht, wobei Fehldeutungen nicht ausgeschlossen werden können; *Puin* fordert, „bei der Interpretation des Koran-

---

[117] Watt/Welch, Islam I, a.a.O. 182.

[118] R. Paret, Der Koran als Geschichtsquelle, a.a.O. 27.

[119] Gerd-Rüdiger Puin, Über die Bedeutung der ältesten Koranfragmente aus Sanaa (Jemen) für die Orthographiegeschichte des Korans, in: Hans-Caspar Graf von Bothmer, Karl-Heinz Ohlig und Gerd-Rüdiger Puin, Neue Wege der Koranforschung, magazin forschung (Universität des Saarlandes) 1/1999, 37.

[120] Ibn Warraq, The Origins of the Koran, a.a.O. 15.

[121] G.-R. Puin, Über die Bedeutung der ältesten Koranfragmente, a.a.O. 38.39.

[122] Ebd. 39.

[123] Ebd. 40.

textes zurückzugehen bis auf das Schriftgerüst der frühesten Überlieferung: Die Korane von Sanaa!“[124]

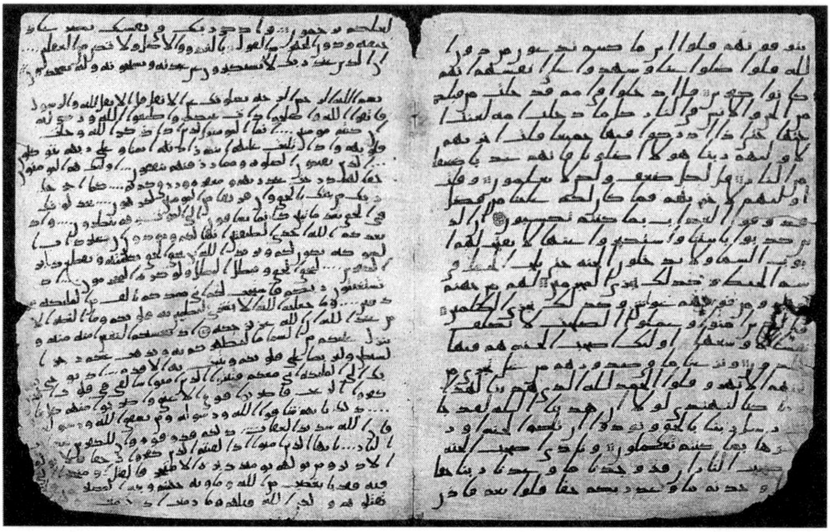

Die Araber haben sich also bei der Schaffung ihrer ältesten Schriftform, des Hidschasi, am syrischen Vorbild, das ohne Vokale auskommt, aber einen eindeutigen Konsonantenbestand hat, orientiert. Warum sie aber die Konsonanten nicht im Verhältnis eins zu eins transskribierten, sondern sich mit Zeichen begnügten, die für mehrere Konsonanten stehen können, bleibt ein Rätsel. Die Auskunft, sie hätten nur einen *rasm* („Spur“), einen Minimalbestand an Zeichen, geschrieben, weil der schriftliche Text nur eine Lesehilfe sein sollte und die Vorleser alles auswendig konnten, überzeugt nicht. Zum einen setzt diese Behauptung überall, wo der Koran verlesen wurde, eine solche ungebrochene Rezitationstradition voraus – was vor allem in den frühen Zeiten äußerst unwahrscheinlich ist –, zum anderen läßt er sich in jedem Fall leichter lesen, wenn die Konsonanten eindeutig festgehalten sind. Letzteres ist ja auch der Grund dafür gewesen, daß man sich in den folgenden Zeiten um eine Eindeutigkeit der Texte bemühte, obwohl ihn die Vorleser – je später um so mehr – auswendig kannten. Vielleicht läßt sich die Rudimentarität und deswegen Mehrdeutigkeit dieser Schrift mit ihrem frühesten, noch primitiven Gebrauch in vorislamischer Zeit erklären; damals nutzte man sie vor allem für Inschriften, deren ritualisierte Texte vielleicht so bekannt waren, daß sich eine exaktere Schreibung erübrigte. Allerdings ist auch diese Erklärung nicht zufriedenstellend, da sie von der Annahme ausgehen muß,

[124] Ebd. 40.

die Schreiber der Inschriften hätten zugleich auch eine eigene Schrift für ihre Bedürfnisse geschaffen.

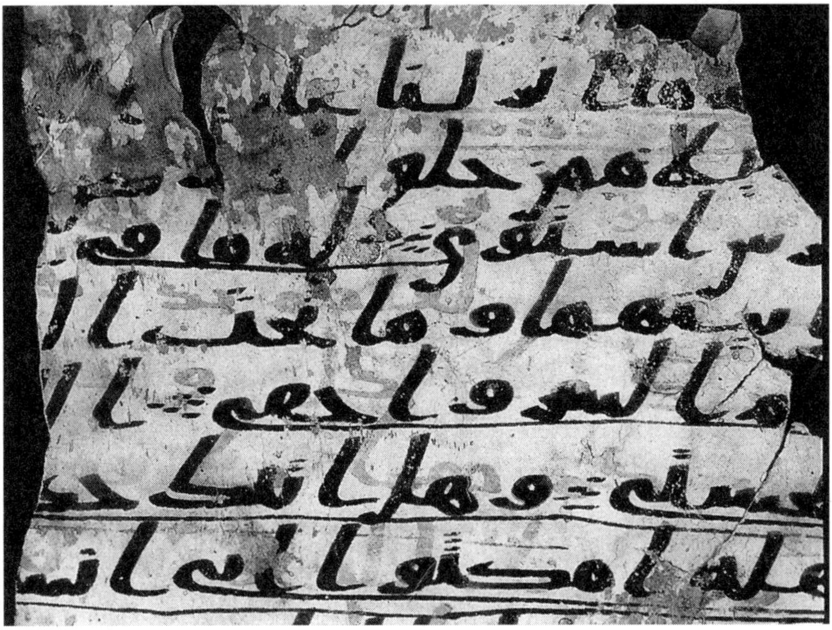

Frühestens seit Beginn des 8. Jahrhunderts begann man, eine *scriptio plena* auszuarbeiten. Die Konsonanten wurden jetzt eindeutiger geschrieben, man entwickelte Zeichen, die die mehrdeutigen Konsonanten unterscheidbar machten, sowie Vokalzeichen, durch die die genaue Aussprache eines Wortes festgelegt werden sollte, zunächst verschiedenartige Punkte, später dann die heutigen Vokalzeichen. Es liegt auf der Hand, daß diese Festlegungen zu einem nicht geringen Teil auf dem theologischen und sprachlichen Empfinden späterer Zeiten beruhen. Es dauerte bis ins dritte Jahrhundert nach der Hidschra hinein, bis ein vollständig ausgeschriebener Text vorlag.
Erst um 900, also rund 270 Jahre nach dem Tod Mohammeds, gab es einen Lösungsversuch, der im Verlauf des 10. Jahrhunderts durch Gerichtsbeschlüsse bestätigt wurde: Ein Theologe namens *Ibn-Mudschahid* verfaßte ein Buch *(Al-Qira'at as-sab'a,* „Die sieben Lesungen"); er „gründet sein Werk auf ein Hadith: Mohammed habe gesagt, Gabriel habe ihm den Koran in sieben *ahruf* vorgetragen. Das Wort *ahruf* (...) bedeutet eigentlich ‚Buchstabe', aber in diesem Zusammenhang heißt es ‚Lesung' oder ‚Lesartengruppe'". So stellte *Ibn-Mudschahid* sieben Textversionen des Koran zusammen, die in *sieben* verschiedenen Städten (Mekka, Medina, Damaskus, Basra, dreimal

Kufa) von unterschiedlichen Gewährsmännern erstellt waren.[125] Zwar gab es andere Theologen, die zehn oder vierzehn Varianten heranziehen wollten, aber es setzte sich der Rückgriff auf die sieben Versionen durch.
Dieses Nebeneinander verschiedener Fassungen konnte sich auf die Dauer nicht halten, und so verbreitete sich im Lauf der Zeit eine dieser Varianten, die aus der Stadt *Kufa* stammen soll und auf das frühe 9. Jahrhundert zurückzugehen scheint. *Diese Version* liegt der heutigen ägyptischen Standardausgabe des Koran von 1925 zugrunde, die weltweit verwendet wird. Sie verdrängte auch andere Koranausgaben, die früher in Europa benutzt wurden.
In den Koranfragmenten von Sanaa läßt sich auch ein Einblick in das *formale* Zusammenwachsen der Korantexte zur „heutigen" Ganzschrift gewinnen: Es finden sich noch Abweichungen von der späteren Surenfolge.[126] Nach den Traditionen aber über die *Osman*sche Endredaktion legten die damaligen Redaktoren „auch die Anzahl und die Reihenfolge der Suren fest"[127]; zumindest dieser Aspekt ist somit faktisch hinfällig. Ebenso ist der Text formal unterschiedlich gestaltet. Während in den bisher bekannten Handschriften so gut wie immer eine „gleichbleibende Zeilenzahl pro Seite" üblich ist, kennt fast ein Drittel der Sanaa-Fragmente wechselnde Zeilenzahlen („von 19–39!"); ebenso variiert die Zeilenlänge; es „findet sich in der Frühzeit ‚Flattersatz', der schon bald vom ‚Blocksatz' abgelöst wurde". Die Möglichkeit, Texte im „Blocksatz" zu schreiben, wurde immer auf die Dehnbarkeit der arabischen Schrift zurückgeführt. „Die Koranfragmente in Sanaa zeigen, dass diese Dehnbarkeit der arabischen Schrift jünger ist als deren Verwendung für die Koranschreibung". Auch hat fast jede Handschrift „Verstrenner, besondere Zeichen, die das Ende eines Verses bezeichnen. Unklar ist, welches die älteste Art ihrer Plazierung war: nach jedem einzelnen, oder nach jedem zehnten Vers? Beide Arten sind vertreten. – Dass es auch Handschriften gab, die keinerlei Versmarkierung hatten, sie ihnen allerdings nachträglich eingefügt wurden, sei als Besonderheit erwähnt"[128].
Die Trennung von Suren ist manchmal so angezeigt, daß am Ende einer Sure „der Rest der Zeile ... leer gelassen wurde und die folgende Sure mit der neuen Zeile begann"; bald aber seien anstelle der Leerzeilen „– sicher schon im 1. Jh. H. – Ornamentbänder" eingeführt worden, „die gezeichnet (...) oder farbig ausgeführt sein konnten". Die Surennamen tauchen bei den ältesten Fragmenten als Unterschriften („Ende von Sure Soundso"), bald als Überschriften auf. Im letzteren Fall formulierte man zunächst „Anfang von" Sure Soundso, später – „vielleicht Generationen später" –, aber schon bei den Funden von Sanaa, habe man das Wort „Anfang" weggelassen und so, wie es dann die Regel wurde, nur noch Sure Soundso geschrieben. Die Basmala fin-

[125] Watt/Welch, Islam I, a.a.O. 183.
[126] H.-C. Graf von Bothmer, Die Anfänge der Koranschreibung, a.a.O. 42.
[127] Watt/Welch, Islam I, a.a.O. 179.
[128] H.-C. Graf von Bothmer, Die Anfänge der Koranschreibung, a.a.O. 42.43.

det sich „mal am Anfang einer Sure, wie erwartet ... Anderswo aber folgt sie unmittelbar auf die letzten Worte einer Sure, und erst danach folgt die Zäsur"[129].

H.C. Graf von Bothmer bezeichnet diese Entwicklungen formaler Art als einen „Optimierungsprozeß", der dadurch zusätzlich bestätigt werde, daß „jüngere Entwicklungsschritte (...) älteren ... Codices nachträglich hinzu- oder eingefügt wurden"[130]. So lassen die Funde von Sanaa also auch den Prozeß der Ausbildung der schließlich gültigen Form der Ganzschrift erkennen. Leider gibt es bisher keine Funde, die noch weiter in die Vergangenheit zurückreichen und das Zusammenwachsen der Texte selbst dokumentieren könnten; die in Sanaa gefundenen Fragmente, gelegentlich größere Teile von 80 Seiten, bezeugen – in defektiver Schreibweise – schon den jetzigen Korantext. Allerdings zeigen die Jemenitischen Handschriften, daß es in den älteren Fragmenten eine recht beachtliche Zahl von Abweichungen von der später maßgebenden Kairoer Ausgabe gibt, bei manchen Hidschasi-Handschriften zehn bis zwanzig Varianten pro Seite. Diese führen teilweise auch zu neuen Erkenntnissen über die Eigenart der im Koran referierten Traditionen.

Für die Frage, wann der Koran als Ganzschrift abgeschlossen war, wäre es hilfreich, wenn die ältesten Handschriften textkritisch und auch mit naturwissenschaftlichen Methoden untersucht und datiert werden könnten. Dann ließe sich zumindest ein *terminus post quem non* für die Abfassung des Koran bestimmen.

Auch die Handschriftenfunde in Sanaa im Jemen sind in der genannten Hinsicht noch unzureichend bearbeitet.[131] Immerhin aber geben sie Anlaß zu der Vermutung, daß der Koran schon im frühen 8. Jahrhundert oder auch schon vor dem Ende des 7. Jahrhunderts abgeschlossen gewesen sein könnte. *H.-C. Graf von Bothmer* glaubt, das Alter eines in Sanaa gefundenen prachtvoll gestalteten Kodex aus der Umayyadenzeit (661–750) vor allem anhand dreier ganzseitiger Bilder bestimmen zu können, „deren erstes ein prachtvolles Kosmogramm, die beiden folgenden komplexe Architekturen zeigen"; diese sind „Idealdarstellungen zweier prominentester Moschee-Typen", die „unter dem Omaiyadenkalifen al-Walid" gebaut wurden: „Gestützt auf architektur- und ornamentgeschichtliche Argumente, zu denen u.a. kodikologische und paläographische Überlegungen kamen, habe ich *(Graf von Bothmer,* Verf.) diese Handschrift in das letzte Jahrzehnt des ersten Jahrhunderts H. – etwa in die Jahre 710–15 n. Chr. – ans Ende der Regierungszeit al-Walids datiert. Eine später, und ohne Kenntnis meiner Datierung durchgeführte naturwissenschaftliche Untersuchung nach der C_{14}-Methode hat nach dem noch unver-

---

[129] Ebd. 43.44.

[130] Ebd. 44.

[131] Vgl. hierzu Hans-Casper Graf von Bothmer, Architekturbilder im Koran. Eine Prachthandschrift der Umayyadenzeit aus dem Yemen, in: Pantheon XLV, 1987, 4–20.

öffentlichten Untersuchungsbericht, als kalibriertes Ergebnis einen Entstehungszeitraum ‚zwischen 657 und 690' bestimmt. Ist damit die Datierung mittels kunsthistorischer Methode in Frage gestellt? Ich denke nicht. Denn zum einen datieren wir Verschiedenes: der Naturwissenschaftler den Zeitpunkt der Gewinnung des Materials, der Kunsthistoriker das Ergebnis seiner Verwendung. Zum anderen wird die Herstellung einer solchen Handschrift Jahre, wenn nicht Jahrzehnte, in Anspruch genommen haben ... Eine frühere Datierung als die von mir vorgeschlagene trifft vor allem auf zwei Schwierigkeiten: zum einen, die Architekturbilder wären dann älter als die ersten gebauten Vertreter der dargestellten Typen (von Moscheen, Verf.) ... Zum anderen zeigt sich in der eigentümlichen Verquickung von Grundriss und Aufriss und in vielen Details die praktische Erfahrung und Auffassung des Malers"[132].

Wenn die von *Graf von Bothmer* untersuchte Prachthandschrift dem frühen 8. Jahrhundert zuzurechnen ist und auch andere Fragmentgruppen aus den Funden in Sanaa dieser Zeit angehören sollten, müßten die von *Wansbrough* vermuteten Zeiträume bis zur Endredaktion des Koran reduziert werden. Auch muß man annehmen, daß ein solcher Kodex nicht das erste Exemplar einer Ganzschrift repräsentiert, sondern wohl schon auf ältere Handschriften zurückgreifen kann; vielleicht muß man davon ausgehen, daß die ersten Ganzschriften schon zehn bis zwanzig oder mehr Jahre älter sind: „there is no hard evidence for the existence of the Koran in any form before the last decade of the seventh century"[133]. Aber auch dann noch bliebe ein Schriftwerdungsprozeß wahrscheinlich, der bis in die achtziger oder neunziger Jahre des 7. Jahrhunderts reicht; *für die Entstehung des Koran wäre eine Zeit von fünfzig bis siebzig Jahren seit dem Tod Mohammeds anzunehmen.*[134] Die *Osman*sche Endredaktion muß in Frage gestellt werden: „This (die Osmanische Redaktion, Verf.) the modern specialist may doubt. The external indications ... point to a prolonged period of development for the germination of the new creed. The internal evidence of the Qur'an ... again point to a long period of development"[135].

Aber selbst wenn es nach dem Tod Mohammeds nur fünfzig oder siebzig Jahre gedauert haben sollte, bis der Koran in seiner heutigen Gestalt – allerdings noch in der *scriptio defectiva* – vorlag, handelt es sich um eine Zeitspanne, in der ein umfassender Traditionsprozeß, wie ihn *Wansbrough* mit guten Gründen aufzeigt, stattgefunden haben muß. Ein Vergleich mit den Gesetzmäßigkeiten, die bei der Entstehung kanonischer Literatur in anderen Religionen wirksam waren, kann die dabei anzunehmende große Rolle der Gemeindetraditionen für das Zustandekommen des Koran verdeutlichen.

---

[132] H.-C. Graf von Bothmer, Die Anfänge der Koranschreibung, a.a.O. 45.
[133] P. Crone und M. Cook, Hagarism, a.a.O. 3.
[134] Vgl. auch H.-C. Graf von Bothmer, Architekturbilder im Koran, a.a.O. 18, A. 17.
[135] J. Baldick, Early Islam, a.a.O. 11.

Interessant ist auch, daß neuere Untersuchungen anzeigen, „that in the eighth century CE the Qur´an and the Traditions were considered to be on the same level, equal authority. In some of these Traditions God speaks in the first person: divine speech is not restricted to the Qur`an alone"[136]. Eine solche „Gleichrangigkeit" wäre im 8. Jahrhundert wohl undenkbar, wenn der Koran schon seit *Osman* als allein autoritative Ganzschrift bestanden hätte.

4.3.5.2 Eine neue philologische Untersuchung zur syrisch-aramäischen Sprachstruktur des Koran

Geradezu revolutionär sind die philologischen Untersuchungen zur Sprache des Koran durch den offensichtlich pseudonymen Autor *Christoph Luxenberg.*[137] Schon seit dem 19. Jahrhundert war immer wieder auf zahlreiche Aramaismen bzw. syrische Wortbildungen im Koran hingewiesen worden.[138] Auch *J. Spencer Trimingham* spricht von der großen Zahl von Fremdwörtern im Koran: „The dominant influence is naturally Syriac"[139]. Selbst die Ordnung der Koranstoffe verrät syrisch-christliche Einflüsse: „Man hat in einem häufig wiederkehrenden Schema den Einfluß der üblichen Anordnung der in der syrischen Kirche berühmten Homilien zu erkennen geglaubt ..."[140].
Der unbekannte Autor geht von der These aus, daß qualitativ und quantitativ recht umfangreiche Passagen im Koran – dies gilt vor allem, aber nicht ausschließlich, für die bisher als „dunkel" bezeichneten Stellen – ursprünglich syrische Texte bieten, die aber in arabischen Buchstaben aufgezeichnet seien. Da die anfängliche *scriptio defectiva* der Hidschasi- und Kufihandschriften nur eine oft mehrdeutige Wiedergabe der Konsonanten kannte und die Einfügung diakritischer Punkte und Vokale erst im Verlauf von weiteren 100 bis 150 Jahren abgeschlossen wurde – jetzt von arabischen Gelehrten, die die syrische Sprache nicht mehr kannten –, seien hierbei ursprünglich syrische Wortstämme oft irrtümlich – nach arabischem Sprachgefühl – in ihren Konsonanten festgelegt und vokalisiert worden, woraus sich ganz andere als die ursprünglichen Bedeutungen ergaben; das Ergebnis seien oft falsche und unverständliche Sätze oder Wörter. Dies gilt nach dem Autor auch für nicht wenige ursprünglich arabische Begriffe, die später ebenso mißverstanden wurden.
Bei seinem Versuch, eine große Zahl von Passagen auf eine syrische Grundgestalt zurückzuführen, ergeben sich ganz andere, oft überraschende, aber plausible Aussagen, die auch noch den Vorteil haben, besser in den korani-

---

[136] J. Baldick, ebd. 12.
[137] Christoph Luxenberg, Die syro-aramäische Lesart des Koran. Ein Beitrag zur Entschlüsselung der Koransprache, Berlin 2000.
[138] Vgl. z.B. Alphonse Mingana, Syriac Influence on the Style of Kur'an, a.a.O. 77ff.
[139] J.S. Trimingham, Christianity Among the Arabs in Pre-Islamic Times, a.a.O. 266.
[140] M. Rodinson, Mohammed, a.a.O. 131.

schen Kontext hineinzupassen. Darüber hinaus untersucht er auch Konjunktionen, Partikel und Syntax im Koran und kann zeigen, daß diese in ihrer Funktion durchgängig oder häufig auf syrische Weise gebraucht werden; vor allem diese formale Analyse von sprachlichen Strukturelementen, die nichts Tendenziöses an sich haben, weist um so beweiskräftiger auf den syrischen Hintergrund des Koran hin. Das benutzte Syrisch sei dem *ostsyrischen* Sprachraum zuzuordnen, was die von mir vorgetragene These von der Formung des Koran im Irak stützt; viele Texte seien christlich-syrischen Ursprungs.

Die fälschliche Interpretation der defektiv geschriebenen Korantexte von einem späteren Arabisch her, bei der syrische, hebräische und oft auch arabische Texte falsch gelesen wurden, war möglich, weil die semitischen Sprachen sehr viele gemeinsame (konsonantische) Wortstämme kennen, die aber im Verlauf der Geschichte in den jeweiligen Einzelsprachen unterschiedliche Bedeutungen angenommen haben; deswegen eröffnete die defektive Schreibweise der ältesten arabischen Handschriften einen großen Spielraum für ihre Interpretation bei der Plene-Schreibung.

Für den ursprünglichen Text des Koran nimmt der pseudonyme Autor mehrere – viele? – Redaktoren an, die einem von ostsyrisch-christlicher Tradition geprägten arabischen Milieu zuzurechnen sind. Wahrscheinlich sind Redaktoren anzunehmen, deren Muttersprache arabisch war, die aber als – ehemalige – Christen die syrische liturgische Sprache und deren Texte – Schriftlesungen, Hymnen, Gebete – noch im Ohr hatten, als sie Muslime wurden. Diese Traditionen brachten sie dann in den Islam und in die in dieser Region sich bildende Sammlung des Koran ein, der ihnen ermöglichte – diese Interpretation drängt sich dem Leser auf –, ihre Christologie, Gotteslehre und Ethik beizubehalten. Er ist davon überzeugt, daß die sogenannten medinischen Suren spätere Erweiterungen einer – vielleicht schon früher „abgeschlossenen", aber ebenfalls auf ostsyrischer Grundlage beruhenden – „mekkanischen" Sammlung darstellen. Dies könnte erklären, warum ältere Versionen des Koran vernichtet wurden. *Chr. Luxenberg* zeigt auf, daß sich der Koran auch inhaltlich als Teil und Erklärung der schon vorliegenden heiligen Schrift des Alten und Neuen Testaments versteht.

Sollten sich diese Thesen bewahrheiten, muß sich die Islamforschung neu orientieren. Auch die vorliegende Studie, die von den tradierten Koranübersetzungen und somit von dem in ihnen vorausgesetzten Verständnis der Texte als arabisch ausgeht, müßte in vielen Einzelheiten korrigiert werden. Noch schwieriger wird diese Diskussion für die muslimische Theologie werden, insofern ihr Verständnis des Koran als Offenbarungstext in der bisherigen Form in Frage gestellt ist.

Auf jeden Fall aber scheint die Untersuchung dieses Autors die von mir seit langem vertretene These zu bestätigen, daß der Koran nur zu einem Teil auf den Propheten zurückgeführt werden kann und seine Endgestalt erst in der Tradition und Redaktion durch muslimische Gemeinden des ausgehenden 7.

Jahrhunderts, wohl in Mesopotamien, näherhin im Irak, gefunden hat. Allerdings wäre von rein philologischer Sicht her eine Übernahme ostsyrischer Sprachformen auch im nordostarabischen Raum denkbar. Die Eigenart und Vielfalt der im Koran versammelten Traditionen aber und die Verwendung biblischer Stoffe scheinen diese Annahme zu erschweren[141], da sie eine Fülle unterschiedlicher christlicher Gemeindetraditionen und Theologien voraussetzen, die es so im ostarabischen Raum wohl nicht gab.

4.3.5.3 Spannungen im Text

Wenn man die zahlreichen Unterschiede oder gar Spannungen betrachtet, die zwischen koranischen Texten – am deutlichsten, aber keineswegs ausschließlich, zwischen „mekkanischen" und „medinischen" Suren bzw. Textstücken – festzustellen sind, ist ihre Rückführung auf nur einen Autor beinahe unmöglich. Zwar sind heute viel mehr Manuskripte zugänglich als noch vor wenigen Jahrzehnten, aber eine kritische Edition mit einer gründlichen Zusammenstellung der Textvarianten ist nicht in Sicht, so daß genauere Analysen noch nicht möglich sind.[142]

(1) Ganz offensichtlich ist in den Text eine ganze Reihe von Stoffen und Motiven eingegangen, die unmittelbar übernommen wurden, ohne eine theoretisch denkbare zwischengeschaltete Rezeption und Bearbeitung durch den Propheten erfahren zu haben. Dies nimmt auch *Gerd-Rüdiger Puin* für altarabische Traditionen an, die teilweise rund hundert Jahre älter sind als der Islam[143], weitere nicht unbedeutende Textblöcke sind vielleicht vorislamisch-midianitischen Ursprungs. Ebenso sind z.B. einige Riten und Stationen der Wallfahrt nach Mekka vorislamisch, andere können sich erst im Lauf der Zeit und im Zuge der Wallfahrtspraxis nach dem Tod Mohammeds ausgebildet haben.[144] Daß der Entstehung nach vorislamische *christliche* Hymnen schon von Anfang an, wie *Lüling* behauptet, in die koranische Tradition eingeflossen sind, wurde bis in die Gegenwart bestritten, wird aber durch die Untersuchungen des pseudonymen Autors *Chr. Luxenberg* bestätigt.

---

[141] Vgl. u. 4.3.5.3 bis 4.3.5.6.

[142] Vgl. hierzu Gerd-Rüdiger Puin, Observations on Early Qur'an Manuscripts in Sanaa, in: Stefan Wild (Hrsg.), The Qur'an as Text (Islamic Philosophy, Theology, and Science. Texts and Studies, ed. by H. Daiber and D. Pingree, vol. XXVII), Leiden, New York, Köln 1996, 107.

[143] Vgl. mündliche Zitate, referiert bei T. Lester, What is the Koran?, a.a.O. 46: „Gerd-R. Puin's current thinking about the Koran's history ...: ‚My idea is that the Koran is a kind of cocktail of texts that were not all understood even at the time of Muhammad', he says. ‚Many of them may even be hundred years older than Islam itself. Even within the Islamic traditions there is a huge body of contradictory information, including a significant Christian substrate; one can derive a whole Islamic *anti-history* from them if one wants'".

[144] Vgl. hierzu u. 6.3.1.5.

(2) Daneben gibt es eine Reihe von Texten, die so unterschiedliche Aussagereihen und Motive bieten, daß ihre Rückführung auf *einen* Autor fast nicht vorstellbar ist. So räumt z.B. der Koran den Frauen einerseits eine *soteriologische Gleichrangigkeit mit den Männern* ein: Beiden sind die paradiesischen Gärten verheißen (S. 9,72), sie sind für ihr Handeln vor Gott gleichermaßen verantwortlich (S. 3,195) und sie sind „untereinander Freunde“ (S. 9,71). Nach einer anderen Stelle aber scheinen die Frauen nicht ins Paradies zu gehören; die großäugigen Huris, die den (ausschließlich männlichen) Gottesfürchtigen „als Gattinnen“ gegeben werden, können nicht als die früheren Ehefrauen interpretiert werden; sie scheinen eigens zur Freude der Frommen im Paradies erschaffen zu sein (S. 44,54).[145] Und zahlreich sind die Passagen, denen zufolge die Frauen dem Mann untergeordnet sind (z.B. S. 4,34) und von ihm nach Gutdünken benutzt werden dürfen (z.B. S. 2,223).[146] Es fällt schwer, sich vorzustellen, daß Mohammed solche Widersprüche nicht ausgeglichen hätte, wenn er der Autor beider Varianten gewesen wäre. Am besten erklärt sich das unvermittelte Nebeneinander, wenn man annimmt, daß bei der Endredaktion verschiedene Traditionen, wie wir das auch z.B. aus der Pentateuchforschung kennen, zusammengefügt wurden. Ebenso gibt es Stellen, die das Sechstagewerk aufgreifen und referieren, und andere, die abweichende Zählungen haben.[147] Nach S. 16,67 gibt Allah – ohne einschränkende Anmerkungen – den Gläubigen von den Früchten der Palmen- und Weinstöcke, *„woraus ihr euch einen Rauschtrank macht; und (außerdem) schönen Unterhalt“*, und auch S. 4,43 kritisiert das Alkoholtrinken nicht, untersagt lediglich, betrunken zum Gebet zu gehen. Dagegen bewerten S. 2,219 und S. 5,90.91 das Weintrinken als äußerst schlecht und erklären es zur Sünde.
Beispiele dieser Art ließen sich vermehren. „It's (des Koran, Verf.) apparent inconsistencies are easy to find: God may be referred to in the first and third person in the same sentence; divergent versions of the same story are repeated at different points in the text; divine rulings occasionally contradict one another“[148]. Die wenigen Hinweise mögen verdeutlichen, daß der Koran kaum als Produkt *eines* Mannes, Mohammeds, verstanden werden kann.

[145] Diese Passage ist allerdings nach dem Vorschlag von Christoph Luxenberg anders zu lesen. Er sieht den Text an dieser Stelle als in arabischen Buchstaben geschriebenes Syrisch an; dann handelt es sich bei den Huris nicht um Jungfrauen, sondern um „frische Beeren“, was auch zu dem folgenden Versteil passen würde.
[146] Vgl. u. 7.3.
[147] Vgl. u. 5.2.
[148] T. Lester, What is the Koran?, a.a.O. 54.

4.3.5.4 Nach-Mohammedsche redaktionelle Motive

Es gibt eine Reihe von Motiven und Strukturelementen im Koran, die mit einiger Gewißheit erst nach Mohammeds Tod, manche erst einige Generationen später, entstanden sein können. Sie haben wohl ihren „Sitz im Leben" in den Auseinandersetzungen muslimischer mit jüdischen und christlichen Gemeinden, die sich aus ihrer konkreten Koexistenz ergaben, wie sie in dichterer Weise zuerst wohl im mesopotamischen Raum gegeben war.

– Welchen „Sitz-im-Leben" Mohammeds könnte die harte Polemik nicht nur gegen Juden, mit denen er sich ja laut Sunna in Jathrib auseinandersetzen mußte, sondern auch gegen Christen und ihre Gelehrten und Mönche haben? In Sure 9 heißt es:

„30 Die Juden sagen: ‚Uzair (d.h. Esra) ist der Sohn Gottes.' Und die Christen sagen: ‚Christus ist der Sohn Gottes' ... Diese gottverfluchten Leute ... 31 Sie haben sich ihre Gelehrten und Mönche sowie Christus, den Sohn der Maria, an Gottes Statt zu Herren genommen. Dabei ist ihnen (doch) nichts anderes befohlen worden, als einem einzigen Gott zu dienen, außer dem es keinen Gott gibt ...".

Sind hier nicht als Hintergrund konkrete Konfliktsituationen, und zwar recht massive Streitigkeiten, anzunehmen, die es so im arabischen Raum nicht gab? Juden, Christen und Muslime erscheinen als geprägte Glaubensgemeinschaften, die den Kern ihrer Lehren einander gegenüberstellen.

– Erst in den späteren Gemeindekonflikten mit Juden und Christen scheint es auch nötig geworden zu sein, die zahlreichen Übernahmen traditioneller Stoffe mit der Offenbarungsthese für den Koran zu vermitteln:

(S. 25) *„4 Und sie sagen: ‚Das (d.h. die koranische Verkündigung) ist nichts als ein Schwindel, den er (d.h. Mohammed) ausgeheckt hat, und bei dem ihm andere Leute geholfen haben' ... 5 Und sie sagen: ‚(Es sind) die Geschichten (?) der früheren (Generationen), die er sich aufgeschrieben hat. Sie werden ihm morgens und abends diktiert'...".*

Die Widerlegung dieses Vorwurfs wird mit Rückgriff auf die arabische Sprache der Offenbarung versucht:

(Sure 16) *„103 Wir wissen wohl, daß sie (d.h. die Ungläubigen) sagen: ‚Es lehrt ihn (d.h. Mohammed) (ja) ein Mensch ...' (Doch) die Sprache dessen, auf den sie anspielen (?) ist nichtarabisch. Dies hingegen ist deutliche arabische Sprache..."*[149].

Sätze dieser Art klingen rückblickend, weil in ihnen das Lebenswerk Mohammeds insgesamt bzw. der Offenbarungscharakter seiner Verkündigung zur Debatte steht und verteidigt wird. Letzterer wird wohl von Gegnern be-

---

[149] Sollte Chr. Luxenberg recht haben, handelte es sich bei dieser These von der deutlichen arabischen Sprache erst recht um eine Fehlinterpretation späterer Generationen, die die syrischen Anfänge nicht mehr erkannten, wohl aber von entsprechenden Plagiatsvorwürfen wußten.

stritten mit Hinweis auf von ihm benutzte „Geschichten der früheren Generationen“, die, wie die muslimische Antwort nahelegt, in nicht-arabischer, also wohl syrischer Sprache vorlagen. Der Verweis auf einen Menschen, der ihn lehrt oder sogar die Geschichten diktiert, wird im Koran nicht näher erläutert; erst die sehr viel spätere Sunna, deren historisch-kritische Relevanz auch an dieser Stelle in Frage zu stellen ist, nimmt dies zum Anlaß, die fehlenden Angaben zu ergänzen. Offensichtlich haben die muslimischen Araber, die diese Vorwürfe zurückweisen, die arabischen koranischen Offenbarungen als eine Innovation aufgefaßt, die es rechtfertigt, von einer wirklichen Offenbarung – im Unterschied zu den syrischen Vorgaben – zu sprechen. Handelte es sich vielleicht um ehemalige arabische Christen, die noch den Klang der von ihnen mitgefeierten syrisch-christlichen Liturgie im Ohr hatten und jetzt im Islam ihrer eigenen Muttersprache begegneten? Jedenfalls schien es sehr wichtig zu sein, eine Offenbarung in Arabisch zu haben – in Mekka oder im Hedschas wäre dieses Motiv wohl nicht von so großer Bedeutung gewesen.
So scheint der *gesamte* koranische Stoff – in der Endredaktion – nach einem Schema gestaltet zu sein; es handelt sich, wie schon *John Wansbrough* feststellte[150], um eine Offenbarung an einen arabischen Propheten, der – anders als die anderen – in klarer arabischer Sprache spricht.
– Darüber hinaus aber scheinen die Neubekehrten – warum sollte das für Mohammed selbst so wichtig gewesen sein? – auch an einer gewissen Kontinuität interessiert gewesen zu sein und betonen, daß der Islam nicht einen radikalen Bruch zu allem, was sie bisher für richtig hielten, gebracht habe:
(S. 2) „136 Wir glauben an Gott und (an das), was (als Offenbarung) zu uns, und was zu Abraham, Ismael, Isaak, Jakob und den Stämmen (Israels) herabgesandt worden ist, und was Mose und Jesus und die Propheten von ihrem Herrn erhalten haben, ohne daß wir bei einem von ihnen (den anderen gegenüber) einen Unterschied machen ... “.
Der neue Glaube wird in einer Kontinuität zu den in Judentum und Christentum kanonischen Offenbarungsempfängern aufgefaßt und als übereinstimmend mit diesen beiden Religionen (Moses und Jesus) behauptet. Der Koran konstruiert somit eine heilsgeschichtliche Linie des Prophetismus, die in Mohammed gipfelt; er ist „das Siegel der Propheten“ (S. 33,40). „Ibrahim gehört zu den fünf größten Propheten des Islam (33:7; 19:41). Isaaq, Ismael und Jakob sind ebenfalls Propheten (6:72; 19:54; 2:136) ... Als weitere Propheten werden namentlich im Quran erwähnt: Noah, David, Salomon, Hiob, Joseph, Moses, Aaron, Lot, Elias, Elischa, Jonas, Zacharias, Johannes, Jesus (6:84; 12:6; 33:7; 37:112–133; 57:26; 88:9)“[151]. Durch dieses heilsgeschichtliche Offenbarungskonzept war es möglich, Judentum und Christentum in den

---

[150] Vgl. o. 4.3.4.

[151] Hortense Reintjens-Awari, Im Feuer des Rosengartens: Ibrahim, Freund des Einzigen Gottes, im Quran, in: Una Sancta 51, 1996, 285.

Islam zu integrieren, ehemaligen Christen wurde es leichter zu konvertieren.[152]

– Gegen den wohl seitens jüdischer und christlicher Gemeinden erhobenen Vorwurf, der Islam sei eine neue Religion, mußte versucht werden, ihn als ältere – oder besser: die allerälteste – Offenbarung zu charakterisieren. In vergleichbarer Weise war diese Anschuldigung auch in der Frühgeschichte des Christentums, im 2. Jahrhundert, von Bedeutung; damals wurde dem Christentum vorgeworfen, eine neue Religion zu sein, woraufhin es die Apologeten ebenfalls als die allerälteste Religion – weil von Anfang an im Alten Testament verheißen – charakterisierten. Es braucht also einige Zeit, bis eine sich etablierende Religion als ganze auf diese Weise problematisiert wird, und so war auch eine kontroverstheologische Argumentation dieser Art noch nicht im arabischen Raum, in der frühen Zeit, erforderlich. Nach einigen Generationen und nach Vorwürfen von Mitgliedern anderer Religionen aber mußten sich die Muslime verteidigen. Weil Mose und Jesus von Juden und Christen schon für sich in Anspruch genommen und somit „besetzt" waren, greift der Koran auf Abraham – Ibrahim – zurück, der einerseits „älter" und andererseits auch bei den Konkurrenzreligionen (vielleicht stand Röm 4 bei den folgenden Formulierungen Pate?) eine Gestalt war, die sehr hohes Ansehen genoß:

(S. 3) *„67 Abraham war weder Jude noch Christ. Er war vielmehr ein (Gott) ergebener Hanif ... 68 Die Menschen, die Abraham am nächsten standen, sind diejenigen, die ihm ... gefolgt sind, und dieser Prophet (d.h. Mohammed) und die, die (mit ihm) gläubig sind ... "* (Vgl. auch S.3,135).

So wird „Ibrahim ... von Gott zum Imam, zum geistigen Vater der Menschheit erhoben"[153]. Mohammed und die Muslime stehen also in der Tradition des ältesten Propheten, Abrahams; ihm widmet der Koran breiten Raum[154], der Islam ist „die Religion Abrahams" (S. 2,130.135), und die Kaaba in Mekka ist von letzterem begründet (S. 2,125).

Motive dieser Art verraten eine Reflexion auf das schon zurückliegende Leben und Werk des Propheten, den Offenbarungscharakter des Koran und die heilsgeschichtliche Stellung des Islam in Abgrenzung zu Judentum und Christentum. Ihr „Sitz im Leben" ist das konkrete Nebeneinander der drei Religionen sowie der Beginn einer Systematisierung des Offenbarungsgeschehens.

---

[152] Joseph Henninger, Die Kirche des Ostens und die Geburt des Islams, in: Islam und Abendland. Begegnung zweier Welten. Eine Vortragsfolge, hrsg. von Muhammad Asad und Hans Zbinden, Olten und Freiburg i.B. 1960, 51.52, meint zwar, daß wegen der Bestreitung der Erlöserschaft Jesu am Kreuz „von Anfang an eine unüberbrückbare Kluft zwischen Christentum und Islam" (52) bestand. Dabei aber geht er von einer lateinisch-abendländischen Konkretion des Christentums aus; die koranischen Aussagen besitzen dagegen eine weitreichende Übereinstimmung zu dem damaligen syrischen Christentum.

[153] H. Reintjens-Awari, Im Feuer des Rosengartens, a.a.O. 285.

[154] Die vierzehnte Sure trägt den Namen Ibrahim, und er wird in 25 weiteren Suren erwähnt.

Es läßt sich also beobachten, daß an manchen Stellen des Koran die islamische Verkündigung als ganze im Kontext jüdischer und christlicher Heilsgeschichte sowohl problematisiert wie auch positiv charakterisiert wird. Am ehesten ist dieser Kontext, in konkreten Gemeindesituationen, für die frühe Omaiyadenzeit im südirakischen Raum anzunehmen.

4.3.5.5 Die Eigenart bestimmter Traditionsstränge

Die Frage nach der Entstehung des Koran kann von der Frage nach der Übernahme fremder Stoffe her zusätzlich beleuchtet werden. Wenn solche übernommen wurden, läßt sich daraus bisweilen auf den historischen Kontext schließen, in dem sie Gestalt und Inhalte der Offenbarungen beeinflußt haben. Dies wird exemplarisch deutlich, wenn man drei Traditionsstränge berücksichtigt, die große Teile des Koran geprägt haben: die Rechtstraditionen, die vorislamischen arabischen Traditionen und vor allem die biblischen Stoffe und Motive.

(1) Die koranischen Rechtstraditionen
Die quantitativ recht umfänglichen koranischen Texte, durch die Rechtsfragen geregelt werden, sind nicht leicht als Worte Mohammeds zu begreifen. Zwar hatte Mohammed das Glück, noch zu erleben, wie sich seine Sache durchsetzen konnte, und sicher konnte und mußte er schon einige Regelungen für das Gemeindeleben treffen. Dennoch aber waren die zehn Jahre, in denen es nach seinem in der Sunna überlieferten Lebenslauf aufwärts ging – von der möglichen Hidschra bis zu seinem Tod –, recht turbulent und über weiteste Strecken nicht so, daß der Prophet wie ein Hausvater in aller Ruhe Fragen des Erbrechts, des Umgangs mit Sklaven, des Ehe- und Sexualrechts usf. hätte regeln können. Sehr viele rechtliche Regelungen des Koran entstammen darüber hinaus offensichtlich Gemeindeverhältnissen, für die eine gewisse Stabilität und Ruhe kennzeichnend waren. Auch scheint manches im Koran tradierte Recht sachlich über das hinauszugehen, was zu Lebzeiten Mohammeds an Problemen anstand. Kurz: Die Eigenart der koranischen Rechtstexte – konzentriert in den „medinischen“ Suren – legt es nahe anzunehmen, daß sie zu einem nicht unbeträchtlichen Teil nicht von Mohammed, sondern aus den frühen muslimischen Gemeindetraditionen stammen.

(2) Einflüsse aus vorislamischer Religion und Kultur
Im Koran ist eine der Haupttendenzen vorislamischer Entwicklung aufgegriffen und zu Ende geführt: die Konzentration des Gottesbegriffs auf Allah und seine Verbindung mit dem Einheitsgedanken. Zwar wirkten hierbei Anstöße aus Judentum und Christentum mit, aber diese Bewegung scheint auch

spezifische Wurzeln besessen zu haben, die in der Höherentwicklung der arabischen Kultur und Religion gründen.

Darüber hinaus wurden zahlreiche traditionelle Momente in den Koran übernommen – der Text sei zu situieren „within a mythic context of the Near Eastern religious milieu“[155] –, die aus dem vorislamischen Denken stammen und im Koran keine eigene systematisch-islamische Begründung bekommen, also ebenso gut hätten fehlen können, ohne den Kern der Religion zu tangieren: z.B. der Glaube an Dschinns, der „Steinkult“, der vor allem in der Verehrung der Kaaba weiterlebt, die Verehrung einiger Heiligtümer, bestimmte ethische Auffassungen, rechtliche Normen etc.

Auch das Weltbild, das den oberen Bereich in sieben Himmel gliedert, war im vorislamischen Arabien verbreitet, ebenso wie bestimmte „theologische Topoi“: Aspekte der Gottesvorstellung (Allah als eine Art von arabischem Despot), der Schöpfungsbegriff (*creatio continua*, Erschaffen als Ordnen vorhandenen Stoffs), ethische Regeln.

Eine Reihe von narrativen Traditionen (z.B. die Straflegenden) ist vorislamischen Ursprungs. *Straflegenden* bilden innerhalb des Koran eine eigene Tradition; sie bieten Geschichten aus biblischem *und* arabischem Material. „Aus dem Alten Testament sind es die Geschichten von Noah und der Sintflut, von Lot und der Vernichtung von Sodom und Gomorrha (die allerdings nie namentlich genannt werden), weiter von Mose und den Kindern Israels (...) und Pharao und den Ägyptern (...) und deren Untergang beim Durchzug durchs Meer. Dazu kamen aus dem altarabischen Sagenschatz einige weitere Geschichten von Völkerschaften, die ebenfalls in einer gewaltigen Katastrophe ihren Untergang gefunden hatten“[156]. Die Geschichten werden stets nach demselben Schema erzählt: Gott sendet einen Propheten in eine Stadt, zu einem Stamm oder Volk; die Leute glauben nicht und werden daraufhin von Gott vernichtet. Gelegentlich werden der jeweilige Prophet und einige, die an ihn glaubten, gerettet. Ein Beispiel (S. 7,65–72):

„65 Und zu den 'Ad (haben wir) ihren Bruder Hud (als unseren Boten gesandt). Er sagte: ‚Ihr Leute! Dienet Gott! Ihr habt keinen anderen Gott als ihn. Wollt ihr denn nicht gottesfürchtig sein?‘ 66 Die Vornehmen aus seinem Volk, die ungläubig waren, sagten: ‚Wie wir sehen, bist du in Torheit (befangen). Wir sind der Meinung, daß du einer von denen bist, die lügen.‘ 67 Er sagte: ‚Ihr Leute! Bei mir liegt keine Torheit vor. Ich bin vielmehr ein Gesandter (der) vom Herrn der Menschen in aller Welt (kommt). 68 Ich richte euch (nur) die Botschaften meines Herrn aus und bin euch ein zuverlässiger Ratgeber. 69 Wundert ihr euch denn darüber, daß eine Mahnung von eurem Herrn durch einen Mann aus euren eigenen Reihen zu euch gekommen ist, damit er euch warne? Gedenket doch (der Zeiten), als er euch, nachdem das

[155] A. Rippin, Reading the Qur'an with Richard Bell, in: Journal of the American Oriental Society 112, 1992, 646.

[156] R. Paret, Der Koran als Geschichtsquelle, a.a.O. 35.

Volk von Noah nicht mehr da war, als Nachfolger einsetzte und euch ein Übermaß an Körperwuchs verlieh! Gedenket der Wohltaten Gottes! Vielleicht wird es euch (dann) wohl ergehen.' 70 Sie sagten: ,Bist du zu uns gekommen, damit wir Gott allein dienen und die (Götter) aufgeben, denen (w. das aufgeben, dem) unsere Väter (von jeher) gedient haben? Bring uns doch her, was du uns versprichst (oder: androhst), wenn (anders) du die Wahrheit sagst!' 71 Er sagte: ,Von seiten eures Herrn ist ein Strafgericht und Zorn über euch gekommen (w. hereingebrochen). Wollt ihr (denn) mit mir über (bloße) Namen streiten, die ihr und eure Väter aufgebracht habt, und wozu Gott keine Vollmacht herabgesandt hat? Wartet nur ab! Ich warte mit euch ab'. 72 Und in unserer Barmherzigkeit erretteten wir ihn und diejenigen, die mit ihm waren. Aber diejenigen, die unsere Zeichen für Lüge erklärten und nicht gläubig waren, rotteten wir aus".

Diejenigen Straflegenden, die aus biblischen Motiven gestaltet wurden, sind uns naturgemäß aus der Bibel bekannt, nicht so die arabischen Stoffe. Die Gestaltung der Straflegenden setzt aber offensichtlich voraus, daß die Zuhörer die Geschichten kannten, die nur noch einmal ins Gedächtnis gerufen werden müssen, und so wird wenig erzählt oder erklärt. Kurz: Die Legenden mußten unter den Adressaten dieser Verse in Umlauf gewesen sein; vielleicht bildeten sie, von denen es eine größere Zahl gibt, sogar schon eine selbständige Sammlung. Auf jeden Fall aber zeigen sie – einige beziehen sich nach *Gerd-R. Puin* auf Ereignisse, z.B. die Zerstörung von Städten, die weit mehr als hundert Jahre zurückliegen –, daß der Koran vielfältig mit der altarabischen und der biblischen Tradition verwoben ist, und nichts spricht dafür, daß sie über lediglich *einen* Redaktor, Mohammed, in den Koran kamen; viel wahrscheinlicher ist ihre Übernahme aus den Traditionen späterer muslimischer Gemeinden.[157]

Am deutlichsten und klarsten scheint die *formale* Gestalt des Koran auf vorislamischen Wurzeln zu basieren. Dies gilt zwar nicht für den *Buch*charakter des Koran, für seine Eigentümlichkeit als „Offenbarungsbuch"; hier waren sicher die jüdisch-christlichen Wurzeln bestimmend, die erst längere Zeit nach dem Tod Mohammeds zur Verwirklichung dieses Konzepts, also zur Zusammenstellung der Überlieferungen zu einem Buch, führten. Aber, vom Buchcharakter abgesehen, kennt der Koran in seiner konkreten Prägung sehr viele Parallelen zur arabischen Tradition; dies gilt z.B. für die Reimprosa als durchgängige formale Gestaltung, die Schwurformeln usf. Von daher muß gefolgert werden, daß zumindest Teile des koranischen Stoffs von vorislamischen, teilweise sehr alten Traditionen beeinflußt waren, deren koranische

[157] R. Paret, ebd. 35–38, liest die Straflegenden als Worte Mohammeds und macht sie somit „zu einer indirekten Quelle für die Mohammedbiographie" (36), insofern sie seine Konflikte mit den Landsleuten, die ihn ablehnten, bezeugen. Für diese These gibt es jedoch keine positiven Anhaltspunkte.

Gestalt die Annahme schwierig macht, daß sie von *einem* Propheten übernommen, angeeignet und so auch von ihm theologisch geprägt worden sind.

4.3.5.6 Einflüsse von Judentum und Christentum auf den Koran bzw. die Verwendung biblischer Stoffe im Koran

Juden und Christen gab es schon im vorislamischen Arabien, allerdings siedelten sie nach Ansicht der meisten Autoren in größeren Zahlen nur an wenigen Stellen. In Zentralarabien und im westlich gelegenen Mekka waren sie dagegen nach verbreiteter Ansicht nicht sehr stark vertreten, so daß ihre Einflüsse hier nur wenig intensiv gewesen sein können. Nach *R. Paret*, der alle Korantexte für Worte Mohammeds hält und deswegen auch die biblischen Stoffe als von ihm selbst vorgetragen ansieht, hat Mohammed „die überwiegende Mehrzahl" der biblischen Geschichten erst „allmählich in Erfahrung gebracht"[158]. *Mircea Eliade* umreißt die Situation noch schärfer: „Dennoch schien zur Zeit Mohammeds die Religion Zentralarabiens nicht durch jüdisch-christliche Einflüsse tangiert zu sein. Trotz ihres Verfalls wahrte sie noch immer die Strukturen des semitischen Polytheismus"[159].

Das heißt natürlich nicht, daß es keine jüdisch-christlichen Einflüsse gab; zumindest einige Motive dürften von Anfang an von ihnen inspiriert gewesen sein: Sie haben sicher die vorislamisch-arabische Einheitstendenz bezüglich der Gottesvorstellung verstärkt; man wußte, daß Juden und Christen eine Offenbarung von Gott und heilige Schriften zu besitzen behaupteten; ebenso war wohl bekannt, daß Juden und Christen bei ihrer Verehrung Gottes keine Tiere schlachteten oder sonstige Opfer darbrachten, sondern Wortgottesdienste feierten. Dadurch lag es vielleicht nahe, so etwas auch selbst zu versuchen und Worte in den Mittelpunkt der Gottesverehrung zu stellen.

Zwar gibt es Islamwissenschaftler, die auch im weiteren arabischen Raum stärkere christliche Einflüsse annehmen; doch selbst dann bliebe es unwahrscheinlich, daß hier Gemeinden mit so unterschiedlich geprägter Theologie existierten, daß sich mit diesem Hinweis die pluralen Wurzeln der späteren biblischen, vor allem der neutestamentlichen Übernahmen in den Koran erklären ließen.

Der Koran in seiner jetzigen Gestalt enthält auch eine ganze Reihe von *Vorstellungen und Motiven,* die durch die jüdische und christliche Tradition angestoßen sind. Für *unsere* Frage wichtiger ist die Beschäftigung mit den *biblischen Traditionen, die unmittelbar in den Korantext übernommen wurden.*[160]

---

[158] R. Paret, Mohammed und der Koran, a.a.O. 39.40.

[159] M. Eliade, Geschichte der religiösen Ideen, III/1, a.a.O. 70.

[160] Eine gründliche Übersicht, aber ohne kritische Analyse, bietet die Monographie von *Heribert Busse*, Die theologischen Beziehungen des Islams zu Judentum und Christentum. Grundlagen des Dialogs im Koran und die gegenwärtige Situation (Grundzüge, Bd. 72,

4.3.5.6.1 Zur Aufnahme alttestamentlicher Stoffe

(1) Aus den alttestamentlichen Traditionen sind grundsätzlich nur narrative Stoffe übernommen und oft noch ausgemalt worden; so heißt es z.B. in Sure 7,148–150:
„148 Und die Leute des Moses nahmen sich, nachdem er weggegangen war, ein leibhaftiges Kalb, aus ihrem Schmuck (verfertigt), das (wie wenn es lebendig wäre) muhte (zum Gegenstand ihrer Anbetung) und frevelten (damit). 149 Und als ihnen die Sache klar wurde (?) und sie sahen, daß sie irregegangen waren, sagten sie: ‚Wenn unser Herr sich nicht unser erbarmt und uns vergibt, werden wir (dereinst?) zu denen gehören, die den Schaden haben.' 150 Und als Moses zornig und voller Gram (über das, was geschehen war) zu seinem Volk zurückkam, sagte er ...".
(2) Aus der prophetischen Literatur sind *keinerlei Texte* in den Koran übernommen: „Von den eigentlichen Propheten (Jesaja, Jeremia, Amos usw.) hat Mohammed anscheinend überhaupt nichts gehört"[161]. Dies ist recht eigenartig für jemanden, der doch ein Prophet wie die des Alten und Neuen Testaments sein wollte.
(3) Offensichtlich wurden bei der Übernahme von Texten aus dem Alten Testament nicht die literarischen Quellen selbst benutzt; man schöpfte vielmehr aus mündlichen Erzählungen, wobei die Inhalte recht frei wiedergegeben wurden. Bei dieser mündlichen Übermittlung sind, wie nicht anders zu erwarten, zahlreiche *apokryphe Traditionen* und oft rabbinische Bearbeitungen miteingeflossen. Die Art der Übernahme in den Koran kann man sich z.B. an einer Erzählung zum ersten Menschen Adam, S. 2,30–34, verdeutlichen:
„30 Und (damals) als dein Herr zu den Engeln sagte: ‚Ich werde auf der Erde einen Nachfolger einsetzen!' Sie sagten: ‚Willst du auf ihr jemand (von Geschlecht der Menschen) einsetzen, der auf ihr Unheil anrichtet und Blut vergießt, wo wir (Engel) dir lobsingen und deine Heiligkeit preisen?' Er sagte: ‚Ich weiß (vieles), was ihr nicht wißt.' 31 Und er lehrte Adam alle Namen (d.h. er lehrte ihn, jedes Ding mit seinem Namen zu bezeichnen). Hierauf legte er sie (d.h. die einzelnen Dinge) den Engeln vor und sagte: ‚Tut mir ihre Namen kund, wenn (anders) ihr die Wahrheit sagt!' 32 Sie sagten: ‚Gepriesen seist du! Wir haben kein Wissen außer dem, was du uns (vorher) vermittelt hast. Du bist der, der Bescheid weiß und Weisheit besitzt.' 33 Er sagte: ‚Adam! Nenne ihnen ihre Namen!' Als er sie ihnen kundgetan hatte, sagte Gott (w. er): ‚Habe ich euch nicht gesagt, daß ich die Geheim-

---

Wissenschaftliche Buchgesellschaft), Darmstadt 1988, hier wieder besonders die Kapitel 4: Alttestamentliche Erzählungen, und 5: Neutestamentliche Erzählungen. Darüber hinaus zu empfehlen: Muhammad und Jesus. Die christologisch relevanten Texte des Korans neu übersetzt und erklärt von Claus Schedl, Wien, Freiburg, Basel 1978; Heinrich Speyer, Die biblischen Erzählungen im Koran (o.O. 1931), Nachdruck 1961.

[161] R. Paret, Mohammed und der Koran, a.a.O. 84.

nisse von Himmel und Erde kenne? Ich weiß (gleichermaßen), was ihr kundgebt, und was ihr (in euch) verborgen haltet.'
34 Und (damals) als wir zu den Engeln sagten: ,Werft euch vor Adam nieder!' Da warfen sich (alle) nieder, außer Iblis [=Diabolos, Teufel, Verf.]. Der weigerte sich und war hochmütig. Er gehörte nämlich zu den Ungläubigen".
Aus dem Alten Testament ist quantitativ recht viel Material in den Koran eingeflossen; man kann sich schlecht vorstellen, daß sich *ein* Mann, also der Prophet, das ganze zuhörend angeeignet und dann in Sprüchen wiedergegeben habe. Viel eher erklärt sich der Vorgang, wenn man annimmt, daß muslimische neben jüdischen und christlichen Gemeinden existierten, mit der Zeit das Erzählgut kennenlernten und es, wenn möglich, in die eigenen Überlieferungen aufnahmen. Ebenso wäre denkbar, daß größere Gruppen von Christen Muslime wurden und ihr Erzählgut mitbrachten. Von daher könnte auch plausibel werden, daß prophetische Texte fehlen: Mündlich lassen sich eher narrative Stoffe vermitteln und vor allem, sie sind für Gemeinden (nicht unbedingt für einzelne!) interessanter.
(4) Aus dem Alten Testament sind folgende Stoffe in den Koran übernommen (daneben gibt es – hier unberücksichtigt – *Anklänge* an alttestamentliche Stellen, die aber selbst nicht im Text ausführlich wiedergegeben werden): die Erschaffung der Welt, die Urgeschichte (Erschaffung des Menschen, Paradies und Sündenfall, die Söhne Adams, die Sintflut), die Patriarchengeschichte (Abraham, Lot, Josef), die Geschichte Israels (Mose, Stoffe aus der Königszeit), weitere alttestamentliche Gestalten (Elija, Elischa, Jona, Ijob, Esra, Gabriel). Von den Schriftpropheten wird, wie schon gesagt, keiner, außer Jona (von dem das Alte Testament so schöne Geschichten erzählt), erwähnt.
(5) Wenn man diese Übernahmen aus dem Alten Testament auf Mohammed zurückführen wollte, bliebe die Frage, *wann und wo er diese Stoffe kennengelernt haben kann.* Hierzu meint *Rudi Paret:* „Der Zeitraum, innerhalb dessen der Prophet die hier angeführten Gestalten aus der biblischen Geschichte kennengelernt und in seine Verkündigung aufgenommen hat, läßt sich nur ungefähr bestimmen. Einige Stoffe, so die Geschichte von Kain und Abel und einzelne Episoden aus dem Leben von Saul, David und Goliat (2, 247–52), sind ihm anscheinend erst in der Zeit nach der Higra zur Kenntnis gekommen. Andere, wie die Geschichte von Abraham (und Ismael) und von Mose und den Kindern Israels, haben ihn sowohl vor als auch nach der Higra stark beschäftigt ... Man kann aber trotzdem sagen, daß das Gesamtbild, das Mohammed sich von der biblischen Geschichte gemacht hat, schon während seines Aufenthalts in Mekka in den wesentlichen Zügen feststand. Andererseits dürfen wir als sicher annehmen, daß der Prophet in der allerersten Zeit seines öffentlichen Wirkens, also unmittelbar nach seinem Berufungserlebnis, von biblischer Geschichte noch so gut wie gar nichts wußte. Jedenfalls

hat er in seinen Verkündigungen der ersten Zeit noch nicht darauf Bezug genommen"[162].

Woher *Paret* all dies weiß, bleibt unklar. Erscheint es z.B. nicht als eher unwahrscheinlich, daß Mohammed in der laut Sunna bewegten Zeit in Medina, als er sich von den Juden radikal abgewandt, sie vertrieben und teilweise ausgerottet hat, ausgerechnet deren Material in eigener Interpretation verarbeitet und neu genutzt haben soll? Zumindest läßt sich keinerlei Sachargument dafür ins Feld führen, daß es sich so verhalten haben müsse. Aussagen wie die *Rudi Parets* beruhen weithin auf Vermutungen und werden erst recht gegenstandslos, wenn man nur Teile des Koran für authentisch hält.

Vieles aber spricht dafür, daß mündliches Erzählgut alttestamentlicher Herkunft im Nebeneinander der Gemeinden angeeignet wurde. Ist nicht die These *Wansbroughs* plausibler, ein allmähliches Anwachsen von Gemeindetraditionen anzunehmen? In Mesopotamien z.B. koexistierten muslimische Arabergemeinden mit Juden und Christen; sie hörten ihre Erzählungen, gerade die narrativen Stoffe wurden in einfachen Bevölkerungsgruppen weitergegeben – ununterschieden von kanonischem auch apokryphes Material. Soweit sie es brauchen konnten, eigneten sich muslimische Gemeinden dieses an und interpretierten es von ihren durch Mohammeds Predigt angestoßenen Auffassungen her. Darüber hinaus gab es hier wahrscheinlich ehemals christliche Araber und auch Syrer, die nach ihrer Islamisierung ihre Traditionen in die neuen Gemeinden mitbrachten.

Dies würde auch erklären können, warum eine Reihe von biblischen Texten, aber auch alttestamentliche und vorislamisch-arabische „Straflegenden", so eingeleitet wird, daß ganz offenbar ihre Kenntnis bei den Hörern vorausgesetzt wird, wie z.B. in dem oben zitierten Abschnitt aus S. 2:

„30 Und (damals) als dein Herr zu den Engeln sagte: ‚Ich werde auf der Erde einen Nachfolger einsetzen!' Sie sagten: ...".

Auch diese Sätze, „die mit id, ‚als', ‚(damals) als', beginnen, aber keinen Nachsatz haben", führt *Rudi Paret* auf Mohammed zurück: „Er ruft damit irgend welche Gegebenheiten, die allgemein bekannt sind oder wenigstens bekannt sein müßten, in das Gedächtnis zurück, ohne die Einzelheiten zu einem Gesamtbild auszugestalten"[163]. Viel eher erklären sie sich aber, wenn man als Hintergrund spätere muslimische Gemeinden annehmen kann, denen diese Geschichten sicher besser bekannt waren als den Zuhörern Mohammeds. Auch weist der Umstand, daß „die biblischen Gestalten öfters aus der Vereinzelung gelöst und zu einer ganzen Reihe aneinandergefügt werden"[164], auf die Arbeiten systematisierender Redaktoren hin; die Zusammenfassungen sind als Ergebnis unmittelbarer Verkündigung nur schwer vorstellbar. Sie sollen offensichtlich die genannten Gestalten zu einer Kette prophetischer

---

[162] R. Paret, ebd. 84.
[163] R. Paret, ebd. 85.
[164] R. Paret, ebd.

Offenbarungsträger zusammenordnen, wobei dieses heilsgeschichtliche Konzept und auch die Straflegenden gelegentlich zu Sechser- oder Siebenerreihen zusammengestellt sind – alles Zeichen späterer retrospektiv-reflektierender Redaktion.

4.3.5.6.2 Die Verwendung neutestamentlicher Stoffe im Koran

Die Bedenken hinsichtlich einer Übernahme biblischer Texte in den Koran durch Mohammed selbst werden verstärkt – und ein negatives Urteil m.E. zwingend –, wenn man die neutestamentlichen Stoffe betrachtet. Quantitativ ist aus dem Neuen sehr viel weniger übernommen als aus dem Alten Testament, was sich sicher auch daraus erklären läßt, daß es selbst weniger umfangreich ist. Dies bedeutet jedoch nicht, daß der christliche Einfluß auf den Koran geringer zu veranschlagen ist: „Vielleicht nicht die größere Anzahl von Einzelheiten, aber doch die charakteristischsten weisen eher auf christlichen als auf jüdischen Einfluß hin“[165].
Auch von den neutestamentlichen Stoffen werden nur narrative Traditionen, aus den Evangelien und aus apokryphen Texten, berücksichtigt; Paulusbriefe oder sonstige Briefliteratur kommen nicht vor. Erzählt wird von Zacharias, Johannes dem Täufer, Maria *(Maryam)* und Jesus *('Isa)*. Die Erzählungen „beschränken sich, von verstreuten Passagen abgesehen, auf drei große Komplexe, nämlich die Suren 3:33–57, 5:110–120, und 19:1–33. Dazu ist noch Sure 4:157–158 zu nennen, wo die Kreuzigung Jesu erwähnt, aber geleugnet wird“. Mohammed „weiß offenbar nichts von der Vierzahl der Evangelien, der Apostelgeschichte, den apostolischen Briefen und der Apokalypse des Johannes“[166].
Wie *Sure 3,42–48* zeigen kann, werden die neutestamentlichen Erzählungen, im folgenden Beispiel die Jungfrauengeburt, wiedergegeben, aber recht frei variiert und mit neuen, der Tendenz nach „volkstümlichen“ Akzenten versehen:
„42 Und (damals) als die Engel sagten: ‚Maria! Gott hat dich auserwählt und rein gemacht! Er hat dich vor den Frauen der Menschen in aller Welt auserwählt. 43 Maria! Sei deinem Herrn demütig ergeben, wirf dich (vor ihm) nieder und nimm (beim Gottesdienst) an der Verneigung teil!‘ 44 Dies gehört zu den Geschichten, deren Kenntnis (den gewöhnlichen Sterblichen) verborgen ist. Wir geben es dir (als Offenbarung) ein. Du warst nicht bei ihnen (d.h. den Gefährten der Maria), als sie ihre Losstäbe warfen (um darüber zu entscheiden), wer von ihnen Maria betreuen solle. Und du warst nicht bei ihnen, als sie miteinander (darüber) stritten.

---

[165] Joseph Henninger, Die Kirche des Ostens und die Geburt des Islams, a.a.O. 50.
[166] H. Busse, Die theologischen Beziehungen des Islams zu Judentum und Christentum, a.a.O. 116. Zur näheren Charakterisierung, auf die hier verzichtet wird, vgl. ebd. 116–140.

45 (Damals) als die Engel sagten: ‚Maria! Gott verkündet dir ein Wort von sich, dessen Name Jesus Christus, der Sohn der Maria ist! Er wird im Diesseits und im Jenseits angesehen sein, einer von denen, die (Gott) nahestehen. 46 Und er wird (schon als Kind) in der Wiege zu den Leuten sprechen, und (auch später) als Erwachsener, und (wird) einer von den Rechtschaffenen (sein).‘ 47 Sie sagte: ‚Herr! Wie sollte ich ein Kind bekommen, wo mich (noch) kein Mann (w. Mensch) berührt hat?‘ Er (d.h. der Engel der Verkündigung, oder Gott?) sagte: ‚Das ist Gottes Art (zu handeln). Er schafft, was er will. Wenn er eine Sache beschlossen hat, sagt er zu ihr nur: sei!, dann ist sie. 48 Und er wird ihn die Schrift, die Weisheit, die Thora und das Evangelium lehren‘“.

Das Thema Jungfrauengeburt wird in Sure 19 noch deutlicher ausgemalt:

„20 Sie sagte: ‚Wie soll ich einen Jungen bekommen, wo mich kein Mann (w. Mensch) berührt hat und ich keine Hure bin?‘ ... 27 Dann kam sie (nach der Geburt) mit ihm zu ihren Leuten, indem sie ihn (auf dem Arm) trug. Sie sagten: ‚Maria! Da hast du etwas Unerhörtes begangen. 28 Schwester Aarons! Dein Vater war doch kein schlechter Kerl (...) und deine Mutter keine Hure.‘ 29 Da wies sie auf ihn (d.h. den Jesusknaben). Sie sagten: ‚Wie sollen wir mit ihm sprechen, der als kleiner Junge (noch) in der Wiege liegt?‘ 30 Er sagte: ‚Ich bin der Diener Gottes ...‘“.

Darüber hinaus werden auch apokryphe Stoffe, z.B. aus dem Protevangelium des Jakobus (S. 3,37), aus dem Pseudo-Matthäusevangelium (? S. 19,22–26), aus weiteren christlichen Erzählungen (z.B. S. 5,112–114; 19,16–17), im folgenden Beispiel aus dem Thomasevangelium, referiert; in *Sure 3* heißt es:

„49 Und als Gesandter (Gottes) an die Kinder Israels (wies Jesus sich aus mit den Worten:) ‚Ich bin mit einem Zeichen von eurem Herrn zu euch gekommen (das darin besteht?), daß ich euch aus Lehm etwas schaffe, was so aussieht wie Vögel. Dann werde ich hineinblasen, und es werden mit Gottes Erlaubnis (wirkliche) Vögel sein. Und ich werde mit Gottes Erlaubnis Blinde und Aussätzige heilen und Tote (wieder) lebendig machen. Und ich werde euch Kunde geben von dem, was ihr in euern Häusern eßt und aufspeichert (ohne es gesehen zu haben). Darin liegt für euch ein Zeichen, wenn (anders) ihr gläubig seid“ (vgl. auch S. 5,110).

Die Art der Textgestaltung legt auch hier die Vermutung nahe, daß die biblischen Erzählungen aus einem mündlichen und volkstümlichen Vermittlungsprozeß übernommen wurden. Von Jesus werden vor allem wundersame Dinge berichtet: die Jungfrauengeburt, seine Wundertätigkeit schon als Kind in der Wiege wie auch als Erwachsener (S. 5,110: *„[und als] du mit meiner Erlaubnis Blinde und Aussätzige heiltest, und als du mit meiner Erlaubnis Tote [aus dem Grab wieder] herauskommen ließest ...“),* seine Entrückung zu Gott. Daneben aber wird auch auf seine Verkündigung hingewiesen (S. 3,48):

„Und er [Allah, Verf.] wird ihn die Schrift, die Weisheit, die Thora und das Evangelium lehren“.

Die christlichen Gemeinden, in denen die im Koran wiedergegebenen Überlieferungen verbreitet waren, müssen sehr unterschiedlich gewesen sein. Jedenfalls fällt es schwer anzunehmen, daß die Abweichungen von kanonischen Vorgaben und die hierbei sichtbar werdenden theologischen Tendenzen allein das Werk Mohammeds oder auch sonstiger muslimischer Redaktion gewesen sein sollten. Zwar passen die Abweichungen prinzipiell in die Theologie des Koran, so daß sie oft als Produkt muslimischer Bearbeitung angesehen werden. Daran ist richtig, daß selbstverständlich nur Stoffe aufgenommen wurden, die den eigenen Interessen nicht widersprachen. Dennoch aber sind die jeweiligen Varianten offensichtlich in unterschiedlichen christlichen Gemeindetraditionen entstanden, dort geprägt und dann erst in den Koran integriert worden; jedenfalls sind die jeweiligen Tendenzen aus der christlichen Theologiegeschichte bekannt. Dies soll mit einigen Hinweisen verdeutlicht werden.

In Sure 5 wird gegen eine eigentümliche Auffassung, der zufolge die Trinität aus Gott, Jesus und Maria besteht, und gegen das Gottsein Jesu Christi polemisiert:

„116 Und (damals) als Gott sagte: ‚Jesus, Sohn der Maria! Hast du (etwa) zu den Leuten gesagt: „Nehmt euch außer Gott mich und meine Mutter zu Göttern!"?' Er sagte: ‚Gepriesen seist du! (Wie dürfte man dir andere Wesen als Götter beigesellen!) Ich darf nichts sagen, wozu ich kein Recht habe. Wenn ich es (tatsächlich doch) gesagt hätte, wüßtest du es (ohnehin und brauchtest mich nicht zu fragen) (w. Wenn ich es gesagt habe, wußtest du es). Du weißt Bescheid über das, was ich (an Gedanken) in mir hege. Aber ich weiß über das, was du in dir hegst, nicht Bescheid. Du (allein) bist es, der über die verborgenen Dinge Bescheid weiß. 117 Ich habe ihnen nur gesagt, was du mir befohlen hast (nämlich): „Dienet Gott, meinem und eurem Herrn!" Und ich war Zeuge über sie, solange ich unter ihnen weilte. Nachdem du mich abberufen hattest, warst du es, der auf sie aufpaßte. Du bist über alles Zeuge ...'".

Eine solche Trinitätsauffassung scheint nur in einem Umfeld entstanden sein zu können, in dem eine recht drastische Marienverehrung praktiziert wurde. Dies könnte erklären, daß muslimische Gruppen, die in der Nähe derartiger Gemeinden lebten, den Eindruck gewinnen konnten, Maria werde als Göttin verehrt; da lag es nahe, sie anstelle des unanschaulichen Geistes als Teil der Trinität mißzuverstehen. Man muß wohl vermuten, daß es sich um vom Monophysitismus geprägte Gemeinden handelte, wie es sie kaum in Arabien, wohl aber im mesopotamischen Raum gab[167]; hier hatten die Jakobiten, syri-

[167] H. Busse, ebd. 131, meint, daß Mohammed selbst Beobachtungen „im Umgang mit Christen im Higaz gemacht hatte". Er verweist (23.24) auf „Kollyridianerinnen", die es nach Epiphanius (gest. 403) in „‚Arabien' (d.h. Ostjordanland und Sinai-Halbinsel)" gegeben habe (23); sie hätten nach Epiphanius einen Brotkuchen (koryllis) Maria geopfert und verzehrt. „Vielleicht sind die Kollyridianerinnen identisch mit den Philomarianiten, die Leontius von Byzanz (gest. 543/44) ... erwähnt" (24). Diese Erklärungen sind sehr weit her-

sche Monophysiten, zahlreiche Gemeinden. Die vom Koran geäußerte Kritik an einer Vergöttlichung Mariens wie auch Jesu entspricht dagegen wieder exakt der ostsyrischen Theologie, die die „Monarchie Gottes", sein alleiniges Gottsein, vertrat und Jesus auf der menschlichen Ebene beließ (S. 5,73: *„Ungläubige sind diejenigen, die sagen: ‚Gott ist einer von dreien'. Es gibt keinen Gott außer einem einzigen Gott").*

Der wohl *größte Teil der neutestamentlichen Bezüge* im Koran verrät seine Herkunft aus der genannten – im weitesten Sinn – *syrischen, näherhin ostsyrischen und „nestorianischen" Theologie*[168], die wohl auch für große Teile des Christentums im (heutigen) Irak repräsentativ war. Sie lehnt, im Gegensatz zur byzantinischen Reichskirche, eine Zwei-Naturen-Christologie und trinitarische Gottesvorstellungen ab. Sie entspricht dem gesamtsemitischen geschichtlichen Denken und steht der Mentalität des Judenchristentums nahe. „Dieses semitische Christentum lebt heute nicht nur im Nestorianismus, der während tausend Jahren eine der Hauptreligionen Asiens war, sondern auch, unterirdisch, im Islam fort"[169]. Gerade deren Ablehnung einer Präexistenz- oder Zwei-Naturen-Christologie kam auch muslimischen Interessen entgegen. Allerdings ist anzumerken, daß die Gleichsetzung der ostsyrischen Theologie mit dem Nestorianismus ungenau ist.[170]

Joseph Henninger weist auf den syrisch-christlichen Hintergrund wichtiger koranischer Aussagen hin: „Für die *Auferstehung* am Jüngsten Tag wird im Koran 70 mal das Wort qijâma gebraucht, das nicht jüdischem, sondern syrisch-christlichem Sprachgebrauch entstammt". Auch die Gründe, die der Koran für die Glaubwürdigkeit der Auferstehung anführe, „stimmen auffallend mit denjenigen überein, die sich bei syrischen Kirchenschriftstellern finden"[171]. Auch die „Furcht vor dem großen Gerichtstag als beherrschendes Motiv der ganzen Frömmigkeit erinnert sehr an bestimmte Formen der ägyptischen und syrischen Mönchsfrömmigkeit", und die Schilderungen von Paradies und Hölle stimmen in vielen Details „mit syrisch-christlichen Jen-

---

geholt und dienen lediglich dazu, irgendwie klarmachen zu können, daß Mohammed, auf den alle Koranverse zurückgeführt werden sollen, solche Ansichten kennengelernt haben könnte. Aber auch dabei bleibt offen, wie Mohammed von Anschauungen, die im Ostjordanland oder auf der Sinaihalbinsel – sicher nur von kleinen Gruppen – vertreten wurden, erfahren und diese zugleich für so wichtig gehalten haben soll, daß er gegen sie polemisierte.

[168] So auch C. Schedl, Muhammad und Jesus, a.a.O. 562–566.

[169] G. Quispel, Makarius, das Thomasevangelium und das Lied von der Perle. Supplement to Novum Testamentum 1967, 118.

[170] Nestorius stammte aus Westsyrien, wo die Theologie in griechischer Sprache formuliert wurde, wurde Patriarch von Konstantinopel und entwickelte seine Lehre im Konflikt mit dem von alexandrinischer Frömmigkeit geprägten Mönchtum in Konstantinopel sowie mit der alexandrinischen Kirche und ihrem Patriarchen. Insofern mußte er seine syrische Konzeption in Begriffen ausdrücken, die auf die Probleme seiner Gegner eingingen. Die ostsyrische Theologie aber benutzte die eigene Sprache; sie kannte zwar – von ferne – die Lehren der byzantinischen Kirche, konnte aber viel unbefangener in den eigenen Traditionen leben.

[171] J. Henninger, Die Kirche des Ostens und die Geburt des Islams, a.a.O. 46.

seitsschilderungen" überein. „Kurz, in der ganzen Lehre von den letzten Dingen steht, wie der schwedische Orientalist Tor Andrae mit reichem Material nachgewiesen hat, der syrisch-christliche Einfluß durchaus im Vordergrund"[172].

Jesus ist für den Koran zwar ein Gesandter Gottes (S. 5,75: *„Christus, der Sohn der Maria, ist nur ein Gesandter Gottes"),* aber bloßer Mensch und kein Gott. Er ist „Diener Gottes" (S. 19,30; vgl. auch z.B. S. 3,51: *„Gott ist mein (Jesu) und euer Herr. Dienet ihm!"*, was an die judenchristliche und syrisch-christliche Verwendung des alttestamentlichen „Knecht-Gottes"-Begriffs für Jesus erinnert. Ganz scharf formuliert Sure 3,59 die Kreatürlichkeit Jesu:

„Jesus ist (was seine Erschaffung angeht) vor Gott gleich wie Adam. Den schuf er aus Erde. Hierauf sagte er zu ihm nur: sei!, da war er". Ähnlich heißt es in S. 5,17: *„Ungläubige sind jene, die sagen: ‚Gott ist Christus, der Sohn der Maria'. Sag: Wer vermöchte gegen Gott etwas auszurichten, falls er (etwa) Christus ... zugrunde gehen lassen wollte (...). Er schafft, was er will ..."* (vgl. auch S. 5,72).

In der Hauptsache spiegelt sich im Koran also die ostsyrische Bestreitung einer Zwei-Naturen-Christologie (S. 112,3: *„Er [Allah, Verf.] hat weder gezeugt, noch ist er gezeugt worden"*); immer wieder wird hervorgehoben, daß Jesus nicht Gott ist und dieser keine Teilhaberschaft duldet.

Eigentümlicherweise aber scheint auch die syrische Christologie in ihrem eigentlichen Terminus technicus – Gott hat Jesus als Sohn angenommen bzw. adoptiert – bekämpft zu werden (S. 2,116; 10,68; 18,4; 19,88–91; 21,26; 23,91; 72,3). Dies gilt zwar nicht, wenn man der Übersetzung *Rudi Parets* folgt, der an allen angegebenen Stellen überträgt: Gott hat sich kein Kind *„zugelegt"*. Wörtlich müßte es aber heißen: Gott hat sich kein Kind *„genommen"*.

Darauf weist *Paret* auch selbst in seinem Kommentar hin und fragt, ob der Begriff im Sinne einer Adoption oder von „Zeugen" gemeint sein könne, ob sich Passagen dieser Art gegen heidnische Gottesvorstellungen oder gegen die christliche Lehre von der Gottessohnschaft richten, und entscheidet sich zum letzteren.[173] Sich ein Kind „zulegen" hieße dann soviel wie „zeugen".

Dagegen spricht nicht nur S. 72,3, nach der sich Gott weder eine Gefährtin noch ein Kind „zulegte". Ein Kind „nehmen" oder „annehmen" muß wohl richtiger wörtlich aufgefaßt werden: Jemanden, z.B. Jesus, als Kind adoptie-

---

[172] J. Henninger, ebd. 49. Allerdings sieht Henninger diese Einflüsse, entsprechend seiner Überzeugung, daß der ganze Koran auf Mohammed zurückgehe, schon bei dem Propheten gegeben. Zudem meint er, *„das Zentrale des Christentums"* sei im Koran nicht gegeben: *„Kreuz und Erlösung"* (ebd. 51). Hier müßte man hinzufügen: Kreuz und Erlösung durch das Kreuz sind für das lateinisch-westliche Christentum das Zentrale, nicht aber für das syrische Christentum, dem es um Erlösung durch „Bewährung" geht.

[173] Rudi Paret, Der Koran. Kommentar und Konkordanz, Stuttgart, Berlin, Köln, Mainz ([1]1971) 1980, 26.27 (Kommentar zu S. 2,16).

ren. Dann aber erscheinen die angegebenen Verse als Ablehnung der syrischen Adoptionschristologie. Diese allerdings wird ansonsten im Koran – mit anderen Vokabeln – rezipiert: Jesus ist der Knecht oder Gesandte Gottes. Muß man nicht eher annehmen, daß im Zuge des Amalgamisierungsprozesses, aus dem der Koran entstanden ist, auch jakobitische, also monophysitische Christen einige ihrer polemischen Schlagwörter mitbrachten bzw. unreflektiert und -redigiert auch jakobitische Traditionen in den Text eingeflossen sind?

Heribert Busse ist der Meinung: „Muhammad weiß auch nichts von der Präexistenz Jesu; Anklänge an die Logoslehre sind rein äußerlich“[174]. Dies dürfte nicht zutreffen. Zwar mag sich Sure 112,3: *„Er (Allah) hat weder gezeugt, noch ist er gezeugt worden“* auch auf eine Überwindung des Glaubens an Töchter Allahs beziehen, wurde aber in der muslimischen Auslegung immer als Reaktion auf christologische Auffassungen angesehen. Diese werden jedenfalls deutlich zurückgewiesen in S. 4,171.172 und 19,34, und hierbei scheinen die Logoslehre (S. 3,45; 4,171) und eine göttliche Präexistenz (S. 19) schon uminterpretiert oder zurückgewiesen zu sein, wie es ja auch der syrisch-christlichen Tradition entsprach.

S. 4 postuliert ganz scharf:

„171 Ihr Leute der Schrift! Treibt es in eurer Religion nicht zu weit und sagt gegen Gott nichts aus, als die Wahrheit! Christus Jesus, der Sohn der Maria, ist nur der Gesandte Gottes und sein Wort, das er der Maria entboten hat, und Geist von ihm. Darum glaubt an Gott und seine Gesandten und sagt nicht (von Gott, daß er in einem) drei (sei)! Hört auf (so etwas zu sagen)! Das ist besser für euch. Gott ist nur ein einziger Gott. Gepriesen sei er! (Er ist darüber erhaben) ein Kind zu haben. Ihm gehört (vielmehr alles), was im Himmel und auf der Erde ist. Und Gott genügt als Sachwalter. 172 Christus wird es nicht verschmähen, ein (bloßer) Diener Gottes zu sein“.

Und in Sure 19 heißt es:

„34 Solcher Art (w. Dies) ist Jesus, der Sohn der Maria – um die Wahrheit zu sagen, über die sie (d.h. die Ungläubigen (unter den Christen?)) (immer noch) im Zweifel sind. 35 Es steht Gott nicht an, sich irgendein Kind zuzulegen. Gepriesen sei er! (Darüber ist er erhaben). Wenn er eine Sache beschlossen hat, sagt er zu ihr nur: sei!, dann ist sie. 36 Und (Jesus sagte:) ‚Gott ist mein und euer Herr. Dienet ihm! Das ist ein gerader Weg‘“.

Aussagen dieser Art spiegeln wichtige Motive der syrischen Christologie und auch der korrespondierenden syrisch-christlichen Gotteslehre.

Eine weitere Besonderheit ist die Bestreitung des Kreuzestodes Jesu; er selbst sei durch die Himmelfahrt der Kreuzigung entgangen (obwohl andere Anklänge einen „natürlichen Tod“ Jesu voraussetzen):

---

[174] H. Busse, Die theologischen Beziehungen des Islams zu Judentum und Christentum, a.a.O. 117.

(Sure 4) *„156 und weil sie ungläubig waren und gegen Maria eine gewaltige Verleumdung (oder: Schandbarkeit) vorbrachten (w. aussagten) 157 und (weil sie) sagten: ‚Wir haben Christus Jesus, den Sohn der Maria und Gesandten Gottes, getötet.' – Aber sie haben ihn (in Wirklichkeit) nicht getötet und (auch) nicht gekreuzigt. Vielmehr erschien ihnen (ein anderer) ähnlich (so daß sie ihn mit Jesus verwechselten und töteten). Und diejenigen, die über ihn (oder: darüber) uneins sind, sind im Zweifel über ihn (oder: darüber). Sie haben kein Wissen über ihn (oder: darüber), gehen vielmehr Vermutungen nach. Und sie haben ihn nicht mit Gewißheit getötet (d.h. sie können nicht mit Gewißheit sagen, daß sie ihn getötet haben). 158 Nein, Gott hat ihn zu sich (in den Himmel) erhoben".*

Zu dieser Stelle meint *H. Busse*, „daß Muhammad den Kreuzestod Jesu unter dem Einfluß gnostischer Gruppen als ein Geschehen, das sich in Wirklichkeit nicht ereignet hat, gedeutet hat"[175], also eine traditionelle doketische Christologie aufgegriffen habe.[176] In der „Standardform" des Doketismus wurde allerdings Jesus zum Schein, in einem Scheinleib, gekreuzigt. Der Koran aber greift – anscheinend, *der uninterpretierte Text ist* (ohne die in Klammern gesetzten Beifügungen) *nicht eindeutig* – eine andere Version auf, nach der ein Jesus ähnlicher Mann hingerichtet wurde. Diese Variante könnte nach einem „Bericht bei Tabari, der auf Wahb ibn Munabbih zurückgeführt wird, einen Perser südarabischer Herkunft, der im 7. Jahrhundert gelebt hat ..."[177], auf eine damals in Umlauf befindliche Tradition zurückgeführt werden. Auch die Vorstellung, daß Jesus – ohne zuvor zu sterben – in den Himmel entrückt wurde, könnte ein doketisches Motiv aufgreifen: Der Logos verläßt nach doketischer Auffassung seinen Scheinleib vor dessen Vernichtung.

Der Koran und auch der Sunnismus kennen keine soteriologische Bedeutung des Leidens und Sterbens. Insofern kamen diese doketischen Interpretationen den eigenen Anschauungen entgegen. Die Vernachlässigung des Motivs einer Erlösung durch das Leiden könnte aber darüber hinaus auch wiederum (zusätzlich) syrisch-christliche Motivationen haben – obwohl in der syrischen Theologie der Doketismus abgelehnt wurde –, insofern die dortige „Bewährungschristologie" zwar den Gehorsam und die Bewährung Jesu „bis zum Tod am Kreuz" in den Mittelpunkt stellte, nicht aber eine Erlösung „durch" Leiden und Kreuz.[178]

Jesus entging seinem Tod durch die Erhebung zu Gott. Auch in S. 3,55 ist von dieser Erhebung die Rede:

„(Damals) als Gott sagte: ‚Jesus! Ich werde dich (nunmehr) abberufen und zu mir (in den Himmel) erheben und rein machen, so daß du den Ungläubigen entrückt bist".

---

[175] Ebd. 137.

[176] Vgl. H. Busse, ebd. 140, so auch C. Schedl, Muhammad und Jesus, a.a.O. 564.

[177] H. Busse, ebd. 139.

[178] Vgl. hierzu vom Verf., Fundamentalchristologie. Im Spannungsfeld von Christentum und Kultur, München 1986, 198–229.

„Diese Himmelfahrt Jesu ist nun nicht so zu verstehen, daß ihr der Tod und die Grablegung vorausgegangen wäre (...). Gemeint ist vielmehr eine unmittelbare Entrückung des lebendigen Jesus“[179]. Andere Stellen aber (z.B. S. 5,117) scheinen den Tod Jesu vorauszusetzen, so daß wohl unterschiedliche Traditionen in den Koran eingeflossen sind.
„Das Bild, das der Koran von Maria zeichnet, kommt den christlichen Vorstellungen näher als das koranische Jesusbild“[180]; allerdings muß man berücksichtigen, daß sie – entsprechend der syrischen Theologie – nicht „Mutter Gottes“, sondern Jesu bzw. des Knechtes Gottes Mutter ist. Interessant aber ist, daß Maria mit Mirjam, der Schwester des Mose und Aaron (S. 19,27. 28: *„Maria! ... Schwester Aarons!“)*, identifiziert wird. Ihr Vater wird vom Koran *Imran* genannt, der dem alttestamentlichen *Amram* entspricht; dessen Kinder waren laut Bibel Aaron, Mose und Mirjam (Num 26,59 und 1Chr 5,29). Im Koran heißt es (S. 3):
„35 (Damals) als die Frau Imrans sagte: ‚Herr! Ich habe dir gelobt, was (als Frucht) in meinem Leib ist. Es soll (dir und deinem Dienst) geweiht sein ...‘ 36 Als sie sie (d.h. ein Mädchen, die spätere Mutter Jesu) dann zur Welt gebracht hatte ..., sagte sie: ‚Herr! Was ich zur Welt gebracht habe, ist ein weibliches Wesen ...‘ 37 Da nahm ihr Herr sie (d.h. das neugeborene Mädchen) gnädig an und ließ sie auf schöne Weise heranwachsen. Und er ließ Zacharias sie betreuen ... “.
(Vv. 45–49 folgt die Verkündigung des Engels, dann werden [bis V. 61] jesuanische Stoffe referiert).
Diese eigentümliche Verschmelzung von Gestalten, zwischen denen mehr als ein Jahrtausend liegt, wird von *H. Busse* wohl zu Recht auf christliche *typologische* Interpretationen zurückgeführt: „Die Theologen der alten Kirche haben gerade in den Erzählungen von Mose, dem Auszug der Israeliten aus Ägypten und dem Zug durch die Wüste typologische Vorbilder für die christlichen Glaubensgeheimnisse gefunden“[181]. Eine solche *typologische* Ineinssetzung Mariens, der Mutter Jesu, mit Mirjam, der Schwester des Mose, stand wohl Pate bei dieser koranischen Variante einer *historischen* Verschmelzung.
Wenn man alle Korantexte als von Mohammed gesprochen ansehen will, muß man plausibel machen, wo und bei welchen Gelegenheiten er alle diese unterschiedlichen Gemeinden und ihre spezifischen theologischen Traditionen kennengelernt haben könnte: monophysitische, syrische, doketisch-gnostische, generell altkirchlich-typologische Erzählungen. Dies würde ein relativ dichtes Netz wenigstens kleiner, aber theologisch sehr unterschiedlicher Gemeinden im arabischen Raum zu Lebzeiten Mohammeds voraussetzen.

---

179 R. Paret, Der Koran als Geschichtsquelle, a.a.O. 33; er verweist auch noch auf S. 5,17 und auf S. 4,159, die er als Bestätigung dieser Interpretation ansieht.
180 H. Busse, Die theologischen Beziehungen des Islams zu Judentum und Christentum, a.a.O. 117.
181 Ebd. 118.

Auch Reisen Mohammeds, die zudem keine historische Gewißheit besitzen, reichen zu einer Erklärung der Vielfalt unterschiedlich geprägter biblischer Übernahmen nicht aus. Nur dann wäre dies vorstellbar, wenn Mohammed nach Art moderner ethnologischer Forscher herumgezogen und in unterschiedlichen Gemeinden das gesamte Erzählgut aufgezeichnet hätte. Und selbst dann hätte er lediglich das Material wie von außen referieren können; im Koran allerdings wird es so wiedergegeben, als stünden der Erzähler – oder die Erzähler – wie auch die Zuhörer oder Leser mitten in diesen Kontexten.
Die Versuche einer Rückdatierung der entsprechenden Quellen in das Leben Mohammeds bleiben deswegen auch meist bei recht wenig gesicherten Vermutungen stehen. Als Beispiel für diese Vorgehensweise mag eine Argumentation *H. Busses* zur Frage des im Koran angesprochenen Verhältnisses Jesu zur Tora dienen: „Dieses Thema spielte in den Diskussionen zwischen Juden und Christen in Muhammads Umgebung sicherlich (sic!, Verf.) eine wichtige Rolle“[182]. Woher er das weiß, gibt *Busse* nicht an.
Ohne Schwierigkeiten aber läßt sich die Rezeption der divergenten neutestamentlichen Traditionen erklären, wenn man annimmt – und an dieser Hypothese scheint man nicht vorbeizukommen –, daß in den Koran auch spätere, nach-Mohammedsche Gemeindetraditionen eingeflossen sind. Vor allem im mesopotamisch-syrischen Raum koexistierten in den frühen muslimischen Zeiten ihre Gemeinden mit der jüdischen und christlichen Bevölkerung, deren Traditionen sie – wenigstens fragmentarisch – kennenlernten und übernehmen konnten, wenn sie für die eigenen Tendenzen interessant zu sein schienen. Diese Hypothese könnte auch die offensichtlich recht *zufällige* Übernahme der Stoffe erklären.
Über die Einarbeitung biblischer Stoffe in den Koran hinaus sind zahlreiche theologische Topoi übernommen worden: In rund 30 Suren z.B. ist von Engeln, vor allem von Michael und Gabriel, die Rede (in mehr als zehn Suren kommen die altarabischen Dschinns vor). Daneben gibt es Teufel (Schaitan), die in der Regel aufrührerische Dschinns sind, außer Iblis (S. 2, 34; von griechisch: Diabolos), und es ist vom „Wort Gottes“ oder vom „Heiligen Geist“ die Rede usf. Alle diese Motive kommen einfach so – unerklärt – im Text vor, sie sind nicht in eine systematische Zuordnung zueinander gebracht – Zeichen traditioneller Übernahmen durch Gemeinden, die mit diesen Begriffen vertraut waren.

4.3.6 Resümee

Weder eine Herkunft des pluralen koranischen Materials allein von Mohammed noch eine Endredaktion z.Zt. *Osmans* lassen sich historisch-kritisch

[182] H. Busse, ebd. 133; vgl. auch o. A. 166.

plausibel machen oder gar beweisen. Die ersten drei Jahrzehnte nach dem Tod Mohammeds brachten eine eruptive Ausbreitung des muslimischen Herrschaftsgebiets, bei der die „Gefährten" Mohammeds in alle Winde verstreut wurden, oft auch in kriegerischen Auseinandersetzungen umkamen; die Richtungskämpfe unter den Nachfolgern Mohammeds[183] um die politisch-religiöse Führung der *umma* schufen zusätzliche Unruhen.

Es ist kaum vorstellbar, daß es in dieser Situation zu mehr als sporadischen Aufzeichnungen oder kleineren Sammlungen von Prophetensprüchen gekommen sein sollte. Die Berichte der Sunna über die Art der Endredaktion unter dem Kalifen *Osman* – Einsetzung eines Redaktionskomitees usf. – spiegeln vielmehr Überlegungen wider vom Umgang mit Literatur, wie sie in den späteren gebildeten theologischen Kreisen der Abbasidenzeit verbreitet gewesen sein könnten: Als man darüber nachzudenken anfing, wie der Koran wohl entstanden sei, mußte man es sich auf eine vergleichbare Weise vorstellen. Zudem entsprach die Rückdatierung in die Zeit *Osmans* dem mittlerweile entstandenen Interesse an einer möglichst weitreichenden Authentizität und somit dem Offenbarungscharakter des Korantextes.

Erst in den frühen Jahrzehnten der Omaiyadenherrschaft konnte sich der Islam als Religion formieren und in ruhigere Bahnen kommen.[184] Es scheint so, daß jetzt erst die Zeit gekommen war, in der auch eine Besinnung auf das, was für den Islam normativ sein sollte, und ein umfassender Prozeß der Sammlung aller Traditionen möglich war.

Wie die Eigenart vor allem der biblischen Übernahmen in den Koran zeigt, muß diese Sammlung und Endredaktion in einem Raum erfolgt sein, in dem es unterschiedliche christliche Strömungen und Gemeinden gab; hierbei erweisen sich die Elemente der ostsyrischen Gotteslehre, Christologie, Mariologie und auch Ethik, darüber hinaus auch zahlreiche weitere Motive, als so bestimmend, daß nur eine Region in Frage kommt, die diese Prägungen besaß. Dies aber ist der ostsyrische Raum, der heutige Irak. Der ostsyrische Sprachcharakter vieler koranischer Texte – wie sie *Christoph Luxenberg* feststellt[185] – bestätigt diese Annahme. Von philologischer Seite käme auch eine Entstehung des Koran in Nordostarabien in Frage; die Vielfalt der theologischen Motive, von denen die biblischen, vor allem die neutestamentlichen Übernahmen geprägt sind, macht dies aber wiederum nur schwer vorstellbar, weil es dort wohl kaum so unterschiedliche Gemeinden gab.

Seit vorchristlicher Zeit war Syrien in seinem Westteil in das Römische Reich einbezogen, der Osten kam unter die Kontrolle der Parther. Dazwischen konnte sich seit der Zeitenwende das syro-arabische Reich von *Palmyra,* eine Art von Pufferstaat, etablieren. Die Einwohner waren mehrheitlich Araber, schrieben syrisch – vor allem ostsyrisch – und benutzten Ara-

---

[183] Vgl. u. 7.1.

[184] Vgl. u. 7.2.

[185] Vgl. o. 4.3.5.2.

bisch im Alltag und im Geschäftsleben.[186] Vor dem Eintreffen der Muslime in diesem Raum gab es also schon weit nördlich in Syrien – Palmyra liegt in der Syrischen Wüste etwa auf der Höhe von Tripolis – ein syro-aramäisches Reich mit syrisch-christlicher, weithin arabischer Bevölkerung. Nach *Josef van Ess* hatten auch schon die Römer beim Straßenbau am westlichen Rand der Syrischen Wüste „in dem dadurch erschlossenen Gebiet seßhaft gewordene Araber angesiedelt"[187]. Diese seien Christen gewesen, wobei sie „häufig dem monophysitischen Bekenntnis den Vorzug gaben"[188]. Auch im Südirak lebten wohl schon seit dem 3. Jahrhundert n. Chr. Araber – mit dem städtischen Zentrum *al-Hira* –, die Christen wurden und zur fraglichen Zeit Gottesdienste ihrer syrischen Kirche mitfeierten. Es gab also drei Gruppen arabischer Christen im syrischen Raum.

Die Araber in Syrien scheinen zu den relativ wenigen Bevölkerungsgruppen gehört zu haben, die nach der Eroberung – wahrscheinlich wegen ihrer ethnischen Zugehörigkeit – zwangsbekehrt wurden. Darüber hinaus wechselten auch recht früh sehr viele syrische Christen zum Islam, in dem sie – anders als im byzantinischen Christentum – eine neue Heimat fanden.[189] Die Mitwirkung beider Gruppen bei der Endredaktion des Koran könnte seine literarischen Eigenarten erklären und viele Fragen lösen, die bei der traditionellen Interpretation der Kanongeschichte offen bleiben. Daß bei diesem Prozeß weder der syrisch-christliche Klerus noch Theologen in relevanter Weise beteiligt waren, macht die „volkstümliche", auf jeden Fall aber exegetisch und theologisch unexakte Gestaltung des rezipierten biblischen Materials sichtbar.

Sollte die hier vorgelegte Hypothese zutreffen, bleibt natürlich zunächst noch unklar, in welchen Texten des Koran die ursprüngliche Predigt Mohammeds zu suchen ist. Meine frühere Annahme, die seit *Nöldeke* als die ältesten angesehenen Suren und Verse, also die der frühen mekkanischen Zeit zugerechneten Texte, als authentische Mohammed-Worte anzusehen, bereitet Schwierigkeiten: Theologische Gründe weisen auch für sie auf syrisch-christliche Prägungen hin. „Die Hauptgedanken der frühesten Verkündigung Mohammeds sind: Der einzige, wahre Gott hat die Welt erschaffen, regiert sie durch seine Vorsehung, wird sie eines Tages richten und fordert darum alle Menschen auf, sich von ihren Götzen abzuwenden und zu ihm, dem lebendigen Gott zu bekehren. Diese Grundgedanken erinnern auffallend an das *Schema einer altchristlichen Missionspredigt,* wie es sich in der Areopagrede des Paulus im 17. Kapitel der Apostelgeschichte findet. Darum hat Tor Andrae

---

[186] Vgl. hierzu Philipp K. Hitti, History of Syria incl. Lebanon and Palestine, London 1951, 399: „The original inhabitants were doubtless Arabic tribes who adopted in their speech and writing the prevalent Aramaic tongue".

[187] Josef van Ess, Theologie und Gesellschaft im 2. und 3. Jahrhundert Hidschra. Eine Geschichte des religiösen Denkens im frühen Islam, Bd. 1, Berlin, New York 1991, 66.

[188] J. van Ess, ebd. 67.

[189] Vgl. u. 7.2.2.

die ansprechende Hypothese aufgestellt, daß Mohammed einmal eine christliche Missionspredigt gehört hat, und daß diese den entscheidenden Anstoß zu seinen inneren Erlebnissen gab“[190]. Die „ansprechende Hypothese“ mag ja sympathisch und der christliche Prediger muß gut gewesen sein, weil er Mohammed wohl tief beeindruckt haben muß. Es bleibt aber die Feststellung, daß selbst die älteste Verkündigung eine vom Christentum geprägte Struktur aufzuweisen scheint. Ein „Schema“ aber, das das Gesamt der „frühen“ Verkündigung des Koran gestaltet, kann wohl kaum das Ergebnis einer zufälligen und einmaligen Begegnung Mohammeds mit einem christlichen Prediger sein; eher ist anzunehmen, daß es auf Redaktionsarbeit, die die Stoffe in diesem Sinne gestaltet hat, zurückgeht. Dann aber ist der historische Beitrag Mohammeds zu problematisieren. Darüber hinaus ist auf die philologische Arbeit von *Christoph Luxenberg* zu verweisen; er stellt auch für diese früheste Textgruppe eine ostsyrische sprachliche Prägung fest, die wohl kaum dem historischen Mohammed zugesprochen werden kann.
Das aber würde bedeuten, daß am Koran eine ähnliche exegetische Feinarbeit erst noch unternommen werden müßte wie z.B. bei der Suche nach „echten“ Jesus-Worten in den Evangelien. Diese Arbeit kann der Autor dieser Studie nicht leisten. Aber sie ist ein Postulat an die Islamwissenschaft, mittels der mittlerweile in den Bibelwissenschaften erarbeiteten exegetischen Methoden den Koran auf diese Frage hin zu untersuchen.
Ebenso unbekannt, weil nie problematisiert, ist die weitere Traditionsgeschichte des Koran: Wo und in welchem Umfang sind christliche Hymnen und Gebete hinzugewachsen, wo haben die umfänglichen rechtlichen Regelungen ihren „Sitz im Leben“ usf. Erst eine umfassende Analyse der Texte, die sich nicht selbst durch apriori angenommene Meinungen über die Entstehung des Koran blockiert, kann seine Eigenart historisch-kritisch erarbeiten. Wahrscheinlich ist das Traditionsmaterial im Lauf einiger Jahrzehnte angewachsen, gesammelt und gegen Ende des 7. Jahrhunderts im Irak, unter starkem Einfluß syrischen Christentums, endredigiert worden.

[190] J. Henninger, Die Kirche des Ostens und die Geburt des Islams, a.a.O. 49.50.

5. Zur Theologie des Koran

Die wichtigsten Glaubenslehren des Koran und damit des Islam sind das Bekenntnis zu Allah – zum Monotheismus –, der Glaube an die Erschaffung der Welt, an die sittliche Verantwortung des einzelnen Menschen, der beim Jüngsten Gericht von Gott für sein Handeln zur Rechenschaft gezogen wird und je nachdem ins Paradies oder ins Höllenfeuer gelangt; außerdem spielt die Vorstellung, daß das menschliche Schicksal der göttlichen Vorsehung unterliegt (Kismetglaube), eine große Rolle. Der besseren Verständlichkeit wegen sollen diese theologischen Schwerpunkte im folgenden kurz anhand der koranischen Aussagen skizziert werden, ohne auf die kontextuellen, historisch-kritischen und systematischen Probleme detailliert einzugehen.

5.1 Der Glaube an den einen Gott

Der Koran als ganzer ist beherrscht von dem Grundthema der Einzigkeit Allahs, dessen Macht keinerlei Minderung oder, wie es heißt, „Teilhaberschaft“ zuläßt: Allah hat keine Teilhaber an seiner Macht. Dies wird großartig intoniert in der Sure 1, der *Fatiha,* der „Eröffnenden“, einem wohl redaktionell den Prophetensprüchen vorangestellten Gebet:

„1 Im Namen des barmherzigen und gnädigen Gottes. 2 Lob sei Gott, dem Herrn der Menschen in aller Welt, 3 dem Barmherzigen und Gnädigen, 4 der am Tag des Gerichts regiert. 5 Dir dienen wir, und dich bitten wir um Hilfe. 6 Führe uns den geraden Weg. 7 den Weg derer, denen du Gnade erwiesen hast, nicht (den Weg) derer, die d(ein)em Zorn verfallen sind und irregehen!“

Deutlich und polemisch formuliert dieses Bekenntnis Sure 112, das eigentliche Ende des Korans:

„1 Sag: Er ist Gott, ein Einziger, 2 Gott, durch und durch (er selbst) (?) (w. der Kompakte) (oder: der Nothelfer) (?), w. der, an den man sich (mit seinen Nöten und Sorgen) wendet, genauer: den man angeht?). 3 Er hat weder gezeugt, noch ist er gezeugt worden. 4 Und keiner ist ihm ebenbürtig“.

Der Koran ist also redaktionell umklammert von einem eindeutigen Bekenntnis zu dem einen Gott.

Dieser profilierte Monotheismus gehört für die muslimische Theologie bis heute zu den zentralen Offenbarungswahrheiten, die Mohammed von Anfang an gegeben und von ihm gelehrt wurden. Dennoch aber gibt es in dieser Frage, wenn man sie historisch-kritisch angeht, einige Schwierigkeiten.

Mohammed verkündete wohl vom Beginn seiner Predigttätigkeit an den in Mekka verehrten Gott Allah, wie es in Sure 16,51–54 – hier spricht Gott allerdings in der dritten Person – deutlich wird:

„51 Und Gott hat gesagt: nehmt euch nicht zwei Götter! Es gibt nur einen einzigen Gott. Vor mir (allein) sollt ihr darum Angst haben. 52 Ihm gehört (alles), was im Himmel und auf der Erde ist. Und die Verehrung ... kommt immer (nur) ihm zu ... Wollt ihr denn jemand anders als Gott fürchten? 53 Und (alles) was ihr an Gnade erlebt, kommt von Gott. Wenn hierauf Not über euch kommt, ruft ihr zu ihm um Hilfe. 54 (Aber) wenn er hierauf eure Not behebt, hat ein Teil von euch nichts Eiligeres zu tun, als ihrem Herrn (andere Götter) beizugesellen".

Aber es ist zumindest fraglich, ob diese Predigt von Anfang an im Sinne eines eindeutigen Monotheismus verstanden werden kann. Dieser hätte auch ein sofortiges Vorgehen gegen Polytheisten erfordert. Wahrscheinlich verhielt es sich anders: Mohammed wird wohl – den vorislamischen Tendenzen folgend – eine Schwerpunktbildung in bezug auf das Göttliche vollzogen haben, und zwar anhand des Gottes Allah, den er von seiner heimatlichen Tradition und ihrer Wallfahrtsbewegung um die Kaaba her besonders schätzte. Dem kam auch die Wortbedeutung von Allah, „der Gott", besonders entgegen.

Zunächst scheint er diesen Allah als Wohltäter und Herrn (*rabb*) verkündet zu haben, wobei dieser im Lauf seiner Reflexionen und Predigten immer zentraler und allmählich zum alleinigen Adressaten seiner religiösen Beschäftigung wurde. Diese Tatsache aber hat ihn bzw. die vorläufigen Redaktoren offensichtlich nicht gehindert, drei in Mekka sehr beliebte Göttinnen als göttlich, als Töchter Allahs, anzuerkennen: *al-Lat* (eine Sonnengöttin und der babylonisch-syrischen Göttin Ischthar zu vergleichen), *al-'Uzza* (mit der Venus assoziiert) und *Manat* (eine Schicksalsgöttin). Daß Mohammed zunächst diese Göttinnen noch akzeptiert hat, muß aus frühen Kommentaren zu Sure 53,19–25 geschlossen werden. Im heutigen Koran lautet der Text:

„19 Was meint ihr denn (wie es sich) mit al-Lat und al-Ussa (verhält), 20 und weiter mit Manat, der dritten (dieser weiblichen Wesen)? ... (Sind sie etwa als Töchter Gottes anzusprechen?) 21 Sollen euch die männlichen Wesen zukommen, und Gott die weiblichen (die ihr Menschen für euch nicht haben wollt)? 22 Das wäre eine ungerechte Verteilung. 23 Das sind bloße Namen, die ihr und eure Väter aufgebracht habt, und wozu Gott keine Vollmacht herabgesandt hat ...".

Dieser eindeutig monotheistische Text scheint aber nicht ursprünglich zu sein. Nach zwei Korankommentatoren aus dem 9. und 10. Jahrhundert *(Ibn Sa'd,* gest. 845, *und at-Tabari*, gest. 923*)*, also aus relativ später Zeit, „fuhr Mohammed nach der Verkündigung der Verse 19f. ... ursprünglich auf Grund einer Einflüsterung des Satans ... fort: ... ‚Das sind die erhabenen (?) Kraniche. Auf ihre Fürbitte darf man hoffen' (Variante: ‚... Ihre Fürbitte ist

[Gott] genehm'; weitere Variante: ,... Auf ihre Fürbitte darf man hoffen. Ihresgleichen wird nicht vergessen')"[190].
Dies sind die berühmten „satanischen Verse", deren Popularisierung – allerdings verschärft durch eine satirische Sprache – *Salman Rushdie*[191] eine Fatwa eingebracht hat. Es scheint so zu sein, daß sie zu der Koranfassung gehörten, auf die sich die genannten Kommentatoren beziehen; das würde bedeuten, daß sie erst danach getilgt bzw. die Korrektur in die offiziellen Kanonausgaben übernommen wurde und der heutige Text eine redaktionelle Veränderung im Sinne des später eindeutigen Monotheismus ist. Man muß wohl annehmen, daß der Prophet, wenn diese Aussagen auf ihn zurückgehen, erst mit der Zeit seine Konzeption so reflektierte und weiterentwickelte, daß ihm eine Minderung der alleinigen Geltung Allahs unerträglich wurde. Die in den jetzigen Koranversen erkennbare Begründung argumentiert allerdings nicht theologisch, sondern – wenn man so will – mit Bezug auf die damaligen sozialen Wertungen. Die Araber wollten auch keine weiblichen Nachkommen haben, wie darf man dann solche Allah zuschreiben *(„Das wäre eine ungerechte Verteilung";* vgl. hierzu auch Sure 16,57–59)?
Mohammed, bzw. die Tradition, ist wohl bald über diese Unsicherheiten zu einem eindeutigen Monotheismus gelangt; ein *Weg* ist erkennbar. Allerdings ist nicht eindeutig, daß er selbst noch, wie die späteren Kommentatoren behaupten, die oben genannten Verse „abrogiert", d.h. durch neue Aussagen korrigiert hat. In diesem Fall wäre zumindest nicht einfach zu erklären, wieso die späteren Kommentatoren sich noch mit dem ursprünglichen Text beschäftigen mußten. Hier hilft auch nicht der Hinweis auf Sure 6,100.101:
„100 Aber sie (d.h. die Ungläubigen) haben Dschinn zu Teilhabern Gottes gemacht, wo er sie doch erschaffen hat. Und sie haben ihm in (ihrem) Unverstand Söhne und Töchter angedichtet ... 101 (Er ist) der Schöpfer von Himmel und Erde. Wie soll er zu Kindern kommen, wo er doch keine Gefährtin hatte (die sie ihm hätte zur Welt bringen können) und (von sich aus) alles geschaffen hat ...?"
Diese Passage ist auf jeden Fall jünger als die „satanischen Verse"; da letztere aber noch im 10. Jahrhundert ein Problem waren, können sie nicht völlig „abrogiert" gewesen sein. Auch die öfters in diesem Zusammenhang angeführte Sure 109 – von ihrer Plazierung her von hohem Alter – scheint eine Art Resümee oder eine Bilanz zu ziehen, die in den Anfängen der islamischen Bewegung vielleicht doch noch nicht in dieser Klarheit möglich war:
„1 Sag: Ihr Ungläubigen! 2 Ich verehre nicht, was ihr verehrt ..., 3 und ihr verehrt nicht, was ich verehre. 4 Und ich verehre nicht, was ihr (bisher

[190] Kommentar zu S. 53,19–25, in: Rudi Paret, Der Koran. Kommentar und Konkordanz, a.a.O. 53.
[191] In seinem Roman „Die satanischen Verse" (Originaltitel: The Satanic Verses, 1988), Artikel 19 Verlag, o.O. 1989.

immer) verehrt habt, 5 und ihr verehrt nicht, was ich verehre. 6 Ihr habt eure Religion, und ich die meine".

Jedenfalls wird bald der Monotheismus in eindeutiger – auch mit biblischen Bezügen (vgl. Sure 26,69–77) – und polemischer Form gegen die Polytheisten vertreten.

Der Koran sieht andere Götter als nichtgöttlich und machtlos an. Dennoch aber sind sie, im Unterschied zu Judentum und Christentum, existent (vgl. wiederum Sure 26,69–77). Zwar nennt er sie auch „nichtig" (S. 31,30); „nichtig" aber ist aus dem Zusammenhang im Sinn von macht- und wirkungslos zu verstehen, nicht als „Nichtse" (wie bei Deuterojesaja).

Sie existieren real, wobei ihre genaue Daseinsweise im Koran sehr unterschiedlich beschrieben wird. Manchmal sind sie „Engel" oder „Dämonen", aber auch – neutral – Dschinns. So scheint Gott vorgestellt zu sein wie ein orientalischer Alleinherrscher, dessen Macht keine Teilhabe zuläßt. Er thront über der Welt, umgeben von Engeln und Geistern; aber er läßt keinen zweiten neben sich zu. Dieser Monotheismus ist nicht durch Abstraktion gewonnen, sondern „praktisch". Darüber hinaus läßt sich aus dem Koran eine Liste von Prädikaten zusammenstellen, von der Allmacht bis zur Ewigkeit, die in der späteren muslimischen Theologie systematisch zusammengestellt und reflektiert wurden.

Die Hervorhebung des Machtgedankens für die Begründung des Monotheismus und auch für das Gottesbild insgesamt zeigt einmal das Nachwirken archaischer Mana-Vorstellungen, wie sie in irgendeiner Weise in jede Gottesvorstellung eingegangen sind, sowie den Einfluß der arabischen Herrscheridee. Gott ist der absolute „Despot", dessen Macht keinen Einschränkungen unterliegen darf. Wegen dieses Schwerpunktes im Gottesverständnis ist auch die wichtigste vom Menschen geforderte Reaktion die Hingabe (Islam) oder Unterwerfung sowie Anbetung und Glaube.

5.2 Der Schöpfungsglaube

Der Schöpfungsgedanke ist ein Motiv, das den gesamten Koran durchzieht. Er ist von dem Bewußtsein geprägt, daß wir in jedem Augenblick Geschöpfe Allahs und von seiner Macht abhängig und getragen sind. Wie in allen Religionen dienen diese Aussagen über eine Schöpfung nicht primär der Information, sondern sind soteriologisch motiviert: Gott ist es, *„der* euch *die Erde zu einem Lager gemacht und* euch *auf ihr Wege gemacht hat"* usf. (Sure 43,10; vgl. Vv. 9–13).

Weil wir Geschöpfe Gottes sind, sind wir seine Knechte und zum Islam, zur Dankbarkeit und zu Gehorsam verpflichtet.

Im Vordergrund des Schöpfungsgedankens steht eine Vorstellung, die es auch in der christlichen Tradition gelegentlich gab, nämlich Schöpfung als *creatio continua*. Schöpfung ist im Koran nicht ein einmaliger Vorgang „am

Anfang“, damals, als alles begann. Schöpfung ist vielmehr ein immer neues Geschehen, das sich täglich zu allen Zeiten ereignet. Diese dauernde Schöpfung bezieht sich auch nicht nur auf rätselhafte Vorgänge wie Zeugung und Geburt, sondern auf alles mögliche bis hin zum Zelt- und Hausbau; auch dies ist Tat Allahs, wie Sure 16,78–81 ausführt:
„78 Und Gott hat euch aus dem Leib eurer Mutter hervorkommen lassen, ohne daß ihr (schon irgend) etwas wußtet, und euch Gehör, Gesicht und Verstand (w. Herz) gegeben. Vielleicht würdet ihr dankbar sein. 79 Haben sie denn nicht gesehen, wie die Vögel in der Luft des Himmels in den Dienst (Gottes) gestellt sind? Gott allein hält sie (oben, so daß sie nicht herunterfallen). Darin liegen Zeichen für Leute, die glauben. 80 Und Gott hat euch aus euren Häusern eine Stätte der Ruhe (oder: eine Wohnstätte) gemacht. Und aus der Haut der Herdentiere hat er euch Zelte gemacht, die ihr, wenn ihr (von einem Lagerplatz) aufbrecht und wenn ihr haltmacht, leicht handhaben könnt (w. leicht an Gewicht findet), und aus ihrer Wolle, ihrem Fell und ihrem Haar Gegenstände für den täglichen Gebrauch, und (das alles hat er euch) zur Nutznießung auf eine (beschränkte) Zeit (überlassen). 81 Und Gott hat bewirkt, daß das, was er (an Dingen) geschaffen hat, euch Schatten spendet (so daß ihr euch unterstellen könnt). Und in den Bergen hat er euch Schlupfwinkel gemacht. Und er hat euch Hemden gemacht, die euch vor der Hitze, und andere, die euch (durch Panzerung) vor eurer (gegenseitigen) Gewalt(anwendung) (d.h. vor Verletzungen, die ihr euch im Kampf beibringt) schützen ...“ (Vgl. auch Sure 6,95).
Die Vorstellung, in jedem Augenblick von der Schöpfermacht Gottes gehalten zu sein, mag den Gläubigen eine ungeheure Gelassenheit und ein angstfreies Leben ermöglichen; jedes Ereignis ist gottgewollt. Andererseits aber verhindert sie die Ausbildung der Überzeugung, daß der Mensch sein Leben autonom gestaltet und alles in dieser Geschichte nach immanenten und profanen Gesetzmäßigkeiten abläuft. Kurz: Eine säkularisierte Auffassung von Welt und Geschichte müßte diesem Schöpfungsglauben widersprechen; wohin der Mensch blickt, begegnet er dem Schaffen Allahs. Demgegenüber kann die „Reduktion“ oder „Beschränkung“ der Schöpfungstätigkeit Gottes auf „den Anfang“ – wie in Judentum und Christentum – eine „Befreiung“ des Menschen zu sich selbst, zu Welt und Geschichte ermöglichen. Gott hat *damals* gehandelt, und *jetzt* ist dem Menschen der Auftrag zu herrschen übertragen. Zwar rechneten auch Juden und Christen mit weiteren Eingriffen Gottes in Welt und Geschichte, aber diese waren dann mirakelhafte Ausnahmen von der profanen Regel. Darüber hinaus kann die muslimische Schöpfungsvorstellung „politisch“ und sozial befriedend wirken; wer arm ist oder Unglück hatte, muß dies auf den Willen Allahs zurückführen und wird nicht so leicht dagegen opponieren.
Während also der Islam, auf Grund der jedem Monotheismus, auch dem muslimischen, innewohnenden Entdivinisierung der Welt, diese als Kreatur und somit nicht-numinos betrachtet, bringt der Gedanke einer *creatio conti-*

nua doch wieder ein Moment ins Spiel, das den Menschen an jeder Stelle zwar nicht mit Kosmisch-Göttlichem, aber doch mit der Schöpfertätigkeit Gottes konfrontiert, so daß hier Tabus aufgerichtet sind. Umgekehrt kann die Konzentration göttlicher Tätigkeit auf den „Anfang“, wie in Judentum und Christentum, den Gläubigen auch in Ängste stürzen, weil er jetzt selbst seines Glückes Schmied ist.

Darüber hinaus bietet der Koran auch Aussagen über eine *anfängliche* Schöpfungstätigkeit Allahs; aber sie sind nur als der Beginn eines weiterlaufenden Geschehens zu begreifen. Wie sieht dieser Beginn aus? Der Koran greift die biblischen Schöpfungsvorstellungen auf, z.B. das Sechs-Tage-Werk von Gen 1. In Sure 32,4 heißt es:

„Gott ist es, der Himmel und Erde, und (alles) was dazwischen ist, in sechs Tagen geschaffen und sich daraufhin auf dem Thron zurechtgesetzt hat ...“.

Auch die Erschaffung Adams ist übernommen, die Namengebung für alle Dinge und, aus einer apokryphen jüdischen Tradition, die Weigerung des Iblis, sich vor Adam niederzuwerfen (vgl. Sure 2,30–34). Adam ist, wie in Gen 2, aus Lehm und Geist gemacht (Sure 32,7–9). Ebenso ist übernommen, daß die Frau aus dem Mann gebildet wurde und von Adam und Eva alle anderen Menschen abstammen (Sure 4,1).

Über die narrativen Anspielungen hinaus sind auch theologische Übernahmen festzustellen: Sure 37,125 nennt Allah *„den besten Schöpfer“*, S. 32,7 sagt: Er hat *„alles, was er erschaffen hat, gut gemacht“* (vgl. S. 27,88). Auch die anthropozentrische Bestimmung der Schöpfung wird aufgegriffen: Die Schöpfung soll den Menschen dienen (z.B. S. 8,26; 16,79–83; 17,70; 20,53–55; 27,60–64; 40,64; 45,16).

Daneben gibt es aber auch Differenzen zu alttestamentlichen Vorstellungen. Manche Stellen bringen nur eigentümliche Varianten; z.B. erzählt S. 41,9–12, daß Allah die Erde in zwei Tagen geschaffen, in vier Tagen gesegnet und mit Nahrung versehen und in zwei Tagen den Himmel gemacht hat. Addiert ergibt dies ein Acht-Tage-Werk. Selbst wenn man dies durch Eisegese vermeiden will und – wie *R. Paret* – vor die „vier Tage“ in Klammern ein „insgesamt“ anfügt, bleibt der Eindruck von Fremdheit, weil Gen 1 keine Zweier-Gruppen kennt. Ebenso fremd ist die Gliederung des Himmels zu sieben Himmeln. Hier, und an einigen anderen Stellen, entsteht der Eindruck, daß andere als biblische Vorstellungen Pate gestanden haben; die sieben Himmel z.B. stammen aus dem altarabischen Weltbild.

Die Tatsache, daß der Koran trotz biblischer Übernahmen auch von woandersher mitgeprägt ist, wird vor allem deutlich bei den Vorstellungen, die den allerersten Anfang betreffen. Hier wird zumindest *nicht der Schöpfungsbegriff von Gen 1 und des zeitgenössischen Juden- und Christentums übernommen;* der Erste Schöpfungsbericht kennt zwar noch nicht – dies ist spätere hellenistisch-jüdische Interpretation (2 Makk 7,28) – die „Erschaffung aus dem Nichts“, aber er behauptet die totale Herkünftigkeit von allem, von Himmel und Erde, des Chaos, der Finsternis und der Fluten „im Anfang“ von

Gott. Erschaffen besteht nach Gen 1 nicht nur im Gestalten der chaotischen Masse zu einem Kosmos, sondern „Himmel und Erde“, die zunächst Tohuwabohu waren, sind zuallererst von Gott ins Dasein gerufen, was in hellenistisch-jüdischer Interpretation als „Erschaffung aus dem Nichts“ verstanden wurde. Anders verhält es sich allerdings in Gen 2; dort wird die wasserlose Steppe als chaotischer Stoff vorausgesetzt, aus dem Jahwe dann alles formt, den Menschen und den Garten Eden. In diesem Sinn verstehen auch alle anderen altorientalischen Schöpfungsmythen, in denen die Götter aus uranfänglichen kosmischen Bewegungen eines chaotischen Substrats hervorgehen und dann beginnen, die chaotische Masse zu einem gegliederten und strukturierten Gebilde zu formen, Schöpfung als einen gestalterischen Prozeß an Vorhandenem.[192]

In vergleichbarer Weise setzt der Koran für das Erschaffen durch Allah eine noch chaotische Masse voraus: In Sure 2,29 heißt es:

„Er ist es, der euch alles, was auf der Erde *ist, geschaffen und sich hierauf zum Himmel aufgerichtet und ihn zu sieben Himmeln geformt hat. Er weiß über alles Bescheid“.*

Sure 21,30–33, macht dies noch deutlicher:

„30 Haben denn diejenigen, die ungläubig sind, nicht gesehen, daß Himmel und Erde eine zusammenhängende Masse waren, *worauf wir sie getrennt (oder: gespalten) und alles, was lebendig ist, aus Wasser gemacht haben? Wollen sie denn nicht glauben? 31 Und wir haben auf der Erde feststehende (Berge) gemacht, damit sie mit ihnen (d.h. den Menschen) nicht ins Schwanken komme. Und wir haben ihnen auf ihr Pässe zu Wegen gemacht. Vielleicht würden sie sich rechtleiten lassen (oder konkret: damit sie sich vielleicht zurechtfinden würden?). 32 Und den Himmel haben wir zu einem Dach (oder: einer Decke) gemacht, das (wohl)bewahrt ist (so daß die Satane sich nicht bis zu ihm vorwagen können?). Aber sie wenden sich von unseren Zeichen ab (und beharren in ihrem Unglauben). 33 Und er (d.h. Gott) ist es, der den Tag und die Nacht geschaffen hat, und die Sonne und den Mond. Alle (Gestirne) schweben an einem Himmelsgewölbe (w. schwimmen in einem Himmelsgewölbe)“.*

Sure 41,11 sieht auch beim Himmel ein formloses Substrat vorausgesetzt:

„Hierauf richtete er sich zum Himmel auf, der (damals noch) aus (formlosem) Rauch *bestand, und sagte zu ihm und zur Erde: ‚Kommt her, freiwillig oder widerwillig!‘ Sie sagten: ‚Wir kommen freiwillig‘“.*

Der Koran setzt also voraus, daß es immer schon chaotische Stoffe gab und das Schaffen Allahs im Gestalten des Vorhandenen besteht. Die spätere muslimische Philosophie, die den Koran mit den Begriffen der griechischen – in

[192] Vgl. hierzu vom Verf., Die Welt ist Gottes Schöpfung. Kosmos und Mensch in Religion, Philosophie und Naturwissenschaften, Mainz 1984, 9–43.

dieser Frage vor allem der aristotelischen – Philosophie deutete, vertrat deswegen häufig die Lehre von der Ewigkeit der Materie.[193]
Der Koran verbleibt also – beim Schöpfungsbegriff selbst – in den Bahnen traditioneller Vorstellungen, wie sie in den frühen Hochkulturen des Alten Orients verbreitet waren, und somit unterhalb des Konzepts von Gen 1, das zur Zeit Mohammeds – in seiner hellenistischen Transformation (Erschaffung aus dem Nichts) – in allen jüdischen und christlichen Gemeinden vertreten wurde. In diesem Fall wurden also nicht die Theologie – der Schöpfungs*begriff* –, sondern nur narrative Elemente der Schöpfungsvorstellung übernommen. Allahs Allursächlichkeit oder auch Einzigkeit kennt somit *eine* Einschränkung: Es gab – offensichtlich unabhängig von ihm, jedenfalls wird nichts anderes ausdrücklich gesagt – einen chaotischen Stoff, den er lediglich ausgestaltet hat. In Israel war der Durchbruch zum auch theoretischen Monotheismus im 6. Jahrhundert v. Chr. verbunden mit der Ausweitung des Schöpfungsbegriffs, wie die Entwicklung zwischen dem jahwistischen (Gen 2) und dem priesterschriftlichen (Gen 1) Schöpfungsmythos zeigt. Der Koran kennt diese Radikalität der Herleitung aller Realität von Gott nicht, womit – rückwirkend interpretiert – der entschiedene Monotheismus des Koran, die uneingeschränkte Geltung des „Monos“ im Monotheismus, zumindest abgeschwächt zu sein scheint; es gibt ein zweites ursprüngliches Prinzip, die gestaltlose Masse und den formlosen Rauch, die „Materie“. Die spätere muslimische Theologie versucht, dieses Defizit auszugleichen.
Wenn aber auch im Koran der Schöpfungsbegriff nur in einer abgeschwächten Art vertreten wird, erfüllt er doch seine wichtigste Funktion: dem Menschen die ungeheure Macht Allahs aufzuzeigen, so daß die menschliche Reaktion Unterwerfung und Dankbarkeit sein muß und jede Sure mit der „basmala“ *(„Im Namen des barmherzigen und gnädigen Gottes“)* überschrieben wird.

5.3 Die Eschatologie des Koran

In der Forschung war längere Zeit die Frage umstritten, inwieweit Vorstellungen von einer Weltkatastrophe, einem allgemeinen Gericht sowie Himmel und Hölle zur ursprünglichen Verkündigung Mohammeds zu rechnen sind. *Richard Bell* (gest. 1952) war der Ansicht, der Schöpfungsglaube habe Mohammed von Anfang an geprägt, während der Gerichtsgedanke erst später übernommen worden sei. Tatsächlich läßt sich im Koran ein „Zuwachs“ an ausführlicheren und eindringlicheren Schilderungen des Endes feststellen, je später die diesbezüglichen Texte zu datieren sind. Dennoch aber scheint sich

[193] Das Abendland lernte im 12./13. Jahrhundert Aristoteles durch islamische Vermittlung – über Sizilien und Spanien – kennen. Von daher wurde auch die These von der Ewigkeit der Materie zu einem an den europäischen Hochschulen heftig diskutierten Problem.

allmählich ein Konsens herauszuschälen, daß ein Kernbestand eschatologischer Aussagen auch schon in die früheste Zeit zurückreichen muß. „Aber ein gewisser Kern von Vorstellungen und Ideen erweist sich als sehr alt und ursprünglich. So die Vorstellung vom drohenden Weltende mit all seinen schrecklichen Begleiterscheinungen, vom Gericht, in dem jeder Einzelne für seine Taten zur Rechenschaft gezogen wird, und von der anschließenden Belohnung ... und Bestrafung ...“[194]; auch das Reden von Hölle und Paradies hält *Paret*, der allerdings bemüht ist, alles auf Mohammed zurückzuführen, für ursprünglich.[195] Dies würde auch der Logik entsprechen, insofern eine Verkündigung von einer solchen ekstatischen Radikalität, wie sie für Mohammed anzunehmen ist, nicht ohne eine vergleichbar „drängende“ Zukunftsperspektive gedacht werden kann.
Rudi Paret übersetzt in seinem Buch „Mohammed und der Koran“ einige Proben früher eschatologischer Verkündigung, die den Ernst dieser Vorstellung zeigen können.
*„Die Pochende! * Was ist die Pochende? * Was meinst du wohl, was die Pochende ist? * Am Tag, da die Menschen sein werden wie Motten, (die) verstreut (am Boden liegen), * und die Berge wie Wolle, die man zerzaust hat. * Wer dann (mit seinen Werken) schwer wiegt, der wird in einem angenehmen Leben sein. * Und wer leicht wiegt, dessen Mutter ist ‚hawiya‘ (eigentlich: zugrundegehend, kinderlos ...). * Und was meinst du wohl, was das ist? * Heißes Feuer“ (S. 101).*[196]
Oder: *„Wenn die Erde zu ihrem Beben gebracht wird, * und ihre Lasten (die Toten) von sich gibt, * und der Mensch sagt: was hat sie denn? * ... An jenem Tag werden die Menschen getrennt erscheinen, damit sie (jeder für sich) ihre Werke zu sehen bekommen ... “* (S. 99).[197]
Eschatologische Erwartungen dieser Art sind offensichtlich vom Christentum übernommen. Sie waren der arabischen Tradition fremd, wie sich noch an dem Widerstand ablesen läßt, den diese Thesen finden:
„Und sie (d.h. die Ungläubigen) sagen: ‚Es gibt nur unser diesseitiges Leben. Wir sterben und leben (in diesem Rahmen), und nur die Zeit läßt uns zugrunde gehen‘ ... Und wenn ihnen unsere Verse als klare Beweise verlesen werden, haben sie keinen anderen Beweisgrund (anzuführen), als daß sie sagen: ‚Bringt unsere (verstorbenen) Väter wieder herbei, wenn ihr die Wahrheit sagt.‘ Sag: Gott macht euch lebendig und läßt euch hierauf sterben. Und er versammelt euch hierauf zum Tag der Auferstehung ... Aber die meisten Menschen wissen nicht Bescheid“ (S. 45,24–26).
Im mesopotamischen Raum war die „Auferstehung“ ein schon jahrhundertelang rezipierter Topos, lange bevor der Islam hier auftrat. Die arabische Dies-

---

[194] R. Paret, Mohammed und der Koran, a.a.O. 65.
[195] R. Paret, ebd.
[196] R. Paret, ebd. 64.
[197] R. Paret, ebd.

seitsorientierung machte dagegen den Auferstehungsgedanken – Basis des Gerichts – wie auch Himmels- und Höllenvorstellung schwer annehmbar und führte zu Spott. Der koranische Begriff für Auferstehung stammt aus dem syrischen Christentum. Wann er übernommen wurde, ist nicht einfach zu entscheiden. Immerhin aber läßt sich nur schwer denken, daß Mohammed zu predigen anfing, ohne eine eschatologische Perspektive zu verkünden, die seiner Botschaft Nachdruck verlieh. So könnte dieses Motiv in das Leben Mohammeds zurückreichen. So ungenau seine Informationen in früher Zeit über das Christentum auch gewesen sein mögen: Der Umstand, daß diese an ein katastrophales Weltende mit einem gottgewirkten Neubeginn, mit der Zwischenstufe eines Gerichtes, glaubten, muß ihm bekannt gewesen sein.
Schon in den älteren Korantexten wird die Dringlichkeit des Gerichts hervorgehoben, das nach den „Werken" erfolgt*: „38 Ein jeder haftet für das, was er (in seinem Erdenleben) begangen hat, 39 ausgenommen die von der Rechten (d.h. die Seligen)"* (S. 74); die folgenden Verse 40–48 gehen, nach dem Schema von Mt 25,31–46, auf die bei dem Gericht wichtigen inhaltlichen Aspekte ein. Himmel und Hölle werden hier noch ganz verhalten angesprochen (S. 74, 38.39).
Im Lauf der Zeit und im Gefolge engerer Nachbarschaft mit Juden- und Christengemeinden und mit dem in ihnen kursierenden Mythenmaterial werden die szenischen Ausmalungen von Gericht, Himmel und Hölle in der koranischen Tradition reichhaltiger und bunter. So schildert S. 39,67–75 anschaulich das Gericht, seine Kriterien und seine Folgen:
„67 Und sie (d.h. die Ungläubigen) haben Gott nicht richtig eingeschätzt. Am Tag der Auferstehung wird er die ganze Erde in seiner Hand halten, und den Himmel (w. die (sieben) Himmel) zusammengefaltet in seiner Rechten. Gepriesen sei er! Er ist erhaben über das, was sie (ihm an anderen Göttern) beigesellen. 68 Und es wird in die Trompete geblasen. Dann fallen (alle), die im Himmel und auf der Erde sind, (wie) vom Blitzschlag getroffen (bewußtlos) zu Boden, soweit es Gott nicht anders will (w. außer denjenigen, von denen Gott es (anders) will). Hierauf wird ein zweites Mal hineingeblasen, und gleich stehen sie (wieder) da und können (wieder?) sehen (oder: und sehen (sich um in der Erwartung dessen, was weiter geschehen wird?)). 69 Und die Erde erstrahlt im Licht ihres Herrn. Und die Schrift (in der die Taten verzeichnet sind) wird aufgelegt. Und die Propheten und (sonstigen) Zeugen werden herbeigebracht, und zwischen ihnen (d.h. zwischen den Menschen, die zum Gericht versammelt sind) wird nach der Wahrheit entschieden, ohne daß ihnen (dabei) Unrecht getan würde. 70 Und jedem wird voll heimgezahlt, was er (im Erdenleben) getan hat. Gott (w. Er) weiß sehr wohl, was sie tun.
71 Diejenigen, die (in ihrem Erdenleben) ungläubig waren, werden dann in Scharen der Hölle zugeführt (w. in die Hölle getrieben). Wenn sie schließlich dort angelangt sind, werden ihre Tore (für sie) geöffnet, und ihre Wärter sagen zu ihnen: ‚Sind (denn) nicht Gesandte aus euren eigenen Reihen zu

euch gekommen, um euch die Verse (w. Zeichen) eures Herrn zu verlesen und euch warnend darauf hinzuweisen, daß ihr (dereinst) diesen Tag (des Gerichts) erleben würdet?' Sie sagen: ,Jawohl! Aber (wir haben der Warnung keinen Glauben geschenkt. Und) das Wort der Strafe ist (nun) an den Ungläubigen in Erfüllung gegangen (w. wahr geworden).' 72 Man sagt (zu ihnen): ,Tretet zu den Toren der Hölle (in sie) ein, um (ewig) darin zu weilen! – Ein schlimmes Quartier für die Hochmütigen!' 73 Diejenigen aber, die sich (in ihrem Erdenleben) vor ihrem Herrn gefürchtet haben, werden in Scharen dem Paradies zugeführt (w. in das Paradies getrieben). Wenn sie schließlich dort angelangt sind, werden seine Tore (für sie) geöffnet, und seine Wärter sagen zu ihnen: ,Heil sei über euch! Ihr seid glücklich zu preisen (?). Tretet nun in das Paradies (w. in es) ein, um (ewig darin) zu weilen!' 74 Sie sagen (ihrerseits): ,Lob sei Gott, der uns sein Versprechen wahr gemacht und uns die Erde (oder: das Land) zum Erbe gegeben hat! Wir können im Paradies Wohnung nehmen, wo wir wollen. Welch trefflicher Lohn für die, die (im Guten) tätig sind!' 75 Und du siehst die Engel auf allen Seiten den Thron umgeben, indem sie ihrem Herrn lobsingen. Und zwischen ihnen (d.h. zwischen den Menschen) ist (dann) (oder: wird?) nach der Wahrheit entschieden. Und man sagt: Lob sei Gott, dem Herrn der Menschen in aller Welt!"

Ähnlich heißt es in Sure 99,1–8:

„Im Namen des barmherzigen und gnädigen Gottes.

1 Wenn (dereinst) die Erde von ihrem (gewaltigen) Beben erschüttert wird 2 und ihre Lasten (an Toten) von sich gibt, 3 und der Mensch (der das miterlebt) sagt: ,Was ist (denn) mit ihr?', 4 an jenem Tag wird sie aussagen, was sie zu berichten hat, 5 da ihr Herr (es) ihr (dann) eingegeben hat. 6 An jenem Tag werden die Menschen (voneinander) getrennt (oder: (in verschiedenartige Gruppen) aufgeteilt?) hervorkommen, damit ihre (während des Erdenlebens vollbrachten) Werke ihnen (im einzelnen) gezeigt werden (können). 7 Wenn dann einer (auch nur) das Gewicht eines Stäubchens an Gutem getan hat, wird er es zu sehen bekommen. 8 Und wenn einer (auch nur) das Gewicht eines Stäubchens an Bösem getan hat, wird er es (ebenfalls) zu sehen bekommen".

Der Koran lehrt also eine recht realistische Auferstehung von den Toten und ein strenges Gericht nach den Werken eines Menschen, die er während seines Erdenlebens begangen hat.

S. 11,106–108, bietet eigentümliche Aussagen, insofern die Dauer von Hölle und Himmel mit Einschränkungen versehen ist: *„solange Himmel und Erde währen"* (also „ewig"?) und *„soweit es dein Herr nicht anders will"*. Die Dauer dieser Zustände wird also an den Willen Allahs gebunden, im Falle der Seligen jedoch ergänzt: *„ein Geschenk (das ihnen) unverkürzt (... gewährt wird)"*. Heißt dies, daß der Himmel ewig währt, der Aufenthalt in der Hölle aber möglicherweise verkürzt wird? Der Text:

(S. 11) „106 Die Unseligen werden dann im Höllenfeuer sein, wo sie (vor Schmerzen) laut aufheulen und hinausschreien, 107 und wo sie weilen, solange Himmel und Erde währen, – soweit es dein Herr nicht anders will (w. außer was dein Herr will). Dein Herr tut (immer), was er will. 108 Diejenigen aber, die selig sind, werden im Paradies sein und darin weilen, solange Himmel und Erde währen, – soweit dein Herr es nicht anders will, – ein Geschenk (das ihnen) unverkürzt (oder: ohne Unterbrechung) (gewährt wird)".

Auch die Qualen und Freuden von Himmel und Hölle werden in jüngeren Texten in bunten Farben (Sure 44,43–57) geschildert:

„43 Der Saqqum-Baum 44 ist (in der Hölle) die Speise des Sünders. 45 (Er ist mit seinen Früchten) wie flüssiges Metall und kocht im Bauch (der Sünder, die davon gegessen haben), 46 wie heißes Wasser kocht. 47 (Den Höllenwärtern wird zugerufen:) ‚Greift ihn (d.h. den zur Höllenstrafe Verdammten) und befördert ihn mitten in den Höllenbrand! 48 Hierauf gießet ihm zur Strafe heißes Wasser (w. (etwas) von der Strafe des heißen Wassers) über den Kopf 49 (mit den Worten): Jetzt bekommst du es zu spüren. Du bist der Mächtige und Vortreffliche!' (Falls im Text nichts ausgefallen ist, kann der Schlußsatz nur ironisch gemeint sein.) 50 (Und der ganzen Schar der Verdammten wird zugerufen:) ‚Das ist es, worüber ihr (zeitlebens) im Zweifel waret.' 51 Die Gottesfürchtigen (dagegen) befinden sich an einem sicheren Standort, 52 in Gärten und an Quellen, 53 in Sundus- und Istabraq-Brokat gekleidet (auf Ruhebetten) einander gegenüber(liegend). 54 So (ist das). Und wir geben ihnen großäugige Huris als Gattinnen[198], 55 und sie verlangen darin (d.h. in den Paradiesgärten) in Sicherheit (und Frieden) nach allerlei Früchten. 56 Sie erleiden darin nicht den Tod, abgesehen vom ersten Tod (mit dem sie ihr Erdenleben beschlossen haben). 57 (All das kommt ihnen zu) aus Huld von deinem Herrn. Das ist (dann) das große Glück".

Alle Texte zeigen, daß hier *volkstümliche* christliche Vorstellungen in den Koran eingeflossen sind.

5.4 Der Kismetglaube bzw. die Prädestination

Der Koran ist durchzogen von der Vorstellung des göttlichen ‚*qadar*', der Vorherbestimmung. Nach *R. Paret* resultiert diese Vorstellung aus Erfahrungen, die Mohammed in Mekka machte, daß die Mekkaner – obwohl er doch die Offenbarung von Allah verkündete – nicht auf ihn hören wollten: „Auf die Dauer mußte er sich eben mit den Tatsachen abfinden. Ja mehr noch, er mußte versuchen, die Halsstarrigkeit und Unbelehrbarkeit seiner Gegner mit der göttlichen Weltordnung und der Heilsgeschichte in Einklang zu brin-

[198] Vgl. zu V. 54 o. 70.

gen“[199]. So habe Mohammed geschlossen, daß Gott selber seine Zuhörer zum Unglauben bestimmt habe und deswegen seine eigene Erfolglosigkeit auf Gottes Heilsplan zurückgehe.[200]
Es mag sein, daß Mohammed vergleichbare Erfahrungen gemacht und auf die angegebene Weise bewältigt hat. *Daß* er aber – nehmen wir einmal an, es war so – *dieses* Bewältigungsschema wählte, muß tiefere Gründe haben. Diese scheinen in der *vorislamischen Religiosität* zu suchen zu sein. Die vor allem in Mekka verehrte Göttin *Manat* war – wie schon ihr Name andeutet – Göttin des Geschicks, das die Menschen unabänderlich bestimmt. Vor allem *Helmer Ringgren* weist in seiner Publikation „Studies in Arabian Fatalism“[201] auf einen verbreiteten vorislamischen Fatalismus im arabischen Raum hin. Dieser aber bezog sich auf die *Resultate* menschlichen Mühens, nicht so sehr auf die Entscheidungen zum Handeln selbst – da scheint der Mensch als frei vorgestellt worden zu sein. „Er konnte entscheiden, ob er an einem Kampf teilnahm oder sich davon fernhielt – doch, was immer er beschloß, er würde sterben, wenn es der vorherbestimmte Tag seines Todes war. Was also vor allem festgelegt war, war das Wohl und Wehe eines Menschen sowie seine ‚Frist‘ (agal), d.h. der Zeitpunkt seines Todes“[202].
Ob die Kismetvorstellung auf Mohammed zurückgeht oder sich in ihr weiter verbreitete Überzeugungen niedergeschlagen haben, für den Koran jedenfalls ist die Feststellung *Rudi Parets* zutreffend: „Die entscheidende Aktivität geht aber immer von Gott aus ...“[203]. Hierbei hat sicher auch eine jedem Monotheismus innewohnende Komponente mitgewirkt, nämlich der Versuch, das „Monos“ auch auf das Gebiet der Ursächlichkeit für menschliche Entscheidungen und Schicksale auszudehnen; so bilden sich früher oder später in jedem Monotheismus Formen prädestinationischer Auffassungen. Vieles an den im Koran referierten Thesen könnte auch Mentalitäten und Überzeugungen entlehnt sein, die in einfachen christlichen Bevölkerungskreisen verbreitet waren. Die Vorstellung einer Vorherbestimmung durch Gott mußte also in der koranischen Tradition auftreten. Der Monotheismus und spezifische christliche Traditionen könnten vorislamische Tendenzen verstärkt und zugleich abgewandelt haben. Wie schon im Zusammenhang mit der Vorstellung von einer *creatio continua* ausgeführt, kommt Allah eine unmittelbare Ursächlichkeit für alle möglichen Wirkungen, auch in bezug auf den Menschen, zu. Allah schafft den Menschen, so daß er überhaupt entstehen kann (S. 16,78). S. 35,11 greift das noch einmal auf und weitet die Einwirkung Allahs aus:

---

[199] R. Paret, Mohammed und der Koran, a.a.O. 98.
[200] R. Paret, ebd. 98.99.
[201] Helmer Ringgren, Studies in Arabian Fatalism, Uppsala 1955.
[202] W.M. Watt, in: W. Montgomery Watt/Michael Marmura, Der Islam, II Politische Entwicklungen und theologische Konzepte (Die Religionen der Menschheit, hrsg. von Chr. M. Schröder u.a., Bd. 25,2), Stuttgart, Berlin, Köln, Mainz 1985, 81.
[203] R. Paret, Mohammed und der Koran, a.a.O. 99.

„Und Gott hat euch (in eurer Eigenschaft als Menschen ursprünglich) aus Erde, hierauf aus einem Tropfen (Sperma) geschaffen und euch hierauf zu Paaren gemacht. Und kein weibliches Wesen ist schwanger oder bringt (ein Kind) zur Welt, ohne daß er es weiß. Und keiner bleibt lang am Leben, und keinem wird seine Lebenszeit verkürzt, ohne daß es in einer Schrift (verzeichnet) wäre ... " (vgl. auch S. 6,2).
S. 3,145 führt aus:
„Keiner kann sterben, außer mit Gottes Erlaubnis und nach einer befristeten Vorherbestimmung (w. Schrift)",
und in 9,51 heißt es:
„Sag: Uns wird nichts helfen, was nicht Gott uns vorherbestimmt (w. verschrieben) hat".
Alle Vorkommnisse in unserem Leben sind also von Gott festgeschrieben, so auch militärische Siege der Gläubigen, S. 3,160. Dies gilt für Individuen, aber auch für das Schicksal von Völkern oder Städten (vgl. S. 13,38.39 und 17,4.16.58), ja sogar für die ganze Schöpfung:
„Wir haben Himmel und Erde, und (alles) was dazwischen ist, wirklich (und wahrhaftig) geschaffen, und auf eine bestimmte Frist" (S. 46,3).
Die bisher dargelegten Gesichtspunkte fallen sowohl unter das Thema einer *creatio continua* wie des Kismet. Beide Gedankengänge gehören also eng zusammen. Der Koran aber weitet die göttliche Kausalität auch auf das *ethische* Tun des Menschen und dessen Folgen aus, die ewige Zugehörigkeit zu Himmel und Hölle. Über die Ungläubigen wird gesagt:
„Wenn es nicht das Wort der Bestimmung gäbe (das ihnen Aufschub gewährt), wäre zwischen ihnen (schon) entschieden worden. Die Frevler haben (aber dereinst) eine schmerzhafte Strafe zu erwarten" (S. 42,21).
Die Strafe liegt also schon fest, sie ist nur noch – nach Vorherbestimmung – aufgeschoben. Obwohl Gott selbst alles im Vorhinein bestimmt, kann er vergeben oder bestrafen, wie er will (S. 5,40), und darüber hinaus ist er auch für die *ethischen Entscheidungen* die letzte Instanz: *„Gott führt, wen er will, in die Irre. Und wen er will, den bringt er auf einen geraden Weg"* (S. 6,39; ähnlich: S. 10,25).
S. 6,125 formuliert den gleichen Gedanken:
„Und wenn Gott einen rechtleiten will, weitet er ihm die Brust für den Islam. Wenn er aber einen irreführen will, macht er ihm die Brust eng und bedrückt (so daß es ihm ist), wie wenn er in den Himmel hochsteigen würde (und keine Luft bekommt?). So legt Gott die Unreinheit auf diejenigen, die nicht glauben (so daß sie verstockt bleiben)" (vgl. auch S. 2,5–7).
Gott ist also Ursache schlechthin für alles, was ist und geschieht: „Der Glaube an die alle Ereignisse des Lebens bestimmende Macht Gottes tritt überall unverkürzt hervor. Nichts kann ohne Gottes Willen geschehen; Leben und

Sterben, Werden und Vergehen steht in seiner Hand. Auch das Böse geschieht nicht ohne seine Bewirkung oder gar Förderung"[204].

Dies ist *die eine Aussagereihe:* Allah bewirkt alles, er ist auch Ursache für ethische Entscheidungen und damit für das ewige Los des Menschen in Himmel oder Hölle. *Daneben* aber gibt es eine *zweite Aussagereihe,* in der dem Menschen ganz offensichtlich ein autonomer Entscheidungsspielraum eingeräumt und er aufgefordert wird, diesen wahrzunehmen:

– Der Gläubige soll beten, auch wenn es ihm schwerfällt (S. 2,45), sein Gebet wird seinen Lohn finden (S. 7,170).

– Der Gläubige soll die Gesetze Gottes einhalten. Solche Gesetze werden z.B. in einem großen Block (S. 2,168–286) aufgeführt und zwar so, daß an den Gläubigen appelliert wird, sie einzuhalten. Auch die Höllenstrafe ist hier Folge eigener böser Entscheidungen.

– Über den ganzen Koran sind auch Appelle verstreut, die die Gläubigen offensichtlich aus eigener Entscheidung und Verantwortung befolgen sollen: Sie sollen für Allah kämpfen (S. 2,216 oder 9,20), den Armen helfen (63,10), sie sollen nach einem Vergehen umkehren (5,30; ähnlich 7,153) oder auch Buße tun (66,8); Gott wird dann vergeben (3,135.136). Vor allem aber soll Gott und seinem Propheten gehorcht werden (24,54); Abraham ist Vorbild für diesen Gehorsam (37,99–113). S. 37,105 heißt es: *„So vergelten wir denen, die fromm sind".* Die Vergeltung ist also *auch* eine Folge menschlicher Tugend oder Sünde (vgl. 16,111; 16,104).

Der Koran scheint davon überzeugt zu sein, daß der Mensch nicht grundsätzlich unfähig ist, das Gute zu tun: *„Und wir verlangen von niemand mehr, als er (zu leisten) vermag"* (S. 23,62). So etwas wie eine prinzipielle Unfähigkeit zum Guten, wie in der christlichen Erbsündenlehre, kennt der Koran nicht. Wohl aber neigt der Mensch zum Bösen; der biblische Josef spricht:

„Und ich behaupte nicht, daß ich unschuldig sei. Die (menschliche) Seele verlangt (nun einmal) gebieterisch nach dem Bösen – soweit mein Herr sich nicht erbarmt" (S. 12,53).

Diese Neigung zum Bösen aber kann überwunden werden; so beruht auch die „Unterwerfung" im Islam auf dem Willen des Menschen. Deswegen gibt Gott den Menschen immer wieder Hinweise, die ihn zu einem rechten Verhalten anleiten sollen, oder er schickt seine Gesandten (S. 20,23), um an sie zu appellieren; auch dies setzt eine Entscheidungsmöglichkeit voraus. Zwar gibt es den *Teufel,* der die Menschen in die Irre führen will; aber der Mensch kann ihn durchschauen und das Rechte tun. Der Mensch selbst entscheidet über sein endgültiges Schicksal:

„Wenn einer rechtschaffen handelt, ist es sein eigener Vorteil, wenn einer Böses tut, sein eigener Nachteil" (S. 41,46). Oder: *„Ein jeder wird (einmal)*

---

[204] Friedrich Ulrich, Die Vorherbestimmungslehre in Islam und Christentum, Gütersloh 1912, 74.

den Tod erleiden. Und wir setzen euch mit Schlechtem und Gutem (gewissen) Prüfungen aus, um euch damit auf die Probe zu stellen" (S. 21,35).
Kurz: *Der Koran kennt sich widersprechende Aussagereihen, die einmal die absolute Prädestination Allahs, andererseits die volle Verantwortlichkeit des Menschen für Gut und Böse und somit für Himmel und Hölle hervorheben.* Diese Spannung könnte sich erklären, wenn man eine *Entwicklung* annimmt – gemäß der traditionellen Islamforschung: Mohammeds, kritischer: in der Gemeindebildung. Dann wäre es allerdings recht spekulativ zu entscheiden, welche Vorstellung älter ist und welche später dazu kam. *Friedrich Ulrich* lehnt eine solche Entwicklung[205] ab, wenn auch mit Verweis auf Sure 74, die er für sehr alt hält[206] und die beide Vorstellungsreihen unvermittelt nebeneinander referiert:
„31 ... So führt Gott irre, wen er will, und leitet recht, wen er will ... 38 Ein jeder haftet für das, was er (in seinem Erdenleben) begangen hat ...".
Diese Sure enthält tatsächlich alte Traditionen (Schwurformeln, kurze Satzstücke usf.); dennoch wäre natürlich denkbar, daß später Ergänzungen vorgenommen wurden. Aber *in dieser Frage* führt eine solche Untersuchung nicht viel weiter, weil vieles Vermutung bleiben müßte. Zu einfach machen es sich *Watt/Marmura,* wenn sie meinen: „Auf diese Weise ... bewahrt der Koran einige der prädestinatianischen Vorstellungen des vorislamischen Arabers, auch wenn er sie insofern modifiziert, daß die letztliche Kontrolle nicht der unpersönlichen und ‚gefühllosen' ‚Zeit' überlassen wird, sondern Gott ... Diese Ideen werden von einem anderen Wesenszug des koranischen Kerygmas noch entschiedener modifiziert, nämlich dadurch, daß Gott am Jüngsten Tag über die Menschen urteilen wird, und daß dieses Urteil auf der moralischen Qualität ihres Verhaltens beruhen wird"[207]. Am besten erklären sich die Disparitäten, wenn man annimmt, daß unterschiedliche Traditionen in den Koran aufgenommen wurden, ohne systematisch miteinander in Beziehung gesetzt worden zu sein.
Darüber hinaus läßt sich die Widersprüchlichkeit der Aussagen vielleicht ein wenig vorstellbarer machen durch einen Verweis auf das Neue Testament. Auch dort wird die alleinige Kausalität Gottes sowohl für das ethische Verhalten des Menschen als auch für sein ewiges Geschick betont (in christologischer Ausweitung – ein „solus Christus" oder ein „sola gratia"). Daneben aber finden sich – oft bei demselben Autor (wie z.B. Paulus) und erst recht in anderen Teilen des Neuen Testaments – gegenläufige Aussagen, die von der Eigenverantwortung des Menschen für sein Heil reden. *Diese Konflikte gehören einfach zu jeder monotheistischen Religion dazu.* Werden die Allursächlichkeit Gottes und die Verantwortung des Menschen auf derselben Ebene angesiedelt, entstehen unüberbrückbare Gegensätze, so auch im Islam.

---

[205] F. Ulrich, Die Vorherbestimmungslehre in Islam und Christentum, a..a.O. 53.54.
[206] F. Ulrich, ebd. 52.
[207] Vgl. hierzu M.W. Watt, in: Watt/Marmura, Islam II, a.a.O. 85.

Wie im Christentum hatte auch die *muslimische Theologie Probleme, die Prädestination mit dem freien Willen des Menschen und der Legitimität eines Gerichts zusammenzubringen.*
Jedenfalls ist die weitere Geschichte des Islam dadurch gekennzeichnet, daß sich einerseits ein starker Zug zum Determinatianismus und Fatalismus entwickelte – bis hin zur Lähmung gesellschaftlicher und individueller Aktivitäten –; andererseits wird aber in der alltäglichen Rechtspraxis die Eigenverantwortung des Menschen vorausgesetzt, also eine Lohn-Leistungs-Ethik praktiziert.
Schon in der Zeit der *Omaiyadenkalifen* rückt „die Frage nach der Willensfreiheit und Vorherbestimmung" in den Vordergrund.[208] Es bildet sich die Richtung der *Qadariten* (von *qadar* = Vorherbestimmung), die aber eigentlich das Gegenteil vertreten, nämlich die Relevanz der Willensfreiheit des Menschen. Diejenigen aber, die die Omaiyadenherrschaft tolerierten, schickten sich in die Prädestination Gottes und akzeptierten so auch gesellschaftlich und politisch seinen Willen; die Qadariten dagegen stellten die menschliche Freiheit in den Mittelpunkt und somit das Recht auch zur Opposition gegen diese Dynastie. So zeigte sich von Anfang an die auch politisch-praktische Brisanz dieser Frage, und in der muslimischen Geschichte wechselten sich immer wieder Perioden ab, in denen schicksalsgläubiger Fatalismus oder die eigene Aktivität in den Vordergrund traten.[209]
Damit sind die wesentlichen theologischen Lehren des Koran vorgestellt; daneben wären allerdings noch viele weitere Aspekte zu erwähnen, von der Anthropologie – der Mensch als „khalifa" (Stellvertreter) Allahs in der Schöpfung –, von den Engeln, von Dschinns usf.

5.5 Die Welt der Geister[210]

Nur noch zum letzten Komplex sollen einige Anmerkungen verdeutlichen, wie die geistige Welt nach koranischer Meinung aussieht: Aus vorislamischer Zeit übernommen ist der Glaube an Dschinns; sie sind unsichtbare Wesen mit mächtigen Fähigkeiten, werden aber im Koran Allah als Geschöpfe untergeordnet (S. 15,26.27; 55,14.15) und sind ethisch ambivalent: Es gibt gute und böse, gläubige und ungläubige Geister. Sie sollen Gott dienen (S. 51,56) und bekommen sogar eigene Gesandte (S. 6,130), einige aber, die Mohammed zuhörten, wurden auch Muslime. Zumindest das Geschick der bösen Geister ähnelt dem der Menschen: Sie kommen in die Hölle (z.B. S. 6,128; 12,119).

---

208 M.W. Watt, in: Watt/Marmura, ebd. 72.
209 Vgl. u. 10.3.2.2.
210 Vgl. hierzug Walter Beltz, Die Mythen des Koran. Der Schlüssel zum Islam, Berlin und Weimar 1979, 205–225.

Daneben gibt es, als zweite Gruppe, die Engel, die aus der biblischen Tradition stammen. Sie sind, wie in der Bibel, Boten Gottes, stehen vor Allah und beten ihn an (S. 7,206). Sie schreiben die Taten der Menschen in einem Buch auf (S. 6,61; 5.17.18; 82,10–12) und helfen den Gläubigen (S. 8,9–12); einige – wie Michael (S. 2,98) und Gabriel (ebd.) – werden mit Namen genannt. Dschinns und Engel vermischen sich gelegentlich schon im Koran zu einer Gruppe (so z.B. ist Iblis in S. 18,50 ein Dschinn, ansonsten aber ein [ehemaliger] Engel [S. 2,34 usf.]); erst recht gilt dies für die spätere muslimische Tradition. Eine dritte Gruppe bilden die Dämonen oder Teufel (im Singular „schaitan" [„Schlange"]); der oberste Schaitan ist anscheinend mit Iblis identisch. Die Dämonen und Teufel sind für den Menschen eine Bedrohung, weil sie ihn verführen wollen.

6. Ethik und Recht im Koran und in der muslimischen Tradition

6.1 Die Verantwortung für das Handeln

Weder der Koran noch der spätere Islam kennen, wie ausgeführt, eine einheitliche Antwort auf die theologische Frage, wie weit der Mensch selbst verantwortlich ist für sein ethisches (und sonstiges) Handeln oder ob alles vom prädestinierenden Willen Allahs abhängt; meist – aber nicht in jeder Schule – werden beide Interpretationsmöglichkeiten beibehalten oder nebeneinander tradiert. Dennoch lesen sich die meisten ethischen oder rechtlichen Vorschriften so, als sei der Mensch selbst für sich verantwortlich, und entsprechend wird auch in der Praxis verfahren. Sowohl Koran wie Sunna sind – von deterministischen Aussagen abgesehen – überzeugt, daß es in der Möglichkeit des Menschen liegt, in seinem Verhalten schuldig zu werden oder aber schuldlos zu bleiben, und das Jüngste Gericht wird nach den Werken erfolgen.

6.2 Ethik und Recht

Dem Koran geht es wesentlich um das rechte Verhalten der Gläubigen; er ist „Rechtleitung für die Menschen". Dennoch läßt sich die gelegentlich immer wieder einmal aufgestellte These, Mohammed sei es in seiner Verkündigung um ethische Reformen gegangen, nicht aufrechterhalten. Weder sind die Korrekturen an dem in der vor- und außerislamischen Zeit üblichen Normengeflecht so tiefreichend, noch lassen sich ethische Themen als so zentral aufzeigen, daß sich diese Meinung verifizieren ließe.
Entsprechend den Verhältnissen in vielen „frühen" Gesellschaften kennt der Koran keine Unterscheidung von Ethik und Recht. Seine ethischen Auffassungen verbergen sich meist hinter rechtlichen Regelungen, die für die Glaubensgemeinschaft und den einzelnen in ihr gelten. Das rechte Verhalten zu Allah, der „Islam" (Hingabe, Glaube, Unterwerfung), erfordert praktische Konsequenzen, die aber immer eingebettet sind in die soziale Wirklichkeit von Familie, Sippe, Glaubensgemeinschaft. Das ist der Grund, warum viele Darstellungen des Islam wie auch der koranischen Theologie überhaupt nicht auf das Thema Ethik eingehen, sondern nur die rechtlichen Regelungen referieren. Bis heute gelingt es der muslimischen Theologie nicht zureichend, zwischen Recht und Ethik zu unterscheiden.[211]

[211] Verquickungen dieser Art gibt es oft aber auch in Religionen, die – wie das Christentum – von Anfang an diese Unterscheidung kennen. Auch z.Zt. ist es noch gelegentlich schwer vermittelbar, daß sich christlich-ethische Auffassungen etwa zu Ehe, Ehescheidung,

Dennoch sind natürlich die rechtlichen Regelungen der Pflichten eines Muslim, die Empfehlung, Ablehnung oder das Verbot bestimmter Praktiken von ethischen Überzeugungen getragen. Weil die ethischen Gebote und Verbote in der Regel für den Menschen durchaus praktikabel sind, können die Anforderungen nicht allzu differenziert sein. Wenn man etwa in der biblischen ethischen Entwicklung eine immer tieferreichende Sensibilisierung für das human Gebotene bis hin zum umfassenden Liebesgebot, zu Barmherzigkeit und Verzeihen feststellen kann, die in Summe die menschlichen Möglichkeiten übersteigen, kennt der Koran keine solch grundstürzenden ethischen Impulse, deswegen auch nicht die Vorstellung einer unvermeidlichen Sündigkeit des Menschen. *Sittlich gutes Verhalten ist nach muslimischer Auffassung machbar;* auch die Aussagen zur Prädestination des Menschen beruhen nicht – wie z.B. bei *Augustinus* – auf der anders nicht behebbaren Schuld des Menschen, sondern sollen eher die herrscherliche Macht Allahs hervorheben.[212]

Aus diesem Grund läßt auch die im Koran immer wieder betonte Barmherzigkeit Allahs nicht die Dimensionen erkennen, wie sie in der Predigt Jesu von der Sünderliebe Gottes zum Ausdruck kommen, und sie führt deswegen auch nicht zur Vorstellung einer völligen Innovation der Geschichte durch Gott „am Ende". Das „Ende" – Himmel und Hölle – sind zwar auch im Koran „neue" Zustände, sie liegen aber in der Konsequenz menschlicher sittlicher Entscheidungen und somit in der Linie des jetzt schon Gegebenen und Erwartbaren. Man muß *Johannes Pedersens* Feststellung zustimmen: „Mohammed hat keine neue Ethik gebracht. Er hat gewisse neue Forderungen eingeführt und mit dem Alten gebrochen, wo es zu Konflikten kam, aber im übrigen hat er weiter vom überlieferten arabischen Ethos, von seiner *sunna*, gezehrt"[213].

Die Ethik im Islam ist für den Gläubigen realisierbar, und dies hat Folgen für die Werte und Normen des Islam im einzelnen: Sie verbleiben im Rahmen des Menschenmöglichen, sie sind nicht zu hoch gehängt. Diese Lohn-Leistungs-Ethik entspricht strukturell und meist auch inhaltlich den Vorstellungen, die schon im vorislamischen Arabien oder auch bei einfachen syrisch-christlichen Bevölkerungskreisen verbreitet waren.

Schwangerschaftsabbruch, Pornographie usf. nicht unmittelbar in rechtlichen Regelungen niederschlagen müssen.

[212] Die Realisierbarkeit der ethischen Normen mag daran liegen, daß in mancherlei Hinsicht eine bestimmte Tiefendimension, Sensibilität oder Radikalität in der Wahrnehmung des Humanen nicht erreicht wird. Dieses Defizit muß allerdings nicht durchweg negativ gesehen werden. Hohe humane Ansprüche können eine positive Herausforderung sein, wirken aber oft auch deformierend und neurotisierend. Dies zumindest kann der islamischen Ethik nicht angelastet werden.

[213] Johannes Pedersen, Der Islam und seine Vorgeschichte, in: Handbuch der Religionsgeschichte (Originaltitel: Illustreret Religionshistorie, aus dem Dänischen übers. von R. Gerecke, E. Harbsmeier u. F. Nothardt), hrsg. von Jes Peter Asmussen und Jørgen Læssøe, Bd. 3, Göttingen 1972, 383.

Wohl ist die koranische Ethik, gemessen an den vorher geltenden Auffassungen, mit inhaltlichen Verschärfungen und Vertiefungen verbunden. Der Glaube an ein Gericht oder sogar ein Buch, in dem alle Taten des Menschen verzeichnet sind, gibt dem menschlichen Verhalten eine vertiefte Bedeutung. Daß sich die Menschen vor einem personal gedachten Richter, Allah, verantworten müssen, hebt das rechte Tun über den Charakter einer bloßen Gesetzeserfüllung hinaus: Es ist *auch* Gehorsam und Treue diesem Herrn gegenüber und damit der „Islam" insgesamt eine Reaktion auf seinen personalen Anspruch.

Wie schon die *Basmalah* zu Beginn der Suren und unzählige weitere Aussagen zeigen können, verkündet der Koran den gerechten und *barmherzigen* Gott. Diese Barmherzigkeit hebt zwar die Gerechtigkeit Allahs nicht auf – anders etwa als im neutestamentlichen Gleichnis vom Verlorenen Sohn oder von den Arbeitern im Weinberg –, aber sie mildert ihre unerbittlichen Züge. In diesem Sinn finden sich im Koran immer wieder barmherzige ethische Modifikationen auch für den Menschen: Zwar gilt das Vergeltungsrecht, das *ius talionis* („Auge um Auge, Zahn um Zahn"), aber es ist auch verdienstvoll zu verzeihen; alle Gläubigen sollen Milde zeigen, für Schulden Aufschub gewähren, Eltern und Kindern gegenüber Güte walten lassen. Die ethische Dimension des Strafrechts spiegelt zwar die Rechtsverhältnisse einer noch relativ undifferenzierten Kultur mit einer Reihe von grausamen Strafen: dem Handabhacken bei Diebstahl (S. 5,38), mit Peitschenhieben bei Unzucht (S. 24,2) u.ä., ist aber in manchen Punkten abgemildert. Auch bleibt z.B. die Polygamie bestehen, wird aber auf vier Frauen – die Sklavinnen nicht gerechnet – beschränkt, und jede Frau soll gleich behandelt werden; Frauen dürfen weiterhin geprügelt werden, aber es soll in gerechter Weise geschehen; Mädchen gelten weiterhin nicht so viel wie ihre Brüder, aber sie dürfen nach der Geburt nicht mehr getötet werden und sind – wenn auch den Söhnen gegenüber in eingeschränktem Maß – erbberechtigt; Sklavinnen und Sklaven bleiben rechtlose Subjekte – sie können benutzt, wie eine Sache getauscht, verkauft oder in Zahlung gegeben werden –, aber sie sollen gerecht behandelt werden.

In Summe läßt sich also sagen, daß die ethisch-rechtlichen Weisungen des Koran vorislamische und in einfachen christlichen und jüdischen Schichten verbreitete Vorstellungen widerspiegeln, sie aber in einigen Punkten inhaltlich modifizieren und mildern im Kontext der Impulse, die vom Monotheismus und von der Betonung der Gerechtigkeit und Barmherzigkeit Gottes ausgehen. Zu wirklichen sachlichen Veränderungen kam es in Ethik und Recht nur dort, wo Normen und Wertvorstellungen, die bisher mit dem Familienverband, der Sippe oder dem Stamm verbunden waren, jetzt auf die neue Glaubensgemeinschaft, die *Umma*, übertragen wurden. Hier kam es zu Konflikten: „Besonders scharf bekämpfte er (Mohammed, Verf.) die Sippentreue, die es mit sich brachte, daß man das von den Vätern Verehrte, ja, sogar diese selbst verehrte. An die Stelle der Familie oder des Stammes tritt die Gemeinde“[214].

Allerdings gehen Überlegungen dieser Art davon aus, daß alle ethisch-rechtlichen Texte des Koran auf Mohammed zurückgehen. Der disparate Charakter aber gerade dieses Materials zeigt, daß in ihm viele Traditionen zusammengeflossen sind. Viele der im Koran referierten Auffassungen sind wahrscheinlich erst aus der Praxis der frühen muslimischen Gemeinden erwachsen und geben deren Anschauungen wieder. Die neue Stellung der muslimischen Umma gegenüber Stammesbindungen dürfte eher auf spätere Redaktion zurückzuführen sein, zu einer Zeit, als sich die neue Glaubensgemeinschaft fester etablierte und wichtiger werden sollte als alle anderen Bindungen.

6.3 Allgemeine Pflichten der Gläubigen

Die ethischen Impulse basieren im Koran auf der allgemeinen Forderung nach Befolgung von Normen, die aus dem Glauben resultieren; diese wurden erst sehr viel später zu einer Art von Sittenkodex (so z.B. von *al-Ghazali*, gest. 1111) zusammengestellt. Darüber hinaus aber nennt der Koran auch einzelne besondere Pflichten, die in der späteren Theologie zu einer *Pflichtenlehre* systematisiert wurden. Daneben finden sich Anweisungen, die auch nach unserem Verständnis im eigentlichen Sinne ethisch sind.

6.3.1 Zur Pflichtenlehre

„Die wichtigsten Forderungen der neuen Religion wurden bald als ‚Säulen‘ der Religion hervorgehoben. Unter ihnen stehen drei im Vordergrund, nämlich der Glaube, das Gebet und das Almosen ...“[215]. „Diesen drei Säulen werden später noch zwei hinzugefügt: die *Pilgerfahrt* und das *Fasten*“[216].

Auch *Pedersen* nimmt also eine sukzessive Ausbildung der Lehre von den fünf Pflichten oder Säulen an; für manche gibt es hierbei auch noch einen etymologischen Hinweis: *Salat* (Gebet) und *Zakat* (Fasten) sind aramäische Lehnwörter, „eine Entlehnung aus dem Norden“[217], wobei *Pedersen* hier aber an Entwicklungen innerhalb der Lebenszeit Mohammeds denkt. Nimmt man eine allmähliche Kanonbildung an, kann man sich eher vorstellen, wie im Nebeneinander christlicher, jüdischer und muslimischer Gemeinden in Arabien oder Mesopotamien bestimmte Formen, z.B. ein rituelles Fasten

---

214 J. Pedersen, ebd. 383.
215 J. Pedersen, ebd.
216 J. Pedersen, ebd. 385.
217 J. Pedersen, ebd. 384.

oder ein rituelles Gebet, übernommen wurden, vielleicht auch, warum die Wallfahrt nach Mekka für die eigene Identitätsbildung so wichtig wurde.
Diese Pflichten müssen auch von den Frauen erfüllt werden, obwohl es hierbei Modifikationen gibt, die ihrem Status entsprechen. So dürfen sie z.B. das Glaubensbekenntnis und das Pflichtgebet nicht in der Öffentlichkeit sprechen, wo sie den Blicken der Männer ausgesetzt wären, sondern in einer gesonderten Ecke oder einem besonderen Raum des Hauses; nach Mekka können sie nur in Begleitung ihres Mannes, eines Bruders oder Onkels pilgern; die Zakat können sie, weil der Mann über das Vermögen verfügt, nicht selbst entrichten usf.

6.3.1.1 Das Glaubensbekenntnis *(Schahada)*

Die erste und wichtigste Pflicht des Gläubigen ist das *Glaubensbekenntnis*, die *Schahada* (wörtlich: „Zeugnis"). Die meisten Islamwissenschaftler nehmen an, daß schon der historische Mohammed von seinen Anhängern ein Glaubensbekenntnis verlangt habe. Die Integration Mohammeds in das Bekenntnis spricht aber eher dafür, daß zumindest dieser Aspekt von späteren Gemeinden eingefügt wurde; die ganze Formulierung hört sich wie eine nachträgliche reflexive Zusammenfassung an. Die täglich häufig zu sprechende *Schahada* heißt:
„Ich bekenne, daß es keinen Gott außer Gott gibt und daß Mohammed der Gesandte Allahs ist".
Die Schiiten fügen hinzu: *„Und Ali ist der Freund Gottes".*
In dieser knappen Form verlangt der muslimische Glaube lediglich ein Bekenntnis zum Monotheismus und zur Prophetenschaft Mohammeds. Mit letzterer aber scheint das Gesamt der koranischen Offenbarung mitgemeint zu sein, so daß das Bekenntnis zwar einfach formuliert ist, aber doch die Summe des Islam mitumschließt. Etwas stärker aufgeschlüsselt erscheint das muslimische Glaubensbekenntnis in S. 4,136:
„Ihr Gläubigen! Glaubt an Gott und seinen Gesandten und die Schrift, die er auf seinen Gesandten herabgeschickt hat, und die Schrift, die er (schon) früher herabgeschickt hat! Wer an Gott, seine Engel, seine Schriften, seine Gesandten und den jüngsten Tag nicht glaubt, ist (damit vom rechten Weg) weit abgeirrt".
Auch diese Form des Bekenntnisses scheint den Islam als praktiziertes und in das Gesamt der jüdischen und christlichen Offenbarungsgeschichte eingeordnetes System vorauszusetzen, ist also ebenfalls wohl Gemeindeleistung.
Das Glaubensbekenntnis in seiner einfachen Form ist sowohl tägliches Gebet wie auch die Formel, mit der Männer oder Frauen zum Islam übertreten (die andere Form ist die Abstammung von einem muslimischen Vater); dieser Übertritt ist unwiderruflich, Abwendung vom Islam wird mit dem Tod be-

straft. Oftmals wird das Glaubensbekenntnis auch in einer erweiterten Fassung gesprochen, die katechismusartig wichtige Lehren aufzählt.

6.3.1.2 Das Gebet *(Salat)*

Das *Gebet* im Kontext der Pflichtenlehre ist das tägliche Pflichtgebet, *Salat;* daneben gibt es natürlich auch private Gebete, die hin und wieder in der Tradition sogar bis zu mystischen Verdichtungen reichen können. Eine Gebetspraxis scheint sich erst allmählich entwickelt zu haben: „Im Gegensatz zur allgemein verbreiteten Annahme wird dieses Ritual in den ältesten Teilen des Koran nicht erwähnt“[218]. *Watt/Welch* halten ihre Entstehung für mittel- oder spätmekkanisch; eine andere Kanontheorie vorausgesetzt, sind auch spätere Stadien denkbar.

Im Koran wird an verschiedenen Stellen zum Beten aufgefordert, nach manchen Islamologen ist in S. 4,103 sogar schon von bestimmten Zeiten die Rede, an denen das Gebet verrichtet werden muß.[219] Wörtlich übersetzt, gibt diese Stelle allerdings noch keinen Hinweis, es heißt (ohne interpretierende Ergänzungen):

„Wenn ihr nun das Gebet vollzogen habt, dann gedenket Gottes im Stehen, Sitzen oder Liegen! Und wenn ihr in Ruhe seid, dann verrichtet das Gebet! Das Gebet ist für die Gläubigen eine festgelegte Vorschrift“.

Hier ist also noch nicht von Zeiten die Rede, diese kamen erst *nach*koranisch zustande, wenn auch konstruiert aus koranischen (zufälligen) Assoziationen wie z.B. in S. 20,130:

„Und lobpreise deinen Herrn vor dem Aufgang und vor dem Untergang der Sonne! Und preise (ihn) zu gewissen Zeiten der Nacht, und an den Enden des Tages!“ oder: S. 17: *„78 Verrichte das Gebet, wenn die Sonne sich (...) neigt, bis die Nacht dunkelt! Und die Rezitation des frühen Morgens! Bei ihr soll man (...) zugegen sein (?). 79 Und des Nachts halte Vigilien mit ihr (d.h. mit der Rezitation) als zusätzliche Leistung für dich“.*

Diese Passagen setzen offensichtlich die Gebetszeiten christlicher Mönche voraus oder besser: sie entstammen dieser Praxis; sie sind Traditionsstücke, in denen das von Gott angesprochene „Du“ wohl nicht Mohammed, sondern (irgend)ein christlicher Mönch ist. Wenn gesagt wird, daß man bei der Rezitation „zugegen“ sein soll, wird schon der Gottesdienst einer Kommunität vorausgesetzt, wie er in Klöstern üblich war. Dieser Zusammenhang wird in S. 73,20 noch deutlicher: Wenn von dem angesprochenen Du gesagt wird, daß er große Teile der Nacht betet, ist wohl kaum Mohammed, sondern irgendein Mönch gemeint. Dessen ausgedehnte Gebetsübungen werden in den folgenden Sätzen von einem Kommentator zurückgenommen: Allah weiß, daß Mohammed dies nicht einhalten kann, er solle es sich leicht

---

[218] Watt/Welch, Islam I, a.a.O. 264.

[219] Vgl. A.Th. Khoury, Gebet, in: Islam-Lexikon, Bd. 2, a.a.O. 280.

machen. Diese Redaktion wird zudem erkennbar im Übergang vom Ich der Rede Gottes zum Er seines Redens:
(S. 73,20) „Dein Herr weiß, daß du gegen zwei Drittel der Nacht oder (w. und) die halbe Nacht oder (w. und) ein Drittel davon stehst (und betest) und eine Gruppe von denen, die mit dir sind. Aber (man kann das nicht allzu genau nehmen, auch wenn ihr die ehrliche Absicht habt, diese Gebetszeiten einzuhalten.) Gott (allein) bestimmt (Maß und Ziel von) Tag und Nacht. Er wußte (von vornherein), daß ihr es (d.h. das Zeitmaß der nächtlichen Gebetsübungen?) nicht (genau ab)zählen würdet ... Rezitiert nun aus dem Koran, was (euch) leichtfällt (d.h. so viel, als ihr ohne Überanstrengung leisten könnt) ... ".
Anklänge an die Gebetspraxis christlicher Mönche sind also in den Koran eingeflossen. Sie scheinen Pate gestanden zu haben – wenigstens in ihren milderen Formen (vgl. S. 30,17.18: *„Gott sei nun gepriesen am Abend und am Morgen (...) und ihm zu Lob im Himmel und auf der Erde und abends und zur Mittagszeit*") – für die Etablierung fester Gebetszeiten.
Wohl aus Stellen dieser Art leitete die Tradition fünf Gebetszeiten ab: in der Morgendämmerung, mittags, nachmittags, abends, nachts. Der Muezzin (bzw. heute oft: Lautsprecher an den Minaretts) ruft zu diesen Zeiten auf.
Das Pflichtgebet verlangt rituelle Reinheit, auf die S. 4,43 hinweist:
„Ihr Gläubigen! Kommt nicht betrunken[220] *zum Gebet, ohne vorher (wieder zu euch gekommen zu sein und) zu wissen, was ihr sagt! Und (kommt auch) nicht unrein (zum Gebet) ... Und wenn ihr krank seid (...) oder (...) auf einer Reise (...) oder (wenn) einer von euch vom Abort kommt oder (...) ihr mit Frauen in Berührung gekommen seid und kein Wasser findet (um die Waschung vorzunehmen), dann sucht einen sauberen (...) hochgelegenen Platz auf und streicht euch über das Gesicht und die Hände! ... "* (ähnlich S. 5,6).
Aus Stellen dieser Art haben sich festgelegte Reinigungsriten mit Wasser oder – wenn nicht vorhanden – mit Sand oder einfach mit den Händen entwickelt, die bei dem Pflichtgebet einzuhalten sind. Bei bestimmten Verunreinigungen – z.B. nach einem Geschlechtsverkehr – ist eine Ganzwaschung, ansonsten eine teilweise Waschung von Händen, Zähnen, Kopf, Füßen bis zu den Knöcheln erforderlich (die auch dreimal wiederholt werden kann). Nach der Tradition müssen auch Kleider und Gebetsort rein sein. Rein ist immer die Moschee, an anderen Orten kann die Reinheit mittels eines Teppichs o.ä. hergestellt werden.
Das Pflichtgebet selbst besteht aus einer Reihe von Einheiten, die durch Verbeugungen *(raha)* angezeigt werden: morgens zwei, abends drei, ansonsten vier Einheiten. Die Blickrichtung *(qibla)* ist immer nach Mekka (vgl. S. 2,114–145.149.150), in Moscheen durch eine Nische *(mihrab)* angedeutet. In

[220] Das Verbot von Trunkenheit beim Gebet steht hier in einem Gegensatz zum grundsätzlichen Verbot von Alkohol in anderen Suren.

den einzelnen Einheiten werden verschiedene Formeln rezitiert: S. 1 und weitere Stellen aus dem Koran.
Schon im Koran wird in S. 62,9.10 zu einem Freitagsgebet – offensichtlich ein Kontrastprogramm zum Sabbat- bzw. Sonntagsgottesdienst von Juden und Christen – aufgerufen:
„Ihr Gläubigen! Wenn am Freitag (...) zum Gebet gerufen wird, dann wendet euch mit Eifer dem Gedenken Gottes zu und laßt das Kaufgeschäft (...) ruhen! Das ist besser für euch, wenn (anders) ihr (richtig zu urteilen) wißt".
Hieraus hat sich das wichtigste Gemeinschaftsgebet entwickelt, das am Freitagmittag in der Moschee und nur für Männer – Frauen und Kinder haben keinen Zutritt – stattfindet.
Ein Vorbeter – ein Muslim, der zum Vorlesen geeignet ist – rezitiert ein Stück aus dem Koran; in der Regel wird eine Ansprache gehalten, die alle möglichen Themenbereiche, auch politische Fragestellungen, behandeln kann, dann folgen Gebete, die der Vorbeter vorspricht und die Gemeinde wiederholt.
Gemeinschaftsgebete gibt es auch zu anderen Anlässen, z.B. im Kontext von Todesfällen, zum Ende des Ramadan usf. Wichtig ist, daß hierbei zwar eine Versammlung der Gläubigen stattfindet, diese aber doch nur sehr oberflächlich eine Gemeinde bilden; im Letzten steht der Muslim allein vor Gott.

6.3.1.3 Das Almosen *(Zakat)*

Nach *J. Pedersen* erinnert die *zakat* des Koran „weniger an die großartige Gastfreiheit des Araberscheiks als an die Forderung des Judentums"[221], man muß wohl hinzufügen: auch des Christentums; wenn das zutrifft, muß man diese Regelung wohl erst in spätere Zeit datieren, zumal sie grundsätzlich eine Art von strukturierten und länger schon bestehenden Gemeinden voraussetzt, in denen diese auf soziale Probleme reagieren müssen.
Die *Zakat* ist eine Art von Armensteuer, die von den Gläubigen erhoben wird. Später wird sie von *Sedaqa,* einer freiwilligen und spontanen Spendentätigkeit, unterschieden; im Koran werden die Begriffe noch synonym gebraucht. S. 9,60 regelt:
„Die Almosen sind nur für die Armen und Bedürftigen (?) (bestimmt), (ferner für) diejenigen, die damit zu tun haben, (für) diejenigen, die (für die Sache des Islam) gewonnen werden sollen, für (den Loskauf von) Sklaven, (für) die, die verschuldet sind, für den heiligen Krieg (w. den Weg Gottes) und (für) den, der unterwegs ist ... (Dies gilt) als Verpflichtung von seiten Gottes ...".
Diese Pflicht wird in ihrem Umfang im Koran nicht beziffert; S. 2,219 engt sie ein auf Almosen, die den Spender nicht selbst zu Einschränkungen zwingen:

---

[221] J. Pedersen, Der Islam und seine Vorgeschichte, a.a.O. 385.

„Und man fragt dich, was man spenden soll. Sag: Den Überschuß ... “.
In späterer Zeit war diese Angabe zu unpräzise, die Gemeinden mußten zu festen Regeln finden. So machten sie die *Zakat* zu einer festen Armensteuer auf allen Besitz; sie schwankt zwischen 5% und 10% der Ernteerträge bei Obst, Getreide und Tieren. Heute wird die Zakat in manchen Ländern im Rahmen der staatlichen Steuerregelungen erhoben, in anderen – z.B. in der Türkei, die ein von der Religion getrenntes Finanzwesen besitzt – wird sie von den Gemeinden erhoben und ist für die einzelnen freiwillig.
Von der Zakat zu unterscheiden sind die Abgaben, die Zarathustraanhängern, Juden und Christen, also den „Schriftbesitzern“, auferlegt wurden. Nach S. 9,29 soll gegen sie gekämpft werden, *„bis sie kleinlaut aus der Hand (?) Tribut entrichten!“* Die Schriftbesitzer lebten als *Dhimmi* (Schutzbefohlene) innerhalb der Umma, in der Omaiyadenzeit noch ohne besondere Bedrängnisse. Erst in der Abbasidenzeit, ab 750, wurden die Steuern für *Dhimmis* gesetzlich geregelt; sie wurden nur von erwachsenen und freien Männern erhoben, dann aber oft in ausbeuterischer Höhe. Weil der Übertritt zum Islam von der Zahlung dieser Steuer befreite, war dies ein Anreiz gerade für wohlhabende Leute, sich dem Islam anzuschließen.
In vielen muslimischen Regionen und Epochen wurde und wird noch eine dritte Steuer, eine Eigentumssteuer, erhoben; sie bezog sich auf Landbesitz und war nicht dem einzelnen, sondern ganzen Dorfgemeinschaften auferlegt. Diese Steuer führte oft – vor allem nach Einführung der Besteuerung in Geld und nicht mehr in Naturalien – zu einer „Verarmung der ländlichen Bevölkerung“[222]. Oft mußte die Steuer vor der Ernte bezahlt und von den Bauern bei Spekulanten „zu Wucherzinsen“ vorfinanziert werden. „Diese zogen aus den zur Erntezeit in der Regel niedrigen Getreidepreisen durch Spekulationen auf eine zu erwartende Preissteigerung weitere Gewinne“[223].
Daneben gab und gibt es hin und wieder noch zusätzliche Steuern, die aber – weil ohne koranische Grundlage – von den Frommen abgelehnt werden. Die Schiiten erheben – mit Verweis auf S. 8,41 – eine Einkommenssteuer; die „Beute“, von der dort die Rede ist, interpretieren sie als „Gewinn“ aus jeglicher Tätigkeit.

6.3.1.4 Das Fasten *(Saum)*

Das Fasten wird im Koran auf eine Weise vorgeschrieben, die deutlich macht, daß mehrere Traditionsstränge zusammengewachsen sind. In den ältesten Passagen des Koran, nach traditioneller These in der mekkanischen Zeit,

---

[222] P. Heine, Abgabe, in: Islam-Lexikon, Bd. 1, a.a.O. 29.
[223] P. Heine, ebd. 30.

ist von einem Fasten noch nicht die Rede; dieses sei erst nach der Hidschra, also in Medina dazugekommen[224].

Der Befund des Koran ist mehrdeutig. Die zentrale Stelle ist S. 2,183–187; darüber hinaus findet sich in einigen Hadithen die These, daß Mohammed erst in Medina das Fasten der Juden am Purimtag kennengelernt habe[225]; in den Hadithen ist vom Aschura-Tag die Rede, der von den Kommentatoren mit dem Purimfest identifiziert wird. Dieses Fasten habe Mohammed dann, auf 24 Stunden sich erstreckend, eingeführt. Nach *Watt/Welch* erinnert S. 2,183 an dieses ein- und ganztägige Fasten[226]:

„Ihr Gläubigen! Euch ist vorgeschrieben zu fasten, so wie es auch denjenigen, die vor euch lebten, vorgeschrieben worden ist ... ".

Die These von *Watt/Welch* ist allerdings nur schwer nachzuvollziehen, wenn das obige Koranzitat Mohammed in den Mund gelegt wird: weil die, die *vor* den damaligen Zuhörern lebten, deren arabische Väter gewesen sein müßten, die ja das jüdische Fasten nicht kannten. *Watt/Welch* nehmen daher an, daß der eben genannte Vers revidiert wurde, als Mohammed eine neue Offenbarung empfing, die dann der folgende Vers 184 wiedergebe: *„(Das Fasten ist) eine bestimmte Zahl von Tagen (einzuhalten) ... ".* Hier sei das – vorislamische – Fasten der „gezählten" Tage eingeführt worden, das an zehn Tagen und Nächten „die Abstinenz von Speisen, Getränken und vom Geschlechtsverkehr" vorschreibt; „vielleicht erlaubte man jeden Abend kurz nach Sonnenuntergang ein Mahl"[227].

Dieses Fasten greift nach *Watt/Welch* eine altarabische Sitte (das *'ukuf)* auf. „Zu dieser Zeremonie gehörte eine Periode, in der gefastet und sexuelle Enthaltsamkeit geübt wurde, während man im Heiligtum einer Gottheit meditierte. Zu Mohammeds Lebzeiten fand während der letzten zehn Tage des Monats Ragab ein wichtiges 'ukuf statt – das war die Zeit, in die die arabische Neujahrsnacht ... fiel"[228]. Jetzt sei das eintägige Asura-Fasten „durch das Fasten der ‚gezählten Tage' ersetzt" worden, zeitgleich mit der Umorientierung der Gebetsrichtung von Jerusalem nach Mekka[229]. Ein wenig später sei die wichtige Schlacht bei *Badr* am 12. *Ramadan* (13. 3. 624) „als eine besondere Zeit der Offenbarung interpretiert" worden. „Der Monat Ramadan erhielt also für die Muslime beinahe sofort eine besondere Bedeutung und trat als heiligster Monat des Jahres an die Stelle des Ragab.[230] Irgendwann während der zehn Monate, die auf die Badr-Schlacht folgten ..., wurde

224 Vgl. Watt/Welch, Islam I, a.a.O. 311.312.
225 Vgl. Watt/Welch, ebd. 311ff.
226 Watt/Welch, ebd. 313.
227 Watt/Welch, ebd. 313.
228 Watt/Welch, ebd. 313.
229 Watt/Welch, ebd.
230 Einer der heiligen Monate, in denen die vorislamische Wallfahrt stattfand (Verf.).

das in 2,184 erwähnte Fasten der ‚gezählten Tage' durch das dreißigtägige Tagesfasten im Ramadan in 2,185 ersetzt ..."[231].
Diese gewundenen Erklärungen zeigen die Schwierigkeiten, in die man gerät, wenn alle koranischen Aussagen als Mohammed-Worte verstanden werden sollen: Dann lernte Mohammed, weil man den Hadithen glaubt, das Fasten erst als Purim-Fasten der Juden in Medina kennen, er übernimmt es und ersetzt es später durch Aufgreifen eines altarabischen Brauchs, um diesen schließlich – wiederum nur wenig später – durch eine neue Regelung, die auf ein positives Ereignis der muslimischen Geschichte zurückgreift, noch einmal zu ändern. Unerklärt bleibt, warum dabei das Fasten gleich auf einen ganzen Monat ausgedehnt wurde.
All dies aber fügt sich gut zusammen, wenn auch in einer ein wenig anderen zeitlichen Folge, wenn man für den Koran eine längere Entstehungszeit annimmt. Dann spricht vieles dafür, daß Mohammed, wie in 2,183, angedeutet, zunächst eine altarabische Sitte weiterführte. Vielleicht haben später muslimische Gemeinden, die in der Nachbarschaft von Juden- und Christengemeinden lebten, zunächst das Fasten am Purimfest und dann eine längere Fastenzeit nach dem Modell der Christen übernommen, wobei das Purim-Fasten nur noch Spuren in der Sunna, nicht im Koran hinterlassen hat. Man muß wohl verschiedene Entwicklungsstufen von Mohammed bis zu den späteren Gemeinden annehmen, in denen aus einem Weiterführen vorislamischer Bräuche im Gefolge der Herausforderung durch jüdische und christliche Gewohnheiten schließlich ein festes rituelles Fastenschema ausgebildet wurde.
Dieses sieht so aus, daß im Ramadan während des Tages, von dem Augenblick an und bis zu dem Augenblick, an dem man einen schwarzen von einem weißen Faden unterscheiden kann, gefastet werden muß. Verboten sind feste und flüssige Nahrung, Geschlechtsverkehr, neuerdings auch das Rauchen. Gewünscht wird, daß man viel betet – am besten in der Moschee – und auch ein besseres soziales Verhalten an den Tag legt. Die Muslime kennen ein Mondjahr, so daß der Ramadan – gemessen an unserem Sonnenkalender – zu immer anderen Zeiten begangen wird. Kranke, Schwangere, Reisende, Stillende, Menstruierende und Kinder sind vom Fasten ausgenommen.
Abends findet gemeinsam in der Familie das tägliche Fastenbrechen statt, bei dem viel gegessen und getrunken wird; es gibt eigene Fastenspeisen, die sehr kalorienreich sind. Oft werden die Nächte „mit öffentlichen Zerstreuungen wie Kirmesveranstaltungen, Märchenerzählen u.ä. verbracht und der Tag verschlafen"[232]. In der heutigen wirtschaftlichen Situation gibt es viele Berufe, deren Ausübung durch das muslimische Fasten stark behindert wird. Deswegen versuchen „aufgeklärte" Potentaten oder Staaten immer wieder, in

[231] Watt/Welch, Islam I, a.a.O. 314.
[232] P. Heine, Fasten, in: Islam-Lexikon 1, a.a.O. 243.

solchen Fällen Ausnahmeregelungen durchzusetzen, wogegen sich aber die religiösen Autoritäten sperren.
Am Ende des Ramadan findet eines der beiden großen kanonischen Feste[233] statt, *das Fest des Fastenbrechens (id al-fitr):* Drei bis vier Tage lang wird gefeiert, man macht Besuche und beschenkt sich.

6.3.1.5 Die Wallfahrt nach Mekka *(Hadsch)*

Die Wallfahrt nach Mekka ist jedem Muslim vorgeschrieben, der gesund ist und sie sich finanziell leisten kann. Wegen der in ihr praktizierten Konzentration auf Mekka und die Anfänge des Islam ist sie ein wichtiger Faktor für die je neue Internalisierung dieser Religion. Darüber hinaus schafft sie eine transkulturelle Gemeinsamkeit der Muslime aus aller Welt und eine sehr starke Mobilität – die vor allem in vorindustriellen Gesellschaften wohl singulär ist. Viele rühmen auch die *egalitäre* Wirkung der Wallfahrt, in der sich alle als vor Gott ebenbürtig erfahren.
„Was man im allgemeinen unter der Bezeichnung ‚Wallfahrt nach Mekka' versteht, die die fünfte Säule des Islam bildet, besteht in Wirklichkeit aus einer Reihe von Ritualen, die in und um Mekka veranstaltet werden. Alle wichtigen Rituale kommen im Koran direkt oder indirekt in Zusammenhängen vor, die die Tatsache anerkennen, daß diese Praktiken nichtmuslimischen Ursprungs sind. Schon vor der Zeit Mohammeds waren mehrere ursprünglich voneinander unabhängige Rituale zu zwei kombinierten Zeremonien zusammengefaßt worden: der Hagg (gesprochen: Hadsch, Verf.), die ‚Wallfahrt' von Mekka, oder eigentlich Mina, hinaus nach 'Arafat und zurück, und die 'Umra, der ‚Besuch' der Ka'ba in Mekka"[234]. Koran und Sunna erwähnen einige der Götternamen, um die ursprünglich die Verehrung kreiste. In der *Kaaba* z.B. legten die vorislamischen Stämme symbolische Zeichen ihrer unterschiedlichen Gottheiten ab, aber im Vordergrund stand Gott *Hubal*; hier wurden den Göttern auch Tieropfer dargebracht. Beim *Hadsch* wiederum scheinen ein „Donner- oder Regengott" und an anderer Stelle ein „Sonnen- oder Feuergott" im Vordergrund gestanden zu haben[235], usf. Diese vorislamischen Bräuche wurden von Mohammed und den Gemeinden, wohl nach Reinigung von polytheistischen Anklängen, übernommen und im Lauf der Zeit in der Tradition zu einem festen Ritual vereinigt und ausgebaut, bei dem

[233] Das andere kanonische Fest ist das Opferfest *(id al-adha)*, in dem des Opfers Abrahams gedacht wird, „der auf Befehl Gottes hin bereit war, seinen Sohn Ismail zu opfern. An seine Stelle trat auf Gottes Geheiß hin ein Lamm. In Erinnerung an diesen Vorgang schlachtet jede muslimische Familie ... an diesem Tag ein Lamm oder eine Ziege". Diese Schlachtung ist auch Teil des Rituals der Wallfahrt nach Mekka (vgl. P. Heine, Fest/Festkalender, in: Islam-Lexikon 1, a.a.O. 248.249).
[234] Watt/Welch, Islam I, a.a.O. 328.
[235] Watt/Welch, ebd. 345.

vorislamische Praktiken, kosmische Anspielungen und muslimische Überzeugungen miteinander verbunden wurden.
Kurz gefaßt sieht das Ritual so aus:

- Vor Reiseantritt erfolgt eine rituelle Reinigung und Körperpflege.
- Vor dem Erreichen von Mekka wird eine spezielle Pilgerkleidung angelegt: Männer tragen zwei weiße Tücher und Sandalen, Frauen ein weißes Gewand und eine Kopfbedeckung, aber keinen Schleier. Von jetzt an befinden sich die Gläubigen in einem Weihezustand, in dem sie sich von der profanen Welt fernhalten.
- Nach der Ankunft in Mekka beginnen umfangreiche Riten, für deren korrekte Erledigung man sich Pilgerführer mieten kann. Zunächst steht die siebenmalige Umwanderung der *Kaaba* auf dem Programm. Die *Kaaba* ist der Mittelpunkt der riesigen „Heiligen Moschee", die in der Omaiyaden- und Abbasidenzeit ihre heutige Gestalt erhielt; sie ist ein würfelförmiges Gebäude von 12 x 10,5 m Länge und Breite und 15 m Höhe, dessen Ecken ungefähr nach den vier Himmelsrichtungen zeigen. In der Nähe der Ostecke ist rund 1,5m über dem Boden ein schwarzer Stein, ein Meteorit, eingemauert, der in der Vergangenheit zerbrochen ist und dessen Stücke jetzt in einen in Silber gefaßten Steinring eingelassen sind. Dieser Stein wird vom Pilger geküßt.
- Danach muß der Pilger siebenmal zwischen zwei Hügeln hin und her laufen, nach heutiger Deutung in Erinnerung an die Suche *Hagars* nach Wasser für ihren Sohn *Isma'il.*[236]

  Die bisher genannten Riten bezeichnet *P. Heine* als den ‚individuellen Teil der Pilgerfahrt', die folgende als ‚kollektiven Teil'. Er muß „zwischen dem 8. u. 12. Tag des Pilgermonats durchgeführt werden"[237].
  Zunächst geht es, zu Fuß oder mit Autos und Bussen, rund 25 km weit durch ein Wüstental zum Berg *Arafat.* Viele sind vorher schon nach Mina – ein kleines Städtchen, 8 km von Mekka entfernt – aufgebrochen und haben dort übernachtet. „Vor diesem Berg findet der zentrale Ritus der Pilgerfahrt statt. Mit dem Ruf ‚Labbaika' (Da bin ich) stellt sich der Gläubige ganz unter die Allgewalt Gottes. In Gebet und Meditation verbringt er die Zeit von Mittag bis zum Sonnenuntergang so in der Zwiesprache mit seinem Herrn ..."[238]. Abends reisen die Pilger zurück und übernachten in einem Ort namens *Muzdalifa.* Von dort geht es am nächsten Tag zurück nach Mina, wo die Pilger drei Tage lang in Zelten wohnen. Diese Rückreise wird als „Flucht" – „ein bestimmter Teil" muß im

[236] Isma'il ist im Koran ein Sohn Abrahams, der zusammen mit ihm die Kaaba in Mekka gereinigt haben soll (S. 2,125). Daneben gibt es noch Isaak, der – wie im Alten Testament – von Abraham geopfert werden sollte (S. 37,99–113). Viele Koraninterpreten identifizieren Isma'il mit Isaak.
[237] P. Heine, Wallfahrt, in: Islam-Lexikon 2, a.a.O. 754.
[238] P. Heine, ebd.

Laufschritt zurückgelegt werden[239] – bezeichnet. Auf eine Steinformation, genannt „Steinhaufen", werfen die Pilger sieben Kieselsteine; danach nehmen sie an Opferfeierlichkeiten teil, die an diesem Tag auch in der ganzen islamischen Welt – das „Opferfest" *(id al-adha)* – begangen werden. In Mina werden Tausende von Schafen oder Ziegen – in Erinnerung an das Opfer Abrahams – geschlachtet, von denen die Gläubigen auch essen dürfen. Danach lassen sich alle männlichen Pilger rituell rasieren und die Haare schneiden, Frauen wird meist nur eine Locke abgeschnitten. Nun geht es zurück nach Mekka, wo wiederum die *Kaaba* umrundet wird, womit der rituelle Teil der Wallfahrt beendet ist. Viele Pilger besuchen anschließend noch andere Orte, die nach Koran oder Sunna an den Propheten erinnern, vor allem natürlich das Grab Mohammeds in Medina.

6.3.1.6 Eine sechste Pflicht, der heilige Krieg *(Dschihad)*

Diesen fünf Säulen wurde und wird in manchen Epochen noch eine *sechste Pflicht* hinzugefügt, der *Dschihad,* der heilige Krieg. Im Koran wird der Kampf gegen die Ungläubigen zur Pflicht gemacht (S. 8,39):
„Und kämpft gegen sie, bis niemand (mehr) versucht, (Gläubige zum Abfall vom Islam) zu verführen, und bis nur noch Gott verehrt wird".
Oder S. 9,36*: „... Und kämpft allesamt (?) gegen die Heiden, sowie sie ... gegen euch kämpfen!"*
Oder 9,5: *„Und wenn nun die heiligen Monate abgelaufen sind, dann tötet die Heiden, wo (immer) ihr sie findet, greift sie, umzingelt sie und lauert ihnen überall auf!"*
So sollen die Muslime für ihren Glauben kämpfen (vgl. auch S. 8,30; 2,217; 61,8), sie sollen mit ihrem Leben und Vermögen für den Glauben einstehen (S. 61,11; 9,41), und für den Kampf wird ihnen Lohn zugesagt:
„Diejenigen aber, die das diesseitige Leben um den Preis des Jenseits verkaufen, sollen um Gottes willen kämpfen. Und wenn einer um Gottes willen kämpft, und er wird getötet – oder er siegt –, werden wir ihm (im Jenseits) gewaltigen Lohn geben" (S. 4,74).
Ähnlich verspricht S. 48,17 im Zusammenhang mit einem Aufruf zum Kampf:
„Wer nun Gott und seinem Gesandten gehorcht, den läßt er (dereinst) in Gärten eingehen, in deren Niederungen (w. unter denen) Bäche fließen. Wer sich aber abwendet (und dem Rufe Gottes nicht folgt), dem läßt er eine harte Strafe zukommen".
Vor allem diese Verheißung hat – vergleichbar ähnlichen Versprechungen auf christlicher Seite während der Kreuzzüge – enorme kämpferische Ener-

[239] Watt/Welch, Islam I, a.a.O. 338.

gien freigesetzt. Ziel ist, die ganze Menschheit zu islamisieren; so heißt es in S. 9,33:
„Er ist es, der seinen Gesandten mit der Rechtleitung und der wahren Religion geschickt hat, um ihr zum Sieg zu verhelfen über alles, was es (sonst) an Religion gibt ...“. Vgl. auch 3,110: *„Ihr (Gläubigen) seid die beste Gemeinschaft, die unter den Menschen entstanden ist“.*
Aus diesen Schriftstellen leitete das mittelalterliche Rechtssystem die strikte Forderung nach dem Einsatz militärischer Mittel für die Verbreitung des Islam ab. Die ganze Welt wurde in zwei Bereiche eingeteilt, das „Gebiet des Islam“ *(dar al-Islam)* und das „Gebiet des Krieges“ *(dar al-harb)*. Wenn es einmal friedliche Regelungen gab, wurde das „Gebiet des Krieges“ als „Gebiet des Vertrags“ bezeichnet. Nach *A.Th. Khoury* ist der „Heilige Krieg ... Pflicht der Gemeinschaft, aber eine ständige Pflicht. Die islamische Gemeinschaft muß sich ständig für die Sache des Islams gegen die Nicht-Muslime einsetzen, um den universalen Anspruch des Islams als Religion und als sozial-politischer Machtträger durchzusetzen. Der Heilige Krieg ist also ein ständiger Einsatz, er hört erst auf, wenn alle Menschen den Glauben an Gott angenommen oder gar sich zum Islam bekannt haben“[240]. Allerdings kam es in Epochen, in denen man sich mit übermächtigen politischen Größen arrangieren mußte, auch zu einer positiven Wertung des Friedens. „Der offene Einsatz für den Islam wurde dann durch eine zwar theoretisch weiterhin bestehende, aber im praktischen Alltag ruhende Pflicht ersetzt“[241].
In jüngerer Zeit finden sich aber auch im Islam kritische Stimmen gegenüber diesen rigiden Vorstellungen. Zwar wagt man nicht, die Verpflichtung zum heiligen Krieg zu bestreiten, aber man erklärt sie zum „kleinen Einsatz“. „‚Der große Einsatz‘ ist geistlicher Natur und besteht im Einsatz des Herzens, in der täglichen Bemühung um einen aufrichtigen Glauben und einen wirksameren Gehorsam gegenüber Gott und seinen Gesetzen“[242].

6.4 Ethisch-rechtliche Vorstellungen in einem spezielleren Sinn

Die ethischen Auffassungen des Koran lassen sich oft nur hinter den rechtlichen Regelungen erkennen, aus denen sie herausgelöst werden müssen. Die wichtigste muslimische Pflicht ist die zur Gerechtigkeit, die ja auch das zentrale Spezifikum Allahs ist:
„Ihr Gläubigen! Steht (wenn ihr Zeugnis ablegt) Gott gegenüber als Zeugen für die Gerechtigkeit ein! Und der Haß, den ihr gegen (gewisse) Leute hegt,

---

[240] A.Th. Khoury, Heiliger Krieg, in: Islam-Lexikon 2, a.a.O. 353.
[241] A.Th. Khoury, ebd. 354.
[242] A.Th. Khoury, ebd.

soll euch ja nicht dazu bringen (?), daß ihr nicht gerecht seid. Seid gerecht! Das entspricht eher der Gottesfurcht" (S. 5,8).
Diese Forderung wird im Koran rechtlich zugespitzt zu einem rigorosen Strafrecht, einem *ius talionis* im Sinne der aus archaischen Traditionen z.B. des Alten Testaments stammenden Forderungen „Auge um Auge, Zahn um Zahn". Wer z.B. „*gegen Gott und seinen Gesandten Krieg*" führt, soll bestraft werden, „*daß sie umgebracht oder gekreuzigt werden, oder daß ihnen wechselweise (rechts oder links) Hand und Fuß abgehauen wird, oder daß sie des Landes verwiesen werden ... Und im Jenseits haben sie (überdies) eine gewaltige Strafe zu erwarten*" (S. 5,33).
Über diese „politische" bzw. kriegsrechtliche Regelung hinaus gilt das *ius talionis* auch ganz allgemein innerhalb der Umma:
„*Ihr Gläubigen! Bei Totschlag ist euch die Wiedervergeltung vorgeschrieben. Ein Freier für einen Freien, ein Sklave für einen Sklaven und ein weibliches Wesen für ein weibliches Wesen ... Die Wiedervergeltung sichert euch das Leben" (S. 2,178.179).*
Allerdings kann der zur Blutrache Berechtigte statt der „*Wiedervergeltung durch Tötung*" auch ein „*Blutgeld*" verlangen. „*Das ist (...) eine Erleichterung und Barmherzigkeit von seiten eures Herrn*" (S. 2,178).
Auch für einen Diebstahl gelten drastische Strafen:
„*Wenn ein Mann oder eine Frau einen Diebstahl begangen hat, dann haut ihnen die Hand ab! (...) Zum Lohn für das, was sie begangen haben, und als warnendes Exempel von seiten Gottes*" (S. 5,38).
Ähnlich wird auch Unzucht geahndet:
„*Wenn eine Frau und ein Mann Unzucht begehen, dann verabreicht jedem von ihnen hundert (Peitschen)hiebe! Und laßt euch im Hinblick darauf, daß es (bei dieser Strafverordnung) um die Religion Gottes geht, nicht von Mitleid mit ihnen erfassen, wenn (anders) ihr an Gott und den Jüngsten Tag glaubt!*" (S. 24,2).
Gelegentlich wird darauf hingewiesen, daß Geduld und Nachsicht gegen andere (S. 3,134; S. 28,54) sowie Freundlichkeit und Verzeihen (S. 2,263) verdienstvoll sind oder Gott dem Reuigen auch „Abscheuliches" vergeben kann (S. 3,135.136), aber grundsätzlich bleibt es beim Vergeltungsgedanken. Dieser mag von christlicher Ethik oder von heutiger Sicht her in seinen harten Anwendungen wie eine Verletzung grundlegender Menschenrechte erscheinen. Dabei muß allerdings bedacht werden, daß er zumindest in koranischer Zeit den damaligen Anforderungen an Gerechtigkeit entsprach. Wie in vielen frühen Gesellschaften – und diese konservierten sich in nomadischem Umfeld recht lange –, scheint das *ius talionis* sogar notwendig gewesen zu sein: Schließlich fehlen hier andere Möglichkeiten der strafrechtlichen Regelung, z.B. Gefängnisse, oder gesellschaftliche Institutionen, die den einzelnen bzw. den Sippen die Kompetenz zur Bestrafung hätten abnehmen können. Unter diesen Umständen wäre der Verzicht auf Blutrache oder andere drakonische Maßnahmen ein Verstoß gegen die Gerechtigkeit gewesen.

Anders sieht es natürlich aus, wenn dieses Recht in heutigen Gesellschaften angewandt wird. Man darf vermuten, daß die strikte strafrechtliche Vergeltung z.Zt. der Endredaktion des Koran in jetzt mehr städtischen und von Judentum und Christentum geprägten Gesellschaften nicht mehr in dieser Weise üblich war. Dann müßten die entsprechenden Passagen altes Traditionsgut sein, das auf arabische und beduinische Anschauungen zurückgeht. Vielleicht sind die im Koran ebenfalls zu findenden mildernden Aussagen zur positiven Wertung des Verzichts auf die rigiden Bestimmungen spätere Korrekturen.

Aus der Verpflichtung zur Gerechtigkeit leitet sich eine Fülle von Einzelvorschriften ab: Das Zinsnehmen wird untersagt (S. 2,278.279), weil dies unter den damaligen ökonomischen Bedingungen als Wucher und Unrecht erscheinen mußte; bei Handelsgeschäften muß nach Maß und Gewicht abgerechnet werden (S. 6,152); anvertrautes Gut muß vereinbarungsgemäß zurückgegeben werden (z.B. S. 70,32); niemand soll ungerecht behandelt werden (S. 60,8); unter Eid gegebene Versprechen müssen eingehalten werden (S. 16,91) usf.

Der Koran bietet sogar eine dem biblischen Dekalog vergleichbare Zusammenfassung wesentlicher ethischer Normen, den „islamischen Dekalog“ (12 Artikel, S. 17,22–38):

„22 Setz nicht (dem einen) Gott einen anderen Gott zur Seite, damit du (schließlich) nicht getadelt und verlassen dasitzt! 23 Und dein Herr hat bestimmt, daß ihr ihm allein dienen sollt. Und zu den Eltern (sollst du) gut sein. Wenn einer von ihnen (Vater oder Mutter) oder (alle) beide bei dir (im Haus) hochbetagt geworden (und mit den Schwächen des Greisenalters behaftet) sind, dann sag nicht ‚Pfui!‘ zu ihnen und fahr sie nicht an, sondern sprich ehrerbietig zu ihnen, 24 und senke für sie in Barmherzigkeit den Flügel der (Selbst)erniedrigung (d.h. benimm dich ihnen gegenüber aus Barmherzigkeit freundlich und gefügig?) und sag: ‚Herr! Erbarm dich ihrer (ebenso mitleidig), wie sie mich aufgezogen haben, als ich klein (und hilflos) war!‘ 25 Euer Herr weiß sehr wohl, was ihr in euch bergt. (Er erkennt) falls ihr rechtschaffen seid (euren guten Willen an, auch wenn ihr seinen Geboten nicht durchweg nachzukommen vermögt). Den Bußfertigen ist er bereit zu vergeben. 26 Und gib dem Verwandten, was ihm (von Rechts wegen) zusteht, ebenso dem Armen und dem, der unterwegs ist (oder: dem, der dem Weg (Gottes) gefolgt (und dadurch in Not gekommen) ist; w. dem Sohn des Wegs)! Aber sei (dabei) nicht ausgesprochen verschwenderisch! 27 Diejenigen, die verschwenderisch sind, sind Brüder der Satane. Und der Satan ist seinem Herrn gegenüber undankbar. 28 Und falls du dich von ihnen abwendest (ohne ihnen etwas zu geben), indem du erwartest, daß dein Herr, wie du hoffst, sich (ihrer) erbarmen wird (oder: indem du (auf Grund eigener Bedürftigkeit) erwartest, daß dein Herr, wie du hoffst, sich (deiner) erbarmen (und deine eigene Not beheben) wird?), dann sprich wenigstens begütigend zu ihnen! 29 Mach nicht, daß deine Hand (gleichsam) an deinen Hals ge-

fesselt ist (d.h. knausere nicht mit deinen Gaben)! Aber streck sie (auch) nicht vollständig aus (indem du hemmungslos Geschenke austeilst), damit du (schließlich) nicht getadelt und (aller Mittel) entblößt dasitzt! 30 Dein Herr teilt den Unterhalt (reichlich) zu (w. breitet den Unterhalt (mit offener Hand) aus), wem er will, und begrenzt (ihn auch wieder) (w. mißt (ihn) ab). Er kennt und durchschaut seine Diener (d.h. die Menschen). 31 Und tötet nicht eure Kinder aus Furcht vor Verarmung! Wir bescheren ihnen und euch (den Lebensunterhalt). Sie zu töten ist eine schwere Verfehlung. 32 Und laßt euch nicht auf Unzucht ein! Das ist etwas Abscheuliches – eine üble Handlungsweise! 33 Und tötet niemand, den Gott (zu töten) verboten hat, außer wenn ihr dazu berechtigt seid! Wenn einer zu Unrecht getötet wird, geben wir seinem nächsten Verwandten Vollmacht (zur Rache). Er soll (aber) dann im Töten nicht maßlos sein (und sich mit der bloßen Talio begnügen). Ihm wird ja (beim Vollzug der Rache) geholfen. 34 Und tastet das Vermögen der Waisen nicht an, es sei denn auf die (denkbar) beste Art! (Laßt ihr Vermögen unangetastet) bis sie volljährig geworden ist (und selber darüber verfügen darf)! Und erfüllt die Verpflichtung (die ihr eingeht)! Nach der Verpflichtung wird (dereinst) gefragt. 35 Und gebt, wenn ihr zumeßt, volles Maß und wägt mit der richtigen Waage! So ist es am besten (für euch) und nimmt am ehesten einen guten Ausgang. 36 Und geh nicht einer Sache nach, von der du kein Wissen hast! Gehör, Gesicht und Verstand (w. Herz), – für all das wird (dereinst) Rechenschaft verlangt. 37 Und schreite nicht ausgelassen (und überheblich) auf der Erde einher! Du kannst (ja) weder ein Loch in die Erde machen (?) noch die Berge an Höhe erreichen. 38 Jedes derartige Verhalten ist deinem Herrn zuwider (w. bei deinem Herrn verpönt.)".

Die an dieser Stelle zusammengefaßten Vorstellungen finden sich auch – verstreut – an anderen Stellen des Koran. Insgesamt zeigen sie, daß die in vielen Kulturen und Religionen entwickelten ethischen Grundforderungen auch im Koran gegeben sind.

Darüber hinaus kennt der Koran einige *Taburegelungen.* Ein Speisetabu gilt vor allem für Schweinefleisch (S. 2,167.168; S. 5,4); das Schwein gilt – ohne nähere Begründung, aber wohl in Übernahme des jüdischen Tabus – als unrein. Ebenso wird verboten, Aas zu essen, worunter zum einen verendete, darüber hinaus aber auch nicht-rituell geschlachtete Tiere verstanden werden. Diese Regelung hängt mit einem weiteren Tabu, das den Genuß von Blut betrifft, zusammen: Blut, das noch im Körper eines Tieres ist, gilt als unrein. Deswegen muß die richtige – rituelle – Schlachtung so vorgenommen werden, daß das Blut abfließen kann; zu diesem Zweck werden einem Tier zunächst die Schlagadern durchtrennt.

Zum Genuß von Wein – im späteren Islam generell auf alkoholische Getränke ausgeweitet – finden sich im Koran widersprüchliche Vorstellungen, die wohl auf unterschiedliche Gemeindetraditionen zurückzuführen sind. In S. 16,67 wird recht positiv über den Wein gesprochen:

„Und (wir geben euch) von den Früchten der Palmen und Weinstöcke (zu trinken), woraus ihr euch einen Rauschtrunk macht, und (außerdem) schönen Unterhalt".

S. 4,43 untersagt lediglich, betrunken zum Gebet zu gehen; ansonsten aber wird der Alkoholgenuß nicht kritisiert.

Anders aber sieht es an zwei weiteren Stellen aus:

„Der Satan will (ja) durch Wein und das Losspiel nur Feindschaft und Haß zwischen euch aufkommen lassen und euch vom Gedenken Gottes und vom Gebet abhalten. Wollt ihr denn nicht (damit) aufhören?" (S. 5,91).

Ähnlich: „*Man fragt dich nach dem Wein und nach dem Losspiel. Sag: In ihnen liegt eine schwere Sünde. Und dabei sind sie für die Menschen (auch manchmal) von Nutzen. Die Sünde, die in ihnen liegt, ist aber größer als ihr Nutzen ... So macht Gott euch die Verse (w. Zeichen) klar. Vielleicht würdet ihr nachdenken*" (S. 2,219).

Alles in allem enthält der Koran ethische Auffassungen, die aus der Gerechtigkeit Gottes, die er auch von seinen Gläubigen fordert, abgeleitet sind; er kennt die sehr vielen Religionen gemeinsamen Gebote und Verbote, die besonders im „islamischen Dekalog" zusammengestellt sind, und darüber hinaus einige Vorschriften – wie die Taburegelungen –, die aus dem damaligen Umfeld eingeflossen sind (zu den Fragen einer „Sexualmoral" vgl. den Abschnitt 7 „Die Frau im Islam"). Der Koran schätzt auch, wie an einigen Stellen deutlich wird, den Wert von Geduld, Nachsicht und Reue bzw. Vergebung. Aber diese Korrekturen des Vergeltungsprinzips modifizieren es nur in einigen Aspekten, ohne es grundlegend in Frage zu stellen.

7. Die Rolle der Frau – sowie Ehe und Familie in Koran und Islam

In der islamischen Welt sind die Frauen den Männern gegenüber in einer untergeordneten Position; sowohl im privaten Umfeld wie – erst recht – in politischer, sozialer und wirtschaftlicher Hinsicht haben sie nur eingeschränkte Rechte. Gelegentliche Ausnahmen – der Erfolg einiger Politikerinnen oder Literatinnen – bestätigen, wenn man genauer hinsieht, die Regel.
Nun wäre es falsch, diese Verhältnisse unmittelbar zu vergleichen mit der Rolle der Frau in den heutigen westlichen Gesellschaften und sie von hierher zu beurteilen. Auch in der christlichen Geschichte und ebenso in anderen religiösen Kontexten findet sich eine lange Tradition der Unterprivilegierung oder sogar Mißachtung der Frau. Durch eine Analyse der Rolle der Frau im Islam soll also nicht ein überhebliches Urteil begründet werden. Ebensowenig hilfreich ist die in muslimischen Publikationen vertretene Ansicht, nirgendwo werde die Frau in ihrem Wert höher eingestuft als im Islam. Wenn eine Art von Selbstkritik anklingt, wird allenfalls darauf hingewiesen, daß im Verlauf der Geschichte, in der Sunna, manche Verschlechterung eingetreten sei, der Koran selbst aber räume der Frau mehr Rechte ein.
Im folgenden soll versucht werden, in aller Kürze einige Gesichtspunkte darzulegen, die für ein sachgerechtes Urteil wichtig sind. Leider gibt es nur wenige Publikationen, die für diese Fragestellung nützlich sind.

7.1 Die Stellung der Frau im vorislamischen Arabien

Da alle Autoren, die sich mit diesem Thema befassen, davon überzeugt sind, daß der ganze Koran auf Mohammed zurückgeht, untersuchen sie lediglich die Einflüsse der vorislamischen beduinischen Gesellschaft auf die Auffassungen des Koran. Daran ist zumindest eines richtig: Diese Abhängigkeiten sind stark, insofern sie der Hintergrund für die Predigt Mohammeds sind, und weil auch nach der dynamischen Ausbreitung des Islam die arabischen Eroberer eine Art von Herrenschicht über der ansässigen Bevölkerung bildeten und noch längere Zeit von ihrer beduinischen Herkunft geprägt waren.
Dennoch aber sollte bedacht werden, daß in die Endgestalt des Koran auch jüdische und christliche, vor allem syrisch-christliche, Vorstellungen eingegangen sind. Dies ist sicherlich dort der Fall, wo von Frauen in einer Weise die Rede ist, die nur unter den Bedingungen eines seßhaften oder gar urbanen Lebens Sinn machen. Da es hierzu so gut wie keine Untersuchungen gibt, soll auf diese Zusammenhänge lediglich hingewiesen werden; das vorislamische Arabien bietet auch für das Thema Frau also nicht schon den ganzen Kontext, der zu berücksichtigen wäre. Zudem ist die Quellenlage nicht gut, und es erscheint problematisch, heutige Untersuchungen zu den Lebensum-

ständen bei arabischen Beduinen in die damalige Zeit – über rund anderthalb Jahrtausende hinweg – zu transferieren.[243] So muß vorweg gesagt werden, daß auch die folgenden Darlegungen nur unter Vorbehalt zu lesen sind; sichere Belege fehlen.

„Die wenigen Berichte über die Frauenfrage im vorislamischen Arabien zeugen davon, daß die soziale und rechtliche Stellung der Frau zumindest zwiespältig war“[244]. Wie alle nomadischen Gesellschaften lebten auch die vorislamischen Araber unter patriarchalischen Verhältnissen; die Frauen waren den Männern untergeordnet. Allerdings war es selbst unter diesen Bedingungen unmöglich, die Frauen im Leben der Stämme zu separieren; ihre Arbeitskraft und Mithilfe wurde gebraucht.[245]

Die Mehrheit der Beduinen lebte, was sich auch von den ökonomischen Verhältnissen her nahelegte, monogam. Bei aller Dominanz des Mannes aber wird für die Frau eine Reihe von Rechten behauptet: „Sie konnte ihren Ehemann selbst wählen und sich von ihm auch wieder trennen. Die Kinder gehörten nach Auflösung der Ehe ihr bzw. ihrer Familie“[246]. Auch konnte die Frau nach einer Scheidung jederzeit wieder heiraten. Die Frauen gehörten auch nach der Eheschließung zu ihrer Herkunftsippe, was ihnen einen rechtlichen Schutz gewährte. Vor der Eheschließung wurde eine Morgengabe (arabisch: *mahr*) ausgehandelt, die der künftige Ehemann an die Familie der Frau zahlen mußte – „eine Art Kompensation, ... daß dem Stamm der Frau die Söhne, die sie gebären würde, verlorengingen“[247]. Trotz dieser einigermaßen geschützten Position waren aber die Frauen vom Erbrecht ausgeschlossen.[248]

---

[243] Die gründliche Arbeit z.B. von Hortense Reintjens, Die soziale Stellung der Frau bei den nordarabischen Beduinen unter besonderer Berücksichtigung ihrer Ehe- und Familienverhältnisse, Bonn 1975, bietet eine Felduntersuchung unter heutigen nordarabischen Beduinenstämmen und beschränkt sich zeitlich „vornehmlich auf die letzten 250 Jahre, da für diese Zeit die meisten Quellen vorhanden sind“ (Vorbemerkungen, ohne Seitenzählung). Zwar zieht H. Reintjens, „soweit es die Zuverlässigkeit der Quellen gestattete, Fakten aus der vorislamischen Zeit“ heran und verweist darauf, daß „der Islam für die Beduinenkultur keine Zäsur war“ (ebd.). Dennoch aber wäre es abenteuerlich, ihre Untersuchungsergebnisse schon für eine Darstellung damaliger Verhältnisse zu halten (so z.B. A. Sabbagh und I. Richter-Dridi, vgl. A. 7 und 246).

[244] Klaus Timm, Frau und Familie im neuen Ägypten, in: Klaus Timm/Schahnas Aalami, Die muslimische Frau zwischen Tradition und Moderne. Frauenfrage und Familienentwicklung in Ägypten und Iran, Berlin 1976, 17.

[245] Vgl. I. Richter-Dridi, Frauenbefreiung in einem islamischen Land, a.a.O. 29.30 (mit Verweis auf H. Reintjens!).

[246] Abdulkarim Sabbagh, Frauen im Islam, Würzburg 1986, 30 (mit Verweis auf H. Reintjens, Die soziale Stellung der Frau bei den nordarabischen Beduinen unter besonderer Berücksichtigung ihrer Ehe- und Familienverhältnisse, a.a.O., 52ff., und auf Irmhild Richter-Dridi, a.a.O., 22, die sich in ihren Ausführungen zur vorislamischen Zeit ihrerseits wieder auf H. Reintjens bezieht).

[247] W. Walther, Die Frau im Islam, a.a.O. 35.

[248] I. Richter-Dridi, Frauenbefreiung in einem islamischen Land, a.a.O. 32.

Die meisten Ehen seien allerdings in der Form der *baal-Ehe* geschlossen worden: „Vorherrschende Form war ... die *ba'al-* Ehe (*ba'al* = Herr der Frau), in der die Frau die geringste Rolle hatte“[249]; hierbei handelte es sich um Ehen z.B. mit Kriegsgefangenen[250] oder jedenfalls mit Frauen, die nicht durch eine Sippe rechtlich geschützt waren.
Neben der monogamen Ehe fand sich nach vielen Autoren auch Polygamie, meist in der Form der Polygynie, und – seltener – Polyandrie, wobei der Frau angeblich der Verkehr mit bis zu zehn Männern erlaubt war. Manche Frauen sollen auch unter beduinischen Verhältnissen[251] und besonders in den wenigen Städten hochgeachtete Stellungen eingenommen haben[252], und es wird berichtet[253] – wobei nicht sicher ist, wieweit hier nicht spätere islamische Interessen eine Rolle spielten –, daß es oft zwischen den Geschlechtern lax und zügellos in Kleidung und Benehmen zuging.
Wie in vielen frühen Kulturformen besaßen die Väter das Recht, ihre neugeborenen Kinder zu töten; daraus erklärt sich das koranische Verbot, Kinder wegen möglicher „Verarmung“ zu töten (S. 6,151; 17,31). Bedroht waren hierbei vor allem neugeborene Mädchen, weil sie später weniger effektiv zum Lebensunterhalt der Familie oder – in beduinischen Verhältnissen – zur Verteidigung beitragen konnten; sie wurden dann nach ihrer Geburt lebend im Sand verscharrt. Auch diese Praxis wird durch ihre Kritik im Koran bezeugt (S. 81,8.9; 16,58.59).
Der Islam veränderte wohl die Rolle der Frauen, wobei allerdings unklar ist, worin im einzelnen diese Korrekturen bestehen – weil die vorherigen Verhältnisse nicht sicher greifbar sind – und ob sie zum Besseren führten: „Umstritten ist, ob und inwieweit sich mit der Herausbildung des Islam die gesellschaftliche Position der arabischen Frau verschlechterte oder verbesserte. Apologeten und Opponenten des Islam vertreten in dieser Frage einander entgegengesetzte Ansichten und unter Islam-Wissenschaftlern sind die Meinungen gleichermaßen konträr“[254].

7.2 Mohammed und die Frauen[255]

Während seiner mekkanischen Zeit lebte Mohammed laut Sunna monogam mit Khadidscha. In der Regel wird dieser Umstand so erklärt, daß diese Frau

249 I. Richter-Didri, ebd.
250 Vgl. H. Reintjens, Die soziale Stellung der Frau, a.a.O. 52.
251 Vgl. o. 2.1.
252 Vgl. z.B. K. Timm, Frau und Familie im neuen Ägypten, a.a.O. 17.
253 Vgl. K. Timm, ebd.17.
254 K. Timm, ebd. 17.
255 Vgl. hierzu und zu den folgenden Kapiteln auch das detailreiche, aber recht unkritische Buch von Fatema Mernissi, Der politische Harem. Mohammed und die Frauen (franz. Original: „Le harem politique – Le Prophète et les femmes“, Paris 1989, übers. von Veronika Kabis-Alamba), Frankfurt o.J.

ihm wirtschaftlich überlegen war und somit Schutz bot. Nach dem Tod Khadidschas und dem Umzug nach Medina heiratete Mohammed eine Reihe weiterer Frauen und hatte Sexualkontakte mit seinen Sklavinnen.
Der Koran selbst nennt hierbei keine Namen und keine Zahlen; nähere Angaben finden sich in der späteren Sunna, die insgesamt 13 Gattinnen – die Sklavinnen nicht gerechnet – aufzählt und recht differenzierte biographische Angaben enthält, deren historischer Wert allerdings gering ist. Aber auch nach dem Koran muß die Zahl höher gelegen haben als die muslimische Norm von vier Frauen; denn S. 33,50–52, rechtfertigt diese Abweichung:
„50 Prophet! Wir haben dir zur Ehe erlaubt: deine (bisherigen) Gattinnen, denen du ihren Lohn (d.h. ihre Morgengabe) gegeben hast; was du (an Sklavinnen) besitzt, (ein Besitz, der) dir von Gott (als Beute) zugewiesen (worden ist); die Töchter deines Onkels und deiner Tanten väterlicherseits und deines Onkels und deiner Tanten mütterlicherseits, die mit dir ausgewandert sind; (weiter) eine (jede) gläubige Frau, wenn sie sich dem Propheten schenkt und er (seinerseits) sie heiraten will. Das (letztere ?) gilt in Sonderheit für dich im Gegensatz zu den (anderen) Gläubigen. Wir wissen wohl, was wir ihnen hinsichtlich ihrer Gattinnen und ihres Besitzes (an Sklavinnen) zur Pflicht gemacht haben. (Die obige Verordnung ist eine Sonderregelung für dich) damit du dich nicht bedrückt zu fühlen brauchst (wenn du zusätzliche Rechte in Anspruch nimmst) ... 51 Du kannst abweisen (...) oder bei dir aufnehmen, wen von den (genannten) Frauen du willst ... 52 Künftig sind dir keine (weiteren) Frauen (zur Ehe) erlaubt, und (es ist dir) nicht (erlaubt, neue) Frauen (w. sie) gegen Gattinnen (die du bisher gehabt hast) einzutauschen, auch wenn ihre Schönheit dir gefallen sollte (...), ausgenommen was du (an Sklavinnen) besitzt. Gott paßt auf alles auf".
Üblicherweise werden diese Verse so interpretiert, daß Mohammed selbst hier mit erstaunlicher Offenheit seine große Zahl von Ehen mit einem Sonderrecht begründe. Darüber hinaus habe er in S. 33,6 diese Frauen zu „Müttern der Gläubigen" erklärt, was heißt, „daß sie nach seinem Tod keine neuen Ehen mehr eingehen durften"[256]. *Paret* meint: „Die Offenheit, mit der hier in einem heiligen Text über diese Dinge gesprochen wird, wirkt verblüffend und zugleich entwaffnend. Sie bricht jeder weiteren Kritik die Spitze ab"[257].
Vielleicht ist diese Meinung zutreffend. Aber vieles spricht dafür, daß die zitierten Koranverse nicht von Mohammed selbst stammen. Es ist schon schwer vorstellbar, daß ein Mann seinen Verstoß gegen die selbst verkündete Regel (vier Frauen) mit einer Offenbarung Allahs über Sonderrechte begründet. Noch weniger kann man annehmen, daß ein Mann seine aus ganz anderen Gründen geheirateten und dazu oft noch recht jungen – und wohl auch

[256] R. Paret, Mohammed und der Koran, a.a.O. 143.
[257] Ebd. 144.

kindlichen[258] – Ehefrauen zu „Müttern der Gläubigen“ stilisiert. Ebenso scheint V. 52 das Wissen vorauszusetzen, daß Mohammed von einem bestimmten Zeitpunkt an – die Sunna gibt ein Alter von 60 Jahren an – nicht mehr geheiratet hat. Viel wahrscheinlicher ist es also, daß die spätere Überlieferung von Mohammeds Regelverstoß wußte und sein Verhalten mit einer Offenbarung rechtfertigte, und auch erst in einigem Zeitabstand kann man aus jungen Ehefrauen „Mütter der Gläubigen“ machen. Welchen „Sitz im Leben“ sollte eine solche Aussage zu Lebzeiten Mohammeds haben? Darüber hinaus erweckt die Aufzählung der verschiedenen Kategorien von Ehefrauen den Eindruck einer Sortierung nach unterschiedlichen rechtlichen Merkmalen, auch dies ein Hinweis auf posthume Bewältigung seitens rechtsgelehrter Muslime.

Der Koran geht auf ein weiteres Problem ein: Mohammed hatte die Frau seines „Nennsohnes“ – nach Scheidung von ihrem Mann – geheiratet. Der Sunna zufolge handelte es sich um *Zainab*, die Frau seines Adoptivsohnes *Zaid*, die er „im bloßen Untergewand“ gesehen und von der er „begeistert“ war, so daß er sie ihm, nachdem sich *Zaid* von ihr getrennt hatte, „sozusagen weggeheiratet hat“[259].

S. 33,37–40 rechtfertigt dieses Vorgehen wiederum mit einer Offenbarung Allahs; er ist es, der sie Mohammed zur Frau gegeben hat. Dieses Verhalten wird dann gleich zu einer allgemeinen Regel gemacht:

„37 ... damit die Gläubigen sich (künftig) wegen (der Ehelichung) der Gattinnen ihrer Nennsöhne, wenn diese (w. sie) ihr Geschäft mit ihnen erledigt haben [gemeint ist die Scheidung, Verf.], nicht bedrückt fühlen sollten ... 38 Und der Prophet braucht sich wegen dessen, was Gott für ihn verordnet hat, nicht bedrückt zu fühlen. Auch bei denen, die früher dahingegangen sind, ist Gott so verfahren“.

Gerade diese Ausführungen wurden später als anstößig empfunden – „der fromme Hasan von Basra (gest. 728) bemerkt dazu, dies sei der schlimmste dem Propheten geoffenbarte Vers“[260] – und somit als Erweis, daß Mohammed sogar solche Offenbarungen nicht unterdrückt habe. In Wirklichkeit aber verhält es sich wohl umgekehrt: Anstößig ist das Verhalten Mohammeds, die koranische Tradition versucht mühsam, den Ärgernischarakter zu beheben. Auch hier muß man wohl annehmen, daß die Überlieferung von dem Vorgehen Mohammeds wußte und dieses rechtfertigen wollte. Sie tat das in S. 33 mit dem Hinweis darauf, das sei – gegen Bedenken, die Mohammed selbst hatte – ein Befehl Allahs gewesen, ohnehin künftig für alle Muslime erlaubt und auch schon die Praxis der gläubigen Vorfahren ge-

---

[258] So war nach der Sunna 'Aischa erst neun Jahre alt, als der etwa 53jährige Prophet sie heiratete und sexuell mit ihr verkehrte; bei seinem Tod sei sie erst 18 Jahre alt gewesen (M. Forward, Mohammed – der Prophet des Islam, a.a.O. 138.144.145).

[259] R. Paret, a.a.O. 144.

[260] R. Paret, ebd. 145.

wesen; so argumentiert man im nachhinein, um von der mittlerweile kanonischen Gestalt jeden Makel abzuwenden.
Als Resümee läßt sich also festhalten, daß Mohammed sowohl die Polygamie wie auch die besitzrechtlich legitimierte sexuelle „Nutzung" von Sklavinnen praktizierte, wie es zu seiner Zeit üblich war. Über das allen muslimischen Männern zukommende Maß von vier Ehefrauen – Sklavinnen nicht gerechnet – nahm er für sich als Führer der Gläubigen weitere Rechte in Anspruch, die, wie es aussieht, von der Überlieferung nachträglich mit Offenbarungen begründet wurden.

7.3 Die Frau im Koran

7.3.1 Die soteriologische Gleichrangigkeit von Mann und Frau und ihre Gleichheit vor dem Endgericht

Wie zu allen Themen kennt der Koran auch für unsere Fragestellung nur wenige verstreute Einzelaussagen. Wichtig hierbei sind Schilderungen der *jenseitigen Perspektiven,* weil in ihnen deutlich wird, welche „letzte" Rolle den Menschen zugedacht wird.
Hierbei scheinen an fünf Stellen die Frauen in der gleichen Weise wie Männer am künftigen Paradiesesglück beteiligt zu sein; in den Passagen zur Hölle und dann auch in den entsprechenden zum Paradies ist nur undifferenziert von Ungläubigen oder Sündern die Rede (z.B. S. 39,67–75; 44,43–57 – hier scheint V. 54 Frauen sogar auszuschließen, vgl. weiter unten).
In S. 43,70 heißt es: *„Geht mit euren Gattinnen ins Paradies ein und ergötzt euch (darin) (?)!"*, ähnlich in S. 40,8: *„... und laß sie in die Gärten von Eden eingehen, die du ihnen versprochen hast, (sie) und diejenigen von ihren Vätern, ihren Gattinnen und ihrer Nachkommenschaft, die (in ihrem Erdenleben) fromm waren! ..."*.
An beiden Stellen, ebenso S. 9,71.72, wird deutlich, daß Männer und Frauen dem gleichen Ziel entgegengehen, einem beglückenden Zustand im Paradies; hierbei wird nicht mehr zwischen beiden Gruppen unterschieden.
Auch klingt in S. 40,8 an, daß es für das endgültige Schicksal ein für alle geltendes Kriterium gibt; wer ins Paradies eingehen will, muß selbst „fromm" oder – wie S. 9,71.72 sagt – „gläubig" gewesen sein. Diesen Gesichtspunkt formuliert S. 3,195 ausdrücklich:
„Da erhörte sie der Herr (mit den Worten): Ich werde keine Handlung unbelohnt lassen (w. verloren gehen lassen), die einer von euch begeht, (gleichviel ob) männlich oder weiblich. Ihr gehört (ja als Gläubige) zueinander (ohne Unterschied des Geschlechts). Darum werde ich denen, die um meinetwillen ausgewandert und aus ihren Häusern vertrieben worden sind und Ungemach erlitten haben, und die gekämpft haben und dabei getötet worden

sind, ihre schlechten Taten tilgen, und ich werde sie in Gärten eingehen lassen, in deren Niederungen (w. unter denen) Bäche fließen. (Das soll ihre) Belohnung von seiten Gottes (sein). Bei Gott wird man (dereinst) gut belohnt". Ähnlich heißt es in S. 4,124: *„Diejenigen aber, die handeln, wie es recht ist, (gleichviel ob) männlich oder weiblich, und dabei gläubig sind, werden (dereinst) ins Paradies eingehen ..."* (vgl. S. 16,97; 40,40).

Männer und Frauen sind also soteriologisch – im Hinblick auf das Jenseits – gleichgestellt und werden für ihr Handeln von Gott auf gleiche Weise belohnt oder bestraft. Allerdings ist zu berücksichtigen, daß die ethischen Anforderungen für Männer und Frauen inhaltlich durchaus verschieden sein können. Die allgemeinen Forderungen aber sind die gleichen:

(S. 33,35) *„Was muslimische Männer und Frauen sind, Männer und Frauen, die gläubig, die (Gott) demütig ergeben, die wahrhaftig, die geduldig, die bescheiden sind, die Almosen geben, die fasten, die darauf achten, daß ihre Scham bedeckt ist (...) und die Gottes ohne Unterlaß (w. viel) gedenken, – für sie (alle) hat Gott Vergeltung und gewaltigen Lohn bereit".*

Ebenso ist S. 9,71.72 zu verstehen, die darüber hinaus sogar von einem freundschaftlichen Verhältnis von Männern und Frauen spricht:

„71 Und die gläubigen Männer und Frauen sind untereinander Freunde (und bilden eine Gruppe für sich) ... 72 Gott hat den gläubigen Männern und Frauen Gärten versprochen, in deren Niederungen (w. unter denen) Bäche fließen, daß sie (ewig) darin weilen, und gute Wohnungen in den Gärten von Eden. Aber Wohlgefallen Gottes bedeutet (noch) mehr (als all dies). Das ist das große Glück".

Diese positiven Aussagen[261] aber werden konterkariert durch S. 44,51–57, die die (irdischen) Frauen und Gattinnen vom Paradies auszuschließen scheint; im Paradies finden sich nur Männer, denen zu ihrer Freude „großäugige Huris" – bei ihnen handelt es sich offensichtlich nicht um die ehemaligen Gattinnen – gegeben werden:

„51 Die Gottesfürchtigen (dagegen) befinden sich an einem sicheren Standort, 52 in Gärten und an Quellen, 53 in Sundus- und Istabraq-Brokat gekleidet (auf Ruhebetten) einander gegenüber(liegend). 54 So (ist das). Und wir geben ihnen großäugige Huris als Gattinnen, 55 und sie verlangen darin (d.h. in den Paradiesgärten) in Sicherheit (und Frieden) nach allerlei Früchten. 56 Sie erleiden darin nicht den Tod, abgesehen vom ersten Tod (mit dem sie ihr Erdenleben beschlossen haben). 57 (All das kommt ihnen zu) aus Huld von deinem Herrn. Das ist (dann) das große Glück".

Bisher ließ sich diese Stelle (und ähnliche, in denen von Huris die Rede ist) am besten so erklären, daß sich hier eine andere Gemeindetradition niedergeschlagen hätte; diese hätte dann für die Frauen soteriologisch eine andere – oder keine – Perspektive vorgesehen. Neuerdings gibt es den Vorschlag eines

---

[261] Von Muslimen wird für diesen Zusammenhang auch S. 2,187 angeführt, die wohl eine andere Aussageabsicht hat; vgl. u. 7.3.2.

pseudonymen Autors, sehr viele Koranpassagen auf eine neue Weise zu lesen: als arabische Transskription syrischer Sätze oder Begriffe.[262] Unter dieser Hypothese gewänne S. 44,54 einen anderen Sinn: statt von „großäugigen Huris" wäre dann von „frischen beerenartigen Früchten" die Rede, die Gott den Gottesfürchtigen im Paradies geben will;[263] dann würde sich auch der V. 55 logisch ohne Bruch anschließen. Sollte diese Hypothese zutreffend sein, ergäbe sich nicht das Problem, im Koran an dieser Stelle zwei sich widersprechende Lehren über das Paradies annehmen und erklären zu müssen. Zwar ist in S. 44,51–57 nicht ausdrücklich von Frauen die Rede, aber sie könnten unter dem Begriff „die Gottesfürchtigen" mitgemeint sein.

7.3.2 Sexualität, besitzrechtliches Denken und die untergeordnete Rechtsstellung der Frau

Die eheliche, besitzrechtlich gedachte sexuelle Gemeinschaft ist für den Koran und auch im Islam der Regelfall. Für Ehelosigkeit oder geschlechtliche Enthaltsamkeit gibt es keinen Raum:

„Und verheiratet diejenigen von euch, die (noch) ledig sind, und die Rechtschaffenen von euren Sklaven und Sklavinnen!" (S. 24,32).

Zwar ist eine Enthaltsamkeit von Männern aus Frömmigkeit nicht zu tadeln, aber: *„außer gegenüber ihren Gattinnen, oder was sie (an Sklavinnen) besitzen"* (S. 70,29.30). Auf diese soll sich also eine mögliche Enthaltsamkeit nicht beziehen. Nur wer *„darüber hinaus (andere Frauen) für sich haben will"*, macht sich schuldig (S. 70,31). Diese Verse sind nur schwer verständlich, weil unklar bleibt, was die nicht zu tadelnde Enthaltsamkeit noch beinhalten soll, da sie gegenüber den – möglicherweise vier – Gattinnen und den Sklavinnen nicht gilt und sexuelle Praxis darüber hinaus (V. 31) ohnehin Sünde ist.

S. 2,187 erlaubt den ehelichen Geschlechtsverkehr – anders als in früheren (jüdischen oder christlichen?) Vorschriften – auch während der Nächte in der Fastenzeit, weil dieses Verbot ohnehin nicht einzuhalten sei:

„Es ist euch erlaubt, zur Fastenzeit bei Nacht mit euren Frauen Umgang zu pflegen. Sie sind für euch, und ihr für sie (wie) eine Bekleidung. Gott weiß (wohl), daß ihr (solange der Umgang mit Frauen während der Fastenzeit auch bei Nacht als verboten galt) euch (immer wieder) selber betrogen habt. Und nun hat er sich euch (gnädig) wieder zugewandt und euch verziehen. Von jetzt ab berührt sie (unbedenklich) und geht dem nach, was Gott euch (als Zugeständnis für die Nächte der Fastenzeit) bestimmt hat, und eßt und trinkt, bis ihr in der Morgendämmerung einen weißen von einem schwarzen

---

[262] Vgl. o. 4.3.5.2.

[263] In einem ähnlichen Sinn müßte „Huri" wohl auch in S. 37,48 verstanden werden; in der Version der jetzigen Lesart sind die Vv. 47–49, gelinde gesagt, recht dunkel.

Faden unterscheiden könnt! Hierauf haltet das Fasten durch bis zur Nacht! Und berührt sie nicht, während ihr (zur Andacht) an den Kultstätten verweilt! ...".

Sexuelle Praxis ist also der Normalfall, der möglichst wenig eingeschränkt werden soll.

Die Aussage, daß Männer und Frauen einander Bekleidung sind, soll nicht ihre Gleichrangigkeit ausdrücken, sondern ist in diesem Zusammenhang ein Bildausdruck für ihr Nebeneinanderliegen beim Geschlechtsverkehr: „Das tertium comparationis dieses bildhaften Ausdrucks ist wohl das Anliegen am Körper"[264]. Dem Kontext nach handelt es sich um eine gnädige Regelung in der Fastenzeit, die sowohl Essen und Trinken wie auch den Geschlechtsverkehr während der Nacht erlaubt; angesprochen sind die Männer.

Diese Ausrichtung auf geschlechtliche Gemeinsamkeit gilt zwar auch für Männer, bestimmt diese aber nicht so exklusiv; sie sind auch noch – und vor allem – Krieger, Rechtsgelehrte, Kaufleute usf. Die Frau aber ist im Koran, und dies hält sich bis in die Gesetzgebung heutiger muslimischer Staaten, beinahe ausschließlich als *Geschlechtswesen* bzw. von der Ehe her verstanden, ihre sonstigen Pflichten – Mutterschaft, Pflege des Hauses usf. – resultieren aus dieser Bestimmung.

Zwar betont der Koran hin und wieder die Gemeinschaft von Männern und Frauen in der Ehe, deren Zweck vor allem die Fortpflanzung ist[265], so in S. 16,72:

„Und Gott hat euch aus euch selber [d.h. aus eurer Rippe, Verf.] Gattinnen gemacht (...). Und aus euren Gattinnen hat er euch Söhne und Enkel (?) gemacht ..." (vgl. auch S. 13,38).

Dennoch aber werden die Überordnung und die größeren Rechte des Mannes stark herausgestellt (S. 4,34):

„Die Männer stehen über den Frauen, weil Gott sie (von Natur vor diesen) ausgezeichnet hat und wegen der Ausgaben, die sie von ihrem Vermögen (als Morgengabe für die Frauen?) gemacht haben. Und die rechtschaffenen Frauen sind (Gott) demütig ergeben und geben acht auf das, was (den Außenstehenden) verborgen ist, weil Gott (darauf) acht gibt (d.h. weil Gott darum besorgt ist, daß es nicht an die Öffentlichkeit kommt). Und wenn ihr fürchtet, daß irgendwelche Frauen sich auflehnen, dann vermahnt sie, meidet sie im Ehebett und schlagt sie! Wenn sie euch (daraufhin wieder) gehorchen, dann unternehmt weiter nichts gegen sie! Gott ist erhaben und groß".

Die Rechte, die hier dem Mann im Umgang mit seinen Ehefrauen eingeräumt werden, entsprechen wohl der Praxis in nicht wenigen früheren Kulturen. Der Mann steht von Natur aus über der Frau, und zudem ist sie ihm – wegen

---

[264] So R. Paret in: Der Koran. Kommentar und Konkordanz, a.a.O. 40.

[265] Die Fortpflanzung als ersten Ehezweck betont die Sunna noch schärfer. Sie überliefert von Mohammed den Spruch: „Eine häßliche (wörtlich schwarze) Frau, die viele Kinder zur Welt bringt, ist besser als eine schöne, die keine bekommt (zitiert nach Ghazzali)" (A.Th. Khoury, Ehe und Familie, in: Islam-Lexikon, Bd. 1, a.a.O. 190).

der geleisteten Morgengabe *(mahr)* und wohl auch des vom Mann gewährleisteten Unterhalts – besitzrechtlich untergeordnet. *Klaus Timm* sieht die Regelungen über Ehe und Familie im „Charakter des Islam als eines ideologischen Ausdrucks der auf Privateigentum beruhenden frühen Klassengesellschaft ..." begründet. „Die Beziehungen zwischen den Ehepartnern und Familienangehörigen werden in Koran und Sunna weitgehend als Geld-, Sach- und Eigentumsbeziehungen (...) dargestellt"[266]. Darüber hinaus spielt eindeutig das Männerrecht auf sexuelle Praxis eine Rolle. *A.Th. Khoury* interpretiert zutreffend: „So ist der Mann das Haupt der Familie und darf von seinen Frauen Gehorsam verlangen. Wenn diese sich auflehnen, dann darf er sie ermahnen und auch im Eheverkehr und durch Züchtigung und Schläge bestrafen"[267]. Es erscheint aber als anstößig, daß Vorstellungen dieser Art Eingang gefunden haben in das kanonische Dokument einer Weltreligion und so zu einer immer neuen Norm auch für heutige Zeiten werden können. Die einzige, den heutigen Erfordernissen entsprechende „Bewältigung" wäre es, diese Passagen eben für kontextuell bedingt – und damit für nicht kanonisch – zu halten; so verfährt der Sache nach der ägyptische Historiker und Theologe *Abu Zaid*, der erklärt, Allah habe sich in solchen Fällen dem Fassungsvermögen der damaligen Zuhörer angepaßt. Dies allerdings führte zu seinem Ausschluß aus der muslimischen Gemeinschaft, so daß von seiner Frau die Scheidung verlangt wurde und beide nach Europa emigrieren mußten.

Die Berechtigung, sich der Frauen – zum Zweck der Zeugung von Nachkommen – uneingeschränkt zu bedienen, ist in S. 2,223 ausgedrückt:

„Eure Frauen sind euch ein Saatfeld. Geht zu diesem (eurem) Saatfeld, wo immer ihr wollt! ..."[268].

In diesem Zusammenhang erscheint die Menstruation als eine lästige Behinderung für den männlichen Geschlechtstrieb (S. 2,222):

„Und man fragt dich nach der Menstruation. Sag: Sie ist eine Plage. Darum haltet euch während der Menstruation von den Frauen fern, und kommt ihnen nicht nahe, bis sie (wieder) rein sind! Wenn sie sich dann gereinigt haben, dann geht zu ihnen, so wie Gott es euch befohlen hat. Gott liebt die Bußfertigen. Und er liebt die, die sich reinigen".

Dennoch kennt der Koran auch Aussagen, in denen das Verhältnis zwischen Mann und Frau tiefere humane Dimensionen anspricht. Wie oben erwähnt,

---

[266] K. Timm, Frau und Familie im neuen Ägypten, a.a.O. 18.19.

[267] A.Th. Khoury, Ehe und Familie, a.a.O. 196.

[268] Wie Fatema Mernissi, a.a.O. 193–198, referiert, sollte nach der Sunna dieser Vers sowohl die Klage einer Frau, deren Mann gewaltsam geworden war, wie einer anderen, die sich gegen die Forderung nach Analverkehr wehrte, beantworten; „und der Himmel gab den beiden Männern recht" (ebd. 194). Hieraus entwickelten sich in der Rechtstradition heftige Diskussionen, die in aller Regel, von wenigen Ausnahmen abgesehen, in den beiden angesprochenen Fragen den obigen Vers im Interesse der Männer auslegte.

spricht S. 9,71 von ihrer Freundschaft, und S. 30,21 redet von Erbarmen und Liebe:
„Und zu seinen Zeichen gehört es, daß er euch aus euch selber Gattinnen geschaffen hat (indem er zuerst ein Einzelwesen und aus ihm das ihm entsprechende Wesen machte), damit ihr bei ihnen wohnet (oder: ruhet). Und er hat bewirkt, daß ihr (d.h. Mann und Frau) einander in Liebe und Erbarmen zugetan seid (w. er hat Liebe und Erbarmen zwischen euch gemacht). Darin liegen Zeichen für Leute, die nachdenken".
Von daher ist Ehe im Islam keineswegs ein bloßes rechtliches Herrschaftsverhältnis zu Gunsten des Mannes; sie wird wohl, wenn sie funktioniert, wie in anderen Kulturen und Religionen die Chance zu einer beglückenden menschlichen Gemeinschaft eröffnen. Allerdings ist ihr eine Ungleichheit zwischen Mann und Frau eingestiftet, die unter den Bedingungen z.B. einer einfachen Land- oder Stadtbevölkerung oder auch sonst in Konfliktfällen der Frau nur wenige Rechte einräumt und eine partnerschaftliche Lösung erschwert. Dies gilt vor allem dann, wenn die Ehe polygam praktiziert wird oder gar noch, wie in früheren Zeiten, ein Besitz von Sklavinnen dazukommt.
Die untergeordnete Stellung der Frau wird auch in weiteren Aussagen über ihre Rechte deutlich. Frauen erben nach koranischer Vorschrift nur die Hälfte dessen, was männlichen Erbberechtigten zusteht (S. 4,11):
„Gott verordnet euch hinsichtlich eurer Kinder: Auf eines männlichen Geschlechts kommt (bei der Erbteilung) gleich viel wie auf zwei weiblichen Geschlechts. Wenn es (ausschließlich) Frauen sind, (und zwar) mehr als zwei (oder: zwei und mehr?), stehen ihnen zwei Drittel der Hinterlassenschaft zu; wenn es (nur) eine ist, die Hälfte ...".
Wenn ein Mann kinderlos stirbt, steht seiner Mutter ein Drittel zu, was ein wenig zu der positiven Schilderung der Mutterrolle in S. 31,14 kontrastiert. Von diesen Regelungen her ist auch die offenere Formulierung in S. 4,7 zu interpretieren:
„Von dem, was die Eltern und nächsten Verwandten hinterlassen, steht den Männern ein (bestimmter) Anteil zu, desgleichen den Frauen. (Das gilt) als gesetzlicher Anteil". Ähnlich heißt es in S. 4,32: *„Und wünscht euch nicht das, womit Gott die einen von euch vor den anderen ausgezeichnet hat! Den Männern steht ein (bestimmter) Anteil zu von dem, was sie erworben haben. Ebenso den Frauen".*
R. Paret kommentiert den Vers: „Es ist nicht recht klar, was mit dem ‚Anteil von dem, was sie (die Männer bzw. Frauen) erworben haben', genauer gemeint ist, im Gegensatz zum folgenden Vers 33 und zum Vers 7, wo ... eindeutig der Anteil am Erbe bezeichnet wird. Bell vermutet, daß ein älterer, allgemein gehaltener Text nach Einführung der Vorschrift über das Erbrecht revidiert worden ist"[269]. Jedenfalls zeigt in heutigen Kontext des Koran der

[269] R. Paret, Der Koran. Kommentar und Konkordanz, a.a.O. 94.

vorangehende Versteil, der dazu auffordert, sich nicht das zu wünschen, womit Gott die einen, wohl die Männer, vor den anderen, wohl den Frauen, ausgezeichnet hat, daß hier an die Frauen appelliert wird, die Bevorzugung der Männer hinzunehmen.
Immer wieder werden die allgemeineren Aussagen über einen je bestimmten Anteil von Frauen und Männern zumindest in den Kontexten spezifiziert im Sinne der geringeren Rechte der Frau, so auch in der muslimischen Überlieferung. In ihr werden diese Einschränkungen für die Frau entweder mit ihrer Minderwertigkeit oder aber auch – positiver – damit begründet, daß männliche Erben, anders als die weiblichen, den Unterhalt der Familie gewährleisten müßten, so daß ihnen ein höherer Anteil am Erbe zukomme. Wie die Begründungen auch lauten mögen, faktisch sind die Frauen am Ende unterprivilegiert.
Auch gelten die Zeugenaussagen von Frauen nicht in gleicher Weise wie die der Männer, wie es z.B. S. 2,282 für die Regelung von Schuldverhältnissen vorsieht:
„... Und nehmt zwei Männer von euch zu Zeugen! Wenn es nicht zwei Männer sein können, dann sollen es ein Mann und zwei Frauen sein, solche, die euch als Zeugen genehm sind, – (zwei Frauen) damit (für den Fall), daß die eine von ihnen sich irrt, die eine (die sich nicht irrt) die andere (die sich irrt, an den wahren Sachverhalt) erinnere ...“.
Diese Irrtumsmöglichkeit wie auch Umstimmbarkeit wird für männliche Zeugen nicht in Erwägung gezogen, so daß sich hier wohl ein grundsätzliches Mißtrauen in die Zuverlässigkeit und Beeinflußbarkeit weiblicher Aussagen niederschlägt.
Klaus Timm ist zuzustimmen, wenn er resümiert: „Trotz einiger günstiger Bestimmungen des Koran ist die Behauptung der islamischen Gelehrten ungerechtfertigt, daß der Platz der islamischen Frau einzigartig in der Welt sei und daß der ‚reine‘, ursprüngliche Islam die persönlichen, zivilen und politischen Rechte der Frau anerkenne und sie im höchsten Grade demokratisch festlege“[270].

7.3.3 Die Polygamie (genauer: Polygynie)

Der Koran erlaubt den Männern in S. 4,3 vier Ehefrauen sowie – mit Sklavinnen – eine unbeschränkte Zahl von Konkubinaten:
„Und wenn ihr fürchtet, in Sachen der (eurer Obhut anvertrauten weiblichen) Waisen nicht recht zu tun, dann heiratet, was euch an Frauen gut ansteht (?) (oder: beliebt?), (ein jeder) zwei, drei oder vier. Wenn ihr aber fürchtet, (so viele) nicht gerecht zu (be)handeln, dann (nur) eine, oder was

[270] K. Timm, Frau und Familie im neuen Ägypten, a.a.O. 18.

ihr (an Sklavinnen) besitzt! So könnt ihr am ehesten vermeiden, unrecht zu tun".

Obwohl an dieser Stelle im Grunde nur von Waisen die Rede ist, die offensichtlich durch eine Ehe versorgt werden sollen, hat der Islam aus ihr eine generelle Erlaubnis, vier Frauen zu heiraten, abgeleitet.

Weil der Mann zur Versorgung seiner Familie verpflichtet ist, fordert der Koran Enthaltsamkeit, bis man „reich" genug ist (S. 24,33). Aber für diese rigorose Forderung bietet er auch Hilfe, die Heirat von Sklavinnen (S. 4,25–28):

„25 Und diejenigen von euch, die nicht so bemittelt sind, daß sie ehrbare gläubige Frauen zu heiraten vermögen, (sollen welche) von euren gläubigen Mägden (heiraten), die ihr (als Sklavinnen) besitzt. Gott weiß sehr wohl über euren Glauben Bescheid. Ihr gehört (als Gläubige) zueinander (ungeachtet der Unterschiede in der sozialen Stellung). Heiratet sie also mit der Erlaubnis ihrer Herrschaft (w. ihrer Leute) und gebt ihnen ihren Lohn (d.h. ihre Morgengabe) in rechtlicher Weise! (Dabei sollen sie sich) als ehrbare Frauen (betragen), nicht als solche, die Unzucht treiben und sich Liebschaften halten. Und wenn sie (durch die Eheschließung) ehrbare Frauen geworden sind und dann etwas Abscheuliches begehen, kommt ihnen die Hälfte der Strafe zu, die (in einem solchen Fall) für die (freigeborenen) ehrbaren Frauen vorgesehen ist. Dies (d.h. die Erlaubnis, Sklavinnen zu heiraten) ist (eine Erleichterung) für diejenigen von euch, die (bei gänzlicher Enthaltsamkeit) fürchten, in Bedrängnis (?) zu kommen. Doch ist es besser für euch, Geduld zu üben (und auf die Heirat von Sklavinnen zu verzichten). Gott ist barmherzig und bereit zu vergeben. 26 Gott will euch Klarheit geben und euch rechtleiten, so wie mit denen verfahren worden ist, die vor euch lebten, und sich euch (gnädig) wieder zuwenden. Er weiß Bescheid und ist weise. 27 Gott will sich euch (seinerseits gnädig) wieder zuwenden. Diejenigen aber, die ihren Gelüsten folgen, wollen, daß ihr (vom rechten Weg) völlig abweicht. 28 Gott will euch Erleichterung gewähren. Der Mensch [gemeint ist: der Mann, Verf.] *ist (ja) von Natur aus schwach".*

Allah hat also großes Verständnis für die Schwächen der Männer.

Es liegt auf der Hand, daß in polygamen Verhältnissen die Frau nicht gleichberechtigte Partnerin ihres Mannes sein kann; sie ist dann eine von mehreren, im Konfliktfall kann die Beziehung mit ihr ohne nennenswerte Folgen für den Mann eingeschränkt werden.

Zwar schlägt S. 4,3 die Einehe – von den Sklavinnen abgesehen – vor, wenn ein Mann fürchtet, mehrere Frauen nicht gerecht behandeln zu können. Daraus folgern reformfreudige Muslime, hier sei, weil niemand allen Frauen auf gleiche Weise zugetan sein könne, letztlich eine muslimische Variante der Monogamie grundgelegt. Doch ist zum einen eine „gerechte" nicht notwendig auch eine „gleiche" Behandlung, zum anderen bietet S. 4,129 die – für Männer – gnädige Ausnahmeregelung, mit der einzigen Einschränkung, daß ein Mann eine seiner Frauen „nicht völlig" vernachlässigen dürfe:

„Und ihr werdet die Frauen, (die ihr zu gleicher Zeit als Ehefrauen habt) nicht (wirklich) gerecht behandeln können, ihr mögt noch so sehr darauf aus sein. Aber vernachlässigt nicht (eine der Frauen) völlig, so daß ihr sie gleichsam in der Schwebe laßt! Und wenn ihr euch (auf einen Ausgleich) einigt und gottesfürchtig seid (ist es gut). Gott ist barmherzig und bereit zu vergeben (...)".

In Summe wird also den Männern viel Barmherziges eingeräumt und damit eine rechtliche und auch faktische Herrschaftsstellung zuerkannt. Wie es mit den Rechten der Frau steht und wo sie die Einhaltung minimaler Kriterien einklagen könnte, bleibt offen. Zwar gibt es einen Satz (S. 2,228), der Männern und Frauen beinahe gleiche Rechte einzuräumen scheint:

„Die Frauen haben (in der Behandlung von seiten der Männer) dasselbe zu beanspruchen, wozu sie (ihrerseits den Männern gegenüber) verpflichet sind, (wobei) in rechtlicher Weise (zu verfahren ist). Und die Männer stehen (bei alledem) eine Stufe höher. Gott ist mächtig und weise".

Dieser Ausspruch aber ist ein wenig dunkel, weil er im Kontext von Ausführungen zur Ehescheidung (S. 2, 226–231) steht. Was aber dort vorher und nachher gesagt wird, läßt keineswegs gleiche Rechte erkennen. Deswegen könnte der zitierte Satz vielleicht auch als eine Einzeltradition aufgefaßt werden, die an falscher Stelle in den Text eingefügt wurde. Dann könnte er sinnvoll gelesen werden und würde in etwa vergleichbare Ansprüche von Mann und Frau – abgesehen von der prinzipiellen Höherstellung des Mannes – einräumen. Wie er aber auch zu verstehen sein mag, er hat keinerlei erkennbare Wirkungsgeschichte gezeitigt.

Die Rechtsstellung der Frauen wird aber in einem Punkt – wohl auch gegenüber der vorislamischen Tradition – verbessert: Sie können nicht gegen ihren Willen vererbt werden (S. 4,19):

„Ihr Gläubigen! Es ist euch nicht erlaubt, Frauen (nach dem Tode ihres Mannes) wider (ihren) Willen zu erben ...".

Wenigstens in diesem Fall muß die Frau um ihre Zustimmung gebeten werden.

Die im Koran erlaubte Polygamie hatte unter beduinischen Verhältnissen sicherlich die Funktion, den Bestand der Stämme zu erhalten; die nomadischen Lebensformen dürften die Frauen vor allzu großer Rechtlosigkeit bewahrt haben. Mit zunehmendem Übergang aber zu feudalen Verhältnissen und großem Reichtum änderte sich die Lage; durch die Verfügungsgewalt über die Produktionsmittel entstand für die Männer „einerseits die Möglichkeit, die Frau in ökonomischer Abhängigkeit zu halten und andererseits ein Interesse, den Besitz zumindest teilweise den Kindern zu vererben. Das setzte jedoch Monogamie der Frau, Unlösbarkeit der Ehe seitens der Frau und alleiniges Recht des Mannes auf alle aus der Ehe hervorgegangenen Kinder voraus"[271]. Ein wenig einschränkend muß aber darauf hingewiesen

[271] K. Timm, ebd. 21.

werden, daß die Polygamie wie auch der Harem in der muslimischen Geschichte meist eine Sache der Mittel- und Oberschicht waren, während der einfachen und ärmeren Bevölkerung die dafür notwendigen ökonomischen Voraussetzungen fehlten. Allerdings wünschen sich nach einer Umfrage der Zeitung „Okaz" noch gegenwärtig 90 Prozent der Männer z.B. Saudi-Arabiens vier Ehefrauen, während die Polygynie von 95 Prozent der dortigen Frauen abgelehnt wird.[272]

7.3.4 Beinahe grenzenloses Männerrecht

Strengstens verboten ist dem muslimischen Mann der Geschlechtsverkehr mit „ehrbaren Ehefrauen" anderer Männer, d.h. im Zusammenhang: mit Ehefrauen, die nicht Sklavinnen sind; denn geschlechtliche Beziehungen zu letzteren werden im folgenden erlaubt, offensichtlich auch, wenn sie, mit anderen Sklaven, verheiratet sind – anders ergäbe der Vers keinen Sinn (S. 4,24):
„Und (verboten sind euch) die ehrbaren Ehe(frauen), außer was ihr (an Ehefrauen als Sklavinnen) besitzt. (Dies ist) euch von Gott vorgeschrieben".
Das Verbot ist also rein besitzrechtlich begründet: Die fremden „ehrbaren Ehefrauen" gehören ihrem Mann, die Sklavinnen aber bleiben, auch wenn sie mit einem anderen Sklaven verheiratet sind, Eigentum ihres Besitzers.
Der oben zitierte Text geht dann folgendermaßen weiter:
„Was darüber hinausgeht, ist euch erlaubt, (nämlich) daß ihr euch als ehrbare (Ehe)männer, nicht um Unzucht zu treiben, mit eurem Vermögen (sonstige Frauen zu verschaffen) sucht. Wenn ihr dann welche von ihnen (im ehelichen Verkehr) genossen habt, dann gebt ihnen ihren Lohn als Pflichtteil! Es liegt aber für euch keine Sünde darin, wenn ihr, nachdem der Pflichtteil festgelegt ist, (darüber hinausgehend) ein gegenseitiges Übereinkommen trefft. Gott weiß Bescheid und ist weise".
Diese „Ehe auf Zeit" ist der Sache nach nichts anderes als ein weitestgehendes Recht für begüterte Männer, sich Frauen gegen Geld zu verschaffen. Daraus entwickelte sich im schiitischen Islam die sogenannte *Muta:* „Sie wird für einen begrenzten Zeitraum, sogar nur für eine Nacht geschlossen. Im Gegenzug wird eine Entschädigung, keine Morgengabe gezahlt"[273].
Ähnlich exzessiv scheint S. 24,33 den Männern zwar zu verbieten, ihre Sklavinnen zur Prostitution zu zwingen, aber zugleich wird ihnen die Vergebung Allahs zugesprochen, wenn sie es dennoch tun:
„Und zwingt nicht eure Sklavinnen, wenn sie ein ehrbares Leben führen wollen, zur Prostitution, um (auf diese Weise) den Glücksgütern des dies-

---

[272] dpa-Meldung (Saarbrücker Zeitung vom 19. 1. 1996).
[273] M. Forward, Mohammed – der Prophet des Islam, a.a.O. 129. Forward meint, daß die Mehrheit der Muslime, vor allem in der Sunna, diese Regelung für „legalisierte Prostitution" halten (ebd.).

seitigen Lebens nachzugehen! Wenn (jedoch) jemand sie (wirklich dazu) zwingt, ist Gott, nachdem dies (nun einmal) geschehen ist (w. nachdem man sie (dazu) gezwungen hat), barmherzig und bereit zu vergeben".

7.4 Ehehindernisse

S. 4,22.23 verbietet es, nahe Verwandte, die im einzelnen aufgelistet sind, zu heiraten: Ehefrauen der Väter, die eigene Mutter, Töchter, Schwestern, Tanten, Nichten, Nährmütter, Nährschwestern, Mütter der eigenen Frauen, Stieftöchter, mit deren Müttern man bereits Verkehr hatte, und Frauen der eigenen Söhne.

Darüber hinaus ist Männern und Frauen die Ehe mit Ungläubigen, also mit Polytheisten verboten (S. 2,221). Der Koran erlaubt aber ausdrücklich die Ehe muslimischer Männer mit Jüdinnen oder Christinnen (S. 5,5). Zum umgekehrten Fall wird nichts gesagt, aber die Sunna verbietet Ehen von Musliminnen mit Juden oder Christen ganz streng, weil in einer Ehe der Mann das Oberhaupt darstellt und somit der Glaube der Muslimin bedroht wäre.

7.5 Die Ehescheidung

Nach dem Koran kann eine Ehescheidung nur vom Ehemann betrieben und durchgesetzt werden. Besondere Begründungen werden nicht verlangt; in S. 4,19 ist davon die Rede, daß einem Mann seine Frau *„zuwider"* ist, in S. 4,20 vom Wunsch des Mannes, *„eine Gattin an Stelle einer anderen eintauschen"* zu wollen.

Wenn ein Mann seine Frau verstößt, muß er eine Wartezeit von vier Monaten einhalten (S. 2,226). Während dieser Zeit soll sie noch bei ihrem Mann wohnen dürfen (S. 65,6):

„Laßt die (entlassenen) Frauen (w. sie) (während ihrer Wartezeit) da wohnen, wo ihr (selber) wohnet, so wie es euren (wirtschaftlichen) Verhältnissen entspricht! Schikaniert sie nicht in der Absicht, sie (im Wohnraum ?) zu beengen (...)!"

Zweimal darf der Mann seine Frau in der Wartezeit wieder zurücknehmen (S. 2,226.229).

„Dann (d.h. nach der zweimaligen Entlassung) (sind die Frauen entweder) in rechtlicher Weise (zu) behalten oder auf ordentliche Weise frei(zu)geben" (S. 2,229).

Ein dritter Versuch ist demnach untersagt. Nur dann kann ein Mann seine frühere Frau noch einmal heiraten, wenn sie zuvor einen anderen Ehemann hatte, von dem sie wiederum geschieden ist (S. 2,230). Die endgültige Verstoßung muß der Ehemann vor zwei Zeugen aussprechen (S. 65,2):

„Und nehmt zwei rechtliche Leute von euch zu Zeugen, und legt (über die endgültige Erledigung der Angelegenheit) vor Gott Zeugnis ab! Das ist eine Ermahnung an diejenigen (von euch), die an Gott und den jüngsten Tag glauben".

Diese vom Ehemann selbst ausgesuchten Zeugen haben ihrerseits aber keinerlei Einwirkungsmöglichkeit.

Die Frau aber muß nach ihrer Entlassung „drei Perioden abwarten", ehe sie wieder heiraten darf, und auf keinen Fall darf sie, *„was (etwa) Gott (als Frucht der vorausgegangenen Ehe) in ihrem Schoß geschaffen hat, verheimlichen"* (S. 2,228).

Einen gewissen Schutz für die entlassenen Frauen bedeutet die Vorschrift, daß ihnen die Morgengabe, die offenbar eine wirtschaftlich interessante Größenordnung haben mußte, nicht genommen werden darf (S. 2,229; S. 4,19.20). Aber auch hier gibt es für den Mann Ausnahmen: *„es sei denn, sie begehen etwas ausgesprochen Abscheuliches"* (S. 4,19). Die Männer werden zwar ermahnt, so etwas nicht als Vorwand zu nehmen (S. 4,20):

„Wollt ihr es (denn etwa) mit Verleumdung (?) (oder: Schandbarkeit?) und offenkundiger Sünde (wieder zu euch) nehmen?"

Das ist aber nicht mehr als ein Appell an den guten Willen der Männer. Immerhin räumt S. 2,229 ein, es sei *„keine Sünde, wenn die Frau sich mit einem gewissen Betrag loskauft"* – für den, wiederum nur schwer (und von wem?) zu definierenden Fall, daß *„die beiden (d.h. Mann und Frau) fürchten, daß sie (hinsichtlich der Ehegemeinschaft) die Gebote Gottes nicht einhalten werden"* (ebd.).

Der Koran stellt fest (S. 2,241):

„Und den entlassenen Frauen steht eine Ausstattung zu (wobei) in rechtlicher Weise (zu verfahren ist). (Dies gilt) als eine Verpflichtung für die Gottesfürchtigen".

Dieser Imperativ soll sicher das Los der entlassenen Frauen verbessern. Aber auch hier gibt es für die Frauen keine Instanz, vor der sie ihr Recht einklagen könnten; es handelt sich mehr um einen Appell an die Fairneß eines Gottesfürchtigen.

Die Morgengabe *(mahr)* soll der Braut vor oder bei der Eheschließung übergeben werden; dies hat allerdings die Folge, daß während der Dauer der Ehe der Mann den Brautpreis verwaltet. Weil viele Muslime zu arm sind, eine nennenswerte Morgengabe zu entrichten, wurde eine Zweiteilung üblich: „Die erste (Morgengabe, Verf.) besteht aus Schmuck und Kleidern, wird vor der Hochzeit übergeben und kann ohne die Zustimmung der Braut nicht zurückgenommen werden. Die zweite ist eine Verpflichtung, die Frau für den Fall, daß die Ehe scheitert, finanziell zu unterstützen"[274]. Was diese Unterstützung wert ist, hängt einmal vom Vermögen des Mannes, zum anderen von seinem Wohlwollen ab, das im Zuge einer Scheidung wohl nicht allzu-

[274] M. Forward, ebd. 125.

groß sein dürfte; für viele Frauen bedeutet also die Scheidung einen Fall in die Armut.
Alles in allem zeigen diese koranischen Regeln, daß im Ernstfall eine Frau nur relativ wenige Rechte hat, obwohl sicherlich Forderungen aufgestellt sind – Erstattung der Morgengabe, Wohnen im Haus während der Wartezeit, Ausstattung nach der Scheidung –, die auf die Lage der Frauen mildernd Rücksicht nehmen. Aber bei alledem gibt es recht viele, für die Männer günstige Abschwächungen; und vor allem hängt das Wohlergehen der Frauen – d.h. ob es zu einer Scheidung kommt und welche finanziellen Regelungen getroffen werden – weitgehend vom guten Willen bzw. der Fairneß der Männer ab.
Darüber hinaus ergibt sich aus den im vorherigen Abschnitt genannten Ehehindernissen, daß Ehen automatisch aufgelöst sind, in denen ein Partner, also auch der Mann, öffentlich zum „Unglauben“, das heißt damals: zum Polytheismus, abfällt. Ebenso müssen Ehen geschieden werden, wenn der Mann Jude oder Christ wird, weil anders der Glaube seiner muslimischen Frau, deren Oberhaupt er ist, gefährdet wäre.
In der *späteren Rechtstradition* bildeten sich noch zwei andere Formen der Ehescheidung aus, die im Koran keine unmittelbare Stütze haben und beide für die Frauen günstigere Regelungen bieten. Zum einen gibt es eine Auflösung der Ehe als „einvernehmliche Trennung (khal’, oder khul’)“[275], zum anderen eine Scheidung durch einen Richterspruch, „auch auf Verlangen der Frau“. Hierbei muß die Frau bestimmte Gründe anführen: „eine unheilbare Krankheit des Mannes, – die Tatsache, daß der Mann keinen Unterhalt mehr zahlt, – die Impotenz des Mannes, von der die Frau vor der Eheschließung nichts gewußt hat oder die erst nach der Heirat eintrat, – die Tatsache, daß der Mann seine Ehepflicht nicht erfüllt, – die zu lange Abwesenheit des Mannes, – die unerträgliche Behandlung der Frau durch den Mann“[276].
Auch das Erziehungsrecht für die Kinder ist in der islamischen Rechtstradition – der Koran sagt nichts zu diesem Thema – grundsätzlich im Interesse der Männer geregelt. Nach einer Scheidung haben sie das Sorgerecht; sollte ein geschiedener Mann sterben, tritt sein nächster männlicher Verwandter in seine Rechte ein. „Kleinkinder, Knaben bis zum 7. und Mädchen bis zum 9. Lebensjahr werden vorerst der Mutter anvertraut“[277].

7.6 Die Kleidung der Frauen

Die Vorschriften über die Kleidung der Frau sind Ausdruck ihres freien oder behinderten Lebens in der Öffentlichkeit, nicht etwa nur eine Sache der

[275] A.Th. Khoury, Ehe und Familie, a.a.O. 195.
[276] Ebd.
[277] A.Th. Khoury, ebd. 196.

Mode. Zu diesem Thema aber kennt der Koran nur einige wenige Aussagen. In ihnen wird, wenn man sie genau liest, keine Verschleierung gefordert, sondern lediglich eine züchtige Kleidung – eine Bedeckung der Scham –; Schmuck, der nach damaliger Sitte am Körper (z.B. am Bauch oder an den Beinen) getragen wurde, darf nur vor den Familienmitgliedern offen getragen werden (S. 24,31):

„Und sag den gläubigen Frauen, sie sollen (statt jemanden anzustarren, lieber) ihre Augen niederschlagen, und sie sollen darauf achten, daß ihre Scham bedeckt ist (w. sie sollen ihre Scham bewahren), den Schmuck, den sie (am Körper) tragen, nicht offen zeigen, soweit er nicht (normalerweise) sichtbar ist, ihren Schal sich über den (vom Halsausschnitt nach vorne heruntergehenden) Schlitz (des Kleides) ziehen und den Schmuck, den sie (am Körper) tragen, niemand (w. nicht) offen zeigen, außer ihrem Mann, ihrem Vater, ihrem Schwiegervater, ihren Söhnen, ihren Stiefsöhnen, ihren Brüdern, den Söhnen ihrer Brüder und ihrer Schwestern, ihren Frauen (d.h. den Frauen, mit denen sie Umgang pflegen?), ihren Sklavinnen (w. dem, was sie (an Sklavinnen) besitzen), den männlichen Bediensteten (w. Gefolgsleuten), die keinen (Geschlechts)trieb (mehr) haben, und den Kindern, die noch nichts von weiblichen Geschlechtsteilen wissen. Und sie sollen nicht mit ihren Beinen (aneinander)schlagen und damit auf den Schmuck aufmerksam machen, den sie (durch die Kleidung) verborgen (an ihnen) tragen (w. damit man merkt, was sie von ihrem Schmuck geheimhalten). Und wendet euch allesamt (reumütig) wieder Gott zu, ihr Gläubigen! Vielleicht wird es euch (dann) wohl ergehen“.

Im gleichen Sinn ist S. 33,59 zu verstehen, die von den weiblichen Mitgliedern des Hauses Mohammeds und von den Frauen der Gläubigen allgemein verlangt, sich züchtig anzuziehen:

„Prophet! Sag deinen Gattinnen und Töchtern und den Frauen der Gläubigen, sie sollen (wenn sie austreten) sich etwas von ihrem Gewand (über den Kopf) herunterziehen. So ist es am ehesten gewährleistet, daß sie (als ehrbare Frauen) erkannt und daraufhin nicht belästigt werden. Gott aber ist barmherzig und bereit zu vergeben“.

R. Paret ergänzt das „Gewand herunterziehen“ durch die Anfügung „über den Kopf“. Das aber steht nicht im Text und ist wohl eine Interpretation von einem späteren Blickwinkel her, als die Verschleierung des Gesichts praktiziert wurde. Verglichen mit der Aussage von S. 24,31 ist wohl nicht mehr gemeint, als daß Frauen ihre Scham bedeckt halten sollen. Ähnlich fordert S. 33,33 von den *„Leuten des Hauses“*, worunter entweder die Familie Mohammeds oder alle „Anhänger des in der Ka'ba symbolisierten reinen Gottesglaubens“[278] zu verstehen sind: *„putzt euch nicht heraus“*.

So kann man feststellen, daß der Koran von den Frauen für ihre Kleidung lediglich die Einhaltung gewisser Minimalregeln verlangt. „Im vorislami-

[278] So ein Vorschlag R. Parets in seiner Übersetzung der Sure.

schen Arabien und im frühen Islam fehlte die völlige Frauenverhüllung offensichtlich (...) ... Die freie Beduinin lebte weder völlig getrennt von den Männern, noch verbarg sie vor ihnen ihr Gesicht"[279]. Weitergehende Vorschriften, der Brauch der *purda,* einer strengen Verschleierung der Frau, haben sich erst im Lauf der geschichtlichen Entwicklung ergeben.

Allerdings gelten laut Koran für die Frauen Mohammeds strengere Sitten – *„Ihr Frauen des Propheten! Ihr seid nicht wie (sonst) jemand von den Frauen"* (S. 33,32)[280] –; das gleichzeitig für sie aufgestellte Verbot zu heiraten, scheint den Tod Mohammeds und diesbezügliche Absichten seitens einiger seiner Ehefrauen vorauszusetzen. Aus diesen Tendenzen scheint auch, umgekehrt, die Vorschrift, mit Fremden nur „hinter einem Vorhang" zu sprechen, zu resultieren (S. 33,53–55):

„53 ... Und wenn ihr die Gattinnen des Propheten (w. sie) um (irgend) etwas bittet, das ihr benötigt, dann tut das hinter einem Vorhang! Auf diese Weise bleibt euer und ihr Herz rein (w. Das ist reiner für euer und ihr Herz). Und ihr dürft den Gesandten Gottes nicht belästigen und seine Gattinnen, wenn er (einmal) nicht mehr da ist, in alle Zukunft nicht heiraten. Das würde bei Gott schwer wiegen (w. Das wäre bei Gott gewaltig). 54 Ob ihr nun etwas geheimhaltet oder es kundtut, Gott weiß über alles Bescheid. 55 Es ist keine Sünde für sie (d.h. die Gattinnen des Propheten) (ohne Vorhang mit Männern zu verkehren), wenn es sich um ihren Vater, ihre Söhne, ihre Brüder, die Söhne ihrer Brüder und ihrer Schwestern, ihren Frauen (d.h. die Frauen, mit denen sie Umgang pflegen?) und ihre Sklavinnen handelt. Fürchtet Gott (ihr Frauen)! Er ist über alles Zeuge".

Diese Regelungen aber beschränken sich einzig auf die Frauen des – wohl schon verstorbenen – Mohammed und können nicht ohne weiteres auf alle Musliminnen übertragen werden.

Erst im Verlauf der weiteren Ausbreitung des Islam lernten Muslime die Moden anderer, von ihnen unterworfener Völker kennen, von denen sie manches übernahmen. Vor allem aber haben es die Bildung einer arabischen Oberschicht und die Urbanisierung vieler Muslime, deren Kreis aus den beherrschten Populationen erweitert wurde, ermöglicht, Frauen aus dem öffentlichen Leben weithin zu separieren und ihren Lebensraum auf das Innere von Wohnhäusern und Palästen zu beschränken *(Harem).* Daraus erklären sich Verschärfungen der weiblichen Kleidungssitten für den Fall, daß sie einmal das Haus verlassen mußten; üblich wurde eine Verschleierung der Frauen, die in den einzelnen Ländern unterschiedlich ausgestaltet wurde. Nach *K. Timm* brachte erst der Übergang zur Feudalgesellschaft diese Neuerungen: „Eine Zäsur in diesem Prozeß war die Machtübernahme durch die

---

279 K. Timm, Frau und Familie im neuen Ägypten, a.a.O. 19.

280 In diesem Sinne fordert S. 33,30 die Frauen des Propheten auf, sich, statt für das diesseitige Leben und Schmuck, für Gott, seinen Gesandten und die jenseitige Behausung zu entscheiden.

Abbasiden ... Die iranische Haremsklausur verknüpfte sich mit der byzantinischen Sitte der Bedienung durch Eunuchen. Alles Weibliche wurde nach und nach aus dem öffentlichen Leben entfernt. Was zunächst Mode und Zeichen feiner Gesittung war und den gesellschaftlichen Zuständen der Oberschicht entsprach, wurde von den islamischen Geistlichen aufgegriffen und aus Koran und Sunna zu göttlichem Gebot erklärt“[281]. Allerdings ist anzumerken, daß diese Verschleierung oft eine Sache nur der Mittel- und Oberschicht war. „Musliminnen, die schwere körperliche Tätigkeiten im Handwerk und in der Landwirtschaft verrichten müssen, sind in der Regel nicht verschleiert“[282]. Hinzu kommt, daß manche islamisierten ethnischen Gruppen, wie z.B. die Berber Nordafrikas, bis heute keine Verschleierung kennen.

7.7 Die Beschneidung

Im Islam gibt es die Beschneidung von Jungen *(khitan)* und von Mädchen *(khafd)*. Beide können nicht aus dem Koran, sondern nur aus der Sunna hergeleitet werden.

Beschneidung von Mädchen und/oder Jungen ist – als eine der *rites de passage* – in vielen frühen Kulturen, vielleicht schon in prähistorischer Zeit, als Initiationsritus vor der Pubertät oder zu ihrem Beginn verbreitet; sie soll den Übergang aus dem Kindesalter in die beginnende Zeit des Mann- oder Frauseins symbolisieren und bewirken[283]. Hierbei spielt naturgemäß eine bleibende Veränderung und Kennzeichnung an den Geschlechtsorganen eine zentrale Rolle; hinzukommen können auch Einführungen in die neuen Rollen, erotische Tänze, bei Jungen Kampfspiele usf.

Die Beschneidung von Jungen und Mädchen in islamischen Ländern führt also wohl vorislamische Bräuche fort. Die Beschneidung von Jungen könnte näherhin aus dem Judentum übernommen sein, vieles spricht dafür, daß auch die Mädchenbeschneidung schon vorislamisch praktiziert wurde.[284] Ganz sicher trifft dies z.B. auf Ägypten oder auf einen Teil der heute islamisierten schwarzafrikanischen Stämme zu. Ob die Tatsache, daß in Ägypten auch die koptischen Christen ihre Mädchen beschneiden, auf solche vorislamischen Bräuche zurückzuführen ist oder auf eine spätere Beeinflussung seitens des Islam, muß offenbleiben. Jedenfalls aber sind beide Formen, Jungen- und

---

[281] K. Timm, Frau und Familie im neuen Ägypten, a.a.O. 20.

[282] P. Heine, Kleidung, in: Islam-Lexikon, Bd. 2, a.a.O. 447.

[283] Gelegentlich werden noch andere religiöse Begründungen angeführt. Diese setzen aber m.E. schon die Praxis der Beschneidung voraus und ordnen sie in andere – neue – Kontexte ein, sagen also nichts zu ihrer Entstehung.

[284] Einige Hinweise bietet Hanny Lightfoot-Klein, Das grausame Ritual. Sexuelle Verstümmelung afrikanischer Frauen (amerikanischer Originaltitel: Prisoners of Ritual. An Odyssey into Female Genital Circumcision in Africa, 1989; übers. von Michaela Huber), Frankfurt am Main [1]1992, 43–46.

Mädchenbeschneidung, im Islam schon früh in Übung gewesen; sie werden in „einer Vielzahl von als echt angesehenen Prophetentraditionen (Hadith) ... als üblich für die frühen islamischen Gemeinden geschildert“[285]. Die Mädchenbeschneidung wird auch von dem christlichen Theologen *Johannes Damascenus* (gest. 749), der wohl Araber war und am Hof des Kalifen in Damaskus eine hohe Stellung innehatte, bezeugt.

Jungen werden zwischen dem siebten Tag nach ihrer Geburt und dem 15. Lebensjahr, die Mädchen in der Regel im ersten Lebensjahrzehnt beschnitten. Bei einem allzu frühen Termin büßt die Beschneidung allerdings an Symbolik für den Eintritt ins Erwachsenendasein ein und wird zu einer isolierten religiösen Pflichtübung.

Mit der Beschneidung ist bei Jungen ein Fest verbunden, das recht aufwendig und kostenträchtig gefeiert wird, so daß oft mehrere Söhne einer Familie zum gleichen Termin beschnitten werden, um Kosten zu senken. Die Entfernung der Vorhaut wird meist von Barbieren vorgenommen, erst in neuerer Zeit bildet sich ein Spezialistentum aus.

Die Mädchenbeschneidung wird dagegen in aller Heimlichkeit durchgeführt; es findet keine Feier, auch nicht in der engeren Familie, statt. Wohl aber werden den Mädchen vorher oft – zu ihrer leichteren Handhabung – Geschenke versprochen und anscheinend auch gegeben. Ausgeführt wird sie – auch heute noch in der Regel ohne Betäubung – von Hebammen oder alten Frauen, seltener auch männlichen Barbieren, sehr oft mit primitiven Instrumenten (Rasierklingen, Küchenmesser, Scheren, Glasscherben u.ä.) und unter unhygienischen Bedingungen, so daß immer starke Schmerzen und oft schwerwiegende Infektionen, die nicht selten zum Tod führen, die Folge sind. „In Städten wird die Prozedur, vor allem bei der Elite, heutzutage von Ärzten, ausgebildeten Krankenschwestern oder Hebammen unter klinikähnlichen Bedingungen durchgeführt“[286].

Die Mädchenbeschneidung kennt – regional unterschiedlich – drei verschiedene Formen: der – seltene – „gemäßigtere“ Eingriff (oft *Sunna* genannt) ist ein kleiner Einschnitt im vorderen Teil der Scheide (Entfernung der Klitorisvorhaut) und – nicht immer, aber meist – eine partielle Verstümmelung der Klitoris; in einer zweiten – wohl der häufigsten – Version (Exzision, Klitoridektomie) werden die Klitoris und die inneren Schamlippen des Mädchens völlig entfernt; in der dritten Variante – „pharaonische Beschneidung“ (oder Infibulation) genannt und z.B. in Ägypten und im islamischen Schwarzafrika allgemein üblich – wird zusätzlich zur Totalamputation von Klitoris, kleinen Schamlippen „und der fleischigen inneren Schichten der äußeren Schamlippen“[287] die Scheide bis auf einen kleinen, oft nur noch stecknadelkopfgroßen Spalt zugenäht oder mit Dornen zusammengeheftet. Gelegentlich werden

---

[285] P. Heine, Beschneidung, in: Islam-Lexikon, Bd. 1, a.a.O. 122.
[286] H. Lightfoot-Klein, Das grausame Ritual, a.a.O. 53.
[287] H. Lightfoot-Klein, ebd. 17; vgl. auch 49–53.

auch Mischformen der drei genannten Varianten praktiziert. Die bei der „pharaonischen Beschneidung“ entstandene Narbe wird vor jeder Geburt aufgetrennt und danach, meist ohne Betäubung, bis auf eine winzige Öffnung wieder zugenäht; letzteres wird im islamischen Schwarzafrika so gut wie ausnahmslos durchgeführt, woraus sich eine Perpetuierung der Qualen und eine erzwungene Dauerkonzentration der Frauen auf ihre Geschlechtsorgane ergibt.[288]

Wie schon ausgeführt, gehen diese entsetzlichen Verstümmelungen von Frauen, die für ein ganzes Leben in ihren sexuellen Beziehungen beeinträchtigt werden und auch darüber hinaus schlimme Schmerzen, Krankheitsfolgen und Behinderungen ertragen müssen, auf vor- und außerislamische Bräuche zurück und finden sich gelegentlich auch in christlichen oder sonstigen religiösen Kontexten. Im Islam aber wurde und wird diese Praxis kaum einmal kritisch reflektiert, sondern einfachhin übernommen und religiös bejaht. *H. Lightfoot-Klein* meint: „Die strenge Betonung des Islam auf Keuschheit und allgemeine Unterdrückung der Sexualität (der Frau, Verf.) haben ohne Zweifel den Boden bereitet für die Entwicklung extremer Beschneidungsformen ...[289]. Die häufig vorgebrachte These, die Mädchenbeschneidung sei eine Besonderheit des schwarzafrikanischen Islam und von den dortigen Stammestraditionen her begründet, ist unzutreffend. Dort mag zwar diese Praxis schon eine alte Tradition haben; aber längst vor dem Hinzutreten schwarzafrikanischer Stämme in die *Umma* war die Mädchenbeschneidung im Islam eine weithin geübte Praxis, und zumindest einige schwarzafrikanische Stämme haben sie erst im Gefolge ihrer Begegnung mit dem Islam übernommen.

Zwei der vier Rechtsschulen[290], die Malikiten und Hanafiten, erklären die Mädchenbeschneidung zur religiösen Pflicht, zwei andere, die Schafiiten und die Hanbaliten, empfehlen sie als ehrenvoll[291], in „der Ansicht, daß es sich um ‚Sunna‘ handelte, also eine Befolgung des Vorbilds des Propheten Muhammad“[292].

Nach Meinung weiter muslimischer Bevölkerungskreise gelten unbeschnittene Mädchen als unsauber, minderwertig und als nicht geeignet für eine Heirat. Muslimische Theologie begründet die Mädchenbeschneidung als notwendig, um das weibliche Lustempfinden zu verringern und vor- und außer-

---

[288] Zu den physischen und psychischen Folgen dieser „sexuellen Verstümmelung“ vgl. H. Lightfoot-Klein, ebd.

[289] Ebd. 59.

[290] Vgl. zu den Rechtsschulen u. 9.2.

[291] Vgl. CHRistlich-ISLAmische GESellschaft, Zum Thema Beschneidung vom 15. 1. 1999; vgl. auch A.J. Wensinck, Khitan, in: Handwörterbuch des Islam, hrsg. von A.J. Wensinck und J.H. Kramers, Leiden 1976, 314. Hier gibt es allerdings unterschiedliche Meinungen. Nach W. Walther, Die Frau im Islam, a.a.O. 45, verhielt es sich anders: „So ist die Mädchenbeschneidung auch nur in der Schafi'itischen Rechtsschule obligatorisch, in der malikitischen gilt sie als üblich“.

[292] P. Heine, Beschneidung, a.a.O. 122.

eheliche Kontakte zu erschweren. Noch 1995 erklärte die Al-Azhar-Universität in Kairo, die höchste Instanz des sunnitischen Islam, die Beschneidung als religiös notwendig – mit dem zusätzlichen Hinweis, daß sie das Risiko einer Aidsübertragung vermindere.[293]
Immerhin ist auch heute noch die Mädchenbeschneidung in mehr als 20 islamischen Staaten üblich; allein für das islamische Schwarzafrika geht *H. Lightfoot-Klein* von einer Zahl von gegenwärtig 94 Millionen beschnittenen Frauen aus.[294] Wie viele tatsächlich betroffen sind, ist bei der naturgemäß hohen Dunkelziffer kaum zu bestimmen; das Kinderhilfswerk der Vereinten Nationen UNICEF spricht in einer Erklärung von März 1999 von weltweit 6000 Mädchen, die täglich genital verstümmelt werden.[295] Diese Praxis findet sich, in unterschiedlicher prozentualer Dichte (von 20 bis 98 Prozent der weiblichen Bevölkerung) auch in vielen arabischen – also nicht schwarzafrikanischen – Staaten, so z.B. im Jemen, in Saudi-Arabien – hier allerdings anscheinend nicht generell[296] –, in den Golfstaaten, im Irak, in Jordanien, Syrien, Marokko, Libyen und Ägypten (dort auch bei den koptischen Christen). Mit dem Islam verbreitete sich die Beschneidung auch in asiatischen Ländern, z.B. in Java, Indonesien (dort gab es diesen Brauch in manchen Regionen vielleicht schon in vorislamischer Zeit)[297], Malaysia[298], Pakistan und Indien. In den meisten dieser Staaten wurde sie in neuerer Zeit, oft unter dem Druck der Weltöffentlichkeit, verboten; dennoch aber wird sie weiterhin ausgeübt, und die staatlichen Organe gehen nur selten gegen diese Menschenrechtsverletzung vor.[299] Mittlerweile wird die Mädchenbeschneidung oft auch in muslimischen Gruppen in europäischen Ländern, trotz strafrechtlichen Verbots, praktiziert.

---

[293] Vgl. den Bericht in der FAZ vom 19. 9. 1995.

[294] H. Lightfoot-Klein, Das grausame Ritual, a.a.O. 47. Vgl. hierzu auch Awa Thiam, Die Stimme der schwarzen Frauen. Vom Leid der Afrikanerinnen (Französischer Originaltitel: „La parole aux négresses“, Paris 1978, übers. von Chantal Doussain und Anneliese Strauss), Reinbek 1986.

[295] epd-Meldung (vgl. Saarbrücker Zeitung vom 6. 3. 1999).

[296] Manche Autoren/innen nehmen Saudi-Arabien aus, aber auch hier muß es wohl Mädchenbeschneidung geben; A.J. Wensinck, Khitan, in: Handwörterbuch des Islam, a.a.O. 315, weist ausdrücklich auf diese Praxis in Mekka hin, wo sie an „Mädchen ohne Festlichkeiten“ vollzogen werde.

[297] A.J. Wensinck, Artikel Khitan, ebd. 316.

[298] Vgl. Enyonam Afele, Grausames Ritual. Die Verstümmelung weiblicher Geschlechtsorgane verstößt gegen die Menschenrechte, in: der überblick 2, 1993, 30; vgl. Alfons Huber, Beschneidung der Frau. Rituelle Verstümmelungen der weiblichen Genitalorgane, in: Sexualmedizin, Sonderdruck 1983.

[299] Vgl. hierzu auch: Charlotte Beck-Karrer, Löwinnen sind sie. Gespräche mit somalischen Frauen und Männern über Frauenbeschneidung, Bern 1996; Alice Walker und Pratibh Pramar, Narben – oder Die Beschneidung der weiblichen Sexualität, Reinbek 1996.

7.8 Der traditionelle Alltag muslimischer Mädchen und Frauen[300]

Die heutigen muslimischen Staaten kennen unterschiedliche gesetzliche Regelungen auch für den weiblichen Bevölkerungsteil. In vielen Ländern gilt die Scharia, andere haben (manchmal nur daneben) eine staatliche Gesetzgebung. Aber selbst in „fortschrittlichen" Staaten[301] beschränken die Gesetze die Frau meist auf ihre durch Sexualität, durch Ehe und Familie gegebenen Grenzen.[302] Vor allem aber lebt in der Bevölkerung das traditionelle Denken auch unter einer modernen Gesetzgebung fort, so daß es meist auch das Leben von Mädchen und Frauen bestimmt.

Natürlich kann dieses anders aussehen bei Angehörigen der Mittel- und Oberschicht, in der Stadt oder auf dem Land, bei Gelegenheit zu, eventuell sogar höherem, Schul- oder gar Universitätsbesuch usf. Aber auch in diesen Fällen können freiere Lebensformen immer nur innerhalb bestimmter Grenzen verwirklicht werden, die die grundsätzlich in einem Land geltenden Normen nicht allzusehr verletzen.

Schon die Geburt eines Mädchens wird meist mit weniger Freude zur Kenntnis genommen und nicht in gleicher Weise gefeiert wie die eines Jungen. Von Kindheit an verlebt es den größten Teil der Zeit in den für Frauen vorgesehenen Räumen und kann sich in der Öffentlichkeit, mit Billigung des Vaters, nur in Gruppen von Altersgenossinnen aufhalten; solange es noch nicht geschlechtsreif ist bzw. bis zu seiner möglichen Beschneidung kann es sich allerdings noch freier bewegen.

---

[300] Vgl. zu folgendem Wiebke Walther, Die Frau im Islam, a.a.O., bes. 43–69; Ina und Peter Heine, O ihr Musliminnen. Frauen in islamischen Gesellschaften, Freiburg, Basel, Wien 1993; Sana al-Khayyat, Ehre und Schande. Frauen im Irak, München 1991; Naila Minai, Schwestern unter dem Halbmond. Muslimische Frauen zwischen Tradition und Anpassung, Stuttgart 1989; Jutta Szostak/Suleman Taufiq, Der wahre Schleier ist das Schweigen. Arabische Autorinnen melden sich zu Wort (Die Frau in der Gesellschaft, hrsg. von Ingeborg Mues), Frankfurt a.M. 1995.

[301] Die radikalsten Reformen hat Atatürk in den zwanziger Jahren in der Türkei durchgesetzt, insofern er sie zu einem säkularen Staat machte; 1926 erließ er eine Gesetzgebung, die sich an dem damals „modernsten" Gesetzeswerk, dem „Schweizer Zivilgesetzbuch" von 1912, orientierte. Die Zivilehe und eine ebenso zivile Scheidungsregelung, bei der Mann und Frau gleichgestellt waren, wurden eingeführt; die Polygamie wurde abgeschafft und die allgemeine Schulpflicht verordnet; zugleich ließ er Kampagnen gegen die Verschleierung und die traditionelle Kleidung der Frau durchführen. So sind die rechtlichen Möglichkeiten für Frauen nirgendwo in einem mehrheitlich islamischen Land so gut wie in der Türkei; faktisch aber ist ihre Situation, vor allem auf dem Land, weiterhin von den traditionellen Werten geprägt.

[302] Vgl. hierzu folgende Publikationen: Zu Ägypten: Abdulkarim Sabbagh, Frauen im Islam, a.a.O.; zu Ägypten und Iran: Klaus Timm/Schahnas Aalami, Die muslimische Frau zwischen Tradition und Fortschritt, a.a.O.; zu Tunesien: Irmhild Richter-Dridi, Frauenbefreiung in einem islamischen Land – ein Widerspruch. Das Beispiel Tunesien, a.a.O.

Mädchen werden vor allem auf ihre spätere Rolle im Haushalt vorbereitet, müssen schon früh mithelfen und stehen in allen Bereichen hinter ihren Brüdern zurück. In vielen islamischen Staaten ist mittlerweile eine schulische Ausbildung vorgeschrieben oder angeboten, die allerdings nicht so konsequent durchgeführt wird wie die der Jungen[303]; eine höhere Ausbildung oder gar ein Universitätsstudium ist für Mädchen nicht in allen Ländern und auch oft nur mit Restriktionen möglich.
Vom Beginn der Pubertät an sorgt sich die Familie um den „Ruf" des Mädchens, es darf ihr keine „Schande" machen;[304] sie werden zum Gehorsam erzogen[305]. In vielen Ländern müssen Mädchen seit ihrem 8. bis 10. Lebensjahr Gesichtsschleier tragen, früher wurden sie auch im kindlichen Alter von zehn bis zwölf Jahren verheiratet; heute sind sie meist etwas älter. Die Ehe wird zwischen zwei Familien, oft unter Zuhilfenahme einer Heiratsvermittlerin, arrangiert, ohne daß die künftigen Partner sich vorher sehen konnten (heute wird diese Regel oft durch Übersendung von Fotos gemildert) oder das Mädchen seine Zustimmung geben muß; die Sunna aber empfiehlt, eine Ehe nicht ohne Zustimmung der Braut abzuschließen, wobei aber schon ihr Schweigen in diesem Sinne gewertet wird.[306] „Nur wenn er (der Mann, Verf.) seine Kusine zur Frau nahm, und das kam und kommt bis in die Gegenwart in allen islamischen Ländern sehr häufig vor, war ihm seine Braut schon vor der Ehe bekannt"[307].
Für den (traditionell meist mündlichen, heute aber oft schriftlichen) Ehevertrag zwischen dem künftigen Ehemann und dem Vormund der Braut (der nächste männliche Verwandte, in der Regel der Vater) wird ein Brautgeld, für das meist Kleidung für die Braut oder Haushaltsgegenstände angeschafft

---

[303] Vgl. I. u. P. Heine, O ihr Musliminnen, a.a.O. 89: Oft fehle den Eltern das Geld für die vorgeschriebene Schulkleidung: „In solchen Fällen schicken die Eltern ihre Söhne länger und regelmäßiger zur Schule als die Mädchen. Sie gehen dabei von der Überlegung aus, daß die Töchter demnächst heiraten und keiner Erwerbstätigkeit nachgehen werden ... Ein anderer, und vielleicht der entscheidende Grund dafür ... ist, daß sie um deren guten Ruf fürchten. Am radikalsten macht das eine Redensart aus den islamischen Regionen Nordkameruns deutlich. Sie lautet: ‚Mädchen, die zur Schule gehen, werden schwanger'".
[304] Vgl. S. al-Khayyat, Ehre und Schande, a.a.O. 60.61; N. Minai, Schwestern unter dem Halbmond, a.a.O. 114.
[305] Vgl. S. al-Kayyat, Ehre und Schande, a.a.O. 34: „Von klein auf wird dem Mädchen Gehorsam eingebläut, und falls sie sich weigert ..., wird sie bestraft"; 36: „Sie darf weder laut reden noch ihren Eltern widersprechen ... Mit den Nachbarskindern soll sie auch nicht verkehren, weil ein braves Mädchen eben immer zu Hause bleibt. All das könnte die Moral erschüttern. Ein Mädchen ist schüchtern und höflich".
[306] S. al-Buhari, Nachrichten von Taten und Aussprüchen des Propheten Muhammad, a.a.O. 344, berichtet von einem entsprechenden Prophetenwort: „*Abu Huraira berichtet:* Der Prophet (S) sagte: ‚Eine ältere Frau darf nur verheiratet werden, wenn dies mit ihr besprochen wurde. Und eine Jungfrau darf nur verheiratet werden, wenn sie der Heirat zustimmt.' Jemand fragte ihn: ‚O Gesandter Gottes, wie äußert eine Jungfrau ihre Zustimmung?' Er erwiderte: ‚Sie gibt dadurch ihr Jawort, daß sie schweigt'".
[307] W. Walther, Die Frau im Islam, a.a.O. 46.

werden, festgesetzt, dann folgt nach wenigen Tagen oder Wochen die Hochzeit. Die Hochzeitsbräuche sind je nach sozialem Status der Herkunftsfamilie einfacher oder aufwendiger, immer aber wird die Braut festlich gekleidet und in das Haus ihres Bräutigams gebracht, wo sie von der Schwiegermutter empfangen und in ihr Zimmer geführt wird. An der Hochzeitsfeier nahm sie früher nicht teil, was heute in manchen Ländern freier gehandhabt wird; meist aber feiern Frauen und Männer getrennt. In der Hochzeitsnacht begegnen sich die Brautleute oft erstmals persönlich – von Kusinenehen abgesehen. Erwies sich die Braut nicht als Jungfrau, konnte ihr Mann sie sofort verstoßen. „Die Jungfräulichkeit muß in vielen islamischen Gesellschaften durch ein blutbeflecktes Tuch, das den Wartenden gezeigt wird, demonstriert werden“[308].

Bei dem jetzt beginnenden Eheleben muß sich die Frau, die als Besitz des Mannes betrachtet wird, in die Familie des Mannes einfügen, ihrem Mann und vor allem der Schwiegermutter gehorchen. Ihr Status bessert sich erst, wenn sie den ersten Sohn bzw. mehrere Söhne geboren hat.[309] Aber auch dann bleibt ihre Rolle weithin auf das Haus beschränkt und ein dauerndes Arrangement mit der Herkunftsfamilie des Mannes notwendig. Immer geht es für sie darum, die Familie nicht zu entehren – „am stärksten hängt Ehre in der arabischen Welt vom Sexualverhalten der Frau ab“[310] – oder ihr Schande zu machen.[311]

Eine freiere Position gewinnen Frauen erst in höherem Alter, nach dem Beginn der Wechseljahre, und wenn sie selbst als Mutter und Schwiegermutter einen Haushalt leiten. Dann besitzen sie, auch ohne Erlaubnis des Mannes, eine größere Bewegungsfreiheit in der Öffentlichkeit, da ihr Verhalten keine Bedrohung mehr für die Familienehre darstellt. „Die Pilgerfahrt nach Mekka ... bekommt im Leben der älteren Frauen ein besonderes Gewicht. Wenn sie finanziell und gesundheitlich dazu in der Lage sind, unternehmen sie diese Reise, die dann das größte Erlebnis ihres Lebens darstellt“[312]. Diese knappe Darlegung gilt wohl für die Mehrheit der muslimischen Gesellschaften, obwohl sie regionale, soziale und auch individuelle Abweichungen aufweist.

Der Mann verfügt über ein eventuelles Vermögen der Frau, obwohl der Islam keine Gütergemeinschaft kennt. Ebenso hat er über ihre Sexualität, ihre religiösen Pflichten und ihre Möglichkeit, das Haus zu verlassen, zu bestimmen. Diese Rechte gelten vor allem in der Mittel- und Oberschicht, während in der ärmeren Bevölkerung eine gewisse Selbständigkeit für Frauen möglich ist,

---

[308] I. u. P. Heine, O ihr Musliminnen, a.a.O. 108.

[309] I. Richter-Dridi, Frauenbewegung in einem islamischen Land, a.a.O. 84.

[310] S. al-Kayyat, Ehre und Schande, a.a.O. 22.

[311] S. al-Kayyat, ebd.: „Wenn eine Frau sich schamlos gibt oder ihrer Familie durch ihr sexuelles Verhalten Schande macht, bringt sie über die ganze Sippe Schande und Ehrlosigkeit“; vgl. 26: Die nächsten männlichen Verwandten haben Verstöße zu ahnden, im schlimmsten Fall muß eine Frau getötet werden.

[312] I. u. P. Heine, O ihr Musliminnen, a.a.O. 130.

wenn sie einen Beruf ausüben, den es wegen der Gliederung in eine Frauen- und eine Männerwelt für Frauen geben muß: als Badefrauen, Klageweiber o.ä. Heute sind allerdings in den Städten modernerer Staaten auch Frauen der Ober- und Mittelschicht in verschiedenen Sparten tätig: als Bankangestellte, Ärztinnen usf. Man kann erwarten, daß mit zunehmender Bildung der Frauen und wachsenden Anforderungen der Wirtschaft an ihre Arbeitsleistung auch manche traditionellen Verhaltensmuster mit der Zeit aufgegeben werden müssen.

7.9 Neuere Tendenzen

In jüngerer Zeit verändert sich im Islam auch die Lage der Frauen. Selbst in konservativen Staaten wie Saudi-Arabien besuchen die Mädchen Schulen, z.T. auch höhere Schulen, und in manchen Staaten Universitäten, wenn auch oft abgesondert von den gleichaltrigen männlichen Jugendlichen. So wächst der Anteil der Frauen, die alphabetisiert sind und damit auch einen gewissen Zugang zu Bildung, Literatur und Zeitgeschehen haben.
Darüber hinaus verändert sich die ökonomische Bedeutung der Frauen positiv. In nicht wenigen muslimischen Ländern sind ihnen bestimmte Berufe zugänglich, zumindest dann, wenn entsprechend ausgebildete Männer fehlen. Selbst auf dem Land gibt es Veränderungen: Viele Männer arbeiten auf Zeit oder auch dauernd als Gastarbeiter z.B. in Europa. Für die zurückbleibenden Frauen bringt dies eine neue Verantwortung mit sich: Sie müssen für das – wenn auch oft karge – Eigentum, für Haus und Felder, sowie für die Familie sorgen.
Wegen der Verbreitung auch medizinischer Informationen und neuer Beratungsmöglichkeiten haben Intellektuelle und Städter oft weniger Kinder, wodurch Frauen mehr Zeit für sich, ihren Partner oder einen Beruf haben. Oft heiraten Mädchen auch nicht mehr so früh, sondern erst mit zwanzig Jahren, so daß sie schon eine gewisse Selbständigkeit in die Ehe mitbringen. Darüber hinaus ist zumindest in Städten und industriellen Ballungsgebieten die traditionelle Trennung von Frauen und Männern immer schwerer durchführbar.
Aus all diesen Veränderungen ergibt sich eine Tendenz zu einer wachsenden Emanzipation von Frauen, wenn ihre Durchführung auch noch etliche Generationen in Anspruch nehmen wird: „Alle Veränderungen vollzogen sich noch immer in einem weitgehend unveränderten Rahmen legaler und ethischer Grundsätze, der die Vorrangstellung des Mannes nicht antastete. In der Interpretation des islamischen Personenrechts gab es jedoch einige Änderungen. Von allen arabischen Staaten schaffte nur Tunesien die Polygamie ab, aber sie wurde überall seltener. In Tunesien und im Irak wurde es für Frauen einfacher, die Auflösung einer Ehe anzufechten, aber überall bleibt das Recht des Mannes bestehen, sich ohne Angabe von Gründen und ohne

eine juristische Scheidung von seiner Frau zu trennen; genausowenig änderte sich etwas am Sorgerecht des geschiedenen Mannes für die Kinder ab einem gewissen Alter. In einigen Ländern setzte man das Mindestalter für Eheschließungen nach oben und änderte in anderen das Erbrecht, aber es gab nirgendwo eine säkulare Erbgesetzgebung. Und in keinem arabischen Land trat ein säkulares Persönlichkeitsrecht an die Stelle der aus der Schari'a abgeleiteten Gesetze ... Es gab jedoch immer mehr Frauen, die das System nicht mehr hinnahmen. Sie forderten das Recht auf eine eigene Identität und auf Änderung ihrer gesellschaftlichen Stellung, in der diese neue Identität auch zum Ausdruck kam"[313].

---

313 Albert Hourani, Die Geschichte der arabischen Völker (Englischer Originaltitel: „A History of the Arab Peoples", London 1991, übers. von M. Ohl und H. Sartorius), Frankfurt a.M. 1992, 529.530.

8. Ausbreitung und Geschichte des Islam

Die mehr als 1300jährige Geschichte des Islam kann im folgenden nur in einer knappen Übersicht dargeboten werden, die eine erste Orientierung ermöglicht. Für eine vertiefte Information wird auf weiterführende Literatur verwiesen.

Kaum entstanden, breitete sich der Islam mit einer ungeheuren Dynamik aus. Nach wenigen Jahrzehnten stand der gesamte östliche, südliche und westliche Mittelmeerraum unter seiner Herrschaft. Den Betrachter erstaunt es immer von neuem, wie es möglich war, daß ihrer Herkunft nach nomadische Krieger nicht nur derartige militärische Erfolge über mächtige und etablierte Reiche erzielen, sondern die Gebiete in der folgenden Zeit auch behalten, sichern und verwalten konnten. Nicht nur das, darüber hinaus formten sich Staatsgebilde, die zivilisatorisch und kulturell bis ins Hohe Mittelalter hinein in großer Blüte standen und dem sich gleichzeitig bildenden Abendland weit überlegen waren.

Die relativ problemlosen Siege über lange etablierte Reiche erklären sich sicherlich auch von der Schwäche dieser Staatengebilde her, auf die die arabischen Eroberer trafen. Das byzantinische Reich war in seinen Provinzen Ägypten, Syrien, Palästina aufgrund seines autokratischen Regimes politisch geschwächt. Zudem hatten die theologischen Streitigkeiten um Gotteslehre und Christologie und die kaiserlichen Versuche, Orthodoxie zu erzwingen, zu einer Distanz weiter Bevölkerungskreise und ihrer Eliten zu den Herrschenden in Byzanz geführt; koptische Christen in Ägypten, „nestorianische" Christen in Syrien und Palästina und ebenso Juden in diesem Raum fühlten sich unterdrückt. Von ihnen war keine entschiedene Verteidigung der bisherigen Verhältnisse zu erwarten. Auch das persische Reich, in der Hauptsache die Territorien der heutigen Staaten Iran und Irak, war von dem komplexen religiösen Nebeneinander von Mazdaismus, einer stark dualistischen und zugleich volksreligiös-rituellen Weiterentwicklung der Zarathustra-Religion, von Christentum und Judentum sowie von innenpolitischen Unruhen geschwächt.

Byzanz und Persien „hatten zudem bis kurz vor dem Erscheinen muslimischer Formationen auf ihrem Territorium im Kampf um die Herrschaft in Syrien erschöpfende Kriege miteinander geführt und waren im entscheidenden Zeitraum auch innerpolitisch alles andere als stabil". Wahrscheinlich nahm man anfangs auch an, daß die Arabereinfälle – wie schon in der Vergangenheit – „Razzia-Charakter" besaßen, so daß man erst zu spät den Ernst der Lage erkannte.[314] *Julian Baldick* ist zuzustimmen, wenn er resümiert: „In sum, then, we can say that conditions had never been so propitious for the

[314] Albrecht Noth, Früher Islam, in: Ulrich Haarmann (Hrsg.), Geschichte der arabischen Welt, München 1987, 62.

advent of a new religion ... and never so propitious for a military explosion and expansion“[315].
Anscheinend konnten die arabischen Eroberer ohne allzugroße Eingriffe die bisher bestehenden Beamtenschaften und Wirtschaftseliten übernehmen und sich ihrer Mitarbeit versichern, so daß auch die Verwaltung der riesigen Territorien weiterfunktionierte. Zudem scheinen sie zunächst die religiösen Rechte der unterworfenen „Schriftbesitzer“ nicht angetastet und auch niedrigere Steuern als die bisherigen Herrscher erhoben zu haben. Diese Umstände scheinen für die endgültige Etablierung der muslimischen Siege wichtig gewesen zu sein: „Ohne Unterstützung durch die jeweilige lokale Bevölkerung, zumindest aber ohne deren wohlwollende Neutralität, die nur durch entsprechende Zugeständnisse zu erreichen waren, hätte sich muslimische Herrschaft außerhalb der Arabischen Halbinsel kaum über längere Zeit halten können“[316].

8.1 Expansion und Formierung des Islam – die vier „rechtgeleiteten“ Kalifen (632–661)

8.1.1 Zur Quellenlage

Die Darstellungen zu den ersten hundert Jahren der muslimischen Geschichte nach Mohammed beziehen sich auf islamwissenschaftliche Publikationen, die sich ihrerseits weithin auf seit dem 8. Jahrhundert gesammelte, im 9. Jahrhundert erst schriftlich abgefaßte Überlieferungen stützen und deren Zuverlässigkeit meist ohne weitere Fragen voraussetzen. Dieses Quellenmaterial, das erst 150 bis 200 Jahre nach den Ereignissen, von denen es berichtet, niedergeschrieben wurde, ist schon allein wegen der bedeutenden Zeitspanne, die es überbrückt, in seiner historischen Qualität problematisch.[317] „Here too our sources are extremely obscure“[318].
Darüber hinaus ist es seiner literarischen Eigenart nach in weitesten Bereichen legendarisch und, vor allem, tendenziös. So ist z.B. erkennbar, daß die in der Abbasidenzeit entstandene Literatur naturgemäß die entmachtete Vorgängerdynastie der Omaiyaden negativ, die ersten vier Kalifen aber und die herrschende Dynastie positiver zeichnet. *C.H. Becker* stellte schon 1924 z.B. zu einem Teil dieser Überlieferungen fest: „Bei allen Haditen, die mit ’Ali und seiner Familie zusammenhängen, ist nur die Tendenz, nicht der Inhalt

[315] J. Baldick, Early Islam, a.a.O. 8.
[316] A. Noth, Früher Islam, a.a.O. 65.
[317] Vgl. hierzu o. 3.2–5.
[318] J. Baldick, Early Islam, a.a.O. 15; vgl. ebd.: „the difficulties of authentication are enormous“.

historisch verwertbar“[319]. Er begründet dies mit den Entstehungsbedingungen der Überlieferung: „Man vergesse doch nicht, daß in der Entstehungszeit der meisten Hadite 'Ali auf den Kanzeln verflucht wurde“[320]. Auch *Julian Baldick* ist aufgrund des legendarischen Charakters der Berichte vor allem über die ersten Jahrzehnte nach Mohammed der Meinung, daß „real historical events“ erst zwischen 690 und 700 in den Blick zu kommen scheinen.[321]
Leider sind kritische Erörterungen zum Quellenmaterial nur selten in der Literatur erkennbar. So widmet z.B. das weitverbreitete Buch von *Gerhard Endreß,* Einführung in die islamische Geschichte[322], der Erschließung von Quellen einige Seiten, in denen die Editionen und einige kritische Untersuchungen lediglich genannt werden[323], ohne aber inhaltlich und historisch charakterisiert zu werden. In einem „Anhang: Elemente der Quellenkunde“ ist ebenfalls nur die Rede von „Sprache und Schrift“, „Namen und Titel“ und „Die islamische Zeitrechnung“[324]. Auch z.B. *Albert Hourani,* Die Geschichte der arabischen Völker[325], geht mit keinem Wort auf die historischen Eigenschaften der Primärquellen ein. Das gleiche gilt für die englische Übersetzung islamischer Geschichtsquellen durch *Bernard Lewis,* der das Problem übergeht, das mit der Zeitdistanz zwischen den Ereignissen oder Aussagen und ihrer schriftlichen Fixierung gegeben ist.[326]
Eine der rühmenswerten Ausnahmen von diesen unkritischen Tendenzen ist das vielbändige Werk von *Josef van Ess,* das allerdings nur das zweite und dritte Jahrhundert Hidschra untersucht, das erste Jahrhundert nur in einem Rückblick behandelt.[327] Zu den Quellen aus dem ersten Jahrhundert meint er: „Alles, was wir über das 1. Jh. in islamischen Texten erfahren, steht unter dem Verdacht der Projektion“[328]. Er geht unter der Überschrift „Frühe Zeugnisse in der literarischen Überlieferung“[329] auf die wenigen historisch frühen Dokumente (Inschriften am Felsendom, an der Omaiyadenmoschee in Damaskus, Münzlegenden usf.) ein, die aber nur wenige Anhaltspunkte bieten.

---

[319] C.H. Becker, Grundsätzliches zur Leben-Muhammad-Forschung, a.a.O. 523; vgl. ähnlich, zu Fatima speziell, 522. Vgl. J. Baldick, Early Islam, a.a.O. 9.
[320] C.H. Becker, ebd. 523.
[321] J. Baldick, Early Islam, a.a.O. 12.
[322] Gerhard Endreß, Einführung in die islamische Geschichte, München 1982, ^{2}1991.
[323] Ebd. 22–26.
[324] Ebd. 162–189.
[325] A. Hourani, Die Geschichte der arabischen Völker, a.a.O.
[326] Bernard Lewis, Der Islam von den Anfängen bis zur Eroberung von Konstantinopel (Die Bibliothek des Morgenlandes 1981; ohne Angabe des englischen Originaltitels „unter Zugrundelegung der Originale“ aus dem Englischen übersetzt von Hartmut Fähndrich), Bd. 1: Die politischen Ereignisse und die Kriegführung, Zürich und München 1981.
[327] Josef van Ess, Theologie und Gesellschaft im 2. und 3. Jahrhundert Hidschra. Eine Geschichte des religiösen Denkens im frühen Islam, Berlin und New York Bd. 1: 1991, Bd. II und III: 1992; Bd. IV: Mit Gesamtregister der Bde. I-VI: 1987; Bd. V.: Texte I–XXI: 1993; Bd. VI: Texte XXII-XXXV: 1995.
[328] J. van Ess, ebd., Bd. I, Vorwort VIII.
[329] J. van Ess, ebd. 12–16.

Für das zweite Jahrhundert Hidschra, also die späte Omaiyaden- und frühe Abbasidenzeit, fügt er hinzu: „Freilich stellt sich dasselbe Problem auch für die von uns behandelte Epoche. Originaltexte sind in ihr fast ebenso selten wie im 1. Jh.; die doxographischen Berichte, auf die wir uns meist verlassen müssen, sind unzusammenhängend und greifen nur bestimmte Punkte heraus"[330].
Dichter werden die literarischen Quellen erst seit unserem 9. Jahrhundert, obwohl auch sie oft nur Sporadisches und dies mit bestimmten Tendenzen berichten. Eine exakte historische Analyse ist also erst noch zu leisten, und die nachfolgend in groben Umrissen skizzierten Abläufe können somit nur unter Vorbehalt gelesen werden.

8.1.2 Die Entwicklung zur Zeit der ersten vier Kalifen

Nach Mohammeds Tod wurde es notwendig, für seine politische und soziale Funktion innerhalb der Glaubensgemeinschaft einen „Nachfolger" bzw. „Stellvertreter" *(chalifa* = Kalif) für die Leitung der muslimischen Gemeinschaft, nicht für das Prophetenamt, zu finden. Bei allen späteren Streitigkeiten um die Besetzung dieses Amts scheint unter den verschiedenen Richtungen die Überzeugung gemeinsam gewesen zu sein, die muslimische Gemeinschaft müsse von *einem* Leiter geführt werden: „durch die Persönlichkeit und das Wirken des Propheten war die Einherrschaft in der Auffassung der Muslime zum integrierenden Bestandteil der *umma* geworden"[331].
Nach *Albrecht Noth* betraute man Personen mit der Leitung der Gemeinschaft, die zu den Vertrauten Mohammeds gehörten. „Frühe Bekehrung zum Islam und persönliche Nähe zum Propheten also bildeten die Legitimationsbasis für Abu Bakr, 'Umar und 'Utman"[332]. Allerdings muß man hinzufügen: gemäß der späteren Sunna.
Erster *Kalif* wurde, gemäß der Sunna, der Gefährte Mohammeds und Vater seiner Lieblingsfrau *'Aischa, Abu Bakr*. Die Überlieferung weiß viel über ihn: Er sei einer der ersten oder sogar – nach der sunnitischen Tradition (die Schia gibt *'Ali* den Vorrang) – *der* erste männliche Gläubige gewesen, der Mohammed blind vertraute; beim Hören des Koran habe er Tränen vergossen, vor Freude geweint, daß er Mohammed bei der Hidschra begleiten durfte, diesen öfters vor Unüberlegtheiten bewahrt, auch nach seiner Berufung zum Kalifen sehr bescheiden gelebt usf.[333] Unter seinem Kalifat

---

[330] J. van Ess, ebd., Vorwort VIII.
[331] A. Noth, Früher Islam, a.a.O. 97.
[332] Albrecht Noth, Das Reich der Kalifen, in: Die islamische Welt I, hrsg. von Ruprecht Kurzrock, Berlin 1984, 25.
[333] Vgl. hierzu F. Buhl, Abu Bakr, in: Handwörterbuch des Islam, a.a.O. 6–8.

(632–634)[334] kam es zu Aufständen von nur oberflächlich islamisierten Beduinenstämmen, die gewaltsam niedergeworfen wurden, militärische Expeditionen, mehr eine „Art ‚Völkerwanderung'"[335], griffen bis nach Palästina und Süd-Irak aus.

Sein Nachfolger *'Umar (Omar)* (634–644) konnte einen „Teil des Sasanidenreiches (Mesopotamien, Verf.) und die syrischen und ägyptischen Provinzen des Byzantinischen Reiches" erobern.[336] Das Bild *'Umars* ist in der Überlieferung sehr stark legendarisch ausgestaltet. Er wird geschildert als ein Mann, der zunächst dem Islam feindlich gegenüberstand, dann aber, beim Hören einiger Suren, bekehrt und zum eifrigen Verfechter des Islam wurde – im Abendland gelegentlich als Paulus des Islam bezeichnet.[337]

Ihm folgte als Kalif *Osman (Othman/Uthman* 644–656), der weitere Eroberungszüge unternahm. In der Tradition werden seine Lehre, seine Persönlichkeit und die Konfliktsituation, die zu seiner Ermordung führte, detailliert geschildert.[338] Unter der Herrschaft *Osmans* wurde das altmekkanische Haus der Omaiya (Umaiya), dem er angehörte, begünstigt, eine Familie, die laut Sunna früher zu Mohammeds schärfsten Gegnern gezählt hatte. Nach der islamischen wie der verbreiteten westlichen Meinung ordnete er die Abfassung der Ganzschrift des Koran und die Vernichtung aller anderen Handschriften an.[339] *Osman* wurde 656 in Medina im Gefolge von Unruhen ermordet.

Für alle drei Kalifen gilt: Die weiträumigen Eroberungen wurden nicht von den Kalifen selbst oder mittels eines einheitlichen Oberbefehls durchgeführt. „Sie haben zwar immer – mit mehr oder weniger Erfolg – versucht, regelnd und kanalisierend ... einzugreifen, aber die arabisch-islamische Expansion ist nicht das Werk der Kalifen gewesen"[340], sondern unterschiedlicher Führerpersönlichkeiten, die bestimmte militärische Gruppen anführten. Nur selten waren die militärischen Kampagnen das Ergebnis weitsichtiger Planung.[341] Auch in ihren staatlichen und rechtlichen Funktionen besaßen die Kalifen oft nur eingeschränkte Kompetenzen.[342]

In Medina wurde dann *'Ali ibn Abu Talib*, ein Vetter Mohammeds, verheiratet mit *Fatima*, einer Tochter des Propheten, und somit zu seiner Familie ge-

---

[334] Dieses Kalifat bzw. seine zeitliche Verortung werden allerdings problematisch, falls Mohammed selbst noch bis 634 gelebt und den Palästinafeldzug angeführt haben sollte (vgl. o. 3.3).

[335] A. Noth, Das Reich der Kalifen, a.a.O. 27.

[336] A. Hourani, Die Geschichte der arabischen Völker, a.a.O. 45.

[337] Vgl. hierzu: G. Levi della Vida, 'Umar B. al-Khattab, in: Handwörterbuch des Islam, a.a.O. 759.760.

[338] Vgl. hierzu: G. Levi della Vida, 'Uthman B. 'Affan, in: Handwörterbuch des Islam, a.a.O. 777.778.

[339] Vgl. hierzu o. 4.3.

[340] A. Noth, Früher Islam, a.a.O. 68.

[341] Vgl. Ph.K. Hitti, History of Syria, a.a.O. 419 (hier zur Eroberung Syriens).

[342] Vgl. hierzu A. Noth, Früher Islam, a.a.O. 81.

hörig, zum neuen Kalifen (656–661) ausgerufen. Nach schiitischer Überlieferung hatte Mohammed selbst bei der Rückkehr von seiner letzten Pilgerfahrt nach Mekka am Teich Humm zu *'Ali* gesagt: „,Jeder, dessen Patron ich bin, der hat auch 'Ali zum Patron' (...). Die Schiiten interpretieren diese Worte als Designation (nass) 'Alis zum Nachfolger des Propheten“[343].
'Ali hatte selbst schon, wie die spätere Überlieferung ebenfalls berichtet, unter den vorherigen Kalifen die Forderung erhoben, „daß die Führung der Muslime in der Hand der Familie des Propheten, der Haschimiten, liegen ... sollte“. Seine Anhänger seien als „Partei Alis (Shi'at 'Ali)“ bezeichnet worden.[344] Mit seiner Erhebung zum Kalifen entbrannte dann ein offener Konflikt; sein Kalifat fand nicht überall Anerkennung, woraus der sogenannte erste Bürgerkrieg (656–661) entstand: In Syrien regierte weiterhin *Mu'awiya*, ein Verwandter und Gouverneur *Osmans*, eine mekkanische Gruppe machte einen Aufstand gegen *'Ali*. Letztere konnte von *'Ali* in der „Kamelschlacht“ (656) – laut Sunna war *'Aischa,* eine der Witwen Mohammeds und Gegner *'Alis,* auf einem Kamel reitend, Zuschauerin des Kampfes – besiegt werden, so daß er jetzt gegen seinen Hauptkonkurrenten ziehen konnte. Am nördlichen Euphrat standen sich die Heere 657 gegenüber, ohne daß es zu einer Entscheidungsschlacht kam. 658 wurde *Mu'awiya* von seinen Leuten zum neuen Kalifen ausgerufen. Nach vielen internen Streitigkeiten unter den Gefolgsleuten *'Alis* und einem Sieg *'Alis* über seine internen Gegner bei der Stadt Narawan (658) wurde er selbst im Jahre 661 in Kufa, dem Zentrum seiner „Partei“, ermordet. Aus dem Konflikt zwischen *'Ali* und *Mu'awiya* „entwickelte sich die Spaltung der islamischen Welt in Sunniten und Schiiten“[345]. Zum förmlichen Konflikt zwischen beiden Richtungen kam es allerdings erst z.Zt. der Omaiyaden und Abbasiden.
„Für die Mehrheit der Muslime gelten die ersten vier Kalifen, von *Abu Bakr* bis *Ali,* als die *raschidun,* die ‚Rechtgeleiteten'. Spätere Kalifen werden in einem anderen Licht gesehen“[346]. Dies gilt vor allem für die Omaiyadenkalifen, die folgenden Abbasiden werden wieder positiver gewürdigt. Dies mag allerdings seinen Grund darin haben, daß die wichtigsten geschichtlichen Werke in der Abbasidenzeit verfaßt wurden, als die neue Dynastie ihre Legitimität auch durch Kritik an den Omaiyaden begründen mußte.
In weniger als dreißig Jahren konnte also der Islam seine Herrschaft über den ganzen Vorderen Orient ausdehnen und trotz zahlenmäßiger und zunächst auch kultureller Unterlegenheit behaupten; der Anteil der Kalifen selbst an den Eroberungen war eher gering. Die militärischen Erfolge könnten einen Grund darin haben, daß die politische Führung des byzantinischen wie des Sassanidenreichs schon oft mit dem Eindringen von Beduinen zu tun hatten,

---

[343] Heinz Halm, Die Schia, Darmstadt 1988, 10.
[344] Peter Heine, Ali, in: Islam-Lexikon, Bd. 1, 55.
[345] Peter Heine, 'Uthman, in: Islam-Lexikon, Bd. 3, a.a.O. 735.
[346] A. Hourani, Die Geschichte der arabischen Völker, a.a.O. 50.

das in der Vergangenheit „nichts grundsätzlich Bedrohliches hatte". Als man merkte, daß es sich dieses Mal anders verhielt, „war es für Gegenmaßnahmen im Grunde schon zu spät"[347].

A. Hourani versucht diesen Umstand zudem damit zu erklären, „daß die Bevölkerung der unterworfenen Länder die arabische Herrschaft hinnahm. Für die meisten dieser Menschen machte es keinen Unterschied, ob sie von Iranern, Griechen oder Arabern regiert wurden. Die Herrschaft wirkte sich zum größten Teil nur auf das Leben in den Städten und ihrem direkten Hinterland aus"[348]. Wichtig war auch wohl, daß die neuen Herren nicht zugleich als Missionare auftraten und ihre Steuerforderungen zunächst nicht höher waren als vorher. Die arabischen Eroberer sicherten das eroberte Gebiet durch die Einrichtung von Militärlagern neben schon bestehenden Städten, gelegentlich aber auch in neu gegründeten Siedlungen: „Basra und Kufa im Irak, Fustat in Ägypten (daraus entwickelte sich später Kairo)"[349] usf. Diese Militärlager waren „lange Zeit rein arabisch-islamische Inseln inmitten der unterworfenen fremden Bevölkerung"[350]. Diese Lager, später Städte, lagen – wie auch die späteren Hauptstädte Damaskus und Bagdad – alle im Landesinneren; die Araber verstanden sich nicht als Seefahrer, die byzantinische Flotte beherrschte weiterhin das Mittelmeer.

Die unterworfenen Zivilisationen aber besaßen eine sehr alte Kultur- und Religionsgeschichte und z.Zt. der islamischen Invasion bedeutende urbane Zentren. Die bisher nomadischen Eroberer mußten sich auf gänzlich neue Lebensformen einstellen; die wichtigsten Entscheidungen wurden von jetzt an in den dichter besiedelten Gebieten im Norden getroffen. Wahrscheinlich waren die damit verbundenen Probleme auch Ursache für eine unter ihnen entstehende Unzufriedenheit und daraus resultierende Parteibildung, die dann auch religiös begründet wurde; die gegen *'Ali* und zugleich gegen *Mu'awiya* revoltierenden Richtungen faßt man unter dem Namen *Charidschiten (Harigiten*[351], von arabisch „ausziehen", „herausgehen" abgeleitet)[352] zusammen. In eins damit scheint schon ein grundsätzliches Problem eine Rolle gespielt zu haben, das auch in der Folgezeit wichtig war: Wie muß die Welt des Islam als „beste Gemeinschaft" (S. 3,110) und ihre Leitung aussehen?

In diesen ganz von militärischen und politischen Aktivitäten geprägten Zeiten wurden Koranmaterialien gesammelt und nach der traditionellen Auffassung auch schon zu einer Ganzschrift zusammengefaßt. Letzteres ist allerdings äußerst unwahrscheinlich; es ist beinahe unvorstellbar, daß es damals Tradentenkreise gegeben habe – die „Gefährten" Mohammeds waren im

---

347 A. Noth, Das Reich der Kalifen, a.a.O. 27.

348 A. Hourani, Die Geschichte der arabischen Völker, a.a.O. 45.46.

349 A. Hourani, ebd. 46.

350 H. Halm, Die Schia, a.a.O.11.

351 Vgl. hierzu Julius Wellhausen, Die religiös-politischen Oppositionsparteien im alten Islam, Göttingen 1901; W.M. Watt, in: Watt/Marmura, Der Islam II, a.a.O. 1–31.

352 W.M. Watt, in: Watt/Marmura, Der Islam II, a.a.O. 8.

Zuge der Expansionen in alle Lande verstreut, teilweise auch gefallen –, die in Ruhe all diese Sprüche hätten niederschreiben können, so daß Kalif *Osman* eine Endfassung hätte anordnen können.

8.2 Die Zeit der Omaiyaden in Damaskus (661–750)

8.2.1 Die politische Entwicklung

Mit dem Tod *'Alis* wurde die Phase des ersten „Bürgerkriegs" beendet, jetzt kam endgültig *Mu'awiya* (661–680), und mit ihm die Dynastie der Omaiyaden, an die Macht. *Mu'awiya* regierte von *Damaskus* aus, und von jetzt an wurde das Kalifat erblich. Das Omaiyadenreich konnte seine Grenzen weit ausdehnen; im Westen wurden Nordafrika und Spanien erobert, islamische Truppen stießen sogar bis Südfrankreich vor, im Osten wurden die Gebiete bis zum Fluß Oxus (heute Amu-Darja, ein Zufluß des Aral-Sees) dem Reich eingegliedert und Streifzüge nach Nordwestindien unternommen. Die staatstragende Basis war hierbei zunächst noch das arabische Bevölkerungselement, mit der Zeit aber kam es zu einer immer weiterreichenden Integration fremder Völker und Kulturen; neue, im Lauf der Zeit islamisierte Staatsvölker traten auf den Plan. *G.E. von Grunebaum* spricht sogar von der „Geschichte der Selbstzerstörung der Araber als Staatsnation"[353]. Die hierbei gegenüber den neu eroberten Völkern notwendige Toleranz wurde später von muslimischen Historikern, meist Schiiten oder Angehörige der strengen medinensischen Schule, die eine „puritanische" Linie vertraten, hart kritisiert.[354]

Unter dem zweiten Nachfolger *Mu'awiyas, 'Abd al-Malik* (685–705), kam es zum sogenannten zweiten Bürgerkrieg (683–692), in dem sich restaurative mekkanische Kreise sowie Beduinen gegen die zentrale Macht in Damaskus erhoben. *'Abd al-Malik* gelang es, mit Rückgriff auf die in Syrien stationierten Truppen, diese Erhebung niederzuschlagen und auch durch seine Gouverneure in den Provinzen seine Herrschaft zu etablieren. Sein Nachfolger *al-Walid* (705–715) setzte diese Politik fort und konnte die Grenzen des Reichs ausweiten, so daß zu dieser Zeit das von einer muslimischen Zentralregierung beherrschte Gebiet seine größte Ausdehnung besaß.

Der Preis für diesen Erfolg war „ein Kompromiß zwischen dem religiösen Ideal des ‚gerechten' Gemeinwesens und dem säkularen Verständnis der Einheit. Aber dieser Kompromiß ermöglicht den Aufstieg der Verkündigung

---

[353] G.E. von Grunebaum, Der Islam in seiner klassischen Epoche 622–1258, Zürich und Stuttgart 1966, 81.

[354] Vgl. hierzu Ph.K. Hitti, History of Syria, a.a.O. 440.441.

des arabischen Propheten zur Weltreligion ...“[355]. Dennoch lebte die Auseinandersetzung darüber, wer die Gemeinschaft leiten solle („ein guter – oder der beste – Muslim solle die Führung innehaben“[356]) und um die „Legitimität und ‚Gerechtigkeit‘ des Regimes“ in der Endphase der Omaiyadenzeit wieder auf und führte, zusammen mit schiitischen Abspaltungstendenzen, zum Niedergang. „Doch letztlich scheitern sie (die Omaiyaden, Verf.) an den Konflikten, die sich aus den Problemen der sozialen Assimilation und die ökonomische Integration der Nichtaraber im Vielvölkerreich des Islams ergaben“[357].

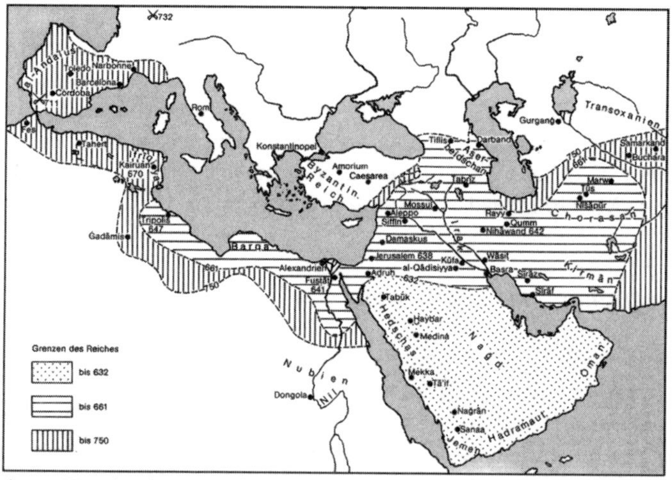

Die riesigen Territorien wurden von der Hauptstadt Damaskus aus regiert, was eine Neuorganisation des Militärs – „bezahlte stehende Armeen“ statt der arabischen Heere[358] –, eine effektive Verwaltung und Ökonomie – Kalif *'Abd al-Malik* schuf ein neues Steuersystem, unter seiner Herrschaft wurden „islamische“ Münzen geprägt – sowie die Schaffung übergreifender kultureller und religiöser Verhältnisse erforderlich machte. Bisher war Arabisch nur „die Sprache des Heeres und der dünnen Oberschicht von Offizieren und Gouverneuren. Der Beamtenapparat der eroberten Reiche blieb vorläufig in Funktion, damit auch die Amtssprachen der sasanidischen und byzantinischen Bürokratie, das Persische und das Griechische“[359]. Nach 690 führte *'Abd al-Malik* das Arabische als Staatssprache ein, das dann in der Folgezeit immer mehr auch Umgangssprache in weiten Teilen des Reiches wurde. Die Volkssprachen wurden allmählich verdrängt: „Um die Jahrtausendwende wurden das Aramäische in Syrien und Mesopotamien und das Koptische in

355 G. Endreß, Einführung in die islamische Geschichte, a.a.O. 142.143.
356 A. Noth, Das Reich der Kalifen, a.a.O. 29.
357 G. Endreß, Einführung in die islamische Geschichte, a.a.O. 143.
358 A. Hourani, Die Geschichte der arabischen Völker, a.a.O. 51.
359 G. Endreß, Einführung in die islamische Geschichte, a.a.O. 162.

Ägypten nur noch von christlichen Minderheiten gepflegt" und waren, einige Jahrhunderte später, nur noch als Liturgiesprachen erhalten.[360]
Die Verwaltung des riesigen islamisch beherrschten Gebiets, vom Amur bis nach Südfrankreich, und die Formierung des Islam brachten naturgemäß soziale und religiöse Probleme, denen die Omaiyaden nicht gewachsen waren – und gar nicht sein konnten. Das riesige Reich konnte, wenn die Verwaltung effektiv sein sollte, nur nach einem strengen oder patriarchalischen System geleitet werden; die Omaiyaden wurden absolute Herrscher. Die Herrscher und ihre Statthalter führten einen aufwendigen Lebensstil; zwar mag manches überlieferte Detail darüber den späteren abbasidischen Interessen an einer Abwertung ihrer Vorgänger entsprungen sein; immerhin bezeugen archäologische Überbleibsel, wie z.B. von großartigen Wüstenpalästen[361], daß die Kritik nicht ganz aus der Luft gegriffen ist. Dies führte mit der Zeit zu verstärkter Ablehnung der Omaiyaden und zu der Forderung nach einem Wechsel im Kalifat, bei dem man sich erhoffte, mit Angehörigen des Hauses Mohammeds Besserung zu erreichen.

8.2.2 Festigung und Ausbreitung des Islam

In der omaiyadischen Zeit, die als eine erste Stabilisierungsphase betrachtet werden kann, bildeten sich grundlegende Elemente des Islam; sie ist insofern konstitutiv für alle weiteren Entwicklungen dieser Religion. Dies muß trotz der späteren muslimischen Kritik an dieser Zeit festgehalten werden. Nach *G.E. von Grunebaum* gab vor allem das Christentum, mit dem die Muslime jetzt in weiten Gebieten koexistierten, Anstoß zu dieser innerislamischen Entwicklung: „Trotzdem beschleunigte die bloße Tatsache seines Daseins, ihrer (seiner?, Verf.) größeren denkerischen Bildung und Reife den unaufhaltbaren Prozeß der Entfaltung und Systematisierung der muslimischen Glaubenswahrheiten"[362].
Die koranischen Traditionen wurden gesammelt und zu einer Ganzschrift zusammengefügt, wobei die Grundzüge einer islamischen Theologie sichtbar werden. Nach neueren Studien setzt nach der Wende zum 8. Jahrhundert auch die älteste Bildung von Hadith- und Rechtstraditionen im Irak („the region of their major expansion") ein.[363]
Der sich festigende Islam dokumentierte sein neues Selbstbewußtsein durch den Bau von *Moscheen* (vom Spanischen *mesqita*, von arabisch *maschdid*), die sich stilistisch zunächst an jüdischen und christlichen Gotteshäusern orientierten. Bald aber wurden erste prachtvolle Bauten errichtet, als erster

[360] G. Endreß, ebd. 163.
[361] Vgl. hierzu z.B. Carl Brockelmann, Geschichte der arabischen Völker und Staaten, München und Berlin 1943, 85–87.
[362] G.E. von Grunebaum, Der Islam in seiner klassischen Periode, a.a.O. 82.
[363] J. Baldick, Early Islam, a.a.O. 13.

der Felsendom in Jerusalem (nach 690), dem dann weitere folgten: in Damaskus, Aleppo, Medina, Kairuan usf. „Allen liegt im wesentlichen derselbe Plan zugrunde: Ein offener Innenhof führt zu einem überdachten Raum, der so angelegt ist, daß die langen Reihen der Gläubigen unter Anleitung eines Vorbeters *(imam)* ihr Gebet Richtung Mekka verrichten können. Eine Nische *(mihrab)* kennzeichnet die Mauer, auf die sie blicken, und nahebei befindet sich eine Kanzel *(minbar),* wo freitags beim Mittagsgebet eine kurze Predigt gehalten wird. Dem Gebäude angefügt oder in seiner Nähe ist das Minarett, von dem der Muezzin *(mu'adhdhin)* zu den festgesetzten Zeiten die Gläubigen zum Gebet ruft“[364]. Im äußeren Bereich gab es Möglichkeiten für die vorgeschriebenen rituellen Waschungen.
Die arabischen Eroberungen richteten sich lange Zeit nur auf die politisch-militärische Herrschaft, der Islam war die Religion der Herrenschicht. „Der Islam verleibte sich Gebiete militärisch ein und überließ es der Entwicklung, wie weit der Unterworfene sich auch religiös dem Islam zuwandte“[365]. Die Idee einer religiösen Mission, die auf die innere Bekehrung zum Islam hinzielte, haben die Eroberer erst Jahrhunderte später – wiederum angestoßen vom Christentum – ausgebildet. Dennoch kam es in der Omaiyadenzeit zu einer verstärkten Islamisierung der unterworfenen Bevölkerung; dies gilt vor allem für den syrischen Raum, besonders den Irak. Viele Christen wurden Muslime, nach einiger Zeit war das Christentum – die „aramäischen Christen“ – eine Minderheit geworden. Hierfür mag es viele Gründe gegeben haben, die mehr äußerlicher Art sind. Für Beamte war es sicher vorteilhaft, den Glauben der neuen Herren anzunehmen, auch die höhere Besteuerung von Nichtmuslimen kann für Begüterte ein Motiv gewesen sein.
Darüber hinaus aber scheint es auch so gewesen zu sein, daß der Islam die besonderen Anliegen syrischer Christen eher zu wahren schien als das byzantinische Christentum: Syrische Christologie (Jesus ist Gesandter und Knecht Gottes), Monarchianismus (Gott hat keinen Sohn) und Soteriologie (Hoffnung auf geschichtliche Bewährung)[366] sind in die Sammlung koranischer Traditionen eingegangen und bewahrt worden. Da der Koran seine Sprüche zudem in eine Linie der Offenbarungen Gottes seit Abraham stellt, die jüdische und christliche Offenbarung als solche anerkennt und lediglich von Verfälschungen befreien will, mußte der Übertritt zum Islam nicht wie ein völliger Bruch mit allem Bisherigen erscheinen. Begünstigt wurde diese Entwicklung vielleicht auch durch die Zwangsislamisierung von Arabern in diesem Raum, die vorher der syrischen Kirche angehört hatten.
Julian Baldick vergleicht das Verhältnis des (sunnitischen) Islam zu Judentum und Christentum mit der Relation des Protestantismus zum Katholizis-

---

[364] A. Hourani, Die Geschichte der arabischen Völker, a.a.O. 53.
[365] Bertold Spuler, Das Vordringen des Islams bis ins südliche Europa und die Verdrängung des Christentums, in: M. Asad und H. Zbinden (Hrsg.), Islam und Abendland, a.a.O. 59.
[366] Vgl. hierzu vom Verf., Fundamentalchristologie, a.a.O. 198–229.

mus: „Islam does not actually present itself as a new religion, but as the restoration of an old one, freed from the corruptions brought in by Jews und Christians. So it sees itself as the restored religion of Jesus, accepted as the Christ“.[367]

Ob der Islam in seiner Besonderheit auf diese Weise zureichend umschrieben ist, bleibe dahingestellt. Es ist aber durchaus möglich, daß eine solche Einbettung in eine Offenbarungsgeschichte seit Abraham sowie die Tradierung syrisch-christlicher theologischer Interessen von den damaligen Konvertiten zum Islam in diesem Sinne verstanden wurden und den Übertritt erleichterten. Ebenso denkbar ist, daß diese theologischen Eigentümlichkeiten des Koran von ehemaligen Christen in die Texte eingebracht worden sind.

Daß für viele syrische Christen der Islam nicht als gänzlich neue Religion erscheinen konnte, läßt sich auch am gegenteiligen Verhalten z.B. der koptischen, monophysitischen Christen in Ägypten und – später – der griechischen Christen in Kleinasien erkennen; aus ihren Reihen gab es bedeutend weniger Übertritte zum Islam, die christlichen Gemeinden bestanden auch unter islamischer Herrschaft weiter fort. Der Grund hierfür könnte sein, daß in *diesen* Christengemeinden die Differenz zum Islam – in Gottesauffassung (Trinität), Christologie (Gottsein Jesu) und Soteriologie (Hoffnung auf „Vergöttlichung“)[368] – sehr scharf erfahren wurde, so daß mit dem Muslim-Werden ein völliger Bruch mit dem bisher Geglaubten vollzogen war. Bei einem Wechsel der Religionszugehörigkeit fasziniert sicherlich auch das Neue, das sie repräsentiert; aber dieses Neue muß so beschaffen sein, daß es gewisse Kontinuitäten bietet, in die die eigenen ererbten religiösen Hoffnungen und Raster eingebracht werden können.

Mechanismen dieser Art hatten weniger Auswirkungen auf die jüdischen Bevölkerungsteile in den jetzt vom Islam beherrschten Gebieten, weil diese mehr in ihre uralte ethnisch-religiöse Tradition eingebunden waren. Wegen ihrer starken Prägung durch die im wesentlichen auf die eigene Volksgruppe beschränkte Religion gab es nur wenige Konversionen von Juden zum Islam. Anders sah es aus bei den Anhängern der Mazda-Religion; bis auf kleine Gruppen nahmen sie im Lauf der Zeit den Glauben der Eroberer an. Wie weit diese Islamisierung in der vor allem im heutigen Persien und teilweise Irak zum Mazdaismus gehörigen Bevölkerung, wie manche meinen, auf Ermüdungserscheinungen in dieser Religion zurückgeht, läßt sich nicht leicht erhärten. Interessant ist jedenfalls, daß es auch dort zwei Kontinuitätsstränge gibt, die die Übernahme des Islam nicht zu einem totalen Bruch mit der eigenen Vergangenheit werden ließ: Zum einen wurde die eigene (indoeuropäische) persische Sprache auch nach der Islamisierung beibehalten, zum zweiten verbreitete sich hier bald der Schiismus, der mit der Betonung der sote-

[367] J. Baldick, Early Islam, a.a.O. 21.

[368] Vgl. vom Verf., Fundamentalchristologie, a.a.O. 229–244.

riologischen Bedeutung des Leidens und Sterbens gewisse Affinitäten zur bisherigen dualistischen Mentalität wahren konnte.
Dabei muß allerdings bedacht werden, daß die Islamisierung ein langdauernder Prozeß war, der nicht leicht zu rekonstruieren ist. Eine Untersuchung über die Verbreitung muslimischer Namen in den vom Islam beherrschten Gebieten[369] legt es nahe anzunehmen, daß „am Ende der Umaiyadenherrschaft ... weniger als zehn Prozent der Bevölkerung von Iran und Irak, Syrien und Ägypten, Tunesien und Spanien Muslime“ waren.[370] Erst am Ende des 10. Jahrhunderts sei ein Großteil der Bevölkerung islamisiert gewesen.[371]

8.2.3 Die Abspaltung der Schiiten und die Ausbildung von Schiismus und Sunnismus

8.2.3.1 Der Schiismus

8.2.3.1.1 Geschichtliche und theologische Grundlagen

Während des ersten Bürgerkriegs nach der Ermordung *Osmans* bildeten sich die Gruppierungen, die später zu einer Spaltung des Islam führten.[372] Der tiefere Grund hierfür war die Frage nach der richtigen Form der jetzt schon weitverbreiteten muslimischen Gemeinschaft. Soll sie eine Art von Theokratie sein, die ganz von religiösen Grundsätzen geleitet wird, oder darf sie nach politischen und ökonomischen Erwägungen geführt werden? Dieser Konflikt fokussierte gewissermaßen in der Frage, wer und wie der legitime Nachfolger Mohammeds sein müsse: ein Mann aus der Familie des Propheten, dessen wichtigste Eigenschaft seine Frömmigkeit und sein religiöser Eifer ist, oder irgendein muslimischer Mann, der die Fähigkeit zur politischen Führung der Gemeinschaft hat und deren Zustimmung findet? Die islamische Gesellschaft „spaltet sich im Streit um die wahre Autorität, um die Person ihres rechtmäßigen religiös-politischen Oberhauptes *(imam)*“[373].
Nach *Gerhard Endreß* teilte der Ausgang der „Kamelschlacht“ den Islam „in die Anhänger der mekkanischen Aristokratie, die politisch ausgespielt hatte, die Partei 'Alis – die fortan in Kufa residierte – und die Hausmacht der Umaiyadenfamilie in Syrien“[374]. Mit dem Tod *'Alis* ging das Kalifat an die

---

[369] R.W. Bulliet, Conversions to Islam in the Medieval Period, Cambridge (Massachusetts) 1979.
[370] A. Hourani, Die Geschichte der arabischen Völker, a.a.O. 75.
[371] A. Hourani, ebd. 76.
[372] Vgl. o. 8.1.2.
[373] H. Halm, Die Schia, a.a.O. 2.
[374] G. Endreß, Der Islam, a.a.O. 48.

Omaiyaden, die Familienangehörigen *'Alis* und seine Anhänger versuchten zunächst noch, politischen Einfluß zu gewinnen. *'Alis* Sohn *Husain,* ein Enkel Mohammeds, unternahm einen militärischen Aufstand, der gegen die Truppen des zweiten Omaiyadenkalifen *Yazid* scheiterte; *Husain* fiel 680 in einer Schlacht bei der Stadt *Kerbela* im Süden des Irak, sein Bruder *Hasan* verzichtete daraufhin auf mögliche Ansprüche. Während des zweiten Bürgerkriegs (683–692) versuchte noch einmal der älteste Sohn *'Alis*, *Muhammad*, der aber kein Sohn *Fatimas,* sondern *al-Hanafiyas* und somit kein Enkel des Propheten war, von Kufa aus eine Rebellion, die aber ebenfalls erfolglos blieb.

Nach diesen Mißerfolgen blieb die Partei *'Alis* mehr und mehr auf ihre religiösen Hoffnungen und Forderungen verwiesen, die zunehmend utopischen Charakter annahmen; die Schia wurde zu einer vorwiegend religiösen Gruppierung. „Die Hoffnung auf den durch leibliche und geistliche Erbfolge legitimierten, ‚charismatischen' Herrscher wurde in diesen Kreisen genährt: auf den sündlosen und gerechten Imam, ‚Vorsteher' des Gottesdienstes und Leiter der Gemeinde, der allein die göttliche Führung aller Muslime zum Heil im Diesseits und Jenseits vermitteln könne – den ‚Rechtgeleiteten', den Mahdi"[375]. Historisch scheint sich die Hoffnung auf die eschatologische Gestalt eines Mahdi um den dritten Sohn *'Alis*, *Muhammad ibn al-Hanafiya* (gest. 700), gebildet zu haben, dessen Tod bestritten und als Entrückung gedeutet wurde.[376] „In der mythisch verklärten Gestalt des Muhammad ibn al-Hanafiya nimmt die schiitische Mahdi-Erwartung erstmals eindrucksvoll Gestalt an". Das im 8. Jahrhundert „entwickelte Modell der ‚Entrückung' oder ‚Abwesenheit' *(gaiba)* und der erwarteten Rückkehr *(rag'a)* des wahren Imams wird später von anderen Zweigen der Schia übernommen und weiter ausgeformt"[377].

Auch *Heinz Halm* nimmt an, daß die Partei *'Alis* „erst *nach* der Katastrophe von Kerbela ..., also nach ihrem politischen Scheitern", religiöse Züge annahm.[378] Diese Entwicklung ging aus von der Stadt Kufa am Euphrat (Irak), und, wie *Halm* hervorhebt, zunächst in der dortigen arabischen Bevölkerung: „in ihren Ursprüngen ist die Schia ebenso arabisch wie der Islam selbst"[379]. Allerdings sind hier zumindest Fragezeichen anzubringen: Die syrischen Wurzeln der islamischen Bewegung und des Koran sind recht stark. Vieles spricht für die Annahme, daß diese auch bei der Entstehung der Schia eine Rolle spielten; nicht zufällig bildete sich die Schia zunächst im Irak aus. Hat nicht die Sehnsucht nach einer theokratisch geleiteten, also ganz vom Willen

---

375 G. Endreß, Der Islam, a.a.O. 51.

376 Vgl. Annemarie Schimmel, Der Islam, in: Friedrich Heiler (Hrsg.), Die Religionen der Menschheit, ²1962, 842.

377 H. Halm, Die Schia, a.a.O. 25.

378 Heinz Halm, Der schiitische Islam. Von der Religion zur Revolution (Beck'sche Reihe; 1047), München 1994, 29.

379 H. Halm, ebd. 29.

Gottes geprägten Gemeinschaft eine Affinität zum syrischen Christentum, in dem die „Bewährung“ Jesu die Christologie bestimmte und ein Leben aus seiner Nachfolge im Zentrum des religiösen Bemühens stand? War nicht dort auch die Hoffnung auf eine eschatologische Vollkommenheit und eine messianische Sehnsucht verbreitet? Zumindest dürfte es nicht leicht fallen, spezifisch arabische Wurzeln für diese Motive nachzuweisen, noch ganz abgesehen von dem Umstand, daß die arabischen Bevölkerungsanteile in Kufa noch weit ins 8. Jahrhundert hinein vor allem von Soldaten gestellt wurden, die meist ganz andere Interessen haben.

Die Keimzelle für die Entstehung der Schia ist nach *Heinz Halm* in Gruppen zu suchen, die zwar *Husain* in den Irak gerufen, dann aber nichts zu seiner Unterstützung unternommen hatten und nach seinem Scheitern ein schlechtes Gewissen bekamen. Sie „ergingen sich in endlosen Selbstvorwürfen; sie bereuten ihr Versagen und suchten ihr Gewissen durch Buße zu erleichtern“[380]. Diese „Büßer“ hätten im Jahr 684/685 einen Bußgang über Kerbela nach Syrien unternommen, wo fast alle, wie es ihren eigenen Wünschen entsprochen habe, von den Soldaten des Kalifen getötet worden seien.[381] Allerdings stammt der älteste Beleg für diese Vorgänge aus einer Schrift des kufitischen Schiiten *Abu Mikhnaf* (gest. 774), die eine recht legendarische und stilisierte Beschreibung bietet. *H. Halm* findet es überraschend, daß dieser Text „bereits alle die wesentlichen Züge aufweist, die die schiitische Religiosität bis heute kennzeichnen“, hält ihn aber trotzdem (oder gerade deshalb?) für „gewiß authentisch“.[382] Für eine historische Betrachtung ist eher anzunehmen, daß in der zweiten Hälfte des 8. Jahrhunderts diese Grundzüge der Schia schon so weit ausgeprägt waren, daß sie in eine heroische Erzählung von der Anfangszeit rückprojiziert wurden.

Als die Abbasiden gegen die Omaiyaden aufstanden, versuchten auch sie, ihre Ansprüche mit Rückgriff auf ihre Zugehörigkeit zur Familie Mohammeds – sie benannten sich nach einem Halbbruder des Vaters des Propheten, *al-'Abbas* – zu begründen. So fanden sie zunächst die Unterstützung der Schiiten, die aber bald in ihren Hoffnungen enttäuscht wurden. Vor allem der zweite Abbasidenkalif *al-Mansur* setzte gänzlich auf das dynastische Prinzip und die Staatsraison und schaltete alle religiösen Eiferer aus.

„Nach einer Reihe vergeblicher Aufstände sammelte sich die Schia um die Imame aus der Nachkommenschaft des Husain ibn Ali, die in gelehrter Überlieferung ihrer Gemeinde den Weg der Rechtgläubigkeit unter den illegitimen Herrschern wiesen“[383]. *'Ali* wurde bei den Schiiten als erster Imam betrachtet; das muslimische Glaubensbekenntnis: „Es gibt keinen Gott außer Gott, und Mohammed ist sein Gesandter“ wird von ihnen erweitert: „und Ali

---

[380] H. Halm, ebd. 30.
[381] Vgl. hierzu H. Halm, ebd. 29–33.
[382] H. Halm, Der schiitische Islam, a.a.O. 30.
[383] G. Endreß, Der Islam, a.a.O. 54.

ist der Freund Gottes". Die weiteren Imame entstammen der Nachkommenschaft *'Alis.* Jeder Imam „ist Nachfolger Alis in seinem Amt und in seinen religiösen Kenntnissen"[384]. Er wird „praktisch zum einzigen Führer der Gemeinschaft und zu einer fast unfehlbaren Instanz. Ihm wird sogar Sündenlosigkeit zugesprochen"[385]. Erst dann wurden auch die Gräber der Imame zu Wallfahrtsstätten, und „die Verfluchung der 'Ali-Gegner auf den Kanzeln" wurde schiitischer Brauch.[386] Allerdings ist zu bedenken, daß sich diese Theorie des Imamats erst „ab dem zehnten Jahrhundert allmählich entwickelte"[387] und die früheren Raster nicht genau bekannt sind.
Der schiitische Islam kennt somit *Veränderungen gegenüber dem Islam der Sunniten,* die sich ihrerseits, wie sie meinen: ausschließlich, auf Koran und Sunna beziehen. Nach schiitischer Meinung hatte Allah seinem Freund *'Ali* „die innere Bedeutung des Korans erklärt"[388], was in manchen Richtungen extreme Formen der *'Ali*-Verehrung – Leugnung seines Todes und Gleichsetzung mit Allah – entstehen ließ.[389] Somit verfügten er und seine Nachfolger über ein vertieftes Verständnis der Offenbarung, was in der Schia zu Erweiterungen der Glaubenslehre führen konnte.
Weil *'Ali* und danach *Husain* in Schlachten gefallen waren, rückte ihr Tod in den Mittelpunkt der religiösen Emotionen. Vor allem der Tod *Husains* und seines Bruders *Hasan* wird alljährlich am Aschura-Fest, mit Zentrum in Kerbela, begangen („diese Passion wird alljährlich ... wie ein Mysterienspiel aufgeführt"[390]). Nach *Julius Wellhausen* gilt den Schiiten das Martyrium *Husains* „weit mehr als das seines Vaters, der ja nicht der Sohn der Tochter des Propheten war"[391]. Hieraus resultiert eine dem sunnitischen Islam wie auch dem Koran unbekannte Heilsbedeutung des Leides.[392] Die Hoffnungen auf eine „gerechte" Führung der muslimischen Gemeinschaft erwiesen sich zunehmend als unrealisierbar und konzentrierten sich auf eine kommende Zeit, in der der *Mahdi* (der „Geführte"), ein eschatologischer Heilsbringer, oft der letzte verborgene Imam, sie herbeiführen wird. Für die jetzige Geschichte aber mußte man sich arrangieren und auch das Regiment als illegitim betrachteter Herrscher annehmen; gelegentlich wurde aus dieser Notwendigkeit eine förmliche Lehre von der Duldung der bestehenden Verhält-

[384] A.Th. Khoury, Schiismus/Schiiten, in: Islam-Lexikon, Bd. 3, a.a.O. 663.
[385] A.Th. Khoury, ebd.
[386] H. Halm, Die Schia, a.a.O. 16.
[387] A. Hourani, Die Geschichte der arabischen Völker, a.a.O. 231.
[388] P. Heine, Ali, a.a.O. 58.
[389] P. Heine, ebd.
[390] A.Th. Khoury, Schiismus/Schiiten, a.a.O. 663.
[391] Julius Wellhausen, Die religiös-politischen Oppositionsparteien im alten Islam, a.a.O. 70.71.
[392] Vgl. A. Hourani, Die Geschichte der arabischen Völker, a.a.O. 234: „Husains Tod wurde als Martyrium gesehen, als freiwilliges Opfer zum Wohl der Gemeinschaft und als ein Versprechen, daß Gott am Ende die richtige Ordnung der Dinge wiederherstellen werde".

nisse entwickelt; der eigene Glaube darf dabei zum Schutz vor Verfolgung verborgen werden.
Bis zur erhofften Endzeit müssen die Grundsätze einer islamischen Gerechtigkeit unter oft widrigen Bedingungen gepflegt und eingehalten werden. Dafür sorgt der Stand der Rechtsgelehrten *(ulama),* die den Koran und die Überlieferungen der Imame weitergeben und auslegen. Im Schiismus gewinnen diese die Funktion einer gesellschaftlichen Leitung der Gemeinschaft, eines Klerus, der wiederum eine hierarchische Stufung kennt. Darüber hinaus bildeten die Schiiten „eine ... eigene Rechtsüberlieferung, Eigenarten des Kultus, eigene Feste und Wallfahrtsstätten" aus.[393]

8.2.3.1.2 Exkurs: Die Schiiten. Ein Überblick

Im Lauf der Jahrhunderte bildeten sich verschiedene Formen des Schiismus aus. Sie alle stimmen in der Überzeugung überein, daß die ersten drei Kalifen vor *'Ali* abzulehnen sind[394] und die Nachfolge im Imamat irgendwann in der Geschichte zu Ende ging; sie unterscheiden sich in der Zahl der jeweils anerkannten Imame und zudem auch in Aspekten der Lehre, die zum einen auf innerislamische Sondertraditionen und zum anderen auf die Übernahme außerislamischen Gedankenguts zurückzuführen sind. Ihre Geschichte, ihre Lehrentwicklungen, ihre ideologischen, politischen und militärischen Auseinandersetzungen mit anderen Strömungen sind sehr komplex. Die einzelnen Richtungen sollen im folgenden nur kurz vorgestellt werden.
Zu den gemäßigteren Schiiten sind zwei Gruppen zu zählen, die Imamiten und die Zaiditen.
(1) Die *Imamiten* erkennen zwölf Imame an („Zwölfer-Schia").[395] Von dem letzten Imam mit Namen *Muhammad ibn Hasan* wird überliefert, daß er im Jahr 874 entrückt wurde und seitdem seine Gemeinde aus der Verborgenheit heraus leitet. Man setzte zunächst „Bevollmächtige" *(wakil)* bzw. „Botschafter" *(safir)* ein, die mit ihm Verbindung halten und seine Weisungen an die Gläubigen weitergeben sollten. Seit dem Tod des letzten *wakil* 940/41 war der Kontakt zum verborgenen Imam vollends unterbrochen. Die Jahre 874–940/41 werden deswegen als „kleine Verborgenheit" (des Imam) bezeichnet, seitdem lebt er in der „großen Verborgenheit", so daß die Gemeinde keine „geregelte Vertretung des Verborgenen Imam" mehr besitzt[396] und die Rechtsgelehrten ihre Schlüsse nur noch aus den Traditionen ziehen können. Erst am Ende wird der verborgene Imam wiederkommen und ein Reich der Gerechtigkeit begründen.

---

[393] H. Halm, Die Schia, a.a.O. 2.
[394] Vgl. A. Schimmel, Der Islam, a.a.O. 847.
[395] Zu den Diskussionen, zur Geschichte und zu den Schulbildungen innerhalb dieser Richtung vgl. H. Halm, Die Schia, a.a.O. 34–185.
[396] H. Halm, ebd. 45.

Die zwölf Imame

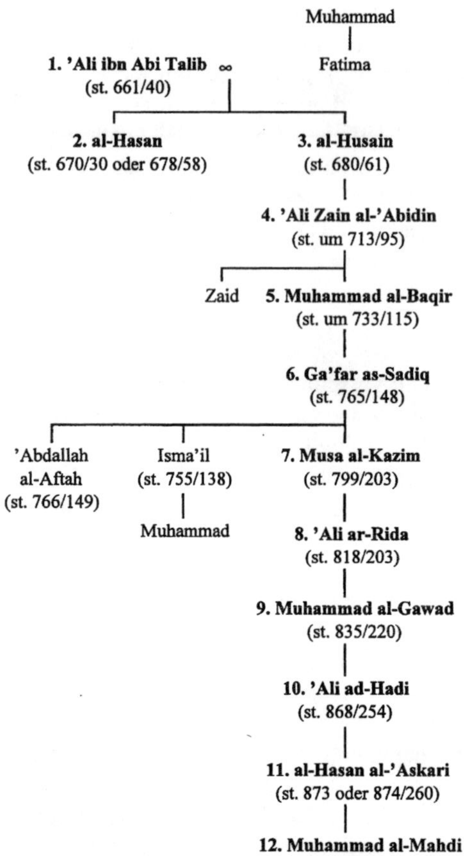

Seit dem 10. Jahrhundert, in dem auch die Auffassungen der Imamiten über das Imamat ihre für die folgende Zeit gültige Form fanden, stellten die Imamiten einen beträchtlichen Anteil der iranischen Bevölkerung dar; unter schiitischen Dynastien entstand eine blühende persische Form des Islam, die auch unter fremder Oberherrschaft ihre Eigenständigkeit wahren konnte. Seit dem Beginn des 16. Jahrhunderts wurde die Zwölfer-Schia offizielle Staatsdoktrin in Persien, wobei die bis dahin sunnitische Mehrheit der Bevölkerung[397] nicht ohne Schwierigkeiten zur Schia konvertierte. Im schiitischen Staat kam den *Mollas,* also dem „Klerus" – zu dieser Funktion hatte sich im Lauf der Zeit (endgültig erst seit dem 19. Jahrhundert) der Stand der Rechtsgelehrten *(ulama)* entwickelt – auch eine beträchtliche politische Bedeutung zu. Die zwölf Imame, der Prophet Mohammed und seine Tochter *Fatima* gelten bei den Schiiten als die „vierzehn Unfehlbaren", die frei von „Irrtum" und „Sünde" sind.[398] Ein Imam „enthält ... eine göttliche Lichtsubstanz, die sich forterbt"[399]. Die Imame werden alle als Märtyrer betrachtet, vom letzten entrückten Imam wird erzählt, daß er „nach seiner Wiederkehr zunächst einmal das Martyrium erleiden wird, damit ihm der Ehrentitel eines Märtyrers ... nicht versagt bleibt"[400]. Weil sie ohne Sünde waren, haben sie unschuldig gelitten, ihr Leiden war ein „stellvertretendes Leiden"; in diesem Topos sind christliche Motive aufgegriffen.[401] Den Imamen wurde schon früh Präexistenz zugeschrie-

---

[397] H. Halm, ebd. 108.

[398] H. Halm, Der schiitische Islam, a.a.O. 45.

[399] A. Schimmel, Der Islam, a.a.O. 843.

[400] H. Halm, Der schiitische Islam, a.a.O. 46.

[401] H. Halm, ebd.

ben, und ihre Existenz für den Fortbestand der Welt wurde als unerläßlich betrachtet, woraus sich hin und wieder die Tendenz ergab, sie zu vergöttlichen.[402]
Ihre Grabstätten wurden zu Zentren schiitischer Volksfrömmigkeit. „Ihre Schreine in an-Nadschaf, Kerbela, al-Kazimain bei Bagdad, Maschad und Samarra" sind von „prächtigen vergoldeten Kuppelbauten" überwölbt.[403]
Über die genannten Grabstätten hinaus spielt noch ein anderer Wallfahrtsort eine große Rolle: *Qom (Ghom),* 140 Kilometer südwestlich von Teheran. Diese Stadt wurde, nach ihrer Zerstörung, seit 712 von Schiiten aus Kufa neu besiedelt. Hier starb 817 *Fatima* („die Sündlose"), die Schwester des achten Imam. „Die goldene Kuppel ihres Schreines beherrscht heute das Stadtbild von Qom"[404]. Seit den zwanziger Jahren des 19. Jahrhunderts wurde Qom zu dem wohl bedeutendsten theologischen Zentrum der Imamiten.
Die Imamiten bilden die größte Gruppierung unter den Schiiten. Zu ihnen gehört heute vor allem die Bevölkerung Irans, ein großer Teil der Iraker, Minderheiten gibt es auch im Libanon, in Pakistan und Tadschikistan.
(2) Die *Zaiditen,* die heute vor allem im Jemen leben, lassen nur fünf Imame gelten, der letzte, *Zaid ibn 'Ali* – ein Enkel *Husains* und Halbbruder des von der Zwölfer-Schia als Imam anerkannten *Muhammad al-Bakir*[405] –, fand 739/40 bei einem Aufstand den Tod. Trotz dieser Einschränkung auf die Zahl Fünf aber kennen sie weitere „sichtbare" Imame, die jeweils der Nachkommenschaft *'Alis* entstammen mußten; der letzte wurde 1970 mit Einführung der Republik im Jemen seines Amtes enthoben. Zeugnisse über die Anfänge dieser Richtung sowie Sammlungen ihrer Rechtstraditionen gehen auf das 9. Jahrhundert zurück.[406] Sie unterscheiden sich von den Imamiten auch dadurch, daß – vereinfacht gesagt – alle Mitglieder des Hauses *'Ali* – nicht nur eine bestimmte Linie – prinzipiell Imame werden können, aber nur der es wird, der sich mit seinem Anspruch auch faktisch durchsetzt. Darüber hinaus lehnen sie die Vorstellung von einer Entrückung des (letzten) Imams ab und hoffen nicht auf die Ankunft eines Mahdi. Sie stehen „dem sunnitischen Islam sehr nahe"[407].
Es gibt zudem schiitische Richtungen, die oft als „extrem" bezeichnet werden, weil ihre Lehre in manchen Punkten deutlicher von der sunnitischen Glaubenslehre und Tradition abweicht.
Hierzu zählen (3) die *Ismailiten* (die *Siebener-Schia),* die kurz vor 900 – aus unbedeutenden Anfängen, zunächst von einem Berbergebiet in der Nähe von Constantine aus – eine dynamische missionarische Aktivität entfalteten und in einem Vierteljahrhundert „ein Netz von Zellen und Gemeinden" gründen

[402] H. Halm, ebd.
[403] H. Halm, ebd.
[404] H. Halm, ebd. 39; vgl. 142.143.
[405] Vgl. A. Hourani, Die Geschichte der arabischen Völker, a.a.O. 67. 68.
[406] Vgl. H. Halm, Die Schia, a.a.O. 244.
[407] A. Schimmel, Der Islam, a.a.O. 843.

konnten, „das die ganze islamische Welt von Nordafrika bis Pakistan, vom Kaspischen Meer bis zum Jemen umspannte"[408] und im Mittelalter für große Unruhe sorgte[409]. Sie glaubten, daß Gott am Anfang eine paradiesische, unkultische und gesetzesfreie Urreligion begründet habe, in der er unverhüllt geschaut wurde. Durch den Sündenfall Adams wurde der Blick auf Gott verdunkelt; er offenbarte sich in den Propheten bis Mohammed, die den Menschen eine Gesetzesreligion auferlegten; der Mahdi solle am Ende diese Urreligion wieder aufrichten. Sie erkennen sieben Imame an und sind selbst nach dem sechsten Imam (als siebter gilt dessen Sohn *Mohammed), Ismail* (gest. 760), benannt; auch er ist seit seinem Tod „verborgen". Sie „unterschieden zwischen der äußeren Seite der Religion ... und ihrer inneren Seite ..., dem esoterischen, inneren Sinn der Religion"[410]. In ihre Theologie haben sie außerislamische Vorstellungen, vor allem gnostischer und – in Persien – auch neuplatonischer Art, aufgenommen und esoterische Lehren entwickelt: „In den sieben Imamen ... ist die kosmische Ordnung der sieben Himmelssphären, der sieben Intellekte aus der Emanation des göttlichen Geistes verdinglicht"[411]. Die Beschränkung auf sieben Imame gilt allerdings nur „für die Frühzeit und später für die als Qarmaten bezeichneten Altgläubigen", während „andere Gruppen die Reihe der Imame weitergeführt" haben.[412]
Der Führer einer Sondergruppe der Ismailiten, *'Abdallah*, der den Anspruch erhob, al-Mahdi zu sein, ließ sich in Damaskus zum Gegenkalifen ausrufen, scheiterte dort, konnte sich aber in Nordafrika im Jahre 910 als erster schiitischer Kalif durchsetzen und die fatimidische Dynastie (bis 1171) begründen.[413] Gegenwärtig hat eine andere Sondergruppe[414] der Ismailiten ein sichtbares Oberhaupt, *Agha Khan,* der als Imam betrachtet wird und die kleine Gemeinschaft – „hauptsächlich in Zentralasien, im Nordjemen, an der Ostküste Afrikas und an der Westküste Indiens"[415] – straff leitet.
In der Siebener-Schia bildeten sich im Lauf ihrer Geschichte verschiedene Richtungen, deren geschichtlich bedeutsamste seit dem 9. Jahrhundert die der *Karmaten* (benannt nach ihrem Gründer *Hamdan Karmat)* war. Ausgehend von Kufa verlegten sie das Zentrum ihrer Aktivitäten nach Arabien. „930 gelang es den Karmaten, den schwarzen Stein der Ka'aba zu entführen, so daß für 22 Jahre, bis zu seiner Rückgabe, der Pilgerverkehr ruhen mußte". Sie lehrten „eine Art von religiösem Kommunismus" sowie, neuplatonische und gnostische Ideen aufgreifend, eine Deszendenz des Menschen „vom uni-

---

408 H. Halm, Die Schia, ebd. 201.202.
409 Vgl. A. Schimmel, Der Islam, a.a.O. 844.
410 J. Pedersen, Der Islam und seine Vorgeschichte, a.a.O. 409.
411 G. Endreß, Der Islam, a.a.O. 56.
412 H. Halm, Die Schia, a.a.O. 193.
413 Vgl. hierzu u. 8.3.4.2.
414 Vgl. hierzu A. Schimmel, Der Islam, a.a.O. 846.
415 A.Th. Khoury, Schiismus/Schiiten, a.a.O. 665.

verselen Licht" und einen Aufstieg, indem er sich „von den Einflüssen der Natur" und des Bösen löst.[416]

(4) Die *Alawiten* oder *Nusayrier* repräsentieren heute nur kleine Gruppen in Nordwestsyrien, Westiran und in der Südosttürkei. Sie gründen sich auf *Muhammad ibn Nusair,* „der gelehrt hatte, daß der eine Gott nicht beschreibbar sei, von ihm aber eine Hierarchie von Wesen emaniere"; *'Ali* sei die „Verkörperung des höchsten dieser Wesen (daher der Name Alawiten ...)"[417]. Sie „scheinen dem *'Ali* einen göttlichen Kult zu widmen. Ihre Lehre ist eine Mischung aus islamischen, christlichen, gnostischen, doketischen und altorientalischen Elementen"[418].

(5) Die *Drusen,* die im Libanon, in Galiläa und in Südsyrien leben, im 11. Jahrhundert aus der Siebener-Schia, den Ismaeliten, hervorgegangen sind und der Lehre eines Mannes namens *Hamza ibn 'Ali* (mit dem Beinamen *al-Labad,* der Filzmacher) folgen[419], beziehen sich auf einen von Ägypten aus regierenden Fatimidenkalifen namens *al-Hakim* (gest. 1021), in dem sich Allah inkarniert habe[420] und der „auf mysteriöse Weise verschwand"[421]. Die Drusen greifen die gegen die Gesetzlichkeit gerichteten Tendenzen der Ismaeliten auf. Während letztere aber das gesetzes- und kultfreie Stadium der Religion auf Anfang und Ende verlegen und für die Gegenwart die Scharia anerkennen, radikalisieren die Drusen diesen Aspekt und nehmen für sich, die Eingeweihten, in Anspruch, *schon jetzt* in dieser Religion zu leben und Gott in der Gestalt des Kalifen *al-Hakim* zu schauen. *Al-Hakim* selbst mußte sich seinerseits von diesen Thesen distanzieren; er ließ, wohl aus taktischen Gründen, einen der damaligen Agitatoren, einen Mann namens *Darzi* (arabisch Plural: *Duruz,* Drusen), sogar hinrichten.

H. Halm bezeichnet die drusische Lehre als „ein bizarres Konglomerat von altismailitischen, neuplatonischen und extremschiitischen Vorstellungen und Begriffen"[422]. Sie halten, obwohl sie einen Kanon von Schriften, zu denen auch Traktate *Hamzas* gehören, besitzen, die von eingeweihten Gelehrten studiert werden, Arkandisziplin, so daß ihre Lehre nicht genau bekannt ist. Die Grundidee sei jedoch erkennbar: „Der Schöpfergott *(al-Bar),* der sich seit Adams Sündenfall den Blicken der Menschheit entzogen hatte, hat sich in den Fatimidenkalifen von al Qa'im bis al-Hakim erneut inkarniert; auf die Ära der Verhüllung *(satr)* folgt nun eine der Enthüllung *(kasf),* in der alle Religionen, auch der Islam und die Isma'iliya, gegenstandslos geworden

---

[416] A. Schimmel, Der Islam, a.a.O. 844.
[417] A. Hourani, Die Geschichte der arabischen Völker, a.a.O. 235.
[418] A.Th. Khoury, Schiismus/Schiiten, a.a.O. 665.
[419] Vgl. A. Hourani, Die Geschichte der arabischen Völker, a.a.O. 235.
[420] A. Hourani, ebd.
[421] A.Th. Khoury, Schiismus/Schiiten, a.a.O. 665.
[422] H. Halm, Die Schia, a.a.O. 221.

sind"[423]. Zudem glauben sie „an die Wiederkunft des entschwundenen Hakim und an die Seelenwanderung"[424].
(6) Der *Babismus*[425] ist von dem Perser *Sayyid Ali Mohammed* aus Schiraz in Persien (gest. 1850) gegründet; er hielt sich für *Bab* (das Tor) zum Mahdi oder auch für den Mahdi selbst. Er veränderte die Scharia in wesentlichen Aspekten, weswegen er und seine Anhänger verfolgt wurden.
(7) Die *Bahai-Religion*[426] geht auf den Iraner *Mirza Husain 'Ali Nuri* (gest. 1892), der sich auch *„Baha Allah" (Bahaullah)* nannte, zurück, der sich zunächst dem o.g. *Bab* angeschlossen hatte und erstmals im Jahr 1863 selbst den Anspruch erhob, der in „allen" Religionen erhoffte Welterlöser („den Gott erscheinen lassen wird")[427] zu sein und ein neues Zeitalter zu eröffnen. Er wurde nach Konstantinopel, dann nach Adrianopel (Edirne) und schließlich nach Palästina verbannt und verbreitete in dieser Zeit, auch schriftlich, seine Ideen. Basis seines Konzepts ist eine Geschichtstheologie, derzufolge Gott die Welt (durch Emanation?) und den Menschen erschaffen hat, um eine, bei allen Rückschlägen, doch immer voranschreitende Kultur zu entwickeln. Dabei verläuft aber die Geschichte in Zyklen, Zeitaltern und Äonen. Von den der jetzigen Geschichte vorausgegangenen Zyklen weiß die Menschheit nichts, der heutige Kreislauf begann vor 6000 Jahren mit Adam. Nach ihm, der als Prophet aufgefaßt wird, folgte eine Reihe anderer Propheten von Noah bis Mohammed. Alle Religionen sind in diese Geschichte einbezogen, stammen von Gott und geben unterschiedliche Facetten derselben Wahrheit wieder, so wie sie eben in den unterschiedlichen Kontexten verstanden werden konnte; allerdings verloren sie mit der Zeit immer wieder ihre Kraft, und Gott sandte einen neuen Propheten. Deswegen gibt es im Grunde nur *eine* Religion, die jetzt von der Bahai-Religion vertreten wird. *Baha Allah* ist gekommen, um die Religion Gottes (für die nächsten 50.000 Jahre) zu erneuern und Gerechtigkeit in dieser Welt zu schaffen, woran alle mitwirken sollen. Die Bahai-Gläubigen lehnen die Scharia ab und vertreten, daß alle Menschen gleich seien.[428]
Babismus und Bahai-Religion haben die Eigentümlichkeit des Islam in weiten Bereichen hinter sich gelassen, können aber insofern zum Islam und näherhin zum Schiismus gezählt werden, als sie aus dem Islam heraus entstanden und nur von ihm her zu verstehen sind. *Udo Schaefer* schreibt von der Bahai-Religion: Sie „ist im islamischen Kulturbereich entstanden. Sie ist

---

423 H. Halm, ebd. 222.
424 A.Th. Khoury, Schiismus/Schiiten, a.a.O. 665.
425 Vgl. P. Heine, Babismus, in: Islam-Lexikon, Bd. 1, a.a.O. 102.103.
426 Vgl. zu folgendem eine vom Nationalen Geistigen Rat der Bahá'i hrsg. Dokumentation einer „Informationstagung über die Baha'i-Religion, 9./10. Oktober 1976 in Langenhain, hier vor allem den Beitrag von Udo Schaefer, Die Baha'i-Religion – Hoch- und Weltreligion, 5–24.
427 Zitat nach P. Heine, Baha'i, in: Islam-Lexikon, Bd. 1, a.a.O. 103.
428 A. Schimmel, Der Islam, a.a.O. 847.

dem Islam historisch, phänomenologisch, theologisch in Lehre und Begriffswelt verbunden"[429].

(8) Die im türkischen Raum beheimateten *Aleviten,* nach eigenen Angaben heute mehr als 7 Millionen Mitglieder, gehen auf den in osmanischer Zeit in Anatolien entstandenen *Bektaschi*-Orden zurück. Dieser wurde im 13. Jahrhundert von *Hadschi Bektasch (Haji Bektash),* dessen genauere Lebensdaten im Dunkel bleiben, gegründet. Gesichert scheint zu sein, daß er ein einfaches Ritual, das den Gebrauch von Licht, Tanz und ein zeremonielles Mahl einschloß, geschaffen und Missionare ausgesandt hat.[430] Der Orden verbreitete sich rasch und spielte in osmanischer Zeit eine große Rolle.

Wie der Name sagt, sind die Bektaschi-Aleviten Anhänger des *'Ali* und gehören der Zwölfer-Schia an. Sie sehen ihre Gemeinschaft als Erbe einer schon älteren, unter sunnitischer Herrschaft unterdrückten Minderheitsbewegung, deren Anliegen vom Bektaschi-Orden aufgegriffen wurden. *Bektasch* wie auch sich selbst schreiben sie „ein humanes, tolerantes, freiheitliches Gedankengut, in dem es um das Interesse an der ganzen Menschheit geht"[431], zu. Da sie aus einer spezifischen Form der islamischen Mystik erwachsen sind, lehnen sie die Scharia sowie Speise- und Alkoholtabus ab, lehren die Gleichstellung von Mann und Frau und das Herz des Menschen als Ort der Gottesbegegnung („Bete nicht mit den Knien, sondern mit dem Herzen"[432]). Die „Trinität" Gott-Mohammed-'Ali[433] wird auch als Gott-Mensch-Natur interpretiert, zwölf Imame, „Heilige" der Anfangszeit wie aus der späteren Geschichte (die vierzehn Reinen, die siebzehn Gegürteten usf.) werden verehrt. Wichtiger als die recht unbestimmte mystische Lehre scheinen die kultischen Versammlungen zu sein, die unter der Leitung eines geistlichen Führers, des *Dede,* und zwölf Dienstpflichtiger vollzogen werden. In der von vielen Symbolhandlungen geprägten, mit mystischen Gesängen und rituellen Tänzen gestalteten Gottesdiensten werden Lichtzeremonien, eine Art von Beichtritual, die Aufnahme in die Gemeinschaft und ein Mahl gefeiert; sachlich scheint es in allen Riten um die Erfahrung der eigenen Gemeinschaft, um ethische Läuterung und die mystische Begegnung mit Gott im eigenen Herzen zu gehen.

In früheren Zeiten gab es noch weitere schiitische Bewegungen, deren Traditionen gelegentlich noch heute von kleinen Gruppen aufrechterhalten werden: Z.B. bildete sich in Kufa gegen Ende des 7. Jahrhunderts eine „Vierer-Schia" um 'Ali und seine drei Söhne aus, die, wie ausgeführt, um seinen ältesten Sohn, *Mohammed,* die Mahdi-Vorstellung entwickelte; sie scheint rund

---

429 Udo Schaefer, Die Bahá'i-Religion, a.a.O. 19.

430 Vgl. hierzu (sowie zur Geschichte und Konzeption des Ordens) John Kingsley Birge, The Bektashi Order of Dervishes, London und Hartford (USA) 1937, 50.51.

431 Ali Duran Gülçiçek, Der Weg der Aleviten (Bektaschiten). Menschenliebe, Toleranz, Frieden und Freundschaft, Köln 1994, 33.

432 A.D. Gülçiçek, ebd. 58.

433 J.K. Birge, The Bektashi Order of Dervishes, a.a.O. 132–134.

hundert Jahre später in anderen schiitischen Richtungen, vor allem in der Zwölfer-Schia[434], aufgegangen zu sein. Im Nordirak gab es die Richtung der *Yaziden*, die islamische, christliche und indische (Seelenwanderung) Motive in ihrer Lehre verbanden, im Südirak die *Mandäer*, die allerdings nur peripher zum Islam gezählt werden können. „Nach ihrem Glauben stieg die Seele durch die innere Erleuchtung auf bis zur Wiedervereinigung mit dem höchsten Wesen; ein wichtiger Bestandteil ihrer Religion war die Taufe als ein Vorgang der Reinigung“[435]. Im 11. Jahrhundert bildeten sich um *Nizar*, einen in der Thronfolge übergangenen und bald getöteten fatimidischen Kalifensohn, die auch politisch extreme ismaelitische *Nizariya* (in Persien: die Gemeinde der *Hodschas).* Im frühen 12. Jahrhundert wurden sie unter der Leitung des persischen Eiferers *al-Hasan ibn as-Sabbah* (gest. 1124), der von der Burg Alamut im Süden des Kaspischen Meeres aus agierte, „eine Bewegung des Terrors in Persien, dann auch in Syrien, deren Kommandos mit religiösen Morden unter den rechtgläubigen Muslimen wie unter den fränkischen Kreuzrittern Furcht und Schrecken verbreiteten (angeblich im Haschischrausch, daher Haššašun: Assassinen)“[436]. Die Aktivitäten der Nizariten hatten zur Folge, daß „dem Einfluß des Kairoer Hofes auf die ismaelitischen Missionszellen im Iran ein Ende“ gemacht wurde.[437] Erst die Mamluken konnten 1272 die Nizariten völlig überwinden.[438] Noch heute finden sich kleine Restgruppen dieser Bewegung von Syrien bis Indien.

8.2.3.2 Der Sunnismus

Was eigentlich Islam bzw. orthodoxe Lehre ist, war im 7. Jahrhundert und in der ersten Hälfte des 8. Jahrhunderts noch recht unklar; dies zeigen die unterschiedlichen Auffassungen über eine gerechte Gemeinschaft, die legitime Leitung, den Abschluß der Offenbarung mit dem Tod Mohammeds bzw. ihre Vertiefung durch Imame aus seiner Familie usf.

Erst in diesen Auseinandersetzungen, eigentlich erst recht im 9. Jahrhundert, schälten sich die Grundsätze der heutigen Hauptströmung des Islam, des Sunnismus, heraus.[439] Beginnend mit den Konflikten um die Ansprüche *'Alis* und seiner Partei, hielt es die Mehrheit der Muslime zunehmend für ausreichend, wenn die Gemeinschaft auf politisch praktikable Weise strukturiert und geleitet wird; für das Kalifat genügt es, wenn ein Prätendent aus dem Stamm, nicht aus der Familie, Mohammeds stammt und einigermaßen für

---

[434] Vgl. H. Halm, Die Schia, a.a.O. 34.
[435] A. Hourani, Die Geschichte der arabischen Völker, a.a.O. 236.
[436] G. Endreß, Islam, a.a.O. 56. 57.
[437] Heinz Halm, Die Fatimiden, in: U. Haarmann (Hrsg.), Geschichte der arabischen Welt, a.a.O. 192.
[438] A. Schimmel, Der Islam, a.a.O. 846.
[439] Vgl. u. 8.3.3.1.

sein Amt befähigt ist. „Daher verlangen sie vom Khalifen keine besonderen Tugenden und keine hervorragenden moralischen Qualitäten“[440].
Die Offenbarung ist für sie mit dem Tod Mohammeds abgeschlossen und deswegen im Koran sowie in den – seit den späten Omaiyaden und in der frühen Abbasidenzeit entstehenden – Überlieferungen, in der Sunna, enthalten. Darüber hinaus spielt auch die „übereinstimmende Meinung der Gemeinschaft“[441] eine Rolle. Innerhalb des Sunnismus spielen sich auch später die wesentlichen Entwicklungen ab; diese werden im folgenden dargestellt, so daß an dieser Stelle auf genauere Erklärungen des Sunnismus verzichtet werden kann. Heute sind etwa 80 Prozent der Muslime Sunniten, 20 Prozent Schiiten.

8.3 Die islamische Welt zur Zeit des abbasidischen Kalifats (749 bis 1517)

Es ist nicht einfach, die rund 1300jährige Geschichte der islamischen Völker und Herrschaften übersichtlich darzustellen und zu gliedern. Sollen einzelne Länder, Regionen, Dynastien oder Epochen im Mittelpunkt stehen? Lassen sich übergreifende Zusammenhänge ausmachen und als Leitfaden nehmen, ohne andererseits die Fülle der konkreten Details in den Hintergrund zu drängen? Im folgenden soll die Geschichte der nach-omaiyadischen Entwicklung bis zur Kolonialzeit der Lesbarkeit halber in zwei Etappen gegliedert werden: *Die Zeit der Abbasiden und der Osmanen.* Dabei muß natürlich berücksichtigt werden, daß vor allem das Abbasidenkalifat nur ein oberflächliches Ordnungsschema abgeben kann, weil es selbst sehr unterschiedliche Stadien kennt, in seiner letzten Phase im Grunde kaum noch eine überregionale Bedeutung hatte und während seiner langen Geschichte eine Fülle von selbständigen politisch-religiösen Reichsbildungen erfolgt sind. Dennoch soll dieses Kalifat als Leitfaden benutzt werden, an Hand dessen die wichtigsten Informationen auch über andere politisch-religiöse Entwicklungen – in vereinfachter Form – dargeboten werden. Leider läßt es sich dabei nicht vermeiden, daß gelegentlich – wie z.B. bei der Darstellung des spanischen Islam – die jeweiligen regionalen Geschichten die Phasen des Abbasidenkalifats, denen sie zugeordnet sind, zeitlich überschreiten. Der Islam in Asien und Schwarzafrika wird in eigenen Abschnitten behandelt.

[440] Adel Theodor Khoury, Sunnismus/Sunniten, in: Islam-Lexikon, Bd. 3, a.a.O. 703.
[441] A.Th. Khoury, ebd.

8.3.1 Ein Überblick

Die abbasidische Dynastie bestand mehr als 750 Jahre lang. Sie hatte ab 762, mit Unterbrechungen, ihren Sitz in Bagdad; nach dessen Eroberung und Zerstörung durch die Mongolen im Jahr 1258 lebten die Kalifen in Kairo, der letzte Kalif wurde 1517 von den Türken abgesetzt.
In den ersten sechzig bis achtzig Jahren konnten die Abbasiden ein muslimisches Großreich einigermaßen effektiv regieren, wobei sie „den Islam als einheitliches, als universales Kultursystem etablierten und die ethnische Vorherrschaft der Araber zurückdrängten“[442]. Obwohl sie zunächst mit Hilfe schiitischer Gruppen an die Macht kamen und in der Folgezeit Einflüsse aus dem vorwiegend schiitisch geprägten Persien, dessen Verwaltungsstruktur sie übernahmen, stark wurden, stabilisierten sie vor allem die sunnitische Gestalt des Islam.
Der Wechsel von den Omaiyaden zu den Abbasiden wird von *Albrecht Noth* so umschrieben: „Was mit dem Dynastiewechsel neu hinzukam, war die *spezifisch islamische* Komponente, denn ... die Umayyaden waren ‚Herrscher über die Muslime‘, aber nicht eigentlich islamische Herrscher gewesen“[443]. Weil sie nicht nur politische, sondern auch religiöse Führer waren, mußten sie sich unmittelbar mit den Aktivitäten religiöser Gruppierungen, vor allem schiitischer Art, auseinandersetzen und die Vorstellungen der Mehrheitsmeinung, die von den Sunniten repräsentiert wurde, durchsetzen.
Zugleich aber brachte die Abbasidenherrschaft „das Ende des arabischen Reiches ..., in dem auch nichtarabische Muslime, allen voran die Perser, zu ihrem Recht kamen, ja sogar den Ton angeben konnten“[444]. Bei diesem Vorgang „verdeckten“ die Verbreitung der arabischen Sprache und die Übernahme arabischer Namen durch Neubekehrte und auch seitens Nichtmuslimen „das allmähliche Verschwinden einer spezifisch arabischen Dominante aus der Zentralverwaltung“[445].
Schon bald aber konnten die Abbasiden nicht verhindern, daß sich lokale Machthaber in weiter entfernten Regionen faktisch von ihrer Herrschaft freimachten, so daß sie dort allenfalls noch eine formale Autorität besaßen. Auch im Irak und in der Hauptstadt verloren sie schließlich an Macht und gerieten unter den Einfluß ihrer türkischen Leibgarden. Zeitweise verlegten sie, um Konflikten mit der Stadtbevölkerung aus dem Weg zu gehen, den Regierungssitz von Bagdad nach *Samarra* im Norden der bisherigen Hauptstadt. Vom Jahre 899 bzw. 909 an riefen die Fatimiden in Nordafrika und 929 die Omaiyaden in Cordoba ein je eigenes Kalifat aus und trennten sich somit auch formell von der abbasidischen Oberhoheit.

---

[442] Peter Heine, 'Abbassiden, in: Islam-Lexikon, Bd. 1, a.a.O. 18.
[443] A. Noth, Das Reich der Kalifen, a.a.O. 33.
[444] Hans R. Roemer, Persien unter dem Islam, in: Ruprecht Kurzrock (Hrsg.), Die islamische Welt I, a.a.O. 49.
[445] G.E. von Grunebaum, Der Islam in seiner klassischen Epoche, a.a.O. 105.

Trotz der politischen Schwäche aber konnte der Islam z.Zt. der Abbasiden bedeutende kulturelle Leistungen vollbringen; seine Wissenschaften – Mathematik, Medizin, Philosophie –, Literatur, Kunst und Zivilisation besaßen einen hohen Standard und eine große Ausstrahlung. Für Europa wurden sie in vielen Bereichen maßgebend.
Beinahe alle reale Macht verloren die Abbasiden im Jahr 945 an die schiitischen *Buyiden,* ein Herrschergeschlecht, das zunächst in der Provinz, von *Isfahan* aus, regierte und schließlich den Irak, Persien und weitere Gebiete in seinen Besitz brachte. Zwar bedienten sich die neuen Herrscher des Kalifen, um so ihren eigenen Ansprüchen eine traditionelle Legitimität zu geben und bei ihren Kämpfen gegen Bedrohungen von außen die Loyalität der Bevölkerung zu verstärken. Aber das abbasidische Kalifat war fortan „eine rein titulare Institution“[446], wenn auch die realen Machthaber der „Form nach ... Statthalter der Abbassiden“ waren.[447] Die Buyiden wurden in der Mitte des 11. Jahrhunderts von den Seldschuken verdrängt, die sich des Kalifats in vergleichbarer Weise bedienten. Der in der frühen Abbasidenzeit als einer der Ehrentitel des Kalifen verwendete Begriff *Sultan* wurde jetzt von den wirklichen Machthabern benutzt; sie ließen sich diesen Titel vom Kalifen verleihen, um so ihre religiöse Legitimität zu stützen. Später setzte er sich zur Bezeichnung der höchsten politischen und religiösen Machtträger in vielen islamischen Ländern durch.
Im Jahr 1258 wurde Bagdad von Mongolen erobert, Überlebende der Abbasiden suchten Schutz bei dem Sultan der *Mamluken* in Ägypten. Dort, in Kairo, „führte die Abbasidendynastie eine Schattenexistenz unter den Mamlukensultanen“[448]. 1517 wurde dieses Kalifat von den Osmanen auch formell beendet.

8.3.2 Die Glanzzeit der Abbasiden (749–809)

Im letzten Jahrzehnt der Omaiyadenzeit war die Oppositionsbewegung gegen das Herrscherhaus immer stärker geworden. Erfolgreich wurde schließlich eine der Gruppen, die aus einem Zweig der Familie Mohammeds kam, von Nachfahren des Prophetenonkels *al-'Abbas,* wodurch sie eine religiöse Legitimität beanspruchen konnten. Von Kufa aus gelang es ihnen, ihren Machtbereich immer weiter auszudehnen. In ihrem Auftrag konnte *Abu Muslim,* wahrscheinlich persischer Herkunft und ein „genialer Organisator“[449], mehrere Kämpfe gegen omaiyadische Truppen gewinnen und den letzten Kalifen

446 P. Heine, 'Abbasiden, a.a.O. 17.
447 Tilman Nagel, Das Kalifat der Abbasiden, in: Ulrich Haarmann (Hrsg.), Geschichte der arabischen Welt, München 1987, 146.
448 P. Heine, 'Abbasiden, a.a.O. 17.
449 Claude Cahen, Der Islam I. Vom Ursprung bis zu den Anfängen des Osmanenreiches (Fischer Weltgeschichte, Bd. 14), Frankfurt a.M. 1968, 63.

dieser Dynastie, *Merwan (Marwan) II.,* nach Ägypten verfolgen und dort töten. Fortan verstanden sich die Abbasiden als *islamische* Herrscher.
In Kufa wurde im Jahr 749 *Abul-Abbas (Abu l-'Abbas,* 749–754), zum neuen Kalifen ausgerufen; er nannte sich fortan *as-Saffah* („der reichlich gibt"), eine Bezeichnung für den erwarteten Mahdi. Seine Macht war zunächst ungefestigt und vor allem auf den Irak und den Osten des Reichs beschränkt. Er mußte versuchen, den Einfluß der Gruppen, die ihn an die Macht gebracht hatten, zu beschneiden; *Abu Muslim* und andere wichtige Führer wurden ermordet, der Einfluß der Schiiten zurückgedrängt und eine Reihe von Verwandten zu Gouverneuren ernannt. Weil letztere aber bald allzu selbständig agierten, wurden sie durch eine neue Beamtenschaft nach dem Muster und aus der Verwaltung des Sassanidenreichs ersetzt.
Diese Konsolidierungsbemühungen führten zum Erfolg vor allem unter dem zweiten abbasidischen Kalifen, *al-Mansur* (754–775), der die Residenz im Jahre 762 von Kufa nach der von ihm 760 gegründeten Stadt *Bagdad* verlegte. Er versuchte, den Einfluß der Familie *'Alis* zu beschneiden; sein Nachfolger *al-Mahdi* setzte diese Linie endgültig durch: „Es wurde nun offizielle Herrschaftsideologie, daß die Führerschaft der islamischen Gemeinde vom Propheten auf 'Abbas übertragen worden sei; danach sei sie in dessen Nachkommenschaft vererbt worden"[450]. Die größte Ausdehnung und kulturelle Blüte erreichte das abbasidische Reich z.Zt. des Kalifen *Harun ar-Raschid* (786–809), hierzulande bekannt aus den Erzählungen „Tausendundeine Nacht". Schon als Thronfolger konnte er bis zum Bosporus vordringen und den Byzantinern einen harten Waffenstillstand auferlegen.
Aber bereits zu seiner Zeit deutete sich die Kraft zentrifugaler Bestrebungen an: die spanische Dynastie war schon seit 756, die *Aglabiten* in Nordafrika waren seit 800 unabhängig. Darüber hinaus gab es schon in der frühen Abbasidenzeit zahlreiche Aufstände und Unruhen, deren Befriedung immer neu die Kräfte des Kalifats schwächte, wenn sie auch keine ernsthafte Bedrohung darstellten.[451]
Die Abbasiden übernahmen von den Persern Hofzeremoniell und Verwaltungssystem. „Nicht nur die Hofetikette und der Stil der Verwaltung wurden iranisiert – iranische Denkgewohnheiten, iranische Vorurteile, iranische Überlieferungen im Gesellschafts- und Wirtschaftsleben, ja selbst ein unverhüllter iranischer Nationalismus wurden in die Hauptstadt eingeführt"[452]. An die Spitze der Verwaltung stellten die Abbasiden einen Wesir *(wazir),* sie gliederten sie in eine Art von „Ministerien" *(diwan),* die wiederum von *Wesiren* geleitet wurden: „Diese Form der Administration islamischer Staaten blieb bis zum Beginn des Kolonialzeitalters erhalten"[453]. Während in der frü-

---

[450] T. Nagel, Das Kalifat der Abbasiden, a.a.O. 114.
[451] Vgl. C. Cahen, Der Islam I, a.a.O. 68–72.
[452] G.E. von Grunebaum, Der Islam im Mittelalter (Die Bibliothek des Morgenlandes), Zürich und Stuttgart 1963, 260.
[453] P. Heine, 'Abbassiden, a.a.O. 17.

hen Abbasidenzeit die Herrscher die Macht selbst in Händen hielten, konnten später Wesire oft zu den eigentlichen Machthabern werden. Die Abbasiden kontrollierten die Abläufe im ganzen Reich durch ein Netz von Spionen. Sie schufen ein funktionierendes Steuersystem; Abgaben wurden auf Landbesitz erhoben, Nichtmuslime unterlagen einer Kopfsteuer, die sich in ihrer Höhe nach ihrem Vermögen richtete; darüber hinaus wurden für im- und exportierte Waren Abgaben erhoben.

In der Abbasidenzeit kam es auch zu einer stärkeren Islamisierung der zum Reich gehörenden Völker, der Berber in Nordafrika, der Syrer, Perser usf. Nach vorsichtigen Schätzungen, die auf einer „Untersuchung spezifischer muslimischer Namen" beruht, „waren am Ende der Umaiyadenherrschaft (...) weniger als zehn Prozent der Bevölkerung von Iran und Irak, Syrien und Ägypten, Tunesien und Spanien Muslime". Die Konvertiten kamen „aus den unteren Gesellschaftsschichten ... oder aus der Beamtenschaft des Sasanidenreiches, die in die Dienste der neuen Herren trat"[454]. Es dauerte bis zum Ende des zehnten Jahrhunderts, bis ein Großteil der Bevölkerung den neuen Glauben angenommen hatte und „das muslimische Bewußtsein" stärker geworden war. „Der Status von Christen, Juden und Zoroastriern war genauer umrissen und in mancher Hinsicht dem der Muslime untergeordnet ... Im allgemeinen zwang man sie nicht zum Glaubenswechsel, aber sie mußten gewisse Beschränkungen hinnehmen" – bei der Besteuerung, vor Gericht, in Kleidung und im Zugang zu öffentlichen Ämtern.[455]

Der Islam hat sich von Anfang an als bestimmende Kraft der Gesellschaft und des Staates, nicht als eine davon grundsätzlich zu unterscheidende Größe verstanden. Dies hat seine Gründe zum einen darin, daß er unter den Bedingungen der Stammesstrukturen entstanden ist, die eine solche Unterscheidung nicht möglich machten, zum anderen war er – anders als das Christentum in den ersten Jahrhunderten – im Gefolge der Expansion immer die bestimmende politische Größe in den neu gebildeten Reichen. Jedenfalls wurde der Weg zu einer von Gesellschaft und Staat sich als eigenständig abhebenden Größe, zu einer „Kirche", nicht beschritten. Der Islam war die Religion der gesamten Umma, und diese war zunächst auch – trotz aller zentrifugalen Tendenzen – mit *einem* Reich und seinen Kalifen identisch.

Dies hatte einerseits zur Folge, daß die staatlichen Repräsentanten immer an den religiösen Forderungen gemessen wurden und alle religiösen Parteiungen zugleich auch die staatliche Legitimität bedrohten; diese Entwicklung verschärfte sich in der Abbasidenzeit, als sich die Kalifen stärker als Herrscher der Gläubigen zu verstehen begannen. Zum anderen aber wurde dennoch eine Regelung für das alltägliche Leben notwendig, die den Maßgaben der Religion eine größere Praxisnähe verschaffte. Ein von unmittelbaren Eingriffen der staatlichen Autoritäten weithin unabhängiges *Rechtswesen* entstand

[454] A. Hourani, Die Geschichte der arabischen Völker, a.a.O. 75.
[455] A. Hourani, ebd. 76.

unter der Verwaltung von Rechtsgelehrten, die zunehmend für ihre Aufgaben auch in Schulen ausgebildet wurden. Die *ulama* wurden zwar nicht zu einem „Klerus" im vollen Sinn, aber doch zu einem Stand, der die Gestaltung des täglichen Lebens im Sinne des Islam durchzusetzen und zu wahren hatte.
In der Abbasidenzeit wurden auch die Kriterien entwickelt, die für ein rechtes muslimisches Leben zu beachten waren. Weil der Islam auf eine geschichtliche Gründung zurückgeht, wurden die Vorschriften des Koran maßgebend. Fragestellungen, die im Koran noch nicht aufgegriffen waren, wurden durch die Schaffung von Hadithen beantwortet, in denen die je neuen Probleme anhand einer Erzählung aus dem Leben Mohammeds geklärt wurden. Das vielfältige Hadithmaterial wurde gesammelt und im 9. Jahrhundert in „kanonischen" Werken zusammengefaßt.
In dieser Zeit wurden also die Grundlagen der späteren islamischen Rechtspflege entwickelt; bis dahin „wurden Urteile vor allem nach dem Gutdünken der Statthalter oder ihrer mit dem Rechtswesen beauftragten Helfer gefällt"[456]. Zwar herrschten die Kalifen „kraft göttlicher Autorität ... Im Einklang mit diesem Anspruch spielten (aber, Verf.) religiöse Würdenträger eine wachsende Rolle in der Regierung, und das Amt des Richters *(qadi)* erhielt ein größeres Gewicht. Seine Funktionen wurden von denen des Statthalters gelöst"[457]. Schon *al-Mansur* war sich der Aufgabe, die Rechtspflege zu ordnen, bewußt, aber erst unter *Harun ar-Raschid* konnte sich die Verpflichtung auf die Sunna bzw. die in ihr auf Mohammed zurückgeführten Normen durchsetzen. *Harun ar-Raschid* faßte das Rechtswesen zentral zusammen und unterstellte es einem „Oberrichter (qadi al-qudat)"[458].

8.3.3 Von 809 bis zur Mitte des 10. Jahrhunderts

8.3.3.1 Die Schwächung der Macht des abbasidischen Kalifats (809–945)

Spätestens seit dem Beginn des 9. Jahrhunderts konnten Gouverneure in weiter entfernten Provinzen eine immer größere Unabhängigkeit vom Kalifat durchsetzen, wenn auch die überlieferten Details historisch-kritisch oft schwer zu deuten sind. Jedenfalls scheint der Einfluß des Kalifats immer mehr bedroht gewesen zu sein: „Unsicher war die Lage im Indus-Tal, und ebenso im Westen, in Andalusien, wohin sich ein Angehöriger des Umayyadenhauses gerettet hatte, der nicht daran dachte, sich den Abbasiden zu unter-

[456] T. Nagel, Das Kalifat der Abbasiden, a.a.O. 117.
[457] A. Hourani, Die Geschichte der arabischen Völker, a.a.O. 64.
[458] Heribert Busse, Chalif und Großkönig. Die Buyiden im Irak (945–1055), (Beiruter Texte und Studien, Bd. 6), Beirut 1969, 263.

werfen. Wenig sind wir über die Verhältnisse im Raum des heutigen Algerien und Marokko unterrichtet. Schon zur Regierungszeit Haruns gründete dort ein Mitglied des hasanidischen Zweigs der Aliden ein Fürstentum". Diese Unsicherheiten aber bedeuteten nach *Tilman Nagel* noch „keine Gefährdung" für „das Reich selbst"[459].

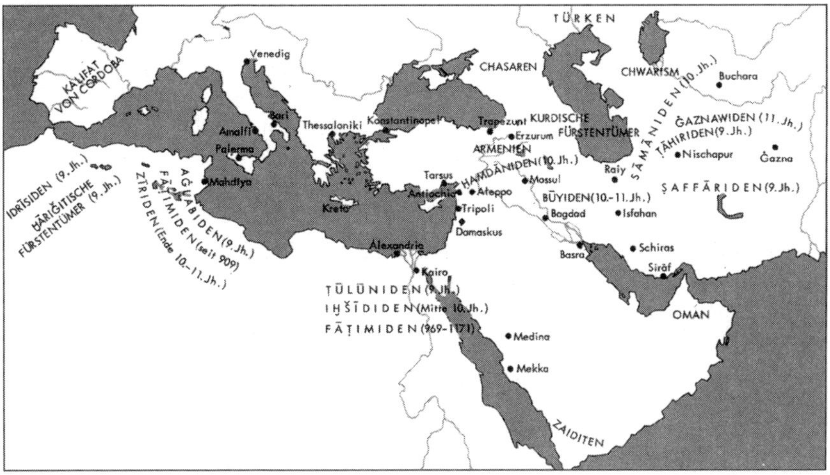

Harun ar-Raschid hatte „den größten Teil seines Reiches" zwei Söhnen übergeben, wohl um Rivalitäten in seiner Familie zu mindern. Dennoch „trat das Gegenteil ein"[460]: Nach seinem Tod begann ein Kampf zwischen seinem ältesten Sohn *al-Amin,* der sich in Bagdad zum Kalifen erheben ließ, und dessen jüngerem Bruder, *al-Mamun,* der sich im Osten des Reichs, in Chorasan, als Statthalter dieser Provinz etablieren wollte. Aus den langwierigen Kämpfen ging *al-Mamun* als Sieger hervor; sein Bruder, der bisherige Kalif, wurde 813 getötet. Um sich der Unterstützung schiitischer Richtungen zu versichern, erklärte *al-Mamun* einen Mann aus der Familie *'Alis, 'Ali ibn Musa,* zu seinem Nachfolger. Diese Festlegung, die – wenn sie realisiert worden wäre – die Abbasidenherrschaft beendet hätte, wurde ein Jahr später gegenstandslos, weil *'Ali ibn Musa* starb; vielleicht wurde er vergiftet. Zwar konnten sich jetzt *al-Mamun* und damit die Dynastie der Abbasiden endgültig wieder durchsetzen. Aber die Unterstützung, die er im Osten des Reichs gefunden hatte, mußte er mit der faktischen Unabhängigkeit der dortigen Herrscherdynastie, der *Tahiriden* in Chorasan, die ab 821 selbständig wurden, bezahlen. Einige Jahrzehnte später emanzipierten sich auch Ägypten unter der Dynastie der türkischen *Tuluniden* (ab 868), Transoxanien mit der Hauptstadt *Buchara* unter den *Samaniden* (ab 892), *Persien* unter den *Saffariden* (ab 871), Nordsyrien/Mossul unter den *Hamdaniden* (ab 934) und der

---

[459] T. Nagel, Das Kalifat der Abbasiden, a.a.O. 118.119.
[460] C. Cahen, Der Islam I, a.a.O. 90.

Jemen unter den *Zaiditen* (ab 897). Zudem machten dem Kalifat zwischen 890 und 906 die in Syrien entstandene Bewegung der *Karmaten,* begründet von *Hamdam Karmat,* zu schaffen, die von gnostischen Einflüssen und eschatologischen Vorstellungen geprägt waren. In Ostarabien konnten die Karmaten auf längere Dauer auch eine politische Selbständigkeit behaupten.
Allerdings blieb das Kalifat von Bagdad in den faktisch unabhängigen Provinzen grundsätzlich anerkannt; bei einem Wechsel von Statthaltern ließen sich ihre Nachfolger vom Kalifen bestätigen, gelegentlich zahlte man sogar Abgaben. Dennoch aber versuchten manche Kalifen seit *al-Mamun,* so seine Nachfolger *al-Mutasim* (833–842) und *al-Wathiq* (842–847), ihre Herrschaft auch politisch und militärisch durchzusetzen.
Mit der zunehmenden Übersetzung griechischer Werke und dem Wirken der Mutaziliten[461] wuchs die Möglichkeit der Theologie, rational zu argumentieren. Andererseits vertiefte sich damit die Kluft zwischen der Frömmigkeit des Volkes und der Theologie. Hierbei ging es vor allem um die Frage, ob der Koran geschaffenes – so die rationale Theologie – oder ungeschaffenes Wort Gottes sei – so die einfache Frömmigkeit.
Schon länger hatte sich ein Gegensatz zwischen Vertretern der Sunna, die den Koran und auch die Beschäftigung mit der spezifisch arabischen Tradition in den Mittelpunkt stellten, und den „Schreibern" entwickelt; letztere entstammten oft ehemals christlichen Familien und der persischen Verwaltung, waren gebildet und befaßten sich mit der Verwaltung in Kommunen, Provinzen und ihren Hauptstädten, die sich nicht bruchlos mit den Regeln des islamischen Rechts vereinbaren ließ. Diese Gruppe war an persischer Sprache und Geschichte interessiert, pflegte dabei ein „elegant-zeitgenössisches, städtisches Arabisch" und gefiel sich „in der Neugestaltung verfeinerter Liebesmotive von sentimental-‚platonisierendem' Gepräge"[462]. Im 9. Jahrhundert verschärften sich die Gegensätze zwischen diesen beiden Gruppen.
„Vermutlich war der Wunsch, der persischen Infiltration mit überlegenen geistigen Waffen zu begegnen, einer der Gründe des Kalifen Ma'mun, die allmählich einsetzende Übersetzungsarbeit aus griechischer Philosophie und Wissenschaft ... im großen Stil zu unterstützen"[463]. Diese Übersetzungstätigkeit erreichte in der zweiten Hälfte des 9. Jahrhunderts ihren Höhepunkt; so wurden vor allem unter dem Nachfolger *al-Mamuns, al-Mutasim,* „naturwissenschaftliche" und philosophische Werke der griechischen Antike ins Arabische übersetzt. Aber noch bis ins 11. Jahrhundert ging die Übersetzungstätigkeit weiter. Hierbei spielte fast ausschließlich die griechische Antike eine Rolle; die lateinische Literatur wurde nicht beachtet, weil das Zentrum dieser Begegnung im Osten lag und der Islam in Spanien, der mit der roma-

[461] Vgl. u. 10.3.2.2.
[462] G.E. von Grunebaum, Der Islam in seiner klassischen Epoche, a.a.O. 115.
[463] G.E. von Grunebaum, ebd. 116.

nischen Tradition konfrontiert war, dieser weit überlegen war. Die unvermeidbare Folge war eine starke Hellenisierung der jetzt entstehenden muslimischen Philosophie.
Der Islam war also kein einheitliches Phänomen, die unterworfene Bevölkerung brachte unterschiedliche Traditionen ein. In dieser Situation leistete die schon in der Omaiyadenzeit entstandene Richtung der *Mutaziliten* einen wichtigen Dienst für die Etablierung einer differenzierten Begrifflichkeit zur Formulierung muslimischer Glaubenswahrheiten.
Al-Mamun war zunächst davon überzeugt, durch eine rationale Theologie, die den Möglichkeiten des Verstandes ein größeres Recht einräumte[464], die zahlreichen islamischen Parteiungen zur Einheit führen und sich selbst eine Kompetenz bei der Entscheidung von Lehrfragen beschaffen zu können. Er erließ drei Edikte, deren Einhaltung er durch Einrichtung einer Art von Inquisition durchsetzen wollte: Vom ersten Omaiyadenkalif *Mu'awiya* dürfe nichts Gutes gesagt werden, *'Ali* sei der beste Gefährte Mohammeds gewesen und der Koran sei nicht unerschaffen und ewig, sondern eine geschöpfliche Größe. Hierdurch verstärkte er allerdings die Gegnerschaft nicht nur der Schiiten, sondern auch der traditionalistischen Sunniten unter Führung von *Ahmad ibn Hanbal*[465], die alle vier „rechtgeleiteten Kalifen" – ohne Bevorzugung *'Alis* – und auch noch *Mu'awiya* als Garanten der Tradition und den Koran als ewiges Wort Allahs ansahen. Sie ließen sich auch nicht durch Verhöre oder sogar Folter von ihren Überzeugungen abbringen; den Kalifen gelang es nicht, zu Lehrautoritäten zu werden. *Al-Mutawakkil,* seit 847 Kalif (gest. 861), mußte das Inquisitionsverfahren widerrufen, so daß er das Kalifat mit dem Sunnismus wieder aussöhnte, dessen Strukturen sich erst jetzt etablierten: „Eher pragmatisch und allmählich setzte sich der Glaube an die Bedeutung des Korans und das Handeln *(sunna)* des Propheten als Grundlage eines einheitlichen Glaubens durch und verfestigte sich nach und nach zu einer Richtung, die sich vom Schiismus unterschied und als Sunnismus bekannt wurde"[466].
Schon früher hatte sich unter den Abbasiden das Verhältnis zu den Christen verschlechtert;[467] z.Zt. des Kalifen *al-Mutawakkil* gab es große Spannungen: Die Hauptstadt wurde „von einer Woge gegen die *dimmi* gerichteter Leidenschaft erfaßt". Diese Gegnerschaft wurde bald auch in polemischem Schrifttum verbreitet.[468] Waren Juden und Christen bisher zwar, von – gelegentlich bemerkenswerten – Ausnahmen abgesehen, von politischen Ämtern und Entscheidungen ausgeschlossen und somit nicht Staatsbürger in vollem Sinn, lebten sie doch recht ungeschoren und meist ohne gewaltsame muslimische Bekehrungsversuche. Jetzt aber wurden sie noch stärker auf ihre eigenen reli-

---

[464] Vgl. hierzu u. 10.3.2.2.
[465] Vgl. u. 9.2.
[466] A. Hourani, Die Geschichte der arabischen Völker, a.a.O. 65.
[467] J. van Ess, Theologie und Gesellschaft im 2. und 3. Jahrhundert Hidschra, a.a.O. 67.
[468] G.E. von Grunebaum, Der Islam im Mittelalter, a.a.O. 234.

giösen Gruppen verwiesen. „Trotz ihrer Teilnahme am öffentlichen Leben, an der sie freilich ihre Unfähigkeit, vor Gericht als Zeuge zu fungieren, ernstlich behinderte, spielte sich die Tätigkeit der Nichtmuslime zumeist innerhalb ihrer Religionsgemeinschaft ab“[469]. Dort durften sie auch ihr eigenes Recht entwickeln und nach ihm leben.

Al-Mutasim hatte zu seinem persönlichen Schutz Söldner aus Zentralasien angeworben.[470] „In diesen Jahren und danach gelang es, den Islam in den östlichen Grenzgebieten des Reichs zu festigen und ihn in türkisches Gebiet voranzutragen, so daß die Zufuhr von Kriegssklaven gesichert war“[471]. Die aus diesen Gruppen rekrutierten Söldnertruppen wurden von der Bevölkerung, vor allem Bagdads, abgelehnt – auch weil sie einen zu großen Einfluß auf den Hof und die Kalifen gewinnen konnten. Der Kalif *al-Mutasim* beschloß deswegen 835, eine neue Hauptstadt zu gründen, *Samarra,* rund 120 km nördlich von Bagdad, wohin er dann auch ein Jahr später umzog. Hier wurden die Kalifen von ihren Söldnern noch abhängiger. Eine ähnliche Rolle konnten türkische Truppenführer in Ägypten – die Dynastien der *Tuluniden* und *Ihsididen* – übernehmen, die dann faktisch vom Kalifat unabhängig wurden.

In der Folgezeit verschlechterten sich die wirtschaftlichen Verhältnisse, nicht zuletzt auf Grund der teuren Aufwendungen für das Militär, und die Lage der Kalifen wurde immer schwieriger, bis die türkischen Führer schließlich „begriffen ..., daß der völlige Zusammenbruch des abbasidischen Kalifats für sie nicht von Vorteil wäre“[472]. Der Kalif *al-Mutamid* (gest. 892) zog wieder nach Bagdad um; hier konnte sich das Kalifat vorübergehend noch einmal ein wenig stabilisieren, wenn es auch im wesentlichen nur noch über den Irak herrschte, bis es nach langen Machtkämpfen 945 unter die Herrschaft der *Buyiden* kam.

Das Land, von Bauern bewirtschaftet, wurde damals ganz von den Städten aus verwaltet oder auch oft ausgebeutet. Es gehörte der türkischen Militäraristokratie, aber auch führenden arabischen Kaufleuten. „Dieser Gegensatz von Stadt und Land geht so weit, daß unsere Quellen das Land fast völlig übergehen“[473].

Trotz aller Wirren ist diese Zeit für die Gestalt des Islam sehr wichtig geworden: „Die islamische Kultur gewann in jenen Jahrhunderten ihren kosmopolitischen Charakter. Von Nordafrika bis an die Grenzen Indiens reichte der islamische Einfluß, und die Handelsbeziehungen erstreckten sich weit nach Schwarzafrika hinein, im Osten bis nach China ... Araber, Perser, Türken, die

---

[469] G.E. von Grunebaum, ebd. 235.

[470] Zur vorislamischen und islamischen Geschichte der türkischen Stämme bis zur Zeit Dschingis-Khans vgl. Wolfgang Ekkehard Scharlipp, Die frühen Türken in Kleinasien, Darmstadt 1992.

[471] T. Nagel, Das Kalifat der Abbasiden, a.a.O. 131.

[472] T. Nagel, ebd. 133.

[473] G.E. von Grunebaum, Der Islam in seiner klassischen Epoche, a.a.O. 133.

Berber und die Neger ... haben nun Anteil an der islamischen Kultur"[474]. Die für die Gestalt des Islam wichtige Hadithtradition wurde niedergeschrieben, gesammelt und als Sunna normativ.

8.3.3.2 Der Islam in Spanien

Außer einigen Gebieten im Norden wurde Spanien (für die Muslime: *al-Andalus)* im Jahre 711 von den Arabern erobert und das Reich der christlichen Westgoten mit der Hauptstadt Toledo vernichtet. Grundsätzlich gehörte das neue Gebiet zum abbasidischen Kalifat, die Machthaber waren Statthalter des Omaiyadenkalifen in Damaskus oder auch seines Gouverneurs in Kairuan.
Von 716 an wurde *Cordoba* Residenzstadt. Es folgten unruhige Zeiten, mit dynamischen Ausgriffen der muslimischen Truppen nach Südfrankreich, Kämpfen mit Christen und Berbern, Rückschlägen und einem häufigen Wechsel der Statthalter. Araber, Syrer und Berber wanderten in Spanien ein, stellten aber noch längere Zeit eine Minderheit in der Bevölkerung dar.
Nach der Machtergreifung der Abbasiden konnte ein Angehöriger der Omaiyadenfamilie, *'Abd ar-Rahman I.* (gest. 788), fliehen; 754 erreichte er Spanien, besiegte zwei Jahre später den Gouverneur von Cordoba und begründete dort ein omaiyadisches Emirat (756–929), das von Bagdad unabhängig war. Als im frühen 10. Jahrhundert die Fatimiden ihren Einfluß ausdehnen wollten, veränderte im Gegenzug *'Abd ar-Rahman III.* (gest. 961) das bisherige Emirat zum Kalifat um (929–1030), so daß zu dieser Zeit drei Kalifate in der islamischen Welt um Einfluß wetteiferten.
Zur Zeit des wohl beeindruckendsten Herrschers *'Abd ar-Rahmans III.* und seines Nachfolgers *al-Hakam II.* (gest. 976) erlebte Andalusien eine beeindruckende wirtschaftliche, kulturelle und zivilisatorische Blüte.[475] In Cordoba, das prächtig ausgebaut wurde, gab es eine Bibliothek mit rund 400.000 Büchern. Die Koexistenz mit Juden – vor allem die jüdischen Gemeinden „erlebten eine Blütezeit, die erst im 12. Jahrhundert ihr Ende fand"[476] – und Christen verlief einigermaßen problemlos. Zunehmende Übertritte von Christen zum Islam waren nur selten erzwungen, die muslimisch-andalusische Lebensform faszinierte viele Christen, die sie auch oft – ohne die Religion zu wechseln – übernahmen *(Mozaraber).*
Während der Blütezeit des andalusischen Islam bis gegen Ende des 10. Jahrhunderts hatten die Kalifen von Cordoba durchaus auch mit vielen Problemen zu kämpfen. Schwierigkeiten bereitete das Zusammenleben der unterschiedlichen ethnischen und religiösen Gruppen, die durch immer neue Einwanderungswellen von Arabern, Berbern oder Orientalen, vor allem Syrern,

---

[474] T. Nagel, Das Kalifat der Abbasiden, a.a.O. 139.
[475] Vgl. hierzu Titus Burckhardt, Die maurische Kultur in Spanien, München 1970.
[476] G.E. von Grunebaum, Der Islam in seiner klassischen Epoche, a.a.O. 166.

verstärkt wurden. Der Ausgleich der unterschiedlichen Interessen und Eigentümlichkeiten gelang nur, weil die Omaiyadenherrscher auf ein allzu straffes Regiment verzichteten und regionalen Gliederungen oder ethnisch-religiösen Gruppen eine relativ große Selbständigkeit einräumten. Mit der Zeit verstärkte sich aber dennoch die Islamisierung und Orientalisierung der Bevölkerung des Kalifats.

Weitere Probleme brachte die Verteidigung der territorialen Integrität des Reichs, sowohl nach Norden, zu den Christen hin, wie nach Süden, in militärischen Aktionen in Nordafrika wie auch umgekehrt in der Abwehr nordafrikanischer Invasionsversuche; darüber hinaus gab es im 9. und 10. Jahrhundert noch verheerende Normanneneinfälle.

Unter dem Nachfolger *al-Hakams*, Kalif *Hischam II.* (gest. 1008), konnte ein Mann, der sich den Ehrennamen *al-Mansur* (gest. 1002) gab, die Macht an sich reißen; der Kalif spielte nur noch eine formale Rolle. *Al-Mansur* kämpfte zwar erfolgreich gegen die Christen, regierte aber im Inneren autoritär und unterdrückte die Freiheiten der Bevölkerung, so daß zwischen ihren verschiedenen ethnischen und religiösen Gruppen Spannungen entstanden. Nach seinem Tod gab es deswegen Wirren und Bürgerkriege, die – nach Belagerung und Eroberung Cordobas durch Berbertruppen – im Jahr 1031 zur Abschaffung des Kalifats führten.

In der Folge zerfiel das Reich in viele miteinander rivalisierende Kleinstaaten – es begann eine Zeit der Bürgerkriege –, die den in den letzten Jahrzehnten des 11. Jahrhunderts wachsenden militärischen Druck der Christen aus dem Norden – bekannt ist vor allem der in Spanien noch heute als Nationalheld verehrte *Rodrigo Vivar*, mit dem Ehrennamen *El Cid* (von arabisch *sid* = Herr), der bis zu seinem Tod ein Reich mit der Hauptstadt Valencia halten konnte – keinen organisierten Widerstand entgegensetzen konnten.

Die Zeit der Zersplitterung des spanischen Islam war allerdings auf kulturellem Gebiet eine Epoche hoher Blüte. „Die kleinen Hofhaltungen förderten die Dichter nach Kräften; deren Anwesenheit bedeutete Prestige, brachte aber auch Zerstreuung ... Der Glanz raffinierter Lebensformen, ein Hang zum Genuß, der sich über die vom Religionsgesetz geforderten Beschränkungen sorglos hinwegsetzte, eine ziselierte Delikatesse der Sitten, die den oft nur allzu brutal ausbrechenden Leidenschaften den Schein des Spielerischen verlieh, ein stilvoll verschwenderischer Aufwand ..., dieser Rausch von Sensibilität erhielt seinen bitteren Reiz durch das Wissen vom herannahenden Ende“[477]. *Wilhelm Hoenerbach* meint, daß die damaligen Muslime „das Abenteuer voller Persönlichkeitsentfaltung in Höhen wie Tiefen des geistigen und politischen Lebens“ auf sich nahmen und als „Vorläufer der Renaissance“ zu betrachten seien.[478]

---

[477] G.E. von Grunebaum, ebd. 245.

[478] Wilhelm Hoenerbach, Islamische Geschichte Spaniens. Übersetzung der A'mal al-a'lam und ergänzende Texte (Die Bibliothek des Morgenlandes), Zürich und Stuttgart 1970, 293.

Die spanischen Muslime mußten die im Maghreb herrschenden *Almoraviden*[479] zu Hilfe rufen, die alle Kleinkönige absetzten, Spanien ihrem Reich als Provinz eingliederten und die Christen zurückdrängen konnten. Toledo aber blieb von jetzt an christlich beherrscht; in der dortigen Übersetzungsschule wurden viele arabische Werke ins Lateinische übertragen, im Jahre 1143 erstmals der Koran. Ebenfalls im 12. Jahrhundert wurden islamische, wie z.B. *Ibn Rusd* (latinisiert: *Averroës*), und jüdische Theologen und Philosophen, wie *Maimonides*, und vor allem Werke des *Aristoteles*, die im Abendland bisher nicht bekannt waren, übersetzt.
Zu Beginn des 12. Jahrhunderts wurde das Almoravidenreich in Marokko von dem *Almohadenreich* abgelöst[480], um die Mitte desselben Jahrhunderts und in den folgenden Jahrzehnten griff es nach Spanien aus, dessen muslimischen Teil – noch etwa zwei Drittel des Landes – es sich mit der Zeit unterwerfen konnte. Dennoch erzielte die christliche Reconquista weitere Erfolge. Im Zuge eines von Papst *Innozenz III.* verkündeten Kreuzzugs gegen die Muslime in Spanien ging im Jahr 1212 der Großteil des Landes an die Christen verloren. Diese Eroberungen wurden in der folgenden Zeit vollendet, eine umfassende Umsiedlung und Christianisierung der Bevölkerung begann.
Lediglich im äußersten Süden, von Granada bis Gibraltar, konnten sich die Muslime behaupten, vor allem wohl, weil das maurische Königreich Granada „zu einem Vasallenstaat von Kastilien wurde“[481], und einen beachtlichen zivilisatorischen und kulturellen Aufschwung schaffen, der sich in den beeindruckenden Bauwerken Granadas spiegelt. Ende des 15. Jahrhunderts nutzten die „katholischen Könige“ innere Streitigkeiten im Reich von Granada; sie drangen bis zur Hauptstadt vor und belagerten sie. 1492 mußte Granada kapitulieren, die Geschichte des Islam auf der iberischen Halbinsel war beendet.

8.3.4 Sunnitisches und schiitisches Kalifat

8.3.4.1 Das abbasidische Kalifat zur Buyidenzeit (945–1055)

Die Buyiden, eine Sippe von Anführern von Söldnern aus Daylam, im Süden des Kaspischen Meeres, konnten im Jahr 945 die Macht in Bagdad übernehmen. Sie waren Anhänger der Zwölfer-Schia, erkannten aber die abbasidischen Kalifen an, deren formale Legitimität sie für ihre Zwecke nutzten. Nach *Heribert Busse* war eine solche Entwicklung schon seit Beginn des 9.

---

[479] Vgl. u. 8.3.5.3.
[480] Vgl. u. 8.3.5.3.
[481] T. Burckhardt, Die maurische Kultur in Spanien, a.a.O. 187.

Jahrhunderts „mit der Gründung von de facto unabhängigen Teilstaaten im Osten" in Gang gekommen. „Daß das Chalifat nur noch eine Institution war, die als juridisch-religiös höchste Instanz die tatsächlichen Machtverhältnisse zu legalisieren und den Maßnahmen und Entscheidungen der Teilherrscher gewissermaßen das ‚kirchliche' Placet zu erteilen hatte, war in der Mitte des zehnten Jahrhunderts dem größten Teil der islamischen Welt eine vertraute Vorstellung geworden"[482].
Auf diesem Hintergrund handelten die Buyiden. Zu den konkreten Motiven, das abbasidische Kalifat bestehen zu lassen, vermutet *Tilman Nagel* als Grund, daß im 10. Jahrhundert zum einen die Byzantiner Kleinasien zurückerobern konnten und zum anderen die Fatimiden Ägypten unterwarfen und bald bis Damaskus vorstießen. „Seit dem ausgehenden zehnten Jahrhundert bestimmt der Zweikampf der Buyiden und Fatimiden um die Vormachtstellung in Syrien und seine nördlichen und östlichen Grenzräume mittelbar die Geschicke des dahinsiechenden abbasidischen Kalifats". In dieser Situation war es für die Buyiden „günstiger, sich des Ansehens des von ihnen nicht geliebten abbasidischen Kalifats zu versichern"[483]. Gelegentlich wurde der Kalif sogar gezwungen, selbst an Kriegshandlungen teilzunehmen: „Seine Anwesenheit verlieh den Feldzügen den Anstrich der Legitimität"[484]. Dies war für die schiitischen Militärherrscher um so wichtiger, als ihre Legitimierung durch den sunnitischen Kalifen zum religiösen Frieden im Land beitragen konnte.
So bildete sich durch die Etablierung mehrerer Machtzentren im Lauf der Zeit die Überzeugung aus, die sich in der Auseinandersetzung mit dem fatimidischen Kalifat noch verstärkte, es dürfe zwar nur *einen* Kalifen oder Imam geben, die konkrete Machtausübung könne aber von verschiedenen Autoritäten wahrgenommen werden. Daneben verstärkte sich, als dritte Komponente, der Einfluß der *ulama*, die vor allem für die Regelung rechtlicher und religiöser Fragen zuständig waren. Dennoch besaßen die Kalifen zumindest in Bagdad und Umgebung meist auch noch „Reste wirklicher Macht"[485], die sie gelegentlich auszudehnen versuchten, was aber nur für kurze Zeiten gelang.
Für die Ausgestaltung ihrer eigenen Herrschaft griffen die Buyiden auf vorislamisch-persische Modelle zurück; die Großemire verstehen sich – so zuerst *'Adud ad-Daula* (949–983) – als Könige bzw. Großkönige im Sinne der persischen Tradition. Die religiösen Verhältnisse der Buyidenzeit sind, von der Quellenlage her, nur ungenau zu erschließen. „Eingestreut in eine weithin sunnitische Bevölkerung lagen schiitische Enklaven, deren Ursprung zum Teil in die islamische Frühzeit zurückreichen dürfte. In den großen Städten

[482] H. Busse, Chalif und Großkönig, a.a.O. 131.
[483] T. Nagel, Das Kalifat der Abbasiden, a.a.O. 144.
[484] H. Busse, Chalif und Großkönig, a.a.O. 142.
[485] A. Hourani, Die Geschichte der arabischen Völker, a.a.O 187.

gab es immer Stadtteile, in denen die eine oder andere (Richtung, Verf.) überwog". In Bagdad brachen immer wieder Konflikte zwischen beiden Gruppen auf, Kufa blieb ein Zentrum der Schiiten.[486] Gefährlich für das Reich waren besonders „die extremen Schiiten, Isma'iliten und Qarmaten, die vor allem in den unteren sozialen Schichten zahlreiche Anhänger fanden"[487]. Gelegentlich steigerte sich die Abneigung zwischen Sunniten und Schiiten „zu besinnungslosem Haß", wobei die Schiiten in der Regel die am meisten Unduldsamen waren.[488]

Christentum, Judentum und Zoroastrismus konnten „als eigenständige Gemeinschaften weiter existieren und ihr geistiges Erbe weiterpflegen"[489]. Zum Erbe aller dieser Religionen, mittlerweile auch des Islam, gehörten die griechische und hellenistische Philosophie und Literatur sowie iranische Motive. Auf dieser Basis brachten sie alle im 10. und 11. Jahrhundert bedeutende Mediziner, Philosophen, Mathematiker und Astronomen bzw. Astrologen hervor. Es gab damals auch Treffen und Gespräche „der philosophisch und literarisch interessierten Muslime und Christen", vor allem in Bagdad im „Bazar der Buchhändler"[490]. Daraus resultierte seit dem 10. Jahrhundert eine „Verschmelzung des islamisch-arabischen Geistesguts mit dem Kulturgut der Sondergemeinschaften", was – umgekehrt – für den „Fortbestand" der letzteren auf Dauer bedrohlich wurde.[491]

Die Buyiden förderten diese kulturellen Entwicklungen: „Einerseits begegneten sie einer arabisierten Aristokratie und protegierten hier Werke und Gelehrte des arabischen Kulturkreises. Observatorien, Bibliotheken, Schulen und Krankenhäuser erregten allgemeine Bewunderung ... Andererseits waren sie sehr darauf bedacht, die eigentlich persische Kultur zu erwecken"[492].

Die Städte blühten also auf und waren Zentren des religiösen und wissenschaftlichen Austauschs. Dennoch konnten die Buyiden diese Aufgabe nicht auf Dauer zum Erfolg führen, weil sie selber aus anderen Wurzeln kamen: „Die an den Traditionen der iranischen Agrargesellschaft orientierte Administration der Buyiden versagte vor der Aufgabe, Organisationsformen der stürmisch wachsenden Städte zu schaffen". Die Lage verschlechterte sich während der häufigen Kriegszeiten, als die Landwirtschaft einen Niedergang erlebte.[493] So kam es zu Spannungen und Aufständen. In dieser Situation konnte eine „Propaganda im Namen sozialer Gerechtigkeit"[494] seitens der Ismaeliten Erfolge erzielen.

---

486 H. Busse, Chalif und Großkönig, a.a.O. 405.
487 H. Busse, ebd. 409.
488 G.E. von Grunebaum, Der Islam im Mittelalter, a.a.O. 243.
489 H. Busse, Chalif und Großkönig, a.a.O. 515.
490 H. Busse, ebd. 521.
491 H. Busse, ebd. 522.
492 C. Cahen, Der Islam I, a.a.O. 251.
493 H. Busse, Chalif und Großkönig, a.a.O. 398.
494 G. Endreß, Der Islam, a.a.O. 145.146.

Während der Buyidenzeit machten sich immer mehr regionale Statthalter oder aus religiösen Bewegungen hervorgegangene Führer selbständig und begründeten eigene Dynastien. Wer faktisch in einem Territorium die Macht erworben hatte, wandte sich meist an den Kalifen, um sich legitimieren zu lassen. Die Abbasiden verliehen dann Ehrentitel, wodurch sie einen gewissen Einfluß behielten. Einer dieser Titel war der Begriff „Sultan" – im Koran, z.B. S. 51,38, unspezifisch im Sinne von „Vollmacht" gebraucht –, der schon im Jahr 932 von einem lokalen Fürsten im Iran geführt, allerdings erst gegen Ende der Buyidenzeit zu einem klar umrissenen Begriff wurde; nach *Heribert Busse* trug der Buyidenkalif *Musarrif ad-Daula* (gest. 1025) schon den Sultantitel[495], nach *Tilman Nagel* war der Seldschuke *Togrilbeg* „der erste islamische Herrscher, der sich (ab 1040, Verf.) offiziell Sultan, d.h. bevollmächtigter Herrscher, nannte"[496].
Später setzte sich dieser Titel auch bei weiteren Dynastien durch. Weil er nach dem Ende des abbasidischen Kalifats nicht mehr vom Kalifen verliehen wurde, verselbständigte er sich und charakterisierte den jeweiligen – meist sunnitischen – Herrscher als eine auch religiöse Autorität. Diese bedurfte aber einer gewissen Zustimmung seitens der religiösen Autoritäten, der *ulama*. „Daher ist es nicht verwunderlich, daß die höchsten religiösen Würdenträger einiger islamischer Staaten das Recht hatten, einen Sultan für abgesetzt zu erklären"[497].
Seit etwa dem Jahr 1000 gerieten die Buyiden in Bedrängnis. Sunnitische Einwohner Bagdads erhoben sich gegen die schiitische Herrschaft und konnten zeitweise die Macht übernehmen. *1017 wurde, mit Unterschrift des Kalifen, der Sunnismus zur offiziellen Doktrin erklärt.* In dieser Zeit konnten sich türkische Söldner gegenüber den Samaniden mit der Hauptstadt Buchara durchsetzen und vom Kalifen eine Bestätigung ihrer Herrschaft erlangen. Aber auch diese wurden bald von den Führern einer anderen türkischen Nomadengruppe – den Seldschuken *(Salguqiden)* – aus der Umgebung Bucharas, die weite Gebiete des Ostens plünderte, zurückgedrängt. Ihr Führer *Togrilbeg* arrangierte sich mit den Kalifen und agierte als Beschützer des sunnitischen Islam. Er zog schließlich nach Bagdad und setzte den letzten Buyiden gefangen.

8.3.4.2 Das fatimidische Kalifat (899–1171)

Schon im 8. Jahrhundert verbreitete sich in Nordafrika die Lehre, daß alle rechtgläubigen muslimischen Männer – nicht nur die aus dem Stamm der Qurais – zum Imam gewählt werden könnten (Lehre der *Ibadiya*). In Syrien

---

[495] H. Busse, Chalif und Großkönig, a.a.O. 91–98.
[496] T. Nagel, Das Kalifat der Abbasiden, a.a.O. 158; vgl. u. 8.3.5.1.
[497] Peter Heine, Sultan, in: Islam-Lexikon, Bd. 3, a.a.O. 702.

hatte sich eine Richtung der Siebener-Schia von den übrigen abgespaltet, die in der zweiten Hälfte des 9. Jahrhunderts auch im Jemen Anhänger fand. Gegen Ende des 9. Jahrhunderts landete der Führer der syrischen Siebener-Schia, *Abdullah*, in Afrika, wo er die den Abbasiden ergebene Dynastie 909 aus Kairuan vertreiben konnte; er ließ sich dort zum Mahdi ausrufen. Seine genealogische Legitimität begründete er mit seiner angeblichen Herkunft von *Fatima*, Mohammeds Tochter und Frau *'Alis*.

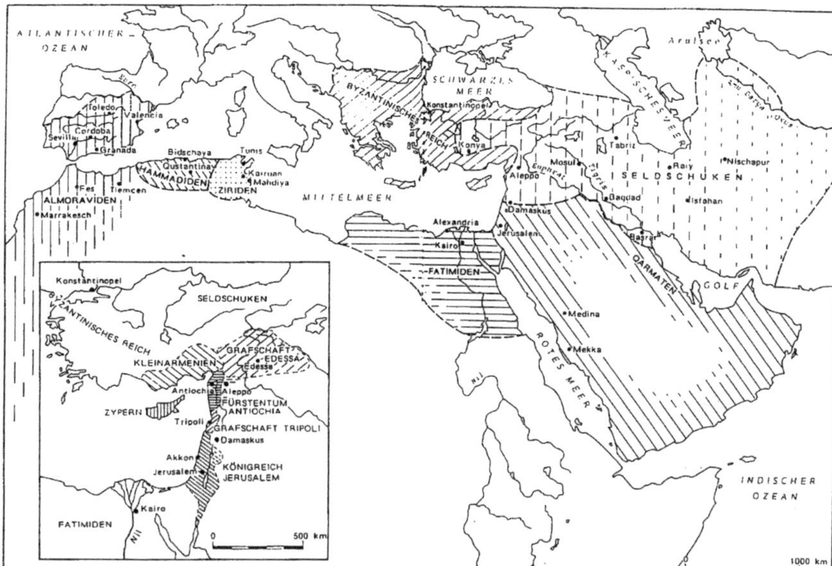

Das fatimidische Kalifat konnte seinen Herrschaftsbereich – mit Hilfe berberischer Soldaten und slawischer Kriegssklaven – zunächst nach Westen ausdehnen; später, 969, eroberte es – nach Niederschlagung eines charidschitischen Berberaufstands – Ägypten, das im 9. Jahrhundert noch eine christliche Bevölkerungsmehrheit hatte[498], gründete neben der Garnisonstadt Fustat, von wo seit dem 7. Jahrhundert die partielle Arabisierung Ägyptens ausgegangen war[499], die Stadt Kairo *(al-Quahira,* „die Siegreiche" [Stadt]) und verlegte hierhin 973 seine Residenz. Das fatimidische Kalifat konnte bald Syrien unterwerfen, auch die arabische Halbinsel mit ihren Pilgerstätten unter seinen Einfluß bringen und gelegentlich nach Mesopotamien ausgreifen; Sardinien, Korsika, die Balearen und Sizilien wurden dem Reich eingegliedert.

Ägypten hatte schon in den vergangenen hundert Jahren unter den *Tuluniden* eine relative Selbständigkeit erlangt, obwohl diese Dynastie den abbasidi-

---

[498] C. Cahen, Der Islam I, a.a.O. 257.

[499] Ulrich Haarmann, Das islamische Ägypten, in: Ruprecht Kurzrock (Hrsg.), Die islamische Welt I, a.a.O. 37.

schen Kalifen weiterhin anerkannte. Jetzt machten sich die Fatimiden endgültig frei und begründeten ein eigenes Kalifat.
Der Schiismus der Fatimiden war der Theorie nach militant und wollte die Herrschaft seines Imams in der ganzen islamischen Welt durchsetzen. Durch eine große Zahl von „Missionaren" verbreiteten sie ihren Anspruch in weiten Regionen, vor allem im Iran.[500] Seine Gegner, die Buyiden, waren ebenfalls Schiiten, aber von der Richtung der Zwölfer-Schia, die kompromißbereiter war: „der Gläubige solle sich in der von Feinden 'Alis regierten Welt einrichten, so gut es gehe, und die Rückkunft des entschwundenen zwölften Imams am Ende der Zeit abwarten"[501]. Im Namen der Abbasiden nahmen sie den Kampf gegen die Fatimiden auf.
Dennoch regierten die Fatimiden nicht nur mit Intoleranz. In der „Alten Moschee" in Kairo durfte weiterhin der sunnitische Kult begangen werden, die Berechnung des Fastenmonats durften die Sunniten für sich auf eigene Weise durchführen, der „sunnitische Oberqadi blieb im Amt" – neben einem schiitischen Oberrichter –, ebenso die Beamtenschaft.[502] „Unter keinem anderen islamischen Regime haben die ägyptischen Christen und Juden ähnlich weitreichende Freiheiten und Privilegien genossen wie unter dem der ersten Fatimidenkalifen"[503]. Dies änderte sich erst in der Regierungszeit des Kalifen *al-Hakim* (gest. 1021), der auch die Grabeskirche in Jerusalem (1009) zerstören ließ. Seine Nachfolger waren wieder maßvoller. Unter den Fatimiden wurde 988 an der al-Azhar-Moschee, die noch vor ihrem Einzug in Kairo erbaut war, eine fatimidisch-theologische Lehrstätte, Vorläuferin der heutigen Universität, eingerichtet. Nur aufgrund dieser zurückhaltenden Politik war es für die Fatimiden möglich, von den sunnitischen Arabern auf der arabischen Halbinsel als Beschützer der Heiligen Stätten akzeptiert zu werden.
Die erste Hälfte des 11. Jahrhunderts war die Blütezeit des Fatimidenreiches, das damals seine größte Ausdehnung – vom Maghreb über Sizilien bis nach Syrien – hatte. Teile dieses Gebiets, Sizilien und der Maghreb, gingen in der zweiten Jahrhunderthälfte wieder verloren. Im Zuge dieser Auseinandersetzungen vertrieben die Fatimiden Araberstämme nach Westen, so daß im Maghreb, außer in Marokko, wo die Berber bis heute eine bedeutende Rolle spielen, eine umfassende Arabisierung eintrat. Gleichzeitig aber konnten die Fatimiden große Teile Mesopotamiens und 1058 vorübergehend Bagdad erobern; der neue Seldschukensultan *Togrilbeg* und seine Nachfolger beendeten diese Phase.
Das wieder geschwächte Fatimidenreich wurde zusätzlich durch die Kreuzfahrerheere bedrängt. Im Zuge des Ersten Kreuzzugs konnten die Kreuzfahrer im Jahre 1097 Edessa am nördlichen Euphrat, 1098 Antiochien und 1099

---

[500] C. Cahen, Der Islam I, a.a.O. 262.
[501] T. Nagel, Das Kalifat der Abbasiden, a.a.O. 143.
[502] H. Halm, Die Fatimiden, a.a.O. 171.
[503] H. Halm, ebd. 172.

Jerusalem erobern, wo die Sieger ein grausames Blutbad anrichteten. In der Folgezeit bildeten sie vier Kreuzfahrerstaaten: die Grafschaft Edessa unter *Balduin* von Boulogne, einem Bruder *Gottfrieds* von Bouillon; das Fürstentum Antiochien, die Grafschaft Tripolis und das Königreich Jerusalem (1099–1291), zunächst unter *Gottfried* von Bouillon, dann unter *Balduin*. Diese fränkischen Reiche profitierten von der politischen Zerstrittenheit der islamischen Welt und etablierten sich auf längere Zeit unter der Oberhoheit des Königs von Jerusalem.
Das ägyptische Kernland geriet im 12. Jahrhundert zeitweise in Abhängigkeit von den Kreuzfahrern; wegen Streitigkeiten um die Nachfolge im Kalifat trennte sich der Jemen von der Dynastie, so daß sich hier eine eigene ismaelitische Herrschaft etablieren konnte. Von Syrien aus eingreifende Militärs beendeten 1171 das fatimidische Kalifat[504], der Siegeszug des Sunnismus in Ägypten begann.

8.3.5 Die Spätzeit des Kalifats von Bagdad bzw. die Seldschukenherrschaft (1055–1258)

8.3.5.1 Die Seldschuken im Iran und Irak

Nach einigen Wirren, während derer Bagdad vorübergehend von fatimidischen Truppen erobert und geplündert wurde, konnten die Seldschuken 1059 endgültig die Stadt erobern. „Die Seldschuken waren jetzt die unangefochtenen Herren in der Mitte und im Osten der islamischen Welt“[505].
Ihr Führer, der Sultan *Togrilbeg* (gest. 1063), dessen Macht allein auf dem militärischen Erfolg gründete, suchte eine enge Verbindung zum Kalifen; er zwang ihn dazu, eine seiner Nichten zu heiraten, und nahm eine Tochter des Kalifen zur Frau. Dadurch strebte er an, Legitimität zu gewinnen und seine Stellung als Förderer des sunnitischen Glaubens auch sichtbar zu dokumentieren.
Die Seldschuken verstärkten ihr Militär auch zahlenmäßig durch turkmenische Söldnertruppen. „So ist es den Seldschuken möglich, das Land wirksamer zu besetzen, d.h. die lokalen Polizei- und Milizkräfte können weitgehend durch türkische Garnisonen ersetzt ... werden“[506].
Der sunnitische Islam wurde von den Seldschuken gefördert. Da sie selbst den Glauben in dieser Form übernommen hatten, begünstigten sie seine schulmäßige Verfestigung, was dadurch ermöglicht wurde, daß die intellektuellen Anstrengungen in der Auseinandersetzung mit der Schia keine große

[504] Vgl. u. 8.3.5.2.
[505] T. Nagel, Das Kalifat der Abbasiden, a.a.O. 153.
[506] C. Cahen, Der Islam I, a.a.O. 293.

Rolle mehr spielten. „Dieser neuen Orthodoxie fügten sich übrigens Elemente ein, welche der abbasidischen noch fremd gewesen waren, vor allem der Sufismus“. Seldschuken und – allgemein – Türken waren dabei aber selbst nicht theologisch aktiv, „nicht ein Türke, sondern ein Perser, nämlich der große Gazali (gest. 1111), hat das Bekenntnis der neuen Orthodoxie formuliert, die Verstand und Herz zu ihrem Recht kommen läßt und von doktrinären Verirrungen und geistiger Dürre gleichweit entfernt ist“[507].

Überall im Lande errichteten die Seldschuken prächtige Bauwerke, Moscheen, Karawansereien, Krankenhäuser und – für die Zukunft wichtig – *Medresen,* in denen der sunnitische Islam gelehrt wurde; Stiftungen ermöglichten es Sufigemeinschaften, ohne ökonomische Probleme ein frommes Leben zu führen.

„Durch den Aufstieg der Fatimiden im Westen und der Seldschuken im Osten entstand eine sich allerdings immer wieder verändernde Grenze zwischen Syrien und dem Irak“, die sich später noch verfestigte.[508] Dadurch zerfielen nach *A. Hourani* „die muslimischen Länder“ kulturell in zwei Teile; im Westen „war Arabisch die einzige kulturelle Hochsprache, im anderen (Teil, Verf.) dienten Arabisch und Persisch unterschiedlichen Zwecken“. Arabisch wurde „für religiöse und juristische Werke“, Persisch für „säkulare Literatur“ benutzt.[509] Die sunnitischen Seldschuken versuchten, in ihrem eigenen Herrschaftsbereich den Schiiten entgegenzukommen, was aber nur teilweise zu einer Beruhigung führte; immer wieder kam es zu Konflikten und auch Mordanschlägen. Hart bekämpft wurden von ihnen nur die Ismaeliten, weil sie auch politisch gefährlich waren. Die Seldschuken betrieben also eine maßvolle Religionspolitik, von der auch Juden und Christen profitierten.

Es gelang ihnen, die Byzantiner zu besiegen und große Teile Kleinasiens zu besetzen, wo sich dann später, gegen Ende des 12. Jahrhunderts, mit der Hauptstadt *Konya*, ein eigenes seldschukisches Reich, das der Rum-Seldschuken, bildete.[510] Bald aber konnten sich wiederum lokale Machthaber der Herrschaft des Sultans entziehen. Diese Situation nutzte der abbasidische Kalif *al-Mustarschid* (1118–1135) dazu, selbst noch einmal militärisch gegen den Sultan vorzugehen, was aber dazu führte, daß er gefangengenommen und ermordet wurde. Erst seinem Sohn, *al-Muqtafi* (1136–1160), gelang es, die Seldschuken zurückzudrängen und seine Herrschaft im Irak durchzusetzen. Von da an konnten die Sultane ihren Machtbereich nicht mehr auf Bagdad und den Irak ausdehnen. Das Kalifat konnte also noch einmal reale Macht im Irak gewinnen und auch darüber hinaus mehr als bisher Einfluß ausüben. Nach einigen Jahrzehnten war es aber durch die Eroberungszüge

---

[507] C. Cahen, ebd. 294.
[508] A. Hourani, Die Geschichte der arabischen Völker, a.a.O. 122.
[509] A. Hourani, ebd.
[510] Rum ist die Umschreibung von „Rom“, gemeint ist Byzanz (das „neue Rom“).

der Mongolen, 1258, um seine Selbständigkeit geschehen, und die Verbindung der Abbasiden mit Bagdad war endgültig vorbei.
„Mit dem Zerfall des Abbasidenkalifats ... verschwand die zentrale Instanz von Macht und Patronage, die das Entstehen einer universalen arabisch-islamischen Kultur ermöglicht hatte. Richter, Theologen und Gelehrte waren unter den Abbasiden in Bagdad zusammengetroffen, und unterschiedliche Kulturen hatten sich vermischt, um etwas Neues hervorzubringen". Die politische Teilung der islamischen Welt nach dem Ende des Kalifats von Bagdad habe diese Universalkultur nicht unberührt gelassen. Zwar gab es weiterhin die etablierte arabische Kultursprache, aber bald bildeten sich neue Zentren: „Im Lauf der Zeit nahmen ... die stilistischen und thematischen Unterschiede zu ... Sehr vereinfacht ausgedrückt, blieb der Irak in der iranischen Einflußsphäre; Syrien und Ägypten bildeten eine kulturelle Einheit, die Teile der arabischen Halbinsel und den Maghreb beeinflußte; und im fernen Westen entstand eine andalusische Zivilisation, die sich in vieler Hinsicht von der im Osten entstehenden unterschied"[511].

8.3.5.2 Die Aiyubidendynastie in Kairo (1171–1252)

Seit 1098 waren christliche Kreuzfahrerheere im sogenannten Heiligen Land, konnten hin und wieder auch Teile Syriens besetzen und stießen mehrere Male auch nach Ägypten vor; das dortige fatimidische Kalifat war im 12. Jahrhundert bis in die sechziger Jahre von den Kreuzfahrern sogar mehr oder weniger abhängig.
Die Kreuzzüge wurden im Islam bis in die Gegenwart hinein nicht – wie in der europäischen Geschichtsschreibung – als wichtiger Einschnitt und mit allzu vielen moralischen Wertungen aufgefaßt; sie wurden vielmehr wahrgenommen als einer der kriegerischen Konflikte, wie man sie z.B. mit den Byzantinern schon sein längerer Zeit hatte. Auch war Palästina im Islam zunächst nicht mit besonderen religiösen Vorstellungen verbunden. Zwar gab es in Jerusalem schon früh den Felsendom (691) und die Al-Aksa-Moschee (7.–11. Jahrhundert), und laut Sunna unternahm Mohammed vom Vorplatz des Tempels aus seine nächtliche Himmelsreise. Aber erst durch die religiösen Assoziationen, die die Christen Jerusalem zulegten, scheint diese Stadt allmählich auch für das muslimische Bewußtsein wichtig geworden zu sein. Und es dauerte bis zur Mitte des 12. Jahrhunderts, bis der Kampf um Palästina zum „Heiligen Krieg" (*dschihad*) erklärt wurde.
Erst um die Mitte des 12. Jahrhunderts kooperierten zunächst syrische Machthaber mit den fatimidischen Kalifen in der Abwehr der christlichen Invasoren. Hierbei konnten vor allem der Emir von Aleppo, *Imad ad-Din Zengi* (gest. 1146), und sein Sohn *Nur ad-Din Mohammed* (gest. 1174) mili-

[511] A. Hourani, Die Geschichte der arabischen Völker, a.a.O. 239.

tärische Erfolge erzielen. *Zengi* besiegte 1144 die fränkische Grafschaft Edessa. Die Nachricht vom Fall Edessas löste einen neuen, den Zweiten Kreuzzug aus, der mit Niederlagen gegen *Nur ad-Din* endete.

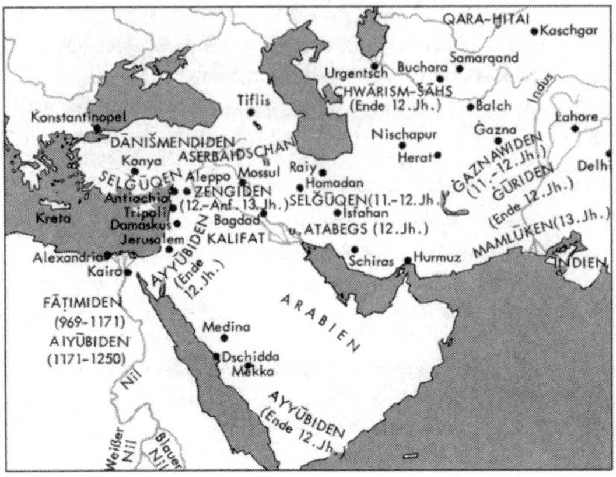

Dagegen stießen die Kreuzfahrer verschiedentlich bis weit ins Innere Ägyptens vor, so daß die fatimidische Regierung die syrischen Wesire um Hilfe bitten mußte. Diese schickten Truppen unter einem kurdischen Anführer namens *Schirkuh*, der nach zwei mißglückten Anläufen, bei denen die Fatimiden von Kreuzfahrern unterstützt wurden, in einem dritten Feldzug 1169 Kairo erreichte. Er wurde vom Kalifen zum Wesir ernannt, starb nach zwei Monaten, woraufhin sein Neffe *Salah ad-din (Saladin)* sein Nachfolger wurde.

Im Jahr 1171 stürzte *Saladin* „die fatimidische Ketzerdynastie". „Die ismaelitischen Richter wurden durch sunnitische ersetzt, und am 10. September 1171 wurde die Freitagspredigt in der 'Amr-Moschee von Fustat (Altkairo) erstmals wieder im Namen des Abbasidenkalifen al-Mustadi gehalten"[512].
Saladin (gest. 1193) begründete die (kurdische) Aiyubidische Dynastie in Kairo; sie ist benannt nach seinem Vater *Aiyub,* der im Irak Söldnerführer war, von wo aus er nach Syrien gezogen und Kommandeur von Baalbek im Dienst des Emirs *Zengi* geworden war.

Die Herrschaft der Aiyubiden beruhte weithin auf der Delegation der Macht an Familienangehörige. Die Truppen, deren Kern von Knappen begleitete Reitersoldaten waren, wurden durch Landzuweisungen bezahlt; dieses System „hat große Teile des Steueraufkommens aus der landwirtschaftlichen Produktion in den Dienst einer sich rasch ausbildenden Militärkaste mit zunehmend feudalen Zügen gestellt, die aber ihre Wohnsitze nicht wie der europäische Adel auf dem Land hatte, sondern sich in Kairo konzentrierte"[513].

1174 zog *Saladin* nach Syrien, dessen Emir er eigentlich untergeben war. Er besetzte große Teile des Landes, erkannte aber den Emir zunächst weiter formal als seinen Herrn an. Der abbasidische Kalif legitimierte in einem Schreiben *Saladins* Herrschaft über Ägypten und Syrien. 1183 beendete dieser

---

[512] H. Halm, Die Fatimiden, a.a.O. 199.

[513] Heinz Halm, Die Ayyubiden, in: U. Haarmann (Hrsg.), Geschichte der arabischen Welt, a.a.O. 201.

dann auch offiziell die Oberhoheit des bisherigen syrischen Emirs und konnte Mesopotamien seinem Reich hinzufügen.

Mit den Kreuzfahrern, die vergeblich die Verbindung von Syrien und Ägypten zu verhindert gesucht hatten, arrangierte sich *Saladin* noch längere Zeit mittels Verträgen, was zeigt, daß sein religiöses Interesse an Palästina nicht sonderlich stark gewesen sein kann. Erst nach einem Überfall der Kreuzfahrer im Jahr 1187 erklärte *Saladin* den *Dschihad* und unterwarf sich, nach einem entscheidenden Sieg bei *Hattin,* das lateinische Königreich Jerusalem, wobei ihm die Uneinigkeit der Christen zugute kam, und, im folgenden Jahr, weitere Gebiete. Nach Verstärkung der Kreuzfahrer durch neue Truppen unter König *Philipp II. August* von Frankreich und *Richard Löwenherz* von England erlitt er einige Rückschläge, so daß er ihnen 1192 einen Küstenstreifen vertraglich überlassen und christlichen Pilgern freies Geleit in das unter seiner Herrschaft verbleibende Jerusalem zusichern mußte. Im folgenden Jahr starb *Saladin,* aber der Verhandlungsfriede hatte noch mehr als zwanzig Jahre Bestand. Nachfolger wurde sein Bruder *Abu Bakr* (gest. 1218), der die Reichsteile Ägypten, Syrien und Mesopotamien durch seine drei Söhne verwalten ließ.

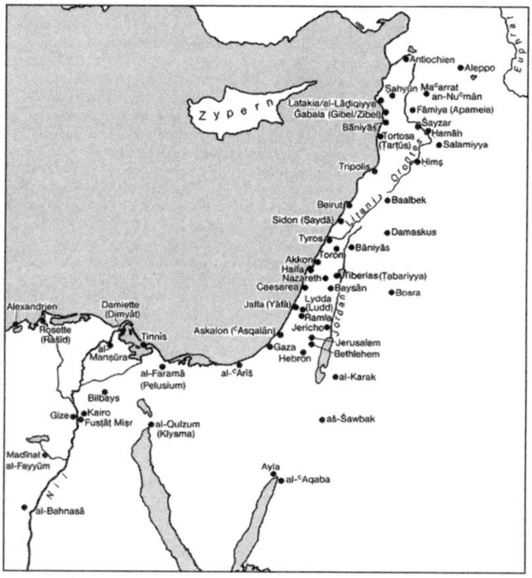

Von neuem wurden die Aiyubiden bedroht, als 1218 ein durch die Propaganda des Papstes *Innozenz III.* zustande gekommenes Kreuzfahrerheer landete, um zuerst Ägypten zu erobern und danach Palästina zu „befreien“. Aber erst nach drei Jahren, während derer vergeblich verhandelt wurde, gingen die Kreuzfahrer zum Angriff über, mußten aber bald kapitulieren. 1228 landete, in einem neuerlichen Kreuzzug, Kaiser *Friedrich II.* in Akkon. Der Aiyubidensultan *al-Kamil* einigte sich mit ihm auf einen Vertrag, der Jerusalem – außer dem Tempelbezirk – sowie einige weitere Städte, z.B. Betlehem und Nazaret, für zehn Jahre an die Christen zurückgab. Diese Einigung wurde von anderen christlichen Gruppen, z.B. dem Templerorden, nicht anerkannt, weil sie militärisch recht unsicher war.

Danach konnte sich der von Ägypten aus regierende Sohn *Abu Bakrs, al-Malik al-Kamil* (gest. 1238), als Sultan des ganzen Reichs und als faktischer Herrscher Ägyptens und Mesopotamiens durchsetzen, während die Herrschaft in Syrien seinem Bruder *al-Aschraf* überlassen blieb. *Al-Kamil* versuchte 1234, Anatolien zu erobern. Er scheiterte, nicht zuletzt wegen fehlender Unterstützung der in seinem Namen regierenden Verwandtschaft. Nach seinem Tod 1238 „brach das ayyubidische Reich in anarchischen Nachfolgekämpfen auseinander“[514]. *Aiyub,* mit dem Herrschernamen *as-Salih*, der sich 1240 in Kairo als Sultan durchsetzen konnte, mußte den Vertrag mit den Kreuzfahrern verlängern und ihnen noch weitere Zugeständnisse machen. Truppen, die *Chwarizmier,* die von den Mongolen im Osten verdrängt worden waren, verbündeten sich mit Ägypten gegen die Kreuzfahrer und die mit ihnen kooperierenden Syrer und konnten ihnen 1244 eine vernichtende Niederlage beibringen; Jerusalem war jetzt endgültig für die Christen verloren, darüber hinaus konnte sich der Sultan Syrien wieder unterwerfen.

Das Aiyubidenreich war in seiner früheren Größe wiederhergestellt, aber nur für kurze Zeit. 1249 landete ein neues Kreuzfahrerheer unter Führung König *Ludwigs IX.* von Frankreich in Ägypten. Dieses mußte aber schon 1250 kapitulieren, womit die Phase der ernsthaften Bedrohung durch christliche Heere für immer zu Ende war. In Palästina aber behielten die Christen noch – unter dem jetzt unzutreffenden Namen „Königreich Jerusalem“ – eine Reihe von Küstenstädten und Burgen.

Der junge Nachfolger des Sultans brachte Offiziere aus den Reihen der türkischen Mamluken *(mamluk* = Militärsklave) gegen sich auf, die ihn 1250 ermordeten und von da an die Macht ausübten. Noch bis 1252 regierte der Führer der Mamluken, *Aibak* (gest. 1257), formal im Namen der Witwe des letzten Sultans und ihres jungen Sohnes, dann setzte er beide ab und erklärte sich selbst auch offiziell zum neuen Sultan.[515]

8.3.5.3 Berberdynastien in Nordafrika

In Nordafrika waren Berber nach der Eroberung durch arabische Truppen schon seit dem 7. Jahrhundert für den Militärdienst herangezogen worden, wodurch seit der frühen Abbasidenzeit ihre allmähliche Islamisierung befördert wurde. Sie lehnten sich aber bald gegen den arabischen Führungsanspruch auf[516] und versuchten, einen größeren politischen Einfluß zu gewinnen. Seit dem 11. Jahrhundert hatten diese Bestrebungen Erfolg.

Im westlichen nordafrikanischen Raum konnten nomadische Berber, die aus Gebieten westlich der Sahara stammten, von 1056–1147 ein größeres Reich errichten, das sich bald auch Spanien unterwarf und Siege gegen vordringende christliche Heere errang[517]: die *Almoraviden (al-Murabitun,* 1056–1147).

---

[514] H. Halm, Die Ayyubiden, a.a.O. 208.

[515] Vgl. u. 8.3.6.2.

[516] Vgl. J. Spencer Trimingham, A History of Islam in West Africa, London, Glasgow, New York [1]1962, 17.

[517] Vgl. o. 8.3.3.2.

Abu Bakr, der erste Herrscher im nördlichen Gebiet, gründete im Jahre 1070 *Marrakesch.* Sein Nachfolger *Yusuf* (gest. 1106), der Sieger gegen die Christen in Spanien, nannte sich von 1098 Emir und erkannte die Oberhoheit der Abbasiden an. Das Almoravidenreich wurde recht orthodox, entsprechend den Regeln der Malikiten[518], und sittenstreng regiert; *'Ali*, Nachfolger des *Yusuf*, ließ in Cordoba z.B. selbst die Schriften von *al-Ghazali* verbrennen.

Von anderen Berberstämmen in Marokko ging im frühen 12. Jahrhundert eine neue Bewegung aus, die *Almohaden*, die sich nach einigen Jahrzehnten durchsetzen und Marrakesch 1147 erobern konnten. Die Almohaden waren von religiösen Reformvorstellungen geprägt, in denen es vor allem um eine starke Betonung der Einheit Gottes ging, von dem keine Eigenschaften oder Analogien zur Welt ausgesagt werden können (*al-Muwahhidun*, die Einheitsbekenner) und der alles Geschehen in absoluter Weise vorherbestimmt. Ethisch und rechtlich waren sie noch rigider als die Vorgängerdynastie.

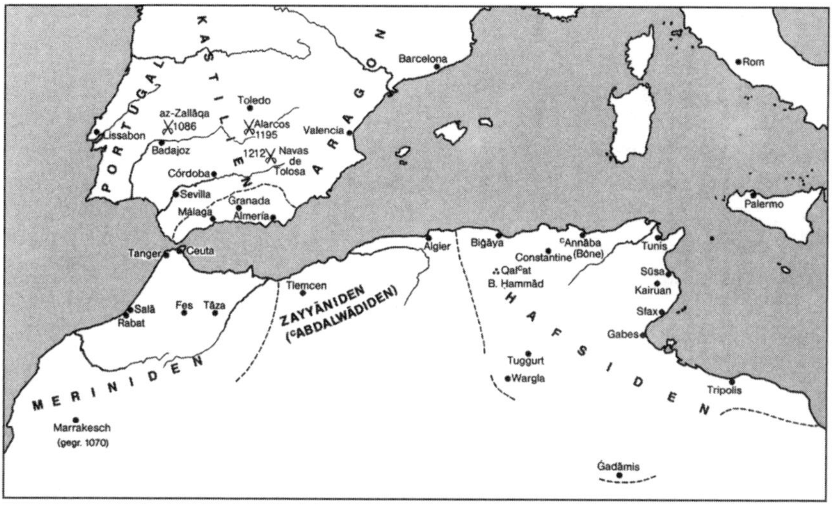

Gegen die Almoraviden führten sie einen Dschihad. Sie bekannten sich zu einem eigenen Mahdi, *Ibn Tumart* (gest. 1130), der seit etwa 1100 predigend durch Teile Nordafrikas zog, zu einem strengen religiösen Leben aufrief und sich als Mahdi bezeichnete; schließlich rief er zum Dschihad gegen die Almoraviden auf.[519] Die Herrscher der neuen Dynastie (1147–1269) bezeichneten sich als dessen Stellvertreter, als Kalifen. Zunächst dehnten die Almohaden ihre Herrschaft in Südspanien und im Maghreb weiter aus, wobei sie militärisch äußerst brutal vorgingen. „Damit brachten die Almohaden, zum ersten und einzigen Mal in der islamischen Geschichte, eine politische Eini-

[518] Vgl. u. 9.2.

[519] Vgl. G.E. von Grunebaum, Der Islam in seiner klassischen Epoche, a.a.O. 254–260.

gung der Länder des Maghreb zustande“[520]. Im letzten Drittel des 12. Jahrhunderts aber wurden von ihnen andalusische Einflüsse rezipiert, so daß Wirtschaft, Kunst und Wissenschaften aufblühten.
Gleichzeitig aber begann auch schon der Zerfall; die Angriffe der Christen in Spanien konnten nicht mehr abgewehrt werden, und auch in Nordafrika mußten die Almohaden Einbußen hinnehmen. Schließlich wurde 1269 Marrakesch von einem anderen Berberstamm erobert. Danach zerfiel das Berbergebiet in drei Staaten, die von „den Mariniden (1269–1465) in Fes, den Abdalwadiden (1236–1554) in Tlemcen und den Hafsiden (1229–1569)“ geleitet wurden.[521]

8.3.6 Die Abbasiden in Kairo (1258–1517)

8.3.6.1 Das Kalifat in Kairo

Zwei Jahre nach der Eroberung Bagdads durch die Mongolen[522] „kam mit einer Gruppe von Beduinen ein Mann in Kairo an, der, wie seine Begleiter bezeugten, ein Enkel des Kalifen an-Nasir war“[523]. Der Sultan der in Kairo damals regierenden Mamluken[524] erkannte ihn als Kalifen an, gab ihm Truppen und schickte ihn in den Kampf gegen die Mongolen, wobei er umkam. Die Mamluken holten sich jetzt aus Bagdad „einen fünfzehnjährigen Jüngling, ein Mitglied des Clans der Abbasiden, jedoch mit nicht ganz eindeutigem Stammbaum“[525]. Dieser wurde unter dem Namen *al-Hakim* als Kalif inthronisiert.
Von jetzt an residierten die Nachfahren *al-Hakims* in Kairo, wobei ihre Rechte völlig eingeschränkt waren. Sie hatten lediglich die Aufgabe, Erlasse des dortigen Sultans zu unterzeichnen und ihnen einen Anschein gesamtislamischer Legitimität zu verleihen, der aber außerhalb des Machtbereichs der Mamluken nicht mehr anerkannt war. Diese Zeit endete mit der Absetzung des letzten Abbasiden durch die Türken im Jahre 1517.
Nach 1517 usurpierten die osmanischen Sultane den Kalifentitel bis 1922, als Atatürk den letzten Sultan stürzte. Aber ein Neffe des letzten Sultans führte diesen Titel noch weiter bis 1924, dann beschloß die türkische Regierung offiziell das Ende des Kalifats.

[520] C. Cahen, Der Islam I, a.a.O. 310.
[521] G. Endreß, Der Islam, a.a.O. 155.
[522] Vgl. o. 8.3.5.1.
[523] T. Nagel, Das Kalifat der Abbasiden, a.a.O. 165.
[524] Vgl. u. 8.3.6.2.
[525] T. Nagel, Das Kalifat der Abbasiden, a.a.O. 165.

8.3.6.2 Das Mamlukensultanat (1250/52–1517)

Muslimische Dynastien hatten schon früher Kriegssklaven *(mamluk)* als Söldner eingesetzt, mit durchaus ambivalenten Folgen. Einerseits waren sie militärisch sehr effektiv, andererseits stellten sie aber oft auch eine Bedrohung für ihre Herren dar. Dies war auch in Ägypten so, als die Aiyubiden im 13. Jahrhundert immer mehr auf türkische Mamluken zurückgriffen.
Als der letzte, noch junge Aiyubidenherrscher *Turanschah* einigen Mamlukenführern Posten, die sie bisher innehatten, wegnehmen wollte, wurde er umgebracht. Zunächst wurden noch seine Witwe und sein zweijähriger Sohn als Oberhaupt anerkannt, ihnen aber der Mamluk *Aibak* (1250/52–1257) zur Seite gestellt. Dieser heiratete die Witwe und erklärte sich 1252 zum neuen Sultan.[526]
Die ersten Regierungsjahre der Mamluken waren recht turbulent; *Aibak* wurde 1257 von seiner Frau umgebracht, sein Sohn *al-Mansur 'Ali* (1257–1259) folgte ihm im Sultanat. Schon 1259 wurde er von einem Mamlukengeneral namens *Qutuz* (1255/60) abgesetzt und zur Emigration nach Byzanz gezwungen. *Qutuz* errang in Palästina einen glänzenden Sieg gegen die Mongolen, konnte auch Großteile Syriens für die Mamluken sichern, wurde aber selbst kurz darauf ermordet; seinem Nachfolger erging es nicht besser.
Der eigentliche Begründer der Mamlukendynastie nach dem turbulenten ersten Jahrzehnt wurde dann Sultan *Baibars* I. (1260–1277): „Er legte die Fundamente dieser mächtigen Monarchie, die bis zum Aufstieg der Osmanen – nicht zuletzt als Schirmherrin der Heiligen Stätten in Palästina – der wichtigste Partner und Gegner des Abendlandes in der Levante blieb“,[527] und ein dem Mongolenreich „ebenbürtiges zentralistisches Großreich, das Ägypten und Syrien ein Vierteljahrtausend äußerer Sicherheit, innerer Balance, wirtschaftlicher Prosperität und kultureller Entfaltungsmöglichkeiten bescherte“[528]. Dabei blieb es in mamlukischer Zeit, in der man die eigene Militärelite durch immer neue Anwerbung von Söldnern aus Zentralasien und dem Kaukasus ergänzte, nicht bei einer genealogischen Kontinuität; es kam zu dynastischen Wechseln, die aber die Stabilität des Reiches nicht in Frage stellten.
1256 und 1258 griff *Baibars* auch in Syrien und Palästina ein, so daß die Lage der Christen in diesen Gebieten immer verzweifelter wurde. Aber erst 1291 gelang es den Mamluken unter Führung des Sultan *al-Aschraf Khalil,* mit der Einnahme der Festung Akkon das „Königreich Jerusalem“ zu besiegen und die Phase der Anwesenheit von Kreuzfahrern in Palästina endgültig zu beenden.

---

[526] Vgl. o. 8.3.5.2.
[527] Ulrich Haarmann, Der arabische Osten im späten Mittelalter 1250–1517, in: ders. (Hrsg.), Geschichte der arabischen Welt, München 1987, 236.
[528] U. Haarmann, ebd. 222.

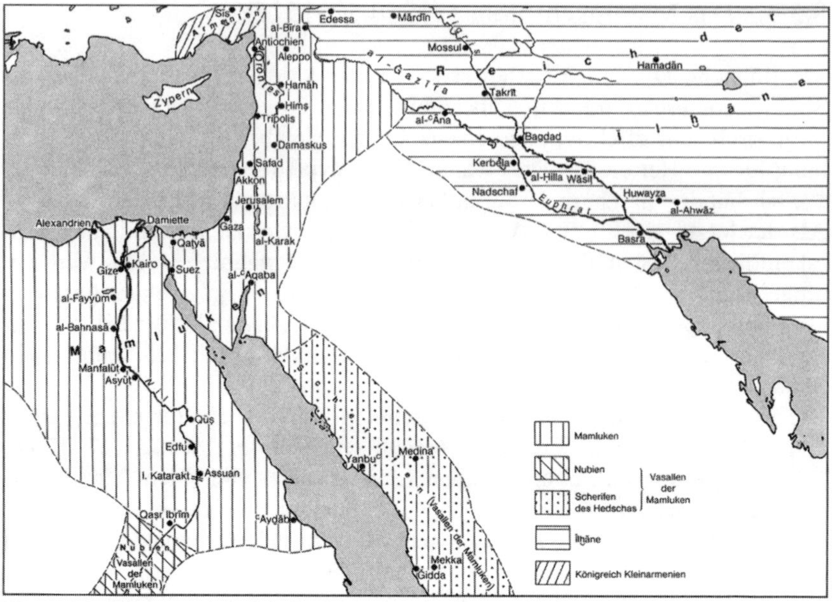

Vom 14. bis zum 15. Jahrhundert hatte eine Reihe von Pestepidemien verheerende Folgen für das Mamlukenreich, im 15. Jahrhundert wurde es mehrfach auch von außen bedroht, z.B. durch die Feldzüge *Timur-Lengs* nach Syrien, aber immer wieder konnten die Verhältnisse verbessert werden.

In dieser Zeit wurden die letzten Bastionen der Schiiten in Syrien und Ägypten, die jetzt wie Ungläubige behandelt wurden, bekämpft, und der Sunnismus wurde fest etabliert. *G. Endreß* spricht von „einer zwar nicht schöpferischen, aber durch Konsolidierung der Tradition und Sammlung des Wissens ausgezeichneten Spätblüte der Kultur des sunnitischen Islams“[529]. Das geistige Leben ist nach *Claude Cahen* zwar „mehr enzyklopädisch und didaktisch als schöpferisch, aber es kommt den Bedürfnissen eines bildungshungrigen Publikums entgegen“. Geschaffen wurden damals vor allem „Sammelwerke der arabischen Lexikographie“ und Geschichtsbücher.[530]

Obwohl die Mamluken in Ägypten Fremde waren, wurden sie von den Einheimischen akzeptiert. „Das Bindeglied zwischen der fremden Militäraristokratie und der zivilen Bevölkerung sind die *'ulama',* die Religions- und Rechtsgelehrten“.[531]

Der Niedergang der Mamluken begann im frühen 16. Jahrhundert mit dem Aufstieg der Osmanen und war vor allem militärisch begründet: Die Mamlukenritter lehnten – anders als die Osmanen – den Gebrauch der neuen Feuerwaffen ab. Nach verschiedenen Siegen in Syrien und Ägypten konnten

---

[529] G. Endreß, Der Islam, a.a.O. 153.
[530] C. Cahen, Der Islam I, a.a.O. 321.
[531] C. Cahen, Der Islam I, ebd. 320.

die Osmanen 1517 Kairo erobern. Der letzte Mamlukensultan *Tuman Bay* (1516–1517) wurde gehängt, Syrien und Ägypten waren fortan Provinzen des Osmanischen Reichs.[532]

8.3.6.3 Die Herrschaft der Mongolen, Turkmenen und Safawiden (1258–1638)

Die für das Bagdader Kalifat in seinem Endstadium günstige Entwicklung war jäh unterbrochen worden. Schon seit Beginn des 13. Jahrhunderts konnte eine neue Volksgruppe, die Mongolen, von Nordosten her ihre Herrschaftsgebiete immer weiter ausdehnen. Der Name Mongole war ursprünglich die Bezeichnung für einen Nomadenstamm im oberen Amurgebiet und wurde seit *Dschingis-Khan* (1155–1227) auf die gesamte ethnisch verwandte Bevölkerung ausgeweitet. In den frühen fünfziger Jahren des 13. Jahrhunderts eroberten mongolische Truppen in blutigen Kämpfen den Iran und erreichten 1258 Bagdad. Die Stadt wurde eingenommen, geplündert, der Kalif getötet.
Die Mongolen schufen ein Weltreich, das aber nach der Eroberung Chinas 1260 in drei Teilstaaten zerfiel. Die ehemaligen Kernlande des Kalifats von Bagdad gehörten dann bis 1356 zum Reich der *Ilkhane (Ilkhan,* mongolisch „Friedensfürst", war die Bezeichnung der Herrscher dieses Reichs), das vom Aralsee bis zum Euphrat reichte. In den von ihnen unterworfenen muslimischen Territorien nahmen die ihrer Herkunft nach schamanistischen Mongolen um 1300 den Glauben ihrer dortigen Untertanen an, so daß sie religiöse Spannungen vermieden und darüber hinaus den sunnitischen Islam sogar weit nach Osten ausbreiteten. Obwohl sich die Ilkhane also zum Sunnismus bekannten, konnte unter ihrer Herrschaft der Schiismus Erfolge erzielen und sich vor allem im Iran fest etablieren.
Unter der Mongolenherrschaft verödeten zunächst die bisherigen zentralen Territorien des Bagdader Kalifats politisch, ökonomisch und kulturell;[533] erst gegen Ende des 13. Jahrhunderts setzte eine allmähliche, aber nicht tiefgreifende Erholung ein. Die Landwirtschaft wurde zu Gunsten einer Hirtenkultur zurückgedrängt. Iran und Irak waren in mongolischer Zeit in eine Randlage geraten: Bis zur Eroberung Chinas wurden sie von Karakorum, in der Zeit der ilkhanischen Dynastie von Täbris, im Nordwesten Irans, aus regiert; allerdings nutzten die Ilkhane zeitweise Bagdad als Winterresidenz.
Weil die Gebiete, in denen die arabische Sprache verbreitet war, außer dem Irak, nicht zum mongolisch beherrschten Territorium gehörten, wurde ihre Trennung von der Kultur des östlichen Islam, der immer stärker von persischen Einflüssen geprägt wurde, deutlicher. Auch Anatolien, das von neuen seldschukischen Einwanderern – z.T. von den Mongolen nach Westen ver-

---

532 Vgl. auch David Ayalon, Studies on the Mamluks of Egypt (1250–1517), London 1977.
533 Vgl. U. Haarmann, Der arabische Osten im späten Mittelalter 1250–1517, a.a.O. 257.

drängt – überflutet wurde, löste sich immer mehr von arabischen Einflüssen; selbständige Seldschukenreiche entstanden, aus denen später das osmanische Reich hervorging. Unter der mongolischen Herrschaft wurden auch die jüdischen und christlichen Gemeinschaften dezimiert und somit zur Bedeutungslosigkeit verurteilt.[534]

Von 1356 an machte sich die ebenfalls mongolische Dynastie der *Galariden* selbständig, die Iran und Irak bis 1411 regieren konnte. Allerdings war auch ihre Herrschaft keineswegs ungestört: Von 1393 an fiel *Timur-Leng* (1336–1405), in Europa *Tamerlan* genannt, der das Reich *Dschingis-Khans* erneuern wollte und sich in grausamen Kriegszügen Gebiete, die von Moskau bis zum südlichen Iran, von Syrien und Anatolien bis Delhi reichten, unterwarf, auch im Irak ein; 1401 wurde Bagdad völlig zerstört. Nach seinem Tod konnten im Osten seine Nachfahren, die *Timuriden,* bis etwa 1500 ihre Herrschaft erhalten, West-Iran aber ging an eine Turkmenendynastie verloren, im Irak etablierte sich wieder, wenn auch nur für kurze Zeit, die Dynastie der Galariden.

1411 wurde das gesamte Land von turkmenischen (türkmenischen) Truppen erobert und wiederum von der Stadt Täbris aus verwaltet. Seit dieser Zeit wurde wieder der Schiismus begünstigt, obwohl sich ab 1469 in Bagdad eine sunnitische Dynastie *(Aq Qoyunlu)* einrichten konnte.

Diese wurde 1501 von Schah *Ismail I.,* einem *Safawiden* – eine „Dynastie, die zunächst aus einem sektiererischen Sufi-Orden hervorging“[535] und sich auf *'Ali* zurückführte – abgelöst, der für sein Reich, zu dem Persien und bis 1534 auch der Irak gehörten, im gleichen Jahr *die Zwölfer-Schia als Staatsreligion* proklamierte. Die Safawiden regierten im Auftrag des verborgenen Imam. Wichtig wurden in ihrem Reich die Rechtsgelehrten, die das Gesetz bis zur Wiederkunft des Imam auslegten und eine Art von Klerus darstellten. *Ismail I.* (gest. 1524) nannte sich als erster *persischer* Herrscher Schahanschah (König der Könige) und konnte sich trotz kriegerischer Konflikte mit den Osmanen behaupten. Die von ihm begründete safawidische Dynastie (1501–1722) erlebte unter Schah *al-'Abbas I.* (1587–1629), dem Großen, ihre Blütezeit; danach begann ein Niedergang, der 1638 mit dem Verlust Iraks, großer Teile Irans und der Hauptstadt Bagdad an die Osmanen besiegelt wurde. In den östlichen Gebieten konnte sich die safawidische Dynastie noch einige Jahrzehnte halten, bis sie 1722 durch den Sieg afghanischer Truppen ihr Ende fand. Persien aber ist bis heute durch die Safawidenherrschaft geprägt, insofern die Zwölfer-Schia Staatsreligion blieb.[536]

---

[534] Vgl. C. Cahen, Der Islam I, a.a.O. 319.
[535] G. Endreß, Der Islam, a.a.O. 158.
[536] Vgl. hierzu u. 8.4.3.

8.3.7 Resümee: Die islamische Welt bis zum Ende der abbasidischen Dynastie

Die Ausbreitung des Islam, die Gründung und der Zerfall islamischer Reiche von Indien bis Spanien, die Konflikte zwischen den religiösen und politischen Parteiungen und Staaten, der Aufstieg und Sturz von Dynastien im islamischen Mittelalter repräsentieren eine Geschichte von vielfältiger Buntheit. Sie ließ blühende Städte entstehen, brachte Friedenszeiten mit weiträumigem Handel, aber auch zahlreiche Kriege und Massaker, Reichtum und Massenelend, landwirtschaftliche Kultivierung sowie Versteppung durch Nomadisierung und Entvölkerung, wissenschaftliche, theologische, spirituelle, literarische und zivilisatorische Blüte sowie kulturelle Verödung weiter Landstriche.

Trotz aller Spannungen und Divergenzen entstand in diesen turbulenten Zeiten eine beeindruckende islamische Kultur. Mit der ausgreifenden Expansion der muslimischen Araber wurde der Islam in Regionen exportiert, deren Bevölkerungen seit langer Zeit christlich, jüdisch oder zoroastrisch waren – um nur die wichtigsten Religionen zu nennen. Die Araber eroberten Staaten, die schon eine alte Geschichte und funktionierende Verwaltungssysteme besaßen, sie wurden mit differenzierten hellenistisch oder iranisch geprägten Traditionen konfrontiert. Damaskus und Bagdad als neue Zentren symbolisieren den Ausgriff über die arabischen Wurzeln hinaus.

Zunächst bildeten die Eroberer eine Art Herren- oder Militärelite, die sich aber bald der bestehenden Verwaltungsapparate bediente und Truppen aus den unterworfenen Völkern rekrutierte. Im allgemeinen wurden Konversionen aus den Reihen der „Buchreligionen“ nicht erzwungen, und eine missionarische Verkündigung des Islam scheint nicht stattgefunden zu haben. Allmählich erst erfolgte eine Islamisierung der Bevölkerung, beträchtliche Teile der ansässigen Religionsgruppen aber überdauerten unter islamischer Herrschaft, wenn auch um den Preis der Selbstbeschränkung auf Kirche und Synagoge und des Verlusts gesellschaftlicher Dynamik. Obwohl Juden und vor allem Christen bedeutende Minoritäten blieben und letztere auch mit ausländischen Mächten assoziiert wurden, unternahmen die Muslime kaum einmal beachtenswerte Versuche, sich mit deren Wahrheitsanspruch und den Inhalten ihrer Tradition auseinanderzusetzen. „Die große polemische Literatur des Islam wurde von Muslimen gegen andere Muslime geschrieben; die Polemik entzündete sich zwischen Sunniten und Schiiten, zwischen den einzelnen Schulen und Richtungen innerhalb dieser beiden sowie zwischen dem Hauptstrom des Islam und extremen Randgruppen ...“[537].

---

[537] Bernard Lewis, Kaiser und Kalifen. Christentum und Islam im Ringen um Macht und Vorherrschaft (engl. Orig.: „Islam and the West“, New York 1993, übers. von Holger Fliessbach), München 1996, 305.

Die Schia konnte in einer gemäßigten Form im Irak und Iran immer mehr Einfluß gewinnen; vor allem die persische Opposition gegen die Abbasiden schloß sich diesen Gruppen an. Auch sie kannten keine festen Organisationsformen. Erst als der letzte Imam 873/874 „verschwand" und die Zeit seiner Stellvertreter 939 zu Ende ging[538], traten die Rechtsgelehrten – stärker als in der Sunna – mehr und mehr als eigener Stand hervor, der die Weisungen des verborgenen Imam bis zu seiner erhofften Wiederkehr verkündete. Daneben entfalteten weitere schiitische Richtungen ihre sowohl religiösen wie zugleich sozialen und politischen Aktivitäten.

Im Verlauf der Omaiyaden- und Abbasidenzeit wurden immer mehr nichtarabische Völker in den Islam integriert. „Aber die führende Schicht im Staate und in der islamischen Gemeinde, die unter den Omayyaden rein arabisch gewesen war, verlor unter den Abbasiden diesen nationalen Charakter ... Das gemeinsame Band, das diese verschiedenen Völker (von Iranern bis Spaniern, Verf.) umschlingt ..., ist der muselmanische Glaube ..."[539]. Weil die Identität von Arabertum und Islam unter den frühen Abbasiden zurücktrat, wurde der Islam zunehmend *als Religion,* als die gemeinsame Religion der zum Reich gehörenden Völker wahrgenommen. Mit der Integration der Bevölkerungsgruppen, die eine differenzierte kulturelle Tradition besaßen, wurde der Islam durch neue Fragestellungen, Motive und Praktiken vertieft. „Dadurch wurde eine reich bewegte dogmatische Debatte im Islam ausgelöst, die ihn, zusammen mit der ... Mystik, erst zu einer um das Heil des Einzelmenschen und seiner Seele bemühten, sozial und karitativ wirksamen, wirklich verinnerlichten und allem Menschlichen adäquaten Religion machte. Nun entwickelte der ursprünglich stark gesetzliche Islam mehr und mehr eine echte religiöse Anziehungskraft ..."[540].

So wurde die islamische Welt „international ... und bildete eine vielfältige, pluralistische Gesellschaft"[541]. Dabei spielten die Perser im Osten eine immer größere Rolle, weil sie ihre eigene Sprache in Verwaltung, Dichtung und Literatur beibehielten; letztere blühten seit dem 10. Jahrhundert auf. Syrien, Ägypten, Arabien und Nordafrika, allmählich auch Spanien, wurden stärker arabisiert und auch politisch vom abbasidischen Herrschaftsbereich, der sich faktisch mehr und mehr auf den Osten beschränkte, isoliert. In der späteren Zeit bildete sich eine Reihe von oft beachtlichen regionalen islamischen Kulturen.

Wegen der hohen Stellung, die seit dem 8. Jahrhundert der Koran und zunehmend auch die sich bildende Sunna – beide in arabischer Sprache niedergeschrieben – innehatten, war die philologische Beschäftigung mit dem Ara-

---

538 Vgl. hierzu o. 8.2.3.1.2.

539 Francesco Gabrieli, Geschichte der Araber (Italien. Original: „Gli Arabi", Florenz 1957, übers. von Emil Kümmerer), Stuttgart 1963, 94.

540 B. Spuler, Das Vordringen des Islams bis ins südliche Europa und die Verdrängung des Christentums, a.a.O. 66.

541 B. Lewis, Kaiser und Kalifen, a.a.O., 304.

bischen wie auch die Darstellung der Entstehungsgeschichte des Islam wichtig. In „enger Verbindung" zur religiösen und dogmatischen Gelehrsamkeit „stehen Grammatik und Geschichtsschreibung. Daß hier eine Verbindung zur Grammatik und Lexikographie bestand, mag seltsam erscheinen, doch lieferte diese das zum Verständnis des Gotteswortes notwendige Rüstzeug ... Diese Arbeit wurde im 8. Jahrhundert von den beiden großen rivalisierenden Grammatikschulen in Kufa und Basra geleistet, deren Ergebnisse Bagdader Gelehrte im 9. Jahrhundert zusammenfaßten"[542].
Bis weit ins europäische Hochmittelalter hinein war der Islam dem Abendland in vielerlei Hinsicht zivilisatorisch und kulturell überlegen[543], das bei ihm in vielerlei Hinsicht in die Schule ging.[544] Gegenüber den bäuerlich-dörflichen Lebensformen in weiten Teilen Europas hatte er, trotz seiner Herkunft aus beduinischem Umfeld, eine blühende und weltläufige Stadtkultur ausgebildet: „In seinen sozialen Zwängen wie auch in seinen geistigen Ansprüchen ist der Islam eine städtische Religion. Dagegen sind die Nomaden für den Islam nie etwas anderes als zweitrangige Rekruten, unerläßliche Hilfstruppen für den bewaffneten Kampf ..., doch abgesehen von ihren militärischen Vorzügen schlechte Menschen und laue Gläubige, Großmäuler und Sünder"[545].
In allen Gebieten, die die Muslime eroberten, gründeten sie Städte[546], die oft eine beachtliche Größe erreichten. Wenn auch genaue Zahlen nicht bekannt sind, spricht doch viel dafür, daß Bagdad in seinen besten Zeiten rund 300.000 Einwohner hatte, Cordoba 100.000 (zum Vergleich: Rom 35.000, Paris 85.000). Die Städte gruppierten sich um Moscheen, Bäder und Märkte; der Handel, oft über weite Entfernungen, spielte eine große Rolle. Manche Städte wurden prächtig ausgebaut, vor allem die Hauptstädte mit ihren Palastbauten; in den Städten pulsierte ein dynamisches Leben auf einer oft hohen zivilisatorischen Ebene. Bei ihrer Gründung erhielten diese Städte „einen organisierten Plan, zuweilen ... im Schachbrettmuster, zuweilen radial-konzentrisch. Aber dieser ursprüngliche Plan wurde meist ziemlich schnell unkenntlich. Die islamische Stadt leidet ... unter dem fast völligen Fehlen jeder munizipalen Organisation". Sie habe keinen Bürgerstolz und

---

542 C. Cahen, Der Islam I, a.a.O. 125.

543 Hellmut Diwald, Anspruch auf Mündigkeit (Propyläen Geschichte Europas, Bd. 1), Frankfurt a.M. und Berlin (fotomechan. Nachdruck von [1]1975) 1992, 167, spricht von einem „klaffenden Zivilisationsunterschied" zwischen Kreuzfahrern und Muslimen: „die kulturelle Überlegenheit der Muhammedaner".

544 Vgl. hierzu z.B. Zaki Ali, Der Einfluß der islamischen Kultur auf das Abendland, in: Muhammad Asad und Hans Zbinden (Hrsg.), Islam und Abendland, a.a.O. 99–120, und Sigrid Hunke, Kamele auf dem Kaisermantel. Deutsch-arabische Begegnung seit Karl dem Großen, Stuttgart 1976.

545 Xavier de Planhol, Kulturgeographische Grundlagen der islamischen Geschichte (Originaltitel: „Les Fondements Géographiques de l'Histoire de l'Islam", Paris 1968, übers. von Heinz Halm), Zürich und München 1975, 29.

546 G.E. von Grunebaum, Der Islam im Mittelalter, a.a.O. 222.

auch keine Freiheiten hervorgebracht.[547] So bietet die Realität der Städte abseits der zentralen Bereiche immer auch: „schlecht gelüftete Blocks, aneinandergereiht in einem Labyrinth gewundener Sträßchen und finsterer Sackgassen...“[548]. Kaufleute und vor allem Handwerker waren, entsprechend spätantiken Strukturen, in Gilden gegliedert und bewohnten eigene Bereiche der Stadt. Darüber hinaus gab es viele Sklaven, die einen wichtigen Teil der Arbeiten erledigten. Mit zunehmender Etablierung des Reichs konnten neue Sklaven – Muslime, die nicht von Geburt an Sklaven waren, durften nicht mehr dazu gemacht werden – nur aus den Populationen der an die islamischen Territorien angrenzenden Gebiete (Slawen, Afrikaner, Türken) beschafft werden. *X. de Planhol* zieht ein ambivalentes Resümee: „In wahrhaft paradoxer Weise hat diese Religion mit dem Ideal des städtischen Lebens schließlich die städtische Ordnung selbst negiert“[549].
Unter den oft unbefriedigenden Verwaltungsformen entstanden Gegenbewegungen. Vor allem in Städten Iraks bildeten sich Verbindungen idealistischer junger Männer, die seit dem 9. Jahrhundert als *futuwwa* („Jugend“) bezeichnet wurden. Sie hatten zum Ziel, soziale Tugenden bis hin zur Nächstenliebe zu praktizieren. Daneben organisierten sich auch „Landstreicher“, die gelegentlich die Besitzenden bedrohten. Vom späten 10. Jahrhundert an wurden beide Verbände von Ideen des Sufitums beeinflußt und verbündeten sich zuweilen miteinander im Kampf gegen unfähige Stadtverwaltungen.[550]
Die islamische Kultur kannte darüber hinaus eine „breitere, soziale Streuung“ der Bildung als das damalige Europa; dies hängt mit der Stadtkultur[551], zudem aber auch mit der Verbreitung des Papiers[552] zusammen, wodurch Schriften preiswerter hergestellt werden konnten.
Alte Kulturtraditionen wurden neben den spezifisch religiösen Überlieferungen in die islamische Geisteswelt integriert. Vor allem fand eine umfassende Begegnung mit der – christlich vermittelten – griechischen und hellenistischen Philosophie, besonders mit dem Neuplatonismus, statt; *Platon, Aristoteles* und spätere Autoren wurden, oft auf dem Umweg über syrische Übersetzungen, ins Arabische übertragen; hierbei entstand bald auch eine eigene philosophische Tradition, die meist einem neuplatonisch interpretierten Aristotelismus entsprach. Daneben wurden iranische, indische usf. Motive rezipiert. Europa lernte im 12. und 13. Jahrhundert das Gesamt der aristotelischen Schriften erst durch die Vermittlung des Islam kennen.

---

[547] X. de Planhol, Kulturgeographische Grundlagen der islamischen Geschichte, a.a.O. 59.
[548] X. de Planhol, ebd. 57.
[549] X. de Planhol, ebd. 61.
[550] Einen informativen Überblick über die Futuwwa bietet Franz Taeschner, Zünfte und Bruderschaften im Islam. Texte zur Geschichte der Futuwwa, Zürich und München 1979.
[551] C. Cahen, Der Islam, a.a.O. 268.
[552] Vgl. H.-C. Graf von Bothmer, Die Anfänge der Koranschreibung, a.a.O. 41: „in der islamischen Welt wurde Papier schon im 2./8. Jh. bekannt, und seit dem 4./10. Jh. in solchen Mengen hergestellt, dass es das weitaus teurere Pergament ab ca. 1000 n. Chr. fast völlig ersetzen konnte – ausgenommen Nordafrika und Spanien“.

Auf dieser Basis beschäftigte man sich, besonders in wichtigen Städten, mit Philosophie, Medizin, Astronomie/Astrologie, Mathematik, Geographie und Literatur; arabische, syrische und persische Gelehrte und Schriftsteller schufen beeindruckende Werke. Natürlich bemerkten die Muslime die Fremdheit und Nichtübereinstimmung z.B. griechischer und hellenistischer Philosophie mit dem eigenen Glauben. „Aber der Drang, Methoden und Erkenntnisse der Alten zu studieren, wurde an und für sich keineswegs als glaubensfeindlich empfunden". Man sei der Ansicht gewesen, daß auch an Lehren, die noch nicht im Licht der vollen Offenbarung entwickelt wurden, „etwas Gültiges sei"[553]. Dabei gelang es ihnen, die fremden Einflüsse in Literatur und Theologie in das islamische Denken zu integrieren. Ein bekanntes literarisches Beispiel für diesen Aneignungsprozeß kann die Erzählsammlung „Tausendundeine Nacht" sein, die zwischen 900 und 1500 entstanden ist. „Islamischer Geist hat Geschichten jüdischer, buddhistischer oder hellenistischer Erfindung durchdrungen; islamische Institutionen, islamische Sitten, islamischer Volksbrauch ersetzten ohne Aufhebens die kulturellen Eigentümlichkeiten des Quellenmaterials und gaben der Sammlung jene atmosphärische Einheitlichkeit, die für die islamische Zivilisation so bezeichnend ist und den Beobachter daran hindert, auf den ersten Blick die bunte Parade heterogener Elemente zu erfassen, aus denen sie aufgebaut ist"[554]. Interessant ist, daß die islamische Kultur ihren Höhepunkt erreichte, als seit dem 10. Jahrhundert eine Fülle miteinander rivalisierender Teilreiche mit unterschiedlichen regionalen Zentren und Ausprägungen an die Stelle des *einen* Reichs getreten waren.

Johannes Pedersen spricht von der Dominanz des rechtlichen Denkens im Islam: „Der Islam trat nicht als eine Religion in Erscheinung, die die Herzen verwandelte und ein neues Leben von innen heraus ... schuf. Er war ein Glaube, der Gehorsam forderte ... Aber der Gehorsam erstreckte sich auf alle Lebensumstände und forderte, daß man sich in allem dem Beispiel und dem Willen des Propheten fügte. Darum mußte er auch unter den neuen Verhältnissen eine Gesetzesreligion werden, die das ganze Leben einer bestimmten Norm zu unterstellen suchte und damit einen bestimmten muslimischen Lebenstyp schuf"[555]. Diese Verrechtlichung[556] des Islam sprach anscheinend manche Bereiche des Humanen nicht an und ließ so weder Gott noch das Verhältnis zu ihm in solchen Dimensionen erleben, die erst mit höchstpersönlicher und intersubjektiver Erfahrung erschlossen werden können. Dadurch konnte eine stärkere Individualisierung des Menschen zugunsten einer rechtlichen Angepaßtheit, von deren Modalitäten her sich eine Typisierung des Menschen ergab, erschwert werden.

---

[553] C. Cahen, Der Islam I, a.a.O. 128.

[554] G.E. von Grunebaum, Der Islam im Mittelalter, a.a.O. 366.

[555] J. Pedersen, Der Islam und seine Vorgeschichte, a.a.O. 388.390.

[556] Vgl. u. 9.

G.E. von Grunebaum schildert unter der Überschrift „Das Menschenideal“[557] die zentralen Merkmale der mittelalterlichen islamischen Mentalität und kulturellen Prägung. Die wichtigste scheint auch ihm die *Entpersönlichung des Individuums* zu sein.[558] Dies wäre dann eine Entwicklung, die im Gegensatz zu den Tendenzen in Europa, hin zu sich vertiefender Individualisierung und Personalisierung, gesehen werden müßte. *Von Grunebaum* meint, daß die Menschen in der islamischen Literatur auf Typen reduziert werden und andererseits „das mystische Erlebnis der vollen Einswerdung mit dem Göttlichen“ so in den Mittelpunkt gerückt sei, daß „das Bewußtsein der in sich beruhenden, von allen anderen getrennten Persönlichkeit ausgelöscht ist“[559]. Auch die ethischen Forderungen hätten nicht „die Entfaltung des Selbst und die größtmögliche Realisierung seines Potentials zum Ziel, noch auch seine fortschreitende Heiligung auf dem Wege einer ... Selbstverwirklichung“[560]. Es sei kein humanistischer Begriff „von Wesen und Aufgabe des Menschen“ entwickelt worden[561], und auch die zunehmende Betonung der Einheit, Eigenschaftslosigkeit und Unerkennbarkeit Allahs habe diesen seiner personalen Konnotationen beraubt.[562] Aus dieser Entpersönlichung habe sich auch ein Defizit an Reformbestrebungen ergeben; reformiert werden sollte nur das eigene Ich, „bis es typengerecht ... wird“[563]. Darüber hinaus habe eine „Literalisierung“ mit einer starken Betonung des richtigen Stils, der es nicht mehr so sehr auf die Inhalte ankam, stattgefunden.[564] „Stil wurde mehr und mehr um seiner selbst willen gepflegt, Witz entartete zum Wortspiel“[565]. Hierbei geriet das persönliche und konkrete Leben ins Hintertreffen. Ein weiterer Faktor sei die starke Betonung der Nützlichkeit, die wiederum am Erfolg gemessen werde.[566]

Diese Beobachtungen scheinen wesentliche Eigentümlichkeiten zu charakterisieren. Allerdings müßte man wohl genauer unterscheiden zwischen der durch die Dominanz des Rechtsdenkens erzwungenen „Entpersönlichung“ oder besser „Typisierung“ im Sinne einer Normanpassung und der m.E. gänzlich anderen Tendenz einer – meist monistischen – Einheitsmystik[567], die nicht eine „Entpersönlichung“ etwa im Sinne der Upanishaden, sondern

---

557 G.E. von Grunebaum, Der Islam im Mittelalter, a.a.O. 284–328.

558 G.E. von Grunebaum, ebd. 284–300.

559 G.E. von Grunebaum, ebd. 284.

560 G.E. von Grunebaum, ebd.

561 G.E. von Grunebaum, ebd. 297; vgl. ebd. 296: „Der Islam ist in hohem Grade human, in dem Sinne, daß er den Menschen nimmt, wie er ist; er ist aber nicht humanistisch, in dem Sinne, daß er sich um die möglichst reiche und möglichst volle Entfaltung und Entwicklung der im Menschen liegenden Möglichkeiten bekümmerte ...“.

562 G.E. von Grunebaum, ebd. 285.

563 G.E. von Grunebaum, ebd. 298.

564 G.E. von Grunebaum, ebd. 291.

565 G.E. von Grunebaum, ebd. 292.

566 G.E. von Grunebaum, ebd. 299.

567 Vgl. u. 11.

mehr ein „Entwerden“ zum Ziel hat, bei der aber der einzelne Mystiker bei seinem Weg so sehr einzelner ist und als solcher handelt, daß er die Scharia und alle Äußerlichkeiten „transzendiert“; faktisch bleibt er also in diesem Vorgang – trotz angestrebter, wenigstens tendenziell das „Ich“ (was auch immer darunter verstanden werden mag) aufhebender Einheit – ganz er selbst und versteht sich gerade nicht typengerecht. Abgesehen davon war diese Art der Einheitsmystik wohl kein Massenphänomen, und zudem war sie fast immer zugleich überformt von Vorstellungen, die sich mehr an der Personalität Allahs orientierten; hierbei wird der einzelne durchaus als einzelner wahrgenommen und kann dynamisch in seinem Personsein gestärkt werden. Dies gilt natürlich besonders für die Liebesmystik, die in Persien, aber auch bei sunnitischen Mystikern verbreitet war.[568] Auch die späte Epoche des spanischen Islam scheint die Entfaltung der Persönlichkeit begünstigt zu haben.[569] Allerdings repräsentieren alle diese Phänomene wohl eine Art von Sonderentwicklungen, die die beherrschende Rolle der Verrechtlichung und der damit einhergehenden humanen Schwerpunktsetzungen für den Islam insgesamt nicht aufheben konnten; der Hauptstrom der kulturellen Prozesse läßt keine nennenswerten Individualisierungsprozesse erkennen.
Die Zeiten der heftigen innerislamischen Diskussionen wurden mit der Etablierung einer „neuen Orthodoxie“ im 11. und 12. Jahrhundert beendet.[570] Aber man dürfe, so *Claude Cahen,* nicht „allzu einseitig“ urteilen, „als sei die islamische Kultur mit dem 11. Jahrhundert praktisch zum Stillstand gekommen und danach bis in unsere Zeit hinein immer weiter abgesunken“. Auch später seien noch „einige der größten Geister des Islams und einige seiner schönsten Kunstwerke hervorgebracht“ worden.[571] Dies gilt besonders für die muslimische Wissenschaft und Kultur in Spanien und für die Mystik des östlichen Islam.
Dennoch läßt sich nicht bestreiten, daß die islamische Kultur seit dem 12. Jahrhundert an geistiger Dynamik verloren hat. Zwar ebbten die internen Schulstreitigkeiten ab, der Preis dafür war aber ein Verlust an geistiger Dynamik, eine Entwicklung, die sich unter der Osmanenherrschaft noch mehr stabilisierte.

8.4 Das Zeitalter der Osmanen ([1300] 1517–1922)

Zur Zeit des Aufstiegs der Osmanen zur dominierenden muslimischen Macht war die Situation für den Islam verändert: Portugiesische und spanische Könige beherrschten die iberische Halbinsel, die Inselwelt im Mittelmeer

---

568 Vgl. u. 11.3.4.2.
569 Vgl. o. 8.3.3.2.
570 Vgl. hierzu u. 10.3.2.4.
571 C. Cahen, Der Islam I, a.a.O. 312.

wurde von christlichen Mächten kontrolliert und die Nordküste Afrikas von Spaniern und Portugiesen bedroht, der entstehende weiträumige Handel Europas beeinträchtigte Handwerk und Handel in den wirtschaftlichen Zentren der muslimischen Staaten, die Kolonisation Amerikas und die Entdeckung der Seewege nach Afrika und Asien marginalisierten die islamische Welt.
Nach *Albert Hourani* begünstigten neue Militärtechniken und die Verwendung von Schußwaffen die „Entstehung mächtigerer und langlebigerer Staaten ..., die in dieser Periode den größten Teil der muslimischen Welt unter ihrer Kontrolle hatten“[572]. Der mächtigste dieser Staaten war das Osmanische Reich, das infolgedessen den Leitfaden der Darstellung bestimmen soll.

8.4.1 Aufstieg und Niedergang der Osmanen

Seit dem letzten Drittel des 11. Jahrhunderts waren turkmenische Nomaden nach Kleinasien eingedrungen. Einer der Stammesführer, ein Seldschuke, konnte 1134 ein kleines Reich, das der *Rum-Seldschuken*[573], mit der Hauptstadt *Konya*, begründen, das seit der zweiten Hälfte des 12. Jahrhunderts fast ganz Kleinasien umfaßte. Nach der Niederlage gegen die Mongolen 1213 entstanden zunächst einige kleine turkmenische Reiche. Um 1300 konnte sich *Osman I. Ghazi*, „Glaubenskrieger“ (gest. 1326), aus dem Turkmenenstamm der *Ogusen* einige Nachbarfürstentümer unterwerfen. Er war der Begründer der *osmanischen Dynastie*, die sich in der folgenden Zeit immer mehr etablieren und neue Gebiete erobern konnte. Sein Sohn *Orchan* (1326–1359) machte die Stadt *Bursa*, in der nordwestlichen Türkei, zu seiner Residenz. Sein Nachfolger *Murad I.* (1359–1389), der 1361 *Adrianopel* auf dem europäischen Festland eroberte und, unter dem Namen *Edirne*, 1366 zu seiner Hauptstadt machte, nannte sich erstmals offiziell *Sultan* und – von der übrigen islamischen Welt nicht anerkannt – sogar Kalif; das ehemals mächtige Byzantinische Reich war zu einer kleinen Enklave zusammengeschrumpft und verlor weithin seine politische Autonomie.
In den folgenden Jahrzehnten konnten die Osmanen weitere Territorien in Südosteuropa und auf dem Balkan (1389 Schlacht auf dem Amselfeld), wo es damals ein Machtvakuum gab, sowie Teile Griechenlands erobern; ein Entlastungsfeldzug eines Kreuzfahrerheeres scheiterte 1396.
Die Eroberungszüge *Timur-Lengs* unterbrachen 1402 die Serie der osmanischen Erfolge; turkmenische Kleinstaaten konnten sich danach selbständig machen. Aber schon ab 1413, unter dem neuen Sultan *Mehmed I.* (1413–1421) und vor allem *Murad II.* (1421–1451), wurde die alte Größe des Reichs wiederhergestellt und in Griechenland noch ausgeweitet. Wiederum

---

[572] A. Hourani, Die Geschichte der arabischen Völker, a.a.O. 120.
[573] Vgl. hierzu o. 8.3.5.1.

scheiterte, 1444, ein weiterer Kreuzzug, der Byzanz unterstützen sollte; Sultan *Mehmed II.* (1451–1481) gelang es 1453, Konstantinopel zu besiegen; unter dem – noch lange inoffiziellen – Namen *Istanbul* wurde es neue Hauptstadt des Osmanischen Reiches, das jetzt „sowohl im theoretischen Anspruch als auch in der praktischen Machtvollkommenheit das Erbe des Kalifats" antrat.[574] *Mehmed II.* eroberte weitere Gebiete auf dem Balkan und besiegte die Perser.

Diese Erfolge wurden schon seit der zweiten Hälfte des 14. Jahrhunderts dadurch gesichert, daß erobertes Land an türkische Lehensmänner vergeben wurde, die als Tribut dafür dem Sultan Reitertruppen zur Verfügung stellen mußten. Aber schon *Osman I.* hatte erkannt, daß Reitertruppen eroberte Gebiete nicht auf Dauer sichern konnten, und aus den Reihen der unterworfenen Christen rund 1000 Knaben („Knabenlese") ausgewählt, die zum Islam übertreten mußten – weil nur Muslime Waffen tragen durften. Diese Praxis wurde in der Folgezeit ausgebaut und eine schlagkräftige Fußtruppe geschaffen, die *Janitscharen (yeni tscheri,* „neue Truppe"). Jahrhunderte später, 1826, wurde sie aufgelöst (und ihre Mitglieder ausgerottet), weil sie innenpolitisch eine Bedrohung darstellten.

Das 16. Jahrhundert war die Blütezeit des Osmanischen Reiches; es besiegte Venezianer und Genueser zur See, konnte sich neue Gebiete im Westen (Rhodos, Serbien, Siebenbürgen, 1529 Vorstoß nach Wien, Zypern, Tunesien, Algerien) und im Osten (nach einem Sieg gegen die Safawiden 1514 die Gebiete bis zum Vansee, 1534 Irak), eingliedern. 1516 und 1517 wurden Syrien und Ägypten erobert, womit auch die Kontrolle der heiligen Stätten in Arabien verbunden war. Nach der Absetzung des letzten Abbasidenkalifen[575] übernahm der Sultan in Istanbul auch offiziell den Kalifentitel. Auch der Verlust der gesamten Flotte in der Seeschlacht von Lepanto 1571 hat das Reich nicht erschüttern können.

Suleiman II., der Prächtige (1520–1566), ließ zahlreiche kunstvolle Bauten, vor allem in Istanbul, errichten, wobei ihm ein genialer Baumeister, *Sinan,* zur Verfügung stand. Im Vielvölkerstaat, der eine straffe Zentralverwaltung unter einem Großwesir besaß, bildete sich jetzt auch eine multinationale Oberschicht (die *Osmanlis*); die Provinzverwaltungen wurden streng beaufsichtigt. Später konnte gelegentlich das Großwesirat die Macht ausüben und den Sultan bevormunden, ähnliches gelang zeitweise den Führern der Janitscharen.

Vom 17. bis zum 19. Jahrhundert verlor die „Hohe Pforte", wie das Sultansregime genannt wurde, seine frühere Dynamik; eine kulturelle und wirtschaftliche Stagnation führte schließlich zum politisch-militärischen Niedergang und zu bedeutenden Gebietsverlusten. Dazu trugen auch innere Probleme bei: Mordorgien an den Brüdern und Halbbrüdern eines neuen Sultans

---

[574] G. Endreß, Einführung in die islamische Geschichte, a.a.O. 155.

[575] Vgl. o. 8.3.6.1 und 8.3.6.2.

nach seinem Machtantritt (häufige Male seit *Mehmed III.*, 1595–1603)[576] oder an Beamten unter *Murad IV.* (1623–1640) sowie Haremsherrschaft usf. Im 17. Jahrhundert konnten die Osmanen zwar Gebietsgewinne durchsetzen und 1683 sogar Wien belagern. Danach aber scheint ihre militärische Macht geschwächt gewesen zu sein. 1699/1700 mußten Teile Griechenlands und des Balkan sowie Ungarn aufgegeben, achtzehn Jahre später aber konnte Griechenland wieder ins Reich eingegliedert werden. Die Osmanen versuchten seit dem 18. Jahrhundert eine Anpassung an den Westen und reorganisierten mit französischer – in der ersten Hälfte des 19. Jahrhunderts auch mit deutscher – Hilfe ihre Armee.
Mit dem Erstarken Rußlands, das gelegentlich mit Österreich kooperierte, verloren die Osmanen in der zweiten Hälfte des 18. Jahrhunderts ihre Territorien nördlich des Schwarzen Meers; Ägypten wurde unter *Ali Bey* (1760–1772) faktisch selbständig, obwohl dieser formell noch den Sultan anerkannte; erst nach dem Ägyptenfeldzug *Napoleons* (1798–1801) wurde die Bindung Ägyptens an das Sultanat noch weiter gelockert.
1829 wurden Griechenland, in den folgenden Jahren die Balkanländer unabhängig, vorübergehend auch Syrien. Der Sultan bzw. das Osmanische Reich wurde als „kranker Mann am Bosporus“ bezeichnet. Gegen Ende des 19. Jahrhunderts gingen alle nordafrikanischen Länder an die Kolonialmächte, im frühen 20. Jahrhundert die europäischen Gebiete sowie Irak, Palästina und Syrien verloren. Im Friedensvertrag von Sèvres 1920 wurde das Osmanische Reich ungefähr auf das Territorium der heutigen Türkei beschränkt (im wesentlichen im Friedensvertrag von Lausanne 1923 bestätigt). Schon ab 1878 war der Sultan, nach einer Revolte der „Jungtürken“, auf eine bloß konstitutionelle Funktion festgelegt worden. *Mustafa Kemal Pascha*, genannt *Atatürk*, der 1919 den Versuch der Griechen, die kleinasiatische Küste zu gewinnen, abgewehrt hatte, wurde 1923 erster Präsident der zur Republik erklärten Türkei; das Sultanat wurde 1922, das Kalifat 1924 abgeschafft. Die Türkei ist seitdem ein säkularisierter Nationalstaat.

8.4.2 Die islamische Kultur zur Zeit der Osmanen

Seit dem frühen 16. Jahrhundert war das Osmanische Reich das politische Ordnungssystem für die meisten „klassischen“ Islamstaaten. Alle Macht in diesem Vielvölkerstaat war bei der „Hohen Pforte“ konzentriert, die durch ihr Militär und ihre Provinzverwaltungen – mittels detaillierter Land- und Steuerregister – ihren Willen auch in den entferntesten Gebieten durchsetzen

[576] Schon Mehmed II. hatte bei seinem Amtsantritt seinen Bruder umbringen lassen, um Thronfolgestreitigkeiten zu vermeiden. „Seitdem wurde Brudermord nahezu ein zwangsläufiger Reflex jedes Regierungswechsels im Osmanenreich“ (H. Diwald, Anspruch auf Mündigkeit, a.a.O. 173).

konnte. Allerdings gab es auch von Anfang an zentrifugale Tendenzen in den Regionen, die immer neue militärische Anstrengungen der Osmanen notwendig machten und später gelegentlich, wie z.B. in Ägypten oder im Jemen, zum Erfolg führten.
Bisherige sowohl in Politik, Wirtschaft und Kultur bedeutende Städte wie Bagdad, Damaskus oder Kairo waren jetzt zugunsten der neuen Kapitale Istanbul marginalisiert. Aus Kairo z.B. hatte schon Sultan *Selim I.* (1512–1520) einen Großteil der Bücher nach Istanbul schaffen lassen; dorthin wurden auch Wissenschaftler, Künstler und Handwerker aus dem ganzen Reich befohlen. „Aus einer verfallenden byzantinischen Ruine verwandelte sich Istanbul ... im Verlauf einiger Jahre in die prachtvolle, schäumende, von Reichtum strotzende Osmanenmetropole, in den geistigen Mittelpunkt und das machtpolitische Zentrum des Islam". Dabei wurden „bruchlos" die byzantinischen Reichsvorstellungen in den „osmanischen Staatsgedanken" aufgenommen.[577] *H. Diwald* beschreibt die kulturelle Offenheit schon zur Zeit *Mehmeds II.*, des Eroberers von Konstantinopel: „Wie in Italien entwickelte sich unter Mehmet II. eine Renaissance, nur bezog sie sich nicht allein auf die griechisch-römische Antike; in ihr erfuhr zudem die arabisch-persische Literatur eine intensive Neubelebung ... Mehmets Förderung aller Wissenschaften, die Einrichtung von Akademien und Bibliotheken, seine Handschriftensammlungen, seine geradezu schrankenlosen Bemühungen, antike Bauten und Denkmäler vor dem Verfall zu bewahren, ... würden es rechtfertigen, seine Hauptstadt als das Florenz am Bosporus zu bezeichnen ...", was erst recht für die Zeit *Suleimans* des Prächtigen gelte.[578] Beide Sultane haben Wissenschaft und Kunst gefördert; „in ihrem Jahrhundert erreichte die osmanische Kunst ihren absoluten Höhepunkt"[579]. Diese Wissenschafts- und Kunstförderung konzentrierte sich vor allem auf den Bereich der Hauptstadt; dort, und in der näheren Umgebung, hat der geniale Baumeister *Suleimans II., Sinan,* seine großartigen Werke geschaffen. Im Bereich der Wissenschaften selbst sind allerdings keine originellen Entwürfe entstanden.[580]
Das geistige Leben aber in den Provinzen verlor an Vitalität. Diese Entwicklung verstärkte sich, als schon im letzten Drittel des 16. Jahrhunderts eine Inflation und wirtschaftliche Regression dazu führten, daß in der Oberschicht der Verwaltungsbeamten und Militärs – meist durch Lehensgebiete „besoldet" – die Korruption immer stärker wurde. In der nicht so begünstigten Bevölkerung breitete sich das Derwischwesen mit einer Fülle von Klöstern und Einsiedeleien aus, wo man spirituelle Zuflucht suchte. Wichtiger

[577] H. Diwald, Anspruch auf Mündigkeit, a.a.O. 177.
[578] H. Diwald, ebd. 178.
[579] H. Diwald. ebd. 182.
[580] C. Brockelmann, Geschichte der arabischen Völker und Staaten, a.a.O. 281: „Das wissenschaftliche Leben der Osmanen entbehrte fast ganz der Originalität und bewegte sich in den Geleisen der Überlieferung".

als die „Gelehrten“ wurden für die meisten Muslime die einfachen Funktionsträger: Vorbeter, Prediger, Lehrer an den Koranschulen usf.

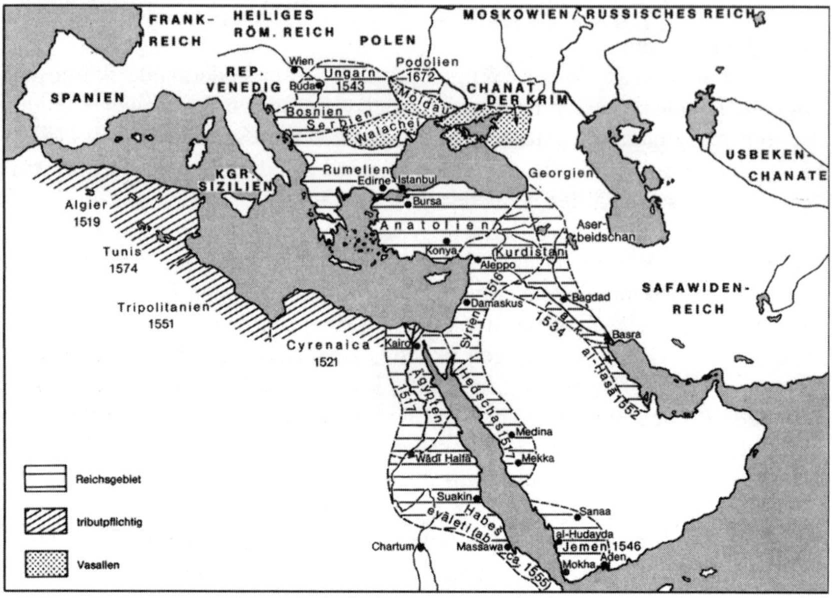

Die Eroberung zahlreicher Territorien mit christlichen Majoritäten zwang die „Hohe Pforte“ dazu, unnötige Spannungen zu vermeiden; sie räumte den nichtmuslimischen Religionsgemeinschaften, deren Mitglieder eine Kopfsteuer zu entrichten hatten, ein, daß sie ihre Angelegenheiten im Binnenraum selbst regeln konnten, also eine Art von Rechtsautonomie *(millet)* besaßen. Obwohl diese Verfahrensweise im Grunde schon früher praktizierte Modelle weiterführte, war sie jetzt allein schon quantitativ von größerer Bedeutung und wurde in der Regel auch eingehalten. Vielleicht läßt sich feststellen, daß „damit die faktische Aufgabe der Identität von Staat und Umma“ gegeben war.[581] Aufgrund dieser „Toleranz“ siedelten auch verstärkt im 16. Jahrhundert Juden in Palästina; ein Teil von ihnen kam aus Spanien, wo sie 1492 vertrieben wurden, andere im frühen 18. Jahrhundert vor allem aus Osteuropa. Zephat und Jerusalem wurden Zentren jüdischen Denkens, das stark geprägt war von einer Spätform der Kabbala, einer jüdischen Mystik.

Dennoch aber war das Osmanische Reich ein islamisches Staatsgebilde, und Mitgliedern anderer Religionsgemeinschaften blieben manche Bürgerrechte und erst recht – in der Regel – politische Mitwirkung versagt. Die Kirchen konnten zwar überleben, ihre Traditionen pflegen und ein frommes Binnenleben entfalten, hatten aber keine Chance zu einer dynamischen „zeitgenössischen“ Weiterentwicklung. Außerdem wurde in dieser Zeit gelegentlich auch recht massiver Druck auf Christen ausgeübt, zum Islam überzutreten. Als

[581] So G. Endreß, Der Islam, a.a.O. 157.

z.B. von *Suleiman II.*, dem Prächtigen, 1521 Belgrad erobert wurde, wechselten die „Adligen und damit die Landesherren weiter Teile Serbiens, Bosniens und der Herzegowina ... die Religion und bekannten sich zum Islam; ihnen taten es Hunderttausende von Bauern gleich“[582]. Man kann sich kaum vorstellen, daß dieser Akt so ganz freiwillig war.
Alle Macht war bei der „Hohen Pforte“ konzentriert, beim Sultan oder gelegentlich – je nach innenpolitischer Entwicklung – auch bei dem Großwesir oder anderen Machthabern; die oberste Verwaltung traf sich regelmäßig im Palast zu Sitzungen *(diwan),* in denen alle wichtigen Fragen des Reichs verhandelt wurden. Der Sultan lebte im Topkapi-Palast mit seinen Sklaven und seinem Harem „und heiratete – nach der Herrschaft von Süleyman (1520–66) – niemals ein Mädchen aus einer Osmanenfamilie, denn sie hätte durch eine solche Ehe zu großen Einfluß gewinnen können“[583].
Am Hof bildete sich eine höfische Kultur aus, zu der „feststehende geschliffene Umgangsformen, eine osmanisch-türkische Sprache, die durch Anleihen aus dem Persischen und Arabischen bereichert wurde, und eine Bildung, die die schöngeistige persische Literatur ebenso pflegte wie die religiöse arabische Literatur“, gehörten.[584]
Die osmanischen Herrscher waren strenge Sunniten, die ihre Rolle durchaus religiös verstanden; im Osten bekämpften sie den Einfluß der schiitischen Safawiden, im Westen und, nach Erstarken Rußlands, auch im Norden den der Christen. Zugleich waren sie Gebieter über die Heiligen Stätten des Islam und hatten die Aufgabe, die jährlichen Wallfahrten zu sichern. Gerade diese Wallfahrten, die von Staats wegen organisiert wurden, dienten der religiösen Legitimation des Sultanats wie auch dem Zusammengehörigkeitsgefühl der Muslime.
Darüber hinaus war der Sultan zur Pflege der Scharia verpflichtet. „In der osmanischen Periode wurden die Institutionen, die die *schari'a* pflegten, enger als zuvor an den Herrscher gebunden. Die Osmanen förderten die hanafitische Rechtsschule; die Richter wurden von der Regierung ernannt und bezahlt“[585]. Die Rechtsgelehrten, *Qadis* und *Muftis*[586], genossen hohes Ansehen, besonders der höchste Mufti in Istanbul. Es wurden zahlreiche Rechtsschulen errichtet, die auch von den höheren Beamten durchlaufen werden mußten. Über die Scharia hinaus erließen die Sultane weitere Regelungen, die im Lauf der Zeit in Gesetzbüchern gesammelt wurden.
Obwohl das Osmanische Reich bis ins 19. Jahrhundert hinein eine den europäischen Staaten ebenbürtige Großmacht war, hat es keine der Entwicklung in Europa vergleichbare kulturelle und wissenschaftliche Bewegung durchlaufen; vielmehr mußte es in seinen letzten Phasen, durch Anlehnung an

---

[582] H. Diwald, Anspruch auf Mündigkeit, a.a.O. 176.
[583] A. Hourani, Die Geschichte der arabischen Völker, a.a.O. 274.
[584] A. Hourani, ebd.
[585] A. Hourani, ebd. 279.
[586] Vgl. u. 9.

Europa, versuchen, am Fortschritt teilzuhaben. Die islamische Kultur stagnierte in osmanischer Zeit sowohl in den Provinzen als auch in der Hauptstadt. Ebenso fanden keine Industrialisierung und die mit ihr verbundenen gesellschaftlichen Umbrüche statt. Noch im 20. Jahrhundert repräsentieren die islamischen Staaten im großen und ganzen ein vorindustrielles Stadium.

8.4.3 Von den Osmanen unabhängige islamische Staaten

Wie schon ausgeführt, konnte sich *Ägypten* unter *Ali Bey*, wenigstens faktisch, von der „Hohen Pforte" unabhängig machen, woraus sich nach dem Rückzug *Napoleons* eine noch weitergehende Eigenständigkeit Ägyptens ergab.[587]

Die Maghrebländer wurden in der zweiten Hälfte des 16. Jahrhunderts unter unterschiedlichen Rechtsformen in das Osmanische Reich integriert. Lediglich das westlichste Land, *Marokko,* blieb unabhängig. Hier gab es, wie auch sonst im Maghreb, arabische *Scharifen (Scherifen,* von *scharif,* „der Edle") – Familien, die sich auf Mohammed zurückführten und hoch angesehen waren. Eine dieser Familien konnte sich in Marokko auch politisch-militärisch durchsetzen und eine Dynastie begründen. Am Anfang dieser Entwicklung stand *al-Qaim* (1509–1517) aus der Familie der *Sa'd,* der 1510, angeblich im Auftrag eines heiligen Mannes, die Führung einiger Stämme übernahm. Sein Sohn *Ahmad al-Arug* (1517–1544) verlegte die Residenz nach *Marrakesch.* Die Dynastie verstand es, sich Feuerwaffen zu besorgen und ihr Herrschaftsgebiet, sogar über bisher von den Portugiesen gehaltene Hafenstädte, z.B. Agadir, weiter auszudehnen. Auch ihre Herrscher nannten sich Sultan. Zwar ließen die Osmanen 1557 den marokkanischen Sultan *Muhammad* ermorden, aber in den heftigen Kämpfen zwischen Spaniern und Osmanen um die Vorherrschaft im westlichen Mittelmeer konnte die marokkanische Dynastie ihre Selbständigkeit bewahren, obwohl sie sich 1576 vorübergehend mit den Osmanen verbünden mußte.

Nachdem sich Spanier und Osmanen 1581 darauf geeinigt hatten, keinen Krieg mehr gegeneinander zu führen – wodurch das Mittelmeer die „neue Grenze zwischen christlicher und islamischer Zivilisation"[588] wurde –, gewann Marokko größere Handlungsspielräume.

Im frühen 17. Jahrhundert zerbrach die Einheit Marokkos, Nachfahren der Sa'dier konnten sich aber noch in den Regionen halten. 1659 wurden sie von einer neuen Dynastie, den *Alawiden* – ebenfalls eine Scharifenfamilie –, abgelöst, die das Reich wieder einigte, obwohl es auch dann kein eigentlicher Zentralstaat wurde. Für Marokko war es nicht leicht, seine Unabhängigkeit

---

[587] Vgl. o. 8.4.1.

[588] Peter von Sivers, Nordafrika in der Neuzeit, in: U. Haarmann (Hrsg.), Geschichte der arabischen Welt, a.a.O. 515.

trotz des sich verstärkenden europäischen, jetzt vor allem französischen Einflusses auf Nordafrika zu bewahren. Aber erst in diesem Jahrhundert, ab 1912, ging sie verloren, als auch dieser Staat unter französische Kontrolle geriet.
Auch der *Jemen* konnte über weiteste Strecken der osmanischen Zeit seine Selbständigkeit behaupten. Hier regierte seit 820 eine schiitische Dynastie, die ihren Stammbaum von *'Ali* herleitete; 945 machte sie sich vom Kalifat unabhängig. Diese zaiditischen Imame regierten das Land, von einigen Zwischenzeiten abgesehen, bis 1962.
Der Jemen lag fernab von Istanbul, so daß selbst eine indirekte Kontrolle schwierig war. Von 1538 bis 1630 konnten die Osmanen das Land in ihr Reich einbeziehen; danach waren sie dort nicht mehr präsent, noch nicht einmal in den leichter zugänglichen Küstenstädten. Von 1849 bis 1918 aber übernahmen die Osmanen noch einmal die Oberherrschaft.
Östlich des Osmanischen Reichs waren noch lange die schiitischen *Safawiden* eine unabhängige Dynastie[589], mit der es immer wieder zu Konflikten kam. Das safawidische Reich wurde um die Mitte des 18. Jahrhunderts unter zwei Nachfolgedynastien, eine türkische und eine afghanische, aufgeteilt; von 1749 an, bis 1924, konnten die *Qadscharen* das Land wieder unter ihrer Herrschaft vereinen und zu einem mächtigen Staat ausbauen.
Im fernen *Indien* regierten, für die Osmanen unerreichbar, die muslimischen Mogule.[590]

8.5 Der Islam in Indien und in Ost- und Südostasien

8.5.1 Der Islam auf dem indischen Subkontinent

Die Zahl der Muslime in Indien, Pakistan, Bangladesch und Afghanistan ist heute größer als die der klassischen islamischen Gebiete, und dieses Verhältnis verschiebt sich noch weiter, wenn man die Muslime in Ost- und Südostasien dazurechnet. Dieser für die weltpolitische Bedeutung des Islam wichtige Sachverhalt hat sich aus einer geschichtlichen Entwicklung heraus ergeben, die nicht auf geplante Mission oder auch Eroberungspolitik zurückzuführen ist. Beinahe „zufällig“ resultiert sie aus einer Summe von Aktivitäten vor allem turkmenischer Stämme und ihrer machthungrigen Anführer sowie von Personen, die sich auf den Weg zum indischen Subkontinent machten und dort Herrschaft und Reichtum suchten. Sie hatten – trotz vieler Rückschläge – Erfolg, z.Zt. des letzten großen Mogulkaisers stand fast ganz Indien unter islamischer Regierung, und große Bevölkerungsteile waren

---

[589] Vgl. o. 8.3.6.3.
[590] Vgl. u. 8.5.1.

muslimisch geworden. Der Süden allerdings wurde nur selten von islamischen Einflüssen berührt, und auch in Nordindien blieben hinduistische Traditionen immer sehr stark. „Viele Hindu-Dynastieen überdauerten die mohammedanische Herrschaft und erschienen als politische Erben der Moslems im 18. Jahrhundert wieder“[591]. Diese Geschichte soll im folgenden in ihren wesentlichen Schritten kurz charakterisiert werden.

8.5.1.1 Von den Anfängen bis 1526

Für die ersten Stadien der Ausbreitung des Islam nach Indien ist das gleiche festzustellen wie generell für die frühe Geschichte des Islam: Zuverlässiges Quellenmaterial ist nicht oder nur sehr spärlich vorhanden, die meisten Aussagen stützen sich auf spätere islamische Literatur, sind also unter Vorbehalt zu lesen. So räumt z.B. zur Lage in dem als erstes von Muslimen beherrschten Territorium in Indien selbst *Annemarie Schimmel* ein, daß „vom Leben in Sind aus der Zeit bis etwa 1000 wenig genaue Daten vorhanden sind“[592].
Seit der zweiten Hälfte des 8. Jahrhunderts segelten muslimische Händler aus dem Persischen Golf an die Küste des Indischen und Pazifischen Ozeans. „Merchants and navigators were the nexus between Islamic Arabia and pre-Muslim India“[593]. Schon seit 711 aber scheint das schon genannte kleinere Territorium im Nordwesten Indiens, das mehrheitlich buddhistische *Sind*, von Ismaeliten erobert worden zu sein. Wenn die Quellen zuverlässig sind, wurde den Indern religiöse Freiheit zugesichert und Mitbeteiligung auch in der Verwaltung.[594] In der Abbasidenzeit fand ein kultureller Austausch zwischen Bagdad und Indien (arabisch *Hind)* statt; in Bagdad wurden indische Werke ins Arabische übersetzt und indische Physiker, Mathematiker und Ärzte nach Bagdad eingeladen; bei indischen Mathematikern in Badgad oder auch in Sind lernten die Araber z.B. die Zahl Null kennen, die sie später den Europäern vermittelten. Um 900 drang eine Gruppe der Karmaten in *Multan* ein, die der Siebener-Schia zugehörten und sich später den Fatimiden in Kairo unterstellten. Auch der Mystiker *Halladsch* wanderte um diese Zeit durch Teile Indiens.

---

[591] Ainslie T. Embree/Friedrich Wilhelm, Indien. Geschichte des Subkontinents von der Induskultur bis zum Beginn der englischen Herrschaft (Fischer Weltgeschichte, Bd. 17), Frankfurt a.M. 1967, 177.

[592] Annemarie Schimmel, Der Islam im indischen Subkontinent (Grundzüge, 48), Darmstadt 1983, 9.

[593] F.A. Nizami, Islam in the Indian Sub-Continent, in: Peter Clarke (Hrsg.), The World's Religions: Islam, a.a.O. 63.

[594] F.A. Nizami, ebd.; vgl. A. Schimmel, Der Islam im indischen Subkontinent, a.a.O. 6.

Die für die spätere Geschichte grundlegenden Invasionen wurden von turkmenischen Stämmen in die Wege geleitet, die im 10. Jahrhundert ein Gebiet um *Ghazni* im heutigen Afghanistan in Besitz nahmen. Der sunnitische Ghaznavide *Mahmud* eroberte 1017 Lahore und machte diese Stadt zu seinem Regierungssitz. Die *Ghaznaviden* (977–1173) dehnten ihre Herrschaft bis zum Indus aus, waren also auf den Nordwesten Indiens beschränkt, unternahmen aber Beutezüge über diese Grenze hinaus. Mit diesen Eroberungen begann eine lange Zeit der gewaltsamen Begegnung von Islam und indischer Kultur. Da die Ghaznaviden eine im wesentlichen auf den Nutzen ihrer ethnischen Gruppe beschränkte Politik betrieben, blieb es zunächst aber bei gegenseitigem Unverständnis.

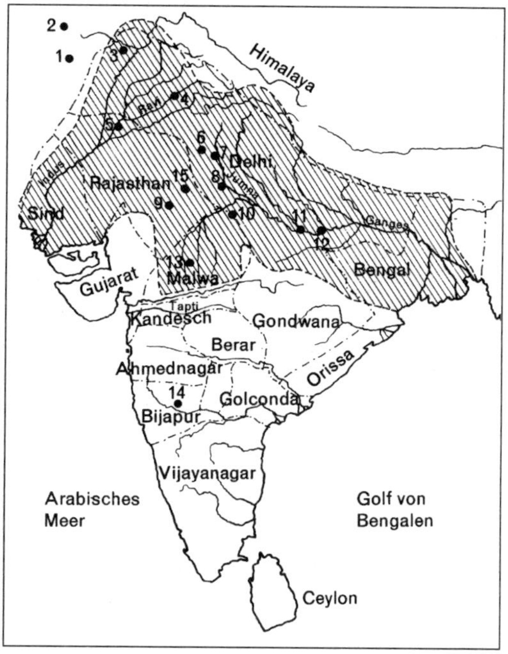

\\\\\\\\\\\\ Die Ausdehnung des Sultanats Delhi unter Iltutmish (1210–1236)

–·–·–·– Die politische Gliederung Indiens am Vorabend der Invasion Baburs im Jahre 1526

1 Ghazni	6 Panipat	11 Allahbad
2 Kabul	7 Delhi (Shahjahanabad)	12 Benares
3 Peshawar	8 Agra (Akbarabad)	13 Ujjain
4 Lahore	9 Ajmer	14 Bijapur
5 Multan	10 Gwalior	15 Jaipur

1173 wurden die Ghaznaviden von einem Fürsten von *Ghor (Ghur)* gestürzt. Die *Ghoriden* (1173–1206) konnten tief nach Indien eindringen und 1197 Delhi sowie 1202 Benares erobern. Von jetzt an ist die islamische Herrschaft über Nordindien etabliert. Die indischen Fürsten selbst unterlagen meist bei den Kämpfen, vor allem weil sie keine Reiterei und Bogenschützen kannten.

Die Motive für diese Eroberungen waren sicher nicht primär religiös. Dennoch aber waren die Dynastien und ihre Krieger Muslime; so banden sie Nordwestindien fest in den islamischen Kontext ein. Die neuen muslimischen Herren waren – das gilt weithin auch noch für nachfolgende Dynastien

– „fast kulturlose Plünderer und barbarische Fremdherrscher"[595]. Sie begegneten bei ihren Untertanen zwar einer alten und sehr differenzierten Kultur und Religion, betrachteten sie aber – die Hindus gehörten nicht den vom Islam anerkannten „Schriftreligionen" an – als Verehrer von Götzen. Von daher nahmen die Muslime wenig Rücksicht, richteten Massaker an, plünderten und nahmen Unzählige als Sklaven. Immerhin aber scheinen die Ghoriden wie auch die nachfolgenden Dynastien eine offenere Haltung zu den Hindus, die – von Unterbrechungen abgesehen – ihre Religion ausüben konnten, eingenommen zu haben. So hatte es zunächst oft sogar den Anschein, als könnten die Inder mit der Zeit die muslimische Herrenschicht in den Hinduismus hinein integrieren.

Diese Entwicklung zu einem Synkretismus aber wurde zur Zeit der Etablierung einer neuen turkmenischen Mamlukendynastie unterbrochen, die Delhi zur Hauptstadt machte und dort ein Sultanat begründete (1206–1290). Die Mamlukenherrschaft – die Dynastie der „Sklavenkönige" – entstand, als der letzte Ghoride ermordet wurde und einer seiner Mamlukentruppenführer, *Kutub-ud-din Aibak*, die Macht an sich reißen konnte. Es folgten turbulente Zeiten, in denen die jeweiligen Sultane häufig ermordet wurden und andere Mamluken an ihre Stelle traten. Durch grausame Militäraktionen konnten sie aber ihr Reich behaupten, teilweise auch ausdehnen, lediglich *Bengalen* machte sich unter einem Sultansohn 1278 selbständig. In dieser Zeit errichteten die Mongolen ein Großreich[596]; bei ihren Zügen nach Westen berührten sie Indien aber nur am Rande. So flohen damals aus Persien zahlreiche gebildete Muslime in das Sultanat Delhi und stärkten dort die spezifische Eigenart des Islam. Seitdem war die Perspektive einer Amalgamisierung der beiden Religionen beendet.

In dieser Zeit hat nach *F.A. Nizami* der von den Muslimen vertretene „egalitarism" eine große Faszination gerade auf die im indischen Kastenwesen Benachteiligten ausgeübt und in den unteren sozialen Gruppen zu zahlreichen Konversionen geführt. Diese Entwicklung sei befördert worden durch den „kosmopolitischen Charakter" der islamischen Städte, in denen auch – das war in Indien bisher nicht üblich – die Kastenlosen wohnen durften.[597]

Neue Untersuchungen haben ergeben, daß bei der Islamisierung weiter Bevölkerungskreise *Sufis* eine entscheidende Rolle spielten.[598] Sie organisierten sich auch in Indien nach 1100 in unterschiedlichen *Derwisch*orden[599] – der

---

[595] Kurt Hartmann, Atlas-Tafel-Werke zur Geschichte der Weltreligionen. Karte, Tabellen, Erläuterungen, Bd. II: Die Geschichte des Islam, Stuttgart 1989, 146.

[596] Vgl. o. 8.3.6.3.

[597] F.A. Nizami, Islam in the Indian Sub-Continent, a.a.O. 68; A. Schimmel, Der Islam im indischen Subkontinent, a.a.O. 20, mißt diesen Gesichtspunkten keine so große Bedeutung zu.

[598] So z.B. F.A. Nizami, ebd. 68.69.

[599] Vgl. hierzu u. 11.4.

wichtigste in Indien wurde der *Chischti*-Orden, der „in den Anfangsstadien des mystischen Pfades strenge Askese und Armut verlangte"[600] – und genossen aufgrund ihrer asketischen Lebensführung auch bei den Hindus großes Ansehen. Die arabische Bezeichnung *Fakir* (der Arme) wurde beinahe ein Synomym für die Sufis. Zeichen der Wertschätzung der Inder für diese Männer ist die Übernahme dieses islamischen Begriffs in die indische Sprache zur Kennzeichnung auch der eigenen, hinduistischen Asketen und „Heiligen". So „konsolidierte" sich nach *Annemarie Schimmel* im 13. und 14. Jahrhundert der Islam in Indien, wozu aber – über die Aktivitäten der Sufis hinaus – auch „die Einrichtung religiöser Institutionen" beigetragen habe: In jeder Stadt wurden Qadis eingesetzt, Prediger sorgten für die Freitagsgottesdienste, und vielerorts baute man Madrasen, Koranlehranstalten, aus.[601] Dennoch gibt es „keine zuverlässigen Angaben, die die Größe der mohammedanischen Gemeinschaft in Indien am Ende des 13. Jahrhunderts abzuschätzen erlaubten, aber die Mohammedaner müssen bereits eine beachtliche Minderheit ausgemacht haben", die in der Mehrheit „aus bekehrten Hindus oder ... aus bekehrten Buddhisten" bestand.[602]
1290 bis 1320 folgte, nach der Ermordung des letzten Mamlukensultans, eine neue Dynastie, die der *Chaldschi*, die das Herrschaftsgebiet des Sultanats von Delhi weit in den Süden, nach Mittel- und Südindien, ausdehnen konnte. Auch in dieser Zeit waren grausame Kämpfe und die Plünderung der Hindu-Bevölkerung an der Tagesordnung; immerhin aber wurden Teile der indischen Gesellschaft in die Machtstrukturen integriert, es entstand ein indo-muslimischer Staat.[603] Diese Situation blieb auch unter der folgenden Dynastie der *Tughluk* (1320–1398) bestehen. Die Hindus wurden meist hart unterdrückt, genossen aber dennoch eine relative religiöse Freiheit, und Neubekehrte wurden zu staatlichen Ämtern zugelassen. Daneben wurde eine oft rege Bautätigkeit entfaltet, die beeindruckende Moscheen, Klöster und Schulen entstehen ließ, bei denen sich islamische und indische Stilelemente verbinden.
Gegen Ende des 14. Jahrhunderts wurde das Sultanat von Delhi von den Horden *Timur-Lengs* zerschlagen. Auch jetzt trafen wieder, wie schon zuvor im Gefolge der Kriegszüge *Dschingis-Khans,* fanatische Moslemeinwanderer in Indien ein. In der Folge entstand eine Reihe von kleinen muslimischen Fürstentümern, in denen sich eine beachtliche persisch-türkisch-indische Kultur herausbildete. In dieser Zeit kam es, wie *Annemarie Schimmel* formuliert, zu einer „Provinzialisierung der islamischen Kultur"[604], also zur Ausbildung zahlreicher regionaler Kulturen.

---

[600] A. Schimmel, Der Islam im indischen Subkontinent, a.a.O. 12.
[601] A. Schimmel, ebd. 17.
[602] A.T. Embree/F. Wilhelm, Indien, a.a.O. 196.
[603] F.A. Nizami, Islam in the Indian Sub-Continent, a.a.O. 65.
[604] Vgl. das entsprechende Kapitel in A. Schimmel, Der Islam im indischen Subkontinent, a.a.O. 31–58; vgl. A.T. Embree/F. Wilhelm, Indien, a.a.O. 204–224.

Gegen Mitte des 15. Jahrhunderts wurde die Dynastie der Tughluk, die nur noch im Raum Delhi herrschte, von der *Lodidynastie* (1451–1526) aus Afghanistan abgelöst, die wieder eine zentrale Herrschaft in Delhi aufrichten und das Reich noch einmal vergrößern konnte. Trotz einer gegen die Hindus gerichteten Religionspolitik, vor allem unter dem vorletzten Sultan der Lodi, *Sikander* (1489–1520), entstanden damals synkretistische mystische Bewegungen sowie, von besonderer Bedeutung, die Religion der *Sikhs,* deren Pantheismus den islamischen Monotheismus mit dem hinduistischen Monismus zu verbinden sucht.

8.5.1.2 Die Herrschaft der Großmogule aus dem „Haus Timurs“ (1526–1707/1858)

Unter der Dynastie der Mogule (persisch „Mongole“) kam es – trotz aller Kriege, Grausamkeiten und Plünderungen, die auch jetzt noch stattfanden – doch erstmals für beinahe zweihundert Jahre zu einer relativen Stabilität in dem muslimischen Großreich, dessen Grenzen immer weiter nach Süden vorgeschoben wurden und das um 1700 beinahe den gesamten Subkontinent umfaßte. Im allgemeinen genossen die Inder die Freiheit, ihre Religion zu praktizieren, und es entstand eine Kultur, die türkische, indische und persische Motive miteinander verband.[605] Nach 1707 zerfiel das Reich in zahlreiche autonome Teilreiche; die Herrschaft der Mogule in Delhi war auf die Hauptstadt und ihre Umgebung beschränkt, bis der letzte Herrscher 1858 von den Engländern abgesetzt wurde.
Begründer der Mogulendynastie war *Sahir ad-Din Mohammed Babur* (gest. 1530), ein Enkel *Timur Lengs*, der 1494 im Alter von elf Jahren seinem Vater als Herrscher von Transoxanien folgte. Nach zehnjährigen Kämpfen wurde er aus seiner Heimat vertrieben und zog nach Kabul, von wo aus er durch Plünderungen in Indien seine Kasse auffüllte. Dennoch gelang es ihm nicht, sein Reich wiederzugewinnen. Daraufhin zog er 1526 endgültig nach Indien und eroberte trotz zahlenmäßig unterlegener Truppen Delhi; Grund für seine Siege war, daß er schon Feuerwaffen und Artillerie besaß, die den Soldaten der Lodidynastie noch unbekannt waren.
In der Folgezeit konnte er die Herrschaft von Delhi weit nach Süden ausdehnen. Die von ihm unterworfene indische Bevölkerung verachtete er, weil sie ihm angesichts der persischen Kultur, von der er als Kind und Jugendlicher geprägt wurde, minderwertig erschien. „Er ist nicht nur ein glänzender Feldherr, sondern auch einer der besten Dichter seiner Zeit und der zuverlässigste Historiker des Reiches. Seine Liebe zu Blumen und großen Park- und Gar-

---

[605] Vgl. F.A. Nizami, Islam in the Indian Sub-Continent, a.a.O. 66.

tenanlagen ist ein tatarisches Erbe, das die Architektur Indiens in den folgenden Jahrhunderten stark beeinflussen wird"[606].

Sein Sohn und Nachfolger *Humayun* hatte ein wechselvolles Schicksal. Mehrfach wurde er aus seinem Reich vertrieben und mußte lange Jahre beim Schah von Persien Schutz suchen. Erst zwei Jahre vor seinem Tod (1556) konnte er nach Delhi zurückkehren.

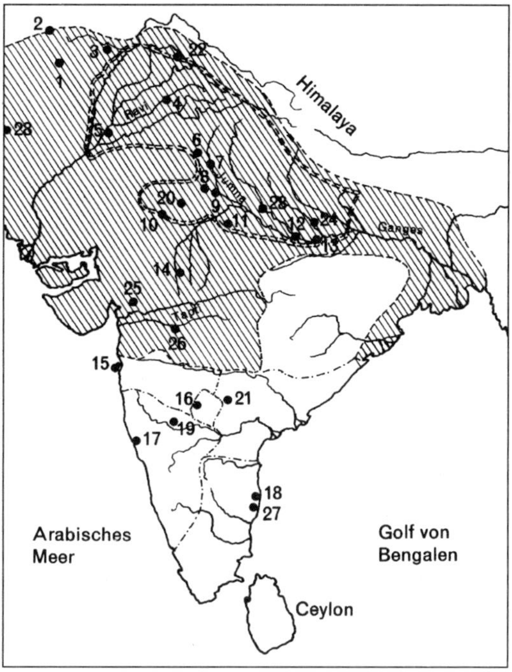

====== Das Reich Akbars im Jahre seiner Thronbesteigung

\\\\\\\\\\ Das Mogulreich unter Akbar (1556–1605)

1 Ghazni
2 Kabul
3 Peshawar
4 Lahore
5 Multan
6 Panipat
7 Delhi (Shahjahanabad)
8 Fathepur Sikri
9 Agra (Akbarabad)
10 Ajmer
11 Gwalior
12 Allahbad
13 Benares
14 Ujjain
15 Bombay
16 Gulbarga
17 Goa
18 Madras
19 Bijapur
20 Jaipur
21 Hyderabad
22 Srinagar
23 Kanauj
24 Jaunpur
25 Champanir
26 Burhanpur
27 Mahaballipuram
28 Kandahar

Sein erst vierzehnjähriger Sohn *Akbar* (1556–1605), „der Große", der bis zu seinem achtzehnten Lebensjahr unter der Vormundschaft seines Wesirs stand, wurde der bedeutendste Herrscher der Moguldynastie. Er schaffte sich ein Reich von der Größe Europas, das im Norden Afghanistan und Nordwestindien sowie weit in den Süden reichende Gebiete und Bengalen umfaßte, und etablierte eine effektive Verwaltung, in die er auch Nicht-Muslime aufnahm.

Akbar war zeitweise grausam und erfreute sich an Massakern riesigen Ausmaßes, zugleich aber praktizierte er eine tolerante Religionspolitik, obwohl er sich selbst 1579 höchste Autorität in religiösen – islamischen – Angelegenheiten zuerkannte („Unfehlbarkeitsdekret"); er war Mystiker, der im Lauf der Zeit eine eigene synkretistische Religion entwickelte, interessierte sich – obwohl selbst Analphabet – für die Wissenschaften und schuf eine der

[606] Andreas Volwahsen, Islamisches Indien, München 1969, 7.

größten Bibliotheken. Er ließ „Städte, Paläste und Moscheen“ bauen, in denen sich „hinduistische und islamische“ Stilelemente mischten[607], und zu seiner Zeit „erreichte die indische Miniaturmalerei ihren Höhepunkt“[608]. Weil die streng schiitische Atmosphäre in Persien viele Künstler behinderte, zogen sie im 16. Jahrhundert an den Hof nach Delhi, so daß hier die indopersische Kunst und Dichtung einen Höhepunkt erreichten.

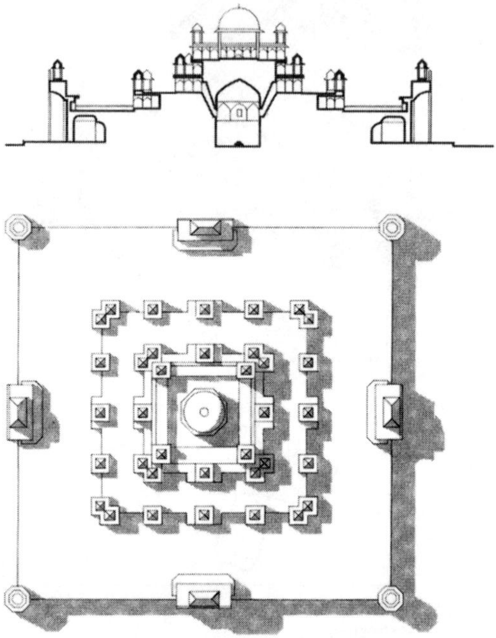

Die nachfolgenden Großmogule besaßen nicht mehr das Format *Akbars*, konnten aber das Reich zusammenhalten; sein zweiter Nachfolger *Schah Dschahan* ließ für seine bei der Geburt ihres vierzehnten Kindes 1630 verstorbene Lieblingsfrau *Mumtaz Mahal* einen prächtigen Grabbau, das *Tadsch Mahal* (bei *Agra*, südöstlich von Delhi), erbauen (1632–1648), „eines der schönsten und harmonischsten Bauwerke der Welt“[609]. In seiner Zeit wurden schiitisch-persische Einflüsse stark, was heftige Widerstände bei den sunnitischen indischen Muslimen auslöste.

Der letzte Großmogul, der das Reich nicht nur erhalten, sondern über beinahe ganz Indien ausdehnen konnte, war der dritte Nachfolger *Akbars*, *Aurangseb* (1658–1707). Unter seiner Regierung „wurde das Ideal von einem indischen Großreich, das alle Gebiete des indischen Subkontinents umfassen sollte ..., fast vollständig erreicht“[610]. Seinen Vater nahm er gefangen und tötete seine Brüder, um den Thron besteigen zu können. Er war ein eifernder sunnitischer Muslim, der alle Hindus aus der Verwaltung entfernte und Tempel zerstören ließ; die Scharia sollte streng eingehalten werden. Im 17. Jahrhundert versuchten die Mogule zeitweise, die Sikhs zu unterdrücken, wodurch diese sich in der Folgezeit zu einer militanten Gemeinschaft entwickelten und Gegner der Mogule wurden.

---

607 A. Volwahsen, ebd. 9.
608 A. Schimmel, Der Islam im indischen Subkontinent, a.a.O. 64.
609 K. Hartmann, Atlas-Tafel-Werk, a.a.O. 152.
610 A.T. Embree/F. Wilhelm, Indien, a.a.O. 251.

Nach dem Tod *Aurangsebs* zerfiel das Reich in eine Fülle muslimisch regierter Teilreiche. Zwar blieb die Moguldynastie bis 1858, bis zur Verbannung des letzten Amtsinhabers durch die Engländer, die schon 1803 Delhi erobert und die Mogule auf eine Marionettenfunktion beschränkt hatten, bestehen, aber die Mogule waren in ihrer Herrschaft weithin auf die Hauptstadt Delhi und umliegende Territorien beschränkt, und auch hier immer wieder Plünderungszügen der Perser und Afghanen ausgesetzt.

Schon seit dem frühen 17. Jahrhundert hatten sich die Portugiesen in Küstenregionen (Goa 1510) niedergelassen, um 1600 folgte die englische Ostindische Kompanie, deren militärische Aktivitäten später vom englischen Staat übernommen und weitergeführt wurden; 1858 wurde Königin Victoria von England Kaiserin von Indien.[611]

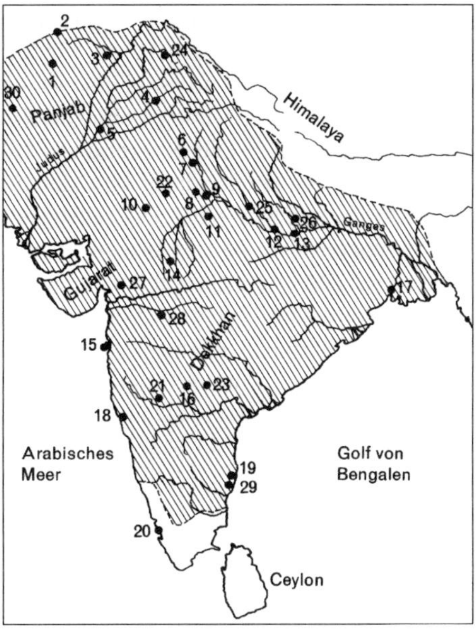

\\\\\\\\\\ Das Reich des Großmoguls Aurangzeb am Ende des 17. Jahrhunderts

1 Ghazni
2 Kabul
3 Peshawar
4 Lahore
5 Multan
6 Panipat
7 Delhi (Shahjahanabad)
8 Fathepur Sikri
9 Agra (Akbarabad)
10 Ajmer
11 Gwalior
12 Allahbad
13 Benares
14 Ujjain
15 Bombay
16 Gulbarga
17 Calcutta
18 Goa
19 Madras
20 Cochin
21 Bijapur
22 Jaipur
23 Hyderabad
24 Srinagar
25 Kanauj
26 Jaunpur
27 Champanir
28 Burhanpur
29 Mahaballipuram
30 Kandahar

8.5.2 Die Ausbreitung des Islam nach Ost- und Südostasien

Wahrscheinlich kamen schon im 8. und 9. Jahrhundert arabische und persische Händler nach *China*. Intensiver wurde der Islam durch die mongolischen Yüan-Kaiser (1279–1368) in China gefördert; Muslime konnten staatliche Ämter besetzen[612] und ließen sich vor allem in nord- und südwestlichen

---

611 Vgl. u. 8.7.4.1.

612 Vgl. G.E. von Grunebaum (Hrsg.), Der Islam II. Die islamischen Reiche nach dem Fall von Konstantinopel (Fischer Weltgeschichte, Bd. 15), Frankfurt a.M. 1971, 289.

(in Yünnan) Provinzen nieder.[613] Die nachfolgende Ming-Dynastie (1368–1644) aber unterdrückte den Islam wieder. *R. Israeli* hebt aber hervor, daß man erst von dieser Zeit an von chinesischen Muslimen und nicht länger von Muslimen in China sprechen könne, weil sie jetzt chinesische Namen und Sprache annahmen.[614] Dieser Trend zur Inkulturation läßt sich auch weiterhin bis 1796, vor allem unter den den Muslimen gewogenen Mandschu-Kaisern, oder sogar bis ins 19. Jahrhundert erkennen. Weil sich aber die Muslime später eher konservativen Strömungen anschlossen – das Sufitum hat nicht auf den chinesischen Islam eingewirkt –, kam es nach dem Niedergang der Mandschu-Dynastie, vor allem um die Mitte des 19. Jahrhunderts, zu Muslimaufständen, die in Yünnan sogar zur Errichtung eines muslimischen Staates unter „Sultan Suleiman" führten (1856–1872). Trotz der blutigen Niederschlagung der Aufstände, der Millionen von Menschen zum Opfer fielen, haben aber die chinesischen Muslime (chinesische Bezeichnung: *Hui)* ihre separate muslimische Identität nicht aufgegeben.[615]

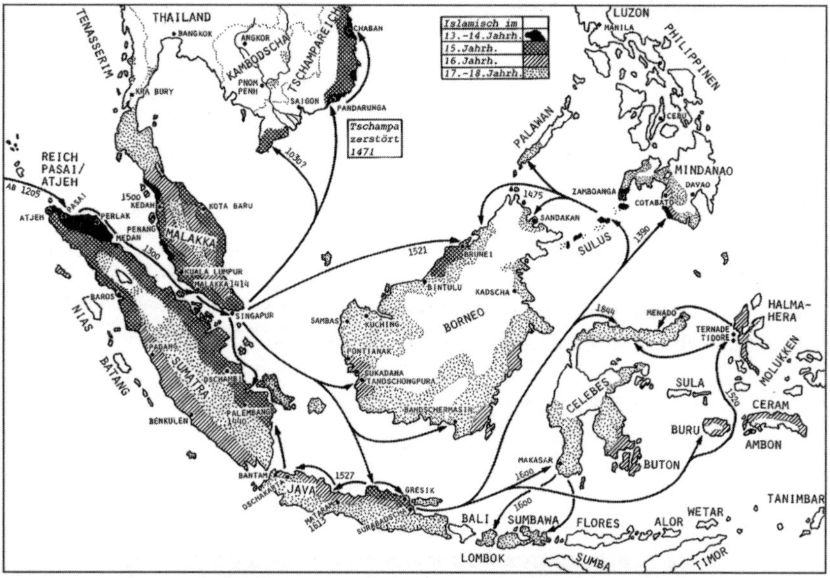

Seit dem 13. Jahrhundert breitete sich der Islam auch in weiten Teilen *Südostasiens* (vgl. Karte) aus. Die Islamisierung war wohl über längere Zeiträume nicht sehr tiefreichend, führte aber bis in die Gegenwart zu einer festen Verortung dieser Religion in den gesellschaftlichen und staatlichen

[613] R. Israeli, China's Muslims, in: P. Clarke (Hrsg.), The World's Religions: Islam, a.a.O. 103.
[614] R. Israeli, ebd.
[615] R. Israeli, ebd. 104; vgl. zu dem ganzen Fragenkomplex ebd. 102–118.

Strukturen. Eine auch nur skizzenhafte Darlegung der historischen Abläufe kann an dieser Stelle nicht gegeben werden.[616]

8.6 Die Ausbreitung des Islam in Schwarzafrika

Heute ist der Islam in weiten Teilen der schwarzafrikanischen Staaten südlich der Sahara und an der Ostküste Afrikas die offizielle Religion. Der Prozeß der Islamisierung reicht weit zurück und erfolgte meist ohne eigentliche Missionierung; er verlief in West- und Zentralafrika anders als im östlichen Afrika.

8.6.1 Westafrika

Schon früh drang der Islam nach Schwarzafrika vor, sowohl im Westen wie im Osten. Schon seit dem 7. (?) Jahrhundert – allerdings ist die Quellenlage sehr unsicher – scheinen nordafrikanische Berber die im Südwesten und Süden an den Maghreb angrenzende schwarze Bevölkerung mit dem Islam bekannt gemacht zu haben.[617] Hierbei spielten Händler eine große Rolle, die auf der Suche nach Gold und Sklaven waren und mit den herrschenden Schichten der Stämme und Königreiche in Kontakt kamen. Sie nutzten Wege sowohl durch die westliche Randzone als auch, später, durch das Zentrum der Sahara. Weil sich die arabischen militärischen Invasionen Nordafrikas bald über Gibraltar hinweg nach Norden, nach Spanien wandten, wurde *Westafrika* „never, in part or whole, ... incorporated into the Islamic imperium or Arabised culturally or linguistically“[618].
Wieso die Händler, die ja keine Missionare waren, dennoch den Grundstein für ein islamisches Nordwestafrika legten, erklärt *P. Heine:* „Diese Händler verfügten über Fähigkeiten und Techniken, die hier nicht bekannt waren. Ihre Kenntnisse wurden von den westafrikanischen Herrschern in Anspruch genommen. Muslime erhielten die Funktion des Staatsschreibers, vor allem aber sahen die Herrscher sie als Verantwortliche für die Finanzen ihres

[616] Vgl. in aller Kürze Volker S. Stahr, Südostasien und der Islam. Kulturraum zwischen Kommerz und Koran, Darmstadt 1997; zum Islam in Indonesien: Waldemar Stöhr/Piet Zoetmulder, Die Religionen Indonesiens, Stuttgart, Berlin, Köln, Mainz 1965, 280–309; E.U. Kratz, Islam in Indonesia, in: Peter Clarke (Hrsg.), The World's Religions: Islam, a.a.O. 119–149; G.E. von Grunebaum, Der Islam II, a.a.O. 304–320; zum Islam in Malaya: G.E. von Grunebaum, Der Islam II, ebd. 296–303; auf den Philippinen: G.E. von Grunebaum, Der Islam II, ebd. 320–324.
[617] Vgl. J.S. Trimingham, A History of Islam in West Africa, a.a.O. 20: „The primary islamization of the Negroes is almost entirely the work of Berber merchants“.
[618] J.O. Hunwick, Islam in Tropical Africa to c. 1900, in: Peter Clarke (Hrsg.), The World's Religions: Islam, a.a.O. 168.

Staates an“[619]. Auf diesem Weg wurde der Islam, den die Berber praktizierten, vor allem in den herrschenden Gruppen der schwarzafrikanischen Gemeinschaften als der eigenen überlegene Religion wahrgenommen, so daß viele konvertierten; mit der Zeit schlossen sich auch einfache Stammesmitglieder an. Dabei war allerdings die Einstellung der herrschenden Elite zum Islam oft mehr formal – „a nominal Islam“[620] – und zeremoniell.[621]

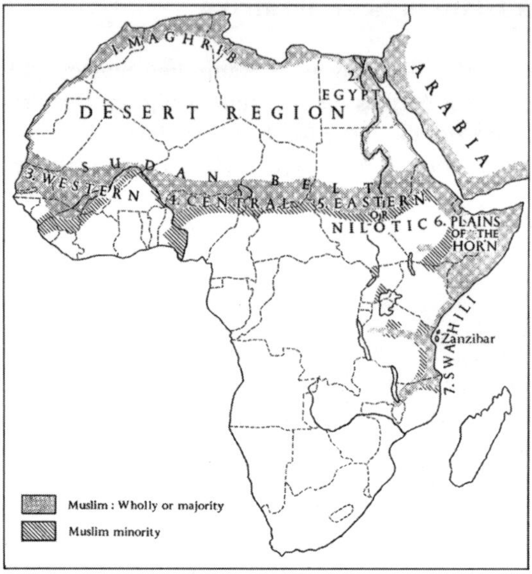

Allerdings gab es in diesem Raum auch eine kriegerische Ausbreitung des Islam. Das vorislamische *Gana* am oberen Niger wurde im 11. Jahrhundert von den *Almoraviden*[622] erobert und islamisiert; das südlich von Gana gelegene Reich *Mali,* das im 14. Jahrhundert seine größte Ausdehnung erreichte, hatte eine muslimische Führungsschicht „weißafrikanischer“ Herkunft (Araber, Berber?), und das Reich *Songhai* – weiter östlich am Oberlauf des Niger – wurde im 16. Jahrhundert von Marokko erobert.

Für die Ausbreitung des Islam war hilfreich, daß die weite Entfernung zu den klassischen islamischen Gebieten den afrikanischen Muslimen die Ausübung synkretistischer Formen erlaubte. Viele ihrer religiösen Vorstellungen aus der afrikanischen Religion konnten sie – in islamischem Gewand – beibehalten. „Ahnengeister können dabei zu Dschinnen werden und Götter zu Engeln. Zahlreiche vorislamische rituelle Praktiken wurden in den westafrikanischen Islam übernommen“[623]. Weder theologisch noch ethisch oder rituell verlangte der Übertritt zum – sunnitischen – Islam einschneidende Veränderungen, so daß er sich bis zum 18. Jahrhundert immer mehr nach Süden und dann nach Zentralafrika ausbreitete.[624] Vor allem die friedliche Islami-

[619] P. Heine, Afrika, Islam, in: Islam-Lexikon, Bd. 1, 46.
[620] J.S. Trimingham, A History of Islam in West Africa, a.a.O. 22.
[621] J.O. Hunwick, Islam in Tropical Africa to c. 1900, a.a.O. 171.
[622] Vgl. o. 8.3.5.3.
[623] P. Heine, Afrika, a.a.O. 46.
[624] Eine differenziertere Geschichte der Islamisierung Westafrikas geben J.O. Hunwick, Islam in Tropical Africa to c. 1900, a.a.O. 167–174, und J.S. Trimingham, A History of Islam in West Africa, a.a.O.

sierung der *Haussa* brachte die Ausdehnung des Islam in den Wüsten- und Savannenländern zwischen Niger und Tschadsee. Allerdings fand der Islam im Süden seine Grenze an der beginnenden Regenwaldzone.
Zwar gab es schon seit dem 15. Jahrhundert unter islamischen Lehrern Reformversuche, die auf der malikitischen Rechtsschule basierten, aber das 17. und 18. Jahrhundert brachten eine neuerliche Stagnation des Islam[625]; erst im 19. Jahrhundert wurden islamische Reformbewegungen auch gesellschaftlich relevant. Sie wollten den schwarzafrikanischen Islam im Sinne der klassischen sunnitischen Formen verändern[626] und konnten eine dynamische Phase der Ausbreitung des Islam herbeiführen.[627] Den Anstoß für solche reformerischen Bewegungen scheint vor allem die Teilnahme auch vieler Schwarzafrikaner an der Wallfahrt nach Mekka gegeben zu haben, bei der man sich der Differenzen der eigenen Formen zu den in den übrigen islamischen Bereichen üblichen bewußt wurde. Aus den, gelegentlich auch mit Waffengewalt propagierten, Reformen „entstanden eine Anzahl von islamischen Staaten, die bis zum Beginn der kolonialen Vorherrschaft in den nördlichen Teilen Westafrikas die Vorherrschaft innehatten“[628].
Der Anstoß zu den nachfolgenden Staatengründungen ging im frühen 19. Jahrhundert vom Haussa-Reich *Gabir,* nördlich des unteren Nigerflusses gelegen, aus, als ein Stammesmitglied der *Fulbe* gegen den bisher laxen Islam der Haussa einen Heiligen Krieg ausrief. Er konnte ein Fulbe-Reich, das rasch expandierte, begründen, bald folgte im Westen, am Oberlauf des Niger, ein zweites Fulbe-Reich; beide waren von islamischen Reformideen geprägt. Ende des 19. Jahrhunderts wurden beide von französischen Truppen erobert.

8.6.2 Die ostafrikanischen Küstengebiete

In *Ostafrika* verlief die Entwicklung anders als im Westen[629], und die Islamisierung des (heutigen) Sudan hat noch einmal eigene Wege genommen. *J. Spencer Trimingham* meint sogar, daß die islamische Geschichte in Ostafrika mehr zur „history of the Indian Ocean than to African history“ gehöre.[630]
Zwar verbreitete sich an den ostafrikanischen Küsten der Islam seit dem 8. Jahrhundert ebenfalls im Gefolge der zunächst arabischen Handelsaktivitäten vom Jemen oder von Oman aus – es ging um Sklaven, Elfenbein, Felle u.a.m. –, blieb aber gänzlich auf Stützpunkte an der Küste beschränkt, die

---

[625] Vgl. hierzu J.S. Trimingham, ebd. 141–154.
[626] J.O. Hunwick, Islam in Tropical Africa to c. 1900, a.a.O. 171.
[627] J.S. Trimingham, A History of Islam in West Africa, a.a.O. 155–219.
[628] P. Heine, Afrika, a.a.O. 46.
[629] J.O. Hunwick, Islam in Tropical Africa to c. 1900, a.a.O. 174; vgl. zur gesamten Entwicklung ebd. 174–176, und J. Spencer Trimingham, Islam in East Africa, Oxford 1964.
[630] J.S. Trimingham, ebd. 1.

leicht zugänglich waren. Auch hier gilt, daß die genaue Geschichte weithin unbekannt ist.
Erst seit dem 10. Jahrhundert gab es einen neuen Impuls durch persische Kaufleute, die sich an der Küste Ostafrikas niederließen und Bantufrauen heirateten. Sie trieben keine Mission unter den Bantu, aber auf dem Weg über ihre Sklaven, Frauen und Konkubinen aus der Bantubevölkerung, die den Islam annehmen mußten, bildete sich „a new and distinct Muslim culture ... of Arab and Bantu elements“[631]. Mit der Zeit entstand hier also ein eigener, durch Übernahme zahlreicher religiöser Vorstellungen und Praktiken aus der Bantureligion geprägter Islam (*Schirazi*-Kultur)[632], der im 13. und 14. Jahrhundert in weiten Teilen des Küstengebiets verbreitet war. Im frühen 14. Jahrhundert waren Mogadischu, Mombasa und Kilwa muslimische Staatsgebilde. Später wurden auch arabische Elemente stärker einbezogen; aus dieser Mischung bildete sich der sog. *Suaheli-Islam*, benannt nach der Sprache *Suaheli*, die vergleichbar mit der korrelierenden Religiosität die Bantu-Sprache mit Arabisch vermischt.[633]
Aber auch dieser Islam verbreitete sich zunächst nicht im Landesinneren; bis ins 19. Jahrhundert war er tiefer im Süden vor allem auf die Inseln (Sansibar, Komoren usw.) und ihre gegenüberliegenden Küstenregionen beschränkt. Er wurde im 16. und 17. Jahrhundert zusätzlich durch portugiesische Aktivitäten behindert. Erst als Mitte des 17. Jahrhunderts das Reich von *Oman* die Macht der Portugiesen zurückdrängen konnte, eigene Handelsinteressen in Ostafrika verfolgte und ein Sultanat in Sansibar errichtete, faßte der Islam auch im Landesinneren Fuß. Die Omanis gehörten zwar der charidschitischen Richtung an, nahmen aber keinen Einfluß auf den örtlichen sunnitischen Islam.

8.6.3 Der Sudan

Die Islamisierung des (heutigen) *Sudan* ging von Ägypten aus. Schon früh kamen die ägyptischen Muslime mit den im Süden angrenzenden Gebieten, wo es das christliche Reich Nubien gab, in Kontakt. Sie waren aber vor allem an politischer und militärischer Ruhe an ihrer Südgrenze sowie an Handelskontakten interessiert.

---

631 J.O. Hunwick, Islam in Tropical Africa to c. 1900, a.a.O. 174.

632 Der Name ist abgeleitet von der herrschenden Klasse auf den ostafrikanischen Inseln und an den Küstenstützpunkten, mit der sich die Bantu identifizierten; „the name Shirazi becoming a mark of distinctness from the *soi-disant* Arab Suahili“ (J.S. Trimingham, Islam in East Africa, a.a.O. 32).

633 Vgl. J.O. Hunwick, Islam in Tropical Africa, a.a.O. 174: Suaheli „is a highly Arabised Bantu“ und im 20. Jahrhundert die Koine, die in Kenia, Tanzania und Teilen des östlichen Kongo gesprochen wird.

Die Islamisierung, zugleich eine Arabisierung des nördlichen Sudan, begann erst zur Zeit der Mamlukenherrschaft in Ägypten.[634] 1323 eroberten die Mamluken *Dongola*, die nubische Hauptstadt, und errichteten eine muslimische Regierung. In der Folge strömten Araber in dieses Gebiet ein, wobei zunächst noch das Christentum weiterlebte. Mit der Zeit wurde die muslimische Herrschaft weiter nach Süden ausgedehnt. Vor allem im frühen 16. Jahrhundert brachte der Übertritt eines dort residierenden Herrschers zum Islam die Verbreitung dieser Religion und der arabischen Sprache, obwohl viele vorislamische Bräuche weiterlebten. Im 17. Jahrhundert wuchs der Einfluß „of Muslim teachers, jurists and Sufis from Egypt and Arabia"[635].
Nach der Mitte des 18. Jahrhunderts zerfiel der Staat; einige Provinzen, vor allem im Nordsudan, machten sich selbständig. So konnte 1821 der osmanische Vizekönig von Ägypten den Sudan unterwerfen und für sechzig Jahre dem Osmanischen Reich eingliedern. Wegen der Mißwirtschaft, des Sklavenhandels und der Korruption der neuen Herren stagnierte zu ihrer Zeit die Islamisierung. Gegen Ende der siebziger Jahre setzte Großbritannien englische Gouverneure im Sudan ein, die den Sklavenhandel eindämmen sollten, formell aber in ägyptischem Dienst standen.
Diese Situation ermöglichte es dem Führer einer religiösen Bewegung, *Muhammad Achmad*, mit einem politisch-sozialen und stark eschatologisch ausgerichteten Programm Anhänger um sich zu sammeln. Er proklamierte sich 1881 zum Mahdi und konnte die Herrschaft im Sudan an sich reißen. „Er lehrte Askese, die Herrschaft der *saria* und die Erneuerung des muslimischen Glaubens aus der Vereinigung aller vier Rechtsschulen und eiferte gegen Heiligenkult und Zauberwesen"[636]. In dieser Zeit kam es zu einer vertieften Islamisierung des nördlichen Sudan.
Die Ägypter und anfangs auch die Engländer scheiterten bei ihren Versuchen, den Mahdi zu unterwerfen. 1885 wurde der britische General *Gordon* in Kartum besiegt und getötet. Kurz darauf aber starb auch *Muhammad Achmad*. Sein Stellvertreter und Nachfolger mußte sich mit Truppen aus verschiedenen europäischen Ländern auseinandersetzen. Erst 1898 gelang es den Engländern, die sudanesischen Streitkräfte zu besiegen; sie unterzeichneten 1899 mit den Ägyptern ein Kondominiumsabkommen zur Verwaltung des Sudan.
Die Islamisierung wurde später nicht unwesentlich durch die Kolonialpolitik der Europäer befördert, die Abneigung und Widerstand hervorrief, der oft auch gegen das Christentum gerichtet war. Weil das Christentum die Religion der Kolonialherren war, identifizierten sich viele Schwarzafrikaner im Norden Afrikas lieber mit einer anderen Weltreligion, dem Islam, der in

---

[634] Vgl. o. 8.3.6.2.
[635] J.O. Hunwick, Islam in Tropical Africa to c. 1900, a.a.O. 166.
[636] G.E. von Grunebaum (Hrsg.), Der Islam II, a.a.O. 357.

ihrem Raum schon heimisch war. Heute bekennen sich rund 150 Millionen Schwarzafrikaner zum Islam.

8.7 Der Islam im Kolonialzeitalter

8.7.1 Die Kolonialisierung der Welt in der Neuzeit

Seit der eruptiven Ausbreitung des Islam im frühen Mittelalter war das sich konstituierende Europa auf sich selbst zurückgeworfen. Der Versuch, über die eigenen Grenzen hinaus in die islamische Welt vorzustoßen, erzielte in den Kreuzzügen vom Ende des 11. Jahrhunderts bis zum 13. Jahrhundert nur vorübergehende Erfolge und scheiterte schließlich. Erst recht mit dem Untergang des Byzantinischen Reichs 1453 und dem Vordringen der osmanischen Truppen über den Balkan bis vor die Tore Wiens war der Islam zu der großen Gegenmacht geworden, die Europa den Zugang zur übrigen – von ferne – noch bekannten Welt, nach Afrika, Indien und China, versperrte.
Diese Situation änderte sich mit der Erschließung neuer Seewege nach und um Afrika (1488 Umsegelung des Kaps der Guten Hoffnung) und nach Asien sowie mit der Entdeckung Amerikas im Gefolge der Suche nach einem Seeweg nach Indien. Alle diese Aktivitäten waren zumindest *auch* religiös bzw. religionspolitisch motiviert; sie sollten – dies gilt vor allem für die Anfänge, die spanischen und portugiesischen Unternehmungen – den christlichen Mächten einen Ausgriff in die Welt unter Umgehung des islamischen Herrschaftsgebiets ermöglichen und die befürchtete Marginalisierung des Christentums und Europas beenden.
Mit den neuen Seewegen erwachte das Interesse, aber auch das Gewinnstreben und bald der nationale Eigennutz der europäischen Staaten. Spanier und Portugiesen, die im 16. Jahrhundert und noch darüber hinaus den Ton angaben, wurden seit dem 17. Jahrhundert zunehmend von Franzosen, Engländern, Niederländern und schließlich, als Schlußlichtern, von den neugebildeten Nationalstaaten, von Belgien, Deutschland und Italien, in ihrer Bedeutung überflügelt. Ein mehrhundertjähriger Prozeß der Kolonialisierung begann, in deren Auftrag und Schutz auch christliche Missionare kamen und das Christentum außerhalb Europas verbreiteten.
Vor allem im 19. und frühen 20. Jahrhundert unterwarfen europäische Mächte einen Großteil der Erde ihrer politischen, militärischen und ökonomischen Kontrolle. Als der Erste Weltkrieg ausbrach, gehörten „dreiviertel der Menschen ... zum europäisch-amerikanischen Machtbereich, und das vierte Viertel war notwendigerweise irgendwie von ihm abhängig“[637].

---

[637] Karl Müller, Christliche Mission und Kolonialismus im 19. und 20. Jahrhundert, in: ZMR 64, 1980, 194.

Die Kolonialpolitik, die unterlegene Zivilisationen wirtschaftlich ausbeutete und eigene Interessen auch militärisch und politisch sicherte, war möglich durch wissenschaftliche, technische und gesellschaftliche Fortschritte in Europa, wodurch die muslimischen Länder überflügelt wurden. Von daher war das Ausgreifen in die Welt seitens der Europäer von dem Bewußtsein getragen, selbst auf dem Gipfelpunkt von Zivilisation und Kultur angekommen zu sein und im Christentum *die* Religion schlechthin zu besitzen; es war die Phase des sog. Kulturoptimismus und des Fortschrittsglaubens. Aus diesem Verständnis heraus sah man die koloniale Politik auch als „Aufgabe ... So wurden Schule und Unterricht gefördert; Verwaltung und Rechtsprechung wurden geregelt, die Landschaft und das Verkehrswesen verbessert, Hunger und Krankheit planmäßig bekämpft; formell wurde auch die Sklaverei abgeschafft. Wieviel an persönlicher Freiheit verlorenging, wieviel Machthunger, Habsucht, Grausamkeit, Ausbeutung mit den hochgepriesenen Idealen der Kolonialisierung und Kulturalisierung Hand in Hand gingen, steht auf einem anderen Blatt“[638].

In diesen Prozeß war auch die islamische Welt einbezogen, die islamischen Staaten verloren ihre Selbständigkeit, wurden als Kolonien, Protektorate oder auch Provinzen der europäischen Mutterländer von Europäern regiert bzw. wenigstens finanziell, ökonomisch und somit auch politisch dominiert.

Das koloniale System geriet in die Krise, als die europäischen Mächte durch den Ersten Weltkrieg geschwächt waren und die bei den Kämpfen aufgetretenen Grausamkeiten und das Massensterben zugleich das Bewußtsein der eigenen, auch moralischen Überlegenheit in Frage stellten. Dem entsprach in den Kolonien ein allmählich sich bildender Stolz auf die eigenen Traditionen bei der dortigen – meist europäisch erzogenen – Elite. Weil aber Frankreich, Großbritannien, die Niederlande und Belgien zu den Siegermächten des Weltkriegs gehörten, konnten sie bis in die dreißiger Jahre ihre Machtpositionen noch ausbauen; *Alfred Hourani* gibt einem Kapitel über die Zwischenkriegszeit deswegen die Überschrift „Der Höhepunkt europäischer Macht (1914–1939)“[639].

So hatte erst die Katastrophe des Zweiten Weltkriegs zur Folge, daß ein umfassender Entkolonialisierungsprozeß in Gang kam und die bisherigen Kolonien souveräne Staaten wurden; zuletzt zogen sich die westlichen Kolonialmächte aus Algerien, 1997 aus der letzten englischen Kronkolonie Hongkong, 1999 aus dem portugiesischen Macao zurück. Seit 1989 konnten auch einige muslimische Länder, die bisher zur Sowjetunion gehörten, ihre Autonomie gewinnen (z.B. Kasachstan, Kirgisien, Aserbeidschan usf.), während diese für muslimische Teilstaaten des heutigen Rußland z.Zt. noch umkämpft ist (z.B. Tschetschenien, Dagestan).

---

[638] K. Müller, ebd.

[639] A. Hourani, Die Geschichte der arabischen Völker, a.a.O. 385.

8.7.2 Die Kolonialisierung des Mittelmeerraums und des Vorderen Orients

8.7.2.1 Die ökonomische und kulturelle Kolonialisierung bis zum späten 19. Jahrhundert

Die Aktivitäten europäischer Mächte im Mittelmeerraum und in den angrenzenden Gebieten hatten immer – außer in bezug auf Marokko, das auch formell unabhängig war – mit der osmanischen „Großmacht" zu tun.[640] Das Osmanische Reich aber war zu Beginn des 19. Jahrhunderts in vielen Bereichen geschwächt; eine Reihe von Ländern, wie Ägypten oder Algerien, ließen sich – trotz formaler Anerkennung des Sultanats – nicht mehr effektiv regieren. In schwer zugänglichen Regionen konnten sich autonome oder halbautonome Herrschaftsstrukturen entwickeln.

So gab es im Libanongebirge zeitweise kleinere Fürstentümer. Seit den 1840er Jahren war diese Situation zwar bereinigt und der *Libanon* wieder osmanisch. Allerdings engagierten sich europäische Mächte für den Schutz der christlichen – und seit der Kreuzzugszeit mit Rom unierten – Maroniten, so daß die Osmanen auch im Libanon nichts tun konnten, was europäischen Interessen entgegenlief.

Auch auf der arabischen Halbinsel war der osmanische Einfluß nur noch gering. Im Osten hatten sich Scharifenfamilien selbständig gemacht, und auch die Westküste mit den Heiligen Stätten stand nur unvollkommen unter osmanischer Kontrolle. Ab 1803 konnte die von *Muhammad ben 'Abd al-Wahhab* (1703–1792) um 1740 gegründete Bewegung der *Wahhabiten*, die der hanbalistischen Rechtsschule angehörte, unter Führung des Stammesführers *Muhammad Ibn Saud* (1735–1765) und seiner Nachfolger nach und nach Großteile der arabischen Halbinsel unter ihre Kontrolle bringen (1806 Eroberung Mekkas) und sogar nach Syrien und in den Südirak vorstoßen. Die Wahhabiten vertraten (und vertreten noch heute) einen „puritanischen" Islam, der nur Koran und Sunna anerkannte und alle späteren Ausformungen ablehnte. Wenige Jahre später wurden sie vom ägyptischen Pascha auf Bitten des Sultans in Istanbul bekämpft – die Familie der *Sauds* floh nach Kuweit –, so daß in der Folgezeit die Osmanen wenigstens an der Westküste, im Bereich der Heiligen Stätten, präsent waren. Da aber die Engländer verhindern wollten, daß die Ägypter zu mächtig wurden, besetzten sie 1839 *Aden,* wodurch sie von jetzt an in diesem Raum mit dem Einfluß Ägyptens bzw. des Osmanischen Reichs konkurrierten.

Auch der *Irak* wurde von zwei lokalen Dynastien mit den jeweiligen Zentren *Mossul* und *Bagdad* regiert, die von der „Hohen Pforte" unabhängig waren. Zwar konnten die Osmanen 1831 Bagdad und 1834 Mossul erobern, zur

---

[640] Vgl. die Landkarte zum Osmanischen Reich o. 8.4.2.

gleichen Zeit aber ging Syrien vorübergehend an die Ägypter, die sich immer unabhängiger gebärdeten, verloren.[641]
Noch entscheidender aber wurde das erste direkte Eingreifen von Europäern im südlichen muslimischen Herrschaftsgebiet des Osmanischen Reichs, in *Ägypten,* wenn es auch noch keine bleibende Präsenz in diesem Raum brachte: 1798 besiegte *Napoleon* das damalige ägyptische Mamlukenregime der Osmanen. Um ihn zu vertreiben, verbündete sich Großbritannien mit den Osmanen, die alleine zu schwach waren, ihre „Provinz" zu befreien. 1801 mußten sich die Franzosen zurückziehen. Von jetzt an blieb Großbritannien auch im östlichen Mittelmeer präsent,
Die vorherige ägyptische Herrschaft konnte sich danach nicht mehr etablieren, vielmehr ergriff ein albanischer Offizier, der mit den osmanischen Truppen nach Ägypten gekommen war, die Macht: *Muhammad (Mehmed) 'Ali* (1805–1848); die Osmanen mußten ihn zu ihrem Stellvertreter, zum Pascha, in Ägypten ernennen. Obwohl er sich auf Wunsch der Hohen Pforte an einigen osmanischen Militäraktionen, z.B. in Griechenland, beteiligte, vertrat er dabei eigene Interessen und führte sich ansonsten wie ein Souverän eigenen Rechts auf, ohne sich aber vom Sultan förmlich zu trennen.
Damals schon beeindruckte Europas technische, militärische und zivilisatorische „Überlegenheit", so daß *Muhammad 'Ali* den Aufbau von Militär, Flotte, Verwaltung, Finanzsystem und Wirtschaft nach europäischen Vorbildern und mit Hilfe europäischer Fachleute ausgestaltete. Auf dieser Basis gelang es ihm, wie schon ausgeführt, zwischen 1811 und 1818 die arabische Halbinsel den Wahhabiten zu entreißen, in den zwanziger Jahren den Sudan[642] und im folgenden Jahrzehnt Syrien und Kilikien (Kleinasien) zu erobern. Diese Machtausweitung störte sowohl die europäischen Mächte, vor allem Großbritannien, wie die Osmanen. 1840 und 1841 verdrängten ihn die verbündeten Truppen Englands, Österreichs und der Osmanen aus Syrien, Kilikien und dem arabischen Raum. Ägypten wurden harte Einschränkungen auferlegt.
Das *Osmanische Reich* war also seit Beginn des 19. Jahrhunderts unmittelbar mit der Politik der europäischen Großmächte konfrontiert. Diese beschäftigten sich immer mehr mit der Frage, was vom riesigen Herrschaftsgebiet des Osmanischen Reiches noch erhalten werden sollte („orientalische Frage"). Wahrscheinlich wäre es viel schneller zu seinem Ende gekommen, wenn die Westeuropäer nicht hätten befürchten müssen, daß Rußland bei einer Reichsauflösung nach Konstantinopel ausgreifen würde. So blieb das Reich bestehen, aber die Osmanen mußten eine Reihe von Eingriffen in ihrem Binnenraum ertragen; 1839 und 1856 waren sie gezwungen, Reformedikte zu erlassen, in denen nach europäischem Vorbild Bürgerrechte und, vor allem, Gleichheit von Muslimen und Nichtmuslimen vorgeschrieben wurden. 1850

[641] Vgl. hierzu die folgenden Ausführungen.
[642] Vgl. o. 8.6.3.

folgte ein Handelsgesetz, das eine eigene Gerichtsbarkeit vorsah, womit erstmals offiziell eine staatliche Gesetzgebung und Rechtsprechung neben Scharia und Qadi eingerichtet war.

Zwar konnten die Osmanen nach dem Verlust ihrer europäischen Gebiete wieder eine stärkere Kontrolle des Vorderen Orients durchsetzen, aber auch hier mußten sie zunehmend mit den europäischen Mächten konkurrieren. „Der Aufbruch zur Selbstbehauptung im Vorderen Orient war Mitte des neunzehnten Jahrhunderts insgesamt gescheitert“[643].

Spätestens seit der Mitte des 19. Jahrhunderts gelangte auch die kulturelle Dimension der europäischen Herausforderung zu größerer Bedeutung. Zwar lebte ein Großteil der Muslime im ländlichen Raum, wo sie von den Kräften des Zeitgeistes unberührt blieben, auch verweigerte sich die Mehrheit der Intellektuellen und Ulama den europäischen Einflüssen; andere aber griffen die neuen Vorstellungen auf: „Ins Rampenlicht traten vor allem jene Ulama und andere Intellektuelle, welche Antworten auf die aktuellen Probleme ihrer Zeit suchten, nicht jene, die dem Wunschbild einer intakten, unveränderlichen islamischen Ordnung nachhingen“[644]. Hierbei ging es um die Fragestellung: Was kann und muß man von Europa übernehmen, ohne die muslimische Identität zu beschädigen? Worin besteht diese eigene Identität, und wie muß die Scharia interpretiert werden, damit sie in der neuen Zeit anwendbar ist?

Mit diesen Fragen befaßte sich eine Reihe von wichtigen Reformern in Ägypten, Tunesien und Libanon; vor allem syrische Christen, die Presseorgane in Beirut, Kairo und Konstantinopel gründeten, übernahmen in diesem Reformprozeß eine wichtige Schrittmacherfunktion. Sie wollten Religion und säkularen Bereich trennen, was auch bei einigen Muslimen Zustimmung fand. Dies wurde zunehmend auch notwendig, weil für die europäisierten Formen der Verwaltung, der Wirtschaft usf. die Scharia keine Anknüpfungspunkte besaß; allerdings lebten weite Teile der Bevölkerung weiterhin nach ihren Regeln. Muslimische Intellektuelle versuchten eine Lösung, indem sie den Islam als eine rationale Religion bezeichneten, die auch für die neuen Erfordernisse anwendbar sei.

Eine Schwierigkeit für die kulturelle Europäisierung ergab sich aber daraus, daß seit Mitte der siebziger Jahre Europa im Mittelmeerraum politisch, wirtschaftlich und militärisch immer aggressiver auftrat; der Kolonialismus verschärfte sich zum „Imperialismus“. Dadurch wurde es schwieriger, sich seinen positiven Herausforderungen zu öffnen. Wegen der hohen Staatsverschuldung des Osmanischen Reichs z.B. mußte der Sultan einer europäischen Finanzkontrolle zustimmen, somit also eine Einschränkung seiner Machtfülle hinnehmen.

---

[643] Alexander Schölch, Der arabische Osten im neunzehnten Jahrhundert 1800–1914, in: U. Haarmann (Hrsg.), Geschichte der arabischen Welt, a.a.O. 386.

[644] A. Schölch, ebd. 387.

So fingen Reformkreise in Istanbul an, sich gegen die Europäisierungstendenzen zur Wehr zu setzen; sie betonten, daß der Sultan zugleich Kalif sei, also neben seiner politischen Funktion auch die religiöse Leitung der Gläubigen wahrnehme. Andererseits aber forderte eine Gruppe von Gebildeten und Politikern, auch europäische Verfassungsformen zu übernehmen, weil sie erkannt hatten, daß die europäische Überlegenheit auch in diesen gesellschaftlichen Regelungen und nicht bloß in der Technologie gründete. Diese „Jungosmanen“, Vorläufer der späteren „Jungtürken“, konnten vorübergehend Elemente einer repräsentativen Verfassung (1876) durchsetzen, die aber nach wenigen Jahren vom Sultan wieder außer Kraft gesetzt wurde.
Auch die Europäisierung *Ägyptens* machte zwar Fortschritte unter den Nachfolgern *Muhammad 'Alis*, unter *Said* (1854–1863) und *Ismail* (1863–1879), der sich 1867 den Titel Vizekönig *(Khedive)* vom Sultan verleihen ließ und zunächst eine wirtschaftliche und kulturelle Blütezeit einleitete. Die Öffnung Ägyptens hatte aber neben dem Ausbau des Bildungswesens, das viele Intellektuelle aus dem Vorderen Orient anzog, auch bald eine Ausbeutung des Landes durch europäische Geschäftemacher zur Folge. Unter *Said* wurde die Konzession, den Suezkanal zu bauen (1859–1869), an den Franzosen *Ferdinand de Lesseps* vergeben, wobei die ägyptische Beteiligung an den Kosten die Regierung finanziell überforderte, so daß sie ihre Anteile 1875 an England verkaufen mußte; am Ende (1876), in der Regierungszeit *Ismails,* stand der finanzielle Bankrott Ägyptens. Die ägyptische Finanzverwaltung wurde französischer und englischer Kontrolle unterstellt. Als *Ismail* gegen seine faktische Entmachtung aufbegehrte, erreichten die Europäer seine Absetzung durch den Sultan und die Einsetzung seines Sohnes *Taufik (Tawfiq* [1879–1892]), womit eine ‚verschleierte europäische Kolonialherrschaft‘ begann.[645]
Die Europäer führten wegen der eigenen wirtschaftlichen Interessen Monokulturen, vor allem von Baumwolle, ein; in der Folge entstand ein Proletariat von landlosen Fellachen und sonstigen ehemaligen Bauern. Darüber hinaus bereicherte sich, neben den Europäern, auch eine islamische, aber nicht aus Ägypten stammende Führungsschicht.
1860 landeten französische Truppen in Beirut; zwar blieb auch der Libanon Bestandteil des Osmanischen Reichs, aber von jetzt an kontrollierten praktisch die Franzosen das Land, was ihm eine relative Stabilität bis zum Ende des Ersten Weltkriegs sicherte. Im südlichen Mesopotamien setzten die Engländer seit 1855 Dampfschiffe auf dem Euphrat ein und bauten Eisenbahnstrecken; auf diese Weise war ein intensiver Handel – bald sogar auf direktem Weg durch den Suezkanal – möglich. Hieraus ergab sich eine sehr starke ökonomische, aber auch politische Dominanz Englands in diesem Raum.
Die ökonomischen Interessen der Europäer führten dazu, daß sich die jeweiligen Länder notgedrungen in ihrer landwirtschaftlichen und – beginnenden – industriellen Produktion auf die europäischen Anforderungen einstellen muß-

[645] A. Schölch, ebd. 395.

ten (z.B. Herstellung von Rohseide im Libanon, die Produktion von Getreide, Datteln und Wolle im mesopotamischen Raum, von Baumwolle in Ägypten usf.). Mehr oder weniger bestimmten die europäischen Mächte Wirtschaft, Finanzen und somit auch die politischen Möglichkeiten im gesamten Raum des noch verbliebenen Osmanischen Reichs.

8.7.2.2 Die offene Kolonialisierung seit den siebziger Jahren des 19. Jahrhunderts bis zum Ende des Kolonialsystems (ein Überblick)

Seit den siebziger Jahren griffen europäische Mächte immer mehr auch militärisch im Mittelmeerraum und im Nahen Osten ein und unterwarfen sich viele Länder, die sie dann als Kolonien, Protektorate oder auch Provinzen des eigenen Mutterlandes verwalteten. Es ist nicht verwunderlich, daß somit seit den achtziger Jahren in manchen Ländern als Reaktion auf diese Abhängigkeit von Europa nationale Bewegungen aufkamen, so in der Türkei, in Syrien – hier richteten sie sich auch gegen die Osmanen –, Ägypten und Arabien. Diese nationale Ausrichtung war ein gegenüber der bisherigen Orientierung der Menschen auf die islamische Welt insgesamt oder auch auf das Osmanische Reich etwas Neues.

Französische Truppen landeten schon 1830 in *Algerien.* „Da die Franzosen aber zu dieser Zeit waffentechnisch noch kaum überlegen waren, zog sich die Eroberung bis 1850 hin“[646]. Vor allem Berberstämme leisteten Widerstand, erst 1870 hatten die Franzosen das Land ganz unter ihrer Kontrolle. Anders als in anderen Kolonien siedelten sich Franzosen in großer Zahl in Algerien an, und das Land wurde dem „Mutterland“ angegliedert. In diesem Sachverhalt ist der Grund dafür zu sehen, daß Algerien erst so spät, 1962, die Unabhängigkeit erreichen konnte; rund eine Million französischer Staatsbürger mußten nach Frankreich umsiedeln.

Als die Franzosen 1881 *Tunesien* angriffen, waren sie waffentechnisch haushoch überlegen und konnten die Eroberung im gleichen Jahr abschließen.

Gegen Europäer und nichtägyptische Machteliten erhob sich in *Ägypten* 1881/1882 die *Urabi*-Revolution (benannt nach dem ägyptischen Offizier *Ahmad Urabi);* die Bewegung war zunächst erfolgreich und bildete 1882 eine Regierung. Dies aber wollte England nicht dulden: 1882 besetzten britische Truppen Ägypten, das von jetzt an gänzlich von England abhängig und faktisch von britischen Regenten verwaltet wurde, wenn es auch formal noch eine Provinz des Osmanischen Reichs blieb. Bald entstanden eine Nationalpartei, die den Abzug der britischen Truppen forderte, aber die ägyptische Nation noch im Kontext der islamischen Welt sah, und eine Volkspartei, die für eine nationale Unabhängigkeit plädierte.

---

[646] P. von Sivers, Nordafrika in der Neuzeit, a.a.O. 532.

1914 setzte Großbritannien den Khediven in Kairo ab, und Ägypten wurde auch formell zum Protektorat, wobei die Engländer aber wieder – im Sinne ihres Prinzips des *indirect rule* – Sultane einsetzten. In dieser Situation erstarkten die nationalen Unabhängigkeitsbestrebungen, die dazu führten, daß Ägypten 1922 eine „souveräne" parlamentarische Monarchie wurde; aber erst 1936 sicherte England die volle Souveränität zu und zog seine Truppen in das Gebiet des Suezkanals zurück, wo sie bis 1956 blieben.
1878 wurde *Zypern* von englischen Truppen erobert; in den an Aden angrenzenden Gebieten sowie mit Sultanaten und Scheichtümern im Osten Arabiens schlossen die Briten Protektoratsverträge.
Ab 1911 griffen italienische Truppen die beiden Provinzen *Libyens,* Tripolitanien und die Cyrenaika, an. Sie stießen auf heftigen Widerstand der *Senussi*-Bruderschaft, benannt nach *Muhammad Ibn 'Ali As-Sunusi,* der sie 1835 in Mekka gegründet hatte und die schon länger große Teile Libyens beherrschte. Während des Ersten Weltkriegs konnte die Senussi-Bruderschaft die Italiener wieder vertreiben, wurde dann aber vom faschistischen Italien 1923 bis 1931 besiegt, wenn auch nie gänzlich überwunden. 1951 wurde Libyen als konstitutionelle Monarchie unabhängig.
Zu *Marokko* besaß Frankreich seit dem 16. Jahrhundert enge Beziehungen. 1904 wurden diese – mit einer sehr bestimmenden Rolle Frankreichs – in einem französisch-marokkanischen Abkommen festgeschrieben. 1912 wurde Marokko auch offiziell französisches Protektorat, wobei allerdings Spanien das Riffgebiet behalten konnte und die Stadt Tanger internationalisiert wurde. Der marokkanische Sultan blieb aber, abgesehen von einer vorübergehenden Absetzung 1953–1955, Regent, wenn auch unter französischer Kontrolle. Im Jahr 1956 konnte das Königreich Marokko seine Unabhängigkeit erlangen.
In *Syrien* kam gegen Ende des 19. Jahrhunderts eine nationale Bewegung auf, die zunächst erfolglos blieb, sich aber 1917 an einem Aufstand beteiligte, der 1920 zur Proklamation eines unabhängigen Königreichs führte; dieses sollte auch den Libanon, Palästina und Transjordanien, das seit der islamischen Eroberung zu Syrien gehörte, einschließen. Im gleichen Jahr aber kam Syrien als Völkerbundsmandat unter französische Herrschaft.
1918 besetzten zunächst britische, dann französische Truppen den Libanon, dessen heutige Grenzen Frankreich 1920 festlegte; 1926 löste Frankreich den Libanon, mit einer eigenen Verfassung, aus der Verbindung mit Syrien. Nach einer Besetzung Libanons und Syriens durch britische Truppen während des Zweiten Weltkriegs, 1941, wurde 1944 die französische Mandatsverwaltung für den Libanon aufgehoben, für Syrien erst 1945.
Auch in *Palästina* waren die europäischen Mächte präsent, oft unter dem Vorwand des Schutzes der den jeweiligen Staaten nahestehenden konfessionellen christlichen Gruppen in Jerusalem und anderen Städten. Von 1822 an siedelten europäische Juden in Palästina, wo es bis dahin nur weniger als 25.000 Mitglieder dieser Gruppe gegeben hatte; diese Bewegung verstärkte

sich nach dem ersten zionistischen Kongreß in Basel 1897; ab 1905 kamen vor allem Juden aus Osteuropa nach Palästina. Dennoch hatten sich bis zum Ersten Weltkrieg weniger als 90.000 Juden in Palästina niedergelassen. 1917 und 1918 eroberten die Briten Palästina; danach konnte der jüdische Aufbau in Palästina forciert werden. 1920/1922 wurde Großbritannien das Mandat des Völkerbundes über Palästina übertragen, das Transjordanien dann als eigenes Emirat, von einem britischen Hochkommissar verwaltet, vom übrigen Palästina abtrennte; Transjordanien wurde nach dem Zweiten Weltkrieg, 1946, ein unabhängiges Königreich. Im (westlichen) Palästina kam es nach der Machtergreifung *Hitlers,* im Gefolge des nationalsozialistischen Antijudaismus und der Ausrottungspolitik, zu einer verstärkten Einwanderung von Juden und zu wachsenden Konflikten zwischen Juden und Palästinensern, zuletzt auch mit Großbritannien. 1947 beschloß die Vollversammlung der UNO die Teilung Palästinas. Ein Jahr später wurde der *Staat Israel* offiziell proklamiert. Im ersten Israelisch-Arabischen Krieg 1948/1949 konnte Israel sein Territorium erweitern, aber auch *Transjordanien* gliederte sich Ostpalästina und Jerusalem an und nannte sich fortan Jordanien; Ägypten besetzte den Gazastreifen.

In *Arabien* konnte 1902 die Familie der Saud einen – zunächst noch kleinen – wahhabitischen Staat mit der Hauptstadt Riad etablieren, der nach dem Ersten Weltkrieg, 1926, als Königreich proklamiert und 1932 zum Königreich Saudi-Arabien umbenannt wurde.

In der *Türkei* formierten sich türkische Nationalisten – die „Jungtürken" –, die ab 1906 im Offizierskorps Fuß fassen konnten. 1908 mußte der Sultan wieder die frühere Verfassung von 1876 und ein Parlament akzeptieren. Der spätere Sieg der „Jungtürken" hatte allerdings auch noch von außen kommende Gründe, insofern der Verlust weiterer osmanischer Territorien in Südosteuropa (Kreta, Bosnien und Herzegowina, Bulgarien) die Macht des Sultans erschütterte. 1913 bildeten die „Jungtürken" eine Regierung, 1922 wurde das Sultanat abgeschafft.[647] Trotz ihrer nationalistischen Opposition gegen die europäischen Mächte führten sie allerdings eine weitgehende Europäisierung ein: eine säkulare Staatsauffassung und Justiz, ein verbessertes Bildungswesen und größere Rechte für die Frauen.

Kolonialisierung und Entkolonialisierung hatten also zur Folge, daß die frühere Einheit der islamischen Welt im Mittelmeerraum, so formal sie vielleicht auch bisweilen war, aufgelöst wurde. An die Stelle des Osmanischen Reichs war eine Reihe von Nationalstaaten nach europäischem Modell getreten.

[647] Vgl. o. 8.4.1.

8.7.3 *Kolonialisierung und Entkolonialisierung der muslimischen Länder in Schwarzafrika*

In Schwarzafrika verlief die Kolonialgeschichte anders als in Nordafrika, weil den Europäern nur wenige festetablierte muslimische Staaten – wie z.B. Sudan oder die westafrikanischen Reiche der Fulbe – Widerstand leisten konnten. Lange aber wurde ihr Vordringen verzögert durch die gewaltigen Entfernungen in den oft noch unbekannten Regionen sowie das unwirtliche Klima und noch längere Zeit nicht beherrschbare Krankheitserreger.

In *Westafrika* waren bis zum Beginn des 19. Jahrhunderts private europäische Handelsgesellschaften tätig, die in der Hauptsache – von Privilegien ihrer jeweiligen Staaten gefördert – Sklaven-, aber auch Gold- und Gewürzhandel betrieben. Seit der zweiten Hälfte des 15. und im 16. Jahrhundert errichteten portugiesische Gesellschaften Handelsstützpunkte an der Westküste Afrikas, ohne an den umliegenden Territorien interessiert zu sein; in dieser Zeit blieb der Sklavenhandel quantitativ noch relativ bescheiden.

Erst nach dem Sieg Englands über die Armada der Spanier, 1588, und der daraufhin folgenden Kolonialisierung Nordamerikas wuchs der Bedarf an Sklaven für die dortigen Plantagen. Deswegen gründeten jetzt auch andere europäische Mächte „private“ Handelsniederlassungen an der westafrikanischen Küste, 1598 die Niederlande, 1631 Großbritannien und in der zweiten Hälfte des 17. Jahrhunderts Dänen, Schweden und Franzosen. Diese Stützpunkte wechselten häufig die Besitzer, und nur die Franzosen drangen in der zweiten Hälfte des 17. Jahrhunderts am Senegalfluß tief ins Hinterland ein, besetzten also ein größeres Territorium.

Diese Situation änderte sich nicht bis zum Beginn des 19. Jahrhunderts; in dieser Zeit nahm der Sklavenhandel riesige Ausmaße an. Erst in der zweiten Hälfte des 18. Jahrhunderts kündigte sich in Europa eine veränderte Einstellung zu dieser Frage an. 1807 verbot England den eigenen Gesellschaften den Sklavenhandel, 1815 wurde dieses Verbot vom Wiener Kongreß bekräftigt; dennoch dauerte es noch einige Jahrzehnte, bis sich alle europäischen Mächte – zuletzt 1875 Portugal – dieses Verbot zu eigen machten.

Die Kritik, Behinderung und schließlich das Verbot des Sklavenhandels stürzte die europäischen Handelsgesellschaften in eine ökonomische Krise; sie waren unrentabel geworden. In der Folgezeit übernahmen deswegen die europäischen Staaten die Niederlassungen der privaten Gesellschaften in eigener Regie, zuerst Großbritannien 1821. Andere Staaten folgten, waren aber weniger interessiert, so daß noch bis zu den achtziger Jahren der europäische Einfluß im wesentlichen auf Stützpunkte an der Westküste beschränkt war.

Dies änderte sich erst, als die in Europa neu entstandenen Nationalstaaten Deutschland, Belgien und Italien auf den Plan traten und sich in Afrika Territorien sichern wollten: 1879 erwarb der belgische König *Leopold II.* und seine Kongogesellschaft ein riesiges Gebiet, Deutschland sicherte sich unter

– dem zunächst widerstrebenden – *Bismarck* Gebiete in Togo, Kamerun, Südwestafrika und an der Ostküste bei Sansibar, Italien intervenierte in Eritrea und an der Küste von Somalia.

Diese Entwicklung überraschte die bisher führenden Kolonialmächte, und weckte auch ihr Interesse am Erwerb afrikanischer Territorien. Großbritannien reagierte zuerst und eroberte einige Gebiete; somit war eine Auseinandersetzung um die Aufteilung Afrikas eingeleitet. Diese wurde 1884 und 1885 auf der „Berliner Konferenz“ beschlossen; dennoch kam es auch danach noch, in den neunziger Jahren, zu Konflikten zwischen den Europäern.

Die militärischen Aktionen verliefen nicht problemlos und trafen auf heftigen Widerstand der Schwarzafrikaner; gelegentlich dauerte es Jahrzehnte – so für Großbritannien an der Goldküste und für Frankreich in Dahomey –, bis die Unterwerfung abgeschlossen war. Aber nach rund dreißig Jahren, seit 1912, war ganz Afrika – mit Ausnahme Äthiopiens, das sich gegen die Italiener behaupten konnte – unter den europäischen Mächten aufgeteilt.

Bei dieser Neuordnung spielten gewachsene politische und kulturelle Strukturen nur selten eine Rolle. In der Regel vereinigten die einzelnen Kolonien, die später in diesem Zuschnitt „Nationalstaaten“ wurden, die unterschiedlichsten Stämme, Kulturen, Religionen und Sprachen. Die willkürliche Grenzziehung wurde damals von den Europäern nicht als Problem empfunden, da sie ohnehin die Schwarzafrikaner für kultur- und geschichtslose Menschen hielten.

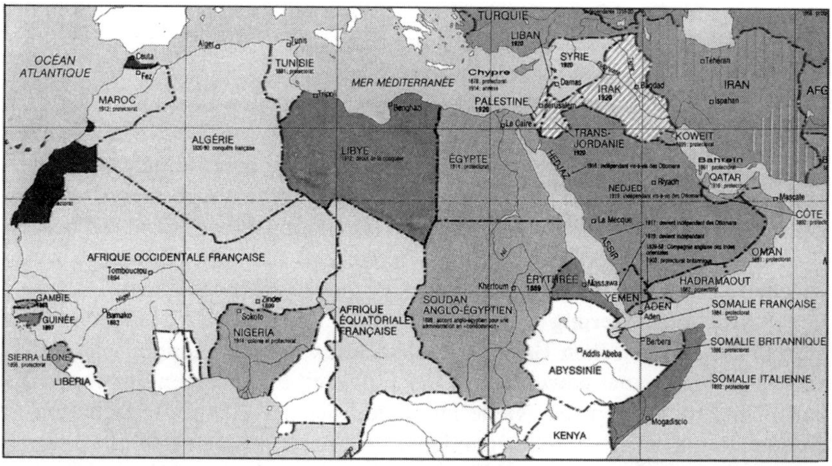

Die muslimischen Regionen in *West- und Zentralafrika* wurden meist *französische Kolonien*: Mauretanien wurde 1903 Protektorat, 1920 Kolonie; im Süden schloß sich an: Senegal (1860), Französisch-Guinea (ab 1860, allmähliche Eroberung bis 1890), die Elfenbeinküste (erste französische Niederlassung 1688–1703; im frühen 19. Jahrhundert erneut französischer Stützpunkt, zwischen 1887 und 1889 Protektoratsverträge, ab 1893 Kolonie) und

Dahomey (1894 besetzt, ab 1904 Kolonie); im Osten von Mauretanien: französisch Sudan (seit 1883, Kämpfe bis 1923; seit 1904 Kolonie Sudan; seit 1921 Niger als Teilgebiet eigene Kolonie); südlich vom Niger: Französisch-Äquatorialafrika (ab 1886 Kolonie). Die Briten hatten in dieser Region nur wenige Kolonien: die Goldküste (1896), das volkreiche und nur im Norden islamische Nigeria (1861/1886), das islamische Gambia und das zu einem Viertel der Bevölkerung muslimische Sierra Leone.
Im *Osten Afrikas* waren bis ins letzte Jahrzehnt des 19. Jahrhunderts Araber in Handel und Politik dominierend. Jetzt erst wurden sie, vor allem von den Briten, zurückgedrängt. Wie schon ausgeführt[648], war der Sudan 1899 einem Kondominium von Großbritannien und Ägypten, das ohnehin von England abhängig war, unterworfen worden.
Darüber hinaus wurden auch Uganda (erste Besitznahme 1890, Protektorat 1896), Kenia (1886) und Britisch-Somaliland (ab 1884; das britische Protektorat umfaßte bis 1920 nur Küstenstreifen) britisch.
In Ostafrika konnte Italien Eritrea (1882, ab 1890 Kolonie) und Italienisch-Somaliland (1885 bis 1905) erwerben; Abessinien war nur für kurze Zeiten, von 1889 bis 1896 und von 1935 bis 1941, italienisches Protektorat und konnte sich danach wieder befreien.
Diese Kolonialherrschaft blieb zwar nicht unangefochten. Der Aufstand z.B. der Senussi in Libyen 1915[649] breitete sich nach Süden aus, so daß Frankreich erst 1934 das gesamte Saharagebiet und die südlich anschließende *Region* „Sudan" (westlich des Staates Sudan) wieder „befriedet" hatte. Dennoch konnten Frankreich und Großbritannien in dieser Zeit in Afrika Bodenschätze und Agrarprodukte gewinnen und exportieren. In den Kolonien wurden europäische Verwaltungsformen, Verkehrswege, Gesundheitsfürsorge und – in Ansätzen – ein Bildungssystem aufgebaut. Manches davon war auch für die Schwarzafrikaner positiv, anderes wieder – wie z.B. die Einrichtung landwirtschaftlicher Monokulturen, der Verzicht auf eine industrielle Weiterverarbeitung der Rohstoffe in Afrika – wirkte sich auf Dauer negativ aus.
Schon während des Ersten Weltkriegs wuchs das Selbstbewußtsein vieler Schwarzafrikaner; viele hatten, vor allem auf französischer Seite, in Europa gekämpft. In den dreißiger Jahren bildeten sich afrikanische Eliten, die den Wert der „négritude" betonten und mehr Autonomie forderten.
Der Zweite Weltkrieg war dann der Beginn der Wende zur Entkolonialisierung. Wieder kämpften Schwarzafrikaner auf der Seite der Franzosen, die Unterstützung der frankophonen Kolonien für das „Freie Frankreich" war zu einem guten Teil auf schwarzafrikanische Initiative zurückzuführen; *de Gaulle* sicherte als Dank 1944 in Brazzaville den französischen Kolonien die Entlassung in die Selbständigkeit zu.

---

648 Vgl. o. 8.6.3.
649 Vgl. o. 8.7.2.

Dieses Versprechen realisierte Frankreich zunächst allerdings nur halbherzig; 1946 konstituierte es eine „Französische Union", innerhalb derer den Kolonien eine eingeschränkte Autonomie zugestanden wurde. Die Eliten in Afrika waren darüber enttäuscht, in Madagaskar kam es 1947 zu einem Aufstand, den die Franzosen niederschlagen konnten. Erst nach der französischen Niederlage in Indochina 1954 brachen neue Aufstände in Algerien, Marokko und Tunesien aus, die erfolgreich waren und Marokko 1955 und ein Jahr später Tunesien den Status souveräner Staaten brachten.
Auch in Schwarzafrika forderte man die Unabhängigkeit, während der algerische Aufstand fortdauerte. Als 1958 nach einer Revolte der französischen Armee und Siedler in Algerien *de Gaulle* erneut an die Macht kam, schuf er eine „französische Gemeinschaft", innerhalb derer die schwarzafrikanischen Kolonien quasi autonome Staaten wurden; *Guinea* war damit nicht zufrieden und setzte seine volle Souveränität durch. Wenige Jahre später, 1960, erreichten auch die anderen schwarzafrikanischen Staaten die uneingeschränkte Souveränität. Die ehemalige französische Kolonie Sudan zerfiel in die Staaten Mali (1960) und Niger (1960), aus französisch Äquatorialafrika wurden 1960 zwei unabhängige Staaten: der in seinen nördlichen Gebieten islamische Tschad und das nichtislamische Gabun.
Auch die britischen Kolonien im islamischen Schwarzafrika gewannen etwa zur gleichen Zeit die Unabhängigkeit, auf die sie vom Mutterland ab 1950 auch vorbereitet wurden. 1956 erklärte sich allerdings der Sudan von sich aus für souverän, ein Jahr später entließ Großbritannien die Goldküste in die Unabhängigkeit, in den darauffolgenden Jahren auch die übrigen Gebiete (Uganda, Kenia, Britisch Somaliland).
Die italienische Kolonie Eritrea wurde während des Zweiten Weltkriegs, 1941, von britischen Soldaten erobert und 1952 mit Äthiopien verbunden; Italienisch-Somaliland wurde 1960, gleichzeitig mit Britisch-Somaliland, unabhängig; sie wurden zur Republik Somalia vereinigt.
Die Kolonialisierung hatte christlichen Missionaren unterschiedlicher Konfessionen und nationaler Prägung den Zugang zu Schwarzafrika geschaffen, wo sie – meist begünstigt durch die Kolonialregime – das Christentum in den nichtislamischen Gebieten verbreiten konnten; in den Kolonien, deren Bevölkerung teilweise dem Islam, zu anderen Teilen den afrikanischen Religionen zugehörte, konkurrierte die christliche Mission unmittelbar mit dem Islam. Daneben aber förderte die Kolonialisierung die Identifikation der muslimischen Bevölkerung mit ihrer Religion und der weltweiten Umma, weil sie ihnen eine Stütze gegenüber den christlichen Kolonialherren gab; so gewann der Islam in Schwarzafrika an Festigkeit und auch an Attraktivität für bisher nicht zu ihm gehörige „Einheimische".

8.7.4 Kolonialisierung und Entkolonialisierung muslimischer Territorien auf dem indischen Subkontinent und in Südostasien

8.7.4.1 Der indische Subkontinent

1498 entdeckte *Vasco da Gama* den Seeweg nach Indien. In der Folgezeit errichteten zuerst die Portugiesen, dann Holländer (1600), ab 1602 die englische *East India Company* und ab 1664 die französische *Compagnie des Indes* Handelsniederlassungen an der indischen Küste. Gemäß ihren Interessen beschränkten sie sich lange Zeit weitgehend auf diese Stützpunkte, mischten sich aber gelegentlich auch in die politischen Verhältnisse in ihrem Umfeld ein. Im Gefolge solcher Aktivitäten brachen 1740 bis 1763 militärische Konflikte zwischen englischer und französischer Handelsgesellschaft (französich-britischer Krieg) aus, die mit einer Niederlage der Franzosen abgeschlossen wurden; gegen Ende des 18. Jahrhunderts wurden sie endgültig aus Indien – bis auf zwei kleinere Stützpunkte, die sie erst in den fünfziger Jahren des 20. Jahrhunderts aufgeben mußten – zurückgedrängt.
1764 eroberte die englische Company Bengalen und besaß somit erstmals ein großes Territorium. In drei weiteren Kriegen konnte sie umfängliche Gebietsgewinne machen, die es ihr ermöglichten, von 1818 bis 1857 eine einigermaßen stabile Friedensperiode in Indien zu gewährleisten.
Schon im letzten Drittel des 18. Jahrhunderts führten Mißstände bei der Handelskompanie dazu, daß das englische Parlament eingreifen mußte; 1763 wurde in Ostindien ein Generalgouverneur eingesetzt. Seit 1833 war die Gesellschaft nur noch eine Verwaltungsinstitution des Staates, die 1858 auch formell aufgelöst wurde; fortan war die britische Königin zugleich Kaiserin von Indien; in ihrem Namen regierte in Indien ein Gouverneur, auch „Vizekönig" genannt.
Drei Fünftel des indischen Territoriums standen seit dem 19. Jahrhundert unter englischer Verwaltung, die restlichen Gebiete wurden von indischen Fürsten regiert, die aber nur halbsouverän waren; die Kompetenz für Außen- und Militärpolitik mußten sie an Großbritannien abgeben. Faktisch unterstand also der gesamte indische Subkontinent englischer Kontrolle.
In dieser Zeit setzte Großbritannien eine Reihe von Maßnahmen durch, die Indien auf den Weg eines – europäisch verstandenen – Fortschritts bringen sollten: in den dreißiger Jahren des 19. Jahrhunderts wurde Englisch zur Verwaltungssprache gemacht, zwanzig Jahre später wurden Eisenbahn und Telegraphensystem eingeführt, immer mehr englische Rechtsvorstellungen und Reformen des Bildungswesens wurden durchgesetzt.
Früher als in anderen kolonial beherrschten Gebieten formierte sich in Indien schon im letzten Drittel des 19. Jahrhunderts eine Protestbewegung gegen die „unindische" Verwaltung des Landes (1885 *Indian National Congress,* aus

dem die Kongreßpartei hervorging), 1906 entstand in Konkurrenz dazu die *Muslim Liga;* zeitweise, z.B. in einer Kampagne 1920–1922, arbeiteten beide Bewegungen gegen die englische Verwaltung zusammen. Seit 1924 aber wurden die Spannungen zwischen den beiden immer größer, weil die Interessen von Hindus und Muslimen zu unterschiedlich waren; mit der späteren Forderung ihres Führers *M.A. Dschinnah* nach einem eigenen muslimischen Staat war jede Zusammenarbeit beendet.

Der Kampf um die Unabhängigkeit kannte seit dem Ersten Weltkrieg verschiedene Etappen. Aber erst die Schwächung Großbritanniens nach dem Zweiten Weltkrieg verhalf der letzten großen Kampagne *Mahatma Gandhis,* und gleichzeitig den Forderungen *Dschinnahs,* zum Erfolg; 1947 wurden die beiden Staaten, das „hinduistische" Indien und das muslimische Pakistan (West- und Ostpakistan) unabhängig.

Im Gefolge der religiösen Aufteilung waren viele Millionen Menschen gezwungen, aus Pakistan nach Indien und umgekehrt umzuziehen. Dennoch gelang die Trennung der Religionen nur unvollkommen; in Indien ist heute noch mehr als jeder zehnte Einwohner Muslim.

Der recht künstliche Staat Pakistan, dessen Ost- und Westteil durch Indien getrennt waren, löste sich im Gefolge eines indisch-pakistanischen Kriegs 1971/72 in zwei voneinander unabhängige Staaten auf: Das bisherige Westpakistan konstituierte sich als Pakistan, Ostpakistan als Bangladesch.

Das muslimische Afghanistan, das in einer wechselvollen Geschichte und in ebenso wechselnder territorialer Umgrenzung mit seinen Nachbarn Persien und Indien, dazu noch mit den Mongolen, zu tun hatte, wurde im 19. Jahrhundert zweimal von englischen Truppen teilweise besetzt (1839 und noch einmal 1878 Eroberung Kabuls) und mußte die Hoheit über die eigene Außenpolitik 1879 an Großbritannien abtreten; 1919 machte es sich von dieser Fremdherrschaft unabhängig.

8.7.4.2 Südostasien

In Südostasien nahm die Kolonialpolitik einen recht komplizierten Verlauf, der hier nicht für alle muslimischen Territorien nachgezeichnet werden kann.[650] Nur zwei Beispiele sollen einen kleinen Einblick vermitteln.

Schon 1511 setzten sich die Portugiesen auf Malakka fest, wurden 1641 von den Holländern vertrieben, ab 1786 trat die englische Ostindische Handelskompanie auf den Plan; hieraus ergab sich eine machtvolle Präsenz Großbritanniens, das im Lauf der Zeit Teile der Inselwelt unmittelbar, andere Gebiete indirekt regierte. Nach der japanischen Besetzung dieser Region 1942–1945 kehrten die Briten wieder zurück, mußten aber bald Malaysia, Singapur und andere Staaten in die Unabhängigkeit entlassen.

[650] Vgl. die in Kapitel 8.5.2 angegebene Literatur.

Der Staat, der heute die größte Zahl an muslimischen Einwohnern aufweist, Indonesien, wurde seit 1602 von der niederländischen *Vereinigten Ostindischen Kompanie* zunehmend unterworfen. Nach Korruption und Überschuldung wurde diese Gesellschaft 1800 aufgelöst, der niederländische Staat trat an ihre Stelle. Gegen ihn opponierte seit 1908 eine erste indonesische Nationalbewegung; 1927 gründete *Sukarno* die Indonesische Nationalpartei (später: Indonesische Partei); die niederländische Reaktion war hart.
Die japanische Invasion beendete 1942 die niederländische Herrschaft, 1945, nach der Kapitulation Japans, proklamierte Indonesien die Unabhängigkeit. Nach einer neuerlichen Eroberung großer Teile Indonesiens 1947 und 1948 mußten die Niederlande die Unabhängigkeit Indonesiens endgültig bestätigen.

8.7.5 Zur Bedeutung von Kolonialisierung und Entkolonialisierung für den Islam

Albert Hourani stellt fest: „1918 war die militärische Vormachtstellung der Briten und Franzosen im Nahen Osten und im Maghreb stärker als jemals zuvor. Noch schwerer wog, daß die Osmanen als Großmacht ausgeschaltet waren“[651]. In der folgenden Zeit, bis zum Zweiten Weltkrieg, konnten die Europäer ihre Machtpositionen noch weiter ausbauen. Erst ihre Schwächung in diesem Krieg ermöglichte es den nationalen Kräften in den Kolonien, die Unabhängigkeit ihrer Staaten – militärisch und in politischen Verhandlungen – durchzusetzen.
Obwohl das Osmanische Reich schon lange gekränkelt hatte, kann die Bedeutung seiner Auflösung nicht hoch genug eingeschätzt werden: „Das politische System, in dem die meisten Araber vier Jahrhunderte gelebt hatten, war damit zerbrochen; die Hauptstadt des neuen türkischen Staats wurde nicht Istanbul, sondern Ankara ... Die Dynastie der Osmanen hatte die verbliebene Macht und Unabhängigkeit des sunnitischen Islam verteidigt, gleichgültig ob man ihr das Recht auf das Kalifat zuerkannte oder nicht“[652].
Seit der Entkolonialisierung organisierten sich muslimische Länder „national“, die muslimische Gemeinsamkeit führt zwar durchaus noch zu manchen internationalen Solidaritätsbekundungen und -aktivitäten, die aber meist recht schnell an den unterschiedlichen nationalen Interessen scheitern.
In Schwarzafrika werden die am Ende der Kolonialzeit entstandenen „nationalen“ Grenzen als unveränderbar angesehen. Deswegen sind die jeweiligen Regierungen gezwungen, im Binnenraum ein Nationalgefühl zu erzeugen trotz der Vielfalt der Sprachen, Stämme und kulturellen Traditionen. Dieses Nebeneinander der afrikanischen Sprachen innerhalb eines Staates zwingt sie

---

[651] A. Hourani, Die Geschichte der arabischen Völker, a.a.O. 385.
[652] A. Hourani, ebd. 386.387.

dazu, die Sprache ihrer jeweiligen Kolonialherren als offizielle Sprache zu benutzen (franko- und anglophone Staaten), wodurch sie auch kulturell mit den früheren Kolonialmächten verbunden bleiben (müssen).
Die Kolonialisierung brachte den noch nicht industrialisierten muslimischen Ländern, die nur über wenige städtische Zentren verfügten, eine Verarmung des Großteils der Bevölkerung; Wirtschaft, Landwirtschaft und Finanzen wurden nach europäischen Interessen ausgerichtet, wodurch die Kolonien, deren Infrastrukturen und Mentalitäten diesen Erfordernissen nicht entsprachen, ausgebeutet wurden. *Peter von Sivers* charakterisiert die Vorgehensweise der Europäer im frühen 20. Jahrhundert in Marokko, wo noch nicht einmal die schlimmsten Zustände herrschten: „Profithungrige und risikofreudige europäische ‚Handlungsreisende', die oft über keinerlei soliden Hintergrund verfügten und skrupellos den nationalen Ehrgeiz der englischen, französischen und spanischen Diplomaten ausnutzten, waren die treibende Kraft in den chaotischen Jahren von 1903–7"[653]. Ähnlich sah es in den anderen Kolonialgebieten aus.
Mit der Verfestigung der Herrschaft der jeweiligen Kolonialmächte traten allerdings auch positive Folgen ein. Man versuchte, ein effektives Bildungswesen, Verkehrswege und medizinische Versorgung, Verwaltungsstrukturen und säkulare Rechtsprechung einzurichten. Die Mehrheit aber der Bevölkerungen konnte kaum von diesen Neuerungen profitieren und lebte nach den jahrhundertealten islamischen Gewohnheiten.
Damit war ein Konflikt zwischen den europäisch erzogenen und sich an Europa orientierenden Eliten und der Mehrheit der Bevölkerung grundgelegt. Die Forderung nach einer Besinnung auf die eigenen religiös-kulturellen Grundlagen – in Abgrenzung von den säkularisierten oder christlichen Europäern – mußte zwangsläufig erhoben und mit der Zeit immer bestimmender werden; das Fundament der eigenen Identität wurde immer stärker im Islam gesucht. Weil Modernität als Bedrohung der eigenen Lebensgewohnheiten und Eigenart und zugleich als nichtmuslimischer Fremdeinfluß wahrgenommen wird, leitete diese Situation – sozialpsychologisch notwendig – eine restaurative Wiederbelebung islamischer Traditionen und Rechtsauffassungen ein; *Reinhard Schulze* nennt das dritte Kapitel seines Buchs[654] „Die Zeit der Restauration 1939–1958", das fünfte „Die Durchsetzung der islamischen Ideologien 1973–1989". Die Kolonialisierung behindert also auch noch nach ihrer Beendigung – allerdings bleiben auch ökonomische, technologische und wissenschaftliche Abhängigkeiten weiterhin bestehen – eine dynamische gesellschaftliche und geistige Entwicklung innerhalb der islamischen Gemeinschaften; der heute oft bedrohliche Fundamentalismus ist nicht zum geringsten Teil eine Reaktion auf den erzwungenen Import fremder Wertesysteme, Gesellschaftsstrukturen usf.

---

[653] P. v. Sivers, Nordafrika in der Neuzeit, a.a.O. 540.541.
[654] Reinhard Schulze, Geschichte der Islamischen Welt im 20. Jahrhundert, München 1994.

9. Das Rechtssystem des Islam

9.1 Einführung und Begriffserklärung

Der Koran bietet eine Fülle von rechtlichen Vorschriften, die das Leben des einzelnen Muslim und der Glaubensgemeinschaft betreffen. Schon bei einer oberflächlichen Lektüre drängt sich der Eindruck auf, die Einhaltung dieser Regelungen – begründet mit der Pflicht zu Hingabe, Gehorsam und Dankbarkeit Allah gegenüber – sei wichtiger als Theologie, Spiritualität oder auch die emotionale Dimension des Glaubens. So lenkt das später kanonische Dokument des Islam die Bemühung des Gläubigen vor allem auf das richtige vorschriftsgemäße Tun.

In der frühen Geschichte des Islam verfestigte sich diese Ausrichtung; der Islam wurde zunehmend zu einer Religion, die sich wesentlich in der rechtlich geregelten Praxis erschöpfte. Auch die weitere Geschichte brachte nicht – wie in der europäischen Entwicklung – einen Individualisierungsschub hervor, der den Blick auf andere humane Schwerpunkte lenkt; wichtigste Pflicht des Muslim war vielmehr die Einpassung des Individuums in die rechtlich-ethischen Regelungen.[655]

Das Gesamt des aus der Offenbarung, also aus Koran und Sunna bzw. Hadithen, hergeleiteten Rechts wird im Islam *Scharia* („Weg", „Gesetz") genannt. Sie regelt die Pflichten des einzelnen wie der Gemeinschaft, das dogmatische Glaubensrecht, die liturgische Praxis, die Pflichtenlehre, das gesellschaftliche Recht (Erbrecht, Eherecht, Speiseverbote usw.), aber auch das öffentliche Recht (Strafrecht, Verwaltungs- und Finanzwesen, Kriegsrecht).

Die Scharia unterscheidet zwischen verbotenem *(haram)* und erlaubtem Tun *(halal)*. Der Bereich des Erlaubten umfaßt:

- das individuell (z.B. Fasten) wie kollektiv (z.B. Beerdigung) Gebotene oder Verpflichtende *(fard)*,
- das Angeratene *(mustahabb)*,
- das Gestattete *(muhab)*,
- das Abgeratene *(makrah)*, das zwar noch erlaubt, aber besser zu unterlassen ist.

Auf der Basis der Scharia bildete sich die wichtigste muslimische Wissenschaft aus, die gänzlich religiöse Rechtswissenschaft, *Fiqh* („Einsicht", „Wissen"). Das Studium der Rechtswissenschaft durchliefen natürlich die Rechtsgelehrten, aber auch alle, die später mehr der Theologie zugerechnet werden, sowie auch viele Mystiker. So ist das Rechtsdenken für die meisten islamischen geistigen Betätigungen grundlegend.

---

[655] Vgl. hierzu o. 8.3.7.

Wegen der Bedeutung des Rechts sowie wegen des Fehlens einer kirchlichen Organisation[656] hatte und hat der Stand der Rechtsgelehrten, der *Ulama* (Plural von *Alim* [„Gelehrter"]) eine bedeutende gesellschaftliche Funktion; „als Rechtsgelehrte überliefern und entwickeln sie die Ordnung der *umma*, die als normative Selbstdarstellung deren eigentliche Existenzgrundlage abgibt und zugleich ihre größte intellektuelle Leistung ist: die im *fiqh* niedergelegte *sari'a*"[657]. Zu den Ulama zählen alle Imame großer Moscheen, Kadis, Muftis, Lehrer an theologischen Ausbildungsstätten sowie weitere religiöse Würdenträger wie z.B. Prediger.

Der sunnitische Islam kennt keinen „Klerus"; die Ulama aber können für sich zumindest eine analoge Stellung beanspruchen. In der Vergangenheit stützten die Ulama moralisch die jeweils Herrschenden, die Kalifen, Sultane oder Gouverneure. Dies gilt vor allem für die Abbasidenzeit; unter dem Kalifat der Abbasiden sahen sie das „Idealbild eines Staates"[658] verwirklicht. Aber schon z.Zt. der Osmanen, als die Ulama sogar in die staatliche Verwaltung integriert waren, übten sie Kritik an Regierungsmaßnahmen und verhinderten oft eine Öffnung zur Moderne hin. Eine ähnliche Funktion nehmen sie auch gegenwärtig in islamischen Staaten ein, die Modernisierungsprozesse einleiten wollen; die Ulama verkörpern im allgemeinen die konservative Komponente islamischer Gesellschaften.

In der Schia ist der Einfluß der Rechtsgelehrten noch größer, weil sie über die Pflege der islamischen Rechtsgrundlagen hinaus auch noch die Weisungen der Imame zur Geltung bringen sowie auch rituelle Funktionen (Gebet, Eheschließung, Beerdigung) wahrnehmen. In der persischen Zwölferschia z.B. ist dieser Stand hierarchisch gegliedert. Die niedrigeren Rechtsgelehrten, die nur eine Art von rechtlicher Grundausbildung durchlaufen haben, werden als *Mullah* (von arabisch *Maula,* „Meister") bezeichnet. Die *Mudschtahid* („einer, der sich bemüht") dagegen studieren zwölf bis fünfzehn Jahre lang und stellen die höchste Gruppe dieses „Klerus" dar, aus der sich wiederum – seit dem 19. Jahrhundert – die *Ajatollahs* („Zeichen Gottes") hervorheben.

Schon früh konnten Kalifen und Gouverneure nur in wichtigen Rechtsangelegenheiten angerufen werden. Für die alltägliche Regelung von Rechtsfragen und zur Entscheidung der konkreten Rechtsfälle bildete sich schon in der Omaiyadenzeit ein Richteramt, das des *Kadi* („Richter"), aus. Schon die Abbasiden – genauer: *Harun ar-Raschid*[659] – hatten, wohl zu ihrer eigenen Entlastung, das Amt eines Oberkadis eingeführt, was aber zugleich auch zu einer gewissen Befreiung der Rechtsprechung von unmittelbaren politischen Ein-

---

[656] Vgl. hierzu G.E. von Grunebaum, Der Islam in seiner klassischen Periode 622–1258, a.a.O. 108.

[657] G.E. von Grunebaum, ebd. 109.

[658] Yves Thoraval, Lexikon der islamischen Kultur (Originaltitel: „Dictionaire de civilisation musulmane", Paris 1995; hrsg. u. übers. von Ludwig Hagemann und Oliver Lellek), Darmstadt 1999, 291.

[659] Vgl. hierzu o. 8.3.2.

griffen, vor allem auch von seiten der Provinzgouverneure oder sonstiger Machthaber, führte; der Kalif blieb nur höchste Appellationsinstanz für ganz seltene Rechtsfälle *(Masalim)*. Der Kadi war und ist in den islamischen Gesellschaften ein häufig beanspruchter und wichtiger Mann. Vor allem muß er Fälle dann entscheiden, wenn sie nicht so einfachhin mit dem Rückgriff auf Koran und Sunna lösbar sind.

Weil die Rechtsquellen nicht immer leicht auszulegen waren bzw. sehr viele Streitfragen in den alten Quellen noch gar nicht vorkamen, bildete sich innerhalb der Ulama eine Gruppe aus, die sich auf Fragen der Rechtsauslegung spezialisierten, die sog. *Fukaha* („Verständige", „Versierte"); unter ihnen wiederum nahmen und nehmen die *Muftis* (ohne arabische Bedeutung; vielleicht syrisches Lehnwort?) eine von den politischen Instanzen bestätigte offizielle Funktion wahr. Für diese erstell(t)en sie Rechtsgutachten *(Fatwa)*, die eine bindende Wirkung besitzen.

Die Geltung der Scharia wurde und wird gelegentlich eingeschränkt durch örtliches Gewohnheitsrecht *(Urf* [„Brauch"] oder *Adat* [„Gewohnheitsrecht"]), in dem oft vorislamische Traditionen weiterwirken. Dies gilt vor allem für die Berbergebiete Nordafrikas, für schwarzafrikanische und asiatische muslimische Gesellschaften (vor allem in Afghanistan, Indien und Indonesien). Seit der Bildung der muslimischen Nationalstaaten im Gefolge der Entkolonialisierung wurden in vielen Ländern staatliche Gesetze erlassen, die die Scharia außer Kraft setzten oder einschränkten. Hiergegen formiert sich in manchen Ländern Widerstand, so daß die Scharia wieder eingeführt wurde.

9.2 Die Rechtsschulen im Islam

Das Leben des Muslim wie der muslimischen Gemeinschaften war gänzlich von rechtlichen Regelungen geprägt, die es einzuhalten galt. Diese stützten sich vor allem auf den Koran, in dem sich eine Fülle geoffenbarter rechtlicher Vorschriften findet. Bald aber lebten Muslime weit über Arabien hinaus im gesamten Vorderen Orient und im Mittelmeerraum verstreut; hieraus ergaben sich notwendig neue Fragestellungen, für die der Koran keine unmittelbare Handlungsanweisung geben konnte.

In dieser Situation wurden zusätzliche, ähnlich normative Rechtsquellen erforderlich: Die ersten Hadithe entstanden, die Antworten zur Lösung neu aufgetretener Rechtsprobleme geben sollten. Diese Hadithe reprojizierten Problem und Lösung in das Leben Mohammeds zurück (das „Verfahren, zeitgenössische Verhältnisse zurückzuverlegen und prophetische Entscheidungen zu erfinden"[660]), womit sie eine ähnliche Autorität wie koranische

[660] G.E. von Grunebaum, Der Islam in seiner klassischen Periode 622–1258, a.a.O. 110.

Texte beanspruchen konnten. So wurden Koran und Hadithe bzw. Sunna zu den Grundlagen *(Usul)* des muslimischen Rechtssystems.
Die Sammlungen der Hadithe liegen allerdings erst im 9. Jahrhundert vor.[661] Viele Hadithe aber müssen wohl schon früher entstanden sein. Ob einige schon in die Omaiyadenzeit oder noch weiter zurückreichen, ist unklar; für die frühe Abbasidenzeit jedoch dürfte mit dem Beginn der Ausbildung einer immer umfänglicheren Hadithtradition zu rechnen sein. Leider fehlen bisher auch für diese Fragen historisch-kritische Untersuchungen, die eine genauere zeitliche Verortung der einzelnen Hadithe möglich machen.
Konkrete Lebenssituationen passen allerdings niemals fugenlos auf tradierte rechtliche Vorgaben. Die Problematik, die zur Schaffung der Hadithe führte, blieb bestehen. Da aber irgendwann die Produktion neuer Hadithe abgeschlossen werden mußte, standen nur Koran und Sunna als normative Materialbasis zur Verfügung, die aber nur verwertbar blieb, wenn sie auf neue Fragestellungen hin ausgelegt werden konnten. Wahrscheinlich wurden im Umkreis einiger Moscheen schon in der Omaiyadenzeit religiöse Gespräche geführt, die sich kritisch mit den Anordnungen der Herrschenden auseinandersetzten. Vielleicht ergaben sich daraus Ansätze von Schulbildungen, die bestimmte Rechtsauffassungen tradierten. Folgt man *Watt/Welch*, so gab es eine allmähliche Entwicklung „von den ‚alten Schulen', die etwas formlos waren, zu den organisierten ‚Schulen', die es im sunnitischen Islam immer noch gibt"[662].
Diese Rechtsschulen *(Madhahib)* jedenfalls, die die Quellen auf spezifische Weise interpretierten, entwickelten sich in der Abbasidenzeit, von der zweiten Hälfte des 8. bis zum Ende des 9. Jahrhunderts. Oft sind auch nicht die Namensgeber die eigentlichen Gründer der Schulen, sondern erst ihre Schüler. Einige dieser Rechtsschulen sind im Lauf der Zeit untergegangen, vier von ihnen gibt es noch heute; sie prägen mit ihren – konservativeren oder liberaleren – Auslegungstraditionen die konkrete Rechtspraxis in den Ländern oder Regionen, in denen sie verbreitet sind. (Zu den verwendeten Termini vgl. den folgenden Abschnitt 9.3.)
Im *sunnitischen* Islam handelt es sich um folgende *vier Rechtsschulen:*
1. Die Hanafiten. Die hanafitische Rechtsschule ist die älteste Schulbildung, die sich auf den Iraker bzw. Iraner – die Quellen sind undeutlich – *Abu Hanifa* (gest. 767) zurückführt und nach ihm benannt ist. Koran und Hadithe sind die verbindlichen Rechtsquellen; angeblich ließ *Abu Hanifa* aber nur diejenigen Hadithe gelten, die er für authentisch hielt. Koran und Sunna dürfen durch *Qijas,* den Analogieschluß, mit dem man bestimmte Rechtsfälle mit Rückgriff auf analoge frühere Regelungen entscheiden kann, sowie durch *Ra'i,* das persönliche Urteil des Richters, ausgelegt werden. Die Zulassung von *Qijas* und *Ra'i* machte die islamische Rechtsprechung flexibel, so daß

---

[661] Vgl. o. 3.3.
[662] Watt/Welch, Der Islam I, a.a.O. 246.

eine gewisse Liberalität möglich war. „Damit wird neben dem Glauben und den Quellen der Tradition dem gesunden Menschenverstand eine entscheidende Bedeutung zuerkannt. Dies begünstigt die Einführung der Billigkeit als Grundsatz der Rechtsfindung“[663]. Die Schule gewann ihre festen Konturen erst durch *Schaybani* (gest. 804), der sechs Schriften über ihre Rechtsgrundsätze verfaßte. Die hanafitische Schule war das offizielle Rechtssystem z.Zt. der Abbasiden, Seldschuken und Osmanen. Heute ist sie verbreitet in der Türkei, (Teilen von) Syrien, auf dem Balkan sowie in asiatischen Ländern, in Pakistan, Indien, China und Zentralasien, für manche Fragestellungen in Ägypten.

2. Die Malikiten. Auch diese Schule entstand noch im 8. Jahrhundert. Sie wurde begründet von dem Medinenser *Malik ibn Anas* (gest. 795), der das älteste erhaltene Rechtsbuch des Islam *„al-Muwatta“* verfaßte. Auch er erkennt über Koran und Sunna hinaus *Ra'i* als Rechtsfindungsprinzip an, darüber hinaus bezieht er sich noch auf *Qijas. Malik* zieht sogar *Ra'i* und *Qijas* den Hadithen vor, so daß man daraus schließen muß, daß diese zu seiner Zeit noch nicht die Autorität besaßen, die ihnen später, nach Vorliegen der Sammlungen, zugesprochen wurde. Viele seiner Auffassungen basieren auf medinensischem Gewohnheitsrecht („Schule von Medina“), dessen Vorgaben die Urteilsfindung prägen. „Dies heißt aber auch, daß die Schule von Medina in ihrer Tendenz konservativ war und sich weniger als andere Schulen bemühte, das islamische Recht den neuen Verhältnissen anzupassen“[664]. Diese Rechtsschule war recht früh in Arabien und Andalusien verbreitet und wurde von dort im 14. Jahrhundert im Maghreb übernommen. Heute ist sie in Nordafrika, in Oberägypten, in den Golfstaaten, im Sudan, in Mauretanien und Nigeria beheimatet.

3. Die Schafiiten. Diese Schule ist benannt nach *asch-Schafii* (gest. 820), der als der eigentliche Begründer der muslimischen Rechtsgelehrsamkeit gilt. *N.J. Coulson* nennt ihn den „Meisterarchitekt“[665] des Rechts. Er war Koreischit, 767 in Palästina geboren, reiste viel, lebte aber meist in Bagdad und starb in Kairo. Er war der erste Systematiker des muslimischen Rechts; in seinem Hauptwerk *„Kitab al-Umm“* versuchte er, eine mittlere Position zwischen Konservativen und Liberalen zu beziehen. Die Rechtsfindung beschränkte er auf vier Quellen *(Usul al-Fiqh): 1. Koran, 2. Hadithe (Sunna), 3. Qijas* und *4. Idschma,* den rechtlichen Konsens der muslimischen Gemeinschaft bzw. der Rechtsgelehrten. Eine freiere Urteilsbildung lehnt er ab. Seine Schule ist heute verbreitet in Südarabien, Jordanien, Irak, Teilen Libanons, Ostafrika, Indonesien, Malaysia, Sri Lanka und Philippinen sowie in Teilen der Bevölkerung weiterer Staaten.

---

[663] A.Th. Khoury, Hanafiten, in: Islam-Lexikon, Bd. 2, a.a.O. 334.
[664] Watt/Welch, Der Islam I, a.a.O. 248.
[665] J.N. Coulson, A History of Islamic Law, Edinburgh 1964, 53.

4. Die Hanbaliten. Diese Schule wurde von dem in Bagdad geborenen *Ahmad ibn Hanbal* (gest. 855) begründet. Er war ein sehr konservativer Rechtsgelehrter, der eine Auslegung des Koran – er sollte im Wortlaut gelten –, alle rationalistischen Einflüsse sowie die Anwendung von *Ra'i* und *Qijas* für die Urteilsbildung ablehnte. Diese recht dogmatische oder puristische Rechtsschule war im Mittelalter, bis ins 14. Jahrhundert, auch in Syrien und im Irak verbreitet, wo sie aber durch die Osmanen weithin verdrängt wurde. Ihr größter Gelehrter war *Ibn Taimija* (gest. 1327), dessen Lehre im 19. Jahrhundert in Arabien von den *Wahhabiten*[666] übernommen wurde. Heute ist sie vor allem in Saudi-Arabien, in den Golfstaaten, Teilen Algeriens sowie in bestimmten Regionen auch anderer Staaten dominierend.

„Eine Zeitlang gab es mehrere andere Schulen bzw. solche, die im Entstehen begriffen waren"[667]; aber sie wurden mit der Zeit – bis etwa 1300[668] – von den genannten vier Schulrichtungen verdrängt. Die meisten Sunniten gehören heute der hanafitischen, also der „liberaleren" Schule an. An nächster Stelle folgt die vermittelnde schafiitische Schule.

Die *Schiiten*[669], die eigene Hadithsammlungen besitzen[670], schufen *besondere Rechtsschulen.* Z.Zt. der Buyidenherrschaft entstanden in den iranischen Städten Qom und Rey die bis heute benutzten Rechtssammlungen, später wurde in der „Schule von Bagdad" ein recht offenes Rechtssystem entwikkelt, das der Vernunft und dem Argument eine größere Rolle zuerkannte. Auch Idschma, der Konsens, spielte eine große Rolle, wurde aber schiitisch gewendet im Sinne einer Übereinstimmung mit der Auffassung des Imams. Obwohl es auch in dieser Schule konservativere Perioden gab, blieben doch in ihr liberale Motive der Mutaziliten erhalten. Endgültig wurde das Rechtsdenken der Zwölferschia während der Zeit der Mongolenherrschaft geprägt. Im 13. und 14. Jahrhundert konnte die Vernunft im Kontext der Rechtsfindung wieder eine wichtigere Funktion übrnehmen und behalten. Heute sind vor allem zwei Rechtsschulen von Bedeutung: Die der *Dschafariten* in der Zwölferschia (Iran/Irak) und der *Zaiditen* im Jemen.

---

666 Vgl. o. 8.7.2.1.

667 Watt/Welch, Der Islam I, a.a.O. 249.

668 Watt/Welch, ebd. 250.

669 Vgl. hierzu besonders Harald Löschner, Die dogmatischen Grundlagen des si'itischen Rechts. Eine Untersuchung zur modernen imamitischen Rechtsquellenlehre (Erlanger Juristische Abhandlungen, Bd. 9), Köln, Berlin, Bonn, München 1971; J.N. Coulson, A History of Islamic Law, a.a.O. 103–119.

670 Vgl. hierzu H. Löschner, Die dogmatischen Grundlagen des si'itischen Rechts, a.a.O. 92–94.

9.3 Das Rechtssystem

Wie die Schulbildungen zeigen, kennt das islamische Rechtssystem durchaus unterschiedliche Schwerpunkte und Kriterien. Dennoch besitzt es so viele Gemeinsamkeiten, daß es auch als ein Ganzes aufgefaßt werden kann.

Das islamische Recht ist immer geoffenbartes Recht bzw. „Anordnung Gottes“[671], es kennt kein *ius humanum*. Dennoch trifft es zu, „daß sich nur eine Minderzahl seiner Normen aus koranischen Bestimmungen ableiten läßt“[672].

Der *Korantext* als wichtigste Rechtsquelle wird in den Rechtsbüchern immer im arabischen Wortlaut zitiert. Die als eindeutig erkannten Aussagen gelten unmittelbar, ohne weitere Exegese. Daneben aber finden sich auch mehrdeutige Texte, die der Interpretation bedürfen. Diese stützt sich vor allem auf die frühen Kommentatoren. Die eigentlichen „Gesetzesverse“ des Koran beziehen sich zu einem großen Teil auf rituelle Regelungen, auf Vorschriften zum Dschihad und zur Pflichtenlehre. Nur ein kleinerer Teil der Verse hat mit „weltlichem Recht“ zu tun: Erbrecht, Straf- und Prozeßrecht, Ehe- und Strafrecht.

Die *Hadithe* werden in unterschiedliche Gruppen, je nach ihrer vermuteten Zuverlässigkeit, eingeteilt.[673] Die als zuverlässig betrachteten Texte sind ähnlich wie der Koran verpflichtende Grundlage der Rechtsfindung, während die übrigen nur als zusätzliche Plausibilitätsargumente herangezogen werden.

Der *Konsens, Idschma,* der Rechtsgelehrten über eine Vorschrift gilt in der klassischen Rechtstheorie als unfehlbar wahr.[674] Hierfür berufen sich die Ulama auf koranische Aussagen, daß man z.B. nicht *„einem anderen Weg ... als dem der Gläubigen“* folgen soll (S. 4,115; vgl. 4,59; 4,83), sowie der Sunna, daß die Gemeinschaft als ganze nicht irrt.

Darüber hinaus werden, in den Schulen unterschiedlich, weitere – oft „sekundär“ genannte – Quellen für die Rechtsfindung herangezogen:

Der *Analogieschluß, Qijas,* sucht nach Ähnlichkeiten, mittels derer frühere Regelungen auch auf neue Fragestellungen angewandt werden können: „So verbietet der Koran den Weingenuß wegen seiner berauschenden Wirkung. In Analogie damit verbietet das islamische Gesetz jede Sorte von alkoholischen Getränken, denn diese sind, wie der Wein, berauschende Getränke“[675].

Wenn alle diese Quellen kein zwingendes Urteil ermöglichen, darf sich, in manchen Rechtsschulen, der Richter ein *eigenes Urteil, Ra'i,* bilden und nach seinem Ermessen entscheiden.

Das *Gewohnheitsrecht* spielte in der Vergangenheit eine große Rolle, weil die islamischen Eroberer oft gesetzliche Regelungen, soweit sie nicht dem

---

671 J.N. Coulson, A History of Islamic Law, a.a.O. 75.

672 H. Löschner, Die dogmatischen Grundlagen des si'itischen Rechts, a.a.O. 74.

673 Vgl. hierzu o. 9.1.

674 J.N. Coulson, A History of Islamic Law, a.a.O. 77.

675 A.Th. Khoury, Rechtssystem, in: Islam-Lexikon, Bd. 3, a.a.O. 638.

eigenen Recht widersprachen, übernahmen, die in den von ihnen beherrschten Territorien, z.B. des Sassanidenreichs oder des Byzantischen Reichs, in Gebrauch waren. Dies gilt auch für ethnische Traditionen, die nach der Islamisierung weiterhin, wie bei den Berbern oder in Schwarzafrika, das alltägliche Leben bestimmten. Allerdings darf nach diesen Regelungen nur entschieden werden, wenn sie zu muslimischen Auffassungen nicht in Konflikt stehen.

Die Urteilsbildung basiert auf dem Bemühen des Richters, *Idschtihad,* alle Kriterien in rechter Weise zu berücksichtigen. In Fällen, die nicht ganz eindeutig sind oder in denen der Richter gar eine Ausnahme von der Regel für richtig hält, folgt er seinem eigenen Gutdünken. Hierbei gingen Hanafiten und Malikiten davon aus, daß sich dieses Urteil zumindest auf einen Analogieschluß oder auch das Interesse der Gläubigen stützt und deswegen legitim sowie selbst Quelle weiterer Rechtsprechung sein könne. Diese Möglichkeit wurde schon immer von Hanbaliten und Schafiiten abgelehnt, eben weil der Richter damit selbst Recht begründe. Seit dem 10. Jahrhundert wurde im Sunnismus dieses „Tor der *Idschtihad*" geschlossen. Hierfür waren nicht, wie man früher annahm, äußere Gründe maßgebend, sondern eine innere Entwicklung: Die Lehre von den Rechtsquellen war voll entfaltet; auch in der Theologie wurde der Rückbezug auf den Wortlaut von Koran und Hadithen immer strenger gehandhabt. So war die Einschränkung des rechtlichen Ermessensspielraums eine notwendige Folge der selbstauferlegten Normen.

In schiitischen Rechtsschulen wird dieser Weg der *Idschtihad* weiterhin beschritten. Der *Idschtihad* der Ulama wird zwar nicht als unfehlbar und unrevidierbar betrachtet, läßt aber freiere und argumentativere Erörterungen zu. Mit dem *Idschtihad* hängt der *Taklid* („Bevollmächtigung") zusammen: Wer nicht zu den Ulama gehört, „beauftragt" diese mit der Rechtsfindung, die für ihn dann bindend ist. So blieb das „Tor der Idschtihad" im schiitischen Rechtssystem geöffnet.

10. Wissenschaft, Philosophie und Theologie im Islam

10.1 Blüte und Niedergang der Wissenschaften

Der Islam brachte für einige Jahrhunderte eine beeindruckende Blüte der „profanen" Wissenschaften hervor, durch die er dem damaligen Europa weit überlegen war. Werke antiker Autoren wurden übersetzt, Medizin, Pharmazeutik, Mathematik, Geographie, Astronomie und Philosophie intensiv betrieben und an Schulen gelehrt.
Gelegentlich wird dieses wissenschaftliche Interesse mit der „rationalen" und „nüchternen" Art des Islam erklärt, der – anders als etwa das Christentum – nicht auf Wunder und immer neues göttliches Eingreifen ausgerichtet gewesen sei. Diese These aber überzeugt nicht. Zwar ranken sich im Koran keine wundersamen Begebenheiten um die Gestalt Mohammeds; von Jesus allerdings werden sie recht massiv überliefert. Spätestens in der Hadithtradition aber werden vergleichbare Motive auch auf Mohammed angewandt. Darüber hinaus könnte auch die Vorstellung einer *creatio continua*[676] eine selbständige Forschungsarbeit im Islam behindert haben, insofern sie von einer unmittelbaren Wirksamkeit Allahs in allen noch so profanen Wirklichkeiten ausgeht.
Wahrscheinlich muß man die Ursache für das Interesse an den Wissenschaften in zwei Faktoren suchen: Zum einen fand der Islam in den von ihm eroberten Gebieten – vor allem in Persien, Ägypten und Syrien – die gesamte Literatur der griechischen Antike vor, zum anderen war er von Anfang an „internationalistisch" und nicht wie das zu dieser Zeit entstehende christliche Europa auf regionale Horizonte beschränkt; Wissenschaftler in Cordoba kannten die Schriften ihrer Kollegen in Bagdad, Chorazan oder Kairo.
Vor allem die Kenntnis der antiken Literatur begünstigte die Entstehung der Wissenschaften; *al-Farabi* (gest. 950) gliederte die Wissenschaften deswegen in die Theologie und „die ‚fremden' Wissenschaften der ‚Alten', d.h. vor allem die griechischen Vernunftwissenschaften"[677]. Dieser Zusammenhang wird auch erkennbar im zeitlichen Ablauf: Erst mit dem Einsetzen einer umfänglichen Übersetzungsarbeit in der frühen Abbasidenzeit kam es im Islam zur Ausbildung der unterschiedlichen Wissenschaften; hierbei wurden die antiken Werke oft aus syrischen Übersetzungen, die im 6. Jahrhundert in den christlichen Schulen von Antiochien und Edessa entstanden waren, dann aber auch aus griechischen Originalschriften ins Arabische übertragen. Vor allem unter dem Kalifen *al-Mamun* (gest. 833) wurden griechische, syrische und auch persische Werke systematisch gesammelt und ins Arabische über-

---

676 Vgl. o. 5.2.
677 Y. Thoraval, Lexikon der islamischen Kultur, a.a.O. 369.

setzt. Das *Bait al-Hikma* („Haus der Weisheit") in Bagdad, in das unter *al-Mamun* auch Bestände aus der berühmten hellenistischen Bibliothek in Alexandrien geschafft wurden, war eine blühende Übersetzerakademie. In dieser Zeit entstand wohl auch ein Hadith, das die Worte „die Suche nach Wissen ist für alle Moslems Pflicht"[678] Mohammed in den Mund legte und damit die wissenschaftliche Arbeit religiös legitimierte.
Die weiträumige Kommunikationsgemeinschaft bewirkte aber auch, daß Einflüsse aus dem Iran und aus Indien aufgegriffen wurden. Wie stark die Verbindung mit Indien besonders die Mathematik (und Astronomie) beeinflußte, wird nicht nur in der Übernahme der Zahl Null deutlich, sondern auch in der Schreibweise der arabischen Zahlen bis heute; während die Araber früher ihren Buchstaben auch Zahlenwerte gaben, führten sie jetzt eigene Zahlenzeichen ein, die, anders als ihre Schrift, von links nach rechts geschrieben und gelesen werden – Zeichen dieser „fremden" Herkunft.
Natürlich waren alle Wissenschaften in die religiöse Vorstellungswelt des Islam einbezogen. Dennoch aber konnten sie in ihrer Blütezeit einen relativ autonomen Status behaupten. Durch die Kenntnis der Schriften der griechischen Ärzte *Hippokrates* und *Galen* wurde die Entwicklung einer medizinischen Forschung, der Biologie und der Heilmittel – auch der Alchemie – angestoßen. Auch diese neuen Interessen sind wohl von christlichen Syrern ausgegangen, dann aber von Muslimen seit der Zeit des Kalifen *al-Mansur* weitergepflegt worden. Ähnliches gilt für die Physik, die Optik, Chemie, Astronomie und Geographie, die von den Muslimen „für ganz pragmatische Zwecke" angewandt wurden: „für Handel, Landvermessung, Kartographie, zur Datenbestimmung für den Ramadan und religiöse Feiertage, zur Schifffahrt und zum Aufbau zivilisatorischer Technik, wie sie die Abendländer dann in Spanien und in den Kreuzfahrerstaaten staunend zur Kenntnis nahmen"[679]. Den Philosophen standen alle Werke des *Aristoteles* sowie auch die späteren Aristoteleskommentare zur Verfügung usf. Ein ausgeprägtes Bibliothekswesen stellte eine reichhaltige Literatur zur Verfügung; z.B. soll es allein in Bagdad 36 Bibliotheken gegeben haben, in Cordoba eine Bibliothek mit rund 400.000 Büchern.
Die arabischen Gelehrten beschränkten sich nur selten auf eine einzige Wissenschaft. Alle hatten das obligatorische Rechtsstudium durchlaufen und waren zugleich meist Theologen, Philosophen, Mathematiker und Mediziner. *Abu Ali ibn Sina* (latinisiert: *Avicenna*, gest. 1037) oder *Ibn Ruschd* (latinisiert: *Averroës*, gest. 1198), zwei der größten Philosophen, waren zugleich als Ärzte, letzterer im Hauptberuf zudem als Richter, tätig.
Lange Zeit waren die Träger der neuen Wissenschaften islamisierte Perser, und die wichtigsten geistigen Zentren lagen im Osten des Abbasidenreichs, z.B. in Isfahan, Buchara oder Samarkand und natürlich in Bagdad; von dort

[678] Zitiert nach Y. Thoraval, ebd.
[679] K. Hartmann, Atlas-Tafel-Werk zur Geschichte der Weltreligionen II, a.a.O. 94.

aus gab es auch Verbindungen nach Indien. Später bildeten sich auch im „Westen" Mittelpunkte wissenschaftlicher Betätigung von Kairo über Kairuan bis hin nach Cordoba.
Europa lernte viele Werke vor allem des *Aristoteles* erst durch die Vermittlung der Araber kennen; die Bücher und Ideen arabischer Gelehrter befruchteten die Ausbildung der Wissenschaften im europäischen Hochmittelalter.
Zur gleichen Zeit aber endete die Blüte der Wissenschaften im Islam. Der Sieg eines engeren orthodoxen Denkens in der Theologie und die Vorrangstellung des *Fikh* ließen einer weiteren dynamischen Entfaltung keine Chance. Vor allem die wachsende normative Bedeutung des *Idschma* legte den Wissenschaftlern enge Fesseln an, und zunehmend wurden diese Wissenschaften als fremd und unislamisch bekämpft. In den meisten islamischen Ländern ging die große wissenschaftliche Tradition seit dem 13. Jahrhundert fast ganz verloren, lediglich in Persien und in Indien wurde sie weiter gepflegt; aber auch hier kam es nicht mehr zu bemerkenswerten neuen Entwicklungen.

10.2 Die islamische Philosophie *(Falsafa)*

10.2.1 Ein Überblick

Die Philosophie hat keine eigenständigen islamischen Wurzeln. Zwar wurde sehr früh schon eine recht umfangreiche „Exegese" des Koran betrieben, die aber vor allem an Rechtsfragen interessiert war. Hermeneutische Überlegungen, die einen Einstieg in philosophisches Denken ermöglicht hätten, sind literarisch nicht bezeugt. Entstanden ist die muslimische Philosophie im Kontext der Begegnung islamischer Gelehrter mit der antiken philosophischen Literatur, wie auch schon das arabische Lehnwort *Falsafa* (aus griechisch: Philosophie) zeigen kann.
Voraussetzung für die Ausbildung philosophischen Denkens war eine theologische Bewegung des Islam in der frühen Abbasidenzeit, die der *Mutaziliten.*[680] In der damaligen „liberalen" Atmosphäre konnten die Anstöße der griechischen Philosophie aufgegriffen und weiterentfaltet werden. Großen Einfluß besaßen die Schriften des *Aristoteles*, die allerdings von den späteren platonisch oder neuplatonisch gefärbten Kommentaren her verstanden wurden. Bestimmend war also ein neuplatonischer Aristotelismus.
Die islamische Tradition hat nur relativ wenige Philosophen hervorgebracht, von denen einige aber recht originelle Entwürfe geschaffen haben. Zu nennen sind vor allem: *al-Kindi* (latinisiert: *Alkindus,* gest. 873), der „Philosoph der Araber"; der Arzt und Philosoph *ar-Razi* (latinisiert: *Rhazes,* gest. 925 oder

[680] Vgl. u. 10.3.2.2.

935); *al-Farabi* (latinisiert: *Alfarabius,* gest. 950), der als der „Zweite Lehrer“ – nach *Aristoteles* – bezeichnet wird; *ibn Sina (Avicenna,* gest. 1037) und *al-Ghazali* (latinisiert: *Algazel,* gest. 1111); in Andalusien wirkten die Philosophen *ibn Hazm* (gest. 1064), *ibn Badschdscha* (latinisiert: *Avempace,* gest. 1138), *ibn Tufail* (latinisiert: *Abubacer,* gest. 1185) und vor allem *ibn Ruschd (Averroës,* gest. 1198).
Im Sunnismus war die Geschichte der Philosophie mit dem 12. Jahrhundert wieder beendet. In Persien, das im 12. Jahrhundert den mystischen schiitischen Philosophen *Suhrawardi* hervorgebracht hatte, der 1191 hingerichtet wurde, ist im 13. Jahrhundert noch *at-Tussi* (gest. 1274), Mathematiker, Astronom und Philosoph, zu erwähnen. Danach findet sich auch in der Schia keine eigenständige Philosophie mehr.

10.2.2 Die wichtigsten Philosophen

10.2.2.1 Al-Kindi

Man darf vermuten, daß im Gefolge der Übersetzungsarbeiten auch philosophische Gedankengänge, Fragestellungen und Methoden ihre Wirksamkeit bei den Lesern entfalteten. Der erste, der sich literarisch mit ihnen beschäftigte, war der „Philosoph der Araber“, *Jakub Ischak al-Kindi,* um 800 in Kufa geboren und um 870 in Bagdad gestorben.
Er hat rund 240 kleinere Schriften verfaßt, die zum großen Teil verlorengegangen sind. Nicht alle hatten philosophische Themen; *al-Kindi* war, wie viele damals, ein Gelehrter mit einem breiten Interessengebiet, er befaßte sich z.B. auch mit Medizin, Physik, Mathematik und Musik. Seine wichtigste philosophische Schrift ist eine Studie „Über die erste Philosophie“, in der er die Philosophie versteht als das „Erkennen der wahren Natur der Dinge, soweit der Mensch dessen fähig ist“; dabei dürfe man aus jeder Quelle schöpfen, auch „wenn sie von früheren Generationen und anderen Völkern stammt“[681].
Er kannte die Übersetzungen platonischer, aristotelischer und neuplatonischer Schriften. Innerhalb des religiös geprägten islamischen Daseinsverständnisses schuf er der Philosophie einen eigenständigen Raum; sie sollte die Wirklichkeit mit den Mitteln des Denkens untersuchen. Er ist Schöpfer der wichtigsten philosophischen Begriffe in arabischer Sprache. Mit den Methoden der griechischen Schriftauslegung wollte er auch den Koran allegorisch auslegen und so die von ihm festgestellten Widersprüche in den Texten auflösen. In manchen Aspekten, wie z.B. bezüglich der Auferstehung

---

[681] Zitiert nach M. Marmura, in: Watt/Mamura, Der Islam II, a.a.O. 331.

des Leibes oder der Erschaffung der Welt aus dem Nichts, versuchte er auch, koranische Aussagen philosophisch zu begründen.

Als erster arabischer Philosoph beschäftigte er sich mit der Lehre des *Aristoteles* von der Ewigkeit der Materie bzw. der Schöpfung, die in der Folgezeit eine so große Rolle – vermittelt durch die islamische Philosophie auch im Abendland – spielen sollte, weil sie mit dem koranischen – oder biblischen – Schöpfungsglauben zusammengebracht werden mußte. *Al-Kindi* lehnt dieses Konzept, zumindest verbal, ab und vertritt einen zeitlichen Anfang und die Endlichkeit der Schöpfung. Er unterscheidet allerdings hierbei zwischen der Welt, die sinnlich wahrgenommen werden kann – nur diese ist endlich –, und den Universalien, die nur im Geist existieren und also nicht zeitlich sind. Wenn die materielle Welt *ex nihilo* geschaffen ist, bleibt die Frage ungeklärt, wie es um die andere, die geistige Dimension der Schöpfung steht.

Gott sieht er – ganz neuplatonisch – als letzten *Grund der Welt* und als *das absolut einfache Eine*. „Diese Vorstellung steht in einem unüberbrückbaren Gegensatz zu der islamischen Offenbarung, in der von einem personalen Schöpfer die Rede ist, der die Welt zu einem von ihm gewollten Zeitpunkt in einem Willkürakt setzt. Eine Ursache dagegen muß immer wirken ...“[682].

Gott ist also einer. Da auch jedes andere Seiende nur durch Einheit existiert, gibt ihm die Einheit „individuelle Existenz (...), und diese Einheit ist eine Emanation (...) aus dem wahren Einen“[683]. Mit diesem Gedanken scheint der Grund auch geschöpflicher Existenz emanativ – und nicht kreatürlich – vorgestellt zu sein. „Diese höchste Wirkursache wird über viele Stufen nach unten weitervermittelt ... Der göttliche Geist und die materielle Welt, die aus ihm hervorgeht, werden durch die Weltseele zusammengehalten. Die Seele jedes Menschen ist in gewisser Weise Ausfluß der Weltseele, hat an ihr teil“[684]. Dennoch hält *al-Kindi* an der *creatio ex nihilo* fest und sieht sie als philosophische Notwendigkeit an. Deswegen muß auch die Schöpfung aus dem freien Willen des Schöpfers hervorgegangen sein. „Aber wenn das wahre Eine absolut einfach ist, wo ist dann sein Wille? Das ist eine der Fragen, die al-Kindi nicht beantwortet ...“[685]. Mit diesen Vorstellungen ist zudem das Problem verbunden, wie Gott noch einfach und unveränderlich sein kann, wenn er – in der Schöpfung – *handelt.* Darüber hinaus erscheinen die materielle Welt und ihre Güter bei *al-Kindi* auf neuplatonische Weise im Vergleich zur geistigen Welt abgewertet.

Für die spätere hochscholastische Diskussion wichtig wurden seine Erörterungen zur aristotelischen Erkenntnismetaphysik. *Aristoteles* hatte die Unterscheidung zwischen einem tätigen und einem rezeptiv-passiven Vermögen der Vernunft getroffen (in der Sprache des *Thomas von Aquin*: ein *intellectus*

---

[682] Tilman Nagel, Geschichte der islamischen Theologie. Von Mohammed bis zur Gegenwart, München 1994, 178.

[683] M. Marmura, in: Watt/Marmura, Der Islam II, a.a.O. 336.

[684] T. Nagel, Geschichte der islamischen Theologie, a.a.O. 178.

[685] M. Marmura, in: Watt/Marmura, Der Islam II, a.a.O. 336.

agens und ein *intellectus possibilis*). Diese Reflexionen griff *al-Kindi* in einem „Traktat über den Intellekt" auf und differenzierte die Vernunftvermögen und -aktivitäten – von neuplatonischen Motiven her – noch weiter.[686] Vor allem aber dachte er den *aktiven* Geist als *eine* überindividuelle Hypostase *in sich ruhender Aktivität*. Diese neuplatonische Hypostasierung eines bei *Aristoteles* subjektiven Vernunftvermögens gab diesem eine gänzlich neue Bedeutung, die auch von vielen späteren Philosophen aufgegriffen wurde. Demgegenüber gehörte die sich verändernde und lernende Seele des Menschen zum „Leben"; nur wenn die Seele, die ihrerseits wieder nur eine Teilrealisation der (Welt-)Seele ist, sich mit dem Geist verbindet, gelangt sie zur Erkenntnis. „Aber in einer theologisch bestimmten Zivilisation wie dem Islam war das Wort ‚Seele' anders besetzt. Hier fragte man, was die Vereinigung der ‚Seele' mit dem ‚Geist' bedeute. Ferner wollten die Offenbarungshüter wissen, ob der Philosoph an der Unsterblichkeit der Seele festhalte oder ob er sie dem überindividuellen ‚Geist' reserviere"[687].
So traten von Anfang an die Spannungen zwischen einem autonomen Denken und den Vorgegebenheiten der Offenbarung zutage, die nach wenigen Jahrhunderten zum Ende der Philosophie im Islam führten.

10.2.2.2 Ar-Razi

Ein Philosoph mit recht originellen Gedanken war der Perser *ibn Zahariyya ar-Razi* (*Rhazes,* 865 bis 925 oder 932). Er scheint ein umfassendes Studium absolviert zu haben und war Arzt an Krankenhäusern, zuletzt in Bagdad. Auf medizinischem Gebiet war er bedeutend durch seine empirischen Methoden, die Etablierung der Pharmazie als eigenständiger Wissenschaft und seine alchimistischen Darlegungen; bis ins 17. Jahrhundert hinein genoß er in der europäischen Medizin hohes Ansehen.
Die meisten seiner philosophischen Schriften sind verlorengegangen, so daß viele seiner Thesen nur aus Zitaten oder Stellungnahmen, oft von Gegnern, bekannt und deshalb mit einem gewissen Vorbehalt zu lesen sind.
Vorweg ist seine religionskritische Position zu erwähnen: Erlösung ist nur möglich durch die Philosophie, deswegen brauche man keine Propheten. Wenn Gott sich habe offenbaren wollen, würde er sich an alle Menschen, nicht nur an einen Propheten, wenden, sonst sei Gott ungerecht. Weil viele Menschen der irrigen Meinung seien, er habe sich nur Propheten geoffenbart, seien immer neue Konflikte entstanden. „Al-Razi meinte, die meisten Kriege seien auf ‚Religion' zurückzuführen"[688].

---

[686] Vgl. hierzu Kurt Flasch, Das philosophische Denken im Mittelalter (Reclam Universalbibliothek Nr. 8342 [8]), Stuttgart 1986, 268–272.
[687] K. Flasch, ebd. 271.272.
[688] M. Marmura, in: Watt/Marmura, Der Islam II, a.a.O. 345.

Gott und Welt denkt er sich in Zusammenhängen, die auf *Platons Timaios*, *Aristoteles* und die vorsokratischen Atomisten *(Empedokles)* zurückgehen, aber in eigentümlicher Weise zu einem Gesamt gefügt werden. Anscheinend gibt es nach *ar-Razi* von Ewigkeit her fünf Prinzipien, Gott, die (Welt-) Seele und die Materie, dazu Raum und Zeit. Raum und Zeit sind universelle Prinzipien und als solche ewig; darüber hinaus gibt es den besonderen Raum und die besondere Zeit, die erst dann beginnen, wenn die Welt entsteht. Die Materie ist nicht die leere Potentialität des Aristoteles, sondern ein ungeordnetes Konglomerat von Atomen. Die (Welt-) Seele wurde von der Materie verlockt und tendierte immer schon dazu, sich mit ihr zu verbinden und ihr Form zu geben, ein gnostisches Motiv. Die Materie aber konnte diese Versuche abwehren, woran die Seele litt. Weil Gott nun mächtig und barmherzig ist, griff er zu einem bestimmten Zeitpunkt, aufgrund freier Entscheidung, ein und half der Seele; die Materie wurde dann von der Seele mit Formen ausgestattet. Diese bestehen in der Anordnung der Atome zueinander, in ihrer Dichte und den leeren Räumen dazwischen.
Der Mensch nimmt in diesem Geschehen eine Sonderstellung ein, insofern er nicht von der Seele seine Form erhält, sondern durch den Geist, der eine Emanation aus Gott ist; deswegen ist auch Erlösung „nur durch die Ausübung von Vernunft, durch Philosophie, möglich“[689]. Erlösung ist dann erreicht, wenn der Mensch – durch Distanzierung von der materiellen Welt, aber ohne überflüssige Askese – der (Welt-) Seele ermöglicht, „in ihren ursprünglichen Zustand als ewiges Prinzip“ zurückzukehren.[690]
Die Menschen müssen dabei – je nach ihrem Leben – verschiedene Wiedergeburten durchlaufen. Wie der Status des Menschen „am Ende“ ist – ob sie in Gott aufgehen oder einen Selbststand behalten –, bleibt unklar.

10.2.2.3 Al-Farabi

Diese Spannungen wuchsen durch die Entwürfe des Philosophen *al-Farabi*. *Abu Nasser al-Farabi* wurde um 872 in Farab in Transoxanien geboren – er war türkischer Herkunft –, studierte, lebte und lehrte rund 20 Jahre in Bagdad und zog dann um an den Hof seiner Mäzene nach Aleppo und später nach Damaskus, wo er 950 starb. Wahrscheinlich gehörte *al-Farabi* zur Schia, er war ein Sufi, so daß seine Philosophie auch asketische und mystische Züge trägt. Auch er betätigte sich in allen möglichen Wissenschaftsgebieten: in Physik, Mathematik und Musik. Er verfaßte eine „Aufzählung der Wissenschaften“, die ihm den Ehrentitel „Zweiter Lehrer“ (nach *Aristoteles*) einbrachte und im 12. Jahrhundert von *Gerhard von Cremona* ins Lateinische übersetzt wurde.

---

[689] M. Marmura, ebd. 343.
[690] M. Marmura, ebd.

Analog zu *Platons Politeia* entwarf er das Idealbild eines muslimischen Staatsgebildes, das von aufgeklärten Philosophen – den (schiitischen) Imamen –, „die der Askese und der Distanz zur Sinnenwelt fähig sind“[691], geleitet werden soll. Der Mensch besitzt die Möglichkeit, mit Vernunft und freiem Willen hier und in einer künftigen Welt glücklich zu sein. Dies aber kann er nicht allein, sondern nur in der Gemeinschaft, im idealen Staat.
Al-Farabi versuchte, *Plato, Aristoteles* und Neuplatonismus zu einem Gesamtsystem zu verbinden.[692] Gott ist die letzte Ursache von allem und kann von unserem Denken nicht adäquat erfaßt werden. Alles geschöpfliche Sein ist durch Emanation aus Gott, dem Einen – ein *ewiges* Geschehen, die Welt ist also ewig – hervorgegangen und hat dabei unterschiedliche Seinsstufen realisiert. Aus dem Einen geht, durch und als die Selbsterkenntnis Gottes, der (göttliche) Intellekt hervor; dieser konstituiert und bewegt den ersten Himmel. Diese sich immer weiter abstufende Reihe von Emanationen, die zugleich die Sphären in Bewegung halten – die „neun Geister, himmlische Engel genannt, bilden zusammen die zweite Stufe des Seins“[693] –, geht weiter, bis als zehnte Emanation, zugleich die dritte Seinsstufe, die *Intelligenz* entsteht, die die irdische Welt lenkt. Diese Intelligenz ist der aristotelische *intellectus agens*, der neuplatonisch hypostasiert und *überindividuell* gedacht wird und zugleich jedem Menschen Erkenntnis vermittelt. Die vierte Seinsstufe wird von der (Welt-)Seele eingenommen. Der tätige Geist und die Seele „vervielfältigen sich entsprechend der Vielheit menschlicher Wesen“[694]. Danach erst erscheinen Materie und Form – ein aristotelisches Element.
Die Seele des Menschen besitzt die Disposition zu erkennen. Zunächst ist sie materiell, wird aber durch den tätigen Intellekt zum Erkennen der Sinneswahrnehmungen angeregt; im Erkenntnisvorgang wird sie geistig, so daß sie nach dem Tod noch Existenz behält. Die höchste Form der Erkenntnis der immateriellen Wirklichkeit, die nur wenigen zugänglich ist, kann die Seele nur durch Teilhabe am (hypostasierten) tätigen Intellekt erlangen. „Wenn der Philosoph, der diese Erkenntnis erlangt, zufällig auch ein Prophet ist, dann wirkt diese begriffliche Erkenntnis gleichsam auf seine imaginative Fähigkeit ein und erhält in der Form bildlicher Imitationen einen Ausdruck davon ... Das ist Offenbarung. Sie ist eine Kopie der philosophischen abstrakten Erkenntnis“[695].
Weil der tätige Intellekt alle Veränderungen in der Welt bewirkt, „konnte man erklären, daß die von Zufällen durchsetzte Erfahrungswelt geistiger Er-

---

691 Y. Thoraval, Lexikon der islamischen Kultur, a.a.O. 109.
692 Hierbei kam ihm zustatten, daß er eine „Theologie des Aristoteles“ benutzte, die aber in Wirklichkeit Auszüge der Emanationslehre Plotins wiedergab (vgl. K. Flasch, Das philosophische Denken im Mittelalter, a.a.O. 272).
693 T. Nagel, Geschichte der islamischen Theologie, a.a.O. 182.
694 T. Nagel, ebd.
695 M. Marmura, in: Watt/Marmura, Der Islam II, a.a.O. 350.

kenntnis zugänglich ist: Sie ist ‚geistigen' Ursprungs und ermöglicht so allgemeine und notwendige Erkenntnisse über sie"[696].
Wie *Plotin* sah also *al-Farabi* Gott und Welt als ein notwendiges Ganzes, in unterschiedlichen Abstufungen, an; hierbei räumte er dem – neuplatonisch substantiierten – *intellectus agens* des *Aristoteles* einen bestimmenden Stellenwert für unsere Welt und den Menschen ein und konnte so ihre Intelligibilität und die Fähigkeit des Menschen zur Erkenntnis erklären. Weil dieser Entwurf aber, mehr als nur tendenziell, monistisch war und auch dem Menschen nur eine Teilhabe am überindividuellen *einen* tätigen Geist einräumte, waren die Konflikte mit der mehr okkasionalistischen Schöpfungslehre des Koran, mit dem Monotheismus sowie der damit aufgegebenen seinshaften Differenz zur kreatürlichen Welt und mit der individuellen Unsterblichkeitslehre – eine Auferstehung des Leibes lehnte *al-Farabi* ab – grundgelegt.
„Auch al-Farabi hat das Unmögliche nicht vollbringen können, die organische Verbindung von antiker Philosophie und islamischer Theologie"[697]. Allerdings bot dieses Konzept auch die Möglichkeit – wie schon bei *Plotin* –, fromme und asketische mystische Erfahrungen zu integrieren, von woher sich die große Bedeutung *al-Farabis* für die muslimische Frömmigkeit und Mystik ergibt.

10.2.2.4 Avicenna

Die genannten Ansätze wurden aufgegriffen und weiterentwickelt von *Abu Ali al-Hussain ibn Sina (Avicenna)* – auch er türkischer Herkunft –, der 980 in Transoxanien, bei Buchara, geboren wurde, als universaler Gelehrter, vor allem Philosoph und Mediziner, in verschiedenen persischen Städten wirkte und im Westiran, in Hamadan, 1037 starb. Schon sein Studium war – von den Rechtswissenschaften bis hin zur Arithmetik der Inder – sehr breit angelegt; in seinen mehr als 250 Schriften, von denen noch etwa hundert erhalten sind, hat er alle damaligen Wissensgebiete vertreten. Er veröffentlichte eine Liste der Wissenschaften: „philosophische Wissenschaften, darunter Logik und Metaphysik, Humanwissenschaften, reine, angewandte und Naturwissenschaften, Astronomie und Wirtschaft. Ebenso behandelte er Poesie, Linguistik und Musik"[698].
Sein Ruf als Arzt beruhte einmal auf seinen Heilerfolgen, aber auch auf seinem Werk „Der Kanon der Medizin", das im 12. Jahrhundert ins Lateinische übersetzt wurde und ein Standardwerk der europäischen Medizin bis ins 17. Jahrhundert blieb.

696 K. Flasch, Das philosophische Denken im Mittelalter, a.a.O. 273.
697 T. Nagel, Geschichte der islamischen Theologie, a.a.O. 183.
698 Y. Thoraval, Lexikon der islamischen Kultur, a.a.O. 54.

Avicenna räumt der Philosophie einen selbständigen Platz ein: „Zweck der Philosophie ist, die wahre Natur aller Dinge in dem Ausmaß zu erkennen, in welchem der Mensch des Erkennens fähig ist“[699]. Auch er geht in seiner Philosophie, vor allem in seiner Schrift „Buch der Genesung“, von der neuplatonischen Emanationslehre aus: Die Welt ist eine ewige und notwendige Selbstentfaltung des Einen, Gottes, der aber für ihn – anders als für *Plotin* – seiend, sogar *notwendig* seiend ist. Aus ihm emanieren in je sich mindernder gradueller Abstufung verschiedene Intelligenzen, die auch die sichtbare Welt hervorbringen und lenken; Gott selbst kümmert sich nicht um die Einzelheiten, er kann nur das Allgemeine erkennen. Hierbei legt *Avicenna* den Gedanken der Notwendigkeit des Seins zugrunde: Notwendiges Sein ist nur Gott; was sonst ist, ist in sich selbst nur möglich oder wird erst notwendig durch ein anderes Sein.

So ist die erste Emanation aus dem einfachen Einen, aus Gott, notwendig und ewig, und sie enthält in sich, wie der „Geist“ *Plotins*, alle mögliche Vielfalt. Aus ihr entstehen, wie bei *Plotin*, die (Welt-) Seele und, anders als bei *Plotin*, weitere Intelligenzen. Wegen der Unterscheidung von notwendigem und nur möglichem Sein ist die Differenz von Gott und Welt gewahrt und ein Monismus vermieden. Neben Gott gibt es darüber hinaus die ewige Materie, ein Gedanke des *Aristoteles*, der auch in koranischen Aussagen eine Entsprechung findet.[700] Wie bei *Aristoteles* ist die Materie Prinzip der Individuation; dies wirft für die Eschatologie Probleme auf, weil es für *Avicenna* keine leibliche Auferstehung gibt.

Vergleichbar den Vorstellungen *al-Farabis* ist der *tätige Intellekt* diejenige Emanation, die sowohl die menschlichen Intellekte als auch die Welt – durch Zuteilung von Formen an die Materie – hervorbringt. „Auf diesem gemeinsamen Ursprung von sichtbarer Welt und menschlichem Intellekt beruht die Möglichkeit, daß wir die Wahrheit über die Welt erkennen“[701]. Anders als bei *al-Farabi* ist die menschliche Seele von vornherein geistig; individuiert aber wird sie erst durch die Verbindung mit der Materie, hat dann aber ein Bewußtsein ihrer selbst. Auch nach dem Tod – eine Seelenwanderung lehnt *Avicenna* ab – bleibt die Seele individuell. Wie bei *Plotin* gibt es für den Menschen auch eine – notwendige – Rückkehr zum notwendigen Sein, allerdings – in gewendeter aristotelischer Fassung – durch Verbindung des Menschen mit dem tätigen Intellekt.

In dieses neuplatonische Konzept paßt auch die Übernahme der platonischen Lehre, daß unsere tiefste Erkenntnis, die der Intelligiblen aus dem tätigen Verstand, nicht von der Wahrnehmung der Dinge herrührt, sondern „von oben“, aus der „Erinnerung“ *(Anamnesis)* stammt. Wie im christlichen Neu-

---

[699] Buch „Heilung“, Logik I (zitiert nach M. Marmura, in: Watt/Marmura, Der Islam II, a.a.O. 320).

[700] Vgl. o. 5.2.

[701] K. Flasch, Das philosophische Denken im Mittelalter, a.a.O. 278.

platonismus wird aber – unter monotheistischen Vorzeichen – diese „Erinnerung“ bei *Avicenna* transformiert zur *Illumination*: Der tätige Intellekt erleuchtet den Menschen. In der Erzählung „Der Lebendige, der Sohn des Wachenden“ schildert er eine fiktive Reise „in einen mystischen Orient, eine Welt des Lichtes, in Begleitung eines erleuchtenden Engels“[702]. In seinen „Mystischen Erzählungen“ werden diese Gedanken, die später die schiitische Frömmigkeit, der er wahrscheinlich nahestand, beeinflußten, vertieft. *Avicenna* beschreibt auch den mystischen Pfad:[703] Der Mystiker muß spirituelle Übungen vollziehen, wobei er Ahnungen von der Wahrheit gewinnen kann. Wenn er diesen Weg fortsetzt, kann er zur Erfahrung des Göttlichen und schließlich zur übergegenständlichen Anschauung Gottes gelangen. Mystik aber bringt nur „vorübergehende Befreiungen der Seele, flüchtigen Besuch in der Heimat, ... bevor die Seele mit dem Tod des Körpers endlich befreit wird“[704].

Avicenna hat der europäischen hochscholastischen Theologie starke Impulse gegeben; viele Motive seines Denkens wurden übernommen, anderes – vor allem die Verselbständigung des *intellectus agens*, die Emanationslehre oder die Bestreitung einer leiblichen Auferstehung – abgelehnt.

„Man darf sich die Welt des mittelalterlichen Islam nicht als Paradies der Geistesfreiheit vorstellen. Die Lage der Philosophie war prekär ...“, urteilt *Kurt Flasch* zu Recht.[705] So ist es nicht verwunderlich, daß ihre weitreichenden und dem Koran widersprechenden Entwürfe auf Widerstand stießen.

10.2.2.5 Al-Ghazali

Am wirkmächtigsten wurde die Kritik an der Philosophie formuliert von *Abu Hamid al-Ghazali*, dessen Konzept wohl einen der wichtigsten Faktoren darstellt, die das Ende einer dynamischen Philosophie – vom Werk der andalusischen Philosophen und besonders des *Averroës* abgesehen –, Theologie und Wissenschaftsentwicklung herbeigeführt haben; selbst die Mystik[706], die *Ghazali* mit der Rechtswissenschaft und Theologie versöhnt hat, verlor nach ihm an dynamischer Originalität.

Al-Ghazali wurde 1058 in Tus im Nordiran geboren, studierte im persischen Nischapur bei einem bedeutenden Sufi und wurde dann 1091 bis 1095 Professor für islamisches Recht an der islamischen „Universität“ Nizamiyya in Bagdad, die vor allem die schiitischen Irrlehren bekämpfen sollte. Nach Jahren der Lehrtätigkeit geriet er in eine religiöse Krise, legte sein Amt nieder und besuchte wichtige heilige Stätten – Mekka, Medina, Jerusalem und

---

702 Y. Thoraval, Lexikon der islamischen Kultur, ebd. 54.

703 Vgl. u. 11.3.3.3.

704 M. Marmura, in: Watt/Marmura, Der Islam II, a.a.O. 363.

705 K. Flasch, Das philosophische Denken im Mittelalter, a.a.O. 276.

706 Vgl. u. 11.

Hebron –, um spirituelle Anregung zu finden. Er schloß sich dem Sufismus[707] an und kehrte zunächst nach Nischapur, dann in seine Heimatstadt Tus zurück, wo er wieder lehrte und im Jahre 1111 starb.
Al-Ghazali hat rund 400 Schriften verfaßt, von denen 70 – mit oft ungesicherter Authentizität – noch erhalten sind, die sich meist im Sinn der ascharitischen Schule mit rechtlichen, ethischen, theologischen und mystischen Themen befassen. Seine Hauptwerke sind wirkungsgeschichtlich von großer Bedeutung gewesen. Er war ein Mann der Synthese, der die spannungsreichen Elemente der damaligen islamischen Tradition zu einer Einheit unter der Vorherrschaft des traditionellen muslimischen Denkens zusammenfaßte. „Er entwickelte eine kohärente Synthese der moslemischen Morallehre: der Theologe ist ihr ‚Kopf'; der Philosoph der ‚Verstand'; der Sufismus das ‚Herz'; und das Recht der ‚handelnde Arm'"[708]. Er integrierte den Sufismus und die Philosophie in das islamische System, letztere aber so, daß ihr eine dienende Funktion für die Theologie zugewiesen wurde; sie „kann nur ein Hilfsmittel für eine spekulative Theologie sein, die auf dem einzigen Glauben und dem moslemischen Gesetz beruht"[709].
In seiner polemischen Schrift *Tahafut*, „Die Inkohärenz der Philosophen", rechnet er nicht nur mit *Aristoteles*, sondern auch mit *al-Farabi* und *Avicenna* ab, weil viele ihrer Theorien im Widerspruch zum Koran stünden und zudem nicht beweisbar seien. Vor allem wendet er sich gegen die Vorstellung, mit Gott sei – notwendig und ewig – die Welt gegeben und Gott habe sie nicht aus freiem Entschluß erschaffen, gegen die Art, wie das Erkennen der Einzeldinge durch Gott charakterisiert wird, und gegen die Leugnung einer leiblichen Auferstehung und einer unsterblichen individuellen Seele. Er plädiert für „die buchstäbliche Orthodoxie"[710], die sich auf den Koran als Offenbarungswort stützt; dieser Offenbarungscharakter darf nicht durch menschliches Denken problematisiert werden. Andere Thesen widerlegt er mit philosophischen Erwägungen.
Al-Ghazali stellte in *Tahafut* auch beachtenswerte kritische Anfragen: „Er bestritt z.B. das Recht der Vernunft, ihre Prinzipien, etwa das Kausalprinzip, auf den jenseitigen Gott anzuwenden"[711]. Damit zwang er vor allem die spätmittelalterliche Philosophie Europas – sein Buch wurde 1328 ins Lateinische übersetzt *(Destructio philosophorum)* –, ihre Grundlagen zu überdenken, womit er wohl zur Entstehung des Nominalismus und später der erkenntniskritischen Philosophie beitrug.

[707] Vgl. u. 11.3.3.1.
[708] Y. Thoraval, Lexikon der islamischen Kultur, a.a.O. 125.
[709] Y. Thoraval, ebd. 126.
[710] K. Flasch, Das philosophische Denken im Mittelalter, a.a.O. 281.
[711] K. Flasch, ebd.

10.2.2.6 Islamische Philosophie in Spanien. Averroës

Nach *al-Ghazali* kennt der sunnitische Islam nur noch wenige originelle Philosophen, vor allem *Averroës*, der später auch die Diskussionen an den europäischen Universitäten – um den „Averroismus" – prägte. Daß es sie – in Spanien – zu dieser Zeit noch gab, hatte seinen Grund darin, daß dort die Philosophie erst recht spät heimisch wurde, weil die Entfernung zu den Zentren der Übersetzungsarbeiten im Osten recht groß, zum anderen die andalusische Omaiyadendynastie den Abbasiden feindlich gesonnen war und die in deren Reich entstandene Philosophie als häretisch ansah. So erklärt es sich, daß sie erst nach *al-Ghazali* in Andalusien aufkam, zu einem Zeitpunkt, als sie sich im übrigen islamischen Raum nicht mehr halten konnte. Dennoch aber muß sie auf Einflüsse aus dem Osten zurückgeführt werden, die wahrscheinlich von Mutaziliten, die nach Spanien gekommen waren, ausgingen.

Seit dem 12. Jahrhundert entfaltete sich hier eine beachtliche Philosophie. Zu nennen sind die Philosophen *ibn Hazm* (gest. 1064), den viele allerdings mehr der Theologie zurechnen; *ibn Badschdscha* (*Avempace,* gest. 1138), der im Wesentlichen die Auffassungen *al-Farabis* vertrat, weiterführte und in seinem Buch „Die Leitung des Einsamen" den Weg des Philosophen zur mystischen – aber intellektuellen, nicht sufischen – Einheit mit dem hypostasierten *intellectus agens* beschreibt; *ibn Tufail* (*Abubacer,* gest. 1185), der in seinem philosophischen Roman „Der Lebende, Sohn des Wachen" einen Menschen schildert, der auf einer einsamen Insel sich selbst von klein auf erzieht, den kosmischen Zusammenhang und die Einheit von allem – im Sinn *al-Farabis* – erkennt, zur mystischen Einung mit Gott findet und später auf einer Nachbarinsel die dort praktizierte monotheistische Religion als wahr, aber anthropomorph und unphilosophisch erkennt, und *ibn Ruschd (Averroës,* gest. 1138). Von diesen Philosophen soll nur *Averroës* kurz vorgestellt werden.

Abdul Walid ibn Ahmad ibn Ruschd, lateinisch: *Averroës*, stammt aus einer andalusischen Familie, die zahlreiche Richter hervorgebracht hat; auch er selbst war später *Kadi* in Sevilla. Geboren 1126 in Cordoba, praktizierte *Averroës* als Arzt – er verfaßte auch eine Schrift zur Medizin – und Richter; drei Jahre vor seinem Tod mußte er nach Anfeindungen durch die Hüter der Orthodoxie nach Marokko emigrieren, wo er, in Marrakesch, 1198 starb.

Die Philosophie stand zu seiner Zeit schon unter einem starken Rechtfertigungsdruck. In seinem „Endgültigen Traktat über die Harmonie von Religion und Philosophie" vertritt er die These, daß die Wahrheit gleichermaßen aus der Offenbarung und der Vernunft hergeleitet werde. „Die Harmonie sollte dadurch zustandekommen, daß sich der Islam als volkstümliche Bilderrede und ethisch-politische Praxis verstand und sich einer rationalen Erforschung der Welt und einer philosophischen Theologie nicht in den Weg stellte"[712].

---

[712] K. Flasch, ebd. 284.

Für die Vernunft stützt er sich wieder stärker auf *Aristoteles*; er „erschloß erstmals die Gesamtheit der aristotelischen Schriften in minutiösen Kommentaren“[713].

Gegen das Werk *al-Ghazalis*, *Tahafut,* „Die Inkohärenz der Philosophen“, schrieb er ein Buch mit dem Titel *Tahafut al-Tahafut,* „Die Inkohärenz der Inkohärenz“. *Averroës* meint, daß das islamische Gesetz das Philosophietreiben vorschreibe, allerdings nur für die, die dazu geeignet sind. Deswegen gebe es keine Widersprüche zwischen Philosophie und Religion; letzere aber verwendet nach ihm, wie nach *al-Farabi*, eine bildhafte Sprache, so daß sie philosophisch, also allegorisch, interpretiert werden muß. „Sein Grundgedanke war dabei: Die Philosophie will die Religion nicht verdrängen; beide suchen und sehen die Wahrheit, nur jede auf ihre Weise. Das ist noch nicht die Lehre der späteren Averroisten von der doppelten Wahrheit“[714], ähnelt aber der Meinung des *Thomas von Aquin,* der das Recht der Philosophie verteidigt, eine ewige Materie anzunehmen, obwohl der Glaube es anders weiß. In seiner philosophischen „Darlegung der Methoden“ vertritt *Averroës* die These, es gebe keinen Widerspruch zwischen Religion und Denken; der Philosoph brauche für sein Heil die Religion und ihren kanonischen Text.

Neben diesen grundsätzlichen Erörterungen über das Verhältnis von Denken und Offenbarung, bei dem aristotelische Gedankengänge eine große Rolle spielten, lehrte *Averroës* einen Gesamtentwurf von Gott und Welt, der wieder dem seiner stärker neuplatonischen Vorgänger entsprach. Zwar sind die unter Gott hypostasierten Intelligenzen nicht durch Emanation, sondern durch „Schöpfung“ aus Gott hervorgegangen – scheinbar ein Schritt hin zur Orthodoxie –; aber die Materie und auch die Welt, die die Intelligenzen hervorbringen, ist ewig. Die Schöpfung ist deswegen ewig, weil sie von Gott her notwendig ist, und nicht durch einen gelegentlichen Willensentschluß in Gang gesetzt. Sein Hinweis auf eine „Schöpfung“ ist also nicht im Sinne des biblischen und koranischen Okkasionalismus zu verstehen: „Die Vorstellung eines Gottes, der zwischen Alternativen wählt, hielt er (*Averroës*, Verf.) für einen bildverfangenen Anthropomorphismus“[715]. Auch verteidigt er die von *al-Ghazali* angegriffenen Thesen zu Gottes Wissen. Die Bestreitung einer Erkenntnis der Einzeldinge durch Gott leugne nicht grundsätzlich dessen Wissen; dieses aber sei anders, weil es nicht von den Einzeldingen her gewonnen sei.

Zu Recht legt *Averroës* zur Ewigkeit der Materie dar, „daß eine Lehre von der Schöpfung *ex nihilo* im Koran nicht erwähnt wird, und daß sich die Sprache, die die Erschaffung der Welt beschreibt, auf zuvor existierendes Material bezieht“[716].

---

713 K. Flasch, ebd. 283.

714 Johannes Hirschberger, Geschichte der Philosophie, Bd. I: Altertum und Mittelalter, Freiburg ^{3}1957, 368.

715 K. Flasch, Das philosophische Denken im Mittelalter, a.a.O. 286.

716 M. Marmura, in: Watt/Marmura, Der Islam II, a.a.O. 384; vgl. hierzu o. 5.2.

Die unter Gott stehenden Intelligenzen bewegen, wie im Konzept seiner philosophischen Vorgänger, die verschiedenen Sphären, wobei der *intellectus agens* als letzte Kraft den Mond und diese sichtbare Welt bewegt. „Und er ist wieder nur einer in allen Menschen, so daß der einzelne Mensch weder eine eigene substantielle Seele besitzt noch persönliche Unsterblichkeit. Nur die eine Menschheitsseele ist unsterblich“[717]. Auch weil die Materie das Prinzip der Individuation ist, hält *Averroes* die von *Avicenna* noch behauptete Unsterblichkeit der individuellen Seele für unlogisch.
Darüber hinaus lehrte er auch den bei den Menschen vorhandenen rezeptiven Intellekt, den noch *Avicenna* jedem einzelnen Menschen zuerkannte, als *eine und ewige* Wesenheit, an der die Menschen nur partizipieren. Gerade die letzte These führte – neben der Behauptung der Ewigkeit der Materie – zu heftigen Auseinandersetzungen an den europäischen Universitäten. *Thomas von Aquin* vertrat gegen *Averroës* die Lehre von der Unsterblichkeit der Einzelseele sowie vom *intellectus agens* als einem Vermögen der „subjektiven“ Vernunft.
Mit *Averroës* endet die Reihe der großen Philosophen im sunnitischen Islam; lediglich in der Schia, vor allem in Persien, dauerte es noch hundert Jahre länger, ehe auch hier die Philosophie keinen Platz mehr hatte. Die muslimische Orthodoxie hatte über ein eigenständiges Denken gesiegt.
Zu erwähnen wäre noch, daß im Umfeld der muslimischen Philosophie, in Spanien, auch eine beachtliche jüdische Philosophie entstand; zu nennen sind vor allem *Salomon ibn Gebirol* (latinisiert: *Avencebrol* oder *Avicebron*, gest. 1070) und *Moses Maimonides* (gest. 1204), die ebenfalls die europäische Diskussion beeinflußt haben.

10.2.3 Islamische und hochscholastische Philosophie

Die islamische Philosophie hatte das Glück, ihr Geschäft beginnen zu können in Kenntnis der gesamten griechischen Tradition bis hin zum Neuplatonismus. Von letzterem her interpretierte sie, wie schon die Vorlagen, auch *Aristoteles.* So konnte sie eine Gesamtschau des Zusammenhangs von Gott und Welt bzw. Mensch entwerfen, die von diesem Denken geprägt war.
Dabei scheint es aber so zu sein, daß auch gnostische Vorstellungen eine große Rolle spielten. Die große Zahl von Emanationshypostasen bzw. Intelligenzen, die aus Gott hervorgingen, hat in der Gnosis ihr Vorbild, während der Neuplatonismus – gemäß *Plotin* – mit drei „göttlichen“ Hypostasen auskam. Allerdings wurden die Hypostasen – neuplatonisch bzw. antignostisch – positiv gewertet, keine von ihnen hat Schuld auf sich geladen und so eine schlechte Schöpfung hervorgebracht. Der Islam kannte keine Nähe zu einer solchen negativen Wertung der Weltwirklichkeit, und ebenso wirkte sich die

[717] J. Hirschberger, Geschichte der Philosophie, a.a.O. 367.

Rückführung der Schöpfung, letztlich auf Gott, gegen das Aufgreifen dualistischer Gedanken aus. Dennoch hat der Islam, an anderen Stellen, durchaus gnostische Motive übernommen.[718]

Die islamische Philosophie hat mit ihrer Vermittlung antiker Philosophen, vor allem der Schriften des *Aristoteles*, und auch mit ihren eigenen Schriften die mittelalterliche Philosophie befruchtet. Zwar kannte auch letztere im Werk von *Johannes Scottus Eriugena*, ungefähr zeitgleich mit *al-Kindi*, einen vom Neuplatonismus angestoßenen Entwurf, in dem Gott, Mensch, Welt auf eine Weise zusammengedacht werden, die an Wucht nicht hinter der islamischen Philosophie zurücksteht; aber *Eriugena* war nur ein einsamer Höhepunkt, ohne Vorgänger und Nachfolger.

Daß der europäischen Philosophie das Gesamtwerk des *Aristoteles* erst spät, über islamische Vermittlung, bekannt wurde, erweist sich aber im Nachhinein als eine große Chance. Während die muslimische Philosophie *Aristoteles*, wie schon die Spätantike, in neuplatonischer Interpretation las und somit keinen Gegensatz zwischen Platonismus und Aristotelismus empfand, wurden die im Abendland jetzt erst bekannt gewordenen Schriften des *Aristoteles* wie ein revolutionärer Anstoß zu einem neuen Denken aufgenommen.

Als Gegensatz zum bisher auch in Europa bestimmenden platonisch-neuplatonischen Denken wurde der aristotelische Hylemorphismus aufgefaßt, demzufolge die Allgemeinbegriffe in den dem empirisch Seienden innewohnenden Formen aufgespürt und durch die schöpferische Tätigkeit des *intellectus agens* auf dem Wege der Abstraktion erkannt werden können.

Dadurch wurde – außer für den Bereich der Theologie, deren Erkenntnisweg weiterhin platonisch-christlich blieb – das *deduktive* platonische Erkenntnisschema, demzufolge alle tiefere Erkenntnis der Ideen durch *memoria* bzw., christlich gewendet: durch Illumination bzw. Gnade, also *deduktiv* geschieht, durch das sog. *induktive* Denken ersetzt; Erkenntnis wird gewonnen durch die Hinwendung des Intellekts zu den empirischen Dingen, durch die *conversio ad phantasmata*. In den sinnlich wahrnehmbaren Seienden lassen sich durch die Verstandestätigkeit die – immer allgemeinen – Formen herauslösen und in Allgemeinbegriffe fassen. Natürlich bestritt die mittelalterliche europäische Philosophie noch nicht die Möglichkeit der Erkenntnis *metaphysischer* Wirklichkeiten; aber diese sind dann nur noch auf dem Wege der *Schlußfolgerung* zu erreichen. *Gegenstand* unserer *Erkenntnis aber bleibt die empirische Welt.*

Mit dieser *conversio ad phantasma* war einerseits die *Autonomie unserer subjektiven Erkenntnistätigkeit* grundgelegt, andererseits der Weg beschritten auch zu einem neuen *Interesse an der empirischen Welt*, zur baldigen Entstehung der Naturwissenschaften in einem qualitativ neuen Sinn.

Die aristotelische *intellectus-agens*-Vorstellung wurde von den islamischen Philosophen in neuplatonischer Wendung aufgefaßt; der *intellectus agens*

[718] Vgl. hierzu T. Nagel, Geschichte der islamischen Theologie, a.a.O. 205–222.

wurde *hypostasiert* und als Emanationsgeist, der diese Welt und die Menschen konstituiert und lenkt, vorgestellt. Damit wurde die menschliche Individualität relativiert und die schöpferische subjektive Denkbewegung ins Objektive mythisiert. Die abendländische Philosophie, besonders *Thomas von Aquin*, begriff den *intellectus agens* aber in subjektiver Wendung, als ein Vermögen jedes einzelnen Menschen, und legte damit eine Entwicklung an, die zum *cogito ergo sum Descartes'* oder zur „Kritik der reinen Vernunft" *Kants* führen sollte.
Das späte Bekanntwerden mit aristotelischen Gedanken eröffnete also die Möglichkeit, sie als neue Autorität – für *Thomas von Aquin* ist *Aristoteles* „*der* Philosoph" – für eine brisante Innovation des Denkens zu nutzen, wozu die islamische Philosophie aufgrund der ihr vorgegebenen harmonisierenden neuplatonischen Aristotelesrezeption nicht imstande war.
Sicherlich aber trug zu dieser Entwicklung auch bei, daß die lateinisch-europäische Mentalität seit *Augustinus*, der in den *Confessiones* die erste Autobiographie der Literaturgeschichte geschrieben hatte, einen Individualisierungsschub durchgemacht hatte. Dieser wurde durch die dem Mittelalter gestellte Aufgabe, das „objektiv" vorgegebene antike christliche Lehrgebäude, die *fides*, mit den Mitteln der „subjektiven" Vernunft zu erkennen *(fides quaerens intellectum)* noch verschärft.[719] Zusätzlich ergaben sich gerade zur Zeit der Aristoteles-Rezeption in Europa neue Individualisierungsschübe durch die *Mystik* und vor allem die *Armutsbewegung*[720], in der die Bevölkerung – auch die „Laien" – der neu entstehenden städtischen Kulturen höchst subjektive soteriologische Wege zu gehen versuchte.
Bewegungen dieser Art fehlten im Islam, waren allenfalls in der spätandalusischen Phase in Ansätzen gegeben.[721] Im übrigen aber tendierte der Islam aufgrund der starken Verrechtlichung und der Betonung der *Umma* nicht zu Individualisierungsprozessen, sondern zur normgerechten Einpassung des Individuums.[722] Vielleicht ist auch hierin ein Grund zu sehen, daß die großartigen, aber in vielem dem traditionellen muslimischen Denken widersprechenden Entwürfe der Philosophie nicht zur Autonomie des Individuums beitrugen. Man kann sogar feststellen, daß auch in den philosophischen Konzepten die Individualität abgewertet wurde, vor allem durch die Hypostasierung des aristotelischen *intellectus-agens*-Gedankens. Deswegen konnte ein beeindruckender philosophischer Aufbruch nach wenigen Jahrhunderten ein Ende ohne nennenswerte Wirkungsgeschichte im Islam finden.

[719] Vgl. hierzu vom Verf., Fundamentalchristologie, a.a.O. 318–323.
[720] Vgl. Verf., ebd. 405–416.
[721] Vgl. o. 8.3.3.2.
[722] Vgl. o. 8.3.7.

10.3 Die Entwicklung der Theologie in der islamischen Geschichte

10.3.1 Theologie und Recht

Was wir mit Theologie meinen, wird im Islam als *Ilm al-Kalam*, „Wissenschaft vom Wort", bezeichnet. Sie ist also grundsätzlich Studium und Auslegung des Koran. Seit dem 8. Jahrhundert traten zum Koran Hadithe hinzu, deren literarische Sammlungen im ersten Drittel des 9. Jahrhunderts abgefaßt wurden und im Verlauf der nächsten Jahrzehnte eine normative Geltung erlangten; seitdem werden sie in der Theologie neben dem Koran herangezogen. Die theologische Literatur, *kalam* genannt, bezieht sich auf diese Quellen, diskutiert aber – in unterschiedlichem Umfang – abweichende Standpunkte.
Die grundlegende islamische Wissenschaft ist die Rechtswissenschaft, deren Studium alle religiösen „Intellektuellen" durchlaufen. Auch die Theologie ist somit eng mit dem Rechtssystem verbunden, die Theologen *(Mutakallimun)* sind auch, und oft vor allem, Ulama.
Diese enge Verknüpfung zeigt sich auch darin, daß die ersten Diskussionen im Islam, die man als Anfänge einer theologischen Auseinandersetzung bezeichnen könnte, mehr mit Fragen zu tun hatten, die wir als rechtlich bezeichnen würden. Darauf folgte eine Phase, in der sich die Theologie mit darüber hinausgehenden Problemen befaßte, angestoßen durch die Übersetzungsarbeiten in der Abbasidenzeit und die in diesem Kontext entstehende Philosophie. Mit der Zeit aber wurde schließlich die Theologie wieder so eng an die rechtlich verstandene Orthodoxie angebunden, daß sie kaum noch als eigenständige wissenschaftliche Disziplin bezeichnet werden kann.
Im folgenden sollen nur einige wenige Grundlinien aufgezeigt werden, weil im Rahmen einer „Einführung" allzu viele Namen und Details überflüssig sind. Zudem kennt die islamische Theologie nur recht wenige Thematiken oder Personen, die unbedingt beschrieben werden müßten, weil hier Originelles oder Weiterführendes, und nicht nur geringfügige Varianten des schon Bekannten, zu entdecken wären.

10.3.2 Zur Geschichte der Theologie

10.3.2.1 Die Anfänge

Die Nachrichten über die theologische Entwicklung bis zur Mitte des 10. Jahrhunderts sind sehr spärlich, und das meiste, was dazu ausgeführt wird, stützt sich auf viel spätere Schilderungen, die oft tendenziöse und teilweise fiktive Rekonstruktionen bieten. So sind die folgenden Darlegungen mit Vorbehalt zu lesen.[723]

Die frühesten ideologischen Auseinandersetzungen kreisten um rechtliche Fragen der Leitung der Umma, die aber auch theologische Implikationen besaßen und insofern als Anfänge einer muslimischen Theologie bezeichnet werden können. Schon früh, in der zweiten Hälfte des 7. Jahrhunderts – hier ist allerdings zu bedenken, daß die entsprechenden Nachrichten mehr als hundert Jahre jünger sind –, trennten sich Gruppen sowohl von *'Ali* wie von seinem Konkurrenten *Muawiya*. Diese *Charidschiten*[724] („Ausziehende) mochten sich „überhaupt nicht dazu bereitfinden, die Omaijaden als Herrscher eines islamischen Gemeinwesens anzuerkennen. Unter eigenen Anführern bildeten sie eigene Gemeinschaften"[725]. Sie waren der Meinung, nur der beste Muslim könne die Gläubigen führen; sündhafte Führer müßten abgesetzt werden. Dahinter steckt die Vorstellung, daß Allah von seinen Gläubigen Reinheit und Gehorsam verlangt; die Taten eines Menschen sind entscheidend. Trotz ihrer rigoristischen Forderungen arrangierten sich allerdings die Charidschiten meist mit den tatsächlichen Verhältnissen, wofür sie komplizierte Begründungen suchen mußten.[726]

Forderungen dieser Art setzen voraus – was aber erst später ein explizites Thema der Theologie wurde –, daß Menschen in der Lage sind, fromm und rein zu leben; die Art des Lebens hängt also vom freien Willen des Menschen ab. Ebenso ist ein „ekklesiologisches" Thema angesprochen: Soll die islamische Umma eine Gemeinschaft der Gottesfürchtigen sein, vom besten Muslim geleitet, oder ist sie eine stärker politisch-soziale Größe, die Arrangements mit der Wirklichkeit aushalten muß?

Die sog. *Murdschiiten* („die Aufschiebenden" o.ä.), die zwar auch bestimmte, meist unbedeutende Gruppen bildeten, mehr aber eine Meinungstendenz repräsentieren – auch *Abu Hanifa* oder Mutaziliten wurden später so bezeichnet –, meinten, man müsse das Urteil über „Sünder" aufschieben und Allah überlassen. Sünder seien nicht mit Ungläubigen gleichzusetzen; man könne sie bestrafen, aber sie blieben Mitglieder der Umma und könnten jederzeit auf die Gnade Allahs rechnen. Vereinfacht gesagt, vertraten sie eine gemäßigte Position – anders als die Charidschiten –, die das Zusammenleben in der Gemeinschaft und auch die politischen Verhältnisse nicht mit radikalen religiösen Forderungen konfrontierte: Sie meinten z.B., wer sich als Kalif durchsetze, sei rechtmäßig, auch wenn er Böses täte.

Meinungen dieser Art verbreiteten sich im Lauf der Zeit und lassen sich nur sehr schwer noch mit bestimmten Gruppen in Verbindung bringen: „Wir haben gesehen, daß der Begriff Murgi'a sehr unterschiedlich verwendet wer-

---

723 Ähnlich auch W.M. Watt, in: Watt/Marmura, Der Islam II, a.a.O. 393.

724 Vgl. o. 8.1.2.

725 T. Nagel, Geschichte der islamischen Theologie, a.a.O. 51.

726 Vgl. W.M. Watt, in: Watt/Marmura, Der Islam II, a.a.O. 21–27.

den kann. Tatsächlich kann er auf fast jedes Mitglied der islamischen Gemeinschaft, außer auf die Harigiten und Schiiten, angewendet werden“[727]. Dennoch wurden sie später gelegentlich als Häretiker betrachtet; *al-Aschari* nennt z.B. den Begründer der hanafitischen Rechtsschule, *abu Hanifa,* einen murdschiitischen Häretiker[728]. Da sich bei *abu Hanifa* tatsächlich – „jedoch mit deutlich prädestinatianischem Einschlag“ – murdschiitisches Denken aufzeigen läßt, reichte ihre Tradition auch weit über das Ende der Omaiyadenzeit hinaus.[729]
Mit primär rechtlichen Fragestellungen waren auch die Anfänge der *Schia* befaßt. Muß der Nachfolger des Propheten in der Gemeindeleitung aus seiner Nachkommenschaft oder seiner Familie stammen oder nicht? Die *Aliden* (Anhänger *'Alis*), aus denen die meisten schiitischen Richtungen hervorgingen, waren der Meinung, Allah habe nur dessen Nachfahren und somit denen Mohammeds, dieses Recht eingeräumt; die kurz vor der Mitte des 8. Jahrhunderts entstandene Richtung der *Zaiditen* begnügte sich mit einer Herkunft aus der Familie Mohammeds, auch ohne direkte leibliche Abstammung. Im Gegenzug tendierte die Mehrheitsmeinung, aus der bald der Sunnismus erwuchs, zu einer offeneren Regelung.
Diese im Grunde rechtlichen Auseinandersetzungen wurden bald theologisch bedeutsam, weil in der Schia die Meinung vertreten wurde, die Bindung des Amtes der Leitung der Umma an Nachfahren Mohammeds habe seinen Grund darin, daß diese von Allah ein besonderes Charisma erhalten hätten; „das Imamat unterscheidet sich daher grundsätzlich von jenem ‚Königtum‘, das die Omaijaden verkörpern“[730]. Die Lehre der Imame konnte auf diese Weise Momente ins Spiel bringen und normativ machen, die über den Koran hinausgingen. So entwickelten sich in den schiitischen Richtungen Glaubensüberzeugungen und Rechtspraktiken, die ihnen – verglichen mit dem sich bildenden Sunnismus – ein eigenes theologisches Gepräge gaben.[731]

10.3.2.2 Die Mutaziliten und ihre Kontexte

Eine Diskussion theologischer Themen im eigentlichen Sinn begann erst mit der Richtung der *Mutaziliten* in der frühen Abbasidenzeit. Diese Bewegung entstand mit dem Beginn einer immer intensiveren Übersetzungsarbeit, die sowohl rationale Methoden wie auch gänzlich neue Problemfelder erschloß. Die Mutaziliten („die sich Absondernden“, so wurden sie von ihren Gegnern

[727] W.M. Watt, ebd. 140.
[728] W.M. Watt, ebd. 143.
[729] T. Nagel, Geschichte der islamischen Theologie, a.a.O. 110.
[730] T. Nagel, ebd. 58.
[731] Vgl. o. 8.2.3.1.2.

bezeichnet[732]) öffneten sich den neuen Einflüssen und maßen der Vernunft auch für die Interpretation von Offenbarungswahrheiten eine große Bedeutung zu, wodurch sie den traditionellen Rechtsgelehrten suspekt wurden. „So bildete sich seit dem ausgehenden 8. Jahrhundert eine Kultur des Streitens heraus, die übrigens bald darauf auch von der islamischen Jurisprudenz übernommen wurde"[733].
Die Bewegung ging im 8. Jahrhundert aus von Basra im Südirak, wo u.a. die Theologen *Wazil ibn-Ata* (gest. 749), *Amr ibn-'Ubaid* (gest. 761), *Abu'l-Hudail al-Allaf* (gest. zwischen 840 und 850) und *An-Nazzam* (gest. 836 oder 845) wirkten. *Abu'l-Hudail* wird von *Montgomery Watt* als der „Begründer des (mutazilitischen, Verf.) dogmatischen Systems" bezeichnet.[734] *Josef van Ess* zieht auch *Wazil* als Schulmitbegründer in Betracht, merkt aber an, daß „die Informationsbasis ... zu schmal" sei. „Vor allem setzt die Überlieferung viel zu spät ein"[735]. Dennoch sind die Konturen der Mutazila vor der Zeit *al-Mamuns* noch undeutlich. Erst unter dem Kalifen *al-Mamun* (gest. 833), der auch die Übersetzungsarbeiten antiker Schriften systematisch förderte, konnten die Mutaziliten an Einfluß gewinnen; 819 berief er den Mutaziliten *ibn Abi Duwad* sogar zum Oberkadi von Bagdad.
Seit der zweiten Hälfte des 9. Jahrhunderts spielten vor allem die „späteren" mutazilitischen Schulen von Bagdad – erwähnenswert sind die Theologen *Ja'far ben Harb*, *al-Iskafi* und *al-Ka'bi* – und Basra – mit den Theologen *'Abbad*, *al-Dschubai* – eine Rolle. Vor allem der Bagdader Kreis von Theologen beeinflußte die dort Regierenden in der Zeit der Kalifen *al-Mamun*, *al-Wathiq* und *al-Mutasim*.
Inhaltlich plädierten die Mutaziliten, von denen viele bis zur Mitte des 9. Jahrhunderts auch Sympathien für die Schia hatten, für den freien Willen des Menschen, gegen die auch im Koran herausgestellte Rolle der Vorherbestimmung alles Tuns, auch der ethischen Entscheidungen, durch Allah.[736] Von daher hatte sich gelegentlich die Meinung verbreitet, daß Gott auch das Böse und den Unglauben vorherbestimme. In ihrer Meinung zur Vorherbestimmung stimmten sie mit einer schon älteren Richtung, den *Kadariten* (ab 750)[737] – sie waren Anhänger der Abbasiden – überein, die der Ansicht

---

[732] Nach W.M. Watt, in: Watt/Marmura, Der Islam II, a.a.O. 219, ist es wahrscheinlich, „daß der Name Mu'tazila ursprünglich auf jene angewendet wurde, die im Hinblick auf 'Ali neutral waren, und daß es Protoschiiten waren, die ihn auf sie anwendeten".
[733] T. Nagel, Geschichte der islamischen Theologie, a.a.O. 87.
[734] W. Montgomery Watt, Free Will and Predestination in Early Islam, London 1948, 61.
[735] J. van Ess, Theologie und Gesellschaft im 2. und 3. Jahrhundert Hidschra, Bd. I, a.a.O. 234.
[736] Vgl. hierzu Josef van Ess, Zwischen Hadit und Theologie. Studien zum Entstehen prädestinatianischer Überlieferung, Berlin, New York 1975; T. Nagel, Geschichte der islamischen Theologie, a.a.O. 43–49.
[737] Vgl. hierzu J.van Ess, Theologie und Gesellschaft im 2. und 3. Jahrhundert Hidschra, Bd. I, a.a.O. 72–135.

waren, der Mensch habe die Macht *(Kadar)*[738], selbst seine Taten zu bestimmen. Dagegen waren die *Dschabriten* („Leute des blinden Zwangs") radikale Vertreter einer völligen Vorherbestimmung aller menschlichen Taten. Zudem lehrten sie, der Koran sei von Allah verfaßt und von Mohammed nur weitergegeben worden.

Theologische Schulbildungen

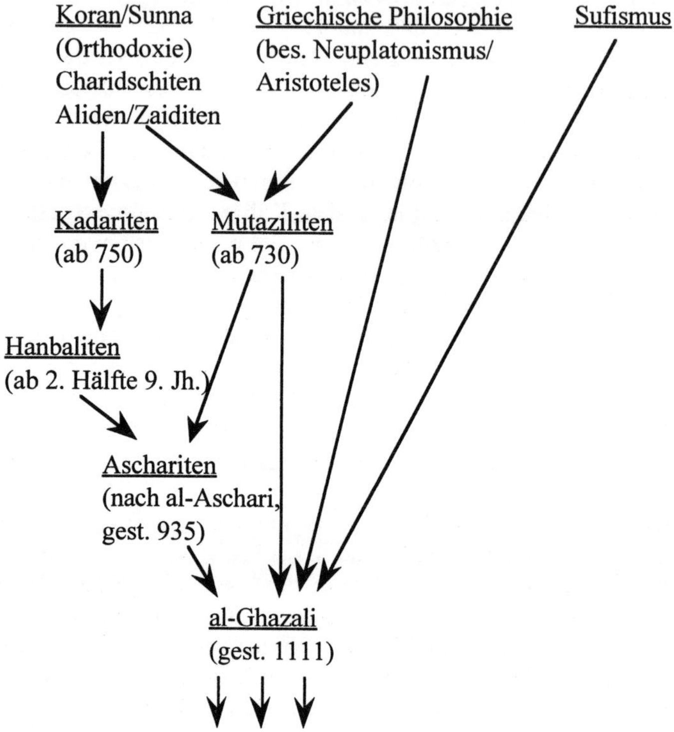

Die *Mutaziliten* bezogen aber nicht nur Position, sondern begründeten sie theologisch: Gott ist absolut gerecht. Das Böse ist keine Gegenmacht, sondern Resultat menschlicher Entscheidungen. Gott gab den Menschen Verstand und freien Willen, deswegen können sie ihn auch benutzen. Zudem wäre Allah ungerecht, wenn er im Gericht bestrafen würde, obwohl der Sünder für seine Taten nicht verantwortlich ist. Eine Vorherbestimmung durch Gott lehnten die Mutaziliten also ab.

---

738 Normalerweise ist *kadar* die Macht Gottes zur Prädestination; in diesem Fall aber scheint *kadar* die Möglichkeit des Menschen zu sein, selbst über sein Tun zu entscheiden (vgl. zu dieser Frage W.M. Watt, in: Watt/Marmura, Der Islam II, a.a.O. 113–115).

Wenn das Heil allerdings ganz vom freien Willen des Menschen abhängt, könnte diese Perspektive auch Angst einflößen. Deswegen waren die Mutaziliten der Meinung, daß Allah nicht nur gerecht, sondern auch – in einem sonst im Islam unbekannten Ausmaß – barmherzig sei. Wenn ein Sünder bereut, vergibt ihm Gott; lediglich die Polytheisten finden keine Gnade.
Diese These hatte auch politische Folgen. Ein Herrscher soll zwar das Gute befehlen; aber auch einem sündigen Herrscher muß gehorcht werden.
Darüber hinaus unterschieden sie zwischen Allah und allem Geschöpflichen. Gott ist ewig und entzieht sich jeder Beschreibung, die notwendig anthropomorph sein müsse; allenfalls kann man von ihm sagen, daß er ist. Zwar könne man metaphorisch oder allegorisch von Gott reden; dann aber bestehe die Gefahr, daß die so umschriebenen „Eigenschaften" Gottes im Volksglauben gegenständlich aufgefaßt würden. Offenbarung und Koran ordneten sie dem Bereich des Geschaffenen zu: Der Koran ist zwar Mohammed geoffenbart worden, von ihm aber dann nach seinem Verständnis und seinen Fähigkeiten verkündet worden. Deswegen muß er nach rationalen Kriterien erklärt, dem späteren Verständnis angepaßt oder sogar korrigiert werden. Zudem lehnten sie die bindende Geltung von Hadithen und Idschma ab, weil sie befürchteten, daß mit ihnen die Möglichkeiten freien Denkens eingeschränkt würden.
In scholastischer Zusammenfassung galten als Mutaziliten diejenigen, die fünf Prinzipien anerkannten: 1. *Einheit*. Dieses Prinzip stand bis ins 9. Jahrhundert hinein im Mittelpunkt und besagt, daß die Attribute Gottes nicht verselbständigt werden dürfen, es keine Analogie zwischen Gott und Schöpfung gibt und die Wirkungen des Handelns Gottes (Offenbarung, Mitteilung des Koran) geschöpflich sind. 2. *Gerechtigkeit*. Gott wäre ungerecht, wenn er Menschen für Taten bestrafen würde, für die sie selbst nicht verantwortlich sind. Gott kann das Böse nicht zugeschrieben werden. Das Leiden von Kindern und Tieren – also ohne eigene Schuld – wird in komplizierten Rechtfertigungsversuchen zu bewältigen gesucht. 3. *Die Verheißung und die Drohung*. Gott vergibt dem Sünder, wenn er bereut, und bleibt seiner Verheißung und Drohung treu; schwere Sünden muß Gott, gemäß seiner Drohung, bestrafen, und die Höllenstrafe ist für die Verworfenen ewig. 4. *Die Zwischenstellung*. Der große Sünder befindet sich in einer Zwischenstellung. Er soll nicht aus der Gemeinschaft verstoßen werden, ist aber auch nicht einfachhin ein Gläubiger. Auch das Urteil über Herrschende muß man zurückstellen. 5. *Auffordern zum Guten und Abhalten vom Verwerflichen*. Der Gläubige muß andere durch Ermahnung – im äußersten Fall auch durch das Schwert – vom Bösen abhalten und ihn zum Guten auffordern.
Damit gerieten die Mutaziliten in eine scharfe Konfrontation zu den Rechtsgelehrten, die den Koran für das ungeschaffene Wort Gottes hielten. „Die späteren Angriffe der ‚Orthodoxie' gegen sie dürfen nicht darüber hinwegtäuschen, daß die Mu'taziliten durchaus auf dem Boden der muslimischen Offenbarung standen ... Sie waren keineswegs Freidenker oder Aufklärer,

sondern disziplinierten ihre Denkmethoden, bemühten sich um klare theologische Begriffe und, wenn man so will, humanisierten sie die Lehre ...“[739].
Zunächst aber fanden die Mutaziliten noch Unterstützung durch abbasidische Kalifen: *Al-Mamun* (gest. 833) schrieb im Jahr 827 zentrale Lehren der Mutaziliten allen Untertanen zu glauben vor, weil er der Meinung war, nur mit dem Einfluß rationalen Denkens die unterschiedlichen Strömungen seines Reichs einen zu können. Sich selbst verstand *al-Mamun* als oberste Instanz für alle Gläubigen bzw. als Imam, nicht nur als politischen Führer. Es kam in der Folgezeit sogar zu einer Art Inquisition, durch die Gegner mit Folter oder auch Tod zum Einlenken gezwungen werden sollten; auch *Hanbal*, der Begründer der rigoristischen hanbalistischen Rechtsschule, wurde verfolgt. Aber der Widerstand der Orthodoxie war stark, und der Kalif *al-Mutawakkil* (gest. 861) mußte 849 die staatlich verordneten Doktrinen wieder zurücknehmen – das Ziel, „dem Reich ein rationalistisches Dogma aufzuerlegen“, war „verfehlt“[740] – und Mutaziliten aus führenden Stellungen entlassen. Jetzt wurde die Lehre der Orthodoxen von der Unerschaffenheit des Koran zum staatlich verordneten Dogma. Seit dieser Zeit hielten sich Kalifen aus Lehrstreitigkeiten heraus und beanspruchten auf diesem Sektor keine Kompetenzen mehr.[741]
Die Mutaziliten lehrten noch, mit einigem Erfolg, weiter bis ins erste Drittel des 10. Jahrhunderts. Die Diskussionen gingen vor allem um die Möglichkeit, Gott Attribute zuzusprechen. Dies wurde abgelehnt, so daß von daher positive Aussagen und somit Wissen über Gott unmöglich sind. Auch der aus der griechischen vorsokratischen Philosophie übernommene Gedanke, daß die Welt aus einer Mischung von Atomen besteht, hat sich in der Mutazila verbreitet (und wurde später von den Ascharіten übernommen).
Daneben bildeten sich immer wieder Gruppen, die sich mit besonderen Fragen befaßten: Die *Rawanditen* („Extreme“, ab 750) verehrten die Abbasidenkalifen und schrieben ihnen Heiligkeit zu; aber diese wehrten sich gegen ihre strengen moralischen Vorschriften und verfolgten sie. Anhänger des Abbasidengenerals *Abu Muslim*[742], die *Mubaiyiden* (ab 780), strebten das Martyrertum an und vertraten eine Seelenwanderungslehre. 779 wurden sie von den Abbasiden ausgerottet. Die von dem Schiiten *Hamdan Karmat* im Südirak begründete Richtung der *Karmaten* (ab 885) mußte unter dem Druck der Abbasiden nach Bahrein ausweichen, von wo aus sie von 930 bis 960 den Schwarzen Stein aus der Kaaba entführten. Sie vertraten interessante Thesen: Die Gesellschaft muß eine gerechte Ordnung besitzen, der Staat durch Vernunft gelenkt werden; jeder Mensch ist vor Gott für sich selbst verantwortlich.

---

739 G.E. von Grunebaum, Der Islam in seiner klassischen Epoche 622–1258, a.a.O. 122.
740 T. Nagel, Geschichte der islamischen Theologie, a.a.O. 123.
741 Vgl. o. 8.3.2.
742 Vgl. o. 8.3.2.

Bald aber wurden die Spielräume der Theologie, die die Mutaziliten eröffnet hatten, eingeengt. „Die Schule der Mu'taziliten ging aus den Versuchen hervor, eine begrenzte Menge griechischer Ideen und Argumentationsmethoden auf islamische Glaubensvorstellungen anzuwenden ... in ihrer Entwicklung entfernte sie sich immer weiter vom Durchschnittsmuslim ...". Nach der Wende z.Zt. *Mutawakkils* „hätte man von den Mu'taziliten erwarten können, daß sie entweder versuchten, dem Durchschnittsmuslim wieder näherzukommen, oder aber nach neuen griechischen Ideen zu suchen. Doch sie taten weder das eine noch das andere"[743].
Erschwerend wirkte noch, daß seit der Mitte des 10. Jahrhunderts die Ascha-riten im sich bildenden Sunnismus eine bestimmende Rolle einnahmen, was umgekehrt die Mutaziliten bewog, sich der Schia anzunähern; jedenfalls wurden sie von ihren Gegnern dieser Nähe verdächtigt. Dennoch aber gab es relativ bedeutende Mutaziliten auch noch bis ins 12. Jahrhundert hinein. Doch war die politisch-religiöse Entwicklung innerhalb der Sunna über ihre klassischen Themen hinweggegangen, so daß ihre weitere Propagierung und noch so feinsinnige Begründung meist mehr akademischen Charakter annahm und nichts mehr bewegte. Lediglich in der Schia lebten ihre Argumentationen fort; hierbei spielte wahrscheinlich die Lehre von der Geschöpflichkeit des Koran eine große Rolle, die der Bedeutung der Lehre der Imame dem Koran gegenüber eine Basis zu geben schien.
Die Rücknahme der staatlich verordneten mutazilitischen Lehren durch *al-Mutawakkil* leitete eine Wende ein; „liberales" Denken wurde in der Theologie zunehmend als ketzerisch empfunden und zurückgedrängt durch eine stärkere Rückbindung an Koran und Hadithe, wie es auch der Entwicklung in der Rechtslehre entsprach. Den Koran hielten die Orthodoxen für das ungeschaffene Wort Gottes und deswegen für unveränderlich und verbalinspiriert. Ähnlich wie in der christlich-hellenistischen Christologie, die Jesus als den inkarnierten göttlichen Logos verstand, scheinen bei diesem Theologumenon hellenistische Motive eine Rolle gespielt zu haben[744]: Der Wunsch nach einer Verankerung der Geltung eines geschichtlichen Phänomens in *unbedingter* Geltung durch seine Hypostasierung in ewigen Seinsgründen. Wie auch im Christentum bemerkte die Orthodoxie nicht die kulturelle hellenistische Bedingtheit und somit Fremdheit dieser Vorstellung.

10.3.2.3 Die Aschariten

In diesem Kontext wirkte der Theologe *al-Aschari* (873–935), selbst vorher Mutazilit. Er wurde in Basra geboren, studierte Rechtswissenschaft und muta-

---

[743] W.M. Watt, in: Watt/Marmura, Der Islam II, a.a.O. 302.

[744] Vgl. hierzu Louis Gardet u. M.-M. Anawati, Introduction à la Théologie musulmane. Essai de Théologie comparée, Paris 1948, 38.39.

zilitische Theologie. Im Alter von 40 Jahren „bekehrte“ er sich zu konservativeren Ansichten und distanzierte sich von der Mutazila. Gegen Ende seines Lebens zog er nach Bagdad um, wo er dann starb.

Al-Aschari verfaßte ein „Glaubenbekenntnis“, in dem er lehrte, der Koran sei unerschaffenes ewiges Wort Gottes; deswegen muß sich die Theologie, wie auch die Rechtspraxis, ganz am Wortlaut des Koran orientieren. Den spekulativen Spielraum für die Theologie wollte er einschränken. Seine Schriften bieten viele Zitate aus dem Koran, aber auch aus Hadithen, die er dann mit rationalen Argumenten verteidigt.

Diese Zulassung rationaler Argumente war z.Zt. *al-Ascharis* noch unvermeidlich, weil die Thesen der Mutaziliten zurückgewiesen werden mußten; aber ihre Freiheit wurde durch die enge Orientierung an unverrückbaren theologischen Normen eingeengt. Dennoch überschreibt *Tilman Nagel* ein Kapitel zu *al-Aschari* mit dem Begriff „sunnitischer Rationalismus“[745], was nur gerechtfertigt ist, weil seit dem 11. Jahrhundert selbst die noch von *al-Aschari* benutzte rationale Argumentation weiter eingeschränkt wurde.

Auch nach *Yves Thoraval* gilt *al-Aschari* „als eigentlicher Begründer der islamischen Theologie“.[746] Diese Meinung ist allenfalls vertretbar, wenn man die islamische Theologie „von hinten her“, von der späteren Orthodoxie her, liest. *Al-Ghazali* nämlich hat später die Thesen *al-Ascharis,* in eingeschränkter Weise, aufgegriffen und „für die Sunniten fast kanonisiert“[747]. Der Sache nach ist sowohl mit der engen Rückbindung der Theologie an Koran und Sunna als auch mit der bloßen Synthese widersprüchlicher Aussagen eine freiere theologische Reflexionsgeschichte zumindest erschwert worden. Zwar wurden seine Lehren durchaus noch diskutiert, aber nicht mehr entscheidend korrigiert. So prägten sie den sich bildenden Sunnismus, vor allem in der Abgrenzung zur aggressiven schiitischen Bewegung seit dem 10. Jahrhundert.

Al-Aschari lehnte neuplatonisch inspirierte Schöpfungsvorstellungen ab und schloß sich enger an die koranischen Aussagen an. Dennoch aber griff er eine noch ältere griechische Vorstellung, aus der vorsokratischen Naturphilosophie, auf: Das All besteht aus Atomen, deren unterschiedliche Zusammensetzung die einzelnen Dinge bildet.

Laut *Tilman Nagel* werden im Ascharismus drei (koranische) Aussagen zu Gott wichtig: „Der Schöpfer ist einer“, was gegen Polytheismus, Trinitätslehre und später auch gegen den Dualismus gerichtet sei; „der Eine ist ewig“, was den Unterschied zwischen Schöpfer und Geschöpfen dokumentiere; „der Ewige ist Schöpfer“. Gerade diese dritte Aussage führte dazu, alle philosophischen Schöpfungsmodelle zurückzuweisen und an den koranischen Vorgaben festzuhalten.[748]

---

745 T. Nagel, Geschichte der islamischen Theologie, a.a.O. 143.

746 Y. Thoraval, Lexikon der islamischen Kultur, a.a.O. 350.

747 K. Hartmann, Atlas-Tafel-Werk zur Geschichte der Weltreligionen II, a.a.O. 92.

748 T. Nagel, ebd. 120.121.

Anders als die Mutaziliten will *al-Aschari* die Attribute Gottes nicht als bloße Metaphern verstehen, weil man anders nichts mehr über ihn aussagen könne. Manche Attribute Gottes, z.B. seine schöpferische Eigenschaft, hält *al-Aschari* für nicht ewig. Laut *al-Aschari* bestimmt Gott alle Handlungen des Menschen voraus, so daß seine Allmacht uneingeschränkt ist. Dennoch aber besitzt der Mensch einen freien Willen und wird gerechterweise von Gott belohnt oder bestraft. Den Widerspruch zwischen den beiden Aussagereihen versucht *al-Aschari* durch die – problematische – These aufzulösen, der Mensch habe die Freiheit, den von Gott für ihn vorherbestimmten Handlungen zuzustimmen, sie sich anzueignen oder sie abzulehnen. *Al-Aschari* versucht also, die beiden schon vor ihm vertretenen gegensätzlichen Positionen miteinander zu vermitteln.
In dieser Zeit ist noch der aus Transoxanien, bei Samarkand, stammende Theologe *al-Maturidi* (gest. 944) zu erwähnen, der die Tendenzen des *al-Aschari* fortführte und sich darüber hinaus gegen Schia und Philosophie wandte. Einige seiner Werke sind erhalten; am weitesten verbreitet sind die „Interpretationen des Koran".
Die Auseinandersetzungen, in denen *al-Maturidi* stand, brachten noch einmal eine Erweiterung der Themen mit sich. Vor allem räumte er rationalen Argumentationen wieder einen größeren Stellenwert ein. Religiöse Kenntnis erlang man auf „zweierlei Wegen: durch das Hören von autoritativen Aussagen und durch den Verstand"[749]. In seiner Schrift „Buch der Einzigkeit Gottes" lehnt er philosophische Emanationsvorstellungen ab und vertritt das Schöpfungshandeln Allahs; intensiv legt er die Attribute Gottes – seine Ewigkeit, Allmacht, Allwissen usf. – dar; alle Attribute sind – anders als nach *al-Aschari* – ewig. Das Handeln Gottes in Schöpfung und Vorherbestimmung führte er nicht nur auf seine Willensentscheidungen zurück, sondern vor allem auf sein Wissen oder seine Weisheit, so daß es weniger positivistisch und mehr notwendig erscheint. Auch dem menschlichen freien Willen räumt er einen größeren Spielraum ein, zeigt also wieder eine gewisse Nähe zu mutazilitischen Vorstellungen. Sündern gegenüber ist *al-Maturidi* gnädiger gestimmt; selbst schwere Sünden schließen einen Menschen nicht schon unmittelbar aus der Gemeinschaft und vom Heil aus. In Summe erscheint er als gemäßigter oder offener als *al-Aschari*. Wahrscheinlich deswegen fand er vor allem Zustimmung seitens der *Hanafiten* mit ihrer „liberaleren" Rechtspraxis.
Ähnliche Auffassungen wie *al-Maturidi* vertraten später noch *al-Bakillani* (gest. 1013), der den Atomismus der Aschariten und ihre Attributenlehre verfestigte, und *an-Nassafi* (gest. 1142). Sie alle polemisierten aber heftig gegen die hellenistisch geprägten Entwürfe der Philosophen, so daß deren Rezeption in der islamischen Tradition immer mehr eingeschränkt wurde.
Vor allem in der ostpersischen Stadt Nischapur wurde gegen Ende des 10. Jahrhunderts und im 11. Jahrhundert die ascharitische Tradition von einer

[749] T. Nagel, Geschichte der islamischen Theologie, a.a.O. 138.

Reihe von Theologen fortgeführt; ihre Werke sind noch nicht zureichend bearbeitet. Wenn es hier auch vorübergehend zu einer Verfolgung der Ascharitenkam, so daß ihre Theologen ins Exil ausweichen mußten, blieben sie dennoch dominierend. Grundsätzlich läßt sich die Theologie in Nischapur so charakterisieren, daß es einmal zu einer Annäherung zwischen den Ascharitenten, die ursprünglich mehrheitlich wohl der hanafitischen Rechtsschule zugehörten, auch zu konservativeren Rechtsschulen kam und Einzelthemen – wie die göttlichen Attribute, die Interpretation von Hadithen, die Zurückweisung von Irrtümern usf. – behandelt wurden.

Im 11. Jahrhundert wurden die Grundlagen des Sunnismus verfestigt, die auch von jetzt an die Theologie bestimmen: Die Sunna wurde neben dem Koran als Basis des gläubigen Lebens und der Theologie allgemein akzeptiert. Je mehr die bisherige Einheit des Bagdader Reichs zerfiel, umso wichtiger wurde es, die religiösen Grundlagen zu stabilisieren und sich an eindeutigen Normen, die aus der Vergangenheit überkommen waren, zu orientieren. Die „bunte Fülle von Meinungen und Richtungen, die sich im 8. und 9. Jahrhundert zu Gehör bringen konnten“[750], war jetzt nicht mehr möglich. Sowohl im Recht wie in der Theologie wurden durch die Normenbindung nur noch kleinste Abweichungen möglich und geduldet; die Theologie pendelte sich, was sich schon bei *al-Aschari* angekündigt hatte, zunehmend auf eine mittlere, sehr enge Linie ein.

Die Berücksichtigung philosophischer Methoden und Gedanken, die sich bei *al-Dschuwaini* (gest. 1085), dem Lehrer *al-Ghazalis* in Nischapur, und bei letzterem findet, hat ihre Grenzen an der für die Gläubigen und die Theologen vorgegebenen Meßlatte Koran und Sunna. So gibt *Tilman Nagel* seinem Buch zur Theologie des 11. Jahrhunderts den Untertitel „Triumph und Scheitern des islamischen Rationalismus“[751].

Die Aschariten schufen in dieser Zeit eine „neue Frömmigkeit“, „das Ideal einer streng scharia-gebundenen Lebensweise“[752], die theologischen Lehrer rückten – besonders früh in Nischapur – zur Rolle eines Meisters für seine Schüler auf; sie hatten ein Erziehungsziel, „die Hingabe an das Gesetz“[753] zu verwirklichen, die Schüler sollten sich als Knechte[754] verstehen – was modellhaft für die Aufgabe aller Muslime stand, Knechte Gottes zu sein. Zwar läßt sich bei dem iranischen Sufi und Theologen *al-Dschuwaini* beobachten, daß er mehr als andere philosophische Gedankengänge aufgriff. Er unterschied z.B., wie zuvor schon der Philosoph *Avicenna*[755], im Verhältnis Gottes zur Welt das bei Gott Notwendige und das Mögliche, das er um den

[750] Tilman Nagel, Die Festung des Glaubens. Triumph und Scheitern des islamischen Rationalismus im 11. Jahrhundert, München 1988, 14.
[751] T. Nagel, ebd.
[752] T. Nagel, ebd. 103.
[753] T. Nagel, ebd. 104.
[754] T. Nagel, ebd. 105.
[755] Vgl. o. 10.2.2.4.

Gedanken des bei Gott Unmöglichen ergänzte. Zudem nahm er Stellung gegen die Lehre *al-Ascharis* von der Zusammensetzung der Welt aus Atomen.
Von ihm aber wird berichtet, er habe vor seinem Tod bereut, Wissen angestrebt und rationale Argumente zugelassen zu haben. Trotz der unschwer erkennbaren anti-ascharitischen Tendenzen dieser Erzählungen kommt *Tilman Nagel* zu dem Schluß, es könne sich tatsächlich so verhalten haben.[756] Für *al-Dschuwaini* sei jetzt klar gewesen, „daß sich die Arbeit des Verstandes im Nachvollziehen und Bestätigen des Offenbarten erschöpft"[757].

10.3.2.4 Al-Ghazali[758] und die Theologie bis zur Mitte des 13. Jahrhunderts

Al-Ghazali kam aus der ascharitischen Schule von Nischapur, wo er bei *al-Dschuwaini* studiert hatte. Er griff die synthetische Linie des *al-Aschari*, mit noch konservativerer Orientierung, auf und führte sie in gelehrten Schriften – er kennt durchaus die philosophische Literatur und ihre Thematiken – weiter. Bei *al-Dschuwaini* klang schon an, „was sein Schaffen zunichte zu machen droht"; „sein Schüler al-Gazali (...) wird es offen aussprechen: die Absage an den Rationalismus"[759].
Al-Ghazali steht nach Meinung *W.M.Watts* nicht ganz zu Recht derart im Mittelpunkt der westlichen und islamischen Literatur; es habe auch andere Theologen von vergleichbarem Niveau gegeben, so daß er nicht einfach als *die* Autorität der sunnitischen Theologie bezeichnet werden könne. „Was er jedoch bewirkte, war die Einführung gewisser neuer philosophischer Konzeptionen und Methoden in die Theologie (...), und damit leitete er zwar eine neue Phase in der Entwicklung der rationalen Theologie im Islam ein, übte aber offensichtlich auf antirationalistische Theologen wie die Hanbaliten keinen Einfluß aus"[760]. Diese Bewertung klingt anders. Der Unterschied erklärt sich daraus, ob man rationale Argumente, die von vornherein das positiv Vorgegebene bestätigen, oder solche, die auch zu In-Frage-Stellungen führen, für „rationalistisch" hält; im letzteren Sinn jedenfalls war *al-Ghazali* nicht „rationalistisch".
Al-Ghazali hatte, wie alle Theologen, Rechtswissenschaften studiert und später in Bagdad gelehrt. Aber schon bei seinem Lehrer *al-Dschuwaini* in Nischapur war er zur Beschäftigung mit der Philosophie angeregt worden; später vertiefte er durch private Lektüre seine philosophischen Kenntnisse, wurde aber im Lauf seiner Forschungen von ihr enttäuscht, „als er erkannte,

---

756 T. Nagel, Die Festung des Glaubens, a.a.O. 351–360.
757 T. Nagel, ebd. 355.
758 Vgl. hierzu o. 10.2.2.5.
759 T. Nagel, Die Festung des Glaubens, a.a.O. 357.
760 W.M. Watt, in: Watt/Marmura, Der Islam II, a.a.O. 408.

daß es für Wissen, das durch rationale Methoden zu erlangen ist, eine Grenze gibt"[761]. Deswegen wandte er sich dem Studium des Sufismus zu.
Anscheinend hatten sich damals unter den Gebildeten philosophische Kenntnisse verbreitet, die zu einer distanzierten Haltung der islamischen Religion gegenüber führten. Theologen und Rechtsgelehrte versuchten gegenzusteuern, hatten aber meist nur Autoritätsargumente anzuführen. *Al-Ghazali* bemerkte, daß dies nicht genügte, und verteidigte die Orthodoxie darüber hinaus auch mit rationalen Methoden.[762] Er versucht sogar, in gewissen Grenzen Theologie und Philosophie miteinander zu verbinden, wozu er „Anleihen bei Avicenna" macht[763].
Dennoch scheint diese „philosophischere" Vorgehensweise lediglich die tradierten islamischen „Dogmen" besser abgesichert bzw. auch ein vertieftes Verständnis erschlossen zu haben. Jedenfalls wird in der Fachliteratur keine inhaltlich besondere oder bemerkenswerte Theologie *al-Ghazalis* erwähnt: Wenn man das von ihm mit herbeigeführte Stadium der Theologie gelegentlich als „neue Orthodoxie" bezeichnet, ist der Grund dafür nicht eine inhaltliche Weiterführung, sondern allenfalls die *auch* (ein wenig!) *rationale* Verteidigung der traditionellen Lehren. In diesem Sinn würdigt *M. Marmura* den theologischen Ertrag des Vorgehens *al-Ghazalis*: „Erst mit al-Gazali beginnt wirklich die Tradition, philosophische Theorien in der theologischen *(kalam)* Literatur zu erörtern und zu kritisieren. Das bedeutet nicht nur, daß diese Ideen viel bekannter wurden, sondern auch, daß sie das theologische Denken beeinflußten, das allmählich philosophischer wurde"[764]. Seine Stellung der Philosophie gegenüber, die er nicht ausgrenzen, aber an die Theologie rückbinden wollte[765], ließ ihr allerdings kaum noch Zukunftschancen. *Al-Ghazali* integrierte auch die Mystik in die islamische Theologie, so daß sie dadurch zwar von der Orthodoxie anerkannt, aber auch domestiziert wurde.[766]
Grundsätzlich wollte er die Theologie eng an die Offenbarung in Koran und Hadith rückbinden. Zwar darf sie sich durchaus philosophischer Begrifflichkeiten bedienen, soll also nicht unintellektuell vorgehen, aber ihrem Spielraum sind enge Grenzen gesetzt. In seiner „Wiederbelebung der religiösen Wissenschaften" verteidigte er die islamische Orthodoxie, deren – enge – Gestalt er für die folgenden Jahrhunderte festlegte. Diese oft – nicht ganz zutreffend – so genannte „neue Orthodoxie" ließ keine neuen theologischen Entwürfe mehr entstehen. Nach *Tilman Nagel* wollte *al-Ghazali* „nach seiner Abkehr vom Rationalismus den gemeinen Mann am liebsten von allem Spekulieren fernhalten und empfahl dringend die ganz unintellektuelle Nach-

[761] W.M. Watt, in: Watt/Marmura, Der Islam II, a.a.O. 412.
[762] Vgl. o. 10.2.2.5.
[763] T. Nagel, Geschichte der islamischen Theologie, a.a.O. 202.
[764] M. Marmura, in: Watt/Marmura, Der Islam II, a.a.O. 372. 373.
[765] Vgl. o. 10.2.2.5.
[766] Vgl. u. 11.3.3.1.

ahmung des verklärten Lebenswandels des Propheten"[767]; er habe den – wahrhaftig recht engen – ascharitischen Versuch, „kritischen Verstand und fromme Sunna-Gläubigkeit zu verbinden", verworfen. So sei in der Folgezeit unabhängiges Gelehrtentum geschwunden. „Gewiß, immer wieder haben islamische Herrscher Medressen gestiftet, aber die Wissensgebiete, die in ihnen gepflegt wurden, verengten sich mehr und mehr auf die Jurisprudenz und die Überlieferungskunde"[768].

Zwar verfaßte später noch *Fachr-ad-Din ar-Razi* (gest. 1209) ein für den Sunnismus wichtiges und immer wieder normatives Werk „Resümee"; es geht aber inhaltlich nicht über den bisherigen Konsens hinaus.

Die ascharitische Theologie wurde nicht nur in Nischapur oder Badgad studiert und gelehrt, sondern auch in anderen Städten. Aber auch dort gab es bis zur Mitte des 13. Jahrhunderts nur wenige Theologen, deren Schrifttum erwähnenswert wäre, und auch diese wenigen verbleiben in den von *al-Ghazali* vorgezeichneten Bahnen.

Damit „scheint die Theologie auf dem Gebiete der Dogmatik ab dem 13. Jh. in der sunnitischen Welt erstarrt zu sein"[769]. Lediglich in der Schia, in deren Richtungen sich eine Reihe von Sondertraditionen bildete, die auch theologisch und oft apologetisch entfaltet werden mußten, findet sich noch längere Zeit eine theologische Entwicklung.

Auch die noch bekannten Theologen des *islamischen Westens* waren durchweg konservativ. Der angeblich „herausragende Theologe des islamischen Spanien"[770], *ibn Hazm* (gest. 1064), der auch politisch tätig war, schloß sich einer ganz restriktiven Rechtsauffassung an, die keinerlei Analogieschluß zulassen, sonder nur auf den wörtlichen Sinn von Koran und Hadith zurückgreifen wollte. Dieses Prinzip übertrug er auch auf die Theologie. Eine gelinde Auflockerung der strengen Konzeptionen brachte in Spanien später der Einfluß der ascharitischen Theologie.

In Nordafrika ist *ibn Tumart* (gest. 1130) zu nennen, der nach Anfängen, die den Auffassungen *ibn Hazms* vergleichbar sind, sich selbst als Mahdi proklamierte und damit die ideologische Basis der Almohadenbewegung legte.[771] Die Almohaden aber wurden später toleranter, was vor allem die Blüte der Philosophie in Spanien, das sie unterworfen hatten, ermöglichte.

10.3.3 Ausblick bis zur Gegenwart

Es mag seltsam erscheinen, einen Zeitraum von der Mitte des 13. Jahrhunderts bis heute unter dem Begriff „Ausblick" zusammenzufassen. Dies soll

---

767 T. Nagel, Geschichte der islamischen Theologie, a.a.O. 187.
768 T. Nagel, ebd. 362.
769 Y. Thoraval, Lexikon der islamischen Kultur, a.a.O. 351.
770 W.M. Watt, in: Watt/Marmura, Der Islam II, a.a.O. 442.
771 Vgl. o. 8.3.5.3.

nicht heißen, es habe in etwa sechs Jahrhunderten keine muslimische Theologie gegeben. Natürlich wurden – allerdings unter der dominanten Rolle der Rechtswissenschaft – die islamischen Dogmen weiterhin gelehrt.
Zunehmend etablierte sich der Sunnismus, wobei allerdings die Rechtsschulen eine größere Bedeutung hatten als die Theologie; die Verfestigung des Sunnismus geschah also unter restaurativen Vorzeichen, zumal die hanbalitische Schule dabei große Aktivitäten entfaltete.
Diese Tendenzen wurden von der Theologie begleitet. Weithin erschöpften sich die Theologen darin, die islamischen Lehren immer wieder einzuschärfen. Glaubensbekenntnisse oder auch kurze Zusammenfassungen der islamischen Lehre wurden geschrieben und immer wieder kommentiert; die Auseinandersetzungen mit der Schia brachten eine polemische Literatur zu den unterschiedlichen „häretischen" Richtungen hervor.
Während der auch als „islamisches Spätmittelalter" bezeichneten Epoche von der Mitte des 13. bis zur Mitte des 19. Jahrhunderts gibt es keine innovatorische Theologie. „Sie kann eine Zeit der Finsternis oder eine Periode der Stagnation genannt werden", schreibt *W.M. Watt,* obwohl er sich bemüht, auch die positiven Seiten dieses Phänomens z.B. für die Stabilisierung der religiösen und sozialen Strukturen der islamischen Gemeinden hervorzuheben.[772]
Anders als die islamische Philosophie sind die Theologiegeschichte des Islam und die in ihr diskutierten Problematiken von Anfang an – für westliches Verständnis – nicht von bedenkenswerten oder gar innovatorischen Entwürfen gekennzeichnet; allzu stark war die Vorherrrschaft der Rechtswissenschaft und die positivistische Bindung an Koran und Sunna. Von der Mitte des 13. Jahrhunderts an wird die Rechtspraxis mit ihren unterschiedlichen Schulen immer wichtiger; sie bestimmte das eigentliche islamische Leben, die Ulama wurden immer dominanter. Und nachdem das „Tor der Idschtihad" im Sunnismus geschlossen war[773], wurden auch hier die spärlichen Möglichkeiten zu neuen Entwicklungen verschlossen.
Das Rechtswesen war weithin in das politische Herrschaftssystem integriert und diente ihm; dennoch aber leisteten die Ulama gelegentlich auch Widerstand, vor allem dann, wenn die politischen Instanzen die tradierten Normen lockern oder neuen Kontexten anpassen wollten. Dieses Beharren auf der unveränderten und zunehmend nicht interpretierbaren Geltung des Normengeflechts förderte zwar die Geschlossenheit im Binnenraum, führte aber auch zu einer Erstarrung des Islam; es hat „den Ulema die Anpassung der Rechtswissenschaft und der Theologie an die zeitgenössische Welt erschwert"[774].
Die Rechtsschulen und eine relativ schlichte Theologie bestimmten das alltägliche Leben der Muslime. Es scheint aber so zu sein, daß dabei tiefere

[772] W.M. Watt, in: Watt/Marmura, Der Islam II, a.a.O. 462.
[773] Vgl. o. 9.3.
[774] W.M. Watt, in: Watt/Marmura, Der Islam II, a.a.O. 465.

emotionale Bedürfnisse nicht recht zum Zuge kamen. Die Volksfrömmigkeit und, seit dem Aufkommen der Derwischorden, auch eine existentiell tiefere Frömmigkeitspraxis scheinen für viele ein Ventil geworden zu sein, ein religiöses Leben zu führen, das mehr umfaßte als Pflichten und „Dogmatik".

Die Begegnung mit der europäischen Kultur und Zivilisation seit der Kolonialzeit führten den Islam in eine Krise, die auch die Theologie nicht unberührt ließ. Sie war gezwungen, sich mit Fragestellungen zu befassen, die sie bisher nicht kannte: westliche Methoden des historisch-kritischen Vorgehens, der Exegese und Hermeneutik, der Soziologie usf.; dabei kam ihr – noch bis heute – zugute, daß die westliche Islamwissenschaft ihrerseits ein Defizit an historisch-kritischer Methodik und, wie die Publikation von *Christoph Luxenberg* zeigt, auch an philologischer Forschung kennt und somit nicht die Grundlagen selbst in Frage stellt. Zudem führten die Zwänge von Politik und Ökonomie dazu, in den nach der Kolonialzeit entstandenen islamischen Nationalstaaten Modernisierungsprozesse einzuleiten oder rechtliche Regelungen einzuführen, die nicht mit der tradierten Scharia zu vereinbaren waren und deswegen abgelehnt wurden.

Einzelne Theologen innerhalb der islamischen Welt griffen neue Fragestellungen auf, meist in vorsichtiger Art. Dennoch aber bekamen sie bald Schwierigkeiten mit dem immer noch alles bestimmenden Rechtssystem und der traditionellen Theologie. Wie die neuen Intellektuellen in den islamischen Ländern denken, läßt sich nur schwer ermitteln; kritische Publikationen professioneller Art aber sind weiterhin riskant.

Die Mehrheitsreaktion auf die neuen Herausforderungen ist restaurativ bis fundamentalistisch. Sie ist verständlich, weil es um Probleme geht, die gewissermaßen „von außen", zudem von Mächten, die die muslimischen Länder lange Zeit eigennützig ausgebeutet haben, an den Islam herangetragen oder sogar – wie sich leicht sagen läßt – von „Ungläubigen" propagiert werden. Vor allem ist der unvermittelte Schritt aus einem „Mittelalter" und einer vorindustriellen Gesellschaft in die Moderne nicht einfach zu gehen, ohne daß die Gefahr bestünde, dabei die eigene Identität zu verlieren.

Von daher ist es verständlich oder beinahe zwangsläufig, sich auf die eigene große Vergangenheit zu besinnen und auf den eigenen Traditionen und Mentalitäten, auch in der Theologie, zu beharren. Diese Stützen scheinen sozial- und religionspsychologisch notwendig, um weiterhin als Muslim leben zu können. Es wird sicher einige Zeit brauchen, bis die Angst schwindet, mit einer Öffnung auch sich selbst preisgeben zu müssen.

10.4 Islamische und christliche Theologiegeschichte

Bei einem Vergleich der muslimischen und der christlichen Theologiegeschichte ergeben sich Parallelitäten und – mehr noch – Unterschiede,

durch deren Beschreibung sich die jeweiligen Eigenarten deutlicher hervorheben lassen.
Vor allem die Diskussionen in der sog. Vorscholastik[775] und zur Zeit der Frühscholastik kennen der islamischen Entwicklung vergleichbare *strukturelle Problematiken.* Den Dialektikern und Antidialektikern im Übergang zur Frühscholastik, den Theologen und den theologischen Schulen der folgenden Zeit, z.B. den Schulen von St. Viktor und Chartres, ging es darum, welche Rolle bzw. welcher Freiraum dem menschlichen – d.h. philosophischen – Denken zukomme in bezug auf Schrift und Tradition bzw. wie das Verhältnis der beiden letztgenannten normativen Größen in bezug auf die Theologie zu bestimmen sei. Wie im Islam ergaben sich liberalere bzw. rationalere und traditionalistische Lösungsversuche und Schulbildungen.
Danach aber liefen die Entwicklungen auseinander. Zwar kann man wirklich nicht sagen, daß die christliche Theologie sich von den ihr vorgegebenen Normen gelöst habe; aber die Bindung an Schrift und Tradition wurde nicht so eng gezurrt, daß dem Denken kein Freiraum mehr geblieben wäre. Genau das aber ist seit dem 12. Jahrhundert in der muslimischen Theologie passiert; der wörtlichen Orientierung an Koran und Sunna wurden die Möglichkeiten rationaler Problematisierung geopfert.
Warum die Geschichte, nach vergleichbaren Anfängen, so unterschiedlich weiterverlief, ist umstritten. Der plausibelste Grund hierfür dürfte wohl darin zu sehen sein, daß der Islam eine *Schriftreligion* im eigentlichen Sinn ist, das Christentum aber nicht. Im Islam ist der Koran *die* Offenbarung, für Christen ist dies Jesus; der Schrift kommt nur eine Deuterokanonizität zu. Für das Bekenntnis zu Jesus Christus ist zwar die Schrift maßgebend, aber sie verweist auf Jesus (bzw. das Volk Israel als „Vorgeschichte" Jesu) und ist nicht selbst das „Wort Gottes". Damit war eine gewisse Freiheit für theologisches Denken gegeben. Bei aller Bedeutung Mohammeds steht im Islam der Koran im Vordergrund. Ein satzhaft formuliertes Buch aber, das nicht auf eine Mitte hin durchschaut werden kann, legt dem Denken engere Normen auf, die dann in analoger Weise auch der Sunna zugedacht wurden. M.E. konnte im Islam, mit wachsender Geltung von Koran und Sunna seit dem 9./10. Jahrhundert, die Freiheit theologischen Denkens nur noch in einer geringeren Spielbreite möglich sein.
Darüber hinaus lassen sich auch gemeinsame *Themenbereiche* erkennen, die in dieser Zeit in Islam und Christentum diskutiert wurden. Diese ergaben sich einmal aus der identischen Grundlage, dem Monotheismus, sowie einer vergleichbaren kontextuellen Situation, diesen Monotheismus mit dem ebenfalls tradierten Neuplatonismus zu vereinbaren. Wenn der Monotheismus begrifflich streng reflektiert wird, ergibt sich fast von selbst die Frage, ob das „Monos" noch andere Kausalitäten zuläßt; die Relevanz des freien Willens bzw. des menschlichen Tuns im Hinblick auf sein eschatologisches Schicksal

[775] Vgl. hierzu vom Verf., Fundamentalchristologie, a.a.O. 315.

wird problematisiert. In beiden theologischen Traditionen wurde das Verhältnis von Prädestination und menschlicher Mitwirkung diskutiert, im Christentum seit *Augustinus* und verschärft seit den Thesen des Mönchs *Gottschalk* in karolingischer Zeit.
Ebenso wurde die in Bibel und Koran zu findende Schöpfungsvorstellung, nach der Gott in freiem Willensentschluß, wie eine handelnde Person, die Schöpfung bewirkt, dann zu einer Schwierigkeit, wenn dieser Topos neuplatonisch denkenden Menschen, für die die Welt notwendig aus ihrem inneren Grund resultiert, allzu okkasionalistisch, wenn nicht sogar naiv, erscheinen mußte. Auch diese Fragestellung wurde in Islam und Christentum wichtig, in letzterem z.B. in der Theologie des *Johannes Scottus Eriugena.*[776]
Darüber hinaus kam es in beiden Theologien zu einer Verankerung der zentralen Normen in der Präexistenz. Für Christen erschien Jesus als Inkarnation des göttlichen Logos, für Muslime der Koran als geschichtliche Gestaltwerdung eines ungeschaffenen Urkoran.
Hier aber enden beinahe die Vergleichbarkeiten. Während die christliche Geschichte eine bunte Theologie mit einer Fülle von Thematiken hervorgebracht hat und noch hervorbringt, die zwar die Kirche oft vor Zerreißproben stellte und stellt, aber auch ein faszinierendes Material bietet, sind die in der muslimischen Theologie diskutierten Themen wesentlich weniger abwechslungsreich, die Entwürfe spärlicher; und je später die Zeit, um so einliniger wird die Theologie.
Wie läßt sich das erklären? Vielleicht liegt es daran, daß der Koran von arabischer und der nicht ganz unähnlichen syrisch-christlichen Mentalität geprägt ist, das Christentum sich aber schon im Neuen Testament, und erst recht in seiner folgenden antiken Geschichte, aus zwei diametral entgegengesetzten Kulturtraditionen konstituierte: der jüdisch-alttestamentlichen *und* den hellenistischen Denkweisen (letztere waren auch schon in den Spätschriften des Alten Testaments von Bedeutung). Dies hatte zur Folge, daß die Spannungen zwischen den beiden kulturbedingten Arten des Christseins und deren Artikulationen eine theologische Auseinandersetzung provozieren mußten und sowohl die hellenistischen Assoziationen im Neuen Testament wie die baldige Verbreitung des Christentums im hellenistischen Raum und unter hellenistischen Menschen die damit verbundenen Denkweisen, auch die Philosophie, ins Spiel brachten und legitimierten.
Das arabisch-syrische Dokument, der Koran, wie auch die anfängliche Beschränkung des Islam auf die arabischen Bevölkerungsgruppen, in folgenden Epochen die Arabisierung der aus anderen ethnischen Zusammenhängen neu hinzukommenden Muslime sowie die dominierende religiöse Rolle des Arabischen bis heute haben echte theologische Inkulturationen erschwert. Das soll nicht heißen, es gebe keine unterschiedlichen Prägungen etwa des afrikanischen, indischen oder arabischen Islam usf., aber dies schlug und schlägt

---

[776] Vgl. hierzu vom Verf., Fundamentalchristologie, a.a.O. 374–384.

sich nicht nieder in spezifischen inkulturierten Theologien. Lediglich die Verbindung der alten persischen Kulturtradition mit dem Islam brachte Sonderformen hervor, die aber letztlich – auch die persischen Muslime beten in arabischer Sprache – ebenfalls nur recht geringfügige Varianten erbrachten. Es scheint so zu sein, daß die profilierte kulturelle Prägung des Koran, der Sunna, des Islam Ursache einer „kargeren" Theologiegeschichte ist. Die Leistung der Theologen scheint vor allem darin zu bestehen, kulturell fremde Denkweisen über Gott, Mensch, Welt im Anschluß an den Wortlaut von Koran und Hadithen zurückzuweisen, während das von Anfang an „synkretistische" oder (immer neu) sich inkulturierende Christentum versuchte, die andersartigen kulturellen Mentalitäten theologisch zu integrieren, woraus sich eine große Anzahl von schwierigen, heftigen, aber auch spannenden Diskussionen und Entwürfen und Gegenentwürfen ergab.

11. Mystik bzw. Sufik im Islam

von Ulrike Stölting

11.1 Vorbemerkungen

Der Begriff Mystik (von griechisch μύειν „[die Augen] schließen") hat eine lange Geschichte. Schon in früher hellenistischer Zeit hatte er die Bedeutung von Bezogenheit auf Geheimnisvolles, Dunkles; z.Zt. des Neuplatonismus gewann er bereits eine Nähe zum heutigen Verständnis (vgl. *Proklos*: „die mystische Einigung mit dem Göttlichen", bei der man das Materielle ablegt)[777], und wird, nach nicht gradliniger Geschichte, vor allem von Pseudo-*Dionysios Areopagita* dem Mittelalter vermittelt.

Obwohl die Legitimität von Mystik sowohl in der christlichen Theologie als auch in der Philosophie, vor allem seit der Aufklärung, oft recht kritisch beurteilt wurde, hat sich der Begriff in der Religionswissenschaft als *terminus technicus* durchgesetzt. Er charakterisiert dann die – nach Meinung der Mystiker – „das gewöhnliche Bewusstsein u.(nd) die verstandesmäßige Erkenntnis übersteigende, unmittelbare Erfahrung der göttl.(ichen) od.(er) transzendenten Realität"[778].

Die Abgrenzung zwischen Mystik und emotional tiefen Formen der Volksfrömmigkeit ist nicht immer einfach, wenn man nicht nur solche Frauen und Männer für ihre Repräsentanten hält, die ihre Erfahrungen auf einem hohen Sprachniveau wiedergeben. Die Geschichte der islamischen Mystik, des Sufismus, zeigt, daß es hier viele Querverbindungen und sich verwischende Grenzen gibt.

Mystik ist ein universales religiöses Phänomen; d.h. Mystik gibt es, in unterschiedlichsten Formen, in sehr vielen Religionen von prähistorischer Zeit bis zu den heutigen Weltreligionen. Die Vielfalt mystischer Ausprägungen reicht von ekstatischen Tänzen in den Jäger- und Sammlerkulturen bis zur Liebesmystik in den monotheistischen (Judentum/Christentum/Islam) oder zur Einheitsmystik in den monistischen Religionen (Meditation und intendierte Aufhebung des Selbst im Hinduismus und Buddhismus oder im Zen-Buddhismus in Japan). Viele Mystiken stellen auch in sich ein Gemisch verschiedenster Motive dar, die oft nicht recht zusammenzupassen scheinen.

In diesem Sinn spricht beispielsweise auch *Ansgar Paus* von „ein(em) universale(n) kulturenübergreifende(n) Grund-Datum der Religionsgeschichte. Es dürfte bereits den schriftlosen Ethnien der Vorzeit, den Naturvölkern ... bekannt gewesen sein u.(nd) findet sich bis hin zu den Hochreligionen in Gesch.(ichte) u.(nd) G(e)g(en)w.(art) der östl.(ichen) und westl.(ichen)

---

777 Vgl. P. Heidrich, Mystik, mystisch, in: Historisches Wörterbuch der Philosophie, Bd. 6, Darmstadt 1984, 268.

778 Th. Ohm, Mystik I. Religionsgeschichtlich, in: LThK², Bd. 7, 732.

spir.(ituellen) Hemisphäre. Verschiedene interpretierende Zugänge od.(er) Wege z.(u) myst.(ischer) Erfahrung sind durch das hist.(orische), soziolog.(ische), psycholog.(ische) gesamtkulturelle Verbundensein des Mystikers mit seiner konkreten Lebenswelt bedingt und führen zu versch.(iedenen) ... ‚Mystiken'"[779].

Trotzdem wird von philosophischer, theologischer und religionswissenschaftlicher Seite die Auffassung vertreten, daß es zumindest einige charakteristische Elemente gibt, die für die Mystik grundlegend sind: Sie bezeichnet immer ein tiefes religiöses Erlebnis, das dem Mystiker, wie er meint, in der Begegnung mit Gott oder dem Göttlichen widerfährt. Diese Begegnung, die unterschiedliche Stufen, auch Angst, Schrecken, „Einöde" und Leere kennen kann, gipfelt letztlich in der Erfahrung eines beglückenden Einsseins mit Gott. In monotheistischen Religionen, in denen ein personaler Gott im Mittelpunkt steht, wird dieses Einssein im Sinne einer intersubjektiven, liebenden, erkennenden Einheit vorgestellt, bei der sich zwei Personen gegenüberstehen; in monistischen Religionen wird das Einswerden oder -sein erfahren als eine Selbstaufhebung des Menschen bzw. seiner Individualität in das Göttliche hinein.

Man kann also grundsätzlich zwei Typen von Mystik unterscheiden: Zum einen die sog. „Persönlichkeitsmystik" bzw. „intersubjektive Mystik": in der mystischen Erfahrung stehen sich Mensch und personaler Gott gegenüber, der Mensch erfährt das liebende Einswerden mit Gott. Die muslimischen Mystiker bekennen sich nach Ansicht der meisten westlichen Forscher fast ausnahmslos zu dieser Persönlichkeitsmystik, die im *tauhid*[780], im Einheitsbekenntnis, wurzelt. Diese These hält m.E. einer unvoreingenommenen Betrachtung vielfach nicht stand.

Zum anderen findet sich in der Religionsgeschichte sehr häufig die sog. „Unendlichkeitsmystik", die einen unpersönlichen Gottesbegriff voraussetzt und in der sich mystische Erfahrung auf das seinshafte Verschmelzen mit dem Göttlichen konzentriert, die zugleich eine Entselbstung des Menschen zum Ziel hat.

Mystische Einheitserfahrung wird immer als beglückend geschildert. Mystiker erfahren ihre Begegnung mit Gott als etwas, das alle alltäglichen Möglichkeiten übersteigt und nicht in Worte zu fassen ist; wenn sie dennoch ihre Erfahrungen sprachlich wiedergeben, bleiben die Umschreibungen meist dunkel und rekurrieren auf poetische Bilder[781]. Dennoch entwarfen einige Mystiker systematische Abhandlungen (Lehr- und Handbücher), die aller-

---

[779] Ansgar Paus, Mystik I. Religionsgeschichtlich, in: LThK[3], Bd. 7, 584 (die Ergänzungen innerhalb der Klammern von Verf.).

[780] Vgl. u. Kap. 11.3.3.3.

[781] Die islamische Mystik – vor allem im persischen Kulturraum – erhielt ihr besonderes Gepräge von der Dichtkunst ihrer berühmten Vertreter Sana'i, Attar und Rumi u.a.; aber auch eher nüchterne Denker und Philosophen unter den islamischen Mystikern – etwa der Theologe al-Ghazali – bedienen sich mitunter der Lyrik.

dings nur den Weg, die einzelnen methodischen Schritte und das Ziel, also eine Art von „Rahmen“, nicht aber das mystische Erlebnis selbst beschreiben. Der Fromme stößt in der Begegnung mit dem Göttlichen an die Grenzen jeder sprachlichen und darstellerischen Ausdrucksfähigkeit. Dies wird vor allem in den verschiedenen Sufi-Praktiken des *dhikr*[782], des ständigen Gedenkens Gottes im rituellen und freien Gebet, deutlich, dessen stufenweises Erlernen und Einüben letztlich aber im vollkommenen Schweigen überwunden werden soll[783].
Das mystische Ziel setzt somit voraus, daß der Mensch einen mystischen Weg oder Pfad (*tariqa*)[784] beschreitet, der verschiedene Stufen und Übergangsphasen kennt. So durchläuft der islamische Mystiker diverse Stationen, die ihn erst nach und nach auf eine mögliche Begegnung mit Gott vorbereiten. Am Anfang des mystischen Pfades steht aber immer die Abwendung von der Welt, der Bruch mit dem alltäglichen Leben und mit den Freuden des irdischen Daseins. Die Suche nach unmittelbarer Gotteserkenntnis setzt notwendig eine Abkehr von den Faszinationen des weltlichen Daseins voraus. Insofern ist aller Mystik eine asketische, weltverneinende Komponente zu eigen.

11.2 Wurzeln der islamischen Mystik

11.2.1 Ein originär islamisches Phänomen?

Die Ursprünge der islamischen Mystik liegen, wie vieles in der frühen Geschichte des Islam, im Dunkeln. Einige zeitgenössische Islamforscher tendieren zu der Ansicht, die islamische Mystik habe ihre Wurzeln im Koran selbst. Dazu werden Stellen angeführt, in denen „die Suche nach dem Antlitz Gottes“ (Sure 6,52; 18,28; 2,115; 28,88 u.a.) oder das „Anrufen seines Namens“[785] thematisiert werden. Der Koran läßt aber durchgängig eine weltzugewandte und nüchterne Mentalität erkennen. Die Hinwendung zur

[782] Die Vorstufen der verschiedenen dhikr-Praktiken bestehen im Aussprechen bestimmter Formeln oder Gebete bzw. in der rhythmischen Wiederholung der Formel „la ilaha illa ’llah“ (arabisch: „es gibt keinen Gott außer Gott“), die dann systematisch auf wenige Laute reduziert wird und schließlich ganz im Schweigen aufgeht. Bekannt geworden sind in diesem Zusammenhang vor allem die Derwische des Rifa’i-Ordens („Heulende Derwische“) durch ihre – nach europäischem Empfinden – seltsam klingenden dhikr-Geräusche, die aber auch nur eine ekstatische Vorstufe auf dem Weg zur Vervollkommnung im lautlosen Gedenken Gottes sind.
[783] Vgl. u. Kap. 11.4.
[784] Vgl. u. Kap. 11.3.3.3.
[785] Vgl. z.B. Adel Theodor Khoury, Der Islam. Sein Glaube, seine Lebensordnung, sein Anspruch, Freiburg, Basel, Wien ^{4}1988, 154; vgl. ders., Mystik, in: Islam-Lexikon, Bd. 2, a.a.O. 570.

Mystik, die zudem von Anfang an mit asketischen Zügen verknüpft ist, kann also nur „von außen“ angestoßen worden sein. Erst nachdem eine mystische Tradition entstanden war, versuchte man, sie „islamisch“ zu rechtfertigen; ihre Legitimität mußte deswegen vom Koran hergeleitet werden. Diese Zusammenhänge übersehen Islamwissenschaftler wie *Louis Massignon*, der behauptet, daß das Sufitum eine originär islamische Wurzel besitze und sich auf die Persönlichkeit Mohammeds stütze[786].

Richard Gramlich weist in seiner Einleitung zu dem von ihm edierten Textbuch „Islamische Mystik. Sufische Texte aus zehn Jahrhunderten“ auf den „apologetischen“ Charakter der frühen Sufi-Literatur hin: „Die älteren sufischen Handbücher sind denn auch, da sie das Heimatrecht der Sufik in der islamischen Welt begründen wollen, weitgehend Apologien. Es gilt, die Rechtgläubigkeit der Sufik nachzuweisen, Argumente der Gegner zu widerlegen, Verdächtige, die sich zu den Sufis rechnen, als falsche Sufis zu brandmarken, zu zeigen, daß die wahren Sufis zugleich die wahren Heiligen des Islams und die leuchtendsten Vorbilder der Religion sind und daß viele der allgemein anerkannten Autoritäten selber Sufis oder Sufifreunde waren“[787]. Dieser apologetische Charakter mag ein zusätzlicher Hinweis auf die durchaus empfundene islam-fremde Eigentümlichkeit des Sufismus sein.

Ein mystisches Verständnis koranischer Stellen oder auch der Gestalt Mohammeds dürften eher nachträglich in den Koran hineingelesen worden und nicht ursprünglich muslimisches Gedankengut sein. Wenn es überhaupt im Koran Anknüpfungspunkte für eine Mystik gibt, dann bieten wohl am ehesten die ältesten mekkanischen Suren (z.B. S. 89) ekstatische oder mystisch dunkle Züge, die aber nicht für eine Gesamttendenz innerhalb des Koran sprechen.

Eine Theorie, in der die Herkunft des Sufismus aus dem Islam selbst vertreten wird und die vereinzelt in älteren wie in jüngeren Publikationen auftaucht, besagt, daß die Mystik ursprünglich aus dem „*Batinismus*“ („Verinnerlichung“) herkomme. *Titus Burckhardt* schreibt in einer Studie aus dem Jahr 1953: „Entgegen manchen oberflächlichen Urteilen ist das Sufitum (at-Taçawwuf) nicht bloß eine geistige Bewegung im Rahmen der islamischen Welt, sondern, wie seine Vertreter bezeugen, nichts anderes als der ‚innere‘ oder ‚inwendige‘ (batin) Islam, das heißt der Weg zur unmittelbaren Schau der geistigen Wirklichkeiten, die sich in den Formen des islamischen Gottesdienstes ausdrücken. Im Vergleich dazu ist der allgemein verbindliche Islam, wenn auch nicht ‚äußerlich‘ im gewöhnlichen Sinne des Wortes, so doch verhältnismäßig ‚auswendig‘ ... denn er kann, da er sich gleichermaßen an alle Gläubigen richtet, nicht gut mehr sein als die Befolgung der Gesetze, die

[786] Vgl. Louis Massignon, Essai sur les Origines du Lexique technique de la Mystique Musulmane (Etudes Musulmanes II), Paris 1954.

[787] Richard Gramlich, Islamische Mystik. Sufische Texte aus zehn Jahrhunderten, Stuttgart, Berlin, Köln 1992, 8.

jene geistigen Wirklichkeiten auf irdischer Ebene, den Bedingungen eines Zeitalters und einer Umwelt gemäß ausdrücken"[788].
Die Begründung *Burckhardts* mag insofern stimmen, als für jede Mystik gilt, daß primär geistige Eliten sie hervorgebracht haben. Jedoch läßt sich damit nicht plausibel machen, daß es sich bei der Sufik um einen „nach innen gestülpten" orthodoxen Islam handelt. *Burckhardt* kommt sogar zu der abschätzigen Meinung, daß die „europäischen Forscher, die ihrer Bildung nach dazu neigen, alles auf geschichtliche Zusammenhänge zurückzuführen, ... sich natürlich dieses zwiefache Antlitz des Sufitums nicht anders denn aus dem Islam fremden Einflüssen erklären (konnten) ... (wobei) sich diese widersprechenden Zuschreibungen ... gegenseitig mehr oder weniger auf(heben würden)"[789]. *Burckhardts* thetische Aussage, daß es „letzten Endes keinen gültigen Einwand gegen die Echtheit der in ununterbrochener Kette (*silsilah*) vom Propheten selbst herstammenden Fortzeugung der sufischen Meister (gibt)"[790], weist keinen logischen Zusammenhang mehr zu seiner Eingangsthese bezüglich des Batinismus als Ansatzpunkt der Sufik auf.
Wesentlich einleuchtender erscheint dagegen der Verweis von *Gabriele Yonan*, daß die „Entwicklung des frühen Sufitums ... mit der religiösen Verinnerlichung – Batinismus – als Reaktion auf die allzu weltlich veranlagten Kalifen von Damaskus (beginnt)"[791]. Diese Vermutung hebt zwar auch nur ein einziges Motiv für die Herkunft des Sufismus in den Vordergrund, nämlich die wachsende Kritik gläubiger Muslime an den religiösen und politischen Verhältnissen in der Omaiyadenzeit, hervor, die mit der betonten Weltzugewandtheit und Laxheit der ersten Kalifen unzufrieden ist. Sicher aber ist richtig, daß es eine Sehnsucht frommer Muslime nach einer vertieften Innerlichkeit gab.

11.2.2 Einflüsse des christlichen Mönchtums

Schon die arabische Bezeichnung eines Mystikers als *Sufi*, davon im Deutschen abgeleitet: Sufik, Sufitum, Sufismus, scheint auf christliche Einflüsse, näherhin auf das christliche Mönchtum hinzuweisen „*Sufi*" leitet sich vom arabischen Wort *tasawwuf* (Tragen eines Wollgewandes) ab, worin die Wurzel *suf* (Schafwolle) enthalten ist. Es war also charakteristisch für die frühen islamischen Mystiker, ein Gewand aus Schafwolle zu tragen. Interessanterweise weist ein englischer Forscher, *Arthur John Arberry*, auf den Umstand hin, daß schon *Ibn Sirin* (gest. 728) gegen das Tragen von Gewändern aus

[788] Titus Burckhardt, Vom Sufitum. Einführung in die Mystik des Islam, München 1953, 15.
[789] T. Burckhardt, ebd. 17.
[790] T. Burckhardt, ebd. 18.
[791] Gabriele Yonan, Einheit in der Vielheit. Weltreligionen in Berlin, hrsg. von der Ausländerbeauftragten des Senats der Stadt Berlin, 2. aktualisierte und ergänzte Auflage, Berlin 1993, 61.

Schafwolle polemisiert habe, weil das so aussähe, als wollten die Sufis Jesus von Nazareth imitieren; Mohammed dagegen habe Baumwollkleidung getragen[792]. Daß sich die islamischen Mystiker grobe Wollgewänder als eine Art von Standeskleidung anlegten, war demnach kein arabisches Erbe, sondern wird aus christlichen Kontexten stammen.
Ein weiteres Zeichen für die christlichen Ursprünge des Sufismus ist der Umstand, daß Jesus, wie in vielen Quellen zu lesen ist, als Vorbild eines asketisch lebenden Mönchs verehrt wurde. Er gilt, worauf *A. Schimmel* hinweist, in der Sufi-Literatur als „Inbegriff eines vollkommenen Menschen und das Musterbeispiel eines wahren Meisters“[793]. Ihre Studie zu diesem Thema, die eine Zusammenstellung verschiedenster Bilder Jesu als der „reine Wanderer“, als „der Gütige“, „der große Beter“, „der Arzt“ und als „Vorläufer Muhammads“ u.a. bietet[794], soll veranschaulichen, daß der Prophet Jesus in der islamischen Mystik durch die Jahrhunderte und eigentlich bis heute verehrt und hochgeschätzt wird. „Kritische Stimmen“[795] finden sich weniger in den Werken der Sufis als in denen orthodoxer islamischer Theologen.
Am ehesten lassen sich für die Ursprünge der islamischen Mystik christlich-hellenistische Einflüsse geltend machen, wie schon die posthum veröffentlichte Studie des schwedischen Islamforschers *Tor Andrae* „I Myrtenträdgarden“ aus dem Jahr 1947 deutlich macht. *Andrae*, der im ersten Kapitel seiner Arbeit die Frage nach den „Ursprünge(n) des Sufismus“[796] erörtert, kritisiert die These *Louis Massignons* von einer koranischen Herkunft der Mystik[797]. Er habe die Frage nicht differenziert genug bedacht, insofern er nicht berücksichtigt habe, daß „ja schon die koranische Frömmigkeit in wesentlichen Stücken auf christlichem Boden (baut)“[798]. *Andrae* hält dagegen syrisch-christliche Einflüsse für wahrscheinlich: „Ich (*Andrae*, Verf.) möchte glauben, daß sich die Forschung nun mit Recht darüber einig ist, daß diese koranische Frömmigkeit, gewissermaßen eine Übertragung aus der asketischen Frömmigkeit, der Mönchsreligion, die in den syrischen Kirchen jener Zeit zu Hause war, in arabische Sprache und arabische Vorstellungswelt genannt werden kann“[799]. Denn, so folgert er an anderer Stelle: „Der Mönch als solcher ist eine fremde, unarabische Erscheinung – er gehört mit dem Christentum zusammen“[800]. *Andrae*[801], wie auch *Schimmel*, betonen

---

[792] Arthur John Arberry, Le Soufisme. Introduction à la Mystique de L'Islam (Übersetzung eines nicht angegebenen Originals von Jean Gouillard), Paris 1952, 37.
[793] Annemarie Schimmel, Jesus und Maria in der islamischen Mystik, München 1996, 7.
[794] Vgl. A. Schimmel, ebd. Inhaltsverzeichnis.
[795] A. Schimmel, ebd. 159.
[796] Tor Andrae, Islamische Mystiker (Originaltitel: „I Myrtenträdgarden Studier i sufisk mystik“, Stockholm 1947, übers. von H.H. Kanus), Stuttgart 1960, 13.
[797] T. Andrae, ebd. 13.14.
[798] T. Andrae, ebd. 14.
[799] T. Andrae, ebd.
[800] T. Andrae, ebd. 15.
[801] T. Andrae, ebd. 14.

zudem die entspannte politische Atmosphäre, die unter der Herrschaft der Omayiaden einen geistigen Austausch von Muslimen und Christen begünstigt habe. „Es scheint, daß die (muslimischen, Verf.) Asketen der Frühzeit in freundschaftlichem Verhältnis zu den christlichen Asketen standen; manche Geschichte berichtet von Gesprächen eines Sufis mit einem Eremiten in den Bergen des Libanon oder in der Wüste, und in der frühen sufischen Literatur erscheint Jesus als der ideale Asket, freilich nicht als ständig betrübter, sauertöpfischer Warner, sondern als ein heimatloser Wanderer, von dem Hoffnung und Gottesliebe ausstrahlt und der trotz allem Elend immer das Gute sieht“[802].

Obwohl der Koran und der Islam in seiner weithin dominierenden Form eine deutlich weltzugewandte Religiosität repräsentieren, kennt die islamische Mystik von Anfang an eine stark asketische Komponente, die sich in den ersten Jahrhunderten und auch später noch in vielen, oft abstrusen Formen niederschlug. Für diese asketische Tendenz, die der arabischen Welt sonst eher fremd ist, war das christliche Mönchtum ein Anstoß. Asketen und Mönche, die abseits von allem weltlichen Trubel in ihren Hütten und Einsiedeleien saßen und gelegentlich vielleicht Besucher empfingen, genossen in der einfachen Bevölkerung sicher ein großes Ansehen. Vieles spricht dafür, daß solche Einzelgänger, christliche Mönche und Eremiten, die Vorläufer der frühen Sufi-Mystiker waren.

11.2.3 Sufitum und Neuplatonismus

Schon das christliche Mönchtum ist ohne Einflüsse, ganz allgemein, des hellenistischen Denkens und, im besonderen, des Neuplatonismus nicht zu erklären. Die Konzentration auf die geistige/geistliche Wirklichkeit und die damit einhergehende Minderbewertung alles dessen, was den Menschen von ihr ablenken könnte, sind nicht originär christlich, sondern durch Inkulturation in den hellenistischen Raum fälschlich als „evangelische“ Impulse aufgefaßt worden.

Neuplatonisches Gedankengut, sowohl die Sehnsucht nach geistlichem Leben als auch eine negative Wertung des Materiellen und eine Leibfeindlichkeit waren im islamischen Herrschaftsgebiet weit verbreitet. Die erste Rezeption dieser Mentalität bei den frühen Sufis dürfte aus dem christlichen Mönchtum, also aus einer schon mit dem Monotheismus verbundenen Variante des Neuplatonismus, gekommen sein. Mit dem Beginn einer intensiven Übersetzertätigkeit im 9. Jahrhundert wurden auch die Schriften der

[802] Annemarie Schimmel, Sufismus und Volksfrömmigkeit, in: Der Islam, III Islamische Kultur – Zeitgenössische Strömungen – Volksfrömmigkeit, begründet von Christel Matthias Schröder. Fortgeführt und herausgegeben von Peter Antes, Hubert Canik, Burkhard Gladigow und Martin Greschat (Religionen der Menschheit, a.a.O. Bd. 25,3), Stuttgart, Berlin, Köln 1990, 161.

Neuplatoniker selbst bekannt und sowohl in der Philosophie wie auch im Sufismus in ihren Motiven rezipiert. Die muslimische Mystik plädiert jedenfalls grundsätzlich für eine Weltabgewandtheit, die der offizielle Islam nicht lehrt. Weltliche Elemente, so z.B. der Vollzug der Sexualität, stehen wie im Neuplatonismus einer unmittelbaren Gotteserfahrung im Wege. Die Bedeutung des Neuplatonismus für das Verständnis der Sufik wird in den folgenden Abschnitten noch näher erläutert.

11.2.4 Motive aus dem indischen Raum?

Unwahrscheinlich ist, daß die islamische Mystik von der indischen Mystik her beeinflußt wurde. Die frühesten Begegnungen islamischer Mystiker mit indischen Gelehrten fanden, soweit sie überhaupt in Quellen belegt sind, erst im 12. und 13. Jahrhundert statt und konzentrierten sich im wesentlichen auf die z.T. erfolgreiche Missionstätigkeit der Ordensgemeinschaften der *Chischtiyya*[803], der *Suhrawadiyya*, der *Qadiriyya* und anderer, die sich wohl zunächst ausschließlich auf Provinzstädte im Nordwesten Indiens beschränkte und erst im Zuge weiterer muslimischer Eroberungswellen größere Teile des Subkontinents erreichte. *F.A. Nizami* betont, daß sich die Übernahme religiös-ethischer Anschauungen erst im Zuge der politischen Expansion des Islam in Indien ergeben und auch nur in dieser einseitigen patronisierenden Vermittlung stattgefunden habe: „With the expansion of Muslim political power, the sub-continent experienced the inevitable of religious, educational and cultural institutions innate to Islamic lifestyle. Mosques for congregational prayers, madrasahs for religious instructions, and Sufi hospices – khanqahs – for spiritual culture sprang up either as direct or indirect consequence of political expansion“[804]. Veränderungen, die auf gesellschaftlicher, ökonomischer und sozialer Ebene stattgefunden und sich vor allem für die kastenlose Hindu-Bevölkerung vorteilhaft ausgewirkt hätten, sieht *Nizami* eigentlich nur hinsichtlich einer Übertragung des islamischen Egalitätsgedankens auf das ideologisch festgefahrene Kastenwesen. „Islamic egalitarianism, as epitomised by ordinary Muslim itinerant, scholar, trader or teacher, attracted many non-caste Hindus. A large number of conversions to Islam took place among lower castes and professional groups. This process

---

[803] Annemarie Schimmel, Der Islam im indischen Subkontinent (Reihe: wissenschaftliche Buchgesellschaft; Grundzüge Bd. 48), Darmstadt 1983, 11.12, nimmt ebenfalls erst für das 12. und 13. Jahrhundert einen beginnenden Einfluß islamischer Mystik in Indien an: „Der erste und in vieler Hinsicht wichtigste Sufi-Meister, der damals nach Indien kam, war Mu'inuddin Chishti aus Sistan (gest. 1236), der wie die meisten Frommen seiner Generation bei Abu Hafs Omar as-Suhrawardi in Bagdad in der Mystik ausgebildet war. Er ließ sich in dem eben eroberten Ajmer nieder, und die Stadt ... wurde bald zum Mittelpunkt mystischer Frömmigkeit (...)“.

[804] F.A. Nizami, Islam in the Indian Sub-Continent, a.a.O. 68.

was facilitated by message of love and kindness which Sufi (mystics) propagated"[805].
Leider finden sich keine Belege dafür, daß der Hinduismus den in der Sufi-Mystik zentralen Gedanken des „Entwerdens"[806] *(fana fi Allah*, arabisch „Entwerden in Gott") geprägt haben könnte, der unübersehbare monistische Anklänge hat und in dieser Hinsicht gar nicht zu der Persönlichkeitsmystik zu passen scheint. Schwer nachweisbar ist auch, ob und in welchem Ausmaß indische Einflüsse auf die Vorstellung der mystischen Liebe *(ma'rifa)* im Islam gewirkt haben könnten. Die mystische Liebe im Islam kennt verschiedene Aspekte[807], zu denen auch die „metaphorische Liebe"[808] gehört, die vor allem in der persischen Tradition verbreitet ist und auf die irdische Liebe übertragen wird. Um die Verzückung deutlich zu machen, die der Fromme in seiner Gottesliebe empfindet, bedienen sich gerade die mystischen Lyriker einer Bildersprache, in der auch sinnlich-erotische Momente eine Rolle spielen.
Peter Gerlitz vermutet hier einen Zusammenhang zwischen der indischen und der persischen Kultur, der später sogar bis nach Spanien Einflüsse entfaltet habe: „Wahrscheinlich sind es indische Traditionen, deren sexuelle Bilder und Symbole die islamische Liebesmystik beeinflußt haben; jedenfalls hat es einen wechselseitigen Austausch zwischen der bhakti-Mystik, bestimmten Yogapraktiken, ja sogar dem hinduistischen Pantheismus und dem Sufismus gegeben. Bedeutende Vertreter der islamischen Liebesmystik sind Farid ad-Din 'Attar aus Ostpersien (gest. 1220), Muhyi'd-Din Ibn 'Arabi aus Spanien (gest. 1240) und der große Dogmatiker Abu Hamid al-Gazzali (gest. 1111), der eine Versöhnung zwischen Mystik und Orthodoxie anstrebte, aber in seiner ‚Wiederbelebung der religiösen Wissenschaften' selber die erotische Sprache gebrauchte, um die Einheit zwischen dem gläubigen Muslim und Allah als Verschmelzung des Liebenden mit dem Geliebten zu preisen (...)"[809].
Leider lassen sich diese interessanten Thesen nicht belegen. Assoziative Ähnlichkeiten können nicht nur durch unmittelbare literarische oder kulturelle Abhängigkeiten entstehen, sondern sich, wie in diesem Fall, auch aus

---

805 F.A. Nizami, ebd.
806 Vgl. an verschiedenen Stellen: Kap. 11.3.2.1, 11.3.2.2 und 11.3.3.3.
807 Das „Leiden in der Liebe" ist ein wichtiges Thema, das von vielen Mystikern aufgegriffen wurde, ebenso die Verschmelzung von „Liebe und Schönheit". Allerdings gehört als wesentlicher Faktor immer auch die „Erkenntnis" zur Liebe hinzu, was von A. Schimmel erläutert wird: „Die letzten Stationen auf dem mystischen Pfade sind Liebe und Erkenntnis, Gnosis, *mahabba* und *ma'rifa*. Manchmal wurden sie ergänzend angesehen, manchmal galt die Liebe höher, manchmal die Erkenntnis. Ghazzali ist der Meinung, daß ‚Liebe ohne Erkenntnis unmöglich ist – man kann nur lieben, was man kennt'" (Annemarie Schimmel, Mystische Dimensionen des Islam. Die Geschichte des Sufismus, Köln 1985, 191). Vgl. u. Kap. 11.3.3.3.
808 A. Schimmel, Mystische Dimensionen des Islam, a.a.O. 415.
809 P. Gerlitz, Mystik I, in: TRE, Bd. 23, 1994, 540.

den strukturellen Analogien des Phänomens Mystik selbst ergeben; in verstärkter Weise gilt dies vor allem für den Sachverhalt einer gewissen Verwandtschaft indischer und neuplatonischer Raster.

11.2.4 *Ansätze in der Volksfrömmigkeit*

Aus welchen Kreisen ist nun die islamische Mystik hervorgegangen? Zunächst einmal fällt auf, daß die vorklassische Mystik eine erhebliche Nähe zur Volksfrömmigkeit aufweist. Zwar kommt es gerade in der nachklassischen Zeit ab dem 10. Jahrhundert und dann im Zuge der Ordensgründungen und ihrer Verbreitung wiederum zu einer Popularisierung mystisch-religiöser Inhalte und Praktiken, doch zeigt auch schon die frühe Sufik mit ihren z.T. charismatischen, aber auch „fanatisch-abstrusen" Elementen einer exzessiven Selbstkasteiung[810] eine starke Nähe zur Volksfrömmigkeit, soweit in ihr Absonderlichkeiten durchaus eine „heilsrelevante" Rolle spielen können. Die Bewegung der islamischen Mystik wird in ihren Ursprüngen demnach z.T. auch aus einer stark emotionalen Volksfrömmigkeit herrühren, insofern es in ihr zu einer Aufgipfelung ursprünglich volksreligiöser Elemente gekommen sein könnte. Der einfache Gläubige mag beeindruckt gewesen sein von der Art, wie „heilige Männer und Frauen" sich auf ein Leben in totaler Askese und Hinwendung zu Gott einließen, und, durch diese Beispiele angeregt, den Wunsch verspürt haben, ähnlich fromm zu leben. Viele werden ein Defizit an Emotionalität in der Religion[811] gespürt und gerade auch ein handgreifliches Objekt ihrer persönlichen Verehrung vermißt haben, das der Prophet in seinen historischen Konturen eigentlich von Anfang an nicht bot. „Aber was den frommen Muslim interessiert, sind vielfach andere Dinge. Es sind Züge, die für uns die Bedeutung von Legenden haben und keinen historischen Quellenwert, Züge, die ihn (den Propheten, Verf.) über das normale Menschenmaß hinausheben"[812].
Vor allem die Derwischorden übernahmen nach Ansicht *Richard Hartmanns* die Aufgabe, das spirituelle Defizit auszugleichen; ihre Mission war nicht zuletzt deshalb so erfolgreich, weil sie sich auch den Erwartungen der einfachen Frommen und dem Volksglauben öffneten: „fromme Männer wandten sich mit erbaulichen Ansprachen an die breite Masse des Volkes, um die

[810] A. Schimmel, Mystische Dimensionen des Islam, a.a.O., führt etliche Beispiele an, in denen sich diese – nach unserem Verständnis – übertriebene Verherrlichung des Leidens und des Schmerzes ausdrückt. So wurde von einem Zeitgenossen Rabi'as, genannt Fudail (frühes 9. Jahrhundert) berichtet, er habe es gehaßt, wenn Menschen ihn besucht hätten und „obgleich ... er verheiratet war, hielt er doch das Familienleben für eines der größten Hindernisse auf dem mystischen Pfad; man sah ihn nur einmal in dreißig Jahren lächeln; das war, als sein Sohn starb. Darin sah er ein Zeichen der göttlichen Gnade" (ebd. 62.63).
[811] Vgl. Richard Hartmann, Die Religion des Islam. Eine Einführung (unveränd. reprogr. Nachdruck der Ausgabe Berlin 1944), Darmstadt 1987, 113.
[812] R. Hartmann, ebd. 114.

Gedankenlosen zu Buße und Bekehrung zu rufen, den Bedrückten und Bekümmerten in ihren täglichen Anliegen religiösen Trost zu gewähren, alle zu sittlichem und frommem Verhalten zu ermahnen ... Die Prediger, deren Tätigkeit nie irgendwie reglementiert wurde, entstammen ganz überwiegend dem Kreise der Sufi's und Derwische". Sie „passen sich in der Sprache schlichter Frömmigkeit dem Bedürfnis und Verständnis des einfachen Menschen an, über den die gelehrten Ausführungen des zünftigen Theologen hinweggehen würden (...)"[813]. Zudem waren nach *Hartmann* „Laienschichten"[814] in den Sufi-Bruderschaften zugelassen, was dazu beigetragen habe, daß sich breite Bevölkerungsgruppen, die weder zu tiefsinnigen mystischen Reflexionen noch zu einem entsagungsvollen Leben befähigt waren, nicht ausgegrenzt fühlen mußten[815]. Einige der bekanntesten Sufis, die den Rang eines Meisters erreicht hatten und von der Überlieferung als Heilige verehrt wurden, übten zeitweise einen normalen Beruf – etwa als Handwerker[816] – aus.

Die Vertreter der ältesten Sufik wurden vom einfachen Volk entweder als Heilige verehrt oder als Scharlatane verspottet und bisweilen sogar körperlich mißhandelt. Jedenfalls waren sie aber zu autonom, um sich irgendeinem Dogma zu beugen. Mißtrauisch reagierten die Hüter des orthodoxen Glaubens auf jede Form von Askese und Weltabgewandtheit: Im Koran sei keine Rede davon, daß ein frommer Mensch um seines Glaubens willen auf Ehe und Familie, Besitz, Reichtum und Genuß verzichten solle. Er habe vielmehr seinen religiösen und ethischen Pflichten nachzukommen und im übrigen Allah nicht „ins Handwerk zu pfuschen".

Darüber hinaus waren auch die Lehren der Sufis verdächtig: Die Vorstellung einer tendenziell substantiellen Einheit des Menschen mit Gott und erst recht der sprachliche Ausdruck dieses „Innewerdens mit Gott" („ich bin die schöpferische Wahrheit", soll *al-Halladsch* gesagt haben) mußte vielen Rechtgläubigen häretisch vorgekommen sein; sie konnte dazu führen, daß die unüberbrückbare Kluft zwischen Gott und Mensch verwischt wird. Zwar kennt auch der offizielle Islam einen Einheitsbegriff für Gott; dieser aber lautet: „Es gibt keinen Gott außer Gott", und nicht, wie der Sufismus behauptet, „Es gibt nichts außer Gott". Wenn zudem die religiösen Normen, wie bei den Mystikern, in höchstpersönlicher Erfahrung gewonnen werden, wird ihre Einpassung in das Normengeflecht der religiösen Gemeinschaft schwierig. Mystiker waren deswegen nicht nur im Islam, sondern auch im Christentum dem Verdacht der Orthodoxen ausgesetzt, den Regeln der Glaubensgemeinschaft nicht zu entsprechen.

---

813 R. Hartmann, ebd. 123.

814 R. Hartmann, ebd. 124.

815 R. Hartmann, ebd. 125.

816 „Al-Halladsch" bedeutet „Baumwollhechler", „Attar" „Gewürzkrämer", um nur zwei Beispiele zu nennen; die Anhänger einiger Bruderschaften waren sogar verpflichtet, nebenher einen Beruf auszuüben, vgl. Kap. 11.4.

11.3 Die Geschichte des Sufitums

In der westlichen Islamforschung hat sich eingebürgert, die äußere Entwicklung des Sufitums in Epochen einzuteilen, wobei die Zäsuren je anders gesetzt werden. Im folgenden soll von vier geschichtlichen Abschnitten die Rede sein.
Eine ausführliche Erörterung aller Epochen innerhalb der Geschichte des Sufismus würde bei weitem den Rahmen dieses Kapitels sprengen; deshalb kann die Entwicklung hier nur skizziert werden. Ebenso wenig können die zahlreichen Vertreter der islamischen Mystik alle vorgestellt werden, es muß notgedrungen eine Auswahl getroffen werden.

11.3.1 Der asketische Aufbruch im 8. und frühen 9. Jahrhundert

Die erste Epoche ist gekennzeichnet durch das Auftreten einzelner Gestalten, die durchweg als Asketen zu bezeichnen sind, insofern sie den städtischen Wohlstand ablehnten und ein Leben in völliger Armut und Entbehrung vorzogen. Trotzdem wohnten sie zumeist in Städten, aber sie versuchten, sich aus dem geschäftigen Alltagsleben in eine private Sphäre abzusondern. Die meisten von ihnen lebten zeitweilig an verschiedenen Orten, wobei man dennoch nicht von Wandermönchen sprechen kann. Überliefert ist oft, daß die ersten Sufis Pilgerreisen unternahmen und es ihnen auch nur bedingt gelungen ist, „zur Ruhe" zu kommen; häufig wurden sie belagert vom Volk, das religiöse Inspiration bei ihnen suchte, oder sie wurden, allerdings gilt dies nur für wenige, von den Mächtigen der Zeit in politischen Fragen konsultiert.
Was man von den frühen Sufi-Mystikern „weiß", sind Bruchstücke meist legendarisch ausgestalteter bzw. überwucherter Biographien. Die ältesten literarischen Quellen stammen aus dem 9. Jahrhundert[817]; gemäß diesen führten die Protagonisten zumeist das Leben von Heiligen und hinterließen der Nachwelt viele fromme Ermahnungen oder ekstatische Äußerungen. Es existieren von den ganz frühen Vertretern nur einzelne überlieferte Fragmente, die strenggenommen keinerlei Rückschlüsse mehr auf ihre möglichen Urheber zulassen. Der noch zu den frühen Mystikern zählende Märtyrer *al-Halladsch* (gest. 922) hat angeblich mehrere Werke sowie Fragmente hinterlassen; aber auch deren Echtheit muß angezweifelt werden. Im folgenden sollen zwei Vertreter dieser frühen Phase kurz vorgestellt werden.

---

[817] Die Details, die bei den Schilderungen politischer oder militärischer Angelegenheiten genannt werden, dürften zumeist aus noch jüngeren Quellen stammen. Die islamische Geschichtswissenschaft und die westliche Islamforschung scheinen dies durchweg nicht als problematisch anzusehen.

11.3.1.1 Hasan al-Basri

Hasan al-Basri gehört zu den bekanntesten Gestalten einer asketischen Mystik, die für das Selbstverständnis des aufkeimenden Sufismus erste Richtlinien vorgegeben hat. *K. Hartmann* faßt seine Qualitäten zusammen, indem er ihn beschreibt als „Ideal des aufrichtig rechtschaffenen, frommen Einzelnen, der ohne Absonderung oder Ekstase zur Dekadenz seiner Welt nein sagt"[818].
Über das Leben *Hasan al-Basris* kann historisch nichts als gesichert angenommen werden. Die frühesten Quellen, die Einzelheiten aus seinem Leben berichten, stammen aus dem frühen 9. Jahrhundert[819]. Einen Geschichtskommentar, in dem *al-Basri* anscheinend erwähnt wird, datiert *Louis Massignon* auf das Jahr „190"[820] muslimischer Zeitrechnung, d.h. unser frühes 9. Jahrhundert. Die Notizen bekannter Hagiographen, wie „*Abou No'aym Isfahani*"[821], in denen *Hasan al-Basri* nach *Massignon* vorkommt, weisen sodann in die Mitte des 11. Jahrhunderts, d.h. überbrücken einen Zeitraum von fast vierhundert Jahren. Diese Angaben sollen nur verdeutlichen, wie wenig gesichert die Quellenlage ist; um so erstaunlicher ist, daß die Überlieferung mit vielen Details aufwartet, die letztendlich eine lückenlose Biographie ergeben.
Dieser zufolge soll *Hasan al-Basri* im Jahr 642 in Medina geboren und aufgewachsen sein. „Er soll etwa 657, während des Bürgerkrieges, nach Basra gezogen sein, wo er den größten Teil seines restlichen Lebens verbrachte"[822]. *W.M. Watt* interpretiert die von ihm benutzten Quellen dahingehend, daß *al-Basri* ein politisch umsichtiger, keineswegs aber unkritischer Mann gewesen sein soll, der den Auf- und Niedergang der Omaiyaden-Kalifen mitbekommen, sich aber nicht am aktiven Widerstand gegen sie beteiligt habe[823]. Offensichtlich lassen die Chroniken ihn auch schon zu Lebzeiten als führenden Gelehrten und Leiter eines „Diskussionszirkel(s)"[824] in Basra erscheinen. Insofern Basra zu den ersten Zentren der neuen geistigen Bewegung der

---

[818] K. Hartmann, Atlas-Tafel-Werk zur Geschichte der Weltreligionen II, a.a.O. 103.
[819] L. Massignon, Essai sur les Origines Lexique technique de la Mystique Musulmane, a.a.O. 174, nennt als frühesten Überlieferer „Ibn Sa'd", der im Jahr „230" islamischer Zeitrechnung gestorben sein soll und in dessen Werk „tabaqat" Notizen auftauchen sollen, die zudem als „réservées, distantes ou hostiles" bezeichnet werden, also – wenn überhaupt – ein negatives Bild zeichnen. W.M. Watt, in: Watt/Mamura, Der Islam II, a.a.O. 67, verweist ebenfalls auf denselben Ibn-Sa'd, der wohl ein „'Utmani-Gelehrte(r)" war, der allerdings „.im ersten halben Jahrhundert der 'Abbasidenherrschaft (bis 800, Verf.) in Basra ... (lebte)".
[820] L. Massignon, Essai sur les origines, a.a.O. 174, erwähnt als Kommentatoren „Abou 'l Yaqzan" , gest. „190", dessen Erwähnungen wiederum von einem „Ibn Qotaybah", gest. „276" aufgegriffen worden seien.
[821] L. Massignon, Essai sur les origines, a.a.O. 174.
[822] W.M. Watt, in: Watt/Mamura, Islam II, a.a.O. 67.
[823] W.M. Watt, ebd. 70.
[824] W.M. Watt, ebd. 68.

Sufik wie der Mutaziliten gehörte, könnte er tatsächlich adäquate Gesprächspartner gefunden haben. Daß zu diesen, wie die Legende glauben machen will, *Rabi'a al-'Adawiyya*[825] (gest. 801) gehört habe, ist jedoch nicht wahrscheinlich. *Hasan al-Basri* soll 728 in Basra gestorben sein. „Als er am 10. Oktober 728 zu Basra starb, nahm die Einwohnerschaft der ganzen Stadt an seinem Begräbnis teil"[826].

Hasan al-Basri gilt in der heutigen westlichen Forschung als Vorbild einer tiefen Frömmigkeit, die zwar nicht weltfremd und unrealistisch[827] erscheint, sich aber dennoch – so zumindest die Meinung *Watts* u.a. – stark am Jenseits orientiert[828]: „Das eschatologische und jenseitsorientierte Interesse dominiert bei al-Hasan. Dies impliziert keine völlige Ablehnung weltlicher und materieller Dinge, obwohl er sich dafür einsetzt, solche Dinge sparsam zu benutzen, und z.B. einen Mann kritisiert, der solange ißt, bis er nicht mehr kann. Exakter wäre zu sagen, daß er sich ständig der eschatologischen Bedeutung diesseitiger Handlungen bewußt ist, d.h. der Möglichkeit, sie zur Erfüllung von Gottes Geboten zu benutzen"[829]. Das Beispiel aus dem Bereich des Essens, das *Watt* oben anführt, um die jenseitsorientierte Haltung *Hasan al-Basris* zu verdeutlichen, wäre wohl eher geeignet, auf seine asketischen Ambitionen hinzuweisen. Diese hat er wohl mit vielen seiner Zeitgenossen geteilt, wobei manche überlieferte Aussprüche – auf unfreiwillig komische Weise – zeigen, wie dieses asketische Ideal auch mißverstanden bzw. überzeichnet werden konnte. So soll *Hasan al-Basri* folgenden Wunsch geäußert haben: *„Ich wünschte, eine Speise verzehren zu können, die mir wie ein Ziegelstein im Magen liegen würde. Es wurde mir gesagt, daß ein solcher dreihundert Jahre im Wasser liegen könnte, ohne sich aufzulösen"*[830].

---

825 Vgl. u. 11.3.1.2.

826 Rudolf Jockel (Hrsg.), Islamische Geisteswelt. Von Mohammed bis zur Gegenwart, Wiesbaden 1981, 76 (der kursive Druck wurde von der Verf. nicht übernommen).

827 A. Schimmel, Mystische Dimensionen des Islam, a.a.O. 56, erwähnt Louis Massignon, der „in Hasan und den Asketen, die ihm nachfolgten, eine ‚realistische kritische Tendenz' gesehen (habe, Verf.), entgegengesetzt einer mehr ‚idealistischen' Tradition, die in Kufa herrschte". Schimmel bezieht ihr Urteil wohl – ohne dies allerdings zu belegen – auf die oben schon genannte Studie von Massignon „Essai sur les origines du lexique technique de la mystique musulmane" aus dem Jahr 1928, a.a.O. 174–201.

828 Vgl. W.M. Watt, in: Watt/Mamura, Der Islam II, a.a.O. 69, sowie A. Schimmel, Mystische Dimensionen des Islam, a.a.O. 55.

829 W.M. Watt, ebd. 55.

830 Hier zitiert nach T. Andrae, Islamische Mystiker, a.a.O. 44; er fährt fort: „Hasan's Wunsch, ein einziges Mal eine Speise essen zu dürfen, die ihm ein für allemal eine so unheilige und geistlose Beschäftigung wie das Essen ersparen könnte, ist uns ganz einfach unbegreiflich" (ebd.). Andrae folgert etwas selbstironisch aus der Sicht des „gute(n) Lutheraner(s)": „Es fällt uns sehr schwer, eine Religion zu verstehen und zu schätzen, die so streng asketisch ist, wie die christliche Mönchsfrömmigkeit und ihre Ableger in der ältesten muslimischen Gemeinde" (ebd. 44). Diese Verständnisprobleme dürften vor allem auch viele Muslime gehabt haben, die im Koran immer wieder Hinweise auf die Wertschätzung alles Leiblichen – als Teil der Schöpfung Allahs – finden und sich zudem persönlich gemaßregelt fühlen konnten.

A. Schimmel bezeichnet *Hasan al-Basri* auch als „nüchtern und klarblickend, (er, Verf.) spürte die Gefahren, die eine Gesellschaft bedrohten, wenn sie nur noch an weiteren Eroberungen, am Anhäufen immer größerer Reichtümer interessiert war und dazu neigte, das koranische Wort zu vergessen: ‚Alles, was auf Erden ist, wird vergehen außer Seinem Angesicht' (Sura 28/28). Er pflegte seine Hörer zu ermahnen, genau nach den im Koran gegebenen Regeln zu leben, damit sie nicht am Gerichtstag beschämt würden: ‚*O Menschenkind, du wirst alleine sterben, und mit dir alleine wird abgerechnet werden!*'"[831] Vorwiegend solche und ähnlich fromme Ermahnungen sind von *Hasan al-Basri* überliefert und spiegeln nach *A. Schimmel* vor allem auch eine für die Vorläufer der Sufik bezeichnende „Skrupulosität" wider: „Hasan al-Basri war tief in jener Traurigkeit und Furcht versunken, die so typisch für die Asketen aller Religionen ist"[832]. Hier wäre zu fragen, ob die Verzagtheit, die aus den frommen Ermahnungen herausklingt, nicht ein weiteres Indiz dafür ist, daß die islamische Mystik aus christlichen Verstehenskontexten stammt; der Neuplatonismus und die christliche Mönchsfrömmigkeit kennen diese extremen Vorstellungen einer Befleckung durch die Materie, während im Koran entsprechende Traditionen fehlen.

11.3.1.2 Rabi'a al-'Adawiyya

Erstaunlicherweise gehört zu den anfänglich streng asketischen Gottsuchern auch eine Frau. *Rabi'a*, wird als „berühmte Mystikerin und Heilige von Basra"[833] besonders in volksreligiösen Kreisen bis heute tief verehrt. Ihr Bekanntheitsgrad übersteigt bei weitem den anderer zeitgenössischer frommer Frauen, etwa einer *Mariam von Basra* (gest. Ende des 8. Jahrhunderts) oder *Fatima von Nischapur* (gest. 849). *Mariam von Basra* ist der Überlieferung nach eine Zeitgenossin *Rabi'as*, wie auch anderer „heiligmäßigen Frauen, die gegen das Ende des 8. Jahrhunderts in Basra und Syrien lebten. Unter ihnen sind ... *Rihana*, ‚die Enthusiastische' ... (aber auch, Verf.) viele andere, die bekannt waren als ‚immer weinend, furchtsam, und die andere zum Weinen bringen' (...). Ja, einige wurden sogar blind vom ständigen Weinen, so daß die Augen des Herzens besser sehen konnten"[834]. *A. Schimmel* idealisiert in ihrem „Exkurs 2: Das weibliche Element im Sufismus" die ambivalente Rolle der Frau im Sufismus: „Das Ideal des Sufis war immer der ‚Mann' ... oder der ‚tugendreiche junge Mann' (...) In diesen Gestalten drückte sich das ‚hohe Streben' am besten aus ... Jedoch war die Haltung des Sufismus zum

[831] A. Schimmel, Mystische Dimensionen des Islam, a.a.O. 55 (kursive Hervorhebung, Verf.).

[832] A. Schimmel, ebd.

[833] Art. Rabi'a al-'Adawiya, in: Handwörterbuch des Islam, a.a.O. 603 (auf den gesperrten Druck wird hier verzichtet).

[834] A. Schimmel, Mystische Dimensionen des Islam, a.a.O. 604.

schwachen Geschlecht nicht eindeutig, und man kann sogar sagen, daß der Sufismus der Entwicklung weiblicher Aktivitäten günstiger war als andere Zweige des Islam. Die Liebe des Propheten zu Frauen, seine zahlreichen Ehen und vier Töchter schlossen jedes Gefühl der Verachtung aus, das man so oft im mittelalterlichen christlichen Mönchtum findet“[835].

Rabi'a al-'Adawiyya verkörpert nach der Auffassung vieler gläubiger Männer und Frauen – ähnlich wie *Fatima*, die Tochter des Propheten aus seiner ersten Ehe mit *Khadidscha* – das Tugendhafte, Edle in der weiblichen Natur. Auf der anderen Seite war es selbstverständlich in einer von Männer dominierten Kultur, daß die niederen Anteile der menschlichen Seele als weiblich aufgefaßt wurden. *A. Schimmel* verdeutlicht diese frauenfeindliche Haltung: „Die *nafs*, die niedere Seele, die sozusagen die individuelle Verkörperung der Welt und ihrer Verführungen ist, kann manchmal mit einem Weib verglichen werden, das mit seinen Listen und Ränken den reinen Geist zu fesseln und in die Falle des weltlichen Lebens herabzuziehen sucht ... Da das Wort *nafs* im Arabischen weiblich ist, konnte dieser Vergleich sehr leicht verwendet werden. Die ‚animalischen Eigenschaften‘ herrschen im Weibe vor (...)“[836]. Nach *A. Schimmel* aber unterschied sich *Rabi'a* von den meisten ihrer Geschlechtsgenossinnen; ihre Persönlichkeit und ihre mystischen Befähigungen zeichneten sie wohl selbst unter ihren männlichen Kollegen aus[837]; andernfalls hätte die Tradition sie nicht in der Weise gewürdigt, daß sie es gewesen sei, die das asketische Ideal vor einer Engführung bewahrt habe, indem sie das Moment der mystischen Liebe eingeführt und es auch erstmals ausgesprochen habe. Damit habe sie die Sufik auch eigentlich erst zu dem inspiriert, was später ihr zentrales Thema wurde: die totale liebende Hingabe an Gott und die Sehnsucht nach der Erfahrung einer einzigartigen Nähe und dem Einswerden mit (bzw. Entwerden in) Gott.

Rabi'as Lebensgeschichte, die von der Tradition besonders reich ausgeschmückt wird, liegt historisch aber fast völlig im Dunkeln. *M. Smith*, die sich ausführlich mit der Quellenproblematik befaßt, beschreibt die Lage wie

---

835 A. Schimmel, ebd. 603.

836 A. Schimmel, ebd.; Schimmel führt zur Verdeutlichung überlieferte Äußerungen der persischen Mystiker Rumi und Sana'i an (vgl. ebd.). Gerade in diesem Kulturkreis wurde die Frau besonders niedrig eingeschätzt und war in den seltensten Fällen Adressatin der Liebespoesie (vgl. u. 11.3.4.1).

837 Zu dieser (Vor)überlegung kommt auch Margaret Smith in ihrer – bis heute einzig existierenden – englischsprachigen Monographie zu Rabi'a al-'Adawiyya „Rabia the Mystic and her Fellow-Saints in Islam. Being the Life and Teachings of Rabi'a al-'Adawiyya Al-Qasiyya of Basra together with some account of the place of the women saints in Islam“, London 1928, III: „Belonging to the sex to which Muslim theologians commonly attributed little capacity for thought, and less for religion, only a woman of outstanding character and gifts could have won a place among the greatest of the Sufi teachers, renowned as much for her teaching as for the blameless sanctity of her life“. M. Smiths Studie (2. ed. 1984, with a new introduction by Annemarie Schimmel, ohne Ort u. Jahr) ist nach Schimmel, Mystische Dimensionen des Islam, a.a.O. 66, Anm. 10, „immer noch die grundlegende Studie über weibliche Heilige“.

folgt: „The sources from which information is to be derived about the life and teachings of Rabi'a al-'Adawiyya al-'Qaysiyya give us evidence which at the best is fragmentary and in many cases unreliable chiefly because her biographers lived at a considerable distance of time after her death, and legend has played at least as great part as history in the account given of the story of her life"[838]. So finden sich nach *Smith* die frühesten Hinweise auf eine Mystikerin namens *Rabi'a* bei einem (möglichen) Zeitzeugen, „al-Jahiz ... of Basra (... gest. 869), a well-known thinker, who gave his name to a sect of the Mu'tazilites"[839]. Auf die *Rabi'a* zugeschriebenen Verse über die zwei Arten der Liebe beziehe sich der bekannte Sufi-Autor „Abu Talib al-Makki (... gest. 996)", ein Asket, der in Mekka, Basra und Bagdad gelebt und gelehrt und in hohem Ansehen gestanden habe. Als einen der ersten Biographen erwähnt *Smith* sodann den Sufi-Mystiker „Abu Nu'aym al-Isfahani ... (gest., Verf.) 1038"[840], der eine Hagiographie über die frühen Heiligen geschrieben habe und in dessen Werk ‚Hilya al-Awliya' *Rabi'a* vorkomme"[841]. Die erste vollständige Biographie stammt nach Aussagen von *M. Smith* allerdings dann erst von dem bekannten persischen Sufi-Mystiker „Farid al-Din 'Attar" (gest. 1220), der das ihm zugängliche Material gesammelt und ausgewertet habe[842]. Wenn aber – wie zu ersehen ist – zwischen *Rabi'as* Leben und *Attars* Überlieferung vierhundert Jahre liegen, fehlt für eine historische Überprüfung jeglicher Anhaltspunkt. Für eine Einschätzung *Rabi'as* liegt nur das legendarische Material vor, das die Tradition gesammelt und bewahrt hat.

Der Legende zufolge war *Rabi'a* „eine Freigelassene der Al-'Atik, eines Stammes der Kais b. 'Adi, und daher auch wohl al-Kaisiya genannt. Sie wurde 95 (713/4) oder 99 geboren; sie starb 185 (801) zu Basra und wurde auch dort begraben. Einige ihrer Gedichte sind uns überliefert ... In ärmlichen Verhältnissen geboren, wurde sie als Kind gestohlen und in die Sklaverei verkauft; ihre Heiligkeit brachte ihr jedoch die Freiheit, worauf sie sich zu einem keuschen Einsiedlerleben zuerst in die Wüste zurückzog, dann nach Basra ging, wo sie viele Schüler und Gleichgesinnte um sich sammelte, die kamen, um ihren Rat oder ihre Fürbitte zu suchen oder ihrer Unterweisung zu lauschen ... Ihr Leben verlief in strengster Askese und Weltabgewandtheit. Auf die Frage, warum sie ihre Freunde nicht um Unterstützung anginge, antwortete sie: ‚Ich würde mich schämen, Güter dieser Welt von Ihm zu erbitten, dem sie ganz gehört; wie sollte ich solche von denen zu erlangen versuchen, denen sie nicht gehört?'. Einem anderen Freunde sagte sie: ‚Wird Gott wohl die Armen ihrer Armut wegen vergessen oder der Reichen ge-

838 M. Smith, Rabi'a the Mystic, a.a.O. xiii (die römischen Zahlen sind im Original kleingeschrieben).
839 M. Smith, ebd. (Kursivdruck wurde nicht übernommen).
840 M. Smith, ebd. xv (Kursivdruck wurde nicht übernommen).
841 M. Smith, ebd.
842 M. Smith, ebd. xvii (Kursivdruck wurde nicht übernommen).

denken, weil sie reich sind? Da Er meinen Zustand kennt, woran soll ich Ihn mahnen? Was Er will, das sollen auch wir wollen‘“[843].

Da von einer Heiligen naturgemäß auch Wunder erwartet werden, verfügt die Überlieferung über einige Geschichten, in denen sich *Rabi'a* wundersam betätigt. So habe sie z.B., als während eines nächtlichen Gesprächs mit *Hasan al-Basri* und drei anderen Freunden eine Lampe benötigt wurde, auf ihre Fingerspitzen geblasen, die daraufhin bis zum Morgen geleuchtet hätten[844]. *M. Smith* betont, daß *Rabi'a* selbst – und das gelte für alle Mystiker – weder einen Personenkult um sich gefördert noch je gutgeheißen habe[845]; dieser hätte die Einzigkeit Gottes, auf die es allein ankommt, beschädigt. Andererseits sei den Chronisten daran gelegen gewesen, die Besonderheit der Beziehung Gottes zu diesen außergewöhnlichen Personen herauszustellen[846]. Woher *M. Smith* das weiß, bleibt allerdings unklar.

In *Rabi'as* überlieferten Unterweisungen und Gebeten geht es um die völlige Hingabe an Gott, die sonst nichts anderes kennt. Anders als ihre Zeitgenossen sieht sie in Gott nicht nur den Alleinigen, den Schöpfer und Richter, sondern primär den „Geliebten“, dem sie in totaler Hingabe dienen möchte. Diese Haltung kommt auch in einem ihrer nächtlichen Gebete zum Ausdruck, in dem es heißt: „*O Herr, die Sterne leuchten, und die Menschenaugen haben sich geschlossen, und die Könige haben ihre Tore geschlossen, und jeder Liebende ist mit seiner Geliebten allein, und hier bin ich nun allein mit Dir*“[847]. Hier lassen sich womöglich Analogien zur mittelalterlichen Liebesmystik aufweisen, die in der Weltabgewandtheit anfängt und in der totalen Hingabe an Christus bzw. Gott ihren Höhepunkt findet. Auch *Rabi'a* könnte man eine bewußte Abwendung von Gottes Schöpfung nachsagen, wenn sie in der Weise gedacht hat, wie *A. Schimmel* es ihr zuschreibt: „Die Welt bedeutete ihr nichts. Sie schloß die Fenster im Frühling, ohne die Blumen zu betrachten, und verlor sich stattdessen in der Kontemplation dessen, der Blüten und Lenz geschaffen hat“[848].

Rabi'a habe gebetet: „*O mein Herr, wenn ich Dich anbete aus Furcht vor der Hölle, so verbrenne mich in ihr, und wenn ich Dich anbete in der Hoffnung auf das Paradies, so verbanne mich daraus, aber wenn ich Dich anbete um Deiner selbst willen, so verberge nicht vor mir Deine ewige Schönheit*“[849].

Rabi'a wurde in der muslimischen Überlieferung berühmt mit diesen und ähnlichen Unterweisungen in der mystischen Liebe (*mahabba*), die auf jedwede Mittlerschaft verzichtet und auch keinerlei Ablenkung vom Eigentlichen duldet. Die Liebe zu Gott könne nur um ihrer selbst willen bestehen;

---

[843] Art. Rabi'a al-'Adawiya, in: Handwörterbuch des Islam, a.a.O. 603.
[844] Vgl. M. Smith, Rabi'a the Mystic, a.a.O. 36.
[845] M. Smith, ebd. 37.
[846] M. Smith, ebd. 38.
[847] Zitiert nach: Handwörterbuch des Islam, a.a.O. 603.
[848] A. Schimmel, Mystische Dimensionen des Islam, a.a.O. 67.
[849] Zitiert nach: A. Schimmel, ebd.

sie dürfe keinerlei äußeren Beweggründe haben. Solange sich der Mensch vor den Strafen der Hölle fürchte oder auf die Freuden im Paradies hoffe, sei er nicht frei für die uneigennützige Liebe zu Gott. In diesem Sinn, daß es zwei Arten von Liebe gebe, ist auch einer ihrer berühmtesten Aussprüche zu verstehen: „Einmal wurde sie in einer Straße Basras gefragt, warum sie eine Fackel in der einen Hand, einen Eimer Wasser in der anderen trage, und sie antwortete: *‚Ich will Feuer ans Paradies legen und Wasser in die Hölle gießen, damit diese beiden Schleier verschwinden und es deutlich wird, wer Gott aus Liebe und nicht aus Höllenfurcht oder Hoffnung auf Paradies anbetet*‘“[850].

Obwohl *Rabi'a* oder die *Rabi'a*-Tradition zu den Wegbereitern des Sufismus zählt, wird ihr Ansatz in der westlichen Forschung kaum bedacht. Abgesehen von der ungesicherten Quellenlage, die bei allen Vertretern der frühen Mystik ähnlich ist, sind ihre überlieferten Äußerungen allerdings fragmentarisch; sie bieten nur wenige Anhaltspunkte für eine kritische Analyse.

11.3.2 Die Übernahme neuplatonischer Vorstellung in die Sufik des 9. Jahrhunderts und die Reaktion der Orthodoxie

Das 9. Jahrhundert wird in der Geschichte der Sufik manchmal als „Blütezeit“[851] bezeichnet. Zum einen entstanden in den städtischen Zentren des islamischen Reiches mystische Schulen, die jeweils unterschiedliche Schwerpunkte innerhalb ihrer Lehre setzten: „der chorasanische Asketismus des 9. Jh.s mit oft übersteigertem Gottvertrauen (*tawakkul*)[852]; die psychologische Methode der Bagdader (*al-Muhasibi*, gest. 857; *al-Gunaid*, gest. 910); die Wiederentdeckung der von Gotteslob erfüllten Natur durch den Nubier *Du-n-Nun* (gest. 859). Daneben stehen die poetischen Aussagen des Persers *Bayazid Bistami* (gest. 874), der den negativen Weg (*fana*, Entwerden‘) ausgearbeitet und das Thema Himmelfahrt erstmals auf mystische Erfahrung anwandte“[853].

Zu den großen Sufi-Meistern von Bagdad zählt der im Iran geborene Araber *Abu l-Qasim al-Gunaid.* Entsprechend der nüchternen Einstellung, die in der arabischen Mystik vorherrschte, ging es ihm um eine Erfahrung der Einheit mit Gott, die nicht im Rausch der Gefühle gewonnen wird (in diese Richtung

850 Zitiert nach: A. Schimmel, ebd. 66 (Kursive Hervorhebung von der Verf.).

851 Vgl. Dieter Fassnacht, Islam, (Reihe: Weltreligionen: Geschichte, Quellen, Materialien), Frankfurt a.M., Berlin, München, (2. Aufl.) 1978, 43. Fassnacht bezieht sich allerdings nur auf die erste Hälfte des 9. Jahrhunderts. Vgl. auch Y. Thoraval, Lexikon der islamischen Kultur, a.a.O. 334.

852 Zur weiterführenden Information sei auf die Studie von Benedikt Reinert „Die Lehre vom *tawakkul* in der klassischen Sufik“ (Studien zur Sprache, Geschichte und Kultur des islamischen Orients, hrsg. von Berthold Spuler, Band 3), Berlin 1968, verwiesen.

853 Annemarie Schimmel, Mystik, in: Lexikon der islamischen Welt, hrsg. von Klaus Kreiser und Rotraud Wielandt, völlig überarb. Neuausgabe, Stuttgart, Berlin, Köln 1992, 211.

bewegt sich eher *Bayazid Bistami*), sondern mittels der Erkenntnis. Auch *Gunaid* thematisiert den zentralen Gedanken des Entwerdens, wobei für ihn die Einzigkeit Gottes angeblich nicht in Frage gestellt wird. *Richard Gramlich* verdeutlicht *Gunaids* Position: „Das ist die äußerste Verwirklichung des Bekenntnisses der Einzigkeit, des Einen: daß der Mensch ist, wie bevor er war, und Gott bleibt, wie er immer war"[854]. In diesem Zitat klingen allerdings eher monistische Töne an, auch wenn für *Gunaid* als rechtskundigen Mann festgestanden haben mochte, daß die Einzigkeit Gottes offiziell nicht angetastet werden darf. Der Nubier *Dhu'n-Nun* ist ebenfalls eine bedeutende mystische Gestalt des 9. Jahrhunderts. Der Überlieferung nach geriet er bereits in den Verdacht der Häresie, weil er die Vorstellung der *marifa* (arabisch: intuitive Erkenntnis) entwickelt und damit eine Glaubensvorstellung gestützt habe, die auf dem „intuitiven"[855] – vom Herzen ausgehenden – Gottesvertrauen basiert. Solche Überlegungen deuten an, was bei *Bayazid Bistami* und *al-Halladsch* offensichtlicher zutage tritt: daß die Mystik stark von der neuplatonischen Philosophie beeinflußt war.

Die Grundlagen des mystischen Pfades (*tariqa*) bildeten sich im 9. Jahrhundert in ersten Ansätzen aus, was den Orthodoxen um so mehr die Gefahren dieser neuen religiösen Bewegung vor Augen führte. Die Rechtsgelehrten mußten annehmen, daß die Sufis beabsichtigten, sich über das Gesetz zu stellen, indem sie die Möglichkeit einer Vereinigung mit Gott ohne den Weg über die rechtlichen Vorschriften lehrten. Die Einigung mit Gott hatte zudem oft Aspekte, die dem Monotheismus zu schaden schienen. Weiterhin drang zunehmend neuplatonisches Gedankengut in die Mystik des 9. Jahrhunderts ein. Dies konnte geschehen, weil man seit etwa 830 angefangen hatte, systematisch die philosophischen Werke *Platons* und *Aristoteles'* sowie die Schriften der Neuplatoniker ins Arabische zu übersetzen. Fortan haben Männer wie *al-Kindi* (gest. um 870), der erste islamische Philosoph, eigene philosophische Abhandlungen geschrieben, in denen sie den neuplatonischen Emanationsgedanken in die Schöpfungsvorstellung einbrachten[856]. Die Sufi-Mystiker des 9. Jahrhunderts kamen mit diesen Theorien zwangsläufig in Berührung, zumal etliche Philosophen (z.B. *al-Farabi*, gest. 950)[857] sich in Sufi-Kreisen aufhielten oder ihnen zugehörten.

Was die orthodoxen Rechtsgelehrten von nun an in den Entwürfen der Sufi-Mystiker lasen, wies – vor allem verbunden mit dem Gedanken des Entwerdens – eindeutig monistische Züge auf. Der Neuplatonismus, der in den mystischen Konzeptionen bis *al-Halladsch* immer stärker zum Vorschein trat, schien den seinshaften Unterschied zwischen Gott und Mensch zuletzt

[854] Richard Gramlich, Der eine Gott. Grundzüge der Mystik des islamischen Monotheismus (Akademie der Wissenschaften und der Literatur. Mainz. Veröffentlichungen der Orientalischen Kommission, hrsg. von Walter W. Müller, Band 44), Wiesbaden 1998, 319.320.

[855] A. Schimmel, Mystische Dimensionen des Islam, a.a.O. 72.

[856] Vgl. dazu auch o. 10.2.2.1.

[857] Vgl. zur Bedeutung al-Farabis o. 10.2.2.3.

ganz zu verwischen. Nach der Meinung von *Dieter Fassnacht* „... lehrten ([d]ie Sufis) nämlich in Anlehnung an den Neuplatonismus: ‚Der Mensch ist aus Allah hervorgegangen; er ist nicht seiner Natur nach, sondern nur seiner Macht und Gestalt nach von Allah unterschieden. Jeder kann seine göttliche Art erkennen. Er muß nur arm sein, hungern und dürsten sowie seinem geistlichen Lehrer, dem Scheich, unbedingt gehorchen'"[858]. Im folgenden wird deutlich, wie sich der Konflikt zwischen Orthodoxen und Sufi-Mystikern allmählich zuspitzte; die Hinrichtung *al-Halladschs* 922 markiert einen Einschnitt in der Geschichte des Sufismus, insofern der Monismus danach aus der Mystik entfernt zu sein schien. Daß dies aber letztlich nicht der Fall war, zeigt sich z.B. darin, daß das Konzept des spanischen Mystikers *Ibn al-'Arabi* (gest. 1240) ab dem 13. Jahrhundert verstärkt rezipiert wurde[859].

11.3.2.1 Abu Yazid (Bayazid) Al-Bistami

Bayazid Bistami ist einer der bedeutendsten Vertreter des Sufismus im 9. nachchristlichen Jahrhundert. Seine Lebensgeschichte wie auch die ihm zugeschriebenen Aussprüche sind allerdings historisch kaum nachweisbar. Leider hat *Bistami* auch keine Schrift oder Schriftfragmente hinterlassen, auf die sich spätere Tradenten hätten beziehen können. Die Tradition schreibt ihm aber dennoch einige verschlüsselte Aussprüche und Bilder zu, die über die Jahrhunderte zum „Allgemeingut" der Sufik avanciert sind. Das bekannteste Motiv ist das der „Himmelfahrt" oder des „Himmelsfluges", das seine mystischen Erfahrungen auf dem Weg (Flug) seiner Suche nach Gott widerspiegelt. *„Sobald ich Seine Einheit erreichte, wurde ich ein Vogel mit einem Leib aus Einheit und Schwingen aus Ewigkeit, und flog immer weiter in der Luft der göttlichen Eigenschaften für zehn Jahre, bis ich eine Atmosphäre erreichte, die zehnmillionenmal so groß war, und ich flog immer weiter, bis ich mich im Feld der Ewigkeit fand und dort den Baum der Einheit sah ... Und ich blickte, und ich erkannte, daß alles dies Täuschung war"*[860].
Der Legende nach war *Bistami* der Enkel „ein(es) zum Islam übergetretene(n) Zoroastrier(s)"[861] und wurde im Norden des Iran, in der Stadt Bistam, geboren, wo er zeitweilig gelebt haben und dort von einem Mann namens *al-Sindi* unterrichtet worden sein soll. *M. Smith* erwähnt diesen Sufi-Mystiker in ihrer zweiten Studie zur frühen Mystik im Nahen und Mittleren Osten: „Little is known of Bayazid's life, but he states that he studied under Abu

[858] D. Fassnacht, Islam, a.a.O. 43. Das Verhältnis zwischen einem Sufi-Meister und seinen Schülern war allerdings im 9. Jahrhundert noch nicht in der Weise maßgebend, wie dies später – bei der Ausbildung der Sufi-Bruderschaften im 12. Jahrhundert – der Fall war, vgl. u. 11.4.
[859] Vgl. u. 11.3.4.1.
[860] Zitiert nach: A. Schimmel, Sufismus und Volksfrömmigkeit, a.a.O. 166.
[861] Art. al-Bistami, in: Handwörterbuch des Islam, a.a.O. 82.

'Ali al-Sindi, and from him learnt the mystical doctrine of Unity and the nature of Reality"[862]. Mehrmals sei er von orthodoxen Theologen vertrieben worden, kehrte aber nach traditioneller Auffassung immer wieder nach Bistam zurück, wo er nach einem entbehrungsreichen Einsiedlerleben um 874 starb. Sein Grab in Bistam wurde zum Mittelpunkt eines Kultes um ihn, obwohl „ihm (auch, Verf.) Gedenkstätten, *maqam*, an den äußersten Grenzen der islamischen Welt gewidmet sind, so in Zousfana im Atlas und in Chittagong im südlichen Bangladesh"[863]. *Bistami* hat in der islamischen Volksfrömmigkeit wie in der späteren sufischen Überlieferung eine besondere Rolle gespielt. So gehört er zu den geistigen Urvätern, die in der Genealogie (*silsila*) fast jedes Sufi-Ordens auftauchen: In allen bekannten Sufi-Bruderschaften gehört zu den primären Ordensregeln, die jeder Novize einzuhalten hat, daß er die Namen der bedeutendsten mystischen Führer bis zurück zum Propheten Mohammed kennt und auf Verlangen rezitieren kann[864].
Bistamis Gedanken kreisten laut Überlieferung ausschließlich um die Suche nach Gott. Gott ist für ihn die einzig existierende Realität, neben der nichts anderes bestehen kann. Jede mystische Erfahrung geht somit auch von Gott selbst aus; der Mensch kann auf ein „Entwerden" (*fana*) hoffen, wenn er internalisiert hat, daß nicht er es ist, der Gott sucht, sondern Gott es ist, der den Menschen findet und sich von ihm erkennen läßt. Im Moment der letztmöglichen mystischen Erfahrung, im „Entwerden", habe *Bistami* sein berühmtes „*Subhani* ‚Preis sei mir'"[865] ausgerufen, eine Formel, die in der Sufi-Tradition bis heute bewahrt wird und die ausdrücken soll, was im Augenblick der mystischen Entrückung geschieht: Der Mensch gibt sein Selbst auf. Er verliert seine bisherige Existenzweise und rückt in eine so unmittelbare Nähe zu Gott, daß dieser durch den Mund des Mystikers sprechen kann.
Selbst der berühmte arabische Mystiker *Gunaid* (gest. 911), dessen Äußerungen durchweg als nüchtern und durchdacht überliefert sind, hat sich zu einer Beschreibung der Gottesschau hinreißen lassen, die für orthodoxe Muslime anstößig klingen mußte: *„Sie ist das Sein Gottes, während du ver-*

---

[862] Margaret Smith, Studies in Early Mysticism in the Near and Middle East. Being an account of the rise and development of christian Mysticism up to the seventh century, of the subsequent development of Mysticism in Islam, known as Sufism, and of the relationship between christian and islamic mysticism. With references, a bibliography and two indexes, London 1931, 237. A. Schimmel, Sufismus und Volksfrömmigkeit, a.a.O. 166, hält die These, daß Bistami unter dem Einfluß eines aus Sind stammenden Lehrers, dem „Analphabeten Abu 'Ali as-Sindi", der seinerseits „vom Vedanta beeinflußt (...)" gewesen sein könnte und Bistami den hinduistischen Einheitsgedanken vermittelt habe, für übertrieben. Schimmel bezieht sich dabei auf die Studie von R.C. Zaehner, Hindu and Muslim Mysticism, London 1960, der die „‚indische These'" vertrete, die aber von anderen Forschern „abgelehnt" werde (ebd., Anm. 11). Wahrscheinlich ist, daß Bistami – wie die meisten seiner Zeitgenossen – mit neuplatonischen Vorstellungen in Berührung kam und diese bewußt oder unbewußt übernommen hat.

[863] A. Schimmel, Sufismus und Volksfrömmigkeit, a.a.O. 166.

[864] Vgl. zu den Bruderschaften u. 11.4.

[865] Zitiert nach: Lexikon der islamischen Welt, a.a.O. 211.

schwindest"[866]. Der Konflikt, um den es geht, ist also der, daß der Weg zu Gott zum Weg in das Nichts für den Menschen wird. Damit verändert sich der Monotheismus, das Bekenntnis zu dem einen Gott, in einen nicht mehr zu verschleiernden Monismus[867]. *M. Smith* vertritt die These, daß *Bistami* mit seiner Konzeption einer in sich selbst begründeten Gottesliebe in frühen Sufi-Kreisen isoliert gewesen sei: „This conception of God as loving and seeking His own before they loved or sought for Him goes considerably beyond the ideas of the earliest Sufis, yet at the same time Abu Yazid (Bistami, Verf.) realised that the upward way must be trodden on the human level to begin with"[868]. *Bayazid*, der – wie die meisten seiner Sufi-Kollegen – während seines Lebens eine enorme Selbstdisziplin geübt und sich darin zu vervollkommnen versucht habe, habe sich zuletzt sein Versagen eingestehen müssen: daß man nicht „Schmied seiner selbst"[869] sein könne.
Kein Gedanke wurde von den Sufi-Mystikern des 9. Jahrhunderts so begeistert aufgenommen und ansatzweise reflektiert wie der des „Entwerdens"; gleichzeitig bestärkte er die Schriftgelehrten in ihrem Verdacht, daß hier Häresien verbreitet würden. Schon der Begriff des Entwerdens suggerierte eine Vorstellung, nach der die menschliche Persönlichkeit in Gott aufgeht bzw. mit dem Göttlichen zu einer Einheit verschmilzt. *Bistami* leugnet nach *M. Smith* gar nicht erst, daß er Anleihen bei der Gnosis macht: „Love leads the mystic to gnosis, that knowledge which is direct gift of God. ‚The gnostic', said Bayazid, ‚is not the one who commits to memory from the Qur'an and he forgets what he has learnt, relapses into ignorance. He only is the gnostic who takes his knowledge from his Lord at any time, without committing it to memory or studying, and this knowledge lasts of a lifetime'"[870]. Das, was der Koran angeblich dem Menschen zu vermitteln suche – die Gottesliebe –, ist demnach nicht partiell erlernbar, sondern nur auf mystischem Weg erfahrbar.
Bistamis Schilderung seiner totalen „Hingabe an Gott" läßt ihn auf seinem esoterischen Flug „durch das Nichts ins Nichts" gelangen und zuletzt erkennen, daß alles Irdische trügerisch ist. Diese Negierung aller Realität war der offiziellen islamischen Lehre ebenso zuwider wie die Vorstellung, ein Mensch könne durch den Mund Gottes sprechen, wie dies bei *Bistami* und

---

[866] Zitiert nach: R. Gramlich, Der eine Gott, a.a.O. 320.
[867] R. Gramlich, der sich im Rahmen seiner Studie „Der eine Gott", a.a.O., mit diesem Thema auseinandersetzt, betont, daß der Terminus „Entwerden" bei den meisten Sufi-Mystikern nur in einem Zug mit dem komplementären Begriff des „Bestehens" (*baqa*) genannt werde. Gramlich zitiert u.a. den Mystiker „al-Muwallad" (gest. 953/4), der sich grundsätzlich zu dieser Problematik geäußert habe: „„Der Preis für das Sufitum ist, daß Du in ihm entwirst. Wenn Du in ihm entwirst, bleibst Du in ewigem Bestehen bestehen. Das ist das ewige Bestehen"" (ebd. 324).
[868] M. Smith, Studies in early Mysticism, a.a.O. 328.
[869] Die Überlieferung legte Bistami eine entsprechende Äußerung in den Mund; hier zitiert nach A. Schimmel, Sufismus und Volksfrömmigkeit, a.a.O. 166.
[870] M. Smith, Studies in early Mysticism, a.a.O. 240.

al-Halladsch der Fall zu sein schien. Der orthodoxe Sunnismus setzte sich gewaltsam gegen solche Tendenzen durch.

11.3.2.2 Husain Ibn Mansur, genannt „al-Halladsch“

Der Mann, der in der islamischen Mystik unter dem Namen *al-Halladsch* (Wollkrämpler) bekannt ist, wird in der Sufi-Tradition nicht einhellig positiv beurteilt. Für viele ist er der Prototyp des Märtyrers, der wegen seiner Glaubensvorstellungen verfolgt und schließlich auf grausame Weise hingerichtet wurde. So habe der persische Dichtermystiker *'Attar* (gest. 1230), der für seine Erzählkunst berühmt war, das Schicksal *al-Halladschs* in wenigen Worten einfühlsam zum Ausdruck gebracht: *„Als Hallaj im Gefängnis war, fragte ihn ein Derwisch: ‚Was ist Liebe?‘ Er sprach: ‚Du wirst es heute sehen und morgen sehen und übermorgen sehen!‘ An jenem Tage töteten sie ihn, am nächsten Tage verbrannten sie ihn, und am dritten Tage gaben sie seine Asche dem Wind ...“*[871].

Während *al-Halladsch* im persischen Kulturraum als Märtyrer der Liebe, „für den das Leiden die große Kraft ist, in der sich Gott selbst zeigt“[872], verehrt und besungen wurde, galt er in orthodoxen Sufi-Kreisen eher als Heuchler und gemeiner Scharlatan. Auch hier soll eine Textstelle, die *A. Schimmel* zur Erläuterung der ambivalenten Stellung *al-Halladschs* innerhalb der Tradition anführt, einen ersten Eindruck vermitteln. So schreibt „Ibn an-Nadim, der sich auf feindliche Quellen stützt, ... wenige Jahre nach Hallajs Tode: *‚Al-Husain ibn Mansur war ein gerissener Mann und Hexenmeister, der sich an die Sufischule heranmachte und ihren Sprachstil annahm. Er behauptete, jede Wissenschaft zu kennen, doch (seine Behauptungen) waren unwahr. Er wußte sogar etwas über Alchemie. Er war unwissend, frech und unterwürfig, doch mutig in der Gegenwart von Königen; er versuchte große Dinge und wollte dringend einen Regierungswechsel. Unter seinen Anhängern behauptete er, göttlichen Rang (zu haben), indem er von göttlicher Einigung sprach ...‘“*[873].

Das Bild, das ein Vertreter der sunnitischen orthodoxen Theologie von *al-Halladsch* hier zeichnet, stützt sich in seiner Negativzeichnung auf drei Gesichtspunkte: zunächst einmal wird betont, daß *al-Halladsch* kein echter Sufi-Mystiker gewesen sei, sondern sich bei seinen Kollegen quasi eingeschlichen habe; weiterhin müsse man ihn als politisch zwielichtige Figur ansehen, und letztlich sei er ein anmaßender Häretiker gewesen, der es

[871] Zitiert nach A. Schimmel, Mystische Dimensionen des Islam, a.a.O. 100 (kursive Hervorhebung von der Verf.).

[872] Gerhard J. Bellinger, Knaurs großer Religionsführer. 670 Religionen, Kirchen und Kulte, weltanschaulich-religiöse Bewegungen und Gesellschaften sowie religionsphilosophische Schulen, München, Neuauflage 1992, 249.

[873] Zitiert nach A. Schimmel, Mystische Dimensionen des Islam, a.a.O. 102.

gewagt habe, sich mit Gott auf eine Stufe zu stellen, indem er verkündet habe: *„Ich bin die schöpferische Wahrheit"* (*ana l-haqq*). Letzteres, d.h. eine offenkundige Blasphemie, soll auch den Ausschlag für seine Verurteilung gegeben haben, wie die Überlieferung glauben machen will. Wahrscheinlich ist aber – wie *Louis Massignon* in seiner Biographie von 1922 schon verdeutlicht hat –, daß zumindest auch politische Gründe eine Rolle bei seiner Verurteilung gespielt haben[874]. *Al-Halladsch* könnte vielen politisch äußerst unbequem gewesen sein, und es mag Kreise gegeben haben, die in ihm weniger einen religiösen Eiferer als einen gefährlichen Staatsfeind gesehen haben. Gegen das politische Motiv spricht dann allerdings die Vorgehensweise seiner Widersacher. Indem sie einen Schauprozeß machten, stilisierten sie ihn erst recht zu einem Märtyrer des Islam.
In der westlichen Forschung, in der *al-Halladsch* schon lange eine bedeutende Rolle spielt[875], scheint bis heute umstritten, ob er eher als Monist oder als Monotheist zu sehen sei. *Richard Gramlich* führt etliche zeitgenössische literarische Beispiele an, in denen namhafte Sufi-Lehrer *al-Halladschs* zentraler Äußerung „Ich bin die Wahrheit/Ich bin Gott)" zumindest einen impliziten Monotheismus entnehmen[876]. So habe er nach dem persischen Dichtermystiker *Rumi* (gest. 1273) „im ‚Ich bin Gott' die äußerste Demut und Sklavengesinnung und die vollkommene Ausschaltung der Zweiheit bei Hallag verwirklicht: ‚Als seine Liebe zu Gott den Höhepunkt erreicht hatte, wurde er sein eigener Feind und machte sich zum Nichts. Er sprach: ›ich bin Gott‹. Das heißt: Ich bin entworden, Gott ist geblieben, sonst nichts. Das ist die äußerste Demut und das Höchstmaß der Sklavenschaft. Es bedeutet: Er ist, sonst nichts. Anmaßung und Hochmut ist es, wenn du sagst: Du bist Gott und ich bin ein Sklave. Dann hast du dein eigenes Ich bejaht, und daraus folgt notwendig die Zweiheit. Auch wenn du sagst ›Er ist Gott‹, ist es (weil es das Ich voraussetzt) Zweiheit (von Ich und Er), denn solange das Ich nicht ist, ist das Er nicht möglich. Darum sprach Gott: ›Ich bin Gott‹, da es außer ihm kein Seiendes gibt. Mansur (al-Halladsch, Verf.) war entworden. Das war Gottes Rede'. Wer also ‚Du bist Gott' sagt oder ‚Er ist Gott', ist in der

874 Louis Massignon, La passion d'al-Hosayn ibn Mansour al-Hallaj, 2 Bde, Paris 1922. Mehrheitlich wird in der Forschung heute die politische Brisanz der Gestalt „al-Halladsch" als wahrscheinlich angenommen. So äußert z.B. Fritz Meier in seinem Aufsatz „Der mystische Weg", in: Welt des Islam. Geschichte und Kultur im Zeichen des Propheten (original: „The World of Islam", 1975; aus dem Englischen übertragen von Franz Allemann, Monika Nagel, Dorothee Rondorf), Braunschweig 1976, 119: „Allerlei Umstände, auch politische Ränke, führten schließlich zu seiner (al-Halladschs, Verf.) Hinrichtung in Bagdad 309/922".

875 Nach A. Schimmel, Mystische Dimensionen des Islam, a.a.O. 100, reicht die Rezeptionsgeschichte bis ins 17. Jahrhundert zurück, und sogar der „deutsche protestantische Theologe F.A.D. Tholuck" (1799–1877, Verf.) habe sich mit al-Halladsch befaßt und dessen unverblümtes Bekenntnis zum „Pantheismus" bestaunt.

876 R. Gramlich, Der eine Gott, a.a.O. 350–352.

Zweiheit steckengeblieben. Als wahrer Monotheist sagte Hallag: ‚Ich bin Gott'"[877].

Dieses längere Zitat, das *Gramlich* anführt, um – mittels der überlieferten Worte *Rumis* – eine monotheistische Intention für *al-Halladsch* plausibel zu machen, verdeutlicht m.E. genau das Gegenteil: nämlich einen Monismus *(Rumis),* wie er konsequenter nicht mehr gedacht werden kann. Für *al-Halladsch* ist zwar anzunehmen, daß er – wie *Bistami* – in der Tradition einer vom Neuplatonismus durchdrungenen Philosophie und Mystik gestanden hat; seine Aussageabsicht läßt sich aber anhand der von ihm überlieferten Formel nicht mehr zureichend klären. *Rumi* hätte sich allerdings, legt man das von *Gramlich* angeführte Zitat zugrunde, dem Monismus verschrieben, in dem alles Seiende im Göttlichen aufgeht bzw. vorab schon in ihm aufgehoben ist. Das Besondere der Person wird abgestreift.

Al-Halladschs Biographie wird von der Tradition als bekannt vorausgesetzt, obwohl auch hier historisch-kritische Vorbehalte anzumerken sind. Darüber hinaus schwankt die Überlieferung zwischen Verklärung und Verketzerung, was eine unvoreingenommene Beurteilung erschwert.

Husain ibn Mansur al-Halladsch soll 858 in der persischen Provinz Fars geboren worden sein, wo er von so bedeutenden mystischen Lehrern wie *at-Tustari*, *Amr al-Makki* (gest. 903/4?)[878] und *Gunaid* unterrichtet worden sei. *Halladsch* habe zweimal eine Pilgerfahrt nach Mekka unternommen und sei schließlich 905 nach Sind im Nordwesten Indiens gereist, wo er mit hinduistischen Gelehrten zusammengetroffen sein könnte. In Bagdad habe er um 908 einen recht großen Schülerkreis um sich gesammelt, sei aber bald von den sunnitischen Rechtsgelehrten der gnostischen Häresie verdächtigt worden. 913 habe man *al-Halladsch* schließlich verhaftet und acht Jahre im Kerker gefangengehalten. Die Überlieferung gibt an, daß er im Jahr 922 offiziell als Ketzer verurteilt, grausam gefoltert und schließlich erhängt wurde, angeblich wegen seiner Äußerung „Ich bin die (göttliche) Wahrheit"[879]. Großen Wert legt die Tradition im persischen Kulturraum auf die Art und Weise, wie der verurteilte und mißhandelte Gefangene sein Schicksal getragen und seinen Tod herbeigesehnt habe. Er habe seinen Peinigern nicht nur verziehen, sondern sie geradezu aufgefordert, ihm den herbeigesehnten Tod zu schenken. Jede Anteilnahme von Freunden oder Schülern habe er entrüstet zurückgewiesen. So gehört zu den beliebtesten Aussprüchen, die sich bis heute in der persischen und türkischen Volksfrömmigkeit erhalten haben, der, daß

[877] R. Gramlich, ebd. 352.

[878] Richard Gramlich, Alte Vorbilder des Sufismus. Erster Teil: Scheiche des Westens (Akademie der Wissenschaften und der Literatur. Mainz. Veröffentlichungen der Orientalischen Kommission, hrsg. von Walter W. Müller, Band 42,1), Wiesbaden 1995, widmet ein Kapitel „Amr b. Utman al-Makki", 345–380.

[879] Eine Illustration al-Halladschs, am Galgen hängend, findet sich in vielen Büchern zur islamischen Mystik. Sein Tod wurde vor allem gern von persischen Dichtern und Malern aufgegriffen und künstlerisch ausgestaltet.

„‚(d)ie Rose, die der Freund wirft, ... mehr verwundet als ein Stein‘“[880]. Dieser Spruch, den die Legende übermittelt, sei gefallen, als Schaulustige den am Galgen hängenden *al-Halladsch* mit Steinen beworfen hätten, der mit *al-Halladsch* befreundete Sufi-Mystiker *Schibli*[881] ihm aber – statt eines Steins – eine Rose zugeworfen habe. Diese Geste wurde nachträglich als größtmöglicher Verrat am Freund gedeutet, der ja habe sterben wollen, um Gott möglichst schnell nahe zu sein.
Al-Halladschs mystische Gebete und Predigten finden sich größtenteils in seinem Werk *„Kitab at-tawasin“* (übersetzt etwa: „Buch der geheimen Zeichen“[882]), das auch die besagte ketzerische Formel enthalten soll. Darüber hinaus sollen Schriftfragmente erhalten sein. *Al-Halladschs* mystische Gebete und Predigten, von denen auch etliche überliefert seien, konzentrieren sich – ähnlich wie die der Mystikerin *Rabi'a* – auf den Gedanken der mystischen Gottesliebe: *„‚Liebe ist, daß du vor deinem Geliebten stehst, wenn du deiner Qualitäten beraubt bist und die Qualifizierung von Seiner Qualifizierung stammt‘. Diese Liebe wird durch Leiden verwirklicht – der Mensch kann mit dem göttlichen Willen vereinigt werden, wenn er das Leiden akzeptiert und sich sogar danach sehnt: ‚Leiden ist Er selbst, während das Glück von Ihm kommt‘“*[883].
Nicht zu überhören ist der monistische Unterton dieser Äußerung, insofern das „Ich“ hier aufgegeben wird bzw. vom Göttlichen her erst seine Qualifizierung erfährt. *Al-Halladsch* betont in vielen tradierten Aussprüchen den besonderen Wert des Leidens um der Liebe willen, Gottesliebe ist für ihn nur durch das Leiden erfahrbar. Dieser Gedanke wurde später von schiitischen Gläubigen begeistert aufgenommen und weitervermittelt.

11.3.3 Die Ausbildung von Lehre und Praxis der Sufik und der Beitrag al-Ghazalis

Der Zeitraum, der mit dem Tod *al-Halladschs* (922) beginnt und mit dem Vermittlungsversuch *al-Ghazalis* (gest. 1111) endet, soll im folgenden nur grob skizziert werden. Er markiert einen Umbruch in der Geschichte des Sufismus, insofern die Bewegung jetzt allmählich erste Konturen bekommt; Schriften werden verfaßt, die dem Unkundigen vermitteln sollen, wie der mystische Pfad (*tariqa*) aufgebaut ist, welche gedanklichen Stationen und

---

880 A. Schimmel, Mystische Dimensionen des Islam, a.a.O. 106.
881 Vgl. u. 11.3.3.1.
882 Der Begriff „tawasin“ lehnt sich nach R. Gramlich, Islamische Mystik, a.a.O. 38, an das „Kryptogramm“ an, das sich im Koran in „Sure 27,1“ findet. Unverständliche (geheime) Buchstabengruppen am Anfang einiger Suren dienten im Sufismus oft als Aufhänger für mystische Spekulationen.
883 Zitiert nach A. Schimmel, Mystische Dimensionen des Islam, a.a.O. 111.112 (Kursivdruck von der Verf.).

welches Ziel er enthält. Für die orthodoxen Rechtsgelehrten sollte so einsichtig gemacht werden, daß sich die Mystik nicht gegen das Gesetz stellt, sondern es mindestens erfüllt, wenn nicht gar überbietet, indem ihm noch erschwerende Details zugefügt wurden. Offensichtlich deuteten die Schriftkundigen den religiösen Eifer der Sufis daraufhin nicht mehr grundsätzlich negativ, sondern zeigten sich insgesamt toleranter.

11.3.3.1 Die Entstehung von Lehr- und Handbüchern

Bei den Verfassern handelt es sich um Männer aus allen Teilen des muslimischen Raumes. Die erste klassische Darstellung des Sufismus geht angeblich zurück auf *Abu Nasr as-Sarradsch* (gest. 988), der der Überlieferung nach aus Tus im östlichen Iran stammt. In seinem Hauptwerk *„Kitab al-luma"* soll er über die „Standplätze und ihre Wirklichkeiten"[884] reflektiert haben. „Gemeint ist damit der Platz, auf den der Mensch vor Gott gestellt ist, bestehend in gottesdienstlichen Handlungen, geistlichen Kämpfen, asketischen Übungen und Konzentration auf Gott ... Standplätze sind zum Beispiel die Umkehr, die Gewissenhaftigkeit, der Verzicht, die Armut, die Geduld, die Zufriedenheit, das Gottvertrauen und anderes"[885]. Was *as-Sarradsch* erstmals schriftlich festhält, wenn man der Tradition Glauben schenkt, sind somit die wesentlichen Zustände oder Etappen, die ein Sufi auf seinem mystischen Pfad der Vervollkommnung (*tariqa*) zurückzulegen hat. Es sollte von nun an nicht mehr jedem einzelnen überlassen bleiben, wie er sein religiöses Leben führt und welche Akzente er darin setzt; vielmehr galt es, die Gläubigen zur Selbstkontrolle zu erziehen, um zu vermeiden, daß die Sehnsucht nach mystischer Vereinigung womöglich zu hysterischem Verhalten führen könnte. Der Sufi-Mönch habe sich stets tadellos und vorbildlich zu benehmen. *Fritz Meier* erläutert diese neu gewonnene Einsicht: „Dieser Schlag (gemeint ist die Hinrichtung *al-Halladschs*, Verf.) war nicht gegen die Sufik als solche gerichtet und traf sie auch nicht. Aber es verstärkte das Bedürfnis, die mystische Frömmigkeit zu regeln und gewisse Normen zu setzen. So entstanden ... sufische Lehrbücher (wie das von as-*Sarradsch*, Verf.), die aus den überlieferten Aussprüchen der Klassiker und alter Vertreter der ‚Wissenschaft vom Innern' die passenden auswählten und wenn nötig unpassende als warnende Gegenbeispiele anführten"[886]. Auch die Ausbildung zum Sufi-Mönch sollte verbindlich geregelt werden. „Zugleich versuchte man durch eine straffere Erziehung des Nachwuchses nicht nur einen erfolgversprechenderen Unterricht zu gewährleisten, sondern auch bessere Vorkehrungen gegen

---

[884] R. Gramlich, Islamische Mystik, a.a.O. 50, überschreibt so die von ihm edierten Textauszüge (der Kursivdruck wurde nicht übernommen).
[885] R. Gramlich, ebd. 50.
[886] F. Meier, Der mystische Weg, a.a.O. 119.

Mißbildungen zu treffen. Der frühere, eher akademisch freie Lehrgang bei einem Meister des Faches wich allmählich einem mehr schulhaften Internatsbetrieb, bei dem der Novize stärker unter der Aufsicht seines Lehrers stand und für jedes Tun und Lassen den Befehl des Lehrers erhielt“[887].

Etwa zur selben Zeit soll ein gewisser *al-Kalabadhi* (gest. um 990 in Bukhara[888]) ein ähnliches theoretisches Werk verfaßt haben, das den Namen *„Kitab at-ta 'arruf“* (Buch des gegenseitigen Erkennens[889]) trägt, in dem es aber mehr um „theologische Fragen“[890] geht, die der Autor im Zusammenhang mit überlieferten Zitaten berühmter Sufi-Mystiker erörtert[891].

Abu Talib al-Makki (gest. 996), der der strengen Sufi-Schule von Bagdad angehört und dort in höchstem Ansehen als Gelehrter gestanden haben soll, schreibt die Tradition die Lehrschrift „*Qut al-qulub*, ‚Die Nahrung der Herzen‘“[892] zu. Allerdings sollte auch hier nicht vergessen werden, daß die Quellenlage ungesichert ist. *Richard Gramlich*, der diesen Gelehrten zu den „Alten Vorbildern des Sufitums“, näherhin zu den bedeutenden „Scheiche(n) des Westens“[893] rechnet, bestätigt, daß außer „kleinen Bruchstücken ... keine Schriften 'Amrs (Makkis, Verf.) erhalten (sind). Daß er Bücher schrieb, ist sicher. Kalabadi reiht ihn unter die Scheiche ein, die die Wissenschaften der Andeutung (gemeint ist die Sufik, Verf.) in Büchern und Sendschreiben verbreitet haben“[894]. Auch *al-Makki* hat zumindest wohl in der Weise gewirkt, daß er versuchte, die islamische Mystik mehr und mehr zu normieren; obendrein wäre es denkbar, daß er im Kreis seiner Schüler schon mit einem gewissen Autoritätsanspruch und -gebaren aufgetreten ist, der für viele spätere Sufi-Scheichs so charakteristisch wurde.

Zu den etwas späteren Verfassern von Sufi-Handbüchern gehört der persische Gelehrte *al-Quschairi* (gest. 1074), dessen Werk ebenfalls für die theoretische Darlegung der Sufik förderlich gewesen sein soll. „Seine *Risala* beschreibt die Lehren und Praktiken des Sufismus vom Standpunkt eines ash'aritischen Theologen; die ash'aritische Schule ... blühte in Iran und allen Gebieten unter seldukischer Herrschaft“[895].

---

[887] F. Meier, ebd.

[888] A. Schimmel, Mystische Dimensionen des Islam, a.a.O. 129.

[889] Ein gegenseitiges Erkennen kann sich in der Sufik nur auf die Beziehung zwischen Gott und Mensch beziehen.

[890] R. Gramlich, Islamische Mystik, a.a.O. 66 (vgl. die kurze Erläuterung zur Überschrift).

[891] Vgl. R. Gramlich, ebd. 66–69.

[892] A. Schimmel, Mystische Dimensionen des Islam, a.a.O. 129.

[893] So der Titel des zweibändigen Werkes von R. Gramlich, Alte Vorbilder des Sufitums. Erster Teil: Scheiche des Westens, Zweiter Teil: Scheiche des Ostens (Akademie der Wissenschaften und der Literatur. Mainz. Veröffentlichungen der Orientalischen Kommission, hrsg. von Walter W. Müller, Band 42,1 u. 42,2), Wiesbaden 1995.

[894] R. Gramlich, Alte Vorbilder des Sufitums. Erster Teil: Scheiche des Westens, a.a.O. 346.

[895] A. Schimmel, Mystische Dimensionen des Islam, a.a.O. 133. Vgl. zur Theologie der Aschariten o. 10.3.2.3.

Abschließend sei noch auf einen Zeitgenossen und möglichen Bekannten *al-Quschairis* hingewiesen: *Al-Hudschwiri* (gest. 1072), der sein Handbuch „*Kashf al-mahjub*, ‚die Enthüllung des Verschleierten', auf Persisch und nicht auf Arabisch schrieb. Damit leitete er eine neue Periode der mystischen Literatur ein"[896].

Ohne das Wirken dieser Sufi-„Theoretiker" dürfte eine Angleichung der islamischen Mystik an die Orthodoxie nur schwer denkbar gewesen sein. Die Handbücher ermöglichten von nun an jedem, der daran zweifelte, einzusehen, daß der Sufismus rechtgläubig war und sich in der islamischen Theologie beheimatet sah. Neben der theoretischen Grundlegung wurde mit der Ausarbeitung des mystischen Pfades erstmals das praktische Ziel der Sufik offengelegt. Was zu diesem Zeitpunkt wohl niemand absehen konnte, war, daß der Preis für die erwünschte Synthese von Mystik und Orthodoxie höher sein würde als erwartet. Die „Schlagkraft", die das frühe Sufitum ausgezeichnet hatte, ging zunehmend verloren; die islamische Mystik fungierte nun nicht mehr – wie bisher – als religiöses „Korrektiv"[897], sondern als Bestätigung des „von vornherein ... positiv Vorgegebene(n)"[898].

Während die Gebildeten unter den Sufis in den systematischen Abhandlungen eine „notwendige" theologische Absicherung sahen, fehlte den schlichteren Gemütern ein wesentlicher Zug ihrer eigenen Tradition: die Verehrung einzelner herausragender Persönlichkeiten, die mit ihrer z.T. absonderlich gelebten Frömmigkeit, ihrer Zügellosigkeit, die aber immer auch ernsthaft war, begeistern konnten. Ohne diese charismatischen Individuen, um die sich zahllose Legenden ranken, konnte der Sufismus nicht lebendig bleiben. So bricht die Linie, in der *al-Halladsch* steht, mit ihm auch nicht völlig ab, sondern sie läßt sich – gewissermaßen als Seitenlinie – durch die Geschichte des Sufismus bis in die Gegenwart verfolgen. *Abu Bakr as-Schibli* (gest. 945) war noch eine der frühen Gestalten, die der mündlichen Tradition als Quelle dienten. Obwohl über ihn historisch nichts bekannt ist, hat die Legende ein phantastisches Bild von ihm gezeichnet, das *Richard Gramlich* in vielen Details anschaulich macht[899].

11.3.3.2 Die „Konsolidierung" der Sufik durch al-Ghazali?

Obwohl die systematischen Abhandlungen maßgeblich dazu beigetragen haben, den Konflikt zwischen Orthodoxen und Sufi-Mystikern zu beheben, kam es zum eigentlichen Durchbruch in der Rezeption der Mystik erst im

[896] A. Schimmel, ebd. 134.

[897] Hans Zirker, Islam. Theologische und gesellschaftliche Herausforderungen, 1. Auflage Düsseldorf 1993, 251, überschreibt seine kurzen Ausführungen zur islamischen Mystik mit: „*Die Mystik als Korrektiv*".

[898] Vgl. o. S. 295.

[899] R. Gramlich, Alte Vorbilder des Sufismus. Erster Teil, a.a.O. 513–565.

frühen 12. Jahrhundert. Es war das Werk *al-Ghazalis*, das letztlich zu einer Akzeptanz der Sufik bei den Rechtsgelehrten führte. Ihm wird das Verdienst zugeschrieben, dem Sufismus einen festen Platz innerhalb der islamischen Theologie gesichert zu haben.

Al-Ghazali galt nicht nur in der Vergangenheit bei fast allen muslimischen Gelehrten als ein für seine Zeit herausragender „Erneuerer des religiösen Lebens (...). Man erteilte ihm auch das größte Lob, als man sagte: ‚Könnte es nach Muhammad noch einen Propheten geben, so wäre das sicher al-Ghazali.' Er erhielt den Ehrentitel ‚Beweis des Islam' (Huggat al-Islam)"[900].

Auch westliche Islamforscher neigten bis vor kurzem mehrheitlich zu der Ansicht, *al-Ghazalis* Ansatz sei – im Blick auf die Entwicklung des Sufismus ab dem 12. Jahrhundert – positiv zu werten. „So bestand der wesentliche Beitrag al-Ghazzalis vielleicht darin, daß er den Sufismus und alle Elemente eines emotionalen Systems, welches ihm Lebenskraft verlieh, in die offizielle Lehre eingliederte und für sie annehmbar machte. Von nun an konnte man Gott lieben, ohne sich rechtfertigen oder verstecken zu müssen"[901]. Allerdings würde man dem französischen Forscher *Georges C. Anawati*, von dem obiges Zitat stammt, unrecht tun, wenn man nicht auch auf seine – schon Ende der 60er Jahre geäußerte – kritische Bemerkung hinweisen würde: „Si brillant qu'il fut, son apport ne réussit point à prévenir l'ankylose qui figera deux ou trois siècles plus tard la pensée religieuse musulmane"[902]. Welche Folgen *al-Ghazalis* Einheitsdenken für die geistesgeschichtliche Entwicklung des Islam hatte, ist in zwei vorangegangenen Kapiteln schon erörtert worden[903]. Damit ist aber zugleich schon Wesentliches über sein Verständnis der Sufik gesagt; denn die Entscheidungen, die er in der Philosophie und der Theologie fällte, wirkten sich auch in diesem Bereich aus. Wie aus *al-Ghazalis* Schriften hervorgeht, empfindet er es offensichtlich als notwendig, die Mystik – wie auch die Philosophie – ganz der Offenbarung und der Theologie unterzuordnen.

Im folgenden soll es zunächst darum gehen, *al-Ghazalis* Rolle als Sufi-Mystiker in einigen Punkten zu beleuchten; eine kritische Analyse seines umfangreichen Werkes kann im Rahmen dieses Kapitels jedoch nicht einmal ansatzweise erfolgen. So müssen wenige Andeutungen genügen, um seine Intention erkennbar werden zu lassen.

---

[900] Mahmoud Zakzouk, Abu Hamid Muhammad al-Ghazali (1058–1111), in: Klassiker der Religionsphilosophie. Von Platon bis Kierkegaard, hrsg. von Friedrich Niewöhner, München 1995, 124. Vgl. zur Wirkung Ghazalis auch: Georges C. Anawati „VIII. Philosophie, Theologie und Mystik", in: Das Vermächtnis des Islams, hrsg. von Joseph Schacht und C.E. Bosworth, Band 2, (dtv-Taschenbuch), Zürich und München 1980, 146–148.

[901] G.C. Anawati, ebd. 148.

[902] G.C. Anawati, Mystique musulmane. Aspects et tendances – Expériences et techniques. Seconde édition, Paris 1968, 51.

[903] Vgl. o. 10.2.2.5 und 10.3.2.4.

Muhammad al-Ghazalis Biographie ist historisch relativ gut nachweisbar. Er wurde 1058 in Tus, in der Provinz Khorassan, im Nordiran geboren. Der Überlieferung nach wurden er und sein Bruder *Ahmad*[904] nach dem Tod des Vaters auf dessen Wunsch von dem ascharitischen Sufi-Gelehrten *al-Dschuwaini* (gest. 1083) unterrichtet. *Al-Dschuwainis* Auffassung prägt dann auch *al-Ghazalis* theologisches Denken, insofern er dessen „synthetische Linie, mit konservativer Orientierung" übernahm und konsequent weiterführte[905]. Von 1091 bis 1095 lehrte der zum Professor berufene *al-Ghazali* an der Nizamiya-Hochschule in Bagdad islamisches Recht. Als er nach vier Jahren einen körperlichen und seelischen Zusammenbruch erlitt, entsagte er der Welt und begab sich in die Fremde. Als umherwandernder Derwisch-Mönch soll er auch die Heiligen Stätten in Mekka, Medina und Jerusalem besucht haben. Nach etwa zehn Jahren fand *al-Ghazali* schließlich seinen inneren Frieden und gelangte auch zu religiöser Gewißheit. Ab 1105 übernahm er auf Befehl des Sultans noch einmal für kurze Zeit eine Lehrtätigkeit an der Nizamiya-Universität in Nischapur. Schon bald aber kehrte er in seine Heimatstadt Tus zurück. „Er errichtete neben seinem Haus eine Schule für islamische Rechtswissenschaft und ein Sufikloster"[906]. Im Dezember 1111 starb er.

Von *al-Ghazalis* umfangreichem Werk und seiner Wirkungsgeschichte war schon an anderer Stelle die Rede[907]. Über die Gründe, die ihn bewogen haben, sich verstärkt der Mystik zuzuwenden und auch das Leben eines Sufi-Asketen zu führen, berichtet eines seiner Werke, das den Titel „Der Retter aus dem Irrtum" *(al-munqid min ad-dalal)* trägt. Bei dieser Schrift handelt es sich nach *Richard Gramlich* um eine „(stilisierte) sufische Autobiographie"[908], was bedeutet, daß hier gewisse Normen erfüllt wurden, in die sich der Erzählstoff einpaßt. Einige Äußerungen *Ghazalis* sollen hier wiedergegeben werden, die seinen rationalen Argumentationsstil erkennen lassen: *„Als ich (al-Ghazali,* Verf.*) mit (dem Studium) dieser Wissenschaften (Philosophie, Rechtswissenschaften, Theologie u.a.,* Verf.*) fertig war, verlegte ich*

[904] Ahmad Ghazali wird von der Forschung kaum beachtet, obwohl die von ihm überlieferten Texte zum Thema „Liebe" denen der klassischen persischen Dichtermystiker Sanai, Attar und Rumi nicht nachstehen. A. Schimmel, Mystische Dimensionen des Islam, 417.418, würdigt Ahmad Ghazali als seinem Bruder in jeder Hinsicht überlegen: „weder in der Tiefe seiner Erfahrung noch in der Schönheit seiner Sprache kommt er (al-Ghazali) seinem jüngeren Bruder Ahmad nahe … Tatsächlich heißt es, der ‚muslimische Intellektuelle' Abu Hamid habe erkannt, daß sein Bruder ihm im Pfade der Liebe überlegen sei … Ahmad (der in Sufi-Kreisen umstritten war, Verf.) hat eine Anzahl mystischer Schriften verfaßt … doch wenn er auch nur die eine kleine persische Schrift *Sawanih,* ‚Aphorismen über die Liebe', geschrieben hätte, hätte es genügt, in ihm einen der ganz großen Mystiker der islamischen Welt zu sehen".

[905] Vgl. o. 10.3.2.3.

[906] M. Zakzouk, Abu Hamid Muhammad al-Ghazali (1058–1111), a.a.O. 112.

[907] Vgl. o. 10.2.2.5.

[908] R. Gramlich, Islamische Mystik, a.a.O. 99 (Vorbemerkung des Herausgebers).

meinen Eifer auf den Weg der Sufis. Ich wußte, daß ihr Weg nur mit Wissen und Handeln zurückzulegen ist. Hauptinhalt ihres Handelns ist die Überwindung der Hindernisse (die von) der Seele (in den Weg gelegt werden) und die Befreiung von deren verwerflichen Eigenarten und schlechten Eigenschaften. Dadurch sollte man erreichen, daß das Herz von allem, was nicht Gott ist, leer und mit dem Gottdenken geschmückt wird.
*Das Wissen war für mich leichter erreichbar als das Handeln. Darum machte ich mich zuerst an die Aneignung ihrer Wissenschaft, indem ich ihre Bücher (*die der großen Sufi-Gelehrten, Verf.*) las ... So bekam ich schließlich einen gründlichen Einblick in ihre wissenschaftlichen Anliegen und machte mir zu eigen, was man sich durch Lernen und Hören von ihrem Weg zu eigen machen kann. Danach wurde mir klar, daß das, was ihnen ihr ganz besonderes Gepräge gibt, etwas ist, was man nicht durch Lernen erreichen kann, sondern (nur) durch Erfahrung, Zustand und Änderung der Eigenschaften*“[909].
Annemarie Schimmel hat sicher recht, wenn sie annimmt, daß *Ghazali* sich „dem mystischen Pfad zunächst vom intellektuellen Standpunkt aus näherte“[910]. Zumindest läßt seine Abkehr vom bisherigen Denkansatz für den Leser dieses Textes kein Erlebnis erkennen, das auf eine tiefe Betroffenheit oder eine religiöse Erschütterung *al-Ghazalis* hindeutet. Auch wenn *al-Ghazalis* autobiographischer Rückblick stilisiert ist, fehlen ihm doch wesentliche Züge, die bisher in allen Textüberlieferungen früherer Mystiker sichtbar waren: die bleibende Unsicherheit, ob der eingeschlagene Pfad und das eigene Verhalten richtig seien, und zugleich der drängende Wunsch, endlich mit Gott in Liebe vereint zu werden. Von dieser Sehnsucht ist bei *al-Ghazali* wenig zu spüren. Auch dann, wenn er anklingen läßt, daß er sich seiner selbst nicht sicher ist, scheint genau das Gegenteil der Fall: *„Nun war ich mir dessen gewiß, daß die Sufis Besitzer von Zuständen sind, nicht Leute von (bloßen) Worten, und ich das, was man mittels des Wissens erwerben kann, bereits erworben hatte und nur noch das fehlte, was nicht durch Hören und Erlernen erreichbar ist. Dabei war ich durch die Wissenschaften, denen ich bei der Erforschung der beiden Wissenschaftsarten, der der Offenbarung und der der Vernunft, oblag und durch die Wege, die ich dabei einschlug, im Besitz eines zweifelsfreien Glaubens an Gott, an die Prophetie und an den Letzten Tag. Diese drei Prinzipien des Glaubens waren in meiner Seele fest verwurzelt, nicht nur durch einen bestimmten, präzisen Beweis, sondern durch Ursachen, Zusammenhänge und Erfahrungen, deren Einzelheiten sich nicht erfassen lassen*“[911].
Hier wird deutlich, daß die islamische Theologie mit ihren zentralen Glaubensinhalten den Maßstab auch für die Sufik setzt. *Al-Ghazali* wendet sich

909 Zitiert nach: R. Gramlich, ebd. 99.100 (kursive Hervorhebung von der Verf.).
910 A. Schimmel, Mystische Dimensionen des Islam, a.a.O. 142.
911 Zitiert nach R. Gramlich, Islamische Mystik, a.a.O. 100 (Kursivdruck, Verf.).

zwar bewußt von „Rang und Besitz ... und von (allen) Ablenkungen und Bindungen (...)“[912] ab, indem er für einige Zeit das Leben eines frommen Asketen wählt, doch bleibt jegliches religiöse Engagement innerhalb der offenbarten Theologie und der traditionellen Lehren.
In seiner größten Schrift, „Die Wiederbelebung der religiösen Wissenschaften“ *(Ihya 'ulum ad-din)* entfaltet *al-Ghazali* in vierzig Kapiteln das gesamte Spektrum seiner Überlegungen, prinzipiell vergleichbar mit den Lehrbüchern früherer Sufi-Theoretiker. Auch hier ging es primär darum, den Menschen in seiner „Lebensführung“ zu unterweisen, wobei dieser sich an den vorgegebenen religiösen Gesetzmäßigkeiten zu orientieren habe. *Al-Ghazalis* Ausführungen, die sich über vier Teile erstrecken, behandeln schließlich die „Dinge, die zum Heil führen ... Dieser letzte Teil ist am ehesten das, was wir von einem Mystiker erwarten würden; hier werden die verschiedenen Stationen und Zustände auf dem Pfad, wie Armut, Entsagung, Geduld, Dankbarkeit, Liebe und Sehnsucht diskutiert“[913].
In den Abschnitten, in denen von der Liebe die Rede ist, läßt *al-Ghazali* noch einmal den Ansatz seines Denkens erkennen. In den einleitenden Sätzen dieses Kapitels über die Liebe heißt es: *„Gott allein ist der Liebe würdig, und wer anderes als Gott aus anderen Gründen als wegen seiner Beziehung zu Gott liebt, tut dies, weil er unwissend ist und Gott nicht genügend kennt. Und die Liebe zum Gesandten ist darum zu loben, weil sie nichts anderes ist als die Gottesliebe, ebenso die Liebe zu den Religionsgelehrten und Gottesfürchtigen“.*[914] Ein derart umfassendes orthodoxes Glaubensbekenntnis kam bei den Sufi-Mystikern bisher nicht vor; hier ging es einzig um die Beziehung zwischen Gott und Mensch. Obwohl *al-Ghazali* bemüht ist, die Liebe zu Gott um ihrer selbst willen gelten zu lassen, konstruiert er im Grunde einen Beweisgang, der zwischen religiösem Gemüt und rationalem Verstehen zu vermitteln sucht, letztlich für beide aber eine theologische Begründung voraussetzt.

11.3.3.3 Die Ausarbeitung des mystischen Pfades

Obgleich der Mystiker danach trachtet, mit Gott vereint zu werden, ist er sich doch im klaren darüber, daß sein Ziel, sofern er es überhaupt je erreichen kann, am Ende eines sehr langen Weges liegt. Alle mystischen Lehren und Haltungen, nicht nur die des Islam, kennen die Vorstellung eines zu erreichenden *Ziels* und eines *Weges* dorthin, wobei der Ausweg aus dem leidvollen Zustand der Unkenntnis und des Verhaftetseins in der Welt nicht trennbar ist von dem, was als Ziel der Bemühung angesprochen wird. Beides

---

912 R. Gramlich, ebd. 100.
913 A. Schimmel, Mystische Dimensionen des Islam, a.a.O. 144.
914 Zitiert nach: R. Gramlich, Islamische Mystik, a.a.O. 103 (kursive Hervorhebung, Verf.).

läßt sich allerdings nur indirekt verbalisieren: durch metaphorische oder paradoxale Formulierungen, wie sie bei den asketischen Sufis gebräuchlich waren, oder durch eine Dichtersprache, wie sie die persischen Sufi-Lyriker verwendeten, um der mystischen Erfahrung zumindest ästhetisch Ausdruck zu verleihen.

Nichtsdestoweniger hatten die Verfasser der Sufi-Handbücher viel Mühe darauf verwendet, die einzelnen (methodischen) Schritte, die den mystischen Weg kennzeichnen sollten, zu beschreiben. Dazu entwickelten sie vom 10. Jahrhundert an eine Theorie von den „Stufen" bzw. „Stationen" und den „Zuständen", die dem fortgeschrittenen Mystiker als „Anleitung" dienen sollte. Auch in der Frühzeit der Sufik gab es schon die Vorstellung von einem Stufenweg, der durch viele (leidvolle) Etappen führt und so die Seele des Mystikers auf eine Vereinigung mit Gott vorbereitet. Denn was zählt, ist, daß der Mensch sich auf das, was ihn am Ende erwartet, vorbereitet. *Peter Gerlitz* greift zur Verdeutlichung auf ein Bild zurück, das die Tradition dem großen persischen Dichtermystiker *Rumi* (gest. 1273) in den Mund gelegt hat. Darin „vergleicht (Jalalludin Rumi) den mystischen Weg in seinem diwan mit einem Zug der Karawane durch die Wüste: Wenn die Karawanenglocke den Aufbruch zu neuen Stationen ankündigt, müssen Menschen und Tiere bereit sein. So wandert auch die Seele von einer Station zur anderen, von einer Erkenntnis zu anderen, bis sie sich mit Gott vereinigen kann. Deshalb fordert Maulana (Rumi, Verf.) seine mystischen Gefährten mit dem Ruf ‚ar-rahil', ‚Auf zur Reise!' auf"[915].

Annemarie Schimmel weist darauf hin, daß die nach christlichem Verständnis vorgenommene „Einteilung in *via purgativa, via contemplativa und via illuminativa* ... in gewisser Weise der islamischen Einteilung in *shari'a, tariqa und haqiqa* (entspricht). Die *tariqa*, der Weg, auf dem der Mystiker wandert, wird beschrieben als der ‚Pfad, der aus der *shari'a* kommt; denn diese breite Straße wird *shar'* genannt und der Pfad *tariq*'"[916]. Diesen Hinweis auf die Rechtgläubigkeit der Sufik entnimmt *Schimmel* einer Quelle, die aus dem 14. Jahrhundert stammt[917]; die Protagonisten der islamischen Mystik hatten sich aber zu dieser späten Zeit mehrheitlich längst den Vorgaben der Rechtsgelehrten unterworfen.

Daß die *tariqa* anfänglich nicht auch vom islamischen Recht abgewichen sein soll, scheint dagegen eher unwahrscheinlich. Schon der Ausgangspunkt des mystischen Pfades, die bewußte Abwendung von der Welt, markiert einen Gegensatz zur Scharia. Der Sufi begnügt sich nicht damit, seine religiösen Pflichten zu erfüllen, sondern ihn überkommt ein Gefühl der Reue (*tawba*) oder der „Furcht, das zu Traurigkeit über das Elend dieser Welt und die eigene Mangelhaftigkeit führt und die Pflicht zur Bestreitung des niede-

---

915 P. Gerlitz, Mystik I, a.a.O. 536.537.
916 A. Schimmel, Mystische Dimensionen des Islam, a.a.O. 148.
917 Vgl. A. Schimmel, ebd., Anm. 1.

ren Ich auferlegt, zum höchsten Glaubenskrieg, der mit Aufrichtigkeit – ohne jede Selbstgefälligkeit – und mit ausschließlicher Hingabe – ohne Rücksicht auf das Urteil der Menschen – ausgefochten werden muß"[918]. Was *Richard Hartmann* hier zum Ausdruck bringt, ist die Leidenschaft und Hingabe, mit der sich ein Sufi auf den Weg macht. Die Entscheidung, der *tariqa* zu folgen, ist radikal; sie verändert das ganze bisherige Leben.

Viele Sufi-Gelehrte haben über den Augenblick der religiösen Ergriffenheit geschrieben; in volkstümlicheren Überlieferungen sind es oft Legenden, die ein Schlüsselerlebnis beschreiben. Über „Ibrahim ibn Adham Bekehrung wird besonders oft erzählt: *Eines Nachts hörte er ein seltsames Geräusch auf dem Dach seines Palastes in Balkh. Die Diener fanden einen Mann, der in Ibrahims Gegenwart behauptete, auf dem Dach sein verlorenes Kamel zu suchen. Als der Prinz ihn wegen seines absurden Unterfangens tadelte, antwortete der Mann, daß Ibrahims Versuch, inmitten all seines Luxus himmlischen Frieden und echtes religiöses Leben zu finden, ebenso absurd sei wie die Suche nach einem Kamel auf dem Dach. Ibrahim bereute und gab all seinen Besitz auf*"[919].

Einen nächsten Schritt auf dem mystischen Pfad markieren asketische Tugenden: „Enthaltsamkeit" (*wara*) und „Entsagung" (*zuhd*). Diese erwirbt der Sufi, indem er lernt, seine niederen Triebe oder Seelenanteile *(nafs*) zu beherrschen. Die islamische Mystik kennt viele Metaphern, die das Gemeine im Menschen beschreiben sollen. So verkörpern oftmals Tiere (Hund, Schlange, Pferd)[920] die *nafs*. Zu den primären Aufgaben eines Novizen gehört, daß er sich freimacht von allem, was seine Aufmerksamkeit von Gott ablenken könnte. Dazu werden Maßnahmen wie Fasten oder Schlafentzug ergriffen. Fast alle großen Sufi-Scheichs verfügten über besondere Talente in zumindest einem der beiden Bereiche.

Als Ausgleich für die zunächst überwiegend negativ besetzten Stationen schließt sich sodann ein Glaubensbekenntnis an, in dem der Sufi erstmals explizit den Wunsch nach der Einheit mit Gott äußert. *Tawakkul* bezeichnet zugleich einen Zustand vollkommenen Gottvertrauens und eine Haltung des Frommen. Diese äußert sich in Gefühlen von Glück, Zuversicht, und Hoffnung, also Empfindungen, die so interpretiert werden können, daß sie Einheitserfahrung „im Kleinen" vorwegnehmen. In den Hand- und Lehrbüchern zur Sufik werden sodann weitere Tugenden genannt, die auf dem mystischen Pfad erworben werden sollen: Neben einer erneuten Läuterung durch Armut (*faqr*; *faqir* [übersetzt: der Arme]) geht es darum, Geduld (*sabr*) zu üben, sich Gott gegenüber dankbar zu erweisen und aus dieser Dankbarkeit (*sukr*) innere Zufriedenheit (*rida)* und Glück (*bast*) zu schöpfen.

---

[918] R. Hartmann, Die Religion des Islam, a.a.O. 117.

[919] Zitiert nach A. Schimmel, Mystische Dimensionen des Islam, a.a.O. 162 (kursive Hervorhebung, Verf.).

[920] Vgl. A. Schimmel, ebd. 168

Zu den anspruchsvollsten Stationen, die dem Ziel vorausgehen, gehören schließlich die Liebe (*mahabba*) und die Erkenntnis (*ma'rifa*). Von beiden Zuständen war schon an anderen Stellen die Rede, etwa bei *Rabi'a al-'Adawiyya*, die erstmals den zentralen Gedanken der Liebe ausformuliert haben soll, und bei *Bayazid Bistami*, der am Ende seines esoterischen Fluges erkannt habe, daß keine Realität bestehen kann, wenn sie nicht von Gott kommt. Liebe und Erkenntnis gehören nach der Auffassung der meisten Sufi-Mystiker zusammen; sie bilden eine gedankliche Einheit.
Sieht man die bisherigen Stationen (Singular: *maqam*) oder Zustände (Singular: *hal*)[921] als Stufen einer Leiter an, so wäre die oberste Stufe das „Entwerden" (*fana*). Auf die Problematik, die mit einer sachgerechten Interpretation des „Entwerdens" verbunden ist, wurde schon mehrfach hingewiesen. Deshalb soll hier nur ergänzt werden, daß mit dem Begriff *fana* ein weiterer verbunden ist, der gewissermaßen noch einen Schritt weitergeht: Auf das „Entwerden" in Gott folgt – so erläutert *A. Schimmel* – endgültig das „‚Entwerden von der Schau des Entwerdens', wenn man im *wujud*, der ‚Existenz' Gottes untergeht, oder vielmehr im ‚Finden' Gottes. Denn das Wort *wujud*, das man im allgemeinen als ‚Existenz' übersetzt, bedeutet ursprünglich gefunden werden – und genau dieses ‚Finden' und ‚Gefundenwerden' erfährt der Mystiker ... Der Mensch sollte aber den Zustand wiederfinden, den er am Tag des Urvertrages besaß, als er existenzialisiert, von Gott mit individueller Existenz begabt wurde, was jedoch eine Trennung zwischen dem urewigen Gott und dem in der Zeit geschaffenen Menschen durch den Schleier des Geschaffenseins einschloß ... Dieser Schleier kann während des Erdenlebens nicht völlig gehoben werden"[922]. Auch *Richard Gramlich* interpretiert den Zustand des „Entwerdens" so, als würde der Mensch in einen vorgeburtlichen Urzustand versetzt. „Als Entwerdender realisiert er (der Mensch, Verf.), zu seinem Anfang zurückkehrend, was er wirklich ist und bekennt die Einzigkeit Gottes. Gunayd[923] sagte: Wer war er denn, wie bevor er war? ... Das ist die äußerste Verwirklichung des Bekenntnisses der Einzigkeit des Einen: daß der Mensch ist, bevor er war, und Gott bleibt, wie er immer war'"[924]. Der Sufi-Mystiker hat den höchsten Grad der Vervollkommnung erreicht, wenn ihm die göttliche Gnade zuteil wird, für längere Zeit oder sogar auf Dauer im Zustand des Entwerdens zu verweilen. Auch für dieses Stadium kennt die Sufik einen Terminus, *baqa* („Dauer in Gott"[925]), der das Verweilen im „Entwerden" ausdrücken soll, für den es aber kaum noch Möglichkeiten des sprachlichen Ausdrucks oder der bildlichen Veranschaulichung gebe. Die mißverständlichen Ausrufe früherer Sufi-Mystiker, z.B.

---

921 Letztendlich haben alle Abschnitte des mystischen Pfades sowohl ein aktives wie ein passives Moment, auch wenn bestimmte Begriffe eher das eine oder andere assoziieren.
922 A. Schimmel, Mystische Dimensionen des Islam, a.a.O. 207.208.
923 Vgl. o. 11.3.2.
924 R. Gramlich, Der eine Gott, a.a.O. 319. 320.
925 A. Schimmel, Mystische Dimensionen des Islam, a.a.O. 210.

Bistamis „subhani" („Preis sei mir!") oder *al-Halladschs „ana'l-haqq"* („ich bin die Wahrheit") seien als „theopathische Ausrufe"[926] in diese Richtung zu deuten. Der Sache nach aber vertreten sie eine monistische Tendenz.
Mit der Erfahrung des „Entwerdens" verbindet sich nach der Auffassung aller Sufi-Gelehrten die „Erklärung der Einheit Gottes", die als *tauhid* bezeichnet wird. Der orthodoxe Mystiker spricht das *tauhid* aus in dem Bewußtsein, daß fortan alles von Gott durchdrungen ist. Oft aber ist mehr gemeint: Die gesamte Realität läuft in ihm zusammen; der Mensch kehrt zum Ursprung allen Seins zurück und hebt sich dort auf.
Die *Tauhid*-Formel, in der sich die Einzigkeit Gottes ausdrückt, scheint weniger in der Logik der Sache zu liegen, als daß sie auf einen verbleibenden Rest des Monotheismus hindeutet. Der Sufi-Mystiker mochte sich trotz aller monistischen Selbtaufhebung verpflichtet gefühlt haben, ein Bekenntnis zum Monotheismus auszusprechen.

11.3.4 Zur Weiterentwicklung der sufischen Strömungen vom 12. Jahrhundert an

Seit *al-Ghazali* durch seinen „Konsolidierungsversuch" erreicht hatte, daß die Mystik offiziell anerkannt wurde, konnte sie sich im Laufe des 12. und 13. Jahrhunderts, der sog. nachklassischen Epoche[927], – allerdings nur innerhalb der von der Theologie vorgegebenen Bahnen – weiter entfalten. Da kein Beweis mehr für die grundsätzliche Richtigkeit der sufischen Lehre gefordert wurde, konnten sich ihre Vertreter nun auch problemlos an die Öffentlichkeit wenden. Besonders die Sufischeiche – zumeist Ordensobere – traten fast gleichberechtigt „neben die zünftige Geistlichkeit und (nahmen) deren Gehaben an. Viele Sufischeiche (ließen) sich ... in Lobgedichten preisen, (heirateten) in hohe Familien und (besaßen) und (verwalteten) oft große Reichtümer, denn die Frage, ob Besitz oder Besitzlosigkeit das Richtige sei, war abgetan als etwas, was nur am Äußeren Klebende interessieren konnte; worauf es ankam, war etwas Inneres: in der Armut Geduld und im Reichtum Dankbarkeit"[928]. *Fritz Meier* führt seine kritischen Überlegungen weiter aus: „In zunehmendem Maße greift, insbesondere seit dem VII./13. Jahrhundert, eine Propaganda wenn nicht zur Vergöttlichung, so doch zur Vergötterung der Scheiche um sich. Ihr Anspruch, göttliche Weisheit zu verkünden, wird allgemeiner anerkannt, ja sie werden von größeren Massen in diese Rolle

[926] A. Schimmel, ebd. 211.
[927] F. Meier, Der mystische Weg, a.a.O. 120. Die Einteilung in eine „vorklassische", „klassische" und „nachklassische" Periode der Sufik findet sich oft bei westlichen Islamforschern. Vgl. auch A. Schimmel, Mystische Dimensionen des Islam, a.a.O., sowie Y. Thoraval (Hrsg.), Lexikon der islamischen Kultur, a.a.O. 335, wobei die Zäsuren, die die Autoren vornehmen, etwas voneinander abweichen.
[928] F. Meier, Der mystische Weg, a.a.O. 120.

gedrängt. Es ist mit der Sufik ein ähnlicher Wandel vor sich gegangen wie im Lebenslauf des Propheten zwischen der mekkanischen und der medinischen Periode: die Sufik hat sich durchgesetzt“[929].

Während die spekulative mystische Reflexion in der sunnitischen Welt mehr und mehr zum Erliegen gekommen war, blieb sie, wie die Philosophie, bei den Schiiten und in Spanien[930] über einen weitaus längeren Zeitraum erhalten. Der intellektuelle Sufismus konzentrierte sich nun auf bestimmte Autoritäten innerhalb der Schia; der persische Philosoph und Sufi-Mystiker *Schihabuddin Suhrawardi* (gest. 1191) und der große spanisch-muslimische Mystiker *Ibn al-'Arabi* (gest. 1240) entwickelten je eigene Systeme einer mystischen Philosophie, die überwiegend von monistischen Gedanken durchdrungen waren.

Eine Strömung innerhalb des Sufismus, die von der Mitte des 12. Jahrhunderts ganz neue Akzente setzte und die bis heute in der sufischen Überlieferung ihren festen Platz hat, war die persisch-lyrische Mystik. Sie schuf erstmals eine Verbindung von Dichtung und islamischer Mystik. Die großen persischen Liebesmystiker *Sana'i* (gest. um 1131), *'Attar* (gest. 1230) und *Rumi* (gest. 1273) beeindrucken durch ihre sprachgewaltigen Werke, in denen sie das Motiv der „metaphorischen Liebe“ in ihren verschiedenen Varianten ausmalten. Die Mystik berührte bei ihnen erstmals auch Bereiche aus der konkreten Wirklichkeit des Menschen; die Gottesliebe, so glaubten die Dichtermystiker, drücke sich symbolisch in der Liebe zu einem anderen (männlichen) Menschen aus.

Durch die Gründung von Sufi-Orden und Bruderschaften gelang es der islamischen Mystik schließlich, auch breite Bevölkerungsschichten anzusprechen. Einfache Gläubige, die in der Nähe eines Sufi-Konvents lebten, konnten sich jetzt spirituellen Beistand bei den Ordensmitgliedern oder Scheichs holen. Weil viele Bruderschaften eigene religiöse Festtage hatten, die aufwendig begangen wurden, bot sich den Gläubigen ein willkommener Anlaß, nahegelegene Klöster aufzusuchen. „Je länger, je mehr entwickelte sich der Sufismus unter der Führung der Orden zu einer Massenbewegung, in der nicht nur die eigentlichen Mitglieder, sondern auch unzählige lose affiliierte Anhänger teilnahmen und sich beim *'urs*, dem Gedenktag des Todes des Stifters, zu Gebet und Feier versammelten. Durch die Orden erreichte das Glaubensgut des Islam, vor allem die Liebe zu Gott und zum Propheten, weite Kreise, die sonst kaum mit der offiziellen Theologie in Berührung kamen oder sie vielleicht auch verstanden hätten“[931]. Allerdings wäre hier anzumerken, daß dies zugleich den Anfang einer Fehlentwicklung oder

[929] F. Meier, ebd.

[930] Vgl. o. 10.2.2.6.

[931] Annemarie Schimmel, Der Islam, in: F. Heiler, Die Religionen der Menschheit, a.a.O. 541.

jedenfalls einer Tendenz zur Volksfrömmigkeit darstellte, wie die Geschichte der Orden deutlich machen kann.

11.3.4.1 Monistische Theorien und ihre Rezeption in den Entwürfen Suhrawardis und Ibn al-'Arabis

Wenn im folgenden die Ansätze der beiden herausragendsten philosophischen Mystiker des späten 12. und 13. Jahrhunderts vorgestellt werden, so kann das nur im Rahmen einer jeweils kurzen Darstellung erfolgen, die sich auf Wesentliches beschränkt.

Schihab ad-Din Yaha Suhrawardi – nicht zu verwechseln mit dem Gründer des Ordens der *Suhrawardiyya*[932] – soll 1155 im nordwestlichen Iran geboren worden sein. Er habe als junger Mann eine Art von Theosophie formuliert „und ... damit einen Skandal (verursacht), der 1191 zu seiner Hinrichtung durch den Aiyubidenherrscher von Aleppo führte“[933].

Suhrawardis Hauptwerk „*Hikmat al-ishraq,* ‚Philosophie der Erleuchtung‘“[934] knüpft laut Tradition an die zeitgenössische Philosophie an, wie sie durch *Ibn al-Farabi* und *Avicenna* vermittelt worden war. Beide Philosophen entwickelten eigene Theorien, nach denen es möglich sein sollte, das sufische Erbe mit einem neuplatonisch verstandenen Rationalismus zu verbinden. Im Mittelpunkt der neuplatonischen Philosophie steht die Emanationslehre, der zufolge die Welt aus einem unpersönlichen Urgrund hervorgegangen, besser: ausgeströmt sei, und dies in absteigender Stufenfolge über die Welt der Ideen, über die Weltseele bis hin zur Materie als unterster Seinsform. Der philosophisch gebildete Mensch, der sich seine Situation vergegenwärtigen kann, soll versuchen, sich von der Bindung an die Materie zu befreien, d.h. durch bestimmte Maßnahmen in die übersinnliche Welt zurückzukehren[935]. Dieses Gedankenmodell läßt sich relativ leicht in mystische Kategorien übertragen: Der Sufi schreitet auf dem mystischen Pfad Stufe für Stufe „nach oben“; die Seele hat im Augenblick des „Entwerdens“ ihren Weg zurück zu Gott gefunden, sie ist zu ihrem Ursprung zurückgekehrt. Was dem streng monotheistischen Sufismus allerdings häretisch schien, war der Monismus, der das gesamte neuplatonische System trägt.

Suhrawardi soll in besonderer Anlehnung an *Avicenna* eine „illuministische“ Erkenntnislehre entworfen haben, nach der tiefere Wahrheiten auf eine Erleuchtung durch Gott zurückgehen. Die Stufen des Seins korrelieren dann jeweils mit bestimmten Graden der Erleuchtung. *A. Schimmel* versucht, *Suhrawardis* „Haupttheorie“ zu verdeutlichen: „Die Essenz des Ersten Ab-

[932] Vgl. 11.4.
[933] A. Hourani, Die Geschichte der arabischen Völker, a.a.O. 225.
[934] A. Schimmel, Mystische Dimensionen des Islam, a.a.O. 369.
[935] Vgl. o. 10.2.2.3 und 10.2.2.4.

soluten Lichtes, Gott, schenkt fortwährende Erleuchtung, wodurch sie immer deutlicher manifestiert wird, und bringt alle Dinge ins Sein, indem sie es durch ihre Strahlen mit Leben begabt. Alles in der Welt ist von dem Licht Seiner Essenz abgeleitet, und alle Schönheit und Vollkommenheit sind die Gaben Seiner Güte; diese Erleuchtung vollkommen zu erreichen, ist das Heil"[936]. Der Mensch sei aber von sich aus nicht in der Lage, seine materiellen Bindungen zu lösen; vielmehr gebe es eine zweite Instanz, durch die das möglich gemacht werde. Diese Erleuchtung erfolge durch wechselseitige Bestrahlung, wobei (Schutz)Engel als deren Träger fungieren. „Erst durch diese sekundäre Hilfe gewinnt das eingekörperte Licht des Menschen die Kraft und die Lust, sich der Verlockung der Materie zu entziehen"[937].

Obgleich *Suhrawardis* Gedanken in schiitischen Kreisen weit verbreitet waren[938], blieb sein Ansatz doch relativ unbedeutend im Vergleich zu dem seines Zeitgenossen *ibn al-'Arabi.* Obwohl das umfangreiche Werk des spanisch-arabischen Mystikers in der islamischen Welt nach wie vor umstritten ist, hat es doch eine nachhaltige und breite Wirkungsgeschichte erzielt[939]. Er gilt bei vielen als „der" Monist unter den Sufi-Mystikern, insofern seine Theorien das Bekenntnis zu dem einen personalen Gott unterlaufen würden. *Ibn al-'Arabi* mochte in den Augen orthodoxer Muslime schon allein deshalb gefährlicher als manch anderer Sufi erscheinen, weil er seine Gedanken systematisch ausarbeitete[940]. Man konnte ihn schlecht als religiösen Eiferer oder Spinner abtun, wie dreihundert Jahre vor ihm den monistisch angehauchten *al-Halladsch.* Ebenso wenig tat er seinen Gegnern den „Gefallen", jung zu sterben; der Tradition zufolge soll er erst im für damalige Verhältnisse hohen Alter von fünfundsiebzig Jahren gestorben sein. Trotz der Vorbehalte, die die Tradition gegen ihn hegte, wurde ihm von der Ulama doch der Ehrentitel „Beleber der Religion" gegeben, und „(im) Arabischen wird er der ‚Größte Meister' genannt"[941]. Seine Größe soll darin bestanden haben, durch seine Bücher zur Verbreitung der sufischen Ideen beigetragen zu haben. „Die sufische Überlieferung sagt, Ibn El-Arabis Aufgabe sei es gewesen, die sufische Tradition unter seine Zeitgenossen zu ‚streuen' (Arabisch: nashr, NSHR) und sie mit den jeweiligen Traditionen der Völker zu verknüpfen"[942]. Als spanischer Muslim, der die Blütezeit der maurischen Kultur erlebt und laut Überlieferung von bedeutenden Persönlichkeiten ver-

---

936 A. Schimmel, Mystische Dimensionen des Islam, a.a.O. 370.

937 F. Meier, Der mystische Weg, a.a.O. 120.

938 Der gewaltsame Tod des erst 36jährigen Suhrawardi dürfte mit ein Grund für die Bewunderung sein, die ihm in schiitischen Kreisen entgegengebracht wurde.

939 Auf die weit zurückreichende Rezeptionsgeschichte der Werke ibn al-'Arabis kann hier nicht näher eingegangen werden.

940 Allerdings gehört ein Teil der Werke ibn al-'Arabis auch in das Genre der Lyrik.

941 Idries Schah, Die Sufis (Titel der Originalausgabe: „The Sufies", übersetzt von Jochen Eggert und Stephan Schuhmacher, o.O. 1964), Gütersloh 1976, 126.

942 I. Schah, ebd. 127.

schiedener Wissenschaften ausgebildet worden war, mochte er tatsächlich für diese Aufgabe prädestiniert gewesen sein.

Ibn al-'Arabi soll 1165 in der spanischen Stadt Murcia in Andalusien geboren worden sein. Nach einer sorgfältigen Erziehung, an der auch Frauen maßgeblich beteiligt gewesen sein sollen[943], habe er in Sevilla studiert und sich dann der islamischen Mystik zugewandt. „Betraut mit wichtigen Ämtern, legte er diese infolge einer mystischen Krise nieder und machte sich auf, Theologie in Tunis, Bagdad und Konya zu studieren, bevor er sich in Damaskus niederließ, wo er starb, ohne Andalusien wiedergesehen zu haben"[944].

Die Zahl der Werke, die *ibn al-'Arabi* zugeschrieben werden, scheint unüberschaubar[945]. *Y. Thoraval* spricht von „300 literarischen Werken ... (von denen) eines der wichtigsten *Die mekkanischen Eröffnungen* (arabisch: *al-Futuhat al-makkiyya,* Verf.) (ist), das in 560 Kapiteln das mystische Wissen unter allen Gesichtpunkten lehrt"[946]. Bekannt gemacht haben soll ihn auch eine kleinere Schrift „*Fusus al-hikam,* ‚Ringsteine der göttlichen Weisheit'"[947], in der es um die neunundzwanzig Propheten von Adam bis Mohammed geht.

Die Frage nach der Authentizität der Werke läßt sicher aber – allein schon im Blick auf die Quantität – Zweifel aufkommen; so geben die wenigen, zumeist schon etwas älteren Monographien[948], die zu *ibn al-'Arabi* vorliegen, zwar einen Einblick in sein gedankliches System, doch erörtern sie kaum die Quellen.

Ibn al-'Arabis Lehre ist tief verwurzelt in den philosophischen Strömungen seiner Zeit. So läßt sich schwer sagen, ob der ontologische Monismus, den er vertritt, sich allein aus neuplatonischen Ursprüngen herleitet. *A. Schimmel* weist auf ein Gemisch verschiedener „Einflüsse von Gnostizismus (und)

---

943 A. Schimmel, Mystische Dimensionen des Islam, a.a.O. 375, erwähnt in diesem Zusammenhang eine gewisse „Fatima von Cordova". Sie sei eine „mystische Führerin" gewesen, die ibn al-'Arabi als Kind „zwei Jahre lang erzog(en)" habe (ebd. 611).

944 Y. Thoraval, Lexikon der islamischen Kultur, a.a.O. 144.

945 J. Bowker (Hrsg.), Das Oxford-Lexikon der Weltreligionen (Titel der Originalausgabe: The Oxford Dictionary of World Religions, Oxford 1997), für die deutschspachige Ausgabe übersetzt und bearbeitet von Karl-Heinz Golzio, Düsseldorf 1999, 446: „Mehr als 800 Werke wurden ihm zugeschrieben, und einige behaupten, daß von diesen noch 400 existieren".

946 Y. Thoraval, ebd.

947 A. Schimmel, Mystische Dimensionen des Islam, a.a.O. 376.

948 Vgl. z.B. die Studie von Henry Corbin, Creative Imagination in the Sufism of Ibn 'Arabi (Titel des Originals: „Imagination créatrice dans le soufisme d'Ibn 'Arabi, Paris 1958), translated from the French by Ralph Manheim [Bollingen Series XCI], Princeton 1969. A. Schimmel, „Ibn al-Arabi", in: Lexikon der islamischen Welt, a.a.O. 128, rechnet Corbin zu den Autoren, die „die Transzendenz von Ibn al-'Arabis Gottesbegiff (beweisen)", wohingegen „(seine) vielschichtigen Spekulationen ... bei weniger geistreichen späteren Autoren in Pantheismus verflachten".

Hermetismus"[949] hin, was eine Interpretation ihrer Ansicht nach erschwert. *Ibn al-'Arabi* führt alles zurück auf ein einziges Prinzip, das man mit dem Begriff „Logos"[950] bezeichnen könnte, auf das aber genauso gut auch andere Begriffe, z.B. „Einheit des Seins"[951], „Gott oder Universum"[952] zutreffen. Gemeint ist ein Sein, das alles Seiende umfaßt und jeder konkreten Existenz vorausgeht. Aus dieser Wesenheit geht aber – ohne daß diese sich irgendwie entäußern würde – alles Weitere bis hin zur Welt hervor. Unterhalb einer thetisch gesetzten Transzendenz Gottes[953] offenbart sich alles Geistige und Materielle.

Gott ist der Grund von allem, und die Emanationsbewegung gipfelt im Menschen, in dessen Denken sich Gott selbst erkennt. „Aus ihm (dem Göttlichen, Verf.) geht das Universum hervor wie das Spezielle aus dem Allgemeinen. Er ist das Sammelbecken der intelligiblen Ideen und dauerhaften Archetypen der Welt des Werdens. Er ist Gott, insofern er sich als universales Gewissen manifestiert. Der Mensch allein (der Vollkommene Mensch, nicht der animalische Mensch) manifestiert ihn synthetisch, und das Bewußtsein, das Gott von sich hat, erreicht seinen höchsten Grad im Vollkommenen Menschen. In ihm ist das Ziel der Schöpfung ... verwirklicht"[954]. Der Sufi-Mystiker *ibn al-'Arabi* sieht in dieser vornehmsten Gestalt natürlich den Propheten, der zwar laut *Schimmel* keine substantielle Verbindung zu Gott hat, der aber dennoch „für Gott als Medium (notwendig ist), durch das Er erkannt und manifestiert wird"[955].

Wie aber kann ein transzendenter personaler Gott vorgestellt werden, aus dem dann – übergangslos – Epiphanien hervorgehen, die sich im vollkommenen Menschen manifestieren, der dann – zwar passiv – aber dennoch auf Gott zurückweist und in dem Gott zum Bewußtsein seiner selbst kommt? Das komplexe Gedankengefüge *ibn al-'Arabis* führt m.E. zu keinen anderen Ergebnissen als zu denen, die der mystische Pfad tendenziell zu erkennen gab. Blickt man zurück auf die ekstatischen Äußerungen mancher früher Mystiker, so scheinen diese im Hinblick auf eine bloß behauptete Transzendenz Gottes sogar treffsicherer.

Ein Zitat aus *Ibn al-'Arabis* Schrift „Die Interpretation der Göttlichen Liebe" (*Targuman al-'Aswaq*) soll seine monistische Lehre von der Einheit des Seins abschließend verdeutlichen: *„In meinem Herzen können alle Formen Platz finden, die Klöster des Mönches, der Ort des Götzen, eine Weide für*

---

949 A. Schimmel, Mystische Dimensionen des Islam, a.a.O. 377.

950 G.C. Anawati, VIII. Philosophie, Theologie und Mystik, a.a.O. 152.

951 A. Schimmel, Mystische Dimensionen des Islam, a.a.O. 379.

952 G.C. Anawati, ebd. 152.

953 A. Schimmel, Mystische Dimensionen des Islam, a.a.O. 380, hält an der Vorstellung fest, daß ibn al-'Arabi eben keinen Monismus vertreten habe, weil sein System „keine substantielle Kontinuität zwischen Gott und seiner Schöpfung einschließt".

954 G.C. Anawati, VIII. Philosophie, Theologie und Mystik, a.a.O. 152.

955 A. Schimmel, Mystische Dimensionen des Islam, a.a.O. 385.

die Gazellen, die Ka'ba Gottes (zu der alle Muslime ihr Gesicht hinwenden), die Tafeln des jüdischen Gesetzes, das Wort Gottes, das er seinem wahren Propheten offenbarte. Liebe ist der Glaube, den ich vertrete, und wohin auch immer sich Seine Kamele wenden, dort ist der eine wahre Glaube"[956].

11.3.4.2 Die mystische Liebe bei den großen persischen Mystikern Sana'i, 'Attar und Rumi

Während die systematischen Entwürfe und Lehrbücher, die vom 12. Jahrhundert an verfaßt wurden, möglicherweise dem theologischen Bedürfnis einiger weniger gebildeter Zeitgenossen entgegenkamen, wurde die neu entstehende persische Dichtung zur religiösen Inspiration für viele. Die Literatur der mystischen Poesie bildet einen reizvollen Kontrast zu den Sufi-Theorien, vor deren Hintergrund sie entstand und deren zentrale Themen sie aufgriff. Diese spezielle Gattung läßt sich nach *A. Schimmel* nur dann sachgerecht interpretieren, wenn sie in ihrer eigentümlichen Dialektik von religiöser und weltlicher Deutung verstanden wird: „Es ist typisch für die persische Lyrik, daß einzelne religiöse Gedanken, die im Mittelpunkt der islamischen Überlieferung stehen, und gewisse Bilder aus dem Koran und der prophetischen Überlieferung, ja ganze Sätze aus der Heiligen Schrift oder einem *hadith* sich in Symbole von rein ästhetischem Charakter verwandeln können. Damit öffnet die Dichtung fast unbegrenzte Möglichkeiten für neue Verbindungen zwischen weltlichen und himmlischen Bildern, zwischen religiösen und profanen Gedanken"[957].
Zu den zentralen Motiven, die aus alten Sufi-Traditionen stammen, gehört die „mystische Liebe"[958], die sich aber nach der Auffassung *Rabi'as* und anderer früher Mystiker auf das unmittelbare Verhältnis zwischen Gott und Mensch bezieht. Die Vorstellung, einen anderen Menschen zum Objekt der mystischen Liebe zu machen, kam bei ihnen schon deshalb nicht auf, weil sie sich von allen irdischen Bindungen lösen wollten. Eben dies aber versuchten die persischen Dichtermystiker. Sie besangen die Liebe zu jungen Männern oder Knaben, und sie verstanden diese als Symbol oder Vehikel der Gottesliebe. „Sie wußten wohl (auch, Verf.), daß die Einschließung eines menschlichen Objektes der Liebe zu Folgen führen konnte, die mehr als anfechtbar waren und die Reinheit des Gefühls zu beflecken drohten ... Denn es ist wohlbekannt, daß die Gesellschaft der ‚unbärtigen' jungen Männer eine große Gefahr für die Mystiker darstellte"[959]. Andererseits wurden im persischen Kulturraum homophile bzw. pädophile Neigungen durchaus toleriert

[956] Zitiert nach: J. Bowker (Hrsg.), Das Oxford-Lexikon der Weltreligionen, a.a.O. 446 (Kursivdruck von der Verf.).
[957] A. Schimmel, Mystische Dimensionen des Islam, a.a.O. 408.
[958] Vgl. o. 11.3.1.2.
[959] A. Schimmel, Mystische Dimensionen des Islam, a.a.O. 410.

bzw. z.T. auch künstlerisch stilisiert, wie aus vielen zeitgenössischen profanen Liebesgedichten zu ersehen ist. In „einer Kultur, in der das weibliche Element weitgehend vom gesellschaftlichen Leben ausgeschlossen war, richteten sie (die Sufi-Mystiker, Verf.) ihre Bewunderung auf Jünglinge – Schüler oder Außenstehende ... Der schöne Jüngling von vierzehn Jahren, ‚leuchtend wie der Vollmond', wurde bald zum Ideal menschlicher Schönheit und wird oft in persischer und türkischer Dichtung gepriesen"[960].
Obwohl es durchaus schon im 10. und 11. Jahrhundert begabte Dichtermystiker im arabischen und persischen Raum gegeben hatte, die anmutige mystische Verse hervorgebracht hatten[961], kam es zum eigentlichen Durchbruch der persisch-mystischen Dichtung erst mit dem Erscheinen der mystischen Lehrdichtung, wie sie von *Sana'i* in der literarischen Form eines „*mathnawi*", eines didaktischen Gedichts in Doppelversen, für seine mystische Poesie verwendet wurde.
Über *Abu'l-Maid Maschdud Sana'is* Leben gibt die Tradition nur ungenau Auskunft. Wann und wo er geboren wurde, ist unbekannt; er habe zunächst am Hof des Herrschers von Ghazna im Osten Afghanistans als „Modedichter"[962] gewirkt, bevor er sich von dort gelöst und auf Wanderschaft durch die Provinz Khorassan begeben habe. Er soll sich bald der Sufi-Mystik zugewandt haben, wofür die Gründe nicht näher bekannt sind. *Sana'i* sei 1130 oder 1131 gestorben.
Zu den bekanntesten Werken rechnet die Überlieferung seine *Hadiqat al-haqiqa,* „Garten der Wahrheit", die *Sana'i* – wie oben schon erwähnt – als *mathnawi* verfaßt haben soll. Obwohl eher schwerfällig als elegant im Stil, wird diese von islamischen Mystikern sehr geschätzt. Sie bietet „in zehn Kapiteln Fürstenlob, Anekdoten, und Ermahnungen"[963], die den Leser auf unterhaltsame Weise mit sufischen Lehren vertraut machen sollten. *Sana'i* habe in einem kleineren Prosawerk „Die Reise der Gottesdiener zum Platz der Rückkehr" das mystische Bild vom Seelenflug erstmals wieder aufgegriffen, das schon bei *Bistami* im 9. Jahrhundert vorkam. Die Bedeutung von *Sana'is* Werk liegt wohl primär darin, daß er eine Tradition begründet hat. Auf *Sana'i* geht der Überlieferung nach die schöne Geschichte „Die Blinden und der Elefant" zurück: Nachdem jeder Blinde einen Körperteil des Elefanten betastet hatte, seinen Rüssel, eines seiner Ohren, seine Beine, gaben

---

[960] A. Schimmel, ebd. 411.
[961] Neben dem schon erwähnten Ahmad Ghazali (vgl. o. 11.3.3.2) und seinem „Lieblingsschüler 'Ainul Qudat Hamadhani" ist nach Schimmel, ebd. 419.420, der „dritte Name in der Kette der großen Liebesmystiker Irans ... der Ruzbihan Baqlis, der im hohen Alter 1209 in seiner Heimatstadt Schiras starb". Ein früher persischer Dichter, der bedeutende Predigten verfaßt hatte, war Abdullah-i Ansari aus Herat (gest. 1089).
[962] K. Hartmann, Atlas-Tafel-Werk zur Geschichte der Weltreligionen II, a.a.O. 104. A. Schimmel, Sufismus und Volksfrömmigkeit, a.a.O. 213: „Sana'i war primär ein Hofdichter, ein Meister der *qasida,* die er zum Lobe von Fürsten und – offenbar erstmals – zum Lobe des Propheten verwendete.
[963] A. Schimmel, Mystische Dimensionen des Islam, a.a.O. 213.

schließlich alle eine unzureichende Beschreibung des Tiers ab. *„Keiner erkannte das Ganze! ... Wie die Toren hatten sie nur Einbildungen. Ebenso kennt der Mensch das Wesen der Gottheit nicht, und die Gelehrten können darüber nichts in Erfahrung bringen!"*[964]
Die von *Sana'i* begründete Tradition wird von *Fariduddin 'Attar* („Gewürzkrämer") übernommen, der 1220 in Nischapur gestorben sein soll. Über *'Attars* Leben sind keine Einzelheiten bekannt, außer daß er einem Beruf nachgegangen sein soll, bevor – oder während – er sich den Sufi-Lehren zugewandt habe. *'Attar* wird von vielen Islamforschern als der wohl bedeutendste epische Mystiker Persiens angesehen, dessen erzählerisches Talent sich in seinen zahlreichen Dichtungen zeigt[965], von denen das „*mantiq at-tayr*" („Vogelgespräche") am bekanntesten ist. Dieses Werk ist in der Form eines *mathnawis* geschrieben und knüpft an das Motiv des Seelenvogels an, das schon „von Avicenna wie von al-Gazzali in ‚Vogeltraktaten', *risalat at-tayr,* verwendet (worden war)"[966]. *Y. Thoraval* schildert kurz, um was es in den „Vogelgesprächen" geht: „eine Initiationsreise von 30 Vögeln (... Symbol der Pilger) unter Leitung des Wiedehopfs (... der Bote zwischen Salomo und der Königin von Saba), die sie nach Gefahren und Entmutigungen durch sieben Täler (Suche, Liebe, Vertrauen, Erkenntnis, göttliche Einheit sowie Elend und Selbstzerstörung) zu einem mythischen Wesen des Irans, dem Simurgh (dem König der Vögel, Verf.), führt. Am Ende der Reise entdecken die Pilger ihr tiefgründiges Ich"[967]. *A. Schimmel* geht ausführlicher auf das letzte Stadium der mystischen Reise ein: Sie erreichen „am Ende den Simurg ... und erkennen, daß sie, die dreißig Vögel, ... mit dem *Simurg* identisch sind: die Einzelseelen gehen im Göttlichen auf"[968], ein monistisches Motiv. Das Gleichnis von den Vögeln spielte in der islamischen Mystik eine große Rolle; man hat in der westlichen Islamforschung allerdings bisher kaum von der „mystischen Theologie" *'Attars* Notiz genommen[969], was um so erstaunlicher ist, als hier noch viele Fragen – z.B. die einer möglichen Rezeption „persisch-(indischer) Gedanken" – offen sind[970].
Die Suche der menschlichen Seele nach Gott wird in einem anderen Epos *'Attars*, dem „Buch der Trauer" („*Musibatnama*"), noch einmal in ähnlicher Weise thematisiert: Der Suchende fragt den Wind und die Sonne sowie Tiere nach dem Weg zu Gott und wird sogleich von seinem Meister belehrt; es endet damit, „daß der Prophet dem Sucher den Weg in das ‚Meer der (eige-

---

[964] Zitiert nach R. Jockel (Hrsg.), Islamische Geisteswelt, a.a.O. 198.
[965] Nach Y. Thoraval, Lexikon der islamischen Kultur, a.a.O. 51, schreibt die Tradition 'Attar „(mehr) als 100000 bis 200000 Verse" zu.
[966] A. Schimmel, Sufismus und Volksfrömmigkeit, a.a.O. 214.
[967] Y. Thoraval, Lexikon der islamischen Kultur, a.a.O. 51.
[968] A. Schimmel, Sufismus und Volksfrömmigkeit, a.a.O. 214.
[969] A. Schimmel, ebd. (Anm. 103) weist auf die Studie von H. Ritter „Das Meer der Seele. Gott, Welt und Mensch in den Geschichten Fariduddin 'Attars", Leiden 1955, erw. Aufl. 1978, hin, die ihres Erachtens „die beste Analyse von 'Attars dichterischem Werk" bietet.
[970] A. Schimmel, ebd. 215.

nen, Verf.) Seele' weist, wo er Gott finden wird"[971]. Wie kaum ein anderer Dichter bringt *'Attar* allegorisch die Sehnsucht des Menschen nach der Vereinigung mit Gott zum Ausdruck. Seine Epen behandeln hauptsächlich dieses eine Thema, das in unzähligen verschiedenen Varianten durchgespielt und schmerzvoll erfahren wird. Ein kleiner Textauszug aus seinem „*Diwan*" (Gedichtsammlung) kann dies verdeutlichen:
„Wie sollte ich dein Antlitz sehen, da du dich dem Blick nicht zeigst? // Du kommst zu keinem. Ich weiß ja, du kommst bei dir selbst an kein Ende. // Von wem soll ich deinen Ort erfragen, wo doch kein Ort dich fassen kann? ... // Wer bist du eigentlich, o mein Leben, der du dich, wenn ich dich beschreiben will, // Ob deiner großen Vollkommenheit der Beschreibung entziehst? // Von einer wunderbareren Perle als dir habe ich nie gehört, noch habe ich eine gesehen; // Denn das Meer kann dich nicht fassen, und aus der Tiefe tauchst du nicht auf ... // Mein ganzes Herz hast du in Besitz genommen. Wann werde ich dich erreichen? Mag ich // Noch so viel ans Tor des Herzens klopfen, du kommst daraus doch nicht heraus! (...)"[972].
Fariduddin 'Attar soll am Ende seines Lebens mit dem Mann zusammengetroffen sein, der seine und *Sana'is* Linie fortführt, mit dem dritten großen persischen Dichtermystiker *Dschalal ad-Din Rumi*, auch *Maulana* („unser Meister") genannt. Er gilt vor allem in der westlichen Welt als bedeutender mystischer Dichter; auf ihn führt sich der Sufi-Orden der *Mewlewiten* (der „Tanzenden Derwische")[973] zurück. *Rumi* soll 1207 in der iranischen Stadt Balkh geboren worden sein; jedoch sei seine Familie bald nach Konya, der Hauptstadt der Rum-Seldschuken[974] in Anatolien gewandert, möglicherweise auf der Flucht vor den Mongolen. Nachdem er Bagdad, Damaskus und Mekka besucht habe, soll er in Konya als Gelehrter gewirkt haben, bis ihn die Begegnung mit dem Sufi-Mystiker *Schamsuddin von Täbriz* auf einen ganz anderen Weg brachte. Inspiriert von diesem seltsamen Mann, der in *Rumi* „das Feuer der mystischen Liebe" geweckt haben soll, habe er sich fortan ganz dem Studium der Sufik gewidmet. Die Liebe zu Gott – vermittelt durch einen Menschen, seinen Geliebten *Schamsuddin,* – soll die Basis seines Lebens geworden sein. So habe *Rumi* z.B. geäußert: *„Liebe ist das Mittel gegen unseren Stolz und Eitelkeit, der Arzt all unserer Schwächen. Nur der, dessen Gewand durch Liebe zerrissen wird, wird ganz selbstlos"*[975].
Um die Beziehung *Rumis* zu *Schamsuddin* ranken sich viele Legenden. Angeblich hätten „einige von Rumis Schülern unter Mitwirkung seines Sohnes

[971] A. Schimmel, ebd. 214.
[972] Zitiert nach: R. Gramlich, Islamische Mystik, a.a.O. 156 (Kursivdruck und geänderte Zeilenfolge mit doppeltem Querstrich von der Verf.).
[973] Vgl. u. 11.4. Rumi sah besonders in der Musik und im Tanz Möglichkeiten, sich religiös auszudrücken. Sein kreisförmiger Tanz wurde von der Bruderschaft der Mewlewiyya übernommen und perfektioniert.
[974] Daher der Beiname „Rumi".
[975] Zitiert nach: Das Oxford-Lexikon der Weltreligionen, a.a.O. 331.

'Ala'uddin ... beschlossen, Shams (zu ermorden)"[976] und dies Vorhaben auch durchgeführt, woraufhin *Rumi* für Jahre in eine tiefe Trauer gesunken sei, bis er in der Liebe zu seinem Schüler *Husamuddin* neuen Lebensmut geschöpft habe. *Rumi*, der 1273 in Konya gestorben sein soll, genoß möglicherweise schon zu Lebzeiten in Sufi-Kreisen hohes Ansehen. Zur Gründung und zum Aufbau des Ordens der *Mewlewiyya* kam es allerdings nicht mehr; vielmehr sei sein Sohn, *Sultan Walad*, der erste Scheich der „*Tanzenden Derwische*" geworden.

Rumis Werk ist kaum zu überblicken. „Als Dichter und Interpret des Sufismus verfaßte er eine unvergleichliche Lyrik: die 45000 Verse des *Mathnawi* (die mystische Suche), ein regelrechtes Sammelwerk in Versen über die sufische Kultur"[977], gelten jedoch als sein Hauptwerk. Darin geht es primär um die Gottesliebe, die in der Liebe zu einem anderen Menschen ihre größtmögliche Realität erfährt und sich auf tausendfache Weise ausdrücken kann: in Gefühlen der Trauer und des Schmerzes wie auch der Verzückung und des Glücks. *Rumi* greift zur Verdeutlichung auf Metaphern der Musik und des (wirbelnden) Tanzes zurück, wie das „*Lied der Rohrflöte*" zu Beginn des *Mathnawi* verdeutlicht:

„Vernimm das Rohr, wie es erzählt, // Wie es Klage erhebt über die Trennungen: // Seit man mich aus dem Röhricht schnitt, // Haben durch meine Töne Männer und Frauen geklagt. // Ich suche eine Brust, ob der Trennung zerrissen und zerfetzt, // Um ihr den Sehnsuchtschmerz zu erklären. // Wer immer in die Ferne geriet von seinem Ursprung, // Sucht die Zeit seines Vereinigtseins wieder... // Es ist das Feuer der Liebe, das ins Rohr fiel ... // Das Rohr ist Gefährte eines jeden, der vom Freund abgeschnitten ist (...)"[978].

Rumis Mathnawi wurde bald nach seinem Tod zu einem Klassiker der persischen Dichtkunst und ins Indische und Türkische übersetzt. Es wurde von der Nachwelt als „der Koran in persischer Zunge" bezeichnet. Über *Rumis* Werk liegt eine Fülle von Untersuchungen[979] vor, von denen aber nur wenige neueren Datums sind[980].

---

[976] A. Schimmel, Mystische Dimensionen des Islam, a.a.O. 443.

[977] Y. Thoraval, Lexikon der islamischen Kultur, a.a.O. 301 (Veränderung des Kursivdrucks in Klammern, Verf.). A. Schimmel, Sufismus und Volksfrömigkeit, a.a.O. 218, geht davon aus, daß der mehrbändige „Mathnawi" zwischen „1256 und 1273" entstanden ist.

[978] Zitiert nach: R. Gramlich, Islamische Mystiker, a.a.O. 189 (Kursivdruck und geänderte Zeilenfolge mit Querstrichen, Verf.).

[979] A. Schimmel, Sufismus und Volksfrömmigkeit, a.a.O. 216 (Anm. 109).

[980] Vgl. als eine der wenigen neueren Monographien ebenfalls A. Schimmel, „Rumi: Ich bin Wind und du bist Feuer. Leben und Werk des Mystikers", Köln 1978, ^{4}1984.

11.4 Die Entstehung von Orden und Bruderschaften

Während die asketischen Einzelgänger sich eine Gottesliebe nur im Gegenüber von Gott und einem einzelnen Individuum vorstellen konnten, setzte die Entwicklung des Sufitums ab dem 10. Jahrhundert andere Akzente. Ausschlaggebend war wohl – wie oben ausgeführt – zum einen die wachsende Akzeptanz, die den Sufis seit *al-Ghazali* entgegengebracht wurde; zum anderen hatten die Versuche, theoretische und praktische Grundlagen der islamischen Mystik in Handbüchern festzuhalten, mittlerweile breitere Bevölkerungsschichten und natürlich die intellektuellen Eliten erreicht. Es kam von Beginn des 12. Jahrhunderts an zur Gründung von Bruderschaften und Orden (arabisch *turuq*, Plural von *tariqa* = Pfad/Weg). Während die frühen Mystiker hauptberuflich Handwerker waren, gingen sie nun in ihrer Rolle als Ordensobere auf.

Ein Grundgedanke, der zum festen Bestandteil des Sufitums wurde, war der „der brüderlichen Liebe, die zunächst unter den Sufis einer Gruppe bestand und dann auf die ganze Menschheit ausgedehnt wurde. Diese Haltung war ganz verschieden von der Lebensauffassung der frühen Asketen, die nur das individuelle Heil im Auge hatten, das durch strenge Entsagung und superrogative fromme Handlungen zu erreichen war“[981]. Der Sufi hatte sich jetzt grundsätzlich um seine Mitmenschen zu kümmern und dafür Sorge zu tragen, daß er mit seinem Verhalten bei ihnen nicht aneckte. *A. Schimmel* schildert die kuriosen Situationen, die aus einer solchen Verpflichtung zu einem tadellosen Benehmen entstehen konnten: daß z.B. ein Sufi sich im Nachhinein dafür entschuldige, das ihm angebotene verdorbene Fleisch nicht gegessen zu haben, weil er damit seinen armen Gastgeber beleidigt habe[982]. An den Richtlinien eines bestimmten Sozialverhaltens orientierten sich die ersten Sufi-Bruderschaften, die als Sufi-Konvente (arabisch *kanqahs*, türkisch *tekke*) bald institutionelle Formen annahmen.

Die Leitung eines Konvents übernahm ein Sufi-Scheich (arabisch *schaikh*, türkisch *pir*), der – oftmals mit seiner Familie – in einem separaten Bereich des Klosters lebte. Die Gründer eines Ordens wurden in der Regel auch im Klosterbezirk begraben, so daß die meisten Klöster gleichzeitig Wallfahrtstätten bildeten, die von den einfachen Gläubigen, die in erreichbarer Nähe lebten, ein- oder zweimal im Jahr aufgesucht wurden: „The anniversary of a saint's birth (*mawlid* ...) or his death (*hawliyya*) is a great celebration, the central point of the popular liturgical year. The celebrations attract pilgrims from neighbouring villages and tribes, or, depending upon their fame, from a still wider area. Special concerts of *mawlids* are held, animals sacrified, and offerings made. They are generally associated with a fair attended by traders

---

[981] A. Schimmel, Mystische Dimensionen des Islam, a.a.O. 324.
[982] A. Schimmel, ebd. 325.

and pedlars, mountebanks, and storytellers“[983]. Ähnlich wie bei christlichen Klöstern gehörte zu dem Gesamtkomplex eine Moschee, selten auch eine eigene Schule. Ob ein Orden Einfluß entwickeln konnte, hing meist davon ab, ob er von der jeweiligen Regierung unterstützt wurde oder nicht. Ersteres bedeutete, daß die Gemeinschaft kleinere Geldsummen erhielt, steuerlich begünstigt oder überhaupt unterhalten wurde. Wohltäter, Gäste und Pilger brachten in der Regel Geschenke in Form von Nahrungsmitteln (Fleisch, Brot, Süßigkeiten).

Die Mönche lebten, im Unterschied zu ihren Scheichs, zölibatär in kleinen Zellen und benutzten in der Regel einen Gemeinschaftsraum, der manchmal auch Gästen offen stand. Das Leben in der Gemeinschaft war streng geregelt. Sie waren dazu angehalten, sich auf dem mystischen Weg zu vervollkommnen, d.h. zunächst, gegen ihre niederen Seelen (*nafs*)[984] zu kämpfen, um ihrem Ziel, dem *Entwerden* in Gott, näher zu kommen.

In allen mystischen Phasen konnte und sollte sich der Mönch spirituellen Beistand bei seinem Sufi-Scheich holen, der die Entwicklung jedes seiner Mitglieder überwachte. Dabei wurden die „Verhaltensregeln ... immer detaillierter“[985] und diffiziler. Wer Nachfolger eines Scheichs wurde, entschied dieser allein. Es wird berichtet, daß sterbende Sufis scheinbar wahllos ein Mitglied ihres Ordens beriefen, das allem Anschein nach oft der Aufgabe nicht gewachsen war; angezweifelt wurde eine solche Entscheidung dennoch nie. Hier wird deutlich, wie groß die Macht des Sufi-Scheichs sein konnte und wie leicht er sie mißbrauchen konnte. Im Normalfall war es wohl so, daß ein würdiger Stellvertreter des Scheichs (*khalifa* = Nachfolger, Stellvertreter) später an dessen Stelle trat. Er erhielt mit den entsprechenden Vollmachten oft auch den Gebetsteppich seines Vorgängers, den er in Ehren zu halten hatte. Der Werdegang eines Derwisches beginnt mit einem mehrjährigen, extrem harten Noviziat, an das sich beim endgültigen Eintritt in den Orden das offizielle Aufnahmeritual anschließt. Der Neuling wurde/wird mit der *khirqa*, dem Sufi-Gewand, bekleidet und erhält dazu die *taj*, die Derwischmütze; jeder Orden hat eigene Farben. Danach legt der Novize seine Hand in die des Meisters und spricht die *baraka*, die Glaubensformel. *J. Spencer Trimingham* schildert die hohen Anforderungen, die an einen Novizen gestellt wurden: „The initiation of a dervish was naturally more complicated than of an affiliate. Admitted first a simple ceremony he underwent a period of service to the community in the convent. During the same period or later he was given a course of progressive training until ready to take a full *bai'a* (Gehorsamsgelübde, Verf.). At the *'ahd* (formelle Aufnahme, Verf.) he receives instructions which include the famous, ‚Be with your shaikh like a corpse in the hands of the washer; he turns it over as he wishes and it is

[983] J.S. Trimingham, The Sufi Orders in Islam, Oxford 1971, 180.
[984] Vgl. o. 11.3.3.3.
[985] A. Schimmel, Mystische Dimensionen des Islam, a.a.O. 332.

obedient', and with the *musafaha* (Händedruck, Verf.) he vows his submission. He is baptized ... vested with a *kirqa*, and given a rosary ... and book of prayers ... He is attached to a convent to lead a life according to rule, to pray, fast, keep silence and virgils, and so forth"[986].
Ob es auch Frauenklöster gegeben hat, läßt sich historisch nur schwer beantworten, ist aber unwahrscheinlich. „Frauenorden gab es nicht, wohl aber für Frauen reservierte Konvente. Weibliche Sufiyya gehörten entweder einem der bestehenden Orden an oder führten ihr eigenes religiöses Leben. Im Verband mit Männern blieben sie meist durch einen gewissen Abstand, durch Schleier und Vorhänge, vom anderen Geschlecht getrennt. Die Tochter Awhad ad-Din-i Kirmanis (im VII./13. Jahrhundert) war *shaykha* in 17 Konventen in Damaskus"[987].
Im folgenden sollen nur einige der wichtigsten Sufi-Bruderschaften kurz vorgestellt werden. Man kann beobachten, daß Sufi-Orden oft mit bestimmten sozialen Schichten korrellierten, aus ihnen hervorgegangen sind bzw. mit ihnen sympathisieren.

(1) Die *Qadiriyya*
Der erste bedeutende Orden wurde von *Abdul Qadir Dschilani* gegründet, einem Mann, der in der islamischen Tradition eher dem Bild eines berühmten Heiligen entspricht als dem eines in sich gekehrten Mystikers. In der Literatur wird er eigentlich kaum zu den maßgebenden Sufi-Mystikern gezählt; offensichtlich werden ihm auch keine literarischen Aussagen zugeschrieben. *Dschilani* (1088–1166) soll in der Nähe des Kaspischen Meers geboren worden sein und „hanbalitisches Recht ... studiert" haben[988]. Der Überlieferung nach war er nicht Perser, sondern Araber; man legte ihm den Ausspruch in den Mund: „Mein Fuß steht auf dem Nacken jedes Heiligen", womit er „die Überlegenheit der Bagdader Heiligen" über die persischen betont habe[989]. *A. Schimmel* meint, daß es bisher „noch an einer plausiblen Erklärung für die Verwandlung dieses strengen hanbalitischen Predigers (daß er kein reiner Asket war, versteht sich aus der Tatsache, daß er 49 Söhne hatte!) zum Prototyp der Heiligkeit, der in der ganzen islamischen Welt verehrt wird", fehlt[990].
Dschilani soll den Orden der *Qadiriyyten* (nach *Dschilanis* Hauptnamen *al-Qadir*) Anfang des 12. Jahrhunderts in Bagdad gegründet haben. Die Regeln für das Noviziat seien streng gewesen; angeblich habe der Novize den Gottesnamen in immer wieder abgewandelten Formeln (*dhikr*) so lange rezitieren müssen, bis er in einen tranceähnlichen Zustand gelangte, der ihn Gott

986 J.S. Trimingham, The Sufi Orders in Islam, a.a.O. 187.
987 F. Meier, Der mystische Weg, a.a.O. 121.
988 A. Schimmel, Mystische Dimensionen des Islam, a.a.O. 350.
989 A. Schimmel, ebd. 351.
990 A. Schimmel, ebd.

näher bringen sollte. Weiterhin verlangte die Ordensregel ein strenges Fasten gemäß den Vorschriften des Ramadan, das aber an sonstigen Zeiten im Jahr gelockert wurde. *Dschilani* forderte überdies, daß die Mitglieder seines Ordens zeitweilig ein säkulares Leben führen, zumindest einen Beruf ausüben sollten, wobei sie abends in die Klostergemeinschaft zurückkehren mußten. Offenbar ließ *Dschilani* seinen Mönchen ansonsten Freiheiten bei der Gestaltung bzw. Beschreitung des mystischen Pfades. Dennoch stand sein Wort über allen anderen Normen. Die Ausbreitung der *Qadiriyya* erfolgte wohl über einen größeren Zeitraum; sie gelangte in alle Bereiche der islamischen Welt, „von Marokko bis Indonesien“[991], darüber hinaus auch nach Indien.
Eine späte Abspaltung aus der Qadiriyya stellt der 1833 von *Muhammad ibn Ali as-Sanussi* (gest. 1859) gegründete Orden der *Senusiyya* dar, eine militärische Bruderschaft, die sich vor allem in „Oasen des Saharagürtels fest (setzte), 1843/56 in Libyen, 1895 in Kufra, 1899 in Goru“[992]. Die *Senussi*-Bruderschaft kämpfte zu Beginn des 20. Jahrhunderts gegen die Italiener; der Enkel des Ordensstifters, *Muhammad Idris as-Sanussi*, ehemals König in Libyen, wurde von Oberst Ghaddafi 1969 abgesetzt.

(2) Die *Rifa'iten* (die „*Heulenden Derwische*“, ab dem 13. Jahrhundert)
Sie gehen zurück auf *Ahmad ar-Rifa'i* (1106–1183), der aus Basra stammt und als Begründer des Ordens der *Rifa'iten* gilt. Der Orden soll in Bagdad gegründet worden sein und findet sich bis heute im Irak, in Ägypten und vereinzelt in Syrien; die Farbe der Ordenstracht ist schwarz. Nach *J. Spencer Trimingham* war die Bruderschaft der *Rifa'iyya* bis zum 15. Jahrhundert die am weitesten verbreitet, verlor dann aber an Popularität zugunsten der *Qadiriyya*[993].
Rifa'i habe die Armut und das Ertragen von Unrecht gepredigt. Daneben sollten die Mönche streng fasten. Charakteristisch für die *Rifa'iten* ist das Aussprechen ihres speziellen *dhikr*, einer Formel, in der Allah mit gewissen bestimmten Worten und Lauten verherrlicht wird. Der Mönch hat zu bestimmten Tageszeiten die *schahada* (arabisch: Bezeugung; islamisches Bekenntnis: *„la ilaha illa 'llah, Muhammad ar-rasulu 'llah“* – „Keine Gottheit außer Gott, Muhammad ist Gesandter Gottes“) fortwährend zu wiederholen, wobei die Formel im Laufe vieler Rezitationen allmählich verkürzt wird, so daß von *la ilaha illa 'llah* nur Allah übrigbleibt, der in einem ächzenden Laut *llah – llah – llah* seinen Höhepunkt erreicht. Diese Lautpraktiken führten zur Bezeichnung der *Rifa'iten* als der „Heulenden Derwische“.

---

[991] K. Hartmann, Atlas-Tafel-Werk zur Geschichte der Weltreligionen II, a.a.O. 105.
[992] K. Hartmann, ebd.
[993] J.S. Trimingham, The Sufi Orders in Islam, a.a.O. 40.

Die *Rifa'iten* galten im Volk als exzentrisch und wurden oft bestaunt wegen ihrer „Wundertaten, zu denen das Essen lebendiger Schlangen, Selbstverwundung mit Schwertern und Speeren, ohne daß Wunden sichtbar werden, Herausnehmen der Augen, Glas-Essen usw. gehören"[994]. Angeblich habe der Gründer des Ordens aber nichts von diesen Praktiken gewußt oder sie gar gut geheißen[995].

(3) Die *Badawiyya* (13. Jahrhundert)
Während im Irak vom 13. Jahrhundert an die Mongolen herrschten, wurden in Ägypten zur gleichen Zeit mehrere neue Orden gegründet. Einer davon geht auf *Ahmad al-Badawi* (gest. 1278) aus Tanta zurück und bezieht vor allem die ländliche ägyptische Bevölkerung ein. Der Orden konnte sich bis ins 15. Jahrhundert halten. Ein großer Vertreter der *Badawiyya* war der Ägypter *asch-Scharani*, der zu den bekanntesten späten Sufi-Lehrern gehört. Der Orden greift eine große „Anzahl von vorislamischen Sitten und Gebräuche(n)" auf, so z.B. den ägyptischen Festkalender, der sich „nach dem koptischen Sonnenkalender" richtet; auch „Symbole alter Fruchtbarkeitskulte" sind in den Orden aufgenommen worden[996]. Deshalb konnte er sich nur innerhalb der Grenzen Ägyptens ausbreiten. Kennzeichen der *Badawiyya*-Mönche ist ein roter Turban.

(4) Die *Schadhiliyya* (vom 13. Jahrhundert an bis in die neueste Zeit)
Zur gleichen Zeit entstand ebenfalls in Ägypten die *Schadhiliyya*, die die nüchterne Einstellung der arabischen (Bagdader) Mystik widerspiegelt. Der Orden bildete sich um *Abu 'l-Hasan asch-Schadhili* (gest. 1258), einen marokkanischen Mystiker, „dessen Lehren in einer Anzahl nordafrikanischer Orden fortleben, einschließlich des Bettlerordens der Heddawa"[997]. *Schadhili* war nicht sehr gebildet, doch menschlich weise; er verlangte von seinen Schülern kein Einsiedlerdasein und auch keine lauten Formen des *dhikr*[998]. Statt dessen forderte er, daß sich die Mönche um eine höhere Sittlichkeit zu bemühen hätten, die dadurch erreicht würde, daß der Mystiker nicht nur „bete", sondern auch „arbeite"[999]. Er empfahl seinen Schülern, einem normalen Gewerbe nachzugehen. Allerdings sollten sie ihre Tätigkeit mit Übungen der Andacht verbinden, um so innerhalb der Welt stehen und gleichzeitig ihren Pfad der Mystik konsequent verfolgen zu können. Bettelei war verpönt. Eine mystische Theorie habe *Schadhili* nicht entworfen. Viel-

---

[994] A. Schimmel, Mystische Dimensionen des Islam, a.a.O. 353.
[995] Vgl. A. Schimmel, ebd.
[996] A. Schimmel, ebd.
[997] A. Schimmel, ebd. 354.
[998] A. Schimmel, ebd. 354.355.
[999] Dies entspricht der Regel des Benedikt.

mehr schreibt ihm die Überlieferung „Briefe der geistigen Leitung“[1000] zu, die seine Nachfolger instruieren sollten.

(5) Die *Mewlewiyya* (die „Tanzenden Derwische“, von 1250 an bis heute)
Der Orden leitet sich her von dem berühmten persischen Dichter und Sufi-Mystiker *Rumi* (gest. 1272)[1001] und ist heute wieder[1002] in der Türkei vertreten. Die *Mewlewiyya* steht dem osmanischen Herrscherhaus nahe und genoß dessen Schutz. Insofern sich *Rumis* Lyrik in Rhythmus, Tanz und Rezitation von Versen niederschlug, übernahm der Orden diese Elemente und machte sie zu festen Bestandteilen des Ordenslebens. „Der Tanz symbolisiert die Drehung der Planeten; dabei drehen sich die Derwische um sich selbst, bis sie die Ekstase erreichen. Musik (Flöten, Tamburin) und der Gesang gehören ebenfalls dazu ... Am Ende der ersten Hälfte des Tanzes erscheint der geistliche Meister ..., was das Erwachen der Seele ausdrückt und ihre Begegnung mit der Wirklichkeit schlechthin, d.h. mit Gott“[1003].
Die *Mewlewiyya* ist eine elitäre Bruderschaft, die rein kontemplativ ausgerichtet ist. Armut hat hier einen spirituellen Wert und wird bewußt gelebt. Die Klöster konnten sich ihren geistigen Aufgaben widmen, weil sie finanziell abgesichert waren.

(6) Der *Bektaschi*-Orden (vom 15. Jahrhundert an)[1004]
Dieser Orden geht zurück auf *Hadsch Bektasch Wali*, der angeblich im 13. Jahrhundert gelebt haben soll und den die Legende absichtlich mit *Osman* in Verbindung bringt, um die religiöse Genealogie zu sichern. Die *Bektaschiten* greifen verschiedene geistige Strömungen auf, wie den Hermetismus (Gnosis), christliche und auch angeblich vorislamische Elemente. Der Orden schätzt die muslimische Pflichtenlehre gering und bekennt sich statt dessen zu den zwölf Imamen und dem *Ali*-Kult. Er kennt auch eine Trinität, die aus Allah, Mohammed und *Ali* besteht und feiert ein kultisches Mahl. Die Mitglieder müssen vor ihrem Eintritt in den Orden ein Sündenbekenntnis ablegen und erhalten die Absolution. Frauen dürfen unverschleiert an Kulthandlungen teilnehmen. Der engere Kreis der Mönche verpflichtet sich zur Ehelosigkeit und trägt zum Zeichen seines Zölibats Ohrringe. Der gesamte Orden wird zentralistisch geleitet; das Leitungsamt wird vom Vater auf den Sohn übertragen.

[1000] A. Schimmel, Mystische Dimensionen des Islam, a.a.O. 355.
[1001] Vgl. o. 11.3.4.2.
[1002] 1928 wurden alle Sufi-Orden in der Türkei verboten; „in der Folgezeit wurden sie z.T. wieder zugelassen“ (Y. Thoraval, Lexikon der islamischen Kultur, a.a.O. 230).
[1003] Y. Thoraval, ebd.
[1004] Vgl. hierzu o. 8.2.3.1.2 (zu den Aleviten).

Politisch war der *Bektaschi*-Orden zeitweilig bedeutend, insofern er die Janitscharen geistig betreute. 1826 wurden diese jedoch durch *Mahmud II.* vernichtet, was auch das Ordensleben beeinträchtigte. 1925 wurde der Orden – wie alle türkischen – von Kemal Atatürk verboten, erlebte aber seit den fünfziger Jahren eine Wiederbelebung. Die Ideale des *Bektaschi*-Ordens leben heute bei der Richtung der Aleviten fort.

(7) Indische Orden

Abschließend sollen die indischen Orden kurz vorgestellt werden, die vor allem im 13. Jahrhundert maßgeblich an der Islamisierung Nordwestindiens sowie später des ganzen Subkontinents beteiligt waren[1005]. Die *Chischtiyya* wurde von *Mu'inuddin Chischti* gegründet, der aus Sistan stammen und 1236 gestorben sein soll. Angeblich war er ein Schüler des Bagdader Sufi-Scheichs *Abu Hafs Omar as-Suhrawardi* (gest. 1234)[1006], der seinerseits eine Bruderschaft – die der *Suhrawardiyya* – gegründet haben soll, die sich ebenfalls vom 13. Jahrhundert an in Indien ausbreitete. Laut Überlieferung erwartete *Mu'inuddin Chischti* von seinen Jüngern, daß sie zunächst ein streng asketisches Leben führten und sich ganz auf ihre meditativen Übungen konzentrierten; später sollten sie dann auch mehr nach außen, in der Mission, tätig werden. Nach *A. Schimmel* war eine Besonderheit dieses Ordens „die Pflege von Poesie und Musik, und hier entstand einer der wichtigsten Aspekte des indischen Islam, die *qawwalis*, deren religiöse Gesänge bis heute an den Heiligengräbern zu Ehren Gottes, des Propheten und der Heiligen erklingen“[1007]. Die Chischtiyya hat sich kaum außerhalb Indiens durchsetzen können; vielleicht geriet sie zu sehr in die Nähe hinduistisch-monistischer Vorstellungen. Die oben schon vorgestellte *Qadiriyya* gehörte dagegen zu den Orden, die schon im 12. Jahrhundert bis in die nördlichen Provinzen Indiens vordrangen.

Die muslimischen Orden, von denen die meisten im 12. und 13. Jahrhundert gegründet wurden, haben für die emotionale Internalisierung des Islam, aber auch für seine Ausbreitung in Indien oder in Schwarzafrika eine große Rolle gespielt. Seit dem 13. Jahrhundert haben sie die großen Mystiker gewissermaßen abgelöst – trotz einiger bedeutender Mystiker auch noch in späteren Epochen – und ihre Impulse in veränderter Form weitergetragen. Die großen Entwürfe wurden dabei den Normen der mittlerweile recht rigiden islamischen Theologie angepaßt und oft in „volksreligiösen“ Formen vermittelt. Viele Orden haben die Jahrhunderte überdauert, bis in die Gegenwart hinein ihre spezifische Spiritualität gepflegt und auch die Gemeinden in ihrem Um-

---

[1005] Vgl. o. 11.2.4.

[1006] Nicht zu verwechseln mit dem persischen Sufi-Theoretiker Schihab ad-Din Yaha Suhrawardi, vgl. 11.3.4.1.

[1007] A. Schimmel, Der Islam im indischen Subkontinent, a.a.O. 12.

feld beeinflußt. Dennoch haben sie nicht mehr die Bedeutung, die sie in ihrer Gründerzeit besaßen. Moderne Muslime kritisieren ihre Weltflucht und ihre Nähe zu abergläubischen volksreligiösen Auffassungen und Praktiken; Traditionalisten werfen ihnen manche Abweichungen vom strengen Kanon von Koran und Sunna vor. Für viele Muslime aber bleiben sie wichtig und bieten nicht wenigen eine Möglichkeit zu einer alternativen islamischen Existenz, insofern in ihnen das Erbe des Sufismus fortlebt.

12. Der Islam im Umbruch

Leider war der zur Verfügung stehende Raum nicht zureichend, um noch auf die gegenwärtige Situation im Islam einzugehen. Diese ist naturgemäß von je anderen Problemen geprägt im Mittelmeerraum, in Afrika oder in Ostasien und darüber hinaus auch in den einzelnen, mittlerweile zu Nationalstaaten gewordenen muslimischen Ländern; in ihnen sind wiederum unterschiedliche ökonomische, politische und rechtliche Verhältnisse sowie geschichtliche Kontexte bestimmend. Anders sieht es aus in Staaten, in denen Muslime die Mehrheit stellen, als in Ländern, in denen sie mehr oder weniger starke, alteingesessene – wie z.B. in Indien – oder neu entstandene Minoritäten – wie in Europa – repräsentieren.

Der Islam ist also ein komplexes und plurales Phänomen. Dennoch aber hat er trotz aller konkreten Ausprägungen gewisse gemeinsame Strukturen und steht weltweit vor gemeinsamen Herausforderungen. Vereinfacht ausgedrückt ist der Islam, der Jahrhunderte der Stagnation durchlaufen hat, jetzt mit der Moderne konfrontiert.

Diese Auseinandersetzung mit der Moderne ist unvermeidbar, und sie ist schon weithin in Gang gekommen. Nach ersten Anpassungsversuchen reformerischer Kreise seit Beginn dieses Jahrhunderts, mögen sie „bürgerlich" ausgesehen haben wie z.B. in der Türkei, in Tunesien oder in Persien, oder „sozialistisch" wie etwa in Algerien oder Syrien, ist seit längerem die Bewegung eher rückläufig, hin zu einer Abgrenzung, weil weite Bevölkerungskreise, vor allem von der Radikalität und vom Tempo der Reformen, dabei überfordert waren. So wird z.Zt muslimische Identität oft gesucht in der Beibehaltung der traditionellen Lebensformen, in der Bestimmung des staatlichen und öffentlichen Lebens durch die Religion, in der Weitergeltung bzw. Wiedereinführung der Scharia, im bestimmenden Einfluß der Ulema, in der starken Anlehnung an Koran und Sunna bis hin zu gelegentlichen fundamentalistischen Tendenzen.

Nun läßt sich aber voraussehen, daß die Dynamik der geschichtlichen Entwicklung der Menschheit nicht an den zum Islam gehörenden Bevölkerungen vorbeigehen wird. Eine so große Religionsgemeinschaft, zu der mehr als eine Milliarde Menschen gehören, kann auf Dauer keine Enklave in der Weltgesellschaft bilden und sich von den globalen Entwicklungen ausschließen.

Ganz wichtig scheint es zu sein, daß im Islam ein Trennung von Religion und Staat sowie Gesellschaft in Angriff genommen wird. Dies würde zum einen die Ausbildung moderner Lebensformen und Gesetze bringen, ohne die die Zukunft nicht bewältigt werden kann, zum anderen würde sich damit der Islam *als Religion* im eigentlichen Sinn – vielleicht mit „kirchenähnlichen" Zügen – etablieren müssen, die ihn vieler Hinsicht auch von sachfremden Verquickungen lösen könnten.

Dies wird nicht gelingen können, wenn wie bisher Ethik und Recht weithin in eins fallen. Der Islam müßte, wie andere Religionsgemeinschaften auch, akzeptieren, daß die ethischen Normen der Religion nicht so einfachhin auch Grundlage einer staatlichen Gesetzgebung oder einer zunehmend pluralen Gesellschaft sein können.

Ebenso notwendig wird eine Beschäftigung mit den Menschenrechtsstandards z.B. der UNO werden. Zwar sind letztere von einem christlich-europäischen Hintergrund geprägt und in wörtlicher Auslegung nicht in allen Kulturen realisierbar. Aber sie stellen eine Art von Meßlatte dar, mit der sich die Bestimmungen der Scharia oder die Normen, die z.B. die Rolle der Frau im Islam festlegen, vergleichen müssen.

Vor allem aber muß ein Freiraum für kritisches Verstehen und autonomes Verhalten geschaffen werden. Auch die vorgenannten Unterscheidungen setzen ein neues Denken voraus. Eine bloße positivistische Aneignung z.B. medizinischer, naturwissenschaftlicher, technischer und ökonomischer Kenntnisse kann nur bis zu einem gewissen Grad erfolgreich sein. Ein gestaltendes Mitwirken in der Forschung aber setzt eine „kritische Wende“ des Denkens voraus; erst diese ermöglicht es, selbständig wissenschaftlich zu arbeiten. Der an einer europäischen Universität z.B. Medizin studierende Muslim, der zugleich alles, was er lernt, im Koran zu begründen versucht, wird nie mehr werden können als ein guter medizinischer Praktiker.

Der Islam hat bisher – anders als das europäische Christentum – keine „Aufklärung“ durchlaufen. Es darf auch nicht erwartet werden, daß er diesen Prozeß in ähnlicher Form „nachvollzieht“; für eine „bürgerliche“ Aufklärung analog der europäischen fehlen vergleichbare gesellschaftliche Voraussetzungen. Geschichte wiederholt sich nicht. Aber die zunehmende Alphabetisierung der muslimischen Bevölkerung, auch der Frauen, und der Zugang zu höherer Bildung sowie die daraus resultierende Übernahme von Beschäftigungen, die Kompetenz und autonome Entscheidungsfähigkeit voraussetzen, werden irreversibel neue Mentalitäten begründen. Auch die mediale Kommunikationsgesellschaft sowie die Möglichkeiten z.B. des Internet, alle möglichen Informationen leicht und schnell zugänglich zu machen, werden diese Prozesse beschleunigen.

Kritische Anfragen an die eigenen Grundlagen des Islam werden nicht vermeidbar sein. Wahrscheinlich werden diese zunächst interessegeleitet sein wie etwa die Versuche emanzipierter Frauen, die Kontexte, in denen ihre Rolle in Koran und Sunna festgelegt sind, einer kritischen Analyse zu unterziehen.

Das Wissen um die historischen Bedingtheiten der Entstehung des Koran und des Islam wird sich verbreiten und trotz aller Eindämmungsversuche mit der Zeit durchsetzen; ein „Offenbarungspositivismus“ hat – ebensowenig wie im Christentum – eine Chance, dauerhaft durchgehalten werden zu können, außer in gettoisierten Gruppen.

Entwicklungen dieser Art sind bereits abzusehen und erscheinen als beinahe zwangsläufig. Natürlich werden sie nicht geradlinig verlaufen. Dies ist für den Islam noch weniger anzunehmen als im Christentum, das schon eine mehrhundertjährige Geschichte der Aufklärung kennt. Die Herausforderung, vor der Islam jetzt recht unvermittelt steht, ist deswegen gewaltig, Konvulsionen und Erschütterungen bleiben nicht aus. Der Umbruch, der zu bewältigen ist, wird von vielen Muslimen wie ein Angriff auf alles, was bisher ihrem Leben Ziel und Geborgenheit gibt, empfunden werden. Es ist die Aufgabe der muslimischen Intellektuellen aufzuzeigen, daß mit den Veränderungen die „Sache" des Islam nicht aufgegeben werden muß, sondern dieser in von vielen Engführungen befreiter Gestalt weiterhin vielen Menschen eine Sinndeutung und Orientierung vermitteln kann.

Verzeichnis der Abbildungen / Quellennachweis

S. 14: Gebiete mit überwiegend islamischer Bevölkerung
Quelle:http://www.lib.utexas.edu/Libs/PCL/Map_collection/world_maps/Muslim_Distribution.jpg
Stand: 04/ 2000

S. 19: Arabien um das Jahr 600
Aus: Yves Thoraval, Lexikon der arabischen Kultur, Primus Verlag, Darmstadt 1999

S. 26: Sure al-Fatiha („Die Eröffnende")
Aus: Adel Theodor Khoury, Der Koran, Band 1. © Gütersloher Verlagshaus, Gütersloh 1990

S. 29: Die Familie des Propheten laut Sunna
Aus: Claude Cahen, Der Islam I, © Fischer Taschenbuch Verlag, Frankfurt 1995, S. 343

S. 62 Cod. Sanaa 01–25.1: rechts Teile vom Anfang der Sure 7, in 22 Zeilen geschrieben, linkes Ende der Sure 7 und Anfang der Sure 8, mit 28 Zeilen einschließlich einer Leerzeile als Surentrenner. Hidschasi-Duktus; verschiedene Hände, die auch verschiedene Strichgruppen als Verstrenner verwenden. – 2. Hälfte, 7. Jahrhundert
Hans-Caspar Graf von Bothmer/ Karl-Heinz Ohlig/ Gerd-Rüdiger Puin, Neue Wege der Koranforschung, in: Campus 1/1999, S. 34

S. 63: Cod. Sanaa 20–33.1: Der Surentrenner zwischen den Suren 75 und 76 ist gestuft, was durch unterschiedliche Motive betont wird: geometrische links, ungerahmt aufsprießende Palmettknospen und vereinzelte Weintrauben rechts. Die später darüber geschriebene goldene Surenüberschrift ist deutlich erkennbar. – Das erlesene Kufi hat seine nächste Parallele in den Mosaikinschriften des Felsendoms in Jerusalem. – Ende 1. Jahrhundert H./ ca. 710-15 n. Chr.
Hans-Caspar Graf von Bothmer/ Karl-Heinz Ohlig/ Gerd-Rüdiger Puin, Neue Wege der Koranforschung, in: Campus 1/1999, S. 35

S. 167: Die Ausdehnung des islamischen Reiches vom Tode des Propheten (632) bis zum Sturz der Umayyaden (750)
Aus: Ulrich Haarmann (Hg.), Geschichte der arabischen Welt, C.H. Beck´sche Verlagsbuchhandlung, München

S. 176: Die zwölf Imame
Aus: Heinz Halm, Der schiitische Islam, Beck´sche Reihe Nr. 1047, C.H. Beck´sche Verlagsbuchhandlung, München

S. 189: Die islamische Welt im 10. Jahrhundert (nach C. Cahen)
Aus: Claude Cahen, Der Islam I. © Fischer Taschenbuch Verlag, Frankfurt am Main 1995

S. 199: Der Nahe Osten und der Maghreb gegen Ende des 11. Jahrhunderts
Aus: Albert Hourani, Die Geschichte der arabischen Völker. © S. Fischer Verlag, Frankfurt am Main 1992, S. 128/129

S. 204: Die islamische Welt im 12. Jahrhundert (nach C. Cahen)
Aus: Claude Cahen, Der Islam I. © Fischer Taschenbuch Verlag, Frankfurt am Main 1995

S. 205: Ägypten und Syrien zur Zeit der Kreuzzüge
Aus: Ulrich Haarmann (Hg.), Geschichte der arabischen Welt, C.H. Beck´sche Verlagsbuchhandlung, München

S. 207: Der Maghreb nach der Auflösung des Almohadenreichs (13. Jh.)
Aus: Ulrich Haarmann (Hg.), Geschichte der arabischen Welt, C.H. Beck´sche Verlagsbuchhandlung, München

S. 210: Der Vordere Orient im frühen 14. Jahrhundert
Aus: Ulrich Haarmann (Hg.), Geschichte der arabischen Welt, C.H. Beck´sche Verlagsbuchhandlung, München

S. 224: Das osmanische Reich zur Zeit seiner größten Ausdehnung (17. Jh.)
Aus: Ulrich Haarmann (Hg.), Geschichte der arabischen Welt, C.H. Beck´sche Verlagsbuchhandlung, München

S. 229: Übersichtskarte Islam in Indien
© Éditions Office du Livre/ Edita, Lausanne

S. 233: Das Mogulreich
© Éditions Office du Livre/ Edita, Lausanne

S. 234: Das Mausoleum des Großmogul Akbar wurde nach dem Vorbild altindischer Klöster als Stockwerkspyramide gebaut
© Éditions Office du Livre/ Edita, Lausanne

S. 235: Das Mogulreich zur Zeit Aurangsebs (Ende des 17. Jh.)
© Éditions Office du Livre/ Edita, Lausanne

S. 236: Der Islam in Südostasien
Aus: Karl Hartmann, Atlas-Tafel-Werk zur Geschichte der Weltreligionen. Karten, Tabellen, Erläuterungen, Bd. II: Die Geschichte des Islam, Quell Verlag, Stuttgart 1989. Rechte beim Autor

S. 238: Der Islam in Afrika
Aus: J. Spencer Trimingham, Islam in East Africa. © Oxford University Press 1964

S. 252: Muslimische Länder Afrikas unter Kolonialherrschaft
Der Abdruck erfolgte mit freundlicher Genehmigung von © Andromeda Oxford Limited, 1982. www.andromeda.co.uk

Personenregister

(außer biblischen und koranischen Namen)

Aalami, Schahnas 131, 154
'Abbad 287
al-'Abbas 173, 185, 186
al-'Abbas I. 212
'Abd al-Malik 166, 167
Abd al-Muttalib 30
'Abd ar-Rahman I. 193
'Abd ar-Rahman III. 193
Abu 'Ali al-Sindi 323, 324
Abu Bakr (Nachfolger Mohammeds) 48, 162, 164
Abu Bakr (Nachfolger Saladins) 205
Abu Bakr (Almoravidenherrscher) 207
Abu Dawud 37
Abu Huraira 35, 155
Abul-Abbas (Abu l-'Abbas, as-Saffah) 186
Abu 'l-Hasan asch-Schadhili 355
Abu'l-Hudail al-Allaf 287
Abu Mikhnaf 173
Abu Muslim 37, 185, 186, 290
Abu Nasr as-Sarradsch 330
Abu Nu'aym al-Isfahani 315, 319
Abu Talib 28, 30
Abu Talib al-Makki 319, 331
Abu Zaid 139
'Adud ad-Daula 196
Afele, Enyonam 153
Ahmad ibn Hanbal 191, 264, 290
Ahmad, Sayyid 36
Aibak 206, 209, 230
'Ainul Qudat Hamadhani 347
'Aischa 30, 134, 162, 164
Aiyub 204, 206
Akbar der Große 233, 234
'Ala'uddin (Sohn Rumis) 349
Albertus Magnus 15
'Ali 115, 160, 161, 162, 164, 165, 173, 174, 175, 177, 179, 181, 191, 212, 227, 285, 287, 356
'Ali (Yusuf-Nachfolger) 207
Ali Bey 222, 226
'Ali ibn Abu Talib (Vetter Mohammeds) 163
'Ali ibn Musa 189
Ali, Zaki 215
Abdullah-i Ansari 347
Ahmad al-Arug 226
al-Aschari 286, 291, 292, 293, 294, 295
al-Aschraf Khalil 206
Amr al-Makki 328, 329, 331
Amr ibn-'Ubaid 287
Anawati, Georges C. 333, 344, 345
Anawati, M.-M. 291
Andrae, Tor 85, 91, 308, 316
Antes, Peter 48, 309
Arberry, Arthur John 307, 308
Aristoteles 15, 100, 195, 216, 268, 269, 270, 271, 272, 273, 274, 275, 276, 278, 280, 281, 282, 283, 298, 322
Arkoun, Mohammed 46, 49
Armina 30
Asad, Muhammad 73, 169, 215
Atatürk, Kemal (Mustafa Kemal Pascha) 154, 208, 222, 356
Farid ad-Din 'Attar 304, 313, 311, 319, 326, 333, 341, 346, 348, 349
Augustinus 112, 283, 301
Aurangseb 234, 235
Averroës (Abdul Walid ibn Ahmad ibn Ruschd) 15, 195, 268, 270, 277, 279, 280, 281
Avicenna (Abu Ali ibn Sina) 15, 268, 270, 275, 276, 277, 278, 281, 294, 296, 342, 348
Awhad ad-Din-i Kirmani 353
Ayalon, David 211
Ahmad al-Badawi 355
Bahira 30
Baibars I. 209
al-Bakillani 293
Baldick, Julian 11, 34, 36, 39, 51, 66, 67, 159, 160, 161, 168, 169, 170
Balduin von Boulogne 201
Becker, C.H. 38, 39, 160, 161
Beck-Karrer, Charlotte 153
Beda Venerabilis 15
Bektasch Wali 181, 356
Bell, Richard 56, 57, 75, 100, 140
Bellinger, Gerhard J. 326
Beltz, Walter 109
Birge, John Kingsley 181
Bismarck, Otto von 252
al-Bistami, Abu Yazid (Bayazid Bistami) 321, 322, 323, 324, 325, 328, 338, 339, 347

Blanchère, Régis 55
Bobzin, Hartmut 50
Bothmer, Hans-Caspar von 18, 27, 59, 60, 61, 64, 65, 66, 216
Bouillon, Gottfried von 201
Boulainvilliers, Henri de 15
Bowker, J. 344, 345
Brockelmann, Carl 168, 223
Brugmann, J. 19, 36
al-Bukhari, Sahih 35, 37, 155
Buhl, F. 162
Bulliet, R.W. 171
Burckhardt, Titus 193, 195, 306, 307
Burton, John 57, 58, 59
Busse, Heribert 77, 81, 83, 86, 87, 88, 89, 188, 195, 196, 197, 198
Cahen, Claude 185, 186, 189, 197, 199, 200, 201, 202, 208, 210, 212, 215, 216, 217, 219
Chischti, Mu'inuddin 310, 347
Clarke, Peter 11, 228, 236, 237
Cook, Michael 32, 34, 36, 66
Coulson, N.J. 263, 264, 265
Crespi, Gabriele 18
Crone, Patricia 32, 34, 36, 66
Darzi 179
Daschti, 'Ali 36
Musarrif ad-Daula 198
Descartes, René 283
Dionysios Areopagita 303
Diwald, Hellmut 215, 222, 223, 225
Dschahan (Schah) 234
Dschingis-Khan 192, 211, 212, 231
Dschinnah, M.A. 256
al-Dschubai 287
al-Dschuwaini 294, 295, 334
Du-n-Nun (Dhu'n-Nun) 321, 322
Eliade, Mircea 24, 77
Embree, Ainslie T. 228, 231, 234
Empedokles 273
Endreß, Gerhard 161, 167, 168, 171, 172, 173, 178, 182, 197, 208, 210, 212, 221, 224
Epiphanius 83
Ess, Josef van 91, 161, 162, 191, 287
Abu Nasser al-Farabi (Alfarabius) 267, 270, 273, 274, 275, 276, 278, 279, 280, 322, 342
Fassnacht, Dieter 321, 323
Fatima 161, 163, 172, 176, 177, 199, 318
Fatima von Cordova 343
Fatima von Nischapur 317
Flasch, Kurt 272, 274, 275, 276, 277, 278, 279, 280
Forward, Martin 36, 134, 144, 146
Friedrich II. 205
Gabrieli, Francesco 18, 19, 20, 22, 29, 214
Galen 268
Gama, Vasco da 255
Mahatma Gandhi 256
Gardet, Louis 291
Gaulle, Charles de 253, 254
Gerhard von Cremona 273
Gerlitz, Peter 311, 337
al-Ghaddafi, Muhammar 354
al-Ghazali, Abu Hamid 114, 138, 202, 207, 270, 277, 278, 279, 280, 292, 294, 295, 296, 297, 304, 311, 329, 332, 333, 334, 335, 336, 340, 348, 350
al-Ghazali, Ahmad 333-334, 347
Goldziher, Ignaz 36
Gordon, Charles George 241
Gramlich, Richard 306, 322, 325, 327, 328, 329, 330, 331, 332, 334, 335, 336, 339, 349, 350
Grimme, Hubert 56
Grunebaum, G.E. von 166, 168, 184, 186, 190, 191, 192, 193, 194, 197, 207, 215, 217, 218, 235, 237, 241, 260, 261, 290
Gülçiçek, Ali Duran 181
Abu l-Qasim al-Gunaid 321, 322, 324, 328, 339
Haarmann, Ulrich 159, 182, 185, 199, 204, 209, 211, 226, 246
Hagemann, Ludwig 37, 260
al-Hakam II. 193, 194
al-Hakim 179, 180, 200, 208
al-Halladsch, Husain Ibn Mansur 228, 313, 314, 322, 323, 326, 327, 328, 329, 330, 332, 339, 343
Halm, Heinz 164, 165, 171, 172, 173, 174, 175, 176, 177, 178, 179, 180, 182, 200, 204, 206, 215
Hamza ibn 'Ali al-Labad 179
Hartmann, Kurt 230, 234, 268, 292, 315, 347, 354
Hartmann, Richard 312, 313, 337
Harun ar-Raschid 186, 188, 189, 260
Hasan 172, 174
Hasan al-Basri 134, 315, 316, 317, 320
al-Hasan ibn as-Sabbah 182
Heidrich, P. 303, 341

Heiler, Friedrich 172
Heine, Ina 154, 155, 156
Heine, Peter 37, 119, 121, 122, 123, 150, 151, 152, 154, 155, 156, 164, 174, 180, 184, 185, 186, 198, 237, 238, 239
Henninger, Joseph 73, 81, 84, 85, 92
Hippokrates 268
Hirschberger, Johannes 280, 281
Hirschfeld, Hartwig 55
Hischam II. 194
Hitler, Adolf 250
Hitti, Philipp K. 91, 163, 166
Hoenerbach, Wilhelm 194
Hourani, Albert 158, 161, 163, 164, 165, 167, 169, 171, 174, 177, 179, 182, 187, 188, 191, 196, 202, 203, 220, 225, 243, 257, 258
Huber, Alfons 153
al-Hudschwiri 331
Humayun 233
Hunke, Sigrid 215
Hunwick, J.O. 237, 238, 239, 240, 241
Husain 172, 173, 174, 177
ibn Abi Duwad 287
Ibn an-Nadim 326
Ibn al-'Arabi 311, 323, 341, 343, 344, 345
ibn Badschdscha (Avempace) 270, 279
ibn Gebirol, Salomon (Avencebrol, Avicebron) 281
ibn Hazm 270, 279, 297
Ibn Hisham 38, 40
Ibn-Ishaq 38, 39f.
Ibn Madscha 37
Ibn Mas'ud 48
Ibn-Mudschahid 63
Ibn Sa'd 38, 49, 94, 315
Ibn Sirin 307
Ibn Taimija 264
ibn Tufail (Abubacer) 270, 279
ibn Tumart 207, 297
Ibn Warraq 39, 43, 48, 50, 51, 61
Ibrahim ibn Adham 338
Innozenz III. 195, 205
al-Iskafi 287
Ismail (Isma'il) 178
Ismail (19. Jh.) 247
Ismail I. 212
Israeli, R. 236
Ja'far ben Harb 287
al-Jahiz 319
Jeffery, Arthur 43, 48
Jockel, Rudolf 316, 347
Johannes Damascenus 151
Johannes Scottus Eriugena 282, 301
al-Ka'bi 287
al-Kalabadhi 331
Karmat, Hamdan 178, 290
Kerman, Navid
Khadidscha 28, 29, 132, 133, 318
al-Khayyat, Sana 154, 155
Khoury, Adel Theodor 37, 42, 116, 125, 138, 139, 147, 174, 178, 179, 180, 183, 263, 265, 305
al-Kindi, Jakub Ischak 269, 270, 271, 272, 282, 322
Kratz, E.U. 237
Kurzrock, Ruprecht 162, 184, 199
Leontius von Byzanz 83
Leopold II. von Belgien 251
Lesseps, Ferdinand de 247
Lessing, G.E.F. 15
Lester, Toby 26, 34, 36, 37, 46, 51, 69, 70
Levi della Vida, G. 163
Lewis, Bernard 161, 213, 214
Lightfoot-Klein, Hanny 150, 151, 152, 153
Löschner, Harald 264, 265
Ludwig IX. 206
Lüling, Günter 57, 69
Luther, Martin 15
Luxenberg, Christoph 57, 67, 68, 69, 70, 71, 90, 92, 299
al-Mahdi 186
Mahmud 229
Mahmud II. 356
Malik ibn Anas 263
al-Malik al-Kamil 205
al-Mamun 46, 189, 190, 191, 267, 268, 287, 290
al-Mansur 173, 186, 188, 194, 209, 268
Margoliouth, David 51
Mariam von Basra 317
Marmura, Michael 105, 108, 109, 165, 270, 271, 272, 273, 274, 276, 277, 280, 285, 287, 288, 291, 295, 296, 297, 298
Massignon, Louis 306, 308, 315, 316, 327
al-Maturidi 293
Mehmed I. 220
Mehmed II. 221, 222
Mehmed III. 222
Meier, Fritz 327, 330, 340, 343, 353

Mernissi, Fatema 132, 139
Merwan II. 186
Minai, Naila 154, 155
Mingana, Alphonse 26, 49, 50, 67
Mirza Husain 'Ali Nuri 180
Mohammed (Sohn Alis) 172
Moses Maimonides 195, 281
Mu'awiya 164, 165, 166, 191
Muhammad (Sultan) 226
Muhammad (Mehmed) 'Ali 245, 247
Muhammad Achmad 241
Muhammad al-Bakir 177
Muhammad ben 'Abd al-Wahhab 244
Muhammad Ibn 'Ali as-Sunusi 249, 354
Muhammad ibn al-Hanafiya 172
Muhammad ibn Hasan 175
Muhammad ibn Nusair 179
Muhammad Ibn Saud 244
Muhammad Idris as-Sanussi 354
al-Muhasibi 321
Müller, Karl 242, 243
Mumtaz Mahal 234
al-Muqtafi 202
Murad I. 220
Murad II. 220
Murad IV. 222
al-Mustarschid 202
al-Mutamid 192
al-Mutasim 190, 192, 287
al-Mutawakkil 191, 290, 291
Nagel, Tilman 185, 186, 188, 189, 192, 193, 196, 198, 200, 201, 208, 271, 274, 275, 282, 285, 286, 287, 290, 292, 293, 294, 295, 296, 297
Napoleon 222, 226, 245
Nasa'i 37
an-Nassafi 293
An-Nazzam 287
Nestorius 84
Nizami, F.A. 228, 230, 231, 232, 310, 311
Nizar 182
Nöldeke, Theodor 52, 53, 54, 55, 56, 59, 91
Noth, Albrecht 159, 160, 162, 163, 165, 167, 184
Nur ad-Din Mohammed 203, 204
Ohlig, Karl-Heinz 18, 37, 59, 61, 65, 66, 70, 79, 82, 85, 89, 99, 113, 120, 122, 134, 138, 142, 146, 152, 155, 163, 167, 168, 169, 170, 188, 197, 198, 202, 214, 280, 283, 287, 300, 301
Ohm, Th. 303
Orchan 220
Origenes 38
Osman (Otman, Uthman) 48, 49, 50, 57, 58, 59, 64, 66, 67, 89, 90, 162, 163, 164, 166, 171, 356
Osman I. Ghazi 220, 221
Paret, Rudi 12, 31, 32, 34, 42, 44, 45, 46, 49, 50, 56, 61, 75, 76, 77, 78, 79, 80, 85, 88, 95, 98, 101, 104, 105, 133, 134, 138, 140, 148
Paus, Ansgar 303, 304
Pedersen, Johannes 112, 114, 118, 178, 217
Philipp II. August 205
Planhol, Xavier de 215, 216
Platon 216, 273, 274, 322, 333
Plotin 274, 275, 276, 281
Pramar, Pratibh 153
Proklos 303
Puin, Gerd-Rüdiger 18, 59, 60, 61, 69, 76
al-Qaim 226
Quispel, G. 84
al-Quschairi 331
Qutuz 209
Rabi'a al-'Adawiyya 312, 316, 317, 318, 319, 320, 321, 329, 338, 346
ar-Razi, Fachr-ad-Din (gest. 1209) 297
ar-Razi, ibn Zahariyya (Rhazes) (gest. 925/935) 269, 272, 273
Reinert, Benedikt 321
Reintjens-Awari, Hortense 72, 73, 131, 132
Richard Löwenherz 205
Richter-Dridi, Irmhild 21, 131, 132, 154, 156
Ahmad ar-Rifa'i 354
Rihana 317
Ringgren, Helmer 105
Rippin, A. 75
Robert von Ketton 15
Rodinson, Maxime 42, 51, 67
Rodrigo Vivar (El Cid) 194
Roemer, Hans R. 184
Dschalal ad-Din Rumi 304, 318, 327, 328, 333, 337, 341, 346, 349, 350, 355, 356
Rushdie, Salman 95
Ruzbihan Baqli 347
Sabbagh, Abdulkarim 131, 154
Sahir ad-Din Mohammed Babur 232

Said (19. Jh.) 247
Saladin (Salah ad-Din) 204, 205
Sana'i (Abu'l-Maid Maschdud Sana'i) 304, 318, 341, 346, 347, 348, 349
Sayyid Ali Mohammed 180
Schaefer, Udo 180, 181
asch-Schafii 263
Schah, Idries 343
Schamsuddin von Täbriz 349
asch-Scharani 355
Scharlipp, Wolfgang E. 192
Schedl, Claus 78, 84, 87
as-Schibli, Abu Bakr 329, 332
Schimmel, Annemarie 172, 175, 176, 177, 178, 179, 180, 182, 228, 230, 231, 234, 308, 309, 310, 311, 312, 316, 317, 318, 320, 321, 322, 323, 324, 325, 326, 327, 328, 329, 331, 333, 335, 336, 337, 338, 339, 340, 341, 342, 343, 344, 345, 346, 347, 348, 349, 350, 351, 352, 353, 354, 355, 357
Schölch, Alexander 246, 247
Schulze, Reinhard 258
Schwally, Friedrich 52
Selim I. 223
Sezgin, Fuat 36
Sikander 232
Sinan 221, 223
Sivers, Peter von 226, 248, 258
Smith, Margaret 318, 319, 320, 323, 324, 325
Speyer, Heinrich 78
Spuler, Bertold 169, 214, 321
Stahr, Volker S. 237
Stöhr, Waldemar 237
Suhrawardi, Schihabuddin 270, 341, 342, 343
as-Suhrawardi, Abu Hafs Omar 310, 357
„Suleiman" (chines. Sultan) 236
Suleiman II. der Prächtige 221, 223, 225
Szostak, Jutta 154
at-Tabari 38, 48, 87
Taeschner, Franz 216
Taha Hussein 26
Taufik (Tawfiq) 247
Taufiq, Suleman 154
Tertullian 38
Thomas von Aquin 15, 271, 280, 281, 283
Thoraval, Yves 260, 267, 268, 274, 275, 277, 278, 292, 297, 321, 340, 344, 348, 350, 356
Timm, Klaus 131, 132, 139, 141, 143, 149, 150, 154
Timur-Leng (Tamerlan) 210, 212, 220, 231, 232
Tirmidhi 37
Togrilbeg 198, 200, 201
Trimingham, J. Spencer 24, 25, 67, 206, 237, 239, 239, 240, 351, 352, 354
Tuman Bay 211
Turanschah 209
at-Tussi 270
at-Tustari 328
Ulrich, Friedrich 107, 108
'Umar (Omar) 48, 162, 163
Urabi, Ahmad 248
Victoria von England 235
Volwahsen, Andreas 233, 234
Wahb ibn Munabbih 87
Walad 350
al-Walid 65, 166
Walker, Alice 153
Walther, Wiebke 37, 131, 152, 153, 154, 155
al-Wathiq 190, 287
Wansbrough, John 58, 59, 66, 72, 80
Watt, William Montgomery 31, 36, 37, 38, 39, 40, 42, 46, 48, 50, 51, 52, 56, 61, 64, 105, 108, 109, 116, 120, 121, 122, 124, 165, 262, 263, 264, 270, 271, 272, 274, 276, 277, 280, 285, 286, 287, 288, 291, 295, 296, 297, 298, 315, 316
al-Waqidi 38
Wazil ibn-Ata 287
Welch, Alford T. 31, 36, 37, 38, 39, 40, 42, 46, 48, 50, 51, 52, 56, 61, 64, 116, 120, 121, 122, 124, 262, 263, 264
Wellhausen, Julius 165, 174
Wensinck, A.J. 152, 153
Wilhelm, Friedrich 228, 231, 234
Yazid 172
Yonan, Gabriele 307
Yusuf 207
Zaehner, R.C. 324
Zaid (Stiefsohn Mohammeds) 134
Zaid ibn 'Ali 177
Zaid ibn Thabit 48
Zakzouk, Mahmoud 333, 334
Zbinden, Hans 73, 169, 215

Imad ad-Din Zengi 203, 204
Zirker, Hans 46, 50, 332
Zoetmulder, Piet 237

Literaturverzeichnis

- Aalami, Schahnas / Timm, Klaus, Die muslimische Frau zwischen Tradition und Moderne. Frauenfrage und Familienentwicklung in Ägypten und Iran, Berlin 1976
- Afele, Enyonam, Grausames Ritual. Die Verstümmelung weiblicher Geschlechtsorgane verstößt gegen die Menschenrechte, in: der überblick 2, 1993, 29-34
- Ahmed, Munir D. / Bürgel, Johann Christoph / Dilger, Konrad / Durán, Khalid / Heiner, Peter / Nagel, Tilman / Amoretti, Biancamaria Scarcia / Schimmel, Annemarie / Walther, Wiebke, Der Islam III: Islamische Kultur – Zeitgenössische Strömungen – Volksfrömmigkeit (Die Religionen der Menschheit, begründet von Christel Matthias Schröder, fortgeführt und hrsg. von Peter Antes, Hubert Cancik, Burkhard Gladigow und Martin Greschat, Bd. 25,3), Stuttgart, Berlin, Köln 1990
- Anawati, Georges C., Mystique musulmane. Aspects et tendances – Expériences et techniques. Seconde édition, Paris 1968
- Anawati, Georges C., VIII. Philosophie, Theologie und Mystik, in: Das Vermächtnis des Islams, a.a.O., 146-148
- Anawati, M.-M. / Gardet, Louis, Introduction à la Théologie musulmane. Essai de Théologie comparée, Paris 1948
- Andrae, Tor, Islamische Mystiker (Originaltitel: „I Myrtenträdgarden Studier i sufisk mystik“, Stockholm 1947, übers. von H. Kanus), Stuttgart 1960
- Antes, Peter, Schriftverständnis im Islam, in: Theologische Quartalschrift 161, 179-191
- Arberry, A.J., Le Soufisme. Introduction à la Mystique de L'Islam (Übersetzung eines nicht angegebenen Originals von Jean Gouillard), Paris 1952
- Arkoun, Mohammed, Der Islam. Annäherung an eine Religion (Original: „Overtures sur l'Islam“, Paris 1989, übers. vom kirchlichen Entwicklungsdienst der Evangelischen Kirche in Deutschland), Heidelberg 1999
- Arkoun, Mohammed, The Notion of Revelation. From Ahl al-Kitab to the Societies of the Book, in: Die Welt des Islams XXVIII, 1988, 62-89
- Asad, Muhammad / Zbinden, Hans (Hrsg.), Islam und Abendland. Begegnung zweier Welten. Eine Vortragsfolge, Olten und Freiburg i.B. 1960, 33-52
- Ayalon, David, Studies on the Mamluks of Egypt (1250-1517), London 1977
- Baldick, Julian, Early Islam, in: Peter Clarke (Hrsg.), The World's Religions: Islam, a.a.O., 7-22
- Becker, Carl H., Grundsätzliches zur Leben-Muhammed-Forschung, in: ders., Islamstudien. Vom Werden und Wesen der islamischen Welt, Bd. 1, Leipzig 1924, 520-527
- Becker, Carl H., Islamstudien. Vom Werden und Wesen der islamischen Welt, Bd. 1, Leipzig 1924
- Beck-Karrer, Charlotte, Löwinnen sind sie. Gespräche mit somalischen Frauen und Männern über Frauenbeschneidung, Bern 1996
- Bell, Richard, Introduction to the Qur'an, Edinburgh 1953
- Bellinger, Gerhard J., Knaurs großer Religionsführer. 670 Religionen, Kirchen und Kulte, weltanschaulich-religiöse Bewegungen und Gesellschaften sowie religionsphilosophische Schulen, München, Neuauflage 1992

- Beltz, Walter, Die Mythen des Koran. Der Schlüssel zum Islam, Berlin, Weimar 1979
- Birge, John Kingsley, The Bekkashi Order of Dervishes, London, Hartford (USA) 1937
- Bobzin, Hartmut, Der Koran. Eine Einführung, München 1999
- Bothmer, Hans-Caspar Graf von, Die Anfänge der Koranschreibung: Kodikologische und kunsthistorische Beobachtungen an den Koranfragmenten in Sanaa, in: Hans-Caspar Graf von Bothmer, Karl-Heinz Ohlig und Gerd-Rüdiger Puin, Neue Wege der Koranforschung, magazin forschung (Universität des Saarlandes) 1/1999, 40-46
- Bothmer, Hans-Caspar Graf von / Ohlig, Karl-Heinz / Puin, Gerd-Rüdiger, Neue Wege der Koranforschung, magazin forschung (Universität des Saarlandes) 1/1999
- Bothmer, Hans-Casper Graf von, Architekturbilder im Koran. Eine Prachthandschrift der Umayyadenzeit aus dem Yemen, in: Pantheon XLV, 1987, 4-20
- Bowker, John (Hrsg.), Das Oxford-Lexikon der Weltreligionen (Titel der Originalausgabe: The Oxford Dictionary of World Religions, Oxford 1997), für die deutschsprachige Ausgabe übersetzt und bearbeitet von Karl-Heinz Golzio, Düsseldorf 1999
- Brockelmann, Carl, Geschichte der arabischen Völker und Staaten, München und Berlin 1943
- Brugmann, J., Ursprung des Islam und seine Entwicklung als eine Gemeinschaft, in: Geschichte des Islam (Christentum und Islam, Heft 22; hrsg. von Willi Höpfner), Wiesbaden, Breklum 1971, 22-35
- al-Buhari, Sahih, Nachrichten von Taten und Aussprüchen des Propheten Muhammad. Ausgewählt, aus dem Arabischen übersetzt und herausgegeben von Dieter Ferchl (Reclam Universal-Bibliothek Nr. 4208), Stuttgart 1991
- Buhl, F., Abu Bakr, in: Handwörterbuch des Islam, a.a.O., 6-8
- Bullieta, R.W., Conversions to Islam in the Medieval Period, Cambridge (Massachusetts) 1979
- Burckhardt, Titus, Die maurische Kultur in Spanien, München 1970
- Burckhardt, Titus, Vom Sufitum. Einführung in die Mystik des Islam, München 1953
- Burton, John, The Collection of the Quran, Cambridge, London, New York, Melbourne 1977
- Busse, Heribert, Chalif und Großkönig. Die Buyiden im Irak (945-1055), (Beiruter Texte und Studien, Bd. 6), Beirut 1969
- Busse, Heribert, Die theologischen Beziehungen des Islams zu Judentum und Christentum. Grundlagen des Dialogs im Koran und die gegenwärtige Situation (Grundzüge, Bd. 72, Wissenschaftliche Buchgesellschaft), Darmstadt 1988
- Cahen, Claude, Der Islam I. Vom Ursprung zu den Anfängen des Osmanenreiches (Fischer Weltgeschichte, Bd. 14), Frankfurt a.M. 1968
- CHRistlich-ISLAmische GESellschaft, Zum Thema Beschneidung vom 15. 1. 1999
- Clarke, Peter (Hrsg.), The World's Religion: Islam, London [1]1988, [2]1990
- Cook, Michael / Crone, Patricia, Hagarism. The making of the islamic world, Cambridge, London, New York, Melbourne 1977
- Corbin, Henry, Creative Imagination in the Sufism of Ibn 'Arabi, translated from the French by Ralph Manheim (Bollingen Series XCI), (Titel des Originals: „Imagination créatrice dans le soufisme d'Ibn 'Arabi", Paris 1958), Princeton 1969
- Coulson, J.N., A History of Islamic Law, Edinburgh 1964

- Crespi Gabriele, Die Araber in Europa. Mit einer Einführung von Francesco Gabrieli (Italien. Original: Gli Arabi in Europa, Milano 1979, übers. von Konrad Braun), Stuttgart, Zürich 1983
- Crone, Patricia / Cook, Michael, Hagarism. The making of the islamic world, Cambridge, London, New York, Melbourne 1977
- Das Vermächtnis des Islams, hrsg. von Joseph Schacht und C.E. Bosworth, Band 2 (dtv-Taschenbuch), Zürich und München 1980
- Dashti, Ali, Twenty Three Years: A Study of the Prophetic Career of Mohammed, o.O. 1985
- Diwald, Hellmut, Anspruch auf Mündigkeit (Propyläen Geschichte Europas, Bd. 1, photomechan. Nachdr. von [1]1975), Frankfurt a.M., Berlin 1992
- Eliade, Mircea, Geschichte der religiösen Ideen, III/1: Von Mohammed bis zum Beginn der Neuzeit (Titel der Originalausgabe: Histoire des croyances et des idées religieuses, III. De Mahomet à l'âge des Réformes, Paris 1983, übers. von CL. Lanczkowski), Freiburg, Basel, Wien 1983
- Embree, Ainslie T. / Wilhelm, Friedrich, Indien. Geschichte des Subkontinents von der Induskultur bis zum Beginn der englischen Herrschaft (Fischer Weltgeschichte, Bd. 17), Frankfurt a.M. 1967
- Endreß, Gerhard, Der Islam. Einführung in seine Geschichte, München 1982, [2]1991
- Ess, Josef van, Theologie und Gesellschaft im 2. und 3. Jahrhundert Hidschra. Eine Geschichte des religiösen Denkens im frühen Islam, Berlin, New York Bd. 1: 1991, Bd. II und III: 1992; Bd. IV: Mit Gesamtregister der Bde I-VI: 1997, Bd. V.: Texte I-XXI: 1993; Bd. VI: Texte XXII-XXXV: 1995
- Ess, Josef van, Zwischen Hadit und Theologie. Studien zum Entstehen prädestinatianischer Überlieferung, Berlin, New York 1975
- Fassnacht, Dieter, Islam (Reihe: Weltreligionen: Geschichte, Quellen, Materialien), Frankfurt a.M., Berlin, München [2]1978
- Flasch, Kurt, Das philosophische Denken im Mittelalter (Reclam Universalbibliothek Nr. 8342 [8]), Stuttgart 1986
- Forward, Martin, Mohammed – der Prophet des Islam. Sein Leben und seine Wirkung (engl. Original: Muhammad. A short Biography, Oxford 1997, übers. von Rita Breuer; Herder Spektrum Band 4650), Freiburg, Basel, Wien 1998
- Fritz Meier, Der mystische Weg, in: Welt des Islam. Geschichte und Kultur im Zeichen des Propheten, (im Original: „The World of Islam"; aus dem Englischen übertragen von Franz Allemann, Monika Nagel, Dorothee Rondorf, 1975), Braunschweig 1976
- Gabrieli, Francesco, Die Araber und der Islam. Eine Konfession und eine Zivilisation, in: Gabriele Crespi, Die Araber in Europa, a.a.O., 7-20
- Gabrieli, Francesco, Geschichte der Araber (Italien. Originaltitel: „Gli Arabi", Florenz 1957, übers. von Emil Kümmer), Stuttgart 1963
- Gardet, Louis / Anawati, M.-M., Introduction à la Théologie musulmane. Essai de Théologie comparée, Paris 1948
- Gerlitz, P., Mystik I, in: TRE 1994, Bd. 23, 534-547
- Goldziher, Ignaz, Muhammedanische Studien, zwei Bde, Halle 1889, [2]1890

- Gramlich, Richard, Alte Vorbilder des Sufismus. Erster Teil: Scheiche des Westens, Zweiter Teil: Scheiche des Ostens (Akademie der Wissenschaften und der Literatur. Mainz. Veröffentlichungen der Orientalischen Kommission, hrsg. von Walter W. Müller, Band 42,1 u. 42,2), Wiesbaden 1995
- Gramlich, Richard, Der eine Gott. Grundzüge der Mystik des islamischen Monotheismus (Akademie der Wissenschaften und der Literatur. Mainz. Veröffentlichungen der Orientalischen Kommission, hrsg. von Walter W. Müller, Band 44), Wiesbaden 1998
- Gramlich, Richard, Islamische Mystik. Sufische Texte aus zehn Jahrhunderten, Stuttgart, Berlin, Köln 1992
- Grimme, Hubert, Mohammed, Bd. 1: Das Leben (Darstellungen aus dem Gebiet der nichtchristlichen Religionen, 7), o.O. 1892
- Grunebaum, G.E. von (Hrsg.), Der Islam II. Die islamischen Reiche nach dem Fall von Konstantinopel (Fischer Weltgeschichte, Bd. 159), Frankfurt a.M. 1971
- Grunebaum, G.E. von, Der Islam im Mittelalter (Die Bibliothek des Morgenlandes), Zürich, Stuttgart 1963
- Grunebaum, G.E. von, Der Islam in seiner klassischen Epoche 622-1258, Zürich, Stuttgart 1966
- Gülçiçek, Ali Duran, Der Weg der Aleviten (Bekkaschiten). Menschenliebe, Toleranz, Frieden und Freundschaft, Köln 1994
- Haarmann, Ulrich (Hrsg.), Geschichte der arabischen Welt, München 1987
- Haarmann, Ulrich, Das islamische Ägypten, in: Ruprecht Kurzrock (Hrsg.), Die islamische Welt I, a.a.O., 35-45
- Haarmann, Ulrich, Der arabische Osten im späten Mittelalter 1250-1517, in: ders. (Hrsg.), Geschichte der arabischen Welt, a.a.O., 217-263
- Hagemann, Ludwig / Khoury, Adel Theodor / Heine, Peter, Islam Lexikon, 3 Bände, Freiburg, Basel, Wien [1]1991
- Halm, Heinz, Der schiitische Islam. Von der Religion zur Revolution (Beck'sche Reihe; 1047), München 1994
- Halm, Heinz, Die Ayyubiden, in: Ulrich Haarmann (Hrsg.), Geschichte der arabischen Welt, a.a.O., 200-216
- Halm, Heinz, Die Fatimiden, in: Ulrich Haarmann (Hrsg.), Geschichte der arabischen Welt, a.a.O., 166-199
- Halm, Heinz, Die Schia, Darmstadt 1988
- Handbuch der Religionsgeschichte (Originaltitel: Illustreret Religionshistorie, aus dem Dänischen übers. von R. Gerecke, E. Harbsmeier u. F. Nothardt), hrsg. von Jes Peter Asmussen und Jørgen Læssoe, Bd. 3, Göttingen 1972
- Handwörterbuch des Islam, hrsg. von A.J. Wensinck / J.H. Kramers, Leiden 1941, [2]1976
- Hartmann, Kurt, Atlas-Tafel-Werke zur Geschichte der Weltreligionen. Karte, Tabellen, Erläuterungen, Bd. II: Die Geschichte des Islam, Stuttgart 1989
- Hartmann, Richard, Die Religion des Islam. Eine Einführung (unveränd. reprogr. Nachdruck der Ausgabe Berlin 1944), Darmstadt 1987
- Heidrich, P., Mystik, mystisch, in: Historisches Wörterbuch der Philosophie, Bd. 6, Darmstadt 1984, 268-273
- Heiler, Friedrich (Hrsg.), Die Religionen der Menschheit, [2]1962

- Heiler, Friedrich, Die Religionen der Menschheit, hrsg. von Kurt Goldammer (mit 98 Abbildungen), 5., bibliographisch ergänzte Auflage, Stuttgart 1991
- Heine Ina / Heine Peter, O ihr Musliminnen. Frauen in islamischen Gesellschaften, Freiburg, Basel, Wien 1993
- Heine Peter / Khoury, Adel Theodor / Hagemann Ludwig, Islam Lexikon, 3 Bände, Freiburg, Basel, Wien [1]1991
- Heine, Peter, Abbassiden, in: Islam-Lexikon, Bd. 1, a.a.O., 15-18
- Heine, Peter, Abgabe (gesetzliche), in: Islam-Lexikon, Bd. 1, a.a.O., 25-32
- Heine, Peter, Afrika, in: Islam-Lexikon, Bd. 1, a.a.O., 43-49
- Heine, Peter, Ali, in: Islam-Lexikon, Bd. 1, a.a.O., 55-59
- Heine, Peter, Babismus, in: Islam-Lexikon, Bd. 1, a.a.O., 102-103
- Heine, Peter, Baha'i, in: Islam-Lexikon, Bd. 1, a.a.O., 103
- Heine, Peter, Beschneidung, in: Islam-Lexikon, Bd. 1, a.a.O., 112-124
- Heine, Peter, Fasten, in: Islam-Lexikon, Bd. 1, a.a.O., 242-244
- Heine, Peter, Fest / Festkalender, in: Islam-Lexikon, Bd. 1, a.a.O., 248-250
- Heine, Peter, Kleidung, in: Islam-Lexikon, Bd. 2, a.a.O., 446-450
- Heine, Peter, Sultan, in: Islam-Lexikon, Bd. 3, a.a.O., 701.702
- Heine, Peter, 'Uthman, in: Islam-Lexikon, Bd. 3, a.a.O., 734-735
- Heine, Peter, Wallfahrt, Islam-Lexikon, Bd. 2, a.a.O., 753-757
- Heine, Peter / Heine, Ina, O ihr Musliminnen. Frauen in islamischen Gesellschaften, Freiburg, Basel, Wien 1993
- Henninger, Joseph, Die Kirche des Ostens und die Geburt des Islam, in: Islam und Abendland, a.a.O., 33-52
- Hirschberger, Johannes, Geschichte der Philosophie, Bd. I: Altertum und Mittelalter, Freiburg [3]1957
- Hitti, Philipp K., History of Syria incl. Lebanon and Palestine, London 1951
- Hoenerbach, Wilhelm, Islamische Geschichte Spaniens. Übersetzung der A'mal al-a'lam und ergänzende Texte (Die Bibliothek des Morgenlandes), Zürich, Stuttgart 1970
- Höpfner, Willi (Hrsg.), Christentum und Islam, Heft 22: Geschichte des Islam, Wiesbaden, Breklum 1971
- Hourani, Albert, Die Geschichte der arabischen Völker (Englischer Originaltitel „A History of the Arab Peoples", London 1991, übers. von M. Ohl und H. Sartorius), Frankfurt a.M. 1992, [2]1996
- Huber, Alfons, Beschneidung der Frau. Rituelle Verstümmelung der weiblichen Genitalorgane, in: Sexualmedizin, Sonderdruck 1983
- Hunke, Sigrid, Kamele auf dem Kaisermantel. Deutsch-arabische Begegnung seit Karl dem Großen, Stuttgart 1976
- Hunwick, J.O., Islam in Tropical Africa to c. 1900, in: Peter Clarke (Hrsg.), in: The World's Religions: Islam, a.a.O., 164-191
- Ibn Warraq (Hrsg.), The Origins of the Koran. Classic Essays on Islam's Holy Book, Amherst, New York 1998
- Ibn Warraq, Introduction, in: ders. (Hrsg.), The Origins of the Koran. Classic Essays on Islam's Holy Book, a.a.O., 9-35

- Islam und Abendland. Begegnung zweier Welten. Eine Vortragsfolge, hrsg. von Muhammad Asad und Hans Zbinden, Olten und Freiburg i. B. 1960
- Islam-Lexikon, hrsg. von Adel Theodor Khoury / Ludwig Hagemann / Peter Heine, 3 Bände, Freiburg, Basel, Wien [1]1991
- Israeli, R., China's Muslime, in: Peter Clarke (Hrsg.), The World's Religions: Islam, a.a.O., 102-118
- Jeffery, Arthur, A Variant Text of the Fatiha (erstmals erschienen in: The Muslim World 29,1939), in: Ibn Warraq (Hrsg.), The Origins of the Koran. Classic Essays on Islam's Holy Book, a.a.O., 145-149
- Jeffery, Arthur, Materials for the History of the Text of the Koran (erstmals erschienen als: Introduction of „Materials for the History of the Text of the Qur'an. The Old Codices", Leiden 1937), in: Ibn Warraq (Hrsg.), The Origins of the Koran. Classic Essays on Islam's Holy Book, a.a.O., 114-134
- Jockel, Rudolf (Hrsg.), Islamische Geisteswelt. Von Mohammed bis zur Gegenwart, hrsg., Wiesbaden 1981
- Kerman, Navid, Gott ist schön. Das ästhetische Erleben des Koran, München 1999
- al-Khayyat, Sana, Ehre und Schande, Frauen im Irak, München 1991
- Khoury, Adel Theodor / Hagemann, Ludwig / Heine, Peter, Islam-Lexikon, 3 Bände, Freiburg, Basel, Wien [1]1991
- Khoury, Adel Theodor, Der Islam. Sein Glaube, seine Lebensordnung, sein Anspruch, Freiburg, Basel, Wien[4] 1988
- Khoury, Adel Theodor, Ehe und Familie, in: Islam-Lexikon, Bd. 1, a.a.O., 190-197
- Khoury, Adel Theodor, Gebet, in: Islam-Lexikon, Bd. 2, a.a.O., 280-286
- Khoury, Adel Theodor, Hadith, in: Islam-Lexikon, Bd. 2, a.a.O., 325-329
- Khoury, Adel Theodor, Hanafiten, in: Islam-Lexikon, Bd. 2, a.a.O., 334-335
- Khoury, Adel Theodor, Heiliger Krieg, in: Islam-Lexikon, Bd. 2, a.a.O., 349-359
- Khoury, Adel Theodor, Koran, in: Islam-Lexikon, Bd. 2, a.a.O., 453-471
- Khoury, Adel Theodor, Mystik, in: Islam-Lexikon, Bd. 2 (G-N), a.a.O., 570-581
- Khoury, Adel Theodor, Rechtssystem, in: Islam-Lexikon, Bd. 3, 634-641
- Khoury, Adel Theodor, Schiismus / Schiiten, in: Islam-Lexikon, Bd. 3, a.a.O., 662-665
- Khoury, Adel Theodor, So sprach der Prophet. Worte aus der islamischen Überlieferung, Gütersloh 1988
- Khoury, Adel Theodor, Sunnismus / Sunniten, in: Islam-Lexikon, Bd. 3, a.a.O., 702-705
- Klassiker der Religionsphilosophie. Von Platon bis Kierkegaard, hrsg. von Friedrich Niewöhner, München 1995
- Koran (Der), übers. und hrsg. von Rudi Paret, Stuttgart, Berlin, Köln, Mainz 1979
- Kratz, E.U., Islam in Indonesien, in: Peter Clarke (Hrsg.), in: The World's Religions: Islam, a.a.O., 119-149
- Kurzrock, Ruprecht (Hrsg.), Die islamische Welt I, Berlin 1984
- Lester, Toby, What is the Koran?, in: The Atlantic Monthly, Januar 1999, 43-56
- Levi della Vida, G., Art.: 'Umar B. al-Khattab, in: Handwörterbuch des Islam, a.a.O., 734-735
- Levi della Vida, G., 'Uthman B. 'Affan, in: Handwörterbuch des Islam, a.a.O., 777-778

- Lewis, B., Kaiser und Kalifen. Christentum und Islam im Ringen um Macht und Vorherrschaft (englisches Original: „Islam and the West“, New York 1993, übers. von Holger Fliessbach), München 1996
- Lewis, Bernard, Der Islam von den Anfängen bis zur Eroberung von Konstantinopel (Die Bibliothek des Morgenlandes 1981; ohne Angabe des englischen Originaltitels „unter Zugrundelegung der Originale“ aus dem Englischen übersetzt von Hartmut Fähndrich), Bd. 1: Die politischen Ereignisse und die Kriegsführung, Zürich, München 1981
- Lightfoot-Klein, Hanny, Das grausame Ritual. Sexuelle Verstümmelung afrikanischer Frauen (amerikanischer Originaltitel: Prisoners of Ritual. An Odyssey into Female Genital Circumcision in Africa, 1989; übers. von Michaela Huber), Frankfurt am Main 1992, 43-53
- Löschner, Harald, Die dogmatischen Grundlagen des si'itischen Rechts. Eine Untersuchung zur modernen imamischen Rechtsquellenlehre (Erlanger Juristische Abhandlungen; Bd. 9), Köln, Berlin, Bonn, München 1971
- Lüling, Günter, Über den Ur-Quran. Ansätze zur Rekonstruktion der vorislamisch-christlichen Strophenlieder im Koran, Erlangen [1]1974, [2]1993
- Luxenberg, Christoph, Die syro-aramäische Lesart des Koran. Ein Beitrag zur Entschlüsselung der Koransprache, Berlin 2000
- Margoliouth, David, Textual Variations of the Koran, in: Ibn Warraq (Hrsg.), The Origins of the Koran. Classic Essays on Islam's Holy Book (originally publ. in: The Muslim World 15, 1925, 334-344), Amherst, New York 1998, 154-162
- Marmura, Michael / Watt, W. Montgomery, Der Islam II: Politische Entwicklungen und theologische Konzepte (Die Religionen der Menschheit, hrsg. von Christel Matthias Schröder u.a., Bd. 25,2; Titel der Originalausgabe: The Formative Period of Islamic Thought, Edinburgh University Press 1973, übers. von Sylvia Höfer), Stuttgart, Berlin, Köln, Mainz 1985
- Massignon, Louis, Essai sur les Origines du Lexique technique de la Mystique Musulmane (Etudes Musulmanes II), Paris 1954
- Massignon, Louis, La passion d'al-Hosayn ibn Mansour al-Hallaj, 2 Bde, Paris 1922
- Mernissi, Fatema, Der politische Harem. Mohammed und die Frauen (franz. Original: „Le harem politique – Le Prophète et les femmes“, Paris 1989, übers. von Veronika Kabis-Alamba), Frankfurt o.J.
- Minai, Naila, Schwestern unterm Halbmond. Muslimische Frauen zwischen Tradition und Anpassung (aus dem Amerikanischen übers. von Ruth Achlam), Stuttgart 1984
- Mingana, Alphonse, Syriac Influence on the Style of Kur'an, in: Bulletin of the John Rylands Library, Manchester 1927, 77 ff.
- Mingana, Alphonse, Three Ancient Korans (erstmals erschienen als Einleitung zu Leaves from Three Ancient Qurâns Possibly Pre-Othmanic with a List of Variants, hrsg. von Alphonse Mingana und Agnes Smith Lewis, Cambridge 1914), in: Ibn Warraq (Hrsg.), The Origins of the Koran, a.a.O., 76-96
- Muhammad und Jesus. Die christologisch relevanten Texte des Korans neu übersetzt und erklärt von Claus Schedl, Wien, Freiburg, Basel 1978
- Müller, Karl, Christliche Mission und Kolonialisierung im 19. und 20. Jahrhundert, in: ZMR 64, 1980, 192-207

- Nagel, Tilmann, Das Kalifat der Abbasiden, in: Ulrich Haarmann (Hrsg.), Geschichte der arabischen Welt, a.a.O., 101-165
- Nagel, Tilmann, Die Festung des Glaubens. Triumph und Scheitern des islamischen Rationalismus im 11. Jahrhundert, München 1988
- Nagel, Tilmann, Geschichte der islamischen Theologie. Von Mohammed bis zur Gegenwart, München 1994
- Nationaler Geistiger Rat der Baha'i (Hrsg.), Dokumentation einer „Informationstagung über die Baha'i-Religion", 9./10. Oktober 1976 in Langenheim
- Nizami, F.A., Islam in the Indian Sub-Continent, in: Peter Clarke (Hrsg.), The World`s Religions: Islam, London 1988, ^{2}1990, 62-83
- Nizami, F.A., Islam in the Indian Sub-Continent, in: Peter Clarke (Hrsg.), The World's Religions: Islam, a.a.O., 62-83
- Nöldeke, Theodor, Geschichte des Qorâns, Göttingen 1880
- Noth, Albrecht, Das Reich der Kalifen, in: Ruprecht Kurzrock (Hrsg.), Die islamische Welt I, a.a.O., 25-34
- Noth, Albrecht, Früher Islam, in: Ulrich Haarmann (Hrsg.), Geschichte der arabischen Welt, a.a.O., 11-100
- Ohlig, Karl-Heinz, Der Prophet Mohammed, in: Brockhaus. Die Bibliothek, Reihe Kunst und Kultur, Bd. 3, Leipzig, Mannheim 1997, 118-123
- Ohlig, Karl-Heinz, Der Koran als Gemeindeprodukt?, in: Hans-Caspar Graf von Bothmer, Karl-Heinz Ohlig und Gerd-Rüdiger Puin, Neue Wege der Koranforschung, a.a.O., 33-37.46
- Ohlig, Karl-Heinz, Fundamentalchristologie. Im Spannungsfeld von Christentum und Kultur, München 1986
- Ohlig, Karl-Heinz / Bothmer, Hans-Caspar Graf von / Puin, Gerd-Rüdiger, Neue Wege der Koranforschung, magazin forschung (Universität des Saarlandes) 1/1999
- Ohlig, Karl-Heinz: Die Welt ist Gottes Schöpfung. Kosmos und Mensch in Religion, Philosophie und Naturwissenschaften, Mainz 1984
- Ohm, Th., Mystik I. Religionsgeschichtlich, in: LThK^{2}, Bd. 7, 732.733
- Paret, Rudi, Der Koran als Geschichtsquelle, in: Der Islam 37, 1961, 24-42
- Paret, Rudi, Der Koran. Kommentar und Konkordanz, Stuttgart, Berlin, Köln, Mainz ^{3}1980
- Paret, Rudi, Der Koran. Übers. und hrsg. von Rudi Paret, Stuttgart, Berlin, Köln, Mainz 1979
- Paret, Rudi, Mohammed und der Koran. Geschichte und Verkündigung des arabischen Propheten (Urban-Taschenbücher 32), Stuttgart ^{4}1976, ^{6}1985
- Paus, A., Mystik I. Religionsgeschichtlich, in: LThK^{3}, Bd. 7, 583-597
- Pedersen, Johannes, Der Islam und seine Vorgeschichte, in: Handbuch der Religionsgeschichte, a.a.O., 351-439
- Planhol, Xavier de, Kulturgeographische Grundlagen der islamischen Geschichte (Originaltitel: „Les Fondements Géographiques de l'Histoire de l'Islam", Paris 1968, übers. Von Heinz Halm), Zürich, München 1975
- Pramar, Pratibh / Walker, Alice, Narben – oder Die Beschneidung der weiblichen Sexualität, Reinbek 1996

- Puin, Gerd-Rüdiger, Observations on Early Qur'an Manuscripts in Sanaa, in: Stefan Wild (Hrsg.), The Qur'an as Text (Islamic Philosophy, Theology and Science. Texts and Studies, ed. by H. Daiber and D. Pingree, vol. XXVII), Leiden, New York, Köln 1996, 107-111
- Puin, Gerd-Rüdiger, Über die Bedeutung der ältesten Koranfragmente aus Sanaa (Jemen) für die Orthographiegeschichte des Korans, in: Hans-Caspar Graf von Bothmer, Karl-Heinz Ohlig und Gerd-Rüdiger Puin, Neue Wege der Koranforschung, a.a.O., 37-40.46
- Puin, Gerd-Rüdiger / Bothmer, Hans-Caspar Graf von / Ohlig, Karl-Heinz, Neue Wege der Koranforschung, magazin forschung (Universität des Saarlandes) 1/1999
- Quispel, G., Makarius, das Thomasevangelium und das Lied von der Perle (Supplements to Novum Testamentum; XV), Leiden 1967
- Reinert, Benedikt, Die Lehre vom *tawakkul* in der klassischen Sufik (Reihe: Studien zur Sprache, Geschichte und Kultur des islamischen Orients, hrsg. von Berthold Spuler, Band 3), Berlin 1968
- Reintjens-Awari, Hortense, Die soziale Stellung der Frau bei den nordarabischen Beduinen unter besonderer Berücksichtigung ihrer Ehe- und Familienverhältnisse, Bonn 1975
- Reintjens-Awari, Hortense, Im Feuer des Rosengartens: Ibrahim, Freund des Einzigen Gottes, im Quran, in: Una Sancta 51, 1996, 283-293
- Richter-Dridi, Irmhild, Frauenbefreiung in einen islamischen Land – ein Widerspruch? Das Beispiel Tunesien, Frankfurt 1981
- Ringgren, Helmer, Studies in Arabian Fatalism, Uppsala 1955
- Rippin, A., Reading the Qur'an with Richard Bell, in: Journal of the American oriental society 112, 1992, 639-647
- Ritter, Hellmut, Das Meer der Seele. Gott, Welt und Mensch in den Geschichten Fariduddin 'Attars, Leiden 1955, erweiterte Auflage 1978
- Rodinson, Maxime, Mohammed, Luzern, Frankfurt a.M. 1975
- Roemer, Hans R., Persien unter dem Islam, in: Ruprecht Kurzrock (Hrsg.), Die islamische Welt I, a.a.O. 46-61
- Rushdie, Salman, Die satanischen Verse (Originaltitel: The Satanic Verses, 1988), Artikel 19 Verlag 1989
- Sabbagh, Abdulkarim, Frauen im Islam. Zum Problem sozialer Modernisierung, am Beispiel besonders Ägyptens, Würzburg 1986
- Schacht, Joseph, The Origins of Muhammadan Jurisprudence, Oxford 1971
- Schaefer, Udo, Die Baha'i-Religion – Hoch- und Weltreligion, in: Dokumentation einer „Informationstagung über die Baha'i-Religion", 9./10. Oktober 1976 in Langenheim, hrsg. vom Nationalen Geistigen Rat der Baha'i, 5-24
- Schah, Idries, Die Sufis (Titel der Originalausgabe: „The Sufies", übersetzt von Jochen Eggert und Stephan Schuhmacher, ohne Ortsangabe, 1964), Gütersloh 1976
- Scharlipp, Wolfgang Ekkehard, Die frühen Türken in Kleinasien, Darmstadt 1992
- Schimmel, Annemarie, Art.: Ibn al-Arabi, in: Lexikon der islamischen Welt, a.a.O., 128
- Schimmel, Annemarie, Der Islam im indischen Subkontinent (Grundzüge; 48), Darmstadt 1983
- Schimmel, Annemarie, Der Islam im indischen Subkontinent (Reihe: Wissenschaftliche Buchgesellschaft; Grundzüge Bd. 48), Darmstadt 1983

- Schimmel, Annemarie, Der Islam, in: F. Heiler, Die Religionen der Menschheit, hrsg. von Kurt Goldammer (mit 98 Abbildungen), 5. bibliographisch erg. Aufl., Stuttgart 1991, 497-548
- Schimmel, Annemarie, Der Islam, in: Friedrich Heiler (Hrsg.), Die Religionen der Menschheit, a.a.O., 784-876
- Schimmel, Annemarie, Jesus und Maria in der islamischen Mystik, München 1996
- Schimmel, Annemarie, Mystik, in: Lexikon der islamischen Welt, hrsg. von Klaus Kreiser; Rotraud Wielandt, völlig überarbeitete Neuausgabe, Stuttgart, Berlin, Köln 1992, 211.212
- Schimmel, Annemarie, Mystische Dimensionen des Islam. Die Geschichte des Sufismus, Köln 1985
- Schimmel, Annemarie, Rumi: Ich bin Wind und du bist Feuer. Leben und Werk des Mystikers, Köln 1978, ^{4}1984
- Schimmel, Annemarie, Sufismus und Volksfrömmigkeit, in: Ahmed, Munir D. u.a., Der Islam III: Islamische Kultur – Zeitgenössische Strömungen – Volksfrömmigkeit, a.a.O., 157-266
- Schölch, Alexander, Der arabische Osten im neunzehnten Jahrhundert 1800-1914, in: Ulrich Haarmann (Hrsg.), Geschichte der arabischen Welt, a.a.O., 365-431
- Schulze, Reinhard, Geschichte der Islamischen Welt im 20. Jahrhundert, München 1994
- Sezgin, Fuat, Geschichte des arabischen Schrifttums, Bd. 1, Leiden 1967
- Sivers, Peter von, Nordafrika in der Neuzeit, in: Ulrich Haarmann (Hrsg.), Geschichte der arabischen Welt, a.a.O., 502-590
- Smith, Margaret, Rabia the Mystic and her Fellow-Saints in Islam. Being the Life and Teachings of Rabi'a al-'Adawiyya Al-Qasiyya of Basra together with some account of the place of the women saints in Islam, London 1928, 2. ed. 1984, with a new introduction by Annemarie Schimmel
- Smith, Margaret, Studies in Early Mysticism in the Near and Middle East. Being an account of the rise and development of christian Mysticism up to the seventh century, of the subsequent development of Mysticism in Islam, known as Sufism, and of the relationship between christian and islamic mysticism. With references, a bibliography and two indexes, London 1931
- Speyer, Heinrich, Die biblischen Erzählungen im Koran, o.O. 1931 (Nachdruck 1961)
- Spuler, Bertold, Das Vordringen des Islams bis ins südliche Europa und die Verdrängung des Christentums, in: Muhammad Asad und Hans Zbinden (Hrsg.), Islam und Abendland, a.a.O., 53-72
- Stahr, Volker S., Südostasien und der Islam. Kulturraum zwischen Kommerz und Koran, Darmstadt 1997
- Stöhr, Waldemar / Zoetmulder, Piet, Die Religionen Indonesiens, Stuttgart, Berlin, Köln, Mainz 1965
- Szostak, Jutta / Taufiq, Suleman, Der wahre Schleier ist das Schweigen. Arabische Autorinnen melden sich zu Wort (Die Frau in der Gesellschaft, hrsg. von Ingeborg Mues), Frankfurt a.M. 1995
- Taeschner, Franz, Zünfte und Bruderschaften im Islam. Texte zur Geschichte der Futuwwa, Zürich, München 1979

- Taufiq, Suleman / Szostak, Jutta, Der wahre Schleier ist das Schweigen. Arabische Autorinnen melden sich zu Wort (Die Frau in der Gesellschaft, hrsg. von Ingeborg Mues), Frankfurt a.M. 1995
- Thiam, Awa, Die Stimme der schwarzen Frauen. Vom Leid der Afrikanerinnen (französischer Originaltitel: „La parole aux négresses“, Paris 1978, übers. Von Chantal Doussain und Anneliese Strauss), Reinbek 1986
- Thoraval, Yves, Lexikon der islamischen Kultur (Originaltitel: „Dictionnaire de civilisation musulmane“, Paris 1995; hrsg. u. übers. von Ludwig Hagemann und Oliver Lellek), Darmstadt 1999
- Timm, Klaus / Aalami, Schahnas, Die muslimische Frau zwischen Tradition und Moderne. Frauenfrage und Familienentwicklung in Ägypten und Iran, Berlin 1976
- Timm, Klaus, Frau und Familie im neuen Ägypten, in: Klaus Timm / Schahnas Aalami, Die muslimische Frau zwischen Tradition und Moderne, a.a.O., 9-207
- Trimingham, J. Spencer, The Sufi Orders in Islam, Oxford 1971
- Trimingham, John Spencer, A History of Islam in West Africa, London, Glasgow, New York [1]1962
- Trimingham, John Spencer, Christianity among the Arabs in Pre-Islamic Times, London, New York 1979
- Trimingham, John Spencer, Islam in East Africa, Oxford 1964
- Ulrich, Friedrich, Die Vorherbestimmungslehre in Islam und Christentum, Gütersloh 1912
- Volwahsen, Andreas, Islamisches Indien, München 1969
- Walker, Alice / Pramar, Pratibh, Narben – oder Die Beschneidung der weiblichen Sexualität, Reinbeck 1996
- Walter, Wiebke, Die Frau im Islam, Stuttgart, Berlin, Köln, Mainz 1980
- Wansbrough, John, Quranic Studies, London 1977
- Wansbrough, John, The Secterian Milieu. Content and Composition of Islamic Salvation History, Oxford 1978
- Watt, William Montgomery / Marmura, Michael, Der Islam II: Politische Entwicklungen und theologische Konzepte (Die Religionen der Menschheit, begründet von Christel Matthias Schröder, fortgeführt und hrsg. von Hubert Cancik, Peter Eicher, Burkhard Gladigow und Martin Greschat, Bd. 25,2; Titel der Originalausgabe: The Formative Period of Islamic Thought, Edinburgh University Press 1973, übers. von Sylvia Höfer), Stuttgart, Berlin, Köln, Mainz 1985
- Watt, William Montgomery / Welch, Alford T., Der Islam I: Mohammed und die Frühzeit – Islamisches Recht – Religiöses Leben (Die Religionen der Menschheit, hrsg. von Christel Matthias Schröder, Bd. 25,1; Titel der Originalausgabe und Erscheinungsort nicht angegeben, übers. von Sylvia Höfer), Stuttgart, Berlin, Köln, Mainz 1980
- Watt, William Montgomery, Free Will and Predestination in Early Islam, London 1948
- Welch, Alford T. / Watt, William Montgomery, Der Islam I: Mohammed und die Frühzeit – Islamisches Recht – Religiöses Leben (Die Religionen der Menschheit, hrsg. von Christel Matthias Schröder, Bd. 25,1; Titel der Originalausgabe und Erscheinungsort nicht angegeben, übers. von Sylvia Höfer), Stuttgart, Berlin, Köln, Mainz 1980

- Wellhausen, Julius, Die religiös-politischen Oppositionsparteien im alten Islam, Göttingen 1901
- Welt des Islam. Geschichte und Kultur im Zeichen des Propheten (im Original: „The World of Islam“, 1975; aus dem Englischen übertragen von Franz Allemann, Monika Nagel, Dorothee Rondorf), Braunschweig 1976
- Wensinck, A.J., Khitan, in: Handwörterbuch des Islam, a.a.O., 314-317
- Wild, Stefan (Hrsg.), The Qur'an as Text (Islamic Philosophy, Theology and Science. Texts and Studies, ed. by H. Daiber and D. Pingree, vol. XXVII), Leiden, New York, Köln 1996
- Wilhelm, Friedrich / Embree, Ainslie, Indien. Geschichte des Subkontinents von der Induskultur bis zum Beginn der englischen Herrschaft (Fischer Weltgeschichte, Bd. 17), Frankfurt a.M. 1967
- Yonan, G., Einheit in der Vielheit. Weltreligionen in Berlin, hrsg. von der Ausländerbeauftragten des Senats (der Stadt Berlin), 2. aktualisierte und ergänzte Auflage, Berlin 1993
- Zaki Ali, Der Einfluß der islamischen Kultur auf das Abendland, in: Muhammad Asad und Hans Zbinden (Hrsg.), Islam im Abendland. Begegnung zweier Welten, Olten und Freiburg i.B. 1960, 99-120
- Zakzouk, Mahmoud, Art.: Abu Hamid Muhammad al-Ghazali (1058-1111), in: Klassiker der Religionsphilosophie, a.a.O., 112-125
- Zbinden, Hans / Asad, Muhammad (Hrsg.), Islam und Abendland. Begegnung zweier Welten. Eine Vortragsfolge, Olten und Freiburg i. B. 1960, 33-52
- Zirker, Hans, Christentum und Islam. Theologische Verwandtschaft und Konkurrenz, Düsseldorf 1989
- Zirker, Hans, Der Koran. Zugänge und Lesarten, Darmstadt 1999
- Zirker, Hans, Islam. Theologische und gesellschaftliche Herausforderungen, 1. Auflage Düsseldorf 1993
- Zoetmulder, Piet / Stöhr, Waldemar, Die Religionen Indonesiens, Stuttgart, Berlin, Köln, Mainz 1965